Diana Menuhin · Blick ins Paradies

Diana Menuhin

Blick ins Paradies

Erinnerungen an ein unglaubliches Leben

Mit einem Vorwort von
Yehudi Menuhin

Aus dem englischen Manuskript
übersetzt von Jutta Schall-Emden

Mit 56 Abbildungen

Piper
München Zürich

Für meine Schwester Griselda,
die so viele Jahre mit mir teilte

ISBN 3-492-03221-4
© R. Piper GmbH & Co. KG, München 1993
Gesetzt aus der Caslon Buch Antiqua
Gesamtherstellung: Jos. C. Huber KG, Dießen
Printed in Germany

Inhalt

Vorwort

Nach fast fünfzigjähriger Ehe, die Diana und mich bis an die Schwelle unserer achtziger Jahre geleitet hat, bin ich einer der wenigen Glücklichen, der aus voller Überzeugung und tiefer Dankbarkeit sagen kann, daß seine Gefühle der Liebe und Zärtlichkeit, seine Bewunderung und Hochachtung, sein Verständnis und seine Sympathie täglich aufs neue bestätigt werden.

Im Laufe der Jahre hat sich bei Diana jene ganz persönliche Schönheit herausgebildet, die nur das Leben formt. Zwar war sie schon als junge Frau wunderschön, aber dieses Buch wird zeigen, was für eine starke Ausstrahlung sie heute hat.

Ihr Leben war nicht leicht – ganz im Gegenteil. Äußere Umstände, die Familie, Freunde, nicht wenige Scheusale und selbst ihr Ehemann mit seinem Vagabundenleben haben sie gequält und in schwere Bedrängnis gebracht. Aber auch in unausweichlichen verzweifelten Situationen, die durch Schmerz, großes Leid, bittere Enttäuschungen, ja sogar durch Lebensgefahr entstanden, haben ihre geistige Energie und Disziplin, ihr Pflichtgefühl, ihre Ausgeglichenheit und Klugheit und selbst ihr Humor sie nie im Stich gelassen.

Zu Dianas vielfältigen Charakterzügen gehört eine Art himmlischer Ungeduld. Da sie an sich selbst ständig den Maßstab der Vollkommenheit anlegt und auch das Verhalten und Auftreten anderer daran mißt, kann sie es nur schwer verkraften, wenn sich ihrem Streben nach Perfektion Hindernisse in den Weg stellen. Als Künstlerin, ob nun als Ballerina oder Schauspiele-

7

rin, war sie immer schon allein für ihre Leistung verantwortlich. Auf diese Weise lernte sie die Qualen einsamer Verzweiflung kennen – zunächst unter der Fuchtel einer sadistischen Ballettmeisterin, wobei sie nach außen stets eine stolze Haltung bewahrte – und erlebte zugleich das rauschhafte Hochgefühl, in das ihre kommunikative Bühnenkunst sie versetzte. Während ich sie in diesen ereignisreichen Jahren beobachtete, bin ich immer mehr zu der Erkenntnis gelangt, daß ihre ungeduldigen Reaktionen eigentlich Zeichen einer unbeirrbaren, geduldigen Beharrlichkeit sind und daß sich hinter dem Glauben an die unanfechtbare Macht der Leistung die nagenden Zweifel am eigenen Erfolg verbergen. Das ist noch ein Erbe ihrer grausamen Ausbildung und eine Folge der vielen Enttäuschungen, die ihr von weniger vollkommenen Menschen bereitet wurden.

Ihrem Wesen nach ist sie vertrauensvoll – trotz ihrer Erfahrungen mit ihren geliebten, aber amoralischen Russen, mit zynischen Regisseuren, Intrigen und Skrupellosigkeit –, und immer hat sie wertvolle Menschen angezogen und als Freunde gewonnen. Sie hat sich ihr Leben lang eine romantische, idealistische und unschuldige Seele bewahrt.

Niemand sollte sich von ihrem sarkastischen Humor täuschen lassen, den sie durchaus im Zaum halten kann, wenn es darauf ankommt, denn im Grunde ihres Herzens ist sie gütig. Auch besitzt sie das seltene Talent, jede Situation mit diplomatisch-strategischem Geschick zu meistern.

Sie ist zugleich sehr kompliziert und sehr einfach. Mit Sicherheit ist sie der liebenswerteste, faszinierendste und interessanteste Mensch, den ich kenne.

Obgleich wir nach Herkunft, Charakter und Temperament grundverschieden sind, haben wir sehr vieles gemeinsam: Die Erfahrung der Liebe, Begegnungen mit Menschen und ganz bestimmten Dingen sowie Hoffnungen und Erwartungen und vor allem unser Engagement für unsere selbstgewählte Kunst verbinden uns. Von Geburt her sind wir Christin und Jude, aber von unserem Wesen her hängen wir einer Art Universalglauben an, der wohl jeder lebenden Zelle und jedem einzelnen Atom innewohnt. Wo unsere Einstellungen sich unterscheiden, da ergänzen sie sich und stellen so ein gesundes Gleichgewicht her.

Diana neigt zwar nicht dazu, sich als Moralistin oder strenge Richterin aufzuspielen, aber sie ist, um sie selbst zu zitieren, »nicht so sehr ein Humanitätsapostel als vielmehr ein unverbesserlicher Verbesserer«.

In London geboren, aufgewachsen als Engländerin irisch-schottischer Abstammung und in französischer Tradition erzogen, ist sie in einem bestimmten geographischen Raum, einem Volk und einer Kultur verwurzelt, während ich vielen Völkern und Orten dieser Erde angehöre, wenn ich mich auch »unserem« London besonders verbunden fühle. Ihr Englischsein ist ursprünglich, das meine ist angenommen; doch unisono begrüßen und beklagen, ermutigen und bedauern wir die heutige Welt.

Im Unterschied zu ihrem ersten Buch »Durch Dur und Moll«, das von unserem gemeinsamen Leben handelt, erzählt dieses schließlich und endlich Dianas eigene Geschichte. Ich muß hier nicht besonders hervorheben, was der Leser auf jeder Seite selbst entdecken wird, nämlich ihre literarische Begabung, ihren Witz, ihre überragende kulturelle Bildung und ihren Sinn für das Schöne und Wahre.

Ich hoffe, der Leser wird in diesem Buch einen außergewöhnlichen Menschen kennen- und schätzen lernen. Dessen Klugheit, Großmut, Güte und Integrität sind mir, in Verbindung mit einem großen Weitblick, in diesem allzu kurzen halben Jahrhundert sehr zugute gekommen. Mehr möchte ich hier nicht sagen, aus Furcht, ihrer angeborenen Bescheidenheit zu nahe zu treten. Abschließend sei nur noch hinzugefügt, daß ich glücklich bin, Diana mit Ihnen, dem Leser, teilen zu können. Mögen Sie an ihr und ihrer Geschichte Freude haben!

London, im Mai 1993   Yehudi Menuhin

Prolog

Der Mensch verbringt sein Leben damit, über die
Vergangenheit nachzudenken, die Gegenwart zu
beklagen und die Zukunft zu fürchten.

ANTOINE RIVAROL

*I*nwieweit kommt die Autobiographie der Wahrheit näher als die Biographie? Kann man wirklich ganz wahrheitsgetreu über sich selbst berichten, oder ist man zwangsläufig an unbewußte Motive gebunden, so daß Wunschdenken und Realität miteinander vermengt werden? Kennen wir uns tatsächlich selbst, oder kennen uns andere besser? Was ist die Wahrheit? Sicher mehr als Genauigkeit, aber immer ein Spielball dessen, der sie auslegt. Mag sie auch facettenreich wie ein Prisma sein, so kann sie doch offen zutage treten. Blickt man auf die Landschaft eines relativ langen Lebens zurück, auf ihre Konturen, die Berge und Täler, die Höhen und Tiefen, so stellt man fest, daß das, was einst gigantisch erschien, unter dem größeren Blickwinkel späterer Lebensjahre zu winzigen Hügelchen zusammengeschmolzen ist: eine Wandlung, durch Kräfte hervorgerufen, über die wir keine Kontrolle haben und die wir folglich auch nicht willentlich beeinflussen können. Die Erinnerung ist an wechselnde Stimmungen gebunden, die vergangene Erfahrungen sicher ebenso verändern wie Stürme, Regen, Eis, Schnee und Sonne eine geographische Landschaft. Wie oft habe ich mir schon die Zehen an den Steinen wundgestoßen, mit denen der Weg zur Hölle gepflastert sein soll! Und wie bitter ist die Erkenntnis, daß meine gutgemeinte Sorge um einen anderen von diesem als bloße Einmischung empfunden werden kann!

Um auf mein Thema zurückzukommen: Ich, Diana Rosamond Constance Irene Gould, am 12. November 1912 in

London SW1, in der Lowndes Street 37, Belgravia, geboren, bin bereit, über mich die Wahrheit zu sagen, die ganze Wahrheit und nichts als die Wahrheit. Oder wird das unzuverlässige Auge meines Gedächtnisses sie weitgehend verzerren? Sind meine Erinnerungen grundsätzlich von meinen jeweiligen Gefühlen gefärbt und nicht unter allen Umständen in Ruhe und Gelassenheit zusammengetragen? Oder aber sind sie allein schon durch die Tatsache gerechtfertigt, daß das Ich der Erinnerung ich selbst bin, die ich unausweichlich mit meinen Gefühlen verbunden und dadurch mir gegenüber wahrhaftiger bin, als es ein Außenstehender sein könnte, dem zwar das Faktenmaterial zur Verfügung stünde, nicht aber das Licht und die Wärme des Erlebens, die Einsicht in mein Wesen und mein ureigenes Naturell?

Das Bestmögliche, das ich hier zu bieten habe, ist also ein ganz subjektiver Bericht mit all den bereits erwähnten Vorbehalten. Ich bin zu dem Schluß gekommen, daß die Hauptakteurin, das heißt ich, dieser Aufgabe letztlich wohl doch am ehesten gewachsen ist.

1 Herkunft und Erbe

Betrachte mich nicht mit den Augen eines Kritikers, sieh vielmehr hinweg über meine Unvollkommenheiten. Aus kleinen Quellen entspringen gewaltige Flüsse. Hohe Eichen wachsen aus winzigen Eicheln.

DAVID EVERETT

*M*eine Mutter kam in Indien zur Welt. Ihr Vater, William Henry Hodson Suart, diente dort als junger Offizier in der Royal Horse Artillery: ein gutaussehender, leidenschaftlicher Polospieler, wie er im Buche steht. Ihre kränkliche junge Mutter, Katherine, hochintelligent und vollkommen auf ihr einziges Kind fixiert, ging mit ihr, als sie fünf Jahre alt war, nach Europa zurück. Die Tochter war auf den Namen Daisy Evelyn getauft, gegen den sie schon früh protestierte: ›Daisy‹ hießen nur Kühe. Meine Großmutter mütterlicherseits ließ ihren feschen Ehemann also in der langweiligen Gesellschaft seiner Poloponys zurück und siedelte sich in Brüssel an, wo sie, abgesehen von ihrem Kind, ganz allein auf sich gestellt war. Wie es sich gehörte, steckte sie die Kleine in die Schule einer gewissen Mademoiselle Rossignon. Es muß eine Traumschule gewesen sein, denn als sich das sonst so begabte Mädchen in Mathematik als total unfähig erwies, befreite man sie von diesem Fach, was zur Folge hatte, daß meine Mutter bis an ihr Lebensende zwar addieren und subtrahieren konnte, von Multiplikation und Division jedoch keine Ahnung hatte. Wie sehr sollte ich sie später beneiden, als ich mich, in Mathematik keinen Deut besser als sie, mit den Abstraktionen in Algebra und Trigonometrie herumschlug.

So aber konnte sich meine Mutter ihre Intelligenz und ihre ganze Energie für die Musik aufsparen, für die sie schon früh eine vielversprechende Begabung erkennen ließ. Meine Großmutter ging mit ihr zu dem berühmten Geiger Eugène Ysaye,

13

um sich von ihm beraten zu lassen. Er schlug vor, die Tochter sollte Geigen- und Klavierunterricht bei einem seiner Begleiter (Monsieur Storck oder Monsieur Pugno) nehmen und nach Ablauf eines Jahres wiederkommen, um ihm die inzwischen gemachten Fortschritte vorzuführen. Als ich ungefähr zehn Jahre alt war, fragte ich Mama, wie dieses Vorspiel verlaufen sei. Sie und Irene Wieniawska (die Tochter des berühmten polnischen Geigers und Komponisten) hatten den ersten Satz aus Bachs Doppelkonzert gespielt. »Und wie war's?« fragte ich ungeduldig. »Katzengejaule«, antwortete Mama trocken. Anschließend habe sie auf dem Klavier vorgespielt, worauf Ysaye kurz und bündig verkündete: »Mon enfant, fais une omelette de ton violon, tu seras pianiste!« [Mein Kind, schlag deine Geige in die Pfanne, du wirst Pianistin.] Das tat sie denn auch, und zwar mit soviel Erfolg, daß ihre Mutter sie zu dem größten Lehrer der damaligen Zeit brachte, dem berühmten Theodor Leschetizky in Wien. Der hatte zwar an ihrer typisch französischen Fingerhaltung einiges auszusetzen, nahm sie jedoch ohne weiteres als Schülerin an, und so gelangte sie in den Kreis seiner damaligen Studenten, Artur Schnabel und Mark Hambourg; der große Ignacy Paderewski hatte ihn bereits verlassen und stand gerade am Anfang seiner legendären Karriere.

Katherine Suart, selbst Offizierstochter, entpuppte sich als großartige Mutter. Arm wie eine Kirchenmaus, hatte sie sich in ein paar Zimmern eingenistet, in denen die Läuse wie Popcorn aus der Tapete hüpften (»Nicht zu ändern«, erklärte die Vermieterin. »Dieses Haus ist auf einem vorsintflutlichen Grundstück gebaut, und die Biester sind bereits im Fundament. Ich muß wohl mal wieder den Kammerjäger bestellen«), und überwachte täglich acht Stunden die Klavierübungen der armen jungen Evelyn, die ihre ganze Spieltechnik mühselig umstellte. Die Zeit vor dem Ersten Weltkrieg muß wunderbar gewesen sein in Wien, dieser unbestrittenen Musikkapitale Europas, dem Mekka aller Musiker, ganz gleich, ob sie erst am Beginn ihrer Laufbahn standen oder bereits »ganz oben« waren. Mama kämpfte sich buchstäblich durch die Sommerglut, denn laut städtischer Verordnung hatte man alle Fenster fest geschlossen zu halten (verständlich, wenn man bedenkt, daß in jeder

Wohnung, wenn nicht gerade ein Konzertflügel, so doch zumindest ein Pianino stand). Sehr bald schon fand sich meine Mutter in der gefürchteten Lage, allwöchentlich vor einem geladenen Publikum von Kennern vorspielen zu müssen. Meine Kindheit war voll von bunten Anekdoten über diese Abende. Nach Abschluß ihrer Studien begann sie eine ebenso erfolgreiche wie kurze Karriere. Dazu zählten ihre frühen Debüts mit zwei der führenden Dirigenten, Arthur Nikisch und Hans Richter in Wien beziehungsweise Berlin, sowie ihre Pionierleistung als junge Interpretin der Klaviermusik Debussys.

Mitten in ihrer Laufbahn begegnete sie – inzwischen lebte sie in London – meinem Vater, Gerard Gould. Er stammte aus einer irischen Familie, die aus Cork über Oporto nach Paris geflohen war; nach Oporto hatte sie ihr Vermögen gerettet und seither auch dort gelebt, nachdem ihr Haus während der Unruhen im späten achtzehnten Jahrhundert in Irland zerstört worden war. Anscheinend liebte mein Vater die Musik und spielte sogar Geige, wenn auch dilettantisch. Bei gemeinsamen Freunden hatte er sich erkundigt, ob sie zufällig eine junge Dame kennten, die ihn auf dem Klavier begleiten würde. So verfiel man auf die junge, brillante Pianistin Evelyn Suart. Bedenkt man die damaligen starren Gesellschaftsstrukturen, so kann man sich vorstellen, daß sie nicht aufgrund ihrer musikalischen Erfolge auserkoren wurde, sondern weil sie die Tochter eines Kavallerieoffiziers war. Wie dem auch sei, sie lernten sich kennen, er verliebte sich Hals über Kopf in die charmante, geistreiche junge Frau und sie ihrerseits in den attraktiven, blonden, weltläufigen jungen Mann. Als ich Mama irgendwann fragte, wie denn sein Geigenspiel gewesen sei, sagte sie nur: »Oh, *nicht* sehr gut, Liebling.«

Um in England eine Schule besuchen zu können, hatte mein Vater Englisch lernen müssen, und später brachte dieselbe Gouvernante uns Kindern Französisch bei.

Geliebte Miss Allsop, eine Quelle der Liebe und Wärme, die ich in meiner Kindheit nur selten erfuhr! Papa starb an Typhus, als er für das Auswärtige Amt als Kurier zwischen England und Frankreich tätig war. Mama blieb mit drei Kindern unter fünf (außer mir gab es noch meinen älteren Bruder Gerard und meine jüngere Schwester Griselda), einem großen Haus, acht Bediensteten und ganzen 800 Pfund pro Jahr (nach Abzug der Erbschaftssteuer) zurück. Ich war damals knapp drei Jahre alt und erinnere mich vage an eine blonde Gestalt, die mein Vater gewesen sein muß. Meine Mutter sprach unter dem Schock dieses Verlustes nur sehr selten von ihm.

Schließlich mußten wir Anna, unsere wunderbare Straßburger Köchin, und ihr Küchenmädchen Fernande nach Frankreich zurückschicken, wahrscheinlich zur Erleichterung unseres Butlers Webb, der sich schon lange insgeheim nach schlichten Pellkartoffeln gesehnt hatte (»Aow! How I long for a pline, biled pertater«).

Eines Tages hatte meine Mutter Anna in unserem Kinderzimmer im dritten Stock dabei überrascht, wie sie mit dem ganzen Oberkörper aus dem Fenster hing und versuchte, eine von den in der Regenrinne unterhalb des Daches hockenden Tauben zu erwischen, während Fernande ihre stämmigen schwarzweißen Baumwollbeine festhielt. »Anna!« schrie Mama voller Entsetzen und Entrüstung und befahl, sie auf der Stelle wie ein nasses Tau einzuholen. Um ihre Beute gebracht, soll Anna, hochrot und schmutzig im Gesicht, Mama in ihrem Elsässer Französisch einen Rüffel erteilt haben: »Mais Madom – zhe fous faire un pon coq-au-fin.« [Aber Madame, ich wollte Ihnen doch so einen guten Coq-au-vin machen.] Dann kam der traurige Tag, an dem sie mit Fernande in einer Flut von Tränen, in der selbst »Monsieur Vebb« mitschwamm, Abschied nehmen mußte, da meine Mutter es sich nicht länger leisten konnte, sie zu behalten.

Der gute Webb blieb noch eine Weile, um »Mama nicht im Stich zu lassen«, der Diener mußte allerdings auch gehen. Irgendwie gelang es Mama jedoch, sich das damals übliche Personal zu halten – zwar wesentlich reduziert, aber treu ergeben. Auch behielt sie ihr schönes Mulberry House mit all seinen eleganten Möbeln (die meisten hatten Papa und Webb, beide in einem alten Regenmantel, auf dem Flohmarkt an der Caledonian Street aufgestöbert). Webb hatte bei diesen heimlichen Ausflügen so viel gelernt, daß er nach seinem Abschied von uns ein eigenes Antiquitätengeschäft gleich hinter der

Battersea-Brücke aufmachte. Etwa dreißig Jahre später besuchten Yehudi und ich Freunde am Themse-Ufer in Chelsea. Einem spontanen Impuls folgend, nahm ich ihn mit zu einem Spaziergang über die Brücke, in der Hoffnung, dort ein Antiquitätengeschäft zu finden. Zu meiner Überraschung fand ich eins, und mein Erstaunen wuchs, als ich über der Eingangstür den Namen »Henry Webb« las. Wer beschreibt meine unendliche Freude, als ein glatzköpfiger alter Mann erschien, der ohne das geringste Zögern ausrief: »Miss Diana, ist es möglich!«

Webb wirkt auf mich wie ein Katalysator der Erinnerung: Das verschwommene Bild von Mulberry House taucht in mir auf mit Webb in seiner Pantry, Unmengen von Silber putzend, oder im Garten, wo er uns in einem Kinderauto rund um den knorrigen, uralten Maulbeerbaum schob, den Baum, den wir nie mit seinen reifen Früchten erlebten, weil wir den Sommer in der Normandie verbrachten. Bei unserer Rückkehr fanden wir die Früchte dann blutrot zerquetscht und faulend in einer präraffaelitischen Orgie auf dem Mosaikpflaster. Mulberry House mit all seiner Musik und der lebensprühenden Atmosphäre, die meine Mutter verbreitete. Die Abendgesellschaften zur Zeit unserer Anna, wenn wir Kinder die Treppe hinunterschlichen, sobald wir die Erwachsenen sicher im Eßzimmer wußten, und uns auf die unterste Stufe hockten, um Leckerbissen von den Serviererinnen zu erbetteln, wenn sie mit den Speisen vorbeikamen. Ich erinnere mich auch, wie Gerard und ich Essenshappen von den Mahlzeiten hinausschmuggelten, diese unter dem Kopfkissen versteckten und, wenn das Kindermädchen fest schlief, mit dem ekligen Klumpen die Treppe zur Rumpelkammer erklommen. Dort oben – gefährlich nahe am Rand der gurgelnden Zisterne kauernd – verschmausten wir inmitten einer romantischen Berglandschaft von Überseekoffern, Hutschachteln und Reisetaschen beim Licht einer nackten Glühbirne das klebrige Zeug, als wäre es nicht ein Rest Obstgelee, zusammengepappt mit Kartoffelbrei und Quark, sondern, wie alle verbotenen Früchte, Ambrosia, die Speise der Götter. Wie unschuldig waren doch unsere kleinen Rebellionen gegen die Autorität, und mit welch klugem Geschick wurde uns von früher Kindheit an Disziplin auferlegt. Aber gerade für diesen *basso ostinato* bin ich dankbar, diesen Rhythmus, der mir wie ein inneres Gerüst Halt gegeben hat in einem Leben, das voller Risiken und Herausforderungen sein sollte – wie leidenschaftlich ich mich auch als Kind dagegen wehrte.

Vor der Kulisse von Mulberry House verlief das Leben in dem Schneckentempo, das der kindlichen Ungeduld entsprach, mit der man sich danach sehnte, endlich den Rügen, dem Drill und den Strafen – die ich anscheinend wie ein Magnet anzog – zu entwachsen, befreit zu sein von dem nie endenden Bemühen um Ziele, die meiner Mutter gefielen. Da waren die gefürchteten Zeugnisse, nach denen ich in Ungnade fiel und vom ersten Platz auf den ewigen zweiten rutschte. Schuld waren so gräßlich abstrakte Fächer wie Algebra, Geometrie und Trigonometrie, die meiner Natur zuwider waren und folglich auch meinem Gehirn, das in einer Art Selbstentzündung völlig konfus auf sie reagierte. Wenn Mama die Zeugnisnoten vorlas und Griselda als ständige Klassenbeste die Stunde der Wahrheit mit Gelassenheit nahm, wand ich mich in meinem Elend und wagte nicht, Mama vorzuwerfen, daß sie den eigenen Mißerfolg in denselben Fächern vertuschte. Es zählte offenbar nicht, daß ich in den meisten anderen Fächern sehr gut abschnitt, denn die Gesamtnote reichte nie aus, um mir den ersten Platz zu sichern, auf dem Giselda während ihrer ganzen Schulzeit thronte.

Es muß ungefähr zu dieser Zeit gewesen sein, daß ich meine Fröhlichkeit einbüßte und in eine innere Spannung geriet. Ich wurde zunehmend von Ängsten beherrscht – ein trostloser Zustand, wenn ein Kind nicht mehr unbeschwert in den Tag hineinlebt, sondern sich ängstlich nach allen Seiten absichert und den eigenen Wert nur noch an den Erfolgen der anderen mißt. Zwei Freuden ließ ich mir allerdings nicht rauben, sie waren mein persönlicher Besitz: die erste, an die ich mich erinnere und die noch älter war als mein Wunsch zu tanzen, war die Begeisterung für Wörter. Wenn ich heute diese ersten Erinnerungen erforsche, wird mir klar, daß ich mein Leben lang in Wörter verliebt war. Buchstaben, bislang nur Formen auf dem Papier, bekamen plötzlich einen Klang für die damals Vierjährige. Sehr bald folgte die Dichtkunst; sie kam für mich der Musik, die von den drei Bechsteinflügeln unten im Hause zu

meinem Kinderzimmer heraufklang, am nächsten. Wie aufregend, an Mauern, Autobussen und über den Ladentüren Wörter
zu entziffern! Ich sagte sie leise vor mich hin, fühlte sie auf der
Zunge und wagte kaum, sie laut auszusprechen aus Angst,
wegen falscher Aussprache verspottet zu werden. Als wir damit
begannen, die Muttersprache unseres Vaters zu lernen, gesell-
ten sich französische Vokabeln dazu. Ich fing an, Wörter in
beiden Sprachen zu sammeln, war doch jede auf ihre Weise
wunderschön! In dieser langweiligen vorschulischen Zeit lief
ich durch die Straßen, starrte fasziniert auf die Schriftzeichen
in den Schaufenstern, und an Nannys ungeduldiger Hand zer-
rend, übersetzte ich langsam die großen Druckbuchstaben und
murmelte sie probeweise vor mich hin: »FRISCHE FISCHE«,
»HEUTE SEEZUNGE«. Besonders gern ging ich in die nahe
gelegene Fulham Road in die belgische Konditorei, deren
Name, für den ich eine halbe Ewigkeit gebraucht hatte, sich als
Riesenenttäuschung erwies: Als ich ihn stolz meiner Mutter
vortrug, und zwar mit meinem besten französischen Akzent,
korrigierte sie mich barsch auf flämisch und versetzte mir
einen leichten Puff.

Wie andere Kinder Zigarettenbilder oder Bonbons horten,
sammelte ich Wörter in beiden Sprachen. Als mir das Lesen
keine Schwierigkeiten mehr bereitete, lernte ich die Miniatur-
ausgaben von Tennyson (in weißem Ledereinband) und die von
Keats (die einfache Ausgabe) schätzen, die ich von einem
reizenden alten Herrn bekommen hatte, den mein Großvater
regelmäßig in Tunbridge Wells besuchte. Die Bände paßten
wunderbar in meine kleinen Taschen und waren mein heilig-
ster Besitz – so wichtig für Kinder, die sich von der im Kinder-
zimmerkäfig herrschenden Autorität eingeengt fühlen, einer
Autorität, der man nur auf der Toilette entrinnen konnte, dem
einzigen friedlichen Ort, wo man auch vor den Hänseleien des
älteren Bruders und der jüngeren Schwester sicher war. Die
beiden waren geistig wendiger und aufgeweckter als ich, und da
sie Verbündete waren, konnten ihre Ideen und Meinungen in
dieser natürlichen Freundschaft wie in einem Treibhaus Wurzeln schlagen und sich entfalten. Ich mit meiner heillos romantischen und leidenschaftlichen Natur nahm alles viel schwerer

und wurde immer wieder durch den eisigen Sarkasmus der Geschwister verletzt. So scheiterten alle meine Bemühungen, meine Wunschträume und flüchtigen Phantasien zu steuern. Mein geistiges Selbstbewußtsein schmolz dahin, bevor es überhaupt hatte entstehen können.

Auf diese Weise lernte ich, sofern ich meine Spontaneität rechtzeitig zügeln konnte, meinen Kopf einzuziehen, da sonst die satirischen Kokosnüsse, mit denen dieser dusselige Kopf aus allen Ecken des Kinderzimmers bombardiert wurde, ihr Ziel nicht verfehlten. Selbst Mama – charmant, verwöhnt und mit dem herzlosen Humor eines gut entwickelten Egos ausgestattet – beteiligte sich an dieser Quälerei. Und ich duckte meinen Kopf unter dem dicken, dunklen Lockengewirr nicht nur physisch, sondern auch psychisch, wenn die Pfeile zu schwirren begannen. »Schaut mal«, sagte Mama in ihrer typisch lässigen Art, »Diana zieht sich schon wieder in ihren Urwald zurück.« Stichwort für pflichtschuldiges Gelächter, in das ich mit einzustimmen versuchte, um zu zeigen, daß mir das alles nichts ausmachte. Aber wieviel es mir in Wirklichkeit ausmachte und wie tief es mich traf, wußte niemand, und das war gut so. Es wurde mein sorgfältig gehütetes Geheimnis, zur umgekehrten Kraftquelle, ein Negativwert also mangels eines positiven. Um mein ungestümes Wesen zu bändigen, entwickelte ich allmählich eine Resignation, mit der ich leben konnte und die wohl durch die Furcht vor meinem berechnenden, klugen, blondgelockten und graublauäugigen Geschwisterpaar zu erklären ist, das sich so nahe war. Zwischen diesen beiden war ich nun eingezwängt, dunkel und fremd, ein Wechselbalg, der sich dauernd ausweglos in Schwierigkeiten befand: ein Unglücksrabe. Ganz ähnlich wie Maggie Tulliver in *Die Mühle am Floss*, wie ich Jahre später beim Lesen von George Eliots Roman erkannte. Intuitiv war mir klar, daß jegliches Bemühen um Mitleid bei allen bestenfalls auf totales Unverständnis gestoßen wäre, und schlimmstenfalls hätten alle drei abfällige Bemerkungen gemacht. Meine Mutter, die brillante Pianistin mit ihrer erfolgreichen, wenn auch kurzen Karriere, machte sowieso kurzen Prozeß mit mir.

Ich log wie gedruckt, um mit Hilfe von Ausreden einer Strafe zu entgehen, wenn ich in der mir eigenen Hast entweder einen Frühstücksteller zerschlagen oder mir beim Herumtoben das Kleid zerrissen hatte. Für eine erfolgreiche Lügnerin war ich allerdings viel zu naiv. Also gab ich diese Bemühungen mit sieben Jahren einfach auf, fand mich mit den Gegebenheiten ab und registrierte es mit einer Art bitterer Genugtuung, wenn mir mal wieder irgendwelche Vergehen, die ich nicht begangen hatte, angekreidet wurden. Aber ich war nicht der Typ, den das lange wurmte. Damals reagierte ich noch hitzig und verscheuchte meine trübe Stimmung mit Tränenergüssen, die dieselbe Wirkung hatten wie Scheibenwischer auf einer schmutzigen Windschutzscheibe.

Doch dann gab es eines Tages selbst diese lindernden Ausbrüche nicht mehr. Auf der King's Road in London SW3 rannte ich Nanny und der vorsichtigeren Griselda weit voraus, stolperte, fiel hin und schlug mir die Knie zum xten Male in meinem achtjährigen Leben auf. Als ich wie üblich in voller Lautstärke in das Gebüsch am Carlyle Square heulte, hörte ich, wie jemand sagte: »Was für ein entsetzlich lautes kleines Mädchen!« Durch meine vor Schmerz und Wut zusammengekniffenen Augen erspähte ich einen älteren Herrn von zartvioletter Gesichtsfarbe, wie man sie oft bei Militärs im Ruhestand findet. Er blickte voller Mißfallen und ohne eine Spur von Mitleid auf mich nieder. Augenblicklich stellte ich mein Geheul ein, so wie es wohl einst jeder von ihm eingeschüchterte Soldat auf dem Exerzierplatz getan haben mochte, schniefte kurz auf, schluckte, versuchte, mir meine blutigen Knie nicht genauer anzusehen und hinkte davon. Diesen Rüffel habe ich bis heute nicht vergessen. Ich glaube, das war meine erste Lektion zu der Devise: Nimm-dich-zusammen-laß-dir-ja-nichts-anmerken, einer Verhaltensregel, die mir fortan entweder aufgezwungen wurde oder der ich mich masochistisch unterordnete. Ich habe bis heute nicht herausfinden können, wie das Ganze funktionierte: ob dadurch, daß ich solchen Situationen ständig ausgesetzt war, oder weil ich resignierte und die Härte meines Schicksals akzeptierte - eine Härte, der man wirkungsvoller mit Selbstdisziplin begegnete. Eine solche Haltung widersprach zwar meinem lebhaften Naturell, erwies sich aber als ganz nützlich, wenn sie mich davor bewahrte, in Fettnäpfchen zu treten, die überall auf mich zu lauern schienen.

Bei Gott, ich war ein Pechvogel.

Unsere erste Gouvernante (Miss Smith, eine Persönlichkeit von jener angeborenen Schlichtheit, die genetisch längst aus der Mode gekommen ist) gab sich alle Mühe mit dem unberechenbaren Kind. So mußte ich eine volle Minute am Eßtisch sitzen, die Hände auf dem Schoß, die Augen geradeaus, und erst nach Ablauf dieser drakonischen sechzig Sekunden durfte ich mit dem Essen beginnen. Während dieser qualvollen Zeitspanne konzentrierte ich mich darauf, meine aufsteigenden Tränen zurückzudrängen, damit sie mir nicht etwa über die Wangen rollten. Allmählich schaffte ich das ganz gut. Ich war ein extremes Kind, himmelhoch jauchzend, zu Tode betrübt, und kollidierte folglich oftmals mit Menschen oder Dingen auf dieser kurvenreichen Rutschbahn der Emotionen. Im großen und ganzen jedoch war ich vergnügt, fiel immer wieder auf die Füße und ging aus all den Zusammenstößen zwar angeschlagen, aber doch seelisch ungebrochen hervor.

Als ich sieben Jahre alt war, setzte Mama mich ans Klavier in der Hoffnung, ich hätte ihr großes Talent geerbt. Zu meinem tiefen Gram dauerte es gar nicht lange, bis sich meine Untauglichkeit herausstellte und meine Mutter vor Ungeduld in die Luft ging. Die halbstündigen Klavierstunden nach dem Frühstück wurden zum Alptraum. Ich war in einem Haus voller Musik zur Welt gekommen und aufgewachsen, und die greulichen Mißtöne, die anstelle der in meinem siebenjährigen Kopf klingenden Melodien unter meinen widerspenstigen Fingern hervorgingen, stürzten mich in einen unerträglichen Zwiespalt. Hätte ich nur nicht so genau gewußt, wie es eigentlich klingen mußte, ich hätte sicher nicht so schrecklich gelitten. Griselda dagegen fühlte sich am Klavier in ihrem Element. Ich mußte mich auch noch eine entsetzliche halbe Stunde lang mit ihr abwechseln, bevor unsere schwerfällige Nanny mit uns den Schulweg antrat, der für uns zu einer einzigen Hetze wurde, weil Mama einfach nicht in der Lage war, die Zeit anders als nach ihrem eigenen Stundenplan zu messen.

Der Mißerfolg am Klavier muß meine Fröhlichkeit wesentlich

beeinträchtigt haben, denn von da an ließ sie mehr und mehr nach. Doch dann wuchs allmählich die Erkenntnis, daß auch ich ein Musikinstrument besaß, mit dem ich wahrscheinlich würde umgehen können, und zwar meinen ganzen Körper und nicht nur die widerspenstigen Finger. Diese Entdeckung machte ich bei den wöchentlichen Tanzstunden in der Schule von Mr. Gipps, die mein Bruder Gerard besuchte. Die Schwestern der Schüler wurden eingeladen, um mit den jungen Herren tanzen zu lernen. Die Tanzlehrerin, eine freundliche, einfühlsame Frau, brachte mir die ersten Schritte im Solotanz bei. Am Ende des zweiten Kurses arrangierte sie eine Schüleraufführung in der Mews Hall hinter der Sloane Street, bei der ich den *Irish Jig* tanzte (ich kann übrigens noch heute die Melodie summen, obwohl ich die meisten Tanzschritte inzwischen vergessen habe), der mir viel Beifall einbrachte. Damals war ich ungefähr acht Jahre alt, und Nanny hatte mir eine Art Kostüm genäht. Ich kann mich noch erinnern, was für ein Lampenfieber ich hatte, wie aufregend diese erste Erfahrung war, sich mitteilen zu können. Ich weiß auch noch, daß ich danach auf der nebligen Straße zum erstenmal das Gefühl hatte, eine Richtung gefunden zu haben, obgleich mir damals die ganze Tragweite wohl noch nicht bewußt war. Ich spürte nur ein nie gekanntes Prickeln. Kam ich mir selbst auch nicht größer vor, so schien sich meine Welt doch vergrößert zu haben.

Von nun an fühlte ich mich zwischen meinen Geschwistern nicht mehr ganz so eingeengt. Zwei von Gerards Schulfreunden, ganze zehn Jahre alt, hatten mir sogar schon einen Heiratsantrag gemacht, etwa so: »Du, Gould, ich will deine Schwester heiraten.« Mehr als fünf Jahrzehnte später erinnerte sich einer von ihnen an sein spontanes Angebot, als wir uns – er hoher Staatsbeamter, ich Yehudis Frau – wieder trafen. Wie nett von ihm, dachte ich zum zweitenmal.

Aber zurück zum ersten Mal. Ich war dermaßen stolzgeschwellt, daß ich mich, als ich meinen Bruder mit Nanny und Griselda von der Schule abholen wollte und auf der Straße auf ihn wartete, geziert gegen das eiserne Tor oberhalb der Kellertreppe lehnte. Das gab prompt nach, so daß ich die ganze

Treppe hinunterfiel und bis vor die Mülltonnen kollerte. Ich erinnere mich gut an die entsetzten Gesichter, die durch das Gitter starrten, und an die Schreckensrufe. Mit schmerzenden Gliedern, doch unverletzt rappelte ich mich auf und ließ mich von Schuljungen, Kindermädchen und Eltern trösten, die allesamt zu meiner Rettung herbeigestürzt waren. Ich hatte solche Angst vor Nannys zwangsläufigem Ärger, daß ich an meine blauen Flecken nicht einmal dachte.

Aber mein Debüt mit dem *Irish Jig* sollte noch andere Konsequenzen nach sich ziehen als zwei Heiratsanträge und einen schmerzhaften Sturz. Die Tanzlehrerin schlug meiner Mutter vor, mich richtig als Tänzerin ausbilden zu lassen.

Ich muß ungefähr acht gewesen sein, als mich meine Mutter auf den Rat der Tanzlehrerin hin, an deren Namen ich mich leider nicht mehr erinnern kann, mit meinem Kindermädchen (sie selbst war zu beschäftigt) in die Fasanerie in der King's Road schickte, damit wir uns dort eine Unterrichtsstunde bei der ehemaligen Diaghilew-Ballerina, Serafina Astafjewa, aufmerksam ansahen. Selbst mit der wildesten Phantasie könnte man sich kein ungeeigneteres Gutachterpaar vorstellen: ein achtjähriges Mädchen und eine mürrische Schottin aus Inverness, deren einzige künstlerische Leistung, soweit ich mich erinnern kann, aus einer recht originellen Wiedergabe des Liedes *The Campbells are Coming* bestand, bei der sie einen ihrer Wurstfinger in ein Nasenloch steckte, um so den Dudelsack zu imitieren. Dieses ungleiche Duo kletterte also die Treppe zu dem wunderschönen alten Haus empor und betrat den Unterrichtsraum im ersten Stock. Am Klavier griff irgend jemand mächtig in die Tasten, und man sah nichts als eine Menge fliegender Beine. Eine Person – ich kann sie nur als eine der schönsten Ruinen bezeichnen, die ich je gesehen habe – wies uns eine Bank an.

Sie stak in einer altmodischen Abendrobe aus Chiffon, die mit irgendetwas Undefinierbarem zusammengehalten wurde. Dazu trug sie grauweiße Trikotstrümpfe in ausgefransten Satinschuhen; ihr Haar (von unterschiedlicher Färbung) entwand sich einem schleierähnlichen Stirnband, das, dank der edlen Kopfform, eher einem Turban glich. Sie hatte eine sehr weiße

Haut, zarte Wangenknochen und hinreißende Augen. Dabei war das ganze Gesicht mit einer Mixtur zurechtgemacht, die in den Augen des kleinen Mädchens aus Mehl und Kohle bestand, aber doch wohl eher den kosmetischen Mitteln der damaligen Zeit entsprach und mit russischer Verve, aber mit kurzsichtigen Augen aufgetragen war.

Ich erinnere mich an eine Zigarette in einer langen Spitze und sehr viel Herumgefuchtel, wozu auch eine Unzahl unverständlicher Befehle gehörte, die den fliegenden Beinen zugebellt wurden. In der ersten Reihe der Tänzer bemerkte ich eine Elfe. Sie schien aus feinstem Filigran zu sein, schwarz-weiß wie eine Bleistiftzeichnung, vermutlich kaum älter als elf oder zwölf Jahre. Daneben, feingliedrig und schlank mit schwanenhalsgleichen Füßen und einem langen, schmalen und vornehmen Gesicht, ein junger Tänzer, so voller Rhythmus und Klarheit des Ausdrucks, daß ich ihn in meiner Erinnerung noch heute in allen Einzelheiten heraufbeschwören kann. Ein Anflug von Akne verriet, daß er sechzehn oder siebzehn Jahre alt gewesen sein muß. Diese beiden Tänzer waren Alicia Markova und Frederick Ashton.

Nachdem der Unterricht beendet war, winkte Madame Astafjewa Nanny und mich in ihr Allerheiligstes, eine Art Stoffzelt, das sich über den Eingang zu einem total verräucherten Zimmer spannte. Ein riesiger Tisch, den ein dicker Teppich bedeckte, nahm einen Großteil des Raumes ein. Darauf befanden sich ein Dutzend Aschenbecher, von rotgefärbten Zigarettenstummeln überquellend, Bücherstapel, Papiere, Zeitschriften, dazu ein einzelner Ballettschuh und mehrere dieser merkwürdigen Stirnbänder. Sie wühlte eine Weile in diesem Chaos herum und fischte schließlich etwas heraus, das vermutlich ein Prospekt war, starrte erst das kleine sprachlose Mädchen an, dann Nanny und komplimentierte uns mit einem Wink ihrer frisch angezündeten Zigarette hinaus.

»Äntsätzlich«, schnaubte Nanny in ihrem besten Inverness-Akzent, und ich kann nur annehmen, daß sie meiner Mutter später die gleiche Information gab – leider, leider.

Eines Abends – es muß in den zwanziger Jahren zu einem Zeitpunkt gewesen sein, als Diaghilew gerade nach England zurückgekehrt war – kam meine Mutter in heller Begeisterung ins Kinderzimmer gestürzt, riß mich aus dem Bett und befahl der heftig protestierenden Nanny, mich auf der Stelle anzuziehen. Sie wollte sofort mit mir zum Coliseum zurück, wo sie bereits den Nachmittag verbracht hatte und wo ich nun Diaghilews Baletttruppe sehen sollte. An vieles kann ich mich nicht mehr erinnern, nur an die schier märchenhafte Atmosphäre, dieses himmlische Gefühl von einer anderen Welt, mit dem die meisten von uns geboren werden, das dann aber allmählich, wenn man älter und vernünftig wird, verblaßt wie Farben unter einem grellen, kalten Licht. Alles und jedes war wunderschön und gehörte der Welt des »Es war einmal« an. Lediglich die blecherne Venusbergmusik in den Pausen zwischen den beiden Ballettvorstellungen bemühte sich nach Kräften, den Zauber zu vertreiben, aber Schönheit und Macht des Erlebens überwogen, und es gelang den teutonischen Göttern trotz allen Prustens und Schnaubens nicht, diese wahrlich himmlische Illusion zu zerstören. Nie habe ich diesen Traum aus Klang, Farbe und Geruch vergessen. (Ich bin sicher, der Leser weiß, was ich mit diesem besonderen Ballettgeruch meine: eine Mischung aus Tarlatan, Schweiß, Harz und Benzin, aus Leim, Kleister und Staub – Staubschicht auf Staubschicht ungezählter Bühnen, auf- und herumgewirbelt von den Armen und Beinen tausender Tänzer, Spuren von Hunderten von Fliegen, die in Leinwand und Stoff eingebrannt, hineingebügelt, übermalt, versiegelt sind, für alle Zeit in Kostümen und Bühnenbildern eingeschlossen, und so die unbekannte Geschichte eines jeden einzelnen bergend.) Es gab eine Zeit in meinem Leben, in der ich im Stockdunkeln das Bühnenbild des *Carnaval* von dem der *Shéhérazade* unterscheiden konnte, und zwar dem Geruch nach. Nach diesem ersten Einblick in die byzantinische Welt des Tanzes ist der *Irish Jig* im Kopf des Kindes wohl langsam verblaßt, und gleichzeitig mit einer noch undefinierbaren, aber bedeutungsträchtigen inneren Erregung entstand der leidenschaftliche Wunsch, meine Liebe zur Musik in Bewegung umzusetzen.

Glücklicherweise ließ die Tanzlehrerin an Mr. Gibb's Schule nicht locker, mit dem Erfolg, daß meine Mutter sich dazu bequemte, diesmal höchstpersönlich mit mir die Fahrt zum Cambridge Circus im 19er anzutreten. In der Shaftesbury Avenue betraten wir eines dieser scheußlichen viktorianischen Gebäude, neben denen ein Gefängnis wie ein lustiges Bordell wirkt. Wiederum standen wir in einem großen Studio mit Spiegelwand und Stangen an beiden Seiten. Keine Menschenseele war zu sehen, dafür gab es aber um so mehr zu hören: Nebenan brüllte eine ältliche Stimme in einem Gemisch aus Italienisch, Russisch und Englisch Befehle: »I raz, i dwa, i tri, i tchiri – ma oojus! – una porceria! – ischuraz! cara, again.« Und so ging es weiter, während ich schreckensstarr auf das Erscheinen eines Unholds wartete. Nach etwa zehn Minuten dreisprachigen Schimpfens erschien ein reizender alter Herr in schwarzer Alpakajacke. Sein runder Kopf schien wie mit grobem Salz bepudert, aber er hatte lustige schwarze Augen und das entwaffnende Lächeln, das einem nur Italiener schenken können. Meine Mutter sagte irgend etwas Passendes, was sich aller Wahrscheinlichkeit nach auf meinen Wunsch, tanzen zu lernen, bezog, und er forderte mich auf, Mantel und Schuhe auszuziehen und anzufangen. Ich wage nicht darüber nachzudenken, was für idiotische Verrenkungen ich ihm wohl angeboten habe in meinem Bemühen, ihn von mir zu überzeugen. Aber Enrico Cecchetti, der große Lehrer des Diaghilew-Balletts, drehte mich nach allen Seiten, kniff in meine Beine und befühlte meine Füße, etwa so wie ein Bauer ein Kalb auf dem Markt prüft, erklärte, ich sei ausgezeichnetes Material und sagte zu meiner Mutter, ich solle jeden Morgen zu ihm in den Unterricht kommen.

Und abermals: weh mir! Sie erwiderte, es werde mindestens noch sechs Jahre dauern, bevor ich mich seines Vertrauens würdig erweisen könne. Sie hege keineswegs die Absicht, mit einer dummen Analphabetin als Tochter geschlagen zu sein, und im übrigen würde ich in der kommenden Woche eingeschult. Cecchetti erriet meine Enttäuschung, umarmte mich herzlich und sagte meiner Mutter, eine ausgezeichnete Schülerin von ihm habe eine eigene Ballettschule am Notting Hill Gate eröffnet, und da sie Nachmittagsunterricht gebe, könne ich ja zunächst zu ihr gehen.

Als ich später meine widerspenstigen neunjährigen Gliedmaßen durch die Mangel der Enrico-Cecchetti-Methode drehte (die er zweifellos erfunden hatte, um Hasenfüßen die Lust an einer Tänzerkarriere zu vergällen), waren Diaghilew und seine traumhafte Tamara Karsawina in ihrer einmaligen Schönheit immer noch die unerreichbaren Idole, denen nachzustreben man sich bemühte.

Und so kam es, daß ich als Neunjährige in der Ballettschule von Madame Marie Rambert anfing und wie eine Rakete durch die Klasse schoß. Die Schule wurde irgendwie nebenher erledigt. Endlose Busfahrten im 31er nach Notting Hill Gate brannten sich so unbarmherzig qualvoll in meinen Körper ein wie das Brandmal »A« der Puritaner von Massachusetts, nur mit dem Unterschied, daß mein »A« die Bedeutung von »Ausdauer« und »Aspirationen« hatte anstelle von »Adultery« [Ehebruch]. Auf diesen Fahrten verschlang ich einige Butterbrote und legte damit das Fundament für sämtliche Magengeschwüre, an denen ich seither leide.

Dann unterzog ich mich dem Unterricht, der – mit dem größten Engagement geleitet und von einem fast fanatischen Feuer durchdrungen – dermaßen hart war, daß die Schutzhülle des in zehn langen, schweren Jahren mühsam erworbenen Selbstbewußtseins zu zerreißen drohte.

Doch unbestritten blieb, daß es sich hierbei um die beste Ballettschule in ganz England handelte, die Tänzer und Tänzerinnen wie Frederick Ashton, Walter Gore, Antony Tudor und Andrée Howard ausgebildet hat – dazu eine Schar weiterer, die große Choreographen werden sollten. Selbst wenn ich fast jede Nacht in die Kissen weinte und täglich wieder mit Hagelstürmen von Kritik überschüttet wurde: Waren diese Qualen nicht der angemessene Preis dafür, daß ich mit vierzehn Jahren Freddies erste Partnerin und Mitschöpferin seines ersten Balletts *Leda und der Schwan* war und ein paar Jahre später die Titelrolle in Antony Tudors Ballett *Lysistrata* tanzte? Eines Tages faßte ich mir ein Herz (damals war ich noch nicht vollkommen eingeschüchtert) und fragte Madame, wer wohl das Opfer der dreisprachigen »Ermunterungen« gewesen sein mochte, die ich vor zwei oder drei Jahren im Studio Cecchettis durch die Wand gehört hatte. »Oh«, sagte sie, »das dürfte Anna Pawlowa in einer Privatstunde gewesen sein.«

Es schauderte mich.

Wir, die wir in einer Zeit geboren wurden, die man mit dem schrecklichen Ausdruck »Teenager-Zeit« dieses Jahrhunderts bezeichnen könnte, meinten, ausschließlich zum Tanzen geboren zu sein. Schutzmaßnahmen gegen die Härte dieses Berufes wie Film, Public Relations oder ähnlich beruhigende und angenehme materielle Vorteile, die heutigen Tänzern zur Verfügung stehen, waren uns weitgehend unbekannt. Zugegeben, wir sind dazu verurteilt, als verlorene Generation in die Annalen des Balletts einzugehen. Und ohne die Rambert mit ihrer Energie und ihrem Weitblick hätten wir, ihre Schüler, niemals unsere spätere Laufbahn erreichen können – in einer Kunst, die zu einem schnell sich entwickelnden Beruf werden sollte.

Wir waren ins Wellental gestürzt worden und mußten uns da hindurchkämpfen. Den Wellenkamm stellten die vergangenen und die kommenden Saisons des großen Diaghilew dar, und wir waren zu nichts anderem bestimmt, als die Bewegung bis zu dem nächsten Wellenkamm durchzuhalten, der das Ballett zu seiner gegenwärtigen Popularität emportrug. Diaghilew lebte noch und war ein Gott: Tatsächlich war der Gott meiner Kindheitsgebete nicht zu trennen von dem Zauberer auf dem Bühnenvorhang zu *Pétrouchka*, der dort, in einen wunderschönen blauen Bademantel gehüllt, mit leicht verschmitztem Wohlwollen auf einer luftigen Wolke thront, und daher war er auch irgendwie Sergei Diaghilew.

Geduldig ertrugen wir die Feuchtigkeit und Kälte der Studios, die andauernde kränkende Kritik, die langen, anstrengenden Stunden, die wir, dampfend von Schweiß, in dem bedrückenden Halbdunkel unzureichender Glühbirnen zubrachten. Der Tanz müsse an allererster Stelle stehen, so wurde uns eingebleut. Wir durften weder Schlittschuh laufen noch reiten oder Ski fahren, weder rauchen noch trinken. Verkörperte nicht die große Karsawina das Wort Stanislawskis: »Du mußt die Kunst in dir und nicht dich in der Kunst lieben?«

2 Per Ardua ad Astra

Das Leben ist ein langer Prozeß der Ermüdung.
SAMUEL BUTLER

Und so wuchsen wir heran, kämpften mit *cabriole* und *entrechat*, plagten uns mit *batteries* und dem scheußlichen Muskelkater, den Hindernissen auf dem Weg zu unserem scheinbar unerreichbaren Ziel. Und die alljährliche Rückkehr des Diaghilew-Balletts gab uns immer wieder neue Zuversicht, erhob uns aus physischer Verzweiflung in körperlose Regionen, in eine verzauberte Welt, in welcher der widerspenstige Körper auf wunderbare Weise gefügig wurde und die Glieder der Tänzer Probleme in Poesie verwandelten. Wir konnten uns wirklich glücklich schätzen; denn wuchsen wir nicht in einer Welt auf, in der das Märchenhafte uns erhalten blieb, in der es immer greifbar sein würde – ein Zauber zwar, aber dennoch aus Fleisch und Blut, überirdisch und doch ganz gegenwärtig, Legende und Realität zugleich? Kein Wunder, daß ich meine Kleider meist verkehrt herum anzog und Chelsea nicht von Fulham unterscheiden konnte...

Nach und nach wurden uns die großen Namen ein Begriff: Leon Wójcikowski, Léonide Massine, Lydia Sokolova, Lubov Tchernicheva, Alice Nikitina und Wera Nemtschinowa, Alexandra Danilova, Anton Dolin, Georges Balanchine, Felia Doubrovska, Bronislava Nijinska und viele andere mehr, und wenn meine Aufzählung plötzlich an ein Telefonbuch erinnert, so muß man mir das nachsehen, denn diese Namen übten wie eine Zauberformel eine magische Wirkung auf uns aus und gaben unserem Leben Sinn.

Es kam die unvergeßliche Spielzeit im Covent Garden, als

Olga Spessivtseva *Schwanensee* tanzte und ich – ein sehr schüchternes, kleines englisches Mädchen, noch keine dreizehn Jahre alt – während der ganzen Aufführung weinte, zutiefst berührt von ich weiß nicht welcher unergründlichen und überirdischen Schönheit der Bewegung.

Aber dann am folgenden Tag die Qual, wenn man die eigenen unzulänglichen Beine zu den masochistischen Übungen der Cecchetti-Methode zwingen mußte. Was für ein grausamer Gegensatz und doch welche Aussichten, welch glanzvolle und herrliche Zukunft hielten uns die großen Tänzer vor Augen, während wir uns mit prosaischen Übungen abplagten... Damals leuchtete uns immer ein Licht, so dunkel und beschwerlich der Weg auch war. Den Olymp gab es wirklich, das wurde uns mindestens einmal im Jahr zur Gewißheit. Was konnten wir mehr verlangen?

Und wie heute Schüler und Schülerinnen Bilder ihres angebeteten Filmstars oder ihres Pop-Idols an die Wand hängen, so sammelten wir Fotografien der Danilova in *Bal*, der Nemtschinowa in *Les Biches* oder der Lopokova in *Les Femmes de bonne humeur*, die von einigen wenigen Zeitschriften veröffentlicht wurden. Wieviel befriedigender waren doch unsere Pin-up-Fotos – welche Klangwelt und welche Fülle von Bewegungen riefen sie in Erinnerung! Wie hat es uns beflügelt, daß wir außer der Welt der Busfahrkarten und Bananenschalen noch eine andere erlebten und in der Gewißheit heranwuchsen, daß es die elysischen Gefilde tatsächlich für den Tanz gibt und daß man die Illusionen, die einem so schnell von Tintenfaß und Tafel genommen werden, nie ganz aufzugeben brauchte. Uns blieb also der herrliche Traum, auf einen mit verzierten Himmelsgewändern umhüllten Planeten flüchten zu können, wo die Menschen sich so leise bewegten, daß sie unsere Träume nie störten. Das war unser eigentlicher Lebensinhalt, die Grundlage unserer Arbeit, die Inspiration, die uns dazu trieb, etwas anzustreben, von dem wir gleichwohl wußten, daß es unerreichbar war.

Wenn man an diese ersten anstrengenden zehn Jahre zurückdenkt, kommt es einem wie ein Wunder vor, daß der Traum sich überhaupt halten konnte; daß er nicht zwangsläufig seinen Glanz verlor bei soviel Mühe und Schweiß, bei der täglich sich wiederholenden Plackerei mit Schule und Unterricht, Tinte, Schreibheft, Busfahrt und Ballettstunden, wo jede Freude fehlte, weil man ständig auf Kritik gefaßt war, die Tage mit Bergen von Hausaufgaben beendete und nachts häufig in die Kissen weinte. Die Demütigungen in der Schule und zu Hause hätte ich sonst nicht ertragen können. So zog ich es vor, meine Nöte für mich zu behalten und entfernte mich noch weiter von meinen Geschwistern. Irgendwie kämpfte ich weiter, vielleicht, weil es das einzige war, was mir allein gehörte, und versuchte, mein Verlangen zu tanzen wie ein Kleinod tief in mir zu verschließen, um es unangetastet zu bewahren.

Nichtsdestoweniger sollte die Glut dieses ersten Rausches langsam, aber unerbittlich verlöschen, wie auch mein Selbstvertrauen während dieser ersten Jahre. Je mehr ich mich plagte und je größer meine Anstrengungen waren, alles richtig zu machen, um so dichter hagelte es sarkastische Bemerkungen: »Diana!« rief man der unglücklicher Elfjährigen zu, »komm doch mal her und zeig uns, wie man das ›echaînement‹ *nicht* tanzt.« Das war meine zweite Lektion in »*stiff upper lip*« [Haltung bewahren] und ähnlichen Verhaltensmaßregeln. Zutiefst getroffen, aber ohne es zu zeigen, kämpfte ich beharrlich weiter, tränenlos, bis ich mich endlich aufs Bett werfen und hoffnungslos in die Kissen heulen konnte.

Niemand durfte es wissen. Warum eigentlich nicht? Ich bin einer Sache nie auf den Grund gegangen (eine Methode, die ich im Laufe meines Lebens mit viel Geschick anwenden sollte), wenn zu befürchten war, daß dadurch eine gefährliche Situation außer Kontrolle geriet.

Zu Hause übernahm ich die Rolle der Außenseiterin, des impulsiven, überaktiven Geschöpfes, das Gerard ironischerweise mit den Namen »Kampfhahn Gould« und »Wildes Halbblut« (im Stil der Plakate für Freistilringen) bedachte. Gerard wurde im übrigen von Nanny dermaßen vergöttert, daß sie sich an dem Tag, an dem er in die *prep-school* [private Vorschule für das Internat] ging, die Schürze über den Kopf warf, sich an meinem kleinen Bett gegen die Wand lehnte und wie eine gälische Niobe weinte. Was das niedliche kleine Ding Griselda betraf, die den Spitznamen »Quengelpott« trug, so beherrschte sie das Kinderzimmer mit einer Mischung aus Charme und Sturheit. Wieviel Aussicht auf Trost bestand da schon, und wie groß war das Risiko, seinen Stolz zu verlieren? Wenig im ersten, sehr groß im zweiten Fall.

So kämpfte ich mich durch meine ersten Jahre, die in der Zeitrechnung eines Kindes schier unendlich scheinen, und nahm die seelischen Verletzungen hin, während ich gleichzeitig lernte, mich in die physischen Beschwerden eines gestörten Verdauungssystems zu fügen. Seit meinem achten Lebensjahr litt ich unter fürchterlichen Schmerzattacken, ohne daß ich behandelt wurde, denn meine Mutter weigerte sich aus religiösen Gründen, Ärzte zu Rate zu ziehen. Von zweierlei Kämpfen hin und her gerissen, wuchs ich einerseits als Stoikerin heran, war aber andererseits nicht imstande, die unverbesserliche Romantikerin in mir zu unterdrücken. So wurde ich von sinnlosen, aber unerschütterlichen Hoffnungen heimgesucht, von einem unerklärlichen Freudentaumel und einem spontanen Glücksgefühl überwältigt, wenn mir bewußt wurde, daß ich gut getanzt hatte, noch ehe die Rambert dazwischentreten und die Flamme ausblasen konnte. Diese alberne, hartnäckige Flamme, die so leicht zu löschen war – wie oft mußte ich im Laufe der Jahre mit meiner immer schwächer werdenden Energie versuchen, sie wieder aufflackern zu lassen.

Mit dem ganzen Ungestüm, das einer Zehnjährigen zur Verfügung steht, fliege ich meiner Mutter zur Begrüßung entgegen. Dabei bringe ich Unglücksrabe es fertig, mich in ihrer goldenen Uhrkette zu verfangen, als ich mich in ihre Arme werfe. »Um Himmels willen, Diana, jetzt hast du meine Kette zerrissen – du bist wirklich ein Tolpatsch!« Den Tränen nahe, ziehe ich mich zurück; ich habe sie nie wieder umarmt. Vollkommen gleichgültig gegenüber den Gefühlen anderer, nannte sie mich von dem Augenblick an »Tolpatsch«.

Dabei war meine Mutter keinesfalls ein Unmensch. Ihr war lediglich die falsche Rolle zugeteilt worden, wie einer Schauspielerin, die sich voller Energie auf eine Rolle stürzt, für die sie durchaus nicht geeignet ist. Dies tat aber ihrem Talent als Lebenskünstlerin keinen Abbruch. Sie war musikalisch sehr begabt und besaß einen gewissen naiven Charme. Ich möchte behaupten, daß sie auf der Stufe eines vierzehnjährigen Wunderkindes stehengeblieben war: kindlich und infantil, voller Vitalität, total egoistisch und keiner objektiven Reaktion fähig, gleich einer abgelösten Netzhaut, die die Sicht trübt. »Wenn sich die Ballerina bewegt, bebt das ganze Haus«, sagte sie, als ich mit gewohnter Hektik aus dem Zimmer stürzte und dabei mit einem Stuhl zusammenstieß. »Liebling, dein Haar *starrt* wieder mal wild um sich«, pflegte sie zu sagen, wobei sie geistesabwesend die Masse der dunklen, krausen Wolle auf meinem Kopf betrachtete. Schmerzlich war, daß sie recht hatte. Ein ungerechtes Urteil kann man beanstanden, aber der Pfeil, der ins Schwarze trifft, tut weh. Er tat allerdings lange nicht so weh wie die Bemerkung der Rambert über »all diese Negerkrause«, wobei sie roh an einem widerspenstigen Haarbüschel riß. Ich wurde mir eher als die meisten anderen Kinder meines Aussehens bewußt. Das ging auf eine Vorstellung zurück, die die Rambert im Scala Theater in Soho veranstaltete, in der ich als Neuneinhalbjährige ein Rosenblatt darstellte. Dabei spießte ich mir mit dem mir eigenen Geschick die bloße Ferse auf einem aus den Brettern herausragenden Nagel auf und hüpfte, eine deutliche Blutspur hinterlassend, begeistert auf der Bühne herum. Mit elf Jahren war ich felsenfest davon überzeugt, daß ich furchtbar häßlich sei. »Augenbrauen wie George Robey« (ein berühmter Komiker, dessen Markenzeichen schnauzbartähnliche Brauen waren), sagte die Rambert, während sie sich befleißigte, anderen Mädchen wegen ihrer »goldenen Locken« und »gutgeschnittenen Gesichtszüge« Komplimente zu machen.

Der Unterschied zwischen den beiden Frauen, die meine Kindheit beherrschten, bestand darin, daß meine Mutter meistens völlig ungeniert und unbewußt lieblos war, während das Verhalten der Rambert mir gegenüber aus einem unerklärlichen Grund Absicht zu sein schien. Nach einem Unterricht, in dem wieder einmal vergiftete Pfeile auf mich niedergeprasselt waren, hörte Griselda, die im leeren Studio wartete, während ich mich umzog, wie zwei Damen, die sich den zweistündigen Unterricht angesehen hatten, Mim (Abkürzung für Miriam,

Ramberts Vornamen) fragten, warum sie denn mit diesem hochtalentierten Kind so hart umspringe. »Oh«, gab diese ohne Zögern zur Antwort, »sie ist dermaßen begabt, daß ich fürchte, sie könnte sich zu viel einbilden, deshalb setze ich ihr einen Dämpfer auf.« Ach Sigmund, was hättest du wohl aus dieser lässig vorgebrachten Heuchelei herausgelesen?

So kam es, daß ich mich, abgesehen von unseren gemeinsamen Sommerferien, immer mehr von meinen Geschwistern entfernte. Gerard besuchte nach englischer Sitte ein Internat, während Griselda durch die Tagesschule tänzelte und bis zum Schulabschluß die unbesiegbare Erste in ihrer Klasse blieb. Sie und Gerard waren gut freund miteinander und selbsternannte Intellektuelle, die Bücher geradezu verschlangen. Ich dagegen, von langsamerer Denkungsart und durch die anstrengende Hin- und Herfahrerei in permanenter Zeitnot, mußte jede freie Minute im Kinderzimmer oder im Bus nutzen, um mir den Lehrstoff, von gleichschenkligen Dreiecken bis zu Sonetten von Shakespeare, einzuprägen. Ich lief Nanny jedesmal davon, um nach Hause zu kommen und den Tee so schnell wie möglich hinter mich zu bringen, damit ich mich bald auf meine Hausaufgaben stürzen konnte. Griselda, die sich längst ihrer Schularbeiten entledigt hatte, pflegte sich dann auf dem Fußboden und später auf dem Sofa in Smollett, Fielding und Richardson zu vertiefen und sich alle Bücher mit einer beneidenswerten Geschwindigkeit einzuverleiben.

Unsere Großeltern mütterlicherseits wurden von uns »Goggo« und »Gannerwanner« genannt. Sie hatten sich nach Großvaters Pensionierung am Rande des Dorfes Rusthall ein hübsches kleines Haus im Tudor-Stil gekauft. Großvater hatte auf den vier Morgen, die zu Rusthall Cottage gehörten, einen zauberhaften Garten angelegt, und mit seinen beiden Gärtnern, Kemp und West, pflanzte er alle möglichen Arten von Blumen, Obst und Gemüse an, sehr zur Freude von uns Kindern, die wir unsere Sommerferien dort verbrachten und in einem möblierten Zimmer im Dorf wohnten, während unsere Mutter bei ihren Eltern blieb.

Das waren glückliche Zeiten. Kent war damals noch unberührt. Gerard und ich lernten schon früh radfahren und brausten zum verständlichen Leidwesen unserer Mutter fast jeden Morgen davon, um die Landschaft da, wo sie uns das meiste zu bieten hatte, auszukundschaften. Mein Großvater pflegte Nanny in den Gemüsegarten zu begleiten, um frische Erbsen, Feuerbohnen, Kohl, Blumenkohl und Kartoffeln auszusuchen, die unsere Hauswirtin kochen sollte, während wir Kinder das jeweilige reife Obst pflückten: Stachelbeeren, Himbeeren, Erdbeeren, Kirschen (von jedem Dutzend durften wir eine essen), während Gannerwanner Nektarinen und Pfirsiche von den Spalieren an der roten Mauer erntete. Ich durfte mit ihm und seinem riesigen, übelriechenden Blechtrog zum Hühnerhof gehen, wo er den dampfenden Inhalt in lange Blechnäpfe schüttete und ich die noch warmen, mit Kot und winzigen Federn verklebten Eier einsammelte. Sein ganzer Stolz war eine herrliche Staudenrabatte, die den Krocketrasen säumte. Einen liebenswerteren, prächtigeren Großvater hätte sich kein Kind wünschen können. Wenn er Gerard nur mit einem milden »Verflixt noch mal, Sir, was haben Sie mit meiner Fahrradpumpe gemacht?« rügte, schaute der acht- oder neunjährige »Sir« zerknirscht drein und fischte sie aus der Taxushecke hervor, wo sie unerklärlicherweise seit unserer letzten Unternehmung – nämlich Glockenblumen in der Nähe von Ashdown Forest pflücken – gelegen hatte.

Das einstige Tudor-Haus war um einen Salon und zwei Schlafzimmer vergrößert worden. Überall roch es nach Bienenwachs und Kampfer oder nach Rosen, die in großen, chinesischen Schalen schwammen. Das Haus war in einem Stil möbliert, der wenig Geld und viel Geschmack verriet. Obgleich meine Großmutter eine Köchin hatte, kochte sie doch gegen Ende des Sommers ihre Marmelade selbst ein. Sie rührte sie in der Diele über dem Kaminfeuer, und zwar, wenn ich mich recht erinnere, in einem großen Kessel, dessen Inhalt das ganze Haus mit seinem Duft erfüllte, der selbst Bienenwachs und Rosenduft überlagerte. Wir Kinder bewaffneten uns mit Untertassen, auf die köstliche Häufchen von Erdbeer-, Himbeer-, Kirsch-, Quitten- oder schwarzem Johannisbeerschaum gekleckst wurde: kochendheiß, rot, rosa oder violett. Mit Blechlöffeln kratzten wir sie ab und bekamen Schnurrbärte davon, so sehr wir uns auch bemühten, noch die allerletzten herrlichen Tropfen der entstehenden Marmelade aufzulecken.

Ich wußte (und weiß es bis heute), wo jeder Obstbaum, jeder Busch und jedes Spalier im Garten standen. Ihnen galt all die Liebe, die ich in meinem schwärmerischen Kinderherzen zu dem Genius loci hegte. Und nachts quälte ich mich mit dem Gedanken, daß es eines schrecklichen Tages Rusthall womöglich nicht mehr geben würde: Krocketstunden, Picknicks zwischen Fingerhutblumen, die Wespennester im Speldhurst Wald, auf dem Weg dahin das Feld am Hang, das wir hinunterkollerten, Nannys Zorn, wenn wir durch Kuhfladen preschten und wie die Verrückten durch Scharen aufdringlicher Zigeuner und »Pearlies« radelten (Pearlies waren Straßenhändler, die Ende August aus London kamen, um den merkwürdig riechenden Hopfen auf den reihenweise angelegten grünen Feldern, an denen wir vorbeibrausten, zu pflücken), aufgeschlagene Knie von zahllosen Stürzen vom Rad. Hier kam ich meinem mir haushoch überlegenen Bruder so nah wie nirgends sonst.

Von dort entführte der arme, geduldige Cecil Harcourt schließlich meine Mutter, verfrachtete sie in den Beiwagen seines Motorrades und fuhr mit ihr zu der kleinen, von Brombeersträuchern umgebenen Kirche im Park. Sein erster Versuch, meine Mutter zur Heirat zu bewegen, scheiterte offensichtlich, und sie blieb störrisch ganz hinten in der Kirche sitzen. Ich kann nur vermuten, daß eine Mischung aus Aberglauben, Treue zu meinem verstorbenen Vater, Eigensinn und purer Bockigkeit sie von diesem Schritt abhielt. Bei seinem zweiten Versuch gelang es Cecil allerdings, sie umzustimmen, und so wurde sie Mrs. Cecil Harcourt (wenn sie ihn auch immer trotzig »mein Seemann« nannte und nie »mein Mann«, wenn sie ihn Dritten gegenüber erwähnte). Er war jünger als sie und fuhr während unserer Kindheit die meiste Zeit als Marineoffizier zur See. Er erwies sich als guter und liebevoller Stiefvater, aber meine Mutter liebte er über alles, so daß ich mir nie sicher war, ob er uns nicht zerhackt und gebraten hätte, wenn sie je unter Hunger zu leiden gehabt hätte. Selbstverständlich steckte Mama ihn in die Tasche, spielte ihm Temperamentsausbrüche und kleine Wutanfälle vor, die ihm Tränen der Hilflosigkeit in die Augen trieben. Griselda und Gerard, denen er hoffnungslos altmodisch und wenig kultiviert erschien, mochten ihn nicht so wie ich. Ich aber hätte ihn liebend gern getröstet, wenn er bei solchen absichtsvollen Temperamentsausbrüchen nervös mit dem Kleingeld in seiner Hosentasche klimperte und mit feuchten Augen aus dem Musikzimmer sah, voller Verlangen, den Hafen, aus dem er kurzerhand verbannt worden war, wieder anlaufen zu dürfen. Aber ich war viel zu jung und naiv, um zu begreifen, daß all dies zum Erfolg einer Ehe beitrug, die bis zum Tode meiner Mutter im Jahre 1950 halten sollte. Seine Verehrung für Mama, die diese mit ihren Wutanfällen und Forderungen nährte, spornte Cecil dazu an, vom Marineminister der Admiralität zum Zweiten Seelord Seiner Majestät und zum Gouverneur von Hongkong befördert zu werden. Es folgte seine Erhebung in den Ritterstand, und schließlich wurde er Oberbefehlshaber Nore.

Was für eine beneidenswerte Frau, die das eine besaß, ohne auf das andere verzichten zu müssen, und die ihre professionelle Karriere zielstrebig und unbeirrt zu den musikalischen Soireen in Mulberry House umgestaltete, wozu sie uns alle mit ihrer offenkundig ganz natürlichen Egozentrik ausnutzte. Mit ihrem Charme erreichte sie alles. Wenn es ihr zweckmäßig erschien, täuschte sie rätselhafte Beschwerden vor, um wieder auf der Bildfläche zu erscheinen und Bewunderung für ihr Durchhaltevermögen und ihre Stärke zu ernten, wenn sie des Spielchens müde war. Jede Art von Snobismus war ihr fremd – ein sympathischer Zug. Während der harten Jahre, in denen wir von der Hand in den Mund lebten, um Mulberry House halten zu können, gönnte sie sich selbst nie etwas. Als ein reicher Freund sie einmal fragte, warum sie dritter Klasse reise, gab sie prompt und liebenswürdig zur Antwort: »Weil es keine vierte gibt.« Solche Dinge nahmen uns für sie ein, ob wir es wollten oder nicht, und dämpften Ärger und Verzweiflung. Sie war wirklich *sui generis*, und die Sehnsucht meiner frühen Kindheit nach einer eher mütterlichen und warmherzigen Mutter verblaßte allmählich, als ich lernte, von mir abzusehen und sie als eine hochbegabte und attraktive Frau zu bewundern.

Da ich einen Großteil meiner Zeit damit verbrachte, zwischen Notting Hill Gate und Roland Gardens (dort befand sich Miss Robesons Schule für junge Mädchen) hin und her zu pendeln, lebte ich praktisch von meiner Familie getrennt. Dieser Zustand entsprach durchaus der damaligen Lebensweise der oberen Mittelschicht in England. Die Väter waren entweder dienstlich abwesend oder verbrachten die meiste Zeit bei ihrer Arbeit. Die Mütter steckten den Kopf ins Kinderzimmer, um guten Morgen zu sagen, oder erschienen am Abend wunderschön gekleidet als Traumgestalt auf ihrem Weg zu einem Dinner. Die Kinder hatten ihre eigene kleine Welt von Tag und Nacht in den im obersten Stockwerk gelegenen Kinderzimmern. Später gingen die Söhne zur *prep-school* und anschließend zur Public School und die Töchter zu den Tagesschulen, wo der Unterricht immer mehr Zeit in Anspruch nahm. Glücklicherweise haßte meine Mutter die Vorstellung, Mädchen in ein Internat zu stecken. Gleichermaßen lehnte sie es ab – sie, die selbst auf dem Kontinent groß geworden war –, uns auf eine Schule zu schicken, in der Uniformzwang herrschte. Daraus ergab sich für uns allerdings die Peinlichkeit, daß wir von unserer Pariser Großmutter, Guggan, eingekleidet wurden und in der eleganten französischen Garderobe, die sie massenweise nach London schickte, entsetzlich von unseren Mitschülerinnen in ihren ausgeleierten Pullovern und unförmigen Röcken abstachen. Unsere Verlegenheit erreichte ihren Höhepunkt, als Lord Carter Tut-ench-Amuns Grab geöffnet hatte und Griselda und ich in Baumwollkleidern mit dem Muster ägyptischer Hieroglyphen und mit riesigen orangefarbenen Schilfrohrhüten aus Madagaskar auf dem Kopf zur Schule schlichen. »Was in aller Welt haben die kleinen Goulds denn jetzt wieder an?« rief eines von den älteren Mädchen, die auf dem Schulweg direkt hinter uns gingen. Das trieb uns die Schamröte ins Gesicht. Ach, diese Sehnsucht, sich anzupassen, dazuzugehören, ein normales Kind im damaligen England zu sein! So wie Webb sich nach einfachen Pellkartoffeln gesehnt hatte, sehnte ich mich nach einem langweiligen, marineblauen Trägerrock, dicken schwarzen Baumwollstrümpfen (unsere Röcke und Kleider waren, der Pariser Mode entspre-

chend, kurz, und unsere Beine steckten in weißen Kniestrümp-
fen) und nach Sandalen, die Seifenschalen ähnelten.

»Also gut«, sagte Mama, als ich sie bat, mittwochs nachmittags am Schulsport teilnehmen zu dürfen. Auf diese Weise
würde ich die heißersehnte Turnuniform tragen müssen. »Ich
glaube, ich muß nach dem Vormittagsunterricht zum Mittagessen dableiben«, fügte ich ängstlich hinzu. »Na gut«, sagte
Mama. Sie war sich über das Ausmaß dieser Vorschrift sicher
genausowenig im klaren wie ich. Es war mein erstes britisches
Essen: Lammfleisch, dunkelbraun und zäh wie Leder, ein
Durcheinander von undefinierbarem grünen Gemüse, das wie
der Seetang an einem alten Boot von Wasser troff, angegrauter
Kartoffelbrei und das Ganze lackiert mit einer dicken, rotbrau-
nen Sauce. Ich glaube, es war diese Sauce, die mir den Rest gab.
Ich mußte fürchterlich würgen und schoß mit hervorquellen-
den Augen, eine Hand fest auf den Mund gepreßt, aus dem
Speisesaal, rannte die steinerne Hintertreppe hinunter und
erbrach alles im Klo der Unterstufe.

Niedergeschlagen und beschämt gab ich den Turnkittel zurück, und Mama wurde die Sportgebühr gutgeschrieben. Ich
war im Sport sowieso nie gut gewesen.

Und dann kam der so gefürchtete Augenblick, über den ich
mir zwar schon lange Sorgen gemacht, den ich aber verdrängt
und in das hinterste Schlupfloch meiner vagen Hoffnungen
verbannt hatte. Ausnahmsweise hatte Nanny uns zum Kinder-
gottesdienst begleitet, weil »Papa« und Mama plötzlich nach
Tunbridge Wells abgereist waren. Auf dem Rückweg verkündete
uns Nanny, daß unser geliebter Gannerwanner in der Nacht
davor gestorben war. Der Schlag raubte mir fast die Besinnung.
Im Alter von fast zehn Jahren begreift man den Tod als einen
Schatten, der einer anderen und bösen Welt angehört. Seine
Unerbittlichkeit weckt die noch schlummernden Sinne mit
schrillem Ton auf, und dieses jähe Erwachen ist schmerzhaft.
Mir wurde von dem Schock ganz schwindelig, und während wir
weiterstapften, wandte ich den Kopf von Nanny ab, sah durch
einen Tränenschleier die Schaufenster an meiner Seite, bemühte mich, die Tränen hinunterzuschlucken, schniefte und
sehnte mich danach, allein zu sein, damit ich all meinen

40

Schmerz, meinen ersten wirklichen Verlust herausweinen konnte. Mit dem Tod dieses gutaussehenden, eleganten und liebevollen Mannes würde auch die Schönheit und Geborgenheit von Rusthall verschwinden und damit der einzige schöne, warme und fröhliche Abschnitt meines jungen Daseins.

Goggo reagierte stoisch, war aber sehr verloren. In ihrer Trauer spürte ich eine Reue, die ich noch nicht ermessen konnte. Ich glaube, sie gehört zwangsläufig zum Verlust eines Menschen, mit dem man den größten Teil seines Lebens verbracht hat. Insgeheim erinnert man sich an Lieblosigkeiten in Augenblicken der Uneinigkeit; kleine Sünden tauchen wieder auf, verhöhnen die trauernde Seele und verursachen ein Leid, das nicht mehr gelindert werden kann. Goggo kam im Sommer mit uns, und ich mußte das Schlafzimmer mit ihr teilen. Die ganze Nacht lang stöhnte sie: »Oh Will! Oh Will!« und weinte leise vor sich hin, während ich so tat, als schliefe ich und mir die Finger in die Ohren steckte, um ihren unerträglichen Schmerz nicht mit anhören zu müssen. Mein ganzes weiteres Leben habe ich mit dieser frühzeitigen Lektion über den Verlust eines nahen Gefährten gelebt: Man muß sich wie amputiert vorkommen, so daß man sich nur im Kreise drehen kann, bis das Gleichgewicht zumindest teilweise wiederhergestellt ist, das Herz sich beruhigt und damit abgefunden hat, die Überbleibsel eines aufgelösten Lebens neu zusammenzufügen.

Genau das gelang Goggo. Da sie nun allein war, verkaufte sie Rusthall und den größten Teil ihrer eleganten Möbel. Eines Tages rief sie meine Mutter an und lud sie nach Stanhope Gardens in ihre kleine Wohnung ein, die aus drei Zimmern, einem Bad und einem kleinen Herd bestand, auf dem sie ihr Abendessen kochte. Mr. und Mrs. Balcomb, pensionierte Hausangestellte, die in dem umgebauten Gebäude als Hausmeister fungierten, versorgten Goggo mit Mittagessen und kümmerten sich auch sonst um sie. Goggo war guter Dinge und stolz auf ihre Leistung. Ich dachte an das Einkochen der Marmelade, an die Unmengen von Blumen, an das Obst und Gemüse, das jetzt alles gekauft und bezahlt werden mußte, an ihre ehemaligen Dienstboten, an die herrliche Landluft und den weiten Raum. Sie aber erwähnte nie etwas davon, blickte nie zurück und brachte es fertig, von der damals jämmerlichen Pension eines Generals zu leben und irgendwie immer noch Geld übrig zu haben, um uns nach Italien in die Ferien mitzunehmen, um die Massagen für meine muskulösen Beine zu bezahlen oder um uns Stoff für eine Schneiderin zu schenken. Darüber hinaus war sie ausgesprochen talentiert: Sie zeichnete wie ein Engel und konnte imitieren wie ein Teufel. Auf jeder Party scharten sich die jungen Männer um sie. Man liebte sie wegen ihrer reizenden Keckheit, ihrer Schlagfertigkeit und ihres Charmes, Eigenschaften, die mit ihrer Generation ausstarben. Die geliebte Goggo war mein ganzes Leben lang eine Zuflucht für mich und von meiner anderen Großmutter, Guggan, so grundverschieden wie nur irgend möglich: Goggo, unabhängig, begabt, einfallsreich, Tochter eines Generals, atemberaubend schön und schon mit achtzehn Jahren verheiratet. Nie hatte sie genug Geld und brachte es trotzdem fertig, immer elegant auszusehen. Goggo, deren Geschichten so faszinierend waren, daß sie für mich die beste Gesellschaft war, an die ich mich erinnern kann. Vielleicht war sie ein wenig zu gefühlsbetont, dafür aber war sie schön und lebhaft. Goggo, die sich voll und ganz der Karriere ihrer glänzend begabten Tochter widmete, bis diese heiratete. Wie bewundernswert, ja beneidenswert im Vergleich zu meiner Mutter, die auf alle meine jugendlichen Beschwernisse, waren sie nun körperlicher oder seelischer Natur, überaus gleichgültig reagierte, mir nie mit Rat und Hilfe zur Seite stand, sondern in ihrer kühlen, unbeteiligten Art immer nur etwas zu kritisieren hatte, so als hätte sie die Untiefen und Klippen einer Karriere nie selbst erfahren. Vielleicht lag ihre Gleichgültigkeit ja tatsächlich daran, daß Goggo ihr alle Mühen abgenommen hatte und sie von der Kehrseite eines Lebens auf der Bühne wirklich keine Ahnung hatte.

Selbst meiner kindlichen Beobachtung blieb der Gegensatz zwischen Goggo und Guggan, die aus einer wohlhabenden Familie stammte und, kaum der Schule entronnen, ihren Cousin ersten Grades geheiratet hatte, nicht verborgen. Guggan, die bis zu ihrer Heirat niemals mit Geld umgegangen war, hatte sich mit ihrem Mann, meinem Großvater Gerard Louis Eugène Gould (nach seinem Patenonkel Louis Napoléon III.

benannt), in Paris niedergelassen. Sie war eine von drei ausgesprochen schönen Schwestern, die nur den goldenen Käfig einer reichen Familie aus der Zeit Eduards VII. kannten. Die Goulds lebten in vollkommener Disharmonie in ihrem großen, dunklen Haus in der South Street, das vom Hyde Park und von der Jesuitenkirche in der Farm Street gleich weit entfernt war. Zwischen beiden pendelten die diversen Familienmitglieder hin und her, wenn sie nicht gerade miteinander stritten. Meinen Großvater Gould sollte ich nie kennenlernen. Er aß leidenschaftlich gern und teilte diese Vorliebe mit meiner Großmutter. Der Familienhistorie zufolge soll er, erst Anfang dreißig, nach einer gastronomischen Exkursion im Grand Hotel in Paris an geplatztem Magen gestorben sein. Mein Vater, ein einsames Einzelkind, wurde in Englisch unterrichtet, damit er nach Eton gehen konnte. Nach Aussage seines guten Freundes Harold Nicolson hatte er wunderschönes, goldenes Haar (»sogar noch schöner als deins, Yehudi«, sagte Harold, als wir ihn von der Schweizer Botschaft in London, wo Yehudis fünfzigster Geburtstag gefeiert worden war, nach Hause fuhren), galt in London als bestangezogener junger Mann, war geistreich, klug und bequem, und ich kann mir vorstellen, daß er meine Mutter als ein bezauberndes, talentiertes Kind betrachtete. Er kleidete sie bei Paul Poiret ein, dem Dior jener Zeit, und ich erinnere mich, daß diese exquisiten Kleider in den sparsamen Jahren nach seinem frühen, schockierendem Tod so lange getragen wurden, bis sie fadenscheinig waren. Er soll gesagt haben, »in sexueller Hinsicht gleicht meine kleine Frau einem zusammengeklappten Regenschirm«. »Du liebe Zeit«, rief er angesichts einer Gruppe englischer Gentry aus, die sich intellektuell und künstlerisch gab, »das sind Leute, die gemeinsame lange Spaziergänge unternehmen und sich dann unter Eisenbahnbrükken mit Spiritus abreiben!« Es heißt, daß ich mich schwertat, stubenrein zu werden; so sagte mein Vater von mir als Zweijähriger: »Meine älteste, unverheiratete Tochter hält solche Utensilien für neumodisch und affektiert«. Etwa acht Jahre nach seinem Tod, als mein Bruder nach Eton ging, blieb der alte Lehrer Mr. Brinton noch etwas länger, um ihn in dem Haus, wo sein Vater einst so beliebt gewesen war, willkommen zu heißen… Lässig, elegant und amüsant wie er war, hätte er die Zeit zwischen den beiden Weltkriegen, in die er schlecht gepaßt hätte, nicht sonderlich genossen. Ich hätte ihn aber so gern gekannt.

Rusthall war also für immer verloren. Als meine Mutter ihre Aversion gegen alles, was sie an meinen Vater erinnerte, und die schmerzlichen Assoziationen an das Gemeinsame in diesen kurzen fünf oder sechs Jahren überwunden hatte, entschied sie, daß wir wieder nach Frankreich fahren sollten. Zusammen mit einer sehr nahen Freundin – ebenfalls Kriegerwitwe – und deren zwei kleinen Söhnen entschloß sie sich, das Wagnis zu unternehmen. Gerard hatte gerade in Eton angefangen, ich war elf und Griselda neun Jahre alt. Wieder einmal blinkte ein Licht am Ende des immer länger werdenden Tunnels, der durch den Wettkampf zwischen Schule und Ballettunterricht entstanden war.

Zunächst mußten jedoch der endlose Drill des Sommerhalbjahrs sowie meine Angst vor den bevorstehenden Prüfungen und die täglichen Fahrten mit dem 31er nach Notting Hill Gate zum Spießrutenlaufen bei Madame Rambert mit ihren beißenden Bemerkungen durchgestanden werden. Kein Wunder, daß mir das England meiner Kindheit und Jugend grau, kalt und arthritisch erschien mit seiner verbogenen und filzigen Struktur von Regeln und Verordnungen, mit seiner Unbeweglichkeit und seiner Unbequemlichkeit, die man ignorieren sollte, und mit seiner feuchten Kälte, die man wie eine zum Leben gehörende Krankheit bekämpfen mußte. Ich konnte die Aufregung vor dieser Reise in das Land, dessen Sprache wir zu Hause sprachen und dessen Kultur beiden Eltern vertraut war, kaum zügeln. Mit Sicherheit würde die Sonne auf der anderen Seite des Kanals scheinen! Die Ferienstrände der Normandie lockten, als das Schulhalbjahr endlich hinter uns lag, das Gekrächze der Rambert sich in ein fernes Echo verflüchtigt hatte und wir endlich das Wasser in Richtung Cherbourg überquerten. Wir stapelten unsere Fahrräder und das Gepäck auf den uralten Bus und ertrugen fröhlich die Gerüche von gackernden Hühnern, ungelüfteter Kleidung, Schweiß und schlechtem Atem, als wir über die Halbinsel nach Carteret holperten und ratterten, unserem Hotel zweiter Klasse entgegen, das einen Kilometer von dem langen Strand entfernt an der Seemündung lag. Geblendet von dem Glanz eines fremden, südländisch anmutenden Landes, schmolzen alle Mängel vor unseren jugendlichen, begeisterten Augen dahin.

Nackte Dielenbretter, harte Holzbetten und ein übelriechendes Klo am Ende des Ganges wurden durch das wunderbare Essen, den frischen Fisch, das frische Brot und das ebenso frische Gemüse ausgeglichen. Alles war auf das feinste zubereitet, mit der Wertschätzung, welche die Franzosen ausschließlich dem, was sie essen, anziehen und künstlerisch schaffen, entgegenbringen, nicht aber der Menschheit im allgemeinen. Lang ausgedehnte Mahlzeiten mit fünf oder mehr Gängen wurden vom einheimischen Apfelwein begleitet, der meinen Bruder nach dem Essen allerdings aus der Rolle fallen ließ. Meine Mutter wandte sich um Hilfe an den örtlichen Priester, der durch eine schmierige, grünschwarze Soutane auffiel, mit den Dorfjungen am Strand Fußball spielte und mit dem sie in ihrer impulsiven, charmanten Art Freundschaft geschlossen hatte. Er antwortete: »Chère Madame, votre fils est tout simplement ivre.« [Liebe gnädige Frau, Ihr Sohn ist ganz einfach betrunken.] Gerard, dem fortan der starke Apfelwein verboten war, verwandelte sich wieder in einen normalen Dreizehnjährigen, und Mama brauchte sich nicht mehr mit einem betrunkenen Flegel abzuplagen. Eigentlich schade – der Apfelwein muß köstlich geschmeckt haben.

Wir verbrachten jeden Morgen an dem wundervollen Sandstrand und gewöhnten uns bald an das kalte Meer mit seiner aufregenden Brandung. Bei Ebbe lief das Wasser bis zu gut 500 Metern ab, so daß wir um die vorspringende Landspitze herumgehen konnten, wo große Steine wie von Riesen geworfene Würfel herumlagen und gewaltige Felsblöcke, von kleinen Tümpeln durchlöchert, in denen Garnelen gestrandet waren. Wenn wir unsere Kinderfinger neugierig in leuchtend rotbraune Seeanemonen steckten, schnappten sie ärgerlich zu. Auch große Haufen Tang lagen dort und alle möglichen Arten von Meeresalgen mit Blasen, die man zum Platzen bringen konnte, und mit breiten, schleimigen Bändern, die an langen Schwänzen hingen, an denen wir sie durch den nassen Sand schleiften oder in den anrollenden Wellen sauber wuschen.

Ein romantisches, malerisches Kinderparadies, das ungeahnte Möglichkeiten für Abenteuer eröffnete und Gelegenheiten bot, weniger leichtfüßigen Nannys und Eltern zu entkommen. Ganze Tage konnte man an dem weiten Strand zubringen und dem Meer nachrennen, wenn die Tide im Kanal es noch weiter nach draußen zog. Wir platschten hinein und hinaus und schwammen wie kleine kräftige Amphibien unter den brandenden Wellen hindurch und über sie hinweg. Nur widerwillig verließen wir zum Mittagessen das Paradies, um an den langen Augustnachmittagen glücklich an den Strand zurückzukehren. Bei zunehmender Dämmerung trotteten wir nur ungern in unser zweitklassiges Hotel zurück. Dort tupften wir müde, aber glücklich unsere von scharfen Krebsscheren zerkratzten Knie ab und hüteten unsere Eimer, die mit salzig und fischig riechenden Trophäen gefüllt waren: Muscheln, halbtoten Garnelen und bunten Glassplittern. Wir maulten, weil wir die sauer-grüne Beute von Meeresalgen zurücklassen mußten, deren herrlich schleimige, meterlange Rüschen die langweiligen Kopfenden unserer Betten so sinnig geschmückt hätten. Hinter fedrigen Tamarisken klauten wir Feigen, die schwer über die Mauern der Obstgärten hingen, oder sammelten heruntergefallene Mostäpfel auf. Nanny mit ihrer scheußlich riechenden Thermosflasche, in der die letzten Tropfen des starken schwarzen Tees getrocknet waren, trieb uns wie ein verdrießlicher alter Schäferhund vor sich her.

Arme Nanny. Wie muß sie sich im Angesicht von *Tripes à la mode de Caen* oder *Raie au beurre noire* nach ihren geräucherten Heringen (»Ardbroach smokies«) und ihrem Hammeleintopf gesehnt haben. Ich glaube, daß auch die leckeren morgendlichen Croissants und knusprigen Baguettes ihr in keiner Weise einen handfesten Teller mit Porridge und vier Tassen starken, süßen Tee ersetzen konnten.

Unausweichlich kam der Tag heran, an dem gegen Ende der Ferien alles fertig gepackt stand zur Abreise nach Paris. Den Kampf um unsere Muschelschätze, die winzigen toten Fische und Algenranken hatten wir unter Tränen und Schmollen

46

verloren. Wir alle, Nanny, unsere Mutter und ausnahmsweise auch unser Stiefvater »Papa« beziehungsweise »Poff«, der Urlaub von der Marine hatte, bestiegen den Zug nach Carentan, wo wir Anschluß an den Schnellzug nach Paris bekamen. Nachdem wir die erste Etappe heil überstanden hatten und unser Sammelsurium von Schrankkoffern, normalen Koffern, Schaufeln und Eimern auf dem Bahnsteig gelandet war, sahen wir den gewaltigen Zug herandonnern, bis er mit dem typischen drohenden Fauchen der französischen Lokomotiven zum Stehen kam. »Poff« kommandierte die Gepäckträger in seiner besten Achterdeckmanier und seinem unnachahmlichen Französisch herum. »Prenny lar bagarge«, brüllte er, ohne den vernichtenden gallischen Blick zu bemerken, mit dem der Gepäckträger, der seinen Wagen gemächlich zu unserem Abteil schob, ihn bedachte. »Steigt ein, Kinder, steigt ein!« Wir halfen unserer Mutter die schwindelerregenden Stufen hinauf, sprangen ihr nach, suchten uns einen Platz, ließen die Fenster herunter und halfen dem Gepäckträger, alles, was hineinging, in das Abteil zu verfrachten. Nanny stand derweil auf dem Bahnsteig wie eine überflüssige Steinpyramide an einer Kreuzung. Poff sprang die Stufen zum Abteil hinauf, um einige Koffer besser unterzubringen. Er lehnte sich mit ausgestreckten, empfangsbereiten Armen aus dem Fenster und wurde, ohne es zu ahnen, Teil eines sekundenlangen lebenden Bildes, denn genau in dem Augenblick ertönte die Pfeife des Bahnwärters. Der Zug setzte sich in Bewegung, und die andere Hälfte des Bildes wurde unfreiwillig von unserer armen alten Nanny dargestellt, die zwischen den restlichen Gepäckstücken verlassen auf dem Bahnsteig zurückblieb.

Ich weiß noch, wie ich eine Sekunde lang wie versteinert dastand, als Nanny in der Ferne verschwand und meine Mutter in konfuses Jammern ausbrach. Dann sprang ich auf den Sitz und zog die Notbremse. Mit einem schauerlichen Quietschen kam der Zug zornig zum Stehen. Wütende Gesichter erschienen in allen Fenstern; es erhob sich ein großes Gezeter, ein wütender Beamter tauchte aus dem Nichts auf und spie Verwünschungen aus. Ich stieg von meinem Sitz herunter und erklärte keck, daß unser Kindermädchen mit wenig Geld und noch weniger Französisch in Carentan zurückgeblieben sei. Unbeeindruckt fuhr der Zugschaffner in seinen Beschuldigungen fort, begleitet von Sirenengeheul. Schließlich konnte meine Mutter, die die Rolle der *charmeuse de serpent* spielte, ihn davon überzeugen, daß der Zug wertvolle Zeit verlöre und es besser wäre, wenn mein Stiefvater den Zug verließe, um am Gleis entlang zu der allein zurückgebliebenen Nanny zu laufen.

So zog der grollende Zug mit gedämpften Sirenen erneut an, nachdem die Passagiere die Köpfe aus den Fenstern zurückgezogen hatten. Mama bearbeitete den Schaffner mit dem Hinweis, daß sie sich, sollte er auf einer gesetzlichen Geldstrafe bestehen, leider gezwungen sähe, sich an unsere Familienfreunde, die Rothschilds, zu wenden, denen die Eisenbahngesellschaft gehöre (reine Erfindung). Er kapitulierte, Mama triumphierte, wir drei Kinder allerdings weniger, denn der Picknickkoffer war auf dem Bahnsteig in Carentan zurückgeblieben, und wir hatten entsetzlichen Hunger. Weitaus ärgerlicher war die Tatsache, daß unser Stiefvater unbekümmert mit dem ganzen Geld und sämtlichen Fahrkarten aus dem Zug gestiegen war.

Unsere Mutter war jedoch auch dieser Situation gewachsen. An der Gare du Nord angekommen, begleitete uns der Schaffner (inzwischen Wachs in ihren Händen) zum *Chef de Gare*, dem sie unsere fatale Geschichte erzählte und den sie bat, uns doch zu gestatten, unser Gepäck ohne den heiligen *bulletin* oder Gepäckschein abzuholen. Hartnäckig weigerte er sich. Aber ebenso hartnäckig redete meine Mutter mit all ihren Überredungskünsten weiter auf ihn ein, wobei sie ab und zu von den zagen Einwänden ihrer drei hungrigen Kinder unterstützt wurde. Schließlich erkundigte er sich, wieso wir eigentlich alle so fließend Französisch sprächen – ob wir tatsächlich Engländer seien? Mama gab ihren bisherigen Lebenslauf in Kurzfassung zum besten und zog schließlich als Beweis ihrer Nationalität ihren Paß heraus. Den betrachtete der Bahnhofsvorsteher lange und mit ernster Miene. »*C'est bien vous?*« [sind Sie das?] fragte er zweifelnd und deutete auf die Fotografie. Mama, stolz bei dem Gedanken, das Bild werde ihr seiner Meinung nach nicht gerecht, bestätigte säuselnd, daß dem leider so sei. »*Ah!*

Mais beaucoup plus jeune!« [Aber viel jünger] rief er, die Ritterlichkeit des Franzosen völlig außer acht lassend. Meine Mutter, einzig und allein darauf bedacht, ihr Ziel zu erreichen, schluckte die Kränkung hinunter und wandte sich erneut dem eigentlichen Problem zu. Der *Chef de Gare* klappte, nachdem er das Bild noch einmal angestarrt hatte, den Paß zu, gab ihn ihr schroff zurück und murmelte: »*Mais, quelle femme, voyons!*« Resigniert befahl er dem Gepäckträger, unsere Koffer abzuholen und zu verschwinden.

Und so kamen wir zum erstenmal in Guggans hübsches kleines Haus in der Rue Henri Heine 29 im grünen Auteuil. Ich würde den Dingen weit vorausgreifen, wollte ich davon erzählen, daß es meine zweite Heimat werden sollte, in die ich immer wieder zurückkehrte, um meinen Ballettunterricht fortzusetzen. Hier sei nur erwähnt, daß der winzige Hintergarten, in dem sich Blumenduft mit den köstlichen Gerüchen der französischen Küche vermischte, uns Kindern alles sofort in hellstem Licht erscheinen ließ.

Nanny, Poff und der Rest unseres Gepäcks kamen um Mitternacht an.

Unsere ewig ängstliche Mutter, die sich nur innerhalb der vier Wände von Mulberry House wirklich sicher fühlte, verlor hier ihre Angst und bis zu einem gewissen Grade auch ihre unerklärliche Antipathie gegen Guggan. Zu meiner übergroßen Freude wurde beschlossen, daß dieser Familienbesuch sich fortan regelmäßig zu Ostern wiederholen sollte. Alljährlich reisten wir in unseren Aprilferien von London direkt nach Paris, diesem himmlischen Paris meiner Kindheit und Jugend, das ich in meine geheime Welt aufnahm, in der ich all die Gefühle aufbewahrte, die meine nüchterneren Geschwister vermutlich für übertrieben und vulgär gehalten hätten. Vor lauter Reisefieber hatte ich schon immer lange vorher schlaflose Nächte. Hinzu kam dann noch die Planung der in jeder Hinsicht lästigen Fahrt, hatte ich doch schon seit meinem elften Lebensjahr die Aufgabe, die reisebedingte Kopflosigkeit meiner Mutter auszugleichen. Am Victoria-Bahnhof hieß es: »Ach du liebe Zeit, ich habe die Fahrkarten vergessen!« – »Nein, Mama, sie stecken in deiner Handtasche auf der anderen

Seite.« – »Du meine Güte was meinst du, wieviel ich dem Gepäckträger geben soll?« Während meine Mutter am laufenden Band derartige Ausrufe von sich gab, zogen Griselda und Gerard sich in schönster Eintracht in ihre intellektuelle Sphäre zurück und überließen es gern dem »Kampfhahn Diana«, sich auf dieser Reise voller Hindernisse mit unserer zappeligen Mutter abzugeben. Zunächst ging es nach Dover, dann auf ein schwankendes Schiff und von Calais auf eine vierstündige Bahnfahrt nach Paris. Ich war vollkommen seefest, so daß mir weder das Schaukeln des Schiffes noch das düstere breiige Meer einen Schrecken einflößten. Nachdem ich Mama und meine Geschwister in Liegestühle verfrachtet hatte, lehnte ich mich gegen die Reling und wartete auf die vertraute Erregung, die mich jedesmal packte, wenn Calais in Sicht kam. Zur selben Zeit trat in Überlebensgröße das scheußliche Riesenbaby auf einem der Hafengebäude ins Blickfeld und pries mit neckisch hochgezogener Schulter *Savon Baby Cadum* an. Sobald ich das langerwartete Monstrum sah, wußte ich, daß ich in Frankreich angekommen war.

Schreiende Gepäckträger drängten sich um uns und griffen nach unseren Fahrrädern. Englische Kinder galten als toller Fang, wenn es darum ging, ihren Eltern Trinkgeld zu entlocken. Von wegen! Wir drei bombardierten sie mit französischen Kraftausdrücken, und ich führte sie zu unserem Gepäck. Maulend verwandelten sie sich in zwei störrische Packesel, die förmlich unter dem Kofferberg verschwanden, den sie mit dem nur französischen Gepäckträgern eigenen Geschick festgeschnallt hatten. So stolperten wir die Gangway auf französischen Boden hinab und auf den schnaubenden Zug zu. Mamas Trinkgeld wurde mit schrill ansteigenden klassischen Protestrufen entgegengenommen. »O je! Hätte ich ihnen mehr geben sollen?« »*Non, allez-vous-en espèce d'escargots!*« schrien wir und zogen Mama fürsorglich die hohen Stufen hinauf, suchten unser Abteil zweiter Klasse auf und setzten unsere aufgeregte Mutter in eine bequeme Ecke, wo sie mit der Litanei ihrer kleinen Kümmernisse fortfuhr. Der Zug setzte sich in Bewegung und glitt an blühenden Obstbäumen und den schönen, weiten, heckenlosen Feldern der Normandie vorbei, bis wir die nächste, von mir sehnlichst erwartete Aussicht erreichten: die bewaldete Schlucht bei Chantilly, die, kaum erreicht, als ein herrlich aufleuchtender Teppich aus frischem Grün, der die steilen Abhänge mit Blättern und Frühlingsblumen überzog, schon vorüber war. Der Herbst mit seinen feurigen Farben machte dieses Bild noch eindrucksvoller, und ich versäumte nie, es zweimal im Jahr zu begrüßen.

Paris, das wir auf diese Weise schließlich erreichten, empfing uns mit seiner ganzen Andersartigkeit. Die Menschenscharen in der Gare du Nord, die aufdringlichen Gepäckträger, der Rauch, selbst das Fauchen der Lokomotive bezeugten südländisches *empressement* und waren von einer zugleich reizvollen und unverschämten Penetranz. Verschwunden waren englische Zurückhaltung und Höflichkeit. Hier kam man sogleich mit scharfsinnigen, ungeduldigen Geistern in Kontakt. Während der ganzen Fahrt nach Auteuil bis zum Haus meiner Großmutter genoß ich die beißenden Bemerkungen des Taxifahrers, die auf jeden Fall gegen die Regierung hetzten, ganz gleich, welche politische Richtung im Augenblick vorherrschte. Ich vermute, daß der herrlich anarchistische Ton auf ein an Gehorsam und Anpassung gewöhntes Schulmädchen erfrischend wirkte und dem allgemeinen Freiheitsgefühl, das Paris immer in mir hervorrief, noch obendrein den pikanten Reiz des Verruchten verlieh.

Und nun zu Guggan. Diese ausgesprochen pummelige, kleine Frau, die den Eindruck erweckte, als bewege sich eine Teehaube auf Rollen, wenn sie auf ihren winzigen Füßen umherglitt, erinnerte leider kaum noch daran, daß sie einmal eine von drei sehr schönen Schwestern gewesen war. Guggan war der Meinung (genau wie ihr Mann), die Welt tauge ohne die Freuden des Essens nicht viel. Das erklärte auch ihren zunehmenden *embonpoint* und den großen Appetit, mit dem sie vom Mitttagzum Abendessen rollte, wovon wir natürlich ungeheuer profitierten. Frühmorgens im Duft der örtlichen Bäckereien, der durch das geöffnete Fenster drang, aufzuwachen, frische Croissants, eine fünfzehn Zentimeter lange knusprige Baguette mit Butter aus der Normandie und selbsteingemachter Marmelade zu essen und dazu Zichorienkaffee zu trinken – das bedeutete für mich schlichtweg Paris. Diese *réveille* und der Geruch heißer Metroluft, die auf die Gehsteige heraufzog, und dann das Licht, das durch die Platanen in der Avenue Mozart flimmerte, bildeten zusammen den Schatz, den ich in meinem nostalgischen Herzen bis zu unserer nächsten Reise hütete. Mein Geruchssinn war schon immer am stärksten entwickelt gewesen, und in jenen längst vergangenen Tagen hatte der Benzingestank noch nicht alle anderen Gerüche völlig überlagert. Paris war immer noch die Stadt der feinen Küche, der rituell und ehrfürchtig zubereiteten Mahlzeiten, der Bäckereien, in denen viermal am Tag gebacken wurde, wo sich die Pariser zum »Fivoclock« – ihre Vorstellung von der verachteten englischen Teestunde – trafen und im Colombin oder irgendeiner anderen *patisserie* im Stehen an kleinen runden Tischen in Taillenhöhe feierlich *millefeuilles* oder *madeleines* verzehrten und Tee tranken. Auf diese Art und Weise taten sich hauptsächlich Damen gütlich; sie waren mit Make-up vollgekleistert und rochen penetrant nach ihrem jeweiligen Parfum, in dem sie – so wenigstens schien es meiner kindlichen Nase – förmlich gebadet hatten.

Nach meiner Erinnerung machte die wunderbare Möglichkeit, an diesem kultivierten Leben teilzunehmen, einen der Reize dieser zweimal im Jahr stattfindenden Reisen aus. Hier wurden die Kinder nicht in das sterile Kinder- und Schulzimmer verbannt, hier durften sie die Welt der Erwachsenen miterleben. Zugegeben, es gab auch langweilige Pflichtbesuche im Théâtre National de l'Odéon, wo wir zur Verbesserung unserer Kenntnisse im klassischen Französisch einen endlosen Abend mit Frankreichs großem, schon damals längst überaltertem Schauspieler Sylvain über uns ergehen lassen mußten. Wenn er die Alexandriner des *Britannicus* deklamierte, pfiff er durch seine morschen Zähne wie der Wind über Dartmoor. Oder man verbrachte einen schrecklichen Abend in der Loge der Rothschilds in der Opéra, wo der Staubgeruch dem Publikum den Atem nahm, wenn der uralte Vorhang sich hob und den Blick auf eine noch viel ältere Desdemona freigab. (Die unwandelbare Treue des Pariser Publikums ist legendär. Als Sarah Bernhardt schon lange mit ihrem Holzbein herumlief oder Eidé Norena sich bereits krächzend durch die Arien der Desdemona quälte, würdigte es seine Idole von einst immer noch mit fein abgestimmtem, vermutlich der jeweiligen Situation angepaßten Beifallskundgebungen.) Garstig, wie wir Kinder nun einmal waren, erfreuten wir uns immer wieder an der Geschichte von Cécile Sorel, Frankreichs großer Tragödin, die mit der Comédie Française Ägypten besuchte. Der respektlosen Erzählung zufolge, trat die Sorel eines Nachts in die Wüste hinaus, um mit der Sphinx Zwiesprache zu halten. Als ihre Stimme in der kühlen Nachtluft verhallte, kam zur Antwort: »Maman!« Mein Bruder Gerard pflegte sich ganz nach hinten in die Loge zu verziehen (wo noch vor nicht allzu langer Zeit ein Schild mit folgender Aufschrift hing: *Les Messieurs sont priés de ne pas uriner dans les loges*), um sich immer wieder aufs neue seine Fliege zu binden. Wir bedauernswerten Mädchen dagegen mußten das uralte, abgeleierte Repertoire über uns ergehen lassen, das die Opéra in jenen längst vergangenen Tagen anbot.

Ansonsten bedeutete Paris Emanzipation, Zauber, Eleganz und französischen Stil, wenn wir zwischen der Geborgenheit des angenehmen kleinen Hauses meiner Großmutter und den grünbeschatteten Straßen hin und her pendelten, auf dem schweflig riechendem Grand Lac im nahegelegenen Bois de Boulogne ruderten und schließlich, berauscht von diesen Osterreisen, in die Disziplin und Nüchternheit Englands zurückkehrten.

3 Diaghilew: Der gütige Despot

*So wie man Wasser findet, wenn man gräbt, so
findet der Mensch überall das Unbegreifliche, bald
früh bald später.*

GEORG CHRISTOPH LICHTENBERG

*U*nd wieder Dover. Graue Aprilwolken hängen wie Bettzeug
aus einem Armenasyl drohend über den weißen Felsen. Reiß
dich zusammen, mein Fräulein, sagten sie. Keine Luftsprünge
mehr, mach dich fertig für den 31er und Miss Robesons Alge-
brastunde. Dennoch gaben die gemütlichen Gepäckträger mit
ihren freundlichen, offenen Gesichtern und ihrer Frage, ob wir
uns denn gut im lustigen »Parie« amüsiert hätten, und das
gemächliche Tempo, das so typisch ist für unser ländliches
England, meinem Herzen einen kleinen aufmunternden Stoß.
Viel später, als die Schule längst der Vergangenheit angehörte
und ich der Rambert endgültig entflohen war, konnte ich,
inzwischen erwachsener geworden, beide Länder viel besser
gegeneinander abwägen und wußte das, was jedes auf seine
Weise zu bieten hatte, zu schätzen.

Mulberry House war der Inbegriff des Schönen, wenn auch
kaum Geld da war, endlose Kalkulationen aufgestellt wurden,
Nanny immer noch einen Großteil unserer Kleidung selbst
nähte und ein zerbrochener Teller eine echte Katastrophe war.
Im großen und ganzen lebten Familien damals noch in Häusern, von den Herrenhäusern am Grosvenor Square bis hin zu
den Arbeiterhäuschen im georgischen Stil in Chelsea. Das enge
Aufeinanderhocken in Wohnungen, in denen es kaum eine
Privatsphäre, dafür aber um so mehr Reibungsmöglichkeiten
gibt, kannte man noch nicht.

Also ab in die Schule, auf zur Rambert und gelegentlichen
Wohltätigkeitsveranstaltungen, bei denen die heranwachsen-

den Schüler praktische Erfahrungen sammeln konnten. Fehlte es der Rambert auch an menschlicher Wärme, so verfügte sie immerhin über eine phantastische Energie und einen ungeheuren Ehrgeiz, was beides ihren Tänzern in der Ausbildung zugute kam. Inzwischen war Freddie Ashton einer ihrer Tänzer geworden und fing damit an, selbst wunderschöne kleine Ballette zu gestalten. *Leda und der Schwan* hatte er bereits für sich und mich geschrieben, als ich dreizehn war, und wir hatten es in einer Matineevorstellung aufgeführt, um Geld für irgendeinen guten Zweck zu beschaffen. Ich weiß nur noch, daß ich einige Minuten lang auf dem Rücken liegen mußte und daß ich in meiner Unerfahrenheit mit weit aufgerissenen Augen in die Bühnenbeleuchtung starrte, die über mir hing. Als der Augenblick gekommen war, an dem ich mich anmutig erheben sollte, um mit Freddie das Adagio zu tanzen, war ich völlig geblendet und tastete mich durch ein verschwommenes Gemisch aus phosphoreszierender Watte und Angstschweiß zu ihm. Mein Schicksal als Unglücksrabe hatte sich wieder mal bestätigt. Meine Ahnungslosigkeit beschränkte sich nicht nur auf die Bühnenbeleuchtung, sondern erstreckte sich, was weitaus schlimmer war, auf das Libretto von *Leda und der Schwan*. Fred, strahlend schön mit einer weißen Federtoque von John Barker/Kensington High Street, hatte den Vergewaltigungsakt durch die feine Sprache der Choreographie zwar sublimiert, jedoch versäumt, mich zuvor über das Verhältnis zwischen dem Schwan und Leda aufzuklären. Ich befand mich noch in der Vorpubertät, war ungewöhnlich naiv in Sachen Sexualität und kam aus einem derart asexuell eingestellten Elternhaus, daß ich später zu sagen pflegte, meine Mutter müsse uns in einem dieser Geschäfte erstanden haben, über deren Ladentür »Familienlieferant« zu lesen ist. Und so tanzte ich mit meiner üblichen Leidenschaft und Ekstase, weit entfernt von jeder sexuellen Absicht. Damals kannte ich Michelangelos unzweideutige Zeichnung noch nicht und mußte daher meinen Erfolg auf meine technische Leistung und künstlerische Begeisterung zurückführen und nicht etwa auf irgendeine raffinierte Auslegung der klassischen Legende.

Und dann, eines Tages, als ich gerade in Hochstimmung war

(denn Les Ballets Russes war nach London gekommen und meine Mutter hatte mich schon zu Matineevorstellungen von *Aurora, Les Sylphides* und *Pétrouchka* mitgenommen), rief die Rambert am frühen Morgen an und bat meine Mutter, mich anstatt zur Schule sofort zu ihr zu schicken, vorher aber dafür zu sorgen, daß ich eine saubere Tunika mitbrächte. Ich vermute, daß ich mich damals schon für den Spitznamen »Sicherheitsnadelkönigin«, den mir Freddie Ashton Jahre später verlieh, qualifizierte und man meine Kleidung nicht dem Zufall überlassen konnte.)

Das war alles: zur Ballettschule mit sauberer Tunika.

Und ich kann mich heute auch nicht mehr erinnern, wenn ich mit Wehmut an dieses neiderregende Gefühl der Sicherheit und Aufregung zurückdenke, welches das glückliche Vorrecht der Jugend ist, ob ich auch nur halbwegs erriet, wer da mit einer einwandfreien Tunika geehrt werden sollte. Andererseits weiß ich noch, wie ich mir sehnlichst wünschte, alles richtig zu machen. Gleichzeitig freute ich mich ganz einfach, daß ich die Gelegenheit dazu bekam. Wehe den unversehrten Nerven des jungen, hingabefähigen Menschen, die schon so bald verschlissen werden, wenn Angst und erste Zweifel auftauchen...

An jenem Morgen schien die Busfahrt zum Notting Hill Gate, die bis heute in meinem Herzen eintätowiert ist, endlos zu sein. Schwankend und ruckend fuhr der Bus durch den Stuckdschungel von Earls Court, vorbei an den großen offenen Warenhäusern der Firmen Pontings, Barkers, Derry and Toms, sodann mit knirschendem Getriebe und tönendem Protest die abschüssige, altertümlich verkrustete Church Street, Kensington, entlang, um einen schließlich in einer Freudschen Zukkung auf den Gehsteig zu schleudern, von wo man bereits die gotische Festung der Ballettschule von Madame Rambert sehen konnte. Mehr als ein dutzendmal warf ich einen Blick in meine kleine Tasche, um mich zu vergewissern, daß meine saubere Tunika sich noch immer dort befand, und zwar in dem gleichen jungfräulichen Zustand wie zu Beginn meiner Reise.

Endlich war ich am Studio angekommen, raste die enge Gasse hinauf, die auf der einen Seite von der abweisenden Kirche und auf der anderen Seite von der Herrentoilette eingesäumt war, stürzte keuchend in den Umkleideraum... und prallte fast zurück, so schwer war die Luft von der schrecklichen Spannung des Lampenfiebers. Die Mädchen, alle mehrere Jahre älter als ich, sahen auf den ersten Blick genauso fröhlich aus wie Schweine in einem Schlachthaus. Schnell zog ich mich in dieser seltsamen Stille um, und gemeinsam marschierten wir hinaus an die Stange. Ich gräßliches Kind war munter wie ein Zeisig. Bisher war kein Name gefallen; der hohe Gast war lediglich das Symbol eines noch nicht eingetretenen schrecklichen Ereignisses. Hatte Madame etwa den Eingeweihten verboten, ihr furchtbares Wissen zu offenbaren? Wie dem auch gewesen sein mag, die Arbeit an der Stange begann mit bleiernen Beinen, denen die grimmig entschlossene Klavierbegleitung keinerlei Erleichterung verschaffte. (Wie es damals üblich war, saß vor dem Instrument eine geduldige, halberfrorene Gestalt und hämmerte kleine Stücke aus Opernvorlagen mit Eselsohren und den erfolgloseren musikalischen Ergüssen von Komponisten des neunzehnten Jahrhunderts, deren Noten bedauerlicherweise nicht so schnell zerfallen waren wie sie selbst.) Nach den Übungen an der Stange setzten wir die übliche Tortur in der Mitte des Raumes fort.

Und dann öffnete sich die Tür, und in ihrem Rahmen stand Diaghilew.

Er sah genauso aus, wie mein Gott aussehen mußte: imposant, aristokratisch, allmächtig. Tatsächlich war er der gütige Despot im blauen Bademantel auf dem Pétrouchka-Vorhang von Benois, nur daß er diesmal äußerst elegant und diskret in Schwarz gekleidet war. Anstelle des Spitzbartes und Magierhutes sah man die wunderbare dunkle Löwenmähne mit ihrer einmaligen weißen, tierhaften Strähne.

Ich weiß nicht, was die anderen empfanden, ich habe sie hinterher auch nicht gefragt. An was *ich* mich erinnere ist das Gefühl, einen Stromschlag bekommen zu haben, als würde mein ganzer Körper elektrisiert. Es war wohl doch noch einiges übrig von der einstigen Idealistin, deren ganzes Sinnen und Trachten darauf gerichtet war, die Technik so zu beherrschen, daß sie ihre große Liebe zur Musik im Tanz zum Ausdruck bringen konnte, denn nach meiner Erinnerung hatte ich überhaupt keine Angst, nur den leidenschaftlichen Wunsch, dieses Ziel, das alle Selbstzweifel hinwegfegte, zu erreichen. Ich erinnere mich, daß uns allen, Jungen wie Mädchen, im Verlauf des weiteren Unterrichts der Schweiß nur so herunterlief. Harold Turner vollführte wunderbare Sprünge. Und dann forderte Diaghilew mich auf, eine Variation aus *Auroras Hochzeit* zu tanzen. Ich tanzte die Nelkenfee in uralten Schuhen. Er wollte noch mehr sehen. Ich erinnere mich ganz genau (mit der perversen, schadenfrohen Selbstverachtung, die zu meinen hervorstechenden Eigenschaften gehört), daß ich *enchaînement en diagnole* mit den dazugehörigen *tours en attitude* tanzte und sie, so empfand ich es damals, mit der Anmut eines kaputten Regenschirms ausführte... Er bezeigte mir jedoch sein Wohlwollen, und ich durfte mir anschließend die Lorbeeren, die ich schon einmal geerntet hatte, erneut verdienen, indem ich die Variation tanzte, die Freddie Ashton in seinem ersten abendfüllenden Ballett *Leda und der Schwan* für mich geschrieben hatte.

Der Unterricht war längst vorüber, und ich war allein, als ich meine Verbeugung machte. Ich zog mich, etwas außer Atem, in den leeren Umkleideraum zurück, mit einem flauen Gefühl, so als hätte ich nur halb zum Ausdruck gebracht, was in mir steckte.

Ich entfernte gerade einen der uralten Fußlappen, die ich bislang als angemessene Ballettschuhe betrachtet hatte, als es klopfte. Den Schuh in der Hand, hüpfte ich zur Tür, öffnete sie, und da stand mit einem hinreißenden Lächeln Gott! »Alors, ma petite fille« [So, mein Kind], sagte er mit einem wunderschönen slawischen Akzent, »tu vas venir à mon ballet« [du wirst in mein Ballett kommen], und ich, eifrig darum bemüht, meinem Gott klarzumachen, daß ich keineswegs bekehrt zu werden brauchte (was er natürlich nicht wissen konnte), da ich seit langem zu seinen Verehrern und Anhängern gehörte, gab zur Antwort: »Mais oui, Monsieur Diaghilew, je viens avec maman, ce soir!« [Aber ja, Monsieur Diaghilew, ich komme heute abend mit Mama]. Darauf erwiderte er lachend: »Non, mon enfant, je voudrais dire que tu viendras danser chez moi, comme l'a fait la petite Markova avant toi!« [Nicht doch, Kindchen, ich meinte,

daß du bei mir tanzen sollst, so wie die kleine Markova vor dir!]
Lächelnd hob er mein Kinn, offensichtlich amüsiert, daß ich
seine Worte als Einladung zur Ballettvorstellung mißverstan-
den hatte, während er mir angeboten hatte, in seiner Truppe zu
tanzen. Er lachte erneut und führte mich hinaus zu Madame,
die im Studio wartete.

All dies hatte zwischen Tür und Angel stattgefunden, und als
ich die ganze Tragweite seiner Worte begriffen hatte, entfuhr
mir unwillkürlich ein glücklicher Schluchzer, der, so hoffte ich
jedenfalls, nicht der Ehrfurcht enbehrte, die einem Gott von
seiner demütigsten Priesterin gebührt. Es folgte eine Diskussion zwischen ihm und der Rambert, wobei es um das nächste
Jahr, um Gouvernanten und meine zu erwartende Körpergröße
ging, die man an der Länge meiner Oberschenkel abschätzen
konnte. (O glückliche Zeiten, als ich noch nicht der Eiffelturm
war, zu dem ich mich später entwickeln sollte.) Außerdem
dürfe ich mich nicht überanstrengen, um nicht zu starke
Muskeln anzusetzen. (Darauf die Rambert unerschrocken:
»Aber Diana ist doch ein Aal!«) Ich dagegen war so trunken vor
Glückseligkeit, daß ich von allem nur wenig begriff. Von jetzt
an, so hieß es weiter, sollte ich, so oft es ging, die *Abend*vorstellungen besuchen (nicht nur die Matinees), damit ich mit
möglichst vielen Balletten vor Saisonschluß vertraut würde. Ich
glaube, diese Vorstellungen fanden in His Majesty's statt, und
ich besuchte sie in Begleitung von Madame. Wir saßen im
Parkett, ich in meinem besten Kleid – einer fürchterlichen
Kombination aus zwei verschieden schillernden Stücken Taft,
die von einer recht unvorteilhaften Silberspitze zusammengehalten wurden und mir das Aussehen eines mißglückten Lam-
penschirms verliehen.

Nach jeder Vorstellung nahm Diaghilew mich mit hinter die
Bühne, wo er mich der Truppe als *la seule jeune fille que
j'aimerais épouser* [das einzige junge Mädchen, das ich gern
heiraten würde] vorstellte. Ein derartiger Heiratsantrag, auch
wenn er so allgemein gehalten war, machte das Paradies, in das
ich mich so plötzlich versetzt sah, vollkommen. Hinzu kam,
daß ich meinen Idolen begegnen sollte: der Danilova und Lifar,
der entzückenden Tchernicheva, deren Obhut ich anvertraut

werden sollte, wenn ich im nächsten Jahr Mitglied in Les Ballets Russes von Sergei Diaghilew würde.

Hier war ich nun also in dem entsetzlichen rosa-malvenfarbenen Kleid, und meine Füße in den silbernen Abendschuhen, die wie bei Charlie Chaplin nach außen zeigten, betraten das Elysium... noch tanzten sie nicht darin, aber das Gras war schon ganz deutlich spürbar unter meinen entschlossen ausgerichteten Zehen.

So kam es, daß ich die gesamte letzte Woche der Tournee *La Chatte* sehen konnte, mit *la petite Markova*, vollkommen und zart wie Filigran, *Fils prodigue* mit Lifar, wunderschön und aufwühlend, und der raubkatzenhaften Doubrovska; *Sacre du printemps*, von der Sokolova hinreißend getanzt, Dolin mit seiner wunderschönen, ganz klassischen Linienführung; Wójcikowski, wild und aufregend... Es gab *Apollon musagète, Pas d'Acier*, die quälende Melancholie von *Las Meninas*. In *Schwanensee* sah ich die Danilova mit ihren ausdrucksvollen Beinen. Lifar erwies sich dabei als ein derart tolpatschiger Partner, daß ich später selbst Zeuge eines recht scharfen Wortgefechts wurde, das teils auf russisch und teils auf französisch in der Garderobe der Danilova stattfand. Die Rambert versuchte zu schlichten, und ich verkroch mich in eine Ecke in der schrecklichen Vorahnung der Dinge, die da kommen sollten.

O wie ich arbeitete, nachdem die Truppe abgereist war, und wie ich mich mit Zweifeln quälte, ob ich mich jemals als würdig erweisen würde, den Olymp zu betreten...

Die Monate vergingen mit zehn Unterrichtsstunden pro Woche. Dann kam der Sommer, den ich damit verbrachte, mich in kleinen Hotels in der Bretagne und an der Côte d'Argent an Messingbetten zu klammern, um meine Übungen an der Stange zu absolvieren. Manchmal rutschten meine Füße auf dem Linoleum aus, und das Bett entglitt meinem wütenden Griff. Manchmal war es ein splitteriger Holzfußboden mit harten Astknoten, die sich mir in die Sohlen gruben. Dennoch plagte ich mich weiter ab, ziehend, drehend, schwitzend, hoffend, verzweifelnd, und immer, jetzt ganz nah, das Bild meiner Götter und Göttinnen vor Augen, das mich alle Erschöpfung vergessen und den verführerischen Aufprall eines Tennisballs draußen auf den Plätzen oder den Lärm der im Meer planschenden Kinder überhören ließ.

Endlich war es August. An einem besonders heißen Morgen trainierte ich schon früh mit einer Hand am Waschbecken im Zimmer der Dependance eines kleinen Hotels in Guéthary, wo es aus der Bäckerei unten nach Hefe roch. Die Tür zum Nebenraum öffnete sich, Mama trat in mein Zimmer, in der schlaffen Hand eine Zeitung, und sagte das Unmögliche: »Liebling, es tut mir ja so leid, Diaghilew ist tot.« Niemand schrie: »Der König ist tot, lang lebe der König!« Denn es gab nur diesen einen Diaghilew und keinen Nachfolger.

Nichts in meinem Leben hat den Himmel je wieder ganz aufhellen können, nachdem er sich so plötzlich für mich verdüstert hatte. Damals erfand ich die Gestalt der bösen Fee, die während meiner ganzen Karriere als Tänzerin wieder und wieder mit ihren Flügeln schlug.

Aber ich war damals noch sehr jung, gerade erst der Schule entronnen, und dieses zweischneidige Schwert, das heißt der Ruhm, die letzte Tänzerin gewesen zu sein, die Diaghilew auserwählt hatte, brachte mir ein paar Vorteile ein. Während der Wartezeit vor meinem Eintritt in die Truppe hatte ich als Fünfzehnjährige im Maddermarket Theatre von Norwich meine erste Vorstellung gegeben. Wie meine Mutter erzählte, hatte ich Harold Turner 5 £ gezahlt, um ihn als Partner zu gewinnen, und ich tanzte mit der ganzen strahlenden Sorglosigkeit, derer man in dem Alter noch fähig ist; vier Jahre später war daraus allerdings ein zähneklapperndes, nervöses Wrack geworden. Nach einer Woche intensiver Proben (in der Harold mich aus Versehen auf einen Fuß fallen ließ, wobei ich mir das Gelenk verstauchte) und nachdem der ganze Krimskrams für meine Kostüme zusammengestoppelt worden war, begaben wir uns am Vorabend unserer Vorstellung nach Norwich.

Die arme Rambert litt mal wieder unter ihrer Migräne, was sich nachteilig auf unsere Darbietung auswirken mußte, denn der ekstatische Zustand der Selbstvergessenheit, der den Tänzer beflügelt, wurde durch ihr geräuschvolles Erbrechen hinter der Bühne unmöglich gemacht, übertönte es doch sogar das

Klavier, ganz zu schweigen davon, daß es einem selbst den Magen umdrehte. Wenigstens blieben uns auf diese Weise ihre gezischten Rüffel aus den Kulissen erspart, die einen oft gerade dann erreichten, wenn man richtig in Schwung war und die zu ihren unliebenswürdigsten Gewohnheiten gehörten. Unsere bescheidene Darbietung wurde trotz des vor Schmerzen pochenden Gelenks und der Untermalung von jenseits der Bühne ein Erfolg. Eine Zeitung schrieb: »Diaghilew hat sie entdeckt, und Diaghilew hat recht.« Aber ach, binnen eines Jahres sollte diese herzerwärmende Prognose für null und nichtig erklärt werden.

Die Geschichte oder das Schicksal sollte sich wiederholen.

Dem ersten Nackenschlag folgte noch ein weiteres Jahr bei der Rambert. Wieder öffnete sich während des Unterrichts die Tür, und eine äußerst ungewöhnliche Gestalt stand unter ihrem gotischen Bogen. Halb Vogel, halb ägyptische Mumie, stand dort in auffallend gerader Haltung eine kleine Frau mit totenblassem Gesicht und riesengroßen obsidianartigen Augen, seidigem schwarzen Haar und, wie ich feststellte, sehr schick, aber höchst eigenwillig gekleidet. Sie wurde wie eine Göttin begrüßt, die sie zweifellos auch war, und zu einem Stuhl vor den riesigen Spiegeln geleitet, von wo aus sie dem Unterricht folgte, und zwar mit einem völlig ausdruckslosen, furchterregenden Gesicht. Es war so, als hätte sich der Archetypus des Tanzes in Protoplasma konkretisiert, und zumindest auf mich wirkte das verwirrend und verzaubernd zugleich. Ich hatte inzwischen das Stadium der Bohnenstange erreicht, wie Diaghilew es prophezeit hatte, war dadurch für die Truppe, die sich bereits aus den Schülern der Rambert formierte, nutzlos geworden und fühlte mich miserabel, degradiert und unerwünscht. Mir war, wenn ich rechts in der vorderen Reihe tanzte, als blickte Anna Pawlowa nach links und umgekehrt. Schweren Herzens machte ich mit den anderen meinen Knicks und begab mich in den Umkleideraum. Man stelle sich meine Überraschung und Seligkeit vor, als meine Mutter zwei Wochen danach einen Brief von der Rambert erhielt, in dem stand, daß die Pawlowa den Wunsch habe, Diana Gould als Solistin zu

engagieren. Ihr Partner werde Aubrey Hitchens sein, ein hoch-
gewachsener Tänzer ihrer Truppe. Sie selbst werde nach Rückkehr aus ihrem Urlaub in Holland wieder zu ihrer Truppe
stoßen und dann mit ihr nach London gehen. Ich möchte mich
doch bei ihr im Ivy House melden, um mich mit ihr über
meinen Eintritt in die Truppe abzusprechen. Die schwarze
Wolke war wie weggeblasen, mein Olymp stand wieder im
Blickfeld, und bald schon würde ich mich wieder auf seinen
Hängen bewegen. Ein Fünkchen Zuversicht begann erneut in
mir zu glimmen und meine überlangen Glieder zu erwärmen.
Allmählich baute ich das Gefühl ab, ein großer, unerwünschter
Vogel mit häßlichem Federkleid und nutzlosen Krallen zu sein.
Ich arbeitete härter als zuvor (zur Abwechslung waren es
deutsche Hotelbetten im Rheinland, an denen ich mich festhielt). Die Tage vergingen. Nur allzu gern hätte ich den Fami-
lienurlaub abgebrochen und wäre nach London zurückgekehrt,
allerdings hätte meine Mutter für eine derartige Majestätsbeleidigung kein Verständnis aufgebracht. So behielt ich meine
wachsende Unruhe für mich, beschränkte mich auf unbe-
schreiblich langweilige Spaziergänge in den umliegenden Na-
delwäldern mit Griselda und in Gesellschaft von Herrn Professor Pfromm, der einem verkalkten Plumpudding ähnelte und
durch Wichtigtuerei seine Unfähigkeit, uns in die Schwierigkeiten der deutschen Grammatik einzuweihen, zu vertuschen
suchte. Mit der ganzen Arroganz einer Sechzehnjährigen hatte
ich sowieso längst entschieden, daß eine Sprache, in der
»Sonne« weiblich und »Mond« (mein Mond, meine Artemis)
männlich ist, völlig inakzeptabel sei.
    An einem Spätnachmittag, als wir, müde vom Klettern, wie-
der auf dem Berg des Siebengebirges angelangt waren, auf dem
unser Hotel wie eine brütende Henne hockte, empfing mich
meine Mutter erneut in ihrer Rolle als Unglücksbote. Die
Pawlowa war, wie geplant, mit dem Zug aus Südfrankreich
abgereist; auf der Strecke hatte sich zuvor ein Unglück ereignet, und alle Passagiere mußten im kalten Morgengrauen den
Zug verlassen. Nach der Ankunft in Holland hatte sich bei ihr
eine Lungenentzündung eingestellt, der eine Rippenfellentzün-
dung folgte. Die Pawlowa war daran gestorben.

Es sah so aus, als wären die verzierten Himmelsgewänder nicht für mich bestimmt.

Mein einziger Trost war, daß ich sie wenigstens einmal hatte tanzen sehen. Freddie Ashton nahm mich mit ins Ballett *Esmeralda*, das im Londoner Vorort Golders Green aufgeführt wurde. Das muß kurz nach dem Besuch der Pawlowa im Kurs gewesen sein, noch bevor sie mich engagierte. Ich war in eine andere Welt entrückt, meilenweit entfernt von der mühseligen Gymnastik der Cecchetti-Methode, zurück im Reich des Tanzes, dem dieses seltsame Wesen, halb Fee, halb Göttin, trotz ihres Alters zauberhaft Gestalt verlieh.

Hier sah man nichts von den Strukturen der Technik – sie hatte alles vergeistigt und stieg, frei wie der Vogel im Flug, in ihren Tanz auf. Obgleich ich noch ein Schulkind war, erkannte ich die Leidenschaft des Körpers, der sich voll und ganz der Bewegung verschrieben hatte. Es gab keine Trennung zwischen Geist, Herz und Körper. Alles fügte sich auf geheimnisvolle Weise ineinander, getrieben von dem einzigen Wunsch: dem Tanz zu dienen. Trotz der unvermeidlichen altersbedingten Grenzen hatte die einzelne Bewegung nichts von ihrer Leidenschaft verloren. Im Vordergrund der Bühne stürzte sie sich in eine Arabeske, die Arme in Ekstase ausgestreckt – einen Augenblick lang wurden wir von den anderen Tänzern abgelenkt, als ich plötzlich Freddies Arm drückte und flüsterte: »Fred, sie steht *immer noch da*!« Eine halbe Minute lang hatte sie diese entrückte Stellung *sur pointe* [auf einer Fußspitze] gehalten. »Dank dir, Fred«, war alles, was ich sagen konnte. Er lächelte und antwortete: »Sie sagt, du seist die einzige englische Tänzerin, bei der sie eine Seele entdeckt habe.« Diesen Satz habe ich wie einen Talisman in meinem Herzen bewahrt.

Neue schwarze Wolken zogen herauf, die nur hier und da blitzartig durchbrochen wurden: Als ich zum Beispiel die Rolle der Chiarina in *Carnaval* einübte, hatte ich als Lehrmeisterin die liebenswerteste und begabteste aller englischen Tänzerinnen Diaghilews, Lydia Sokolova (Hilda Munnings). Sie war die Güte selbst, wenn sie mich immer wieder durch den Unterrichtsraum scheuchte mit Zurufen wie: »Diana, bück dich, mehr *ballong*. Nein, mein Herz, deine Arme sehen aus wie

Wäschestücke, die im Sturmwind trocknen!« Darauf machte sie mir vor, wie es wirklich auszusehen hatte. Das tat sie mit dem für sie typischen heiteren Charme. Sie lehrte mich auch das siebte Prélude aus *Les Sylphides*, das Fokin für seine Frau geschrieben und regelmäßig an die »Bohnenstangen« im Ballett vergeben hatte. Sie unterhielt uns mit fürchterlichen Geschichten aus ihrer Zeit bei Diaghilew, von denen sich mir besonders eine tief ins Gedächtnis eingegraben hat: Zeitweise hatte sie, obgleich sie noch sehr jung war, mit gesundheitlichen Problemen zu kämpfen. Eines Abends schleppte sie sich mühsam zu dem kleinen Opernhaus in Monte Carlo, dankbar dafür, daß sie nur die Mazurka in den *Sylphides* zu tanzen hatte. Zu ihrem Entsetzen las sie am Anschlagbrett, daß sie mit Stanislas Idzikowski in den äußerst schwierigen *Bluebird*-Variationen tanzen werde. Mit fremder Hilfe gelang es ihr irgendwie, die Schminke aufzutragen. Unter großen Qualen zwängte sie sich in ihr Sylphiden-Kostüm und wankte sodann in Richtung Bühne. Dort lehnte sie sich an eine der Kulissen, um Sergei Pawlowitsch abzufangen, denn sie wußte, daß er gewohnheitsmäßig die kleine Verbindungstür zwischen dem Theaterraum und der Bühne benutzte, um nach dem Rechten zu sehen, ehe er zur Vorstellung wieder in den Saal ging. Dort stand sie nun, schwindlig und aschfahl unter dem trüben Kontrollämpchen. Ihr Herz hämmerte vor Angst, als sie Diaghilew durch die Türe kommen sah. »Sergei Pawlowitsch«, sagte sie, »ich kann heute abend unmöglich in *Oisean bleu* tanzen.« Er blickte sie durch sein Monokel eisig an und gab zur Antwort: »Du darfst sterben, aber du darfst beim Tanzen nicht krank werden.« Er sah zu, wie sie ohnmächtig zu Boden sank, stieg vorsichtig und mit Widerwillen über ihren ausgestreckten Körper hinweg und verschwand in seinem Büro hinter der Bühne. Zehn Minuten später fanden die übrigen Mitwirkenden sie immer noch am Boden.

Nachdem die Rambert und ihr Mann, der Bühnenschriftsteller Ashley Dukes, wiederholt von einem Studio ins andere gezogen waren, kauften sie schließlich den Saal direkt neben der Kirche am Notting Hill Gate. Die unverwüstliche Energie der Rambert und der wachsende Erfolg ihrer Schüler führten zu

dem Entschluß, an das Studio noch ein kleines Theater anzu-
bauen. Hier wurde dann 1930 der »Ballett-Club« gegründet.
Das war etwas völlig Neues und verschaffte den Choreographen
und Tänzern der Rambert Aufführungsmöglichkeiten, während
sie gleichzeitig als Gruppe zusammenblieben. Das erwies sich
als ein glänzender Einfall, denn Diaghilew und die Pawlowa
starben beide im Jahre 1931, und außer Sadler's Wells, wo die
de Valois ihre eigenen Tänzer hatten, gab es keine andere
Truppe.

Vielleicht war es weniger klug als ehrgeizig, daß der Ballett-
Club wie jedes andere Theater mit sechs Abendvorstellungen
und zwei Matinees pro Woche begann. Sehr bald wurde es
jedoch zur deprimierenden Gewißheit, daß die rund zweihun-
dert Zuschauer, die notwendig gewesen wären, um den Saal zu
füllen, einfach ausblieben. Das englische Ballett steckte damals
noch in den Kinderschuhen und war nichts weiter als ein
Lückenbüßer zwischen den wunderbaren Diaghilew-Saisons
und der allgemeinen Beliebtheit der Pawlowa-Truppe. Erst
allmählich bildete sich ein wirkliches Stammpublikum sowohl
für die einheimischen Künstler als auch für die späteren Gast-
truppen aus Rußland heraus. Nur wer es selbst erlebt hat, weiß,
wie entmutigend es ist, wenn man sich vor einer Handvoll
Zuschauer, die wie schlecht gesätes Korn verstreut in leeren
Reihen sitzen, die Beine in den Bauch tanzt. Die Kraftanstrengung des Tanzes läßt sich nicht reduzieren, es gibt keine
niedrigere Gangschaltung, um die Höhen müheloser zu erklimmen. Wir drängelten uns in zwei winzigen Garderoben – eine
für Damen, eine für Herren –, schminkten uns, legten die
Kostüme an, setzten unsere Perücken auf, krauchten dann die
ebenso winzige Treppe hinter der Bühne hinab, zwängten uns
in die Kulissen und begannen unseren Auftritt mit drei Balletten pro Aufführung, ganz gleich, wie viele Zuschauer im Parkett
saßen.

Die gute Renée Dukes, Ashleys schwergeprüfte Schwester,
drapierte sich pflichtschuldig über zwei Sitze, und die beiden
wunderbaren Pianisten Charles Lynch und Angus Morrison
waren unsere einzige Inspiration in dieser trostlosen Zeit. Bald
erklärten wir, daß uns dies nicht nur aufs Gemüt schlage,

sondern auch beschämend für uns sei (hier könne wohl kaum von »Tanz und Lust« die Rede sein, sondern eher von »Staub und Frust«, sagte ich und zog mir damit den Zorn der Rambert zu). Sie fügte sich schließlich in das Unvermeidliche und gab zur Erleichterung aller nur noch sonntags Abendvorstellungen. Nach und nach füllte sich das kleine Theater bis auf den letzten Platz mit – wie die Franzosen gesagt hätten – *une assistance très élégante* [etwa: eine sehr elegante Gemeinde], die auch viele Bewunderer des Diaghilew-Balletts einschloß; überdies hatten wir jungen Tänzer die Möglichkeit, während der Woche Engagements in anderen Theatern anzunehmen.

Später stießen Robert Helpmann und Alicia Markova zu uns; ihr Glanz und ihre Erfahrung kamen unserer jungen Truppe zugute. Eines Abends meldete sich eine der Tänzerinnen, die das *corps de ballet* in *Les Sylphides* anführte, krank. Ich erbot mich, neben meiner Solorolle in *Prélude*, für sie einzuspringen. Ich nahm meinen Platz im Ballettcorps ein und verschwand dann schnell hinter den Kulissen, um zum richtigen Zeitpunkt für mein Solo wieder auf der Bühne zu erscheinen. In diesen Tagen, die angefüllt waren mit Unterricht und Proben, in denen man auch beim Nähen der Kostüme helfen mußte und ganz allgemein unter Druck stand, war man oft recht erschöpft. In diesem Zustand setzte ich mich auf einen Berg Kleiderbügel, die in einer Ecke des winzigen Kulissenraumes aufgestapelt lagen. Bobbie redete in einem lauten, grotesken Flüsterton auf mich ein. Plötzlich wurde mir zu meinem Schrecken klar, daß ich in meiner Funktion als Ersatztänzerin bereits auf der Bühne hätte sein sollen. So graziös wie möglich sauste ich hinaus, setzte eine verzückte Miene auf, fiel in die entsprechende Pose und vernahm zu meiner Überraschung deutliches Kichern aus dem Zuschauerraum. Gleichzeitig hörte ich Bobbies unterdrücktes Prusten hinter der Bühne und fühlte irgend etwas Fremdes auf meinem Hinterteil herumhüpfen. Scheinbar traumverloren blickte ich über meine Schulter. Ein riesiger Kleiderbügel hatte sich in einer Falte meines Ballettröckchens festgehakt und schwang bedächtig wie das Pendel einer Standuhr von einer Seite zur anderen... Ich schlängelte mich rückwärts, steckte meinen Po in die Kulissen und zischte Bobbie einen verzweifelten Hilferuf zu. Der nahm sich boshafterweise Zeit, um mich von dem verdammten Ding zu befreien. Wieder war ich die Pechmarie. Anstatt für mein nobles Hilfsangebot Lob zu ernten, wurde ich wegen meiner Ungeschicklichkeit gebührend gerügt und von Bobbie noch nach Jahren gnadenlos aufgezogen.

Nigel Playfair, der Besitzer und Direktor des Lyric Hammersmith, des berühmtesten Kleintheaters außerhalb Londons West End, bot den Rambert-Tänzern eine Spielzeit an. Damit die Kasse stimmte, brauchten wir unbedingt den Namen eines Stars. Die göttliche Tamara Karsawina, Diaghilews berühmte Ballerina, für die Fokin die meisten seiner Ballette geschrieben hatte, kam eigens aus dem Ruhestand, um die junge Truppe anzuführen. Noch immer wunderschön, stellte sie für uns alle einen Leitstern dar, und zu mir war sie besonders liebevoll und freundlich.

Sie war meine erste große Liebe, und ich wäre eher ohne meine Mahlzeit zwischen den Vorstellungen ausgekommen, als daß ich den Augenblick verpaßt hätte, wenn sie nach dem Nachmittagstee zu Hause ins Theater zurückkam, um sich auf die Abendvorstellung vorzubereiten. Bei offener Garderobentür wartete ich auf ihr Erscheinen an der Biegung der winzigen Treppe. Sie fing meinen Blick auf, lächelte mich mit ihren schönen Augen an und sagte: »Dianotschka, komm, hilf mir beim Färben meiner alten roten Schuhe. Du weißt schon – die errötenden Jungfrauen!« Ich folgte ihr wie ein gehorsamer Jünger, hob die ausgefransten alten Ballettschuhe auf, die vom vielen Säubern mit Benzin ganz grau aussahen, und dann bemühten wir uns gemeinsam verzweifelt, ihnen mittels eines Stücks Balsaholz, das wir in ihren Rougetopf getaucht hatten, ihre einstige rosarote Satinjugend zurückzugeben. Schließlich glichen sie einem Paar Säufernasen. Währenddessen unterhielt sie mich mit Geschichten aus ihrer Mariinski-Zeit, sie erzählte von der entsetzlichen Hitze in Mailand: »Immer, wenn auftragen Schminke, Lieblink, alles fließt von Gesicht auf Busen – nicht gut, oder?« Niemals werde ich diese Lichtblicke, ihren Rat, ihre Wärme und Liebe, die sie mir in einer Zeit wachsender

Vereinsamung schenkte, vergelten können. Für uns wurde sie die gute, geliebte »Madame Ta-Ta«.

Weit davon entfernt, etwa neidisch auf uns junge Tänzer zu sein, ermutigte sie uns immer von neuem, gab uns wertvolle Hinweise und rettete mich wiederholt vor der vernichtenden Kritik der Rambert, indem sie ihr gegenüber mein Tanzen lobte. Wie sich herausstellte, war sie, genau wie ich, ratlos angesichts der Feindseligkeit, mit der die Rambert mich verfolgte, wie hart ich auch immer arbeiten mochte. Selbst der Erfolg, den ich während unserer ersten aufregenden Saison hatte, schien sie nicht zufriedenzustellen. Oft war mir das Herz so schwer, daß es ohne Madame Ta-Tas einfühlsame Unterstützung und Zuneigung vielleicht gebrochen wäre. Damals habe ich vermutlich die letzten Reste meiner Begeisterung und meines Selbstbewußtseins eingebüßt. An ihre Stelle trat eine ständige Angst, die ich nie zu besiegen vermochte und die ich während meiner Laufbahn immer von neuem bekämpfen mußte.

Diaghilews Schatten hing immer noch über uns. Manchmal tanzte Wójcikowski mit uns, ein hervorragender polnischer Charakterdarsteller von ihm. Er studierte mit mir die Rolle der Ersten Nymphe in *L'Après-midi d'un Faune* ein. Die Rolle der Chiarina in *Carnaval* hatte ich bereits bei der Sokolova gelernt. Alexandre Benois, Diaghilews berühmter Zeichner und Bühnenbildner, besuchte die Truppe häufig und gab mir den Spitznamen »Die Giorgione-Venus«, was mein Selbstbewußtsein hob (bis zu dem Tag, an dem ich auf einer Postkarte ihr Portrait sah. Mein Stolz wurde viel kleiner, denn es war nicht zu leugnen, daß die melancholische Nackte mit ihrem Ostereiergesicht und dem dicken, brav in der Mitte gescheitelten Haar, das die blassen Wangen einrahmte, mir sehr ähnelte und das Kompliment daher weniger schmeichelhaft war).

Nach einigen Aufführungen im Lyric Hammersmith gelang es uns, ans New Theatre zu gehen und von da weiter nach Manchester, wo ich zum erstenmal mit sogenannten Künstlerunterkünften in der berüchtigten Akers Street Bekanntschaft machte. Das war der grauenvolle Unterschlupf einer ganzen Generation aufstrebender junger Bühnenkünstler. Wir hausten zu dritt in einem Zimmer mit einem Geiser, der widerwillig lauwarmes graues Wasser in eine Badewanne spuckte, die allem Anschein nach regelmäßig mit Sandpapier gesäubert wurde. Das Frühstück bestand aus starkem schwarzem Tee und verbranntem Toast und sollte uns mit der nötigen Energie für einen langen, mit Unterricht und Proben ausgefülltem Vormittag versorgen. Abgesehen davon, daß die Rambert sich weigerte bekanntzugeben, daß für die Erste Nymphe in *L'Après-midi d'un Faune* ein falscher Name im Programm stand und somit eine andere Tänzerin das Lob, »brillant und schön« gewesen zu sein, einheimste (ein Lob, das mir gebührte), war es für uns alle eine aufregende Woche mit einem ganz neuen, viel gemischteren Publikum. Das allein machte das feuchte Zimmer zu dritt, den Mangel an heißem Badewasser und das grauenvolle Essen wieder wett.

Und so trottete ich ohne Führung weiter, haßte meine zunehmende Länge, die mir für alle Zeiten den Zugang zu den bekannten klassischen Ballettrollen versperren würde, und versuchte, mich nicht überflüssig zu fühlen, wenn andere Tänzerinnen, die weitaus besser auf die winzige Bühne des Ballett-Clubs paßten, für das immer interessanter werdende Repertoire ausgewählt wurden; ich bemühte mich, das Beste aus dem zu machen, was man mir gab.

Das waren recht trübe Jahre, in denen das Leben seinen Schwung zu verlieren schien, Zweifel, von Wellen der Angst getragen, auf mich einstürmten, und in denen ich mich nach Hilfe und Trost sehnte, nach jemandem, dem ich mich anvertrauen konnte. In einem Augenblick der Verzweiflung hatte ich mich an meine Mutter gewandt, aber eine solche Gemütsverfassung war ihr völlig fremd. Meine geliebte Goggo begegnete mir lieb und freundlich wie immer, doch Griselda gingen meine sich ständig wiederholenden Berichte von Betrug und Intrigen auf die Nerven. Sie taufte mich »Tragischer Kurzschluß«.

Immer deutlicher wurde mir bewußt, daß man ohne Unterstützung keine Karriere machen kann. Die »anderen Mädchen« um mich herum fanden entweder Choreographen, die sie für die besten Interpreten ihrer Ideen hielten, oder reiche Männer, die bereit waren, Geld zu investieren; oder aber sie gaben sich mit amourösen Intendanten oder Regisseuren ab: die uralte Herausforderung der *casting couch* [rollenverteilenden Couch]. Damit sollte auch ich sehr bald wieder und wieder konfrontiert werden, wozu auch eine sinnlose Jagd rund um ausladende Schreibtische gehörte, bei der ein übergroßes Kaninchen dem Jagdhund zu entkommen suchte.

Eines Tages erschien bei der Rambert ein mir nur flüchtig bekannter Mann, Anthony Asquith (Puffin), der führende Filmregisseur, dessen hervorragende Produktionen den Charakter der britischen Filme völlig verändern sollten und der offenbar ein regelmäßiger Besucher des Ballett-Clubs war. Er bat die Rambert, eine von ihren Tänzerinnen zu Probeaufnahmen zu schicken. Wieder fiel erst die zweite Wahl auf mich. Ich begab mich zum Studio, machte die Probe mit einem sehr gut aussehenden Schauspieler, Carl Harbord, und wurde für den folgenden Tag noch einmal bestellt. Am Ende des zweiten Drehtages konnte ich zwar berichten, daß Asquith interessiert war, aber es geschah nichts, und meine Enttäuschung ging in das allgemeine Grau zerschlagener Hoffnungen ein. Aber dann brachte Asquith eines Abends den angesehensten Theaterregisseur der damaligen Zeit, Charles B. Cochran, in den Ballett-Club. Ich kann mich nicht mehr an die Rollen erinnern, die ich an diesem Abend tanzte, aber ich sehe ihn noch am Ende unserer Vorstellung die kleinen Stufen zur Bühne heraufsteigen, und ich höre noch seine liebenswürdigen Worte. Er bedaure, daß er mir nicht sofort ein Angebot machen könne, aber er stecke bis über beide Ohren in der Inszenierung der berühmten Moralität *The Miracle* mit dem großen deutschen Regisseur Max Reinhardt. Lady Diana Cooper, eine bekannte Schönheit, sollte die Madonna spielen und Tilly Losch, eine Wiener Tänzerin und der Star in seiner letzten Revue, die Rolle der Nonne übernehmen. Darüber hinaus gebe es allerdings noch eine Reihe kleinerer Partien sowie das Volk und einen Chor von etwa hundert Personen. Reinhardt hatte das Werk schon vor einigen Jahren in New York aufgeführt, dies sollte jedoch eine völlig neue Inszenierung werden. Ich hakte sofort ein und bat ihn, mir irgendeine kleine Rolle zu übertragen und mich doch gleichzeitig als zweite Besetzung für Diana Cooper zu engagieren.

»Einverstanden. Ich rufe dich morgen an«, war seine Antwort.

Die ganze Nacht bekam ich kein Auge zu, und als das Hausmädchen Whittle mich am nächsten Morgen ans Telefon rief (das einzige im ganzen Haus stand in der Garderobe neben der Eingangsdiele), raste ich aus meinem Schlafzimmer im dritten Stock die Treppe hinab, riß mir dabei den rechten Fuß an meinem verdrehten Pantoffel auf und stürzte mich außer Atem auf den (damals noch hohen, aufrecht stehenden) Hörer: »Ja bitte, Herr Cochran?«

»Also, meine Liebe, ich glaube, du solltest auch Tilly Loschs Rolle einstudieren. Außerdem haben wir da noch eine kleine Gruppe Novizinnen, für die Pantomine erforderlich ist. Léonide Massine studiert die Tänze ein. Er will nur fünf gute Tänzerinnen haben, und du könntest eine davon sein. Ist das so recht? Die Proben fangen nächste Woche an.«

Auf einer Wolke des Glücks starrte ich blicklos aus dem Fenster und hielt meinen aufgeschrammten Fuß fest. Endlich ein Ausweg. Das ganz große Theater, Reinhardt. Es hätte mir nichts ausgemacht, die Bühne zu fegen, wenn ich nur endlich in einer anderen, geistvolleren Atmosphäre atmen und einen neuen, weiteren Horizont erleben konnte, anstatt ewig nach dem gleichen Muster beurteilt zu werden und immer im Unrecht zu sein. Zwar hatte die mir bevorstehende Aufgabe etwas Beängstigendes, aber wenn ich die Worte Cochrans im Gedächtnis behielte: »Du bist das Schönste, das ich in letzter Zeit auf der Bühne gesehen habe«, und wenn Massine Gefallen an meiner Arbeit finden würde (ich betete darum), dann hätte ich etwas, das mir Kraft geben würde.

Massine, einer der Götter meines Olymps, stand auf der Bühne des Adelphi-Theaters, als wir mit den Proben begannen. Er war klein, schlank, aufrecht, hatte einen schöngeformten Kopf und diese großen, faszinierenden schwarzen Augen, die ich von russischen Zeichnungen, Karikaturen und Fotografien her kannte. Er kam mir wie ein Ausrufezeichen oder eine aufgerollte Sprungfeder vor. Vorsichtig tanzte ich ihm einige Schritte vor. Nickend winkte er ab. Ich hatte es geschafft. Wir zogen in das große Theater, das Lyceum, um, in dem die ganze aufregende Inszenierung stattfinden sollte. Cochran erwies sich als ein Schatz. Seine Annäherungsversuche waren sehr zart, und meine Zurückweisungen wurden entsprechend akzeptiert. Er übernahm eine eher väterlich-freundliche Rolle mir gegenüber, was viel dazu beitrug, mein Vertrauen zu stärken. Er konnte jeden Tag kommen und bei mir sitzen, wenn ich nicht probte und, da er offensichtlich meine totale Ignoranz in sexuellen Dingen erkannte, mich auch necken, während er mir seinen Rat gab in Sachen Theater mit all seinen Schrecken, Glanzlichtern und Fallstricken. Unter den übrigen Tänzerinnen lernte ich auch Wendy Toye kennen; einer solchen Begabung bin ich nie wieder begegnet. Sie hatte, obwohl erst fünzehn Jahre alt, bereits mit der Choreographie begonnen. Das sollte später ihre große Karriere im Theater des Musicals werden. Sie war mindestens drei Jahre jünger als ich. Dennoch nahm sie mich unter ihre Fittiche, war entsetzt über meine Naivität und focht Kämpfe für mich aus, während ich ganz bewußt den Kopf in den Sand steckte, um Intrigen, Klatsch und all den unerfreulichen Dingen, die unweigerlich mit dem Leben auf der Bühne zusammenhängen, aus dem Wege zu gehen.

Die Möglichkeit zu haben, der räumlichen Enge der kleinen Bühne des Ballett-Clubs (die ich damals diagonal mit einem einzigen *grand jeté* überqueren konnte, wobei ich fast auf dem Flügel landete) und den verletzenden Bemerkungen Madames zu entrinnen, war an sich schon die reinste Wonne. Die Rambert hatte allerdings mein Selbstvertrauen dermaßen untergraben, daß ich noch heute weiß, wie ich bei den ersten Proben vor lauter Angst wie gelähmt war, so überzeugt war ich von meiner Unzulänglichkeit. Was würde der große Massine zum Beispiel von meinem »Negerhaar« und meinen »George-Robey«-Augenbrauen halten? Ich sah in seine riesigen, dunkel brennenden Augen und wäre fast davongelaufen. Ich vermute, daß ich paradoxerweise erst anfing, dem Kokon zu entschlüpfen, in den ich mich freiwillig eingesponnen hatte, und meine verkrampften Flügel zu entfalten, nachdem ich etwas noch Schlimmerem als dem Tod entkommen war. Massine hatte mir eine Fotografie mit folgender Widmung geschenkt: »Für meine wunderbare (sic) Diana«. Der Preis, den ich dafür zu zahlen hatte, war allerdings nicht vorauszusehen gewesen. Seine sogenannte »Ehefrau«, mit der ich unglücklicherweise die Garderobe teilte, griff mich nicht nur mit Worten, sondern auch mit einem Revolver an, den sie in der zitternden Hand hielt. Wie auf ein Stichwort in einem billigen Melodrama erschien unsere nette Garderobiere auf der Bildfläche und forderte sie in schönstem Cockney auf: »Hörn Se mal, schmeißen Se das Ding wech!« Dies hier war wenigstens ein tolles Schlachtfeld, weit entfernt von den kleinkarierten Schikanen und der inzestuösen Günstlingswirtschaft des Ballett-Clubs! Hier erlebte man berühmte Größen wie Max Reinhardt mit seiner Knubbelnase und seinen fröhlichen, allwissenden blauen Augen; wie Massine, den ich mit einer idiotischen kindlichen Befangenheit anbetete; oder die liebe schöne Diana Cooper, mit der zusammen ich spötteln konnte, wenn sie mich nach dem einstündigen ersten Akt mit in ihre Garderobe zog; und die spitzbübische, lebhafte Tilly Losch. Und hier geschah das Wunder, daß ich an dieser einmaligen Inszenierung mitwirken durfte.

The Miracle war ein großangelegtes mittelalterliches Drama, eine Moralität. Ohne Worte und nur mit Pantomime, Tanz und Gesang gestaltet, gehörte es eigentlich nicht ins Theater und löste bei einem normalen Publikum auch keine große Begeisterung aus – schon gar nicht bei dem von 1932. Diese Mischung aus Religion, Phantasie und moralischer Anklage war zu anspruchsvoll und schwer zugänglich. Trotz des neuartigen Bühnenbildes und der Schönheit in der Bewegung, trotz der hinreißenden Kostüme von Oliver Messel und ungeachtet der Tatsache, daß Reinhardt eine vollständige katholische Messe fast unverändert in den ersten Akt übernommen hatte; trotz der hundertköpfigen Menge, die sich in eine hervorragend nachgebildete Kirche drängte, um dort zu der angestrahlten, wunderschönen Madonna (Diana Cooper, die sich 45 Minuten lang nicht rühren durfte) zu beten, trotz der Tänze, der Dramatik und der Tragik war diese grandiose Inzenierung ein Reinfall und wurde bereits nach wenigen Monaten abgesetzt.

Es war eben kein nettes, unkomplizierte Stück wie *Who's for tennis?*. Da gab es keine klappernden Teetassen, keinen verstohlenen Blick auf das mit einem Spitzenhöschen bekleidete

Hinterteil einer Soubrette, das absichtlich an der Tür hängen bleibt. Vor allem gab es weder ein Happy-End noch lustige Späße.

Für mich persönlich bedeutete die Aufführung eine plötzliche Entfaltung; ich kam mir vor wie eine von diesen japanischen Papierblumen, die man in ein Glas mit Wasser stellt und die sich dann zu voller Schönheit öffnen. Zum erstenmal in meinem Leben hatte ich Freunde, trotz eifersüchtiger Intrigen. Da war Cochran, der mir mit seinen väterlichen Sympathiebezeugungen etwas Selbstvertrauen zurückgab. Massine fuhr mich jeden Abend nach Hause (eine Hand auf meinem Knie, die andere an der Gangschaltung, während seine Geliebte auf der anderen Seite den Leibwächter spielte). Und Reinhardt, der mich einmal dabei erwischt hatte, wie ich die arme Maud Allen in ihrer Äbtissinnenrolle boshaft imitierte, und mir nun immer wieder von der Mitte des Parketts aus zurief: »Diana, mach Maud Allen!« Ich stürzte mich dann mit der ganzen bösen Spottlust meiner Jugend in eine Pantomime, fuchtelte mit den Armen, machte Stielaugen und jaulte über mehrere Oktaven, wobei Reinhardt sich vor Lachen schüttelte und sich die Tränen abwischte. Und nicht zu vergessen die treue Freundschaft von Wendy Toye.

Ein neues und ganz anderes Wunderland, wenn man so will. Für den größten deutschen Theaterregisseur der damaligen Zeit und einen der letzten beiden berühmten Choreographen Diaghilews zu arbeiten und ihnen zusehen zu dürfen – das inspirierte mich, die ich damals immerhin noch im Backfischalter war. Ich lernte zwei mimische Rollen, zu denen es keinen Text gab, und ein paar kleine Extrastückchen, die man Wendy und mir als den jungen Novizinnen gegeben hatte. Dazu kamen die verschiedenen Tanzfolgen, die ich ebenfalls zu lernen hatte, was insgesamt einen Siebzehnstundentag bedeutete.

Den ganzen Tag lang im Lyceum eingesperrt zu sein, um die eine oder andere Rolle zu proben und gelegentlich für Diana oder Tilly einzuspringen, das war beklemmend und anstrengend. Aber wenn man für Leonid Fjodorowitsch arbeitete, so bedeutete das nicht nur Anstrengung, sondern obendrein noch die reinste Freude. Immer war er vorbereitet, nur selten än-

derte er eine Figurenfolge. Darüber hinaus hatte er ein Gespür
für die musikalische Struktur, was das Einprägen erleichterte
und die Tanzbewegungen beflügelte. Ich stand natürlich vollkommen in seinem Bann und ließ mich von dem Reiz meiner
geliebten Russen, der wie Weihrauch von ihm ausging, geistig
verführen. Ich war wie geblendet, wenn er sich zu mir setzte,
was er jedesmal tat, wenn ich nicht gerade als unbewegliche
Madonna beschäftigt war (um die göttliche Diana zu vertreten,
die zum Mittagessen gegangen war), oder voller Leidenschaft
auf der Bühne hin und her rennen mußte (während die kecke
Tilly einer verlockenderen Beschäftigung nachging). Er war es
auch, der mir als erster den Spitznamen »Diny« gab oder mich,
wenn wir uns besonders nahe waren, »Dininka« nannte. Ich
liebte ihn heiß und innig und sehr platonisch (letzteres konnte
man allerdings von ihm nicht behaupten).

Dann kam der Tag, an dem Cochran verkündete, daß die
ganze letzte Woche Generalproben stattfanden. Allmorgendlich sollte um neun begonnen werden, und jedermann hatte in
voller Kriegsbemalung und im Kostüm zu erscheinen. Die
Proben endeten oftmals erst gegen drei Uhr morgens. Zu der
Zeit gab es keinerlei Fahrmöglichkeit nach Hause, und so
blieben uns immer nur wenige Stunden Schlaf, bevor wir uns
erneut an unser Tagewerk begaben. Nach vier solchen Tagen
traten der Chor und das Volk in einen Streik. Völlig ungerührt,
schickte Massine die Tänzer um 18 Uhr fort und erklärte seinen
sechs Solotänzern: »Dininka, du wirst ab jetzt zwanzig Leute
darstellen, Wendy, du ebenfalls«... und so weiter, bis er die
gesamte abwesende Menge auf seine sechs Tänzer verteilt
hatte. In der Bühnenmitte stand eine höchst interessante
Kulisse, die Oskar Strand entworfen hatte. Sie hatte die Form
eines riesigen vierkantigen Klotzes und war etwa viereinhalb
Meter hoch und sechs Meter breit. Die vier Seiten wurden den
jeweiligen Szenen entsprechend gedreht. Dieses Gebilde
konnte man mittels einer steilen Treppe besteigen und wieder
verlassen. Die Treppe wurde so aufgestellt, daß entweder der
Aufstieg oder der Abstieg im Blickfeld stand, je nachdem, wie es
Reinhardt oder Massine beliebte. Stundenlang turnten wir
sechs Tänzer an diesem Klotz herum (es wäre keinem von uns

76

eingefallen, sich zu sträuben), während Massine seine Kommandos von der Bühnenmitte herüberbrüllte und im Geiste eine Schar von hundert mittelalterlichen Bauern sah, die in Wirklichkeit aus sechs humpelnden, erschöpften, sehr ergebenen jungen Tänzerinnen bestand. Zwischendurch vertrat ich noch Tilly oder Diana, tanzte und spielte meine eigenen Rollen und genoß alles vollauf, selbst als Reinhardt uns Novizinnen in unseren schwarzen Gewändern und weißen Schleiern zurief, er wünsche echte Tränen zu sehen, wenn das Kind der Nonne stürbe. Mir gelang das Weinen dermaßen gut, daß mir meine falschen Wimpern auf die geschminkten Wangen rutschten und ich mir recht albern vorkam.

Wenn man nach all den Jahren durch ein verkehrt herum gehaltenes Teleskop auf diese Wegstrecke zurückblickt, so fragt man sich: Welches winzige Steinchen trug diese neue Erfahrung zu dem Mosaik einer Tanzkarriere bei, die sich damals, als es nur wenige Balletttruppen und noch weniger Arbeitsplätze gab, aus lauter schwer errungenen und hart erkämpften Engagements zusammensetzte? Für mich persönlich war sie zuallererst die beglückende Befreiung aus einer Sklaverei, die meinem gesamten künstlerischen Empfinden beinahe die Lebensader abgeschnürt hätte. Jetzt hatte ich auf wesentlich höherer Ebene die Feuerprobe bestanden. Ich wurde begehrt, geliebt und sogar bewundert. Endlich hatte ich die Wertschätzung zurückgewonnen, die Diaghilew mir hatte zuteil werden lassen und die ich durch seinen Tod und den Tod der Pawlowa verloren hatte. Nie wieder brauchte ich künftig so tief in meiner Selbstachtung zu sinken, mochte sich der vor mir liegende Weg auch als noch so lang und schwer erweisen.

77

4 Umsteigen Miromesnil, Aussteigen Liège

So kurz das Leben und so lang das Erlernen der
Kunst, der Versuch so schwer und der Sieg so
bitter.

GEOFFREY CHAUCER

Nachdem *The Miracle* abgesetzt worden war und ich zum letztenmal der Mutter von Diana Cooper, der Herzogin von Rutland, für eine Zeichnung in meiner Novizin-Tracht gesessen hatte, fuhren Griselda und ich unter Goggos großmütterlicher Aufsicht in den kleinen Ort Montroc am Fuß der französischen Alpen. Griselda langweilte sich zu Tode und meinte, sie hätte nichts für einen Ort übrig, wo man bei jedem kleinen Spaziergang seine Handtasche auf den Rücken schnallen müsse (der schwindelerregenden Abhänge wegen). Sie sehne sich nach einem hübschen Ausflug in einem Tunnel, da sie Aussichten gründlich satt habe. Dessenungeachtet kletterte ich ohne Griselda auf einen Berg und hielt auf halber Höhe inne, denn meine romantische Seele liebte die Einsamkeit der Berge. Außerdem mußte ich, fern von Menschen, Orten und Dingen, das wilde Durcheinander meiner Gedanken ordnen.

Massine hatte mich in seiner hartnäckigen Verliebtheit eingeladen, mich einer neuen Balletttruppe anzuschließen, deren Organisation so verschwommen und unsicher war, daß selbst der eingefleischteste russische Nomade stutzig geworden wäre. Er hatte mir außerdem nahegelegt, den etwas gymnastisch orientierten Unterricht der Rambert aufzugeben und bei Lubov Egorova in Paris, wo er und der Rest der alten Diaghilew-Truppe lebten, weiterzustudieren. Er würde mich bei ihr einführen. Gleichzeitig hatte ich ein Telegramm erhalten, in dem mir ein Engagement in England angeboten wurde. Ich mußte mich sofort entscheiden: Sollte ich das Risiko wagen, weiter am ›großen‹ Theater zu arbeiten, wo ich, dank C. B. Cochran, erstmalig festen Fuß gefaßt hatte, oder sollte ich die Gelegenheit wahrnehmen, meiner Technik bei der Egorova in Paris den letzten Schliff zu geben? Sie war eine der Primaballerinen des alten Mariinski-Theaters in St. Petersburg. Sie hatte sich nach der russischen Revolution in Paris niedergelassen wie ihre berühmte Kolleginnen Matilda Kschessinskaja, Olga Préobrajenska und die Trefilowa, die ihre Ballettschulen auch alle dort hatten. Abgesehen von der schwachen Hoffnung, daß die nebulöse Balletttruppe von Massine feste Formen annehmen würde, war dies für mich die Gelegenheit, den russischen Stil direkt kennenzulernen anstatt ihn von der Rambert über die Cecchetti-Methode vermittelt zu bekommen. So saß ich auf meinem Berg, genoß die reine Luft, das klare Licht und die warme Sonne und dachte eine gute Stunde über das alles nach. Als Griselda mich rief und wir den Berg hinabstiegen, hatte ich meine Entscheidung getroffen: Paris und die Egorova. Ich glaube, daß sich die einstündige Meditation alles in allem gelohnt hatte, wenn ich auch mit einem Sonnenstich und einer riesigen, schlangenförmigen Brandblase auf meinem empfindlichen Nacken dafür zahlen mußte. Die gute Goggo verordnete mir Bettruhe, bis das Fieber gefallen war. Danach telegraphierte ich meine Absage nach London und schrieb an Guggan nach Paris, um sie zu fragen, ob ich den Herbst über bei ihr wohnen dürfe.

Mit panischer Angst im Herzen stieg ich in die Metro (*changez à Miromesnil, descendez Liège*), um in die Rue de Clichy zu gelangen. Das Studio der Egorova bestand aus einem langen Raum, der sich im Untergeschoß eines üblichen *immeuble* [großes Mietshaus] befand. Die winzigen, improvisierten Umkleideräume, die in einer Art Vorzimmer durch Vorhänge abgeteilt waren, führten zum Unterricht und zur Egorova selbst. Konfrontiert mit den fremden und hauptsächlich feindseligen Gesichtern fühlte ich mich kreuzunglücklich und zögerte, denn ich wußte nicht, wie ich mich verhalten sollte. Einige Stufen weiter unten konnte ich einen kurzen Blick in das Studio werfen, wo gerade eine Unterrichtsstunde im Gange

79

war. Hilflos und unglücklich stand ich da. Endlich hörte die Musik auf, die Egorova entließ ihre Schüler, und als sie der großen jungen Fremden ansichtig wurde, die mit ausdruckslosem Gesicht wartete, winkte sie sie zu sich heran. Hier erlebte ich zum zweitenmal die stolze Haltung der St. Petersburger Tänzer (zum erstenmal hatte ich sie bei der Karsawina wahrgenommen): kerzengerader Körper und majestätische Kopfhaltung, entspannte Schultern, leichter Schritt, ein vollkommenes, dem Alter spottendes Koordinationsvermögen. Die Egorova hatte ein ikonenhaft schmales und blasses Gesicht. Ihre dunklen Augen lagen unter den tief herabgezogenen Lidern, die den baltischen Russinnen die aparte Schönheit verleihen, die sie von anderen Frauen unterscheidet. Ihr Haar, von undefinierbarer Farbe, lag glatt und glänzend um ihren gutgeformten Kopf und war hinter den kleinen Ohren zu einer Rolle frisiert. War sie auch keine atemberaubende Schönheit, so sah sie doch auffallend gut aus.

Ich stellte mich ihr vor (alle Russen ihrer Generation sprachen fließend Französisch): Ich sei die Engländerin, die Massine für eine Ausbildung bei ihr empfohlen habe. Sie hieß mich auf charmante Weise willkommen, während sie mich, so schien es mir, gleichzeitig genau einzuschätzen versuchte. Dann forderte sie mich auf, mich für die bevorstehende Unterrichtsstunde der ›professionellen‹ Tänzer umzuziehen. Nur ein Tänzer, der selbst einmal als der neue Ausländer zu bestehen hatte, als der vor Angst zitternde Fremde, bei dem jede Bewegung mit scharfen, kritischen Blicken verfolgt wird, kann meine Qual ermessen. Selbst in jenen längst vergangenen Tagen war der Tanz ein stark wettbewerbsorientierter Beruf. Als die Revolution die Mariinski-Tänzer vor die Tür gesetzt hatte, fand Diaghilew merkwürdigerweise in England Ersatz für sie: *vide* Lydia Sokolova (Hilda Munnings), Anton Dolin (Patrick Healey-Kay), Alicia Markova (Alice Marks), die während der letzten Jahre seiner Balletttruppe alle zu Stars geworden waren. Kein Wunder, daß ein aufstrebendes englisches Mädchen von den russischen Tänzern, deren Eltern nach 1917 geflohen waren, für die die Karriere alles bedeutete und ein Nansenpaß die einzige Sicherheit war, nicht als ebenbürtig anerkannt wurde. Wenigstens machte sich meine entschlossene harte Arbeit der vergangenen Jahre an der Stange bezahlt. (Die einzige halbwegs freundliche Bemerkung, die die Rambert je über mich machte, war, daß, wenn alle so hart wie Diana arbeiteten, es drei Pawlowas gäbe.) Aber etwas später beim *adagio* und noch schlimmer beim *allegro* merkte ich, wie ich mich heillos verhaspelte. Der starre Unterricht nach der Cecchetti-Methode ließ keinerlei Spielraum, schon gar nicht für Improvisationen. Man arbeitete sich lediglich durch den täglichen Speiseplan der Schritte, den der Maestro für die *table d'hôte* zusammengestellt hatte, z. B. Hammelfleisch in allen Variationen am Montag, Tomaten am Dienstag, Waldpilze und Bachstelzen am Mittwoch bis hin zu Bratwürsten am Sonnabend. So waren einem zwar all die unwandelbaren technischen Schritte in Fleisch und Blut übergegangen, aber es blieb keinerlei Möglichkeit, die kompliziertere und feinere Küche der hohen Kunst des Tanzes in sich aufzunehmen.

Da es für das Ballett weder Texte noch Noten gibt, muß ein Tänzer eine schnelle Auffassungsgabe und ein gutes Gedächtnis haben, um die vom Lehrer vorgeführten Schritte, ungeachtet der Länge des *enchaînement*, sofort behalten und nachvollziehen zu können. Ich quälte mich wie ein gestrandeter Wal, teils wegen der ungewohnten Ausdrucksweise der Egorova, teils wegen der nervlichen Anspannung, aber hauptsächlich aufgrund meiner orthodoxen Ausbildung. Unglücklich zog ich mich in die letzte Reihe der Gruppe zurück und versuchte verzweifelt, mit den anderen Schritt zu halten, wenn sie sich drehten und wendeten, ihre Sprünge vollführten und die ihnen von der Egorova vorgegebenen Schritte perfekt wiederholten. Ich hinkte jedesmal einen halben Takt hinterher. Ihre Improvisationen waren von einer solchen lyrischen Schönheit, daß ich nur allzu gern meinen langsamen Geist und mein schwerfälliges Gedächtnis beschleunigt hätte! Am liebsten wäre ich aus dem Übungsraum gelaufen, um mich in der Garderobe auszuheulen. Jetzt verstand ich vollkommen, warum Massine mich hierhergeschickt hatte und erkannte gleichzeitig zu meinem Entsetzen, was mir in dem jahrelangen verbissenen Drill abhanden gekommen war – nämlich die Fähigkeit zu tanzen.

Meine Sprünge waren so hoch wie die der anderen, meine Drehungen genauso schnell und meine Balance ebenso sicher. Aber ich hatte jegliches Koordinationsvermögen verloren, meinen Bewegungen fehlte das Fließende sowie der Impetus, der jede Bewegungsfolge in Gang setzt. Ich weiß auch, daß ich mir allmählich dieses immer größer werdenden Verlustes bewußt wurde und mit der Rambert darum gerungen habe, mein Gefühl für fließende Übergänge und für Rhythmus umsetzen zu dürfen. So hatte ich ihr klarzumachen versucht, daß eine Tänzerin von meiner Länge den Takt unmerklich ausdehnen solle, ihm aber nicht zuvorkommen dürfe, da Tanz im Übergang von einer Pose zur anderen bestehe und nicht in den Posen selbst. Ob sie dem denn nicht zustimme?»Dumme, hochtrabende Närrin!« fuhr sie mich an und befahl mir weiterzumachen mit irgendeinem Tanz, den ich gerade übte.

Eine solche Zurückweisung hatte ich von der Egorova nicht zu gewärtigen. Am Ende meiner Feuerprobe (ihr waren meine Verstörtheit und mein Unbehagen nicht entgangen) winkte sie mich zu sich heran und sagte mir einiges Schmeichelhafte, um mein angeschlagenes Selbstvertrauen wiederherzustellen. Plötzlich streckte sie ihren Arm so weit aus, daß sich ihre Handfläche wie ein Farn entfaltete, und tippte genau auf die Stelle, wo ihre langen, ausgestreckten Finger anfingen. Sie wies mich damit auf die ganze Ausdrucksfähigkeit und Bedeutung der Hände hin und erklärte mir ihre Verwendung als die vollkommene Ausgestaltung jedes Augenblicks. Ich hatte bis dahin nicht gewußt, daß sie eben wegen dieser Qualität und der Zartheit ihrer Schultern und Arme bekannt war. Ich war ihr unendlich dankbar für ihre Sanftheit und daß sie mich wie eine künftige Künstlerin behandelte, anstatt mich wegen technischer Fehler zu beschimpfen, wie es mir bisher immer widerfahren war. Obwohl ich niedergeschlagen war, daß ich in meiner Schwerfälligkeit die *enchaînements* nicht sofort behalten hatte, befand ich mich auf meiner Rückfahrt in der Metro in einer unerklärlich frohen Stimmung. Eine einzige Unterrichtsstunde bei der Egorova und ihr Umgang mit mir hatten mich verwandelt und das unglückliche, enttäuschte Wesen, dem keine noch so hingebungsvolle Arbeit die Begeisterung und das einstige Vertrauen zurückgeben konnte, in eine andere Sphäre versetzt. Mir eröffnete sich ein vollkommen neuer Zugang zu dem, was immer das Allerwichtigste in meinem Leben gewesen war: zu tanzen, und zwar gut zu tanzen.

Der Unterricht bei der Egorova war eine Offenbarung und die reinste Freude. Die Cecchetti-Methode stattete den Tänzer zweifellos mit einer sehr guten Technik aus, drohte aber, wenn die Inspiration fehlte, die Spontaneität des Tanzes zu töten. Die lyrischen Interpretationen der Egorova verwandelten jede Unterrichtsstunde in eine Aufführung, befreite die Bewegungen von allem Turnerischen und verband Arme, Kopf, Handgelenke, Nacken, Hände und Beine zu einem harmonischen Körper, der auf die Musik reagierte.

Da ich damals nicht zu psychoanalytischen Betrachtungen neigte, wäre ich nie auf die Idee gekommen, daß meine Großmutter sich als perfekte Anstandsdame erweisen würde (und genau das wurde sie). Ich schoß bei Jasmin in der Avenue Mozart aus der Metro und rannte die Rue Henri-Heine entlang bis zum Haus Nummer neunundzwanzig. Das hatte eine schlichte, von einer kleinen, gläsernen *marquise* überdachte Haustür, zu der drei Stufen hinaufführten. Ramon, Guggans kleiner, verknöcherter Butler spanischer Herkunft, öffnete mir die Tür. Meine Großmutter saß füllig und gelassen da und trug ihr stets makelloses Aussehen zur Schau, das sie, angefangen bei ihren weißen, dünnseidigen Ringellöckchen bis hin zu ihren schöngeformten, feinen, aber unpraktischen Händen zweifellos ihrem Mädchen und einer Maniküre verdankte. Guggan, ein echtes Kind der Zeit Eduards VII., einst eine verwöhnte Schönheit, nun eine langjährige Witwe, war nie erwacht und besaß die unerschütterliche Kraft äußerster Beschränktheit, gegen die selbst Götter vergeblich kämpfen. Aber wie sie da in ihrem hübschen Nest saß, umgeben von wenigen, recht langweiligen Freunden, gab sie mir unbewußt ein Gefühl der Ruhe und Sicherheit. Ihre Zufriedenheit mit sich selbst und mit ihrem Leben, ihr beneidenswerter Mangel an Phantasie oder einem anderen Wunsch als dem nach einem vollkommenen Mahl sowie die dauernde hingebungsvolle Fürsorge der guten Gabrielle, ihrer aus Tours stammenden Dienerin mit dem Zitronengesicht und den langen, beängstigend lockeren Zähnen, machten sie zur idealen Schülerin Voltaires, indem sie dessen Edikt, den eigenen Garten zu bebauen, buchstabengetreu befolgte.

Und profitierte ich nun davon? Natürlich, und mit großer Dankbarkeit. Ich hatte Frankreich schon immer geliebt. Die Kluft zwischen meinen Geschwistern und mir wurde jetzt noch größer als damals während meines Wanderlebens zwischen Chelsea und Notting Hill. Jetzt hatte ich die Rolle des englischen Schulmädchens abgestreift, in der ich mich trotz meines Verlangens nach einem Trägerrock nie sonderlich wohl gefühlt hatte. So konnte ich der leidenschaftlichen Seite meines Wesens, welche ich vor meinen kühlen, klugen Geschwistern, Gerard und Griselda, so sorgfältig verborgen gehalten hatte, freien Lauf lassen. Als mein Unterricht bei der Egorova voranschritt, konnte ich ohne Furcht vor Hohn oder Sarkasmus meine englische Erziehung ablegen und die Hemmungen fallen lassen, die mich, wie Meeresalgen ein seeuntüchtiges Schiff, umklammert gehalten hatten.

Die Egorova gab mir die nötige Inspiration, und nach und nach lernte ich ihre Fachausdrücke kennen und gewann an Selbstvertrauen. Dann erschienen Diaghilews ehemalige Stars. Die noch immer junge, schöne und lustige Danilova pflegte nach dem Unterricht mit mir meine Pirouetten durchzugehen, mich durch meine *double tours* zu jagen, bis sie sie verdreifacht und vervierfacht hatte. Wójcikowski war dabei, der mit mir die Rolle der ersten Nymphe in *L'Après-midi d'un faune* einstudiert hatte, und die hochgewachsene, elegante Doubrovska, die letzte von Diaghilews Ballerinen, deren Größe meiner Hoffnung erneut Nahrung gab (Balanchine bewunderte ihre hohe Gestalt und hatte schon während jener letzten Spielzeit *Le Fils prodigue* für sie geschaffen). Aber würde ich es jemals so weit bringen?

Jedenfalls war das jetzt nicht wichtig; wichtig war allein, daß ich die Gegenwart und diese Wintermonate, die mir der Himmel geschickt hatte, nutzte. Der Unterricht verlief harmonisch: kein Anschreien, keine Beschimpfungen, keine Spannungen. Die Primaballerina der Pariser Oper war jeden Tag zugegen:

84

Solange Schwarz, deren Bewegungen von einer wunderbaren Exaktheit waren, Füße und Beine wurden fehlerlos plaziert; doch so fremd ihr technische Unzulänglichkeiten waren, so fremd war ihr auch Begeisterung oder Leidenschaft. Die übrigen Tänzer waren hauptsächlich Russen. Gelegentlich störte ein kleiner Aufruhr die Harmonie. Einer der älteren Tänzer, dessen langen, geschnürten Leib noch der Hauch des Mariinski-Theaters wie unauflöslicher Nebel umgab, sah sich seines gewöhnlichen Ehrenplatzes an der Stange beraubt und gab seinem Zorn mit leise gezischten russischen Schimpfworten Ausdruck, die gegen den unschuldigen Täter, der diesen Fauxpas begangen hatte, gerichtet waren. Hin- und hergerissen zwischen dem Verlangen, den Schuldigen zu schlagen oder in einer Wolke von Lavendelpuder hinauszustolzieren, wurde er von der Egorova mit bewundernswertem Geschick an beidem gehindert. Sie führte ihn an seinen gewohnten Platz zurück, der Puder legte sich wieder auf sein Gesicht, und die Egorova gab mit einer majestätischen Kopfbewegung das Zeichen für die einleitenden Klavierakkorde und damit zum Beginn des Unterrichts und dem Ende allen Unsinns.

Eines Tages erschien Massine selbst. Die Egorova sei indisponiert und er werde den Unterricht übernehmen. Außerdem benutzte er die klassische Cecchetti-Methode. Ich, die ich kaum meine anfängliche Unsicherheit abgelegt hatte und noch immer einen Platz in der letzten Reihe vorzog, wurde von Leonid Fjodorowitsch nach vorne gezogen. Dort tanzte ich mich durch die technisch anspruchsvolle, aber ansonsten einfache Hausmannskost der italienisch-russischen Methode, die die Rambert mir fast ein Jahrzehnt lang eingetrichtert hatte. Ich muß zugeben, daß es mir innerlich Genugtuung bereitete, daß die Kraft und Ausdauer, die ich mir während meiner langen Ausbildung erworben hatte, mir so leicht fielen und mir am Ende des Unterrichts zusätzlichen Respekt verschafft hatten. Danke, Leonid Fjodorowitsch. Durch diesen Glückszufall löste sich das Minderwertigkeitsgefühl, das in der Mühsal des vorangegangenen Monats allzu schnell entstanden war, mit einem Schlag in nichts auf, und ich wußte, daß ich auf der rutschigen Leiter der Kollegengunst um einige Stufen höher gestiegen war.

Meine Kollegen schnappten vor Anstrengung nach Luft, um genügend Atem zu schöpfen für die sich endlos wiederholende Folge von Grundschritten, die hohen Sprünge, die *batteries*, die sehr langen *adagios*, die jeder Verzierung, abgesehen von dem einfachsten *port de bras*, beraubt waren. Das Lyrische fehlte und damit auch die Möglichkeit, der bloßen Mechanik der Ballett-Technik zu entrinnen. Man konnte seine Unvollkommenheiten nicht mit der Anmut der Darbietung oder mit feiner Politur vertuschen. Ich analysierte hier zum erstenmal den Nutzen der Cecchetti-Methode, bedauerte aber immer noch die von der Rambert bevorzugte strikte Anwendung. Ganz offensichtlich war diese Methode als Korrektiv und Mittel zur Kräftigung von unschätzbarem Wert, besonders in dieser Kunst, die für alle möglichen Schwächen anfällig war und ständige Wachsamkeit verlangte, um wie das straffe Segel einer Jacht ihre Form zu behalten. Jedoch hatte es Cecchetti in seinem Fall mit Tänzern zu tun, die bereits in allen Formen des Ausdrucks und der künstlerischen Ausführung im Mariinski-Ballett geschult worden waren und denen die Tanzkunst als solche nicht erst beigebracht zu werden brauchte. Ihnen fehlte lediglich ein guter Lehrmeister und ein System, die zusammen ihnen eine Grundstruktur und bei der Ausführung ihrer Rollen Unterstützung und Sicherheit gaben. Dies war nun um so wichtiger für sie, da die Tür zu ihrer ehemaligen Schule für immer verschlossen war.

Ich dagegen wurde von dem Gewicht der ›Methode‹ schier erdrückt – ein Schicksal, dem ich sicherlich entronnen wäre, hätte ich bei Cecchetti selbst oder bei der Astafjewa gelernt. So aber mußte ich die Begeisterung und Spontaneität erst wieder anfachen, die so tief in mir begraben lagen, daß es mir manchmal so vorkam, als wäre die Flamme für immer erloschen. Zu meiner ungewöhnlichen Körpergröße kam eine viel zu starke Muskelbildung, die durch den Unterricht nach der reinen Cecchetti-Methode verursacht worden war. Ich erinnerte mich an den Tag, an dem Diaghilew eine Unterrichtsstunde besucht hatte und die Rambert davon überzeugt war, daß er ihren ersten Tänzer, Harold Turner, einen allen Ansprüchen genügenden ausgezeichneten Mann, auf Hochform bringen würde.

»*Trop de muscles*« [zu starke Muskeln], bemerkte er kurz und bat die Rambert, dafür zu sorgen, daß ich mich nicht in dieser Richtung entwickelte... Drei Jahre später – Diaghilew war tot – hatte meine Entschlossenheit, mich seiner Wahl würdig zu erweisen, zusammen mit zehn Unterrichtsstunden pro Woche, auf denen die Rambert bestand, mir zwar eine zuverlässige und dauerhafte Technik verschafft, meinen Beinen aber das Aussehen von in Zement gegossenen Reithosen verliehen. Immerhin empfand ich jetzt bei der Egorova und in der einen Unterrichtsstunde bei Massine den Verlust meiner einst schlanken Beine nicht mehr als ganz so bitter; damals hatte ich alle Hoffnung aufgegeben, daß meine Oberschenkel jemals wieder ihre mädchenhafte Form annehmen würden.

Als ich eines Tages nach dem Kurs die Treppe heraufkam, wurde ich von einer blassen, ziemlich kräftigen jungen Frau mit krausen, hellen Haaren angesprochen. Sie sah mir direkt ins Gesicht, mit einem durchdringenden Blick, der in späteren Jahren sicher so manchen Tänzer dazu gebracht hat, sich ganz an sie zu verlieren. Sie sagte:»Sie sind das Schönste, was ich je gesehen habe.« Verlegen und erfreut zugleich stotterte ich irgend etwas Dummes. Da ich an ihrem Akzent merkte, daß sie Amerikanerin war, fragte ich sie, ob sie die Absicht habe, am Unterricht teilzunehmen. (Ich stellte diese Frage nur, weil sie offensichtlich weder eine ausgebildete Ballettänzerin noch jung genug war, um eine solche Ausbildung zu beginnen.) »Na klar«, sagte sie mit derselben bewundernswerten Gelassenheit, die ich später schätzen lernte und um die ich sie beneiden sollte. »Ich heiße Agnes de Mille«, fuhr sie fort, »und ich habe Sie beobachtet. Ich weiß, wer Sie sind, und möchte Sie gern um Rat fragen, bei wem ich am besten in London studieren sollte.« Ich schickte Aggie zu der Rambert. Aggie wußte genau, wie sie Mim zu behandeln hatte. Der kleine Ballett-Club war für ihren Zweck ideal, und sie tanzte dort später einige ihrer ersten Solos in England.

Währenddessen fehlte es nicht an Gerüchten, daß das Diaghilew-Ballett wieder ins Leben gerufen werden sollte. Eine seiner älteren Tänzerinnen, Tatjana Chamie (die Aufziehpuppe in der ersten Szene von *Pétrouchka*), hatte einen Geldgeber gefunden. Sein Name war Colonel (das paßte so gar nicht in die Welt der Terpsichore) de Basil (eine selbstverliehene Würde).

Colonel de Basil erinnerte an ein Denkmal. Sein Kopf war so rund und paßte so schlecht zu dem übrigen, daß der Mann aussah wie ein Sockel mit einer ausrangierten Kanonenkugel obendrauf. Da er eine Brille mit den flaschenglasdicken Gläsern der stark Kurzsichtigen trug, hinderte er jeden mit Erfolg daran, festzustellen, was hinter ihnen vorging. Eifrig sammelte er die zersplitterten und in alle Winde verstreuten Überreste der Diaghilew-Truppe wieder zusammen und erwies sich als wahres Genie im Beschaffen von Geld und, so könnte ich hinzufügen, als ein ebenso großer Taschenspieler, indem er seinen Tänzern dieses Geld nicht aushändigte. Dank Grigoriev, Diaghilews unersetzlichem Regisseur, der die Partituren und Choreographien der meisten Ballette in seinem bemerkenswerten Gedächtnis bewahrt hatte, gelang es de Basil nach und nach, viele der ehemaligen Tänzer Diaghilews zurückzugewinnen. Zusätzlich holte er für sein *corps de ballet* aus den Studios der Préobrajenska, der Trefilowa und der Kschessinskaja hervorragend ausgebildete angehende Ballerinen wie die Toumanova, die Baronova und Riabouchinska und andere vielversprechende Talente.

Massine bat mich erneut, zu ihm zu kommen. Ich fühlte mich aber immer noch zu unerfahren, um mich in ein so vages Unternehmen zu stürzen, und lehnte ab. Es war eine schwierige Entscheidung. Diesen hypnotisierenden schwarzen Augen gegenüber fühlte ich mich recht hilflos und war zugleich besorgt, daß er mich nie wieder auffordern würde; und so setzte ich meinen Unterricht bei der Egorova fort. Lediglich die Tatsache, daß dieser schwache Versuch, die Truppe wieder ins Leben zu rufen, einige Wochen später elendig auf einem Abstellgleis des Basler Bahnhofs sein Ende fand und die unglücklichen Tänzer ohne einen Pfennig ihren Weg nach Paris zurückfinden mußten, befreite mich ein wenig von meiner Paranoia.

Kyra Nijinska (Nijinskis Tochter, die ich im Ballett-Club kennengelernt hatte) begann an unserem Unterricht teilzunehmen. Sie war ein ungewöhnlich aussehendes junges Mädchen mit einem männlichen, slawisch-breiten, flachen Gesicht und den schrägen Augen ihres Vaters. Sie hatte einen schöngeformten Kopf auf kurzem Körper und die stämmigen, festen Beine ihres Vaters. Der junge Komponist Igor Markevitch machte ihr den Hof, und zu dritt gingen wir in billige Cafés und diskutierten mit dem ganzen überheblichen Ernst junger Leute über die Kunst und die Welt. Kyra war impulsiv, fröhlich und offen, Igor dagegen schüchtern und launisch und so eingebildet, wie nur ein junger Mann sein kann, der als Wunderkind von Diaghilew den Auftrag bekommen hatte, die Musik zu einem Ballett für seine Truppe zu schreiben. Leider heirateten die beiden schließlich, und dieser Schritt erwies sich für die arme Kyra nicht gerade als die reinste Freude.

Zurück in die Nr. 49 der Rue Henri-Heine. Guggan war wirklich sehr nachsichtig, besonders wenn sie mich dem Kränzchen ihrer besonders langweiligen, ältlichen Freundinnen als ihre Enkelin vorstellte. Indem man mich durch Lorgnetten einer genauen Musterung unterzog, fiel die unvermeidliche Frage: »*Eh, bien, Mademoiselle, vous faites vos études à la Sorbonne?*« [Nun, Mademoiselle, Sie studieren an der Sorbonne?] Pause. »*Mais non, Madame, je suis mes classes de ballet chez Madame Egorova.*« [Aber nein, Madame, ich nehme Ballettstunden bei Madame Egorova.] Totenstille – und mit einem Blick des Entsetzens an meine arme Großmutter gerichtet: »*Madame, vous permettez que votre petite-fille fasse une telle carrière?*« [Madame, das erlauben Sie, daß Ihre Enkelin eine derartige Laufbahn einschlägt?] Guggan murmelte dann, daß sie ja nicht die Verantwortung dafür trüge und daß, wenn meine Mutter Ballettunterricht für ihre Tochter für angebracht hielte, sie ja kaum etwas dagegen unternehmen könne. So wurde ich mitsamt allen Briten in jene Vorhölle verbannt, in die nach französischer Denkart die meisten von uns gehörten.

Guggan zuliebe, die jetzt von ihren *haut bourgeois* Freundinnen als viel zu lax und tolerant verurteilt wurde, wollte ich einen Kompromiß schließen und besuchte mit ihr für ein Wochenende eine ihrer uralten, aber recht geistreichen Bekannten, die Herzogin de la Motte Audrancourt. Sie bewohnte ein düsteres *hôtel particulier* [vornehmes Privathaus], das in einer dieser seltsam verwinkelten Straßen versteckt lag, von denen es in Paris sehr viele gibt – und die Haussmanns Großreinemachen im sechzehnten *arrondissement* entgangen sind. Das Wochenende sollten wir in ihrem *château – De la Fayel –* in der Nähe von Compiègne verbringen. Wir fuhren also mit dem Zug los, wurden abgeholt, wie es sich gehört, und zu dem wirklich sehr eleganten *château* aus dem 17. Jahrhundert gefahren. (Ich erinnere mich lediglich an rosa und weiße Mauern und entsetzlich feuchte Räume.) Die Herzogin bewohnte einen schwach beheizten Winkel darin.

Das Essen war einmalig, die Unterhaltung wie die zweier alter Hennen, die Wasserspülung veraltet und die Nacht feucht. Am Sonntag müssen wir wohl irgend etwas unternommen haben, um den langen, naßkalten Tag auszufüllen. Aber mir wird ewig im Gedächtnis bleiben, wie ich hartnäckig darauf bestand, am Montag wieder nach Paris zu fahren, damit ich rechtzeitig um zehn Uhr zu meinem Unterricht käme. Ihn zu verpassen, wäre mir genausowenig in den Sinn gekommen wie mich auszuziehen und nach dem Essen im *petit salon* einen Fandango zu tanzen. Die Herzogin war die perfekte Gastgeberin. Sie wollte mir um fünf Uhr früh Kaffee und Croissants bringen lassen, und ihr Chauffeur sollte mich zu dem etwas entfernten Bahnhof fahren, damit ich den Frühzug nach Paris erreichen könne. Guggan entschuldigte sich für ihre Enkelin, die nicht nur die Laufbahn einer kleinen Kurtisane einschlug, sondern auch noch so unhöflich war, den gleichmäßigen häuslichen Rhythmus ihrer Gastgeberin zu stören. Nach dem Abendessen verabschiedete ich mich mit allen mir zu Gebote stehenden Entschuldigungen und entzog mich den zugleich erstaunten und strafenden Blicken der beiden, um meinen bescheidenen Koffer zu schließen und mich auf eine weitere feuchte sowie kurze Nacht vorzubereiten.

Am folgenden Morgen servierte mir ein verdrießliches Mädchen den Kaffee, aber es sollte noch schlimmer kommen. Der Chauffeur, offensichtlich wütend darüber, daß man ihn aus dem Schlaf gerissen hatte, verzog als Antwort auf mein heiteres *Bonjour* das Gesicht und weigerte sich grimmig, auf mein fröhliches Plaudern einzugehen, so daß ich schon nach den ersten paar Kilometern in unbehagliches Schweigen verfiel. Endlich hatten wir den Bahnhof erreicht. Mein einziger Wunsch war, so schnell wie möglich aus dem Auto zu steigen, damit ich nicht an dem schlechten Atem seiner Mißbilligung erstickte. Ich öffnete schon die Tür, als er mit quietschenden Bremsen ruckartig anhielt. Ich knallte gegen den Türrahmen, stolperte hinaus und riß mir dabei den rechten Absatz von meinen einzigen guten Raoul-Schuhen ab. Der Ausdruck unverhüllter Schadenfreude auf seinem Gesicht, als er mir meinen Koffer und den Absatz reichte, hätte mich um ein Haar dazu gebracht, mein Trinkgeld zurückzuziehen, aber ich gab es ihm dann doch widerwillig und hüpfte niedergeschlagen die Treppe zum Bahnsteig hinauf. Aus meinem rechten Schuh, wo der Absatz abgerissen war, stachen jetzt eine Reihe von Nägeln wie Hauer hervor, die nur eine höchst groteske Form der Fortbewegung zuließen. Mit meiner Hüpf- und Springtechnik erreichte ich irgendwie das Abteil, nachdem ich mich ab und zu notgedrungen auch des restlichen Schuhs entledigt hatte, wenn die Nägel sich fest in den Boden gebohrt und mich so am Weitergehen gehindert hatten. Wütend und resigniert zog ich schließlich den Schuh aus und suchte mir mit dem Rest einer mir noch zu Gebote stehenden würdevollen Haltung einen Sitzplatz, immer noch mit dem Schuh in der Hand. Verzweifelt bemühte ich mich, die beiden Hälften meines besten Schuhs wieder miteinander zu vereinen; die Nägel waren aber inzwischen total verbogen, und nichts konnte sie dazu bewegen, sich wieder mit dem Absatz zu verbinden. Irgendwie bahnte ich mir an der Gare du Nord den Weg durch die Menschenmenge und die Treppe hinauf zu einem Café, wo ich bei einer Tasse abscheulicher, aufgekochter Zichorie über die mir an diesem Morgen erteilte Lektion nachgrübelte. Ganz offensichtlich galt die totale Hingabe an meinem Beruf nicht viel bei den Göttern, die über mein Verhalten urteilten. Viel schlimmer war jedoch der gesellschaftliche Fehltritt, meine frevelhaften Manieren und die Mißachtung fremder häuslicher Gepflogenheiten – q. e. d. . . .

Soweit also meine Bemühungen, an Guggans gesellschaftlichem Leben teilzunehmen. Allerdings ging ich zu einem sehr eleganten Ball, den Robert de Rothschild in seinem wunderschönen Haus in der Avenue Montaigne gab; dort wurde ich gebührend durch den Garten gejagt (aber inzwischen war ich in der Kunst des Ausweichens schon recht bewandert). Außerdem traf ich mich zu einem hochinteressanten Mittagessen mit Solange de Mora (durch den Bau des Suezkanals namentlich berühmt geworden). Sie hatte meinen Vater gekannt und geliebt, als sie beide noch sehr jung waren, und erzählte mir von ihm. Die gute Solange, die gelegentlich ihr Englisch an Griselda und mir ausprobierte: *»Dear children, where have you went?«* Ein paarmal in der Woche stand ich morgens extra früh auf, um mit der *Metro* in die Nähe des Lion de Belfort zu fahren, wo ich Alfred Jonniaux, einem der damals berühmten Maler in Paris, für ein Portrait Modell saß. Diese Sitzungen machten mir viel Spaß, denn er war ein charmanter und intelligenter Mann. Hier entdeckte ich, was sich durch so manche spätere Sitzung bei anderen Künstlern immer wieder bestätigte; ich besaß nur zwei Tempi: Null (ich konnte stundenlang sitzen, ohne mich zu bewegen) oder 160 Stundenkilometer. Das Portrait gehört jetzt Yehudi; es zeigt den Kopf einer Achtzehnjährigen mit träumerischen Augen und dem strengen Chignon einer Ballettänzerin. Jedesmal, wenn ich die Treppe hinaufgehe und an dem Bild vorbeikomme, erinnert es mich an jenen unbeschwerten und überaus glücklichen Winter. Damals fand ich einen Nebenfluß zu dem Hauptstrom meines dem Tanz gewidmeten Lebens, in dem die Strömung schon so häufig von Klippen und Untiefen aufgehalten worden war und meine Entwicklung sich so unregelmäßig gestaltet hatte.

5 *Les Ballets 1933*

*Die natürlichen Höhenflüge der menschlichen
Seele gehen nicht von einem Vergnügen zum anderen, sondern von Hoffnung zu Hoffnung.*

DR. SAMUEL JOHNSON

*I*m Jahre 1933 kehrte ich in den Ballett-Club zurück: mit
neuem Selbstbewußtsein und schlankeren Oberschenkeln.
Letztere verdankte ich sowohl dem Unterricht der Egorova als
auch der zwar unangenehmen, aber wirksamen Behandlung
von Mademoiselle Bati, der Masseuse der Comédie Française,
deren Anekdoten von den männlichen und weiblichen Stars
dieses berühmten Theaters meine Schmerzen unter ihren
knetenden Händen linderten. Selbst Mims hämische Eröffnung, Freddie Ashton wolle nichts mehr für mich schreiben
(möglicherweise sei er jedoch mit finanziellen Anreizen dazu
zu bewegen), war kein Schlag in die Magengrube, wie sie es
vielleicht früher gewesen wäre, bevor Cochran und die Egorova
mir zu neuem Selbstbewußtsein verhalfen. Ich gab die unerfreuliche Nachricht einfach an meine Mutter weiter und kann
nur annehmen, daß sie und die Rambert sich irgendwie einigten. Dies war übrigens einer der wenigen Anlässe, bei denen ich
Mama um Hilfe bat. Und ich freue mich sagen zu können, daß
Ashton, ob seine angebliche Weigerung nun echt war oder
nicht, im Endeffekt eine der schönsten und erfolgreichsten
Werke choreographierte, die er je für den Ballett-Club geschrieben hat, nämlich Ravels *Pavane pour une infante défunte.*
Schon immer hatte ich gern für Freddie gearbeitet, denn sein
natürliches musikalisches Gehör, sein Geschmack und sein
lyrischer Stil stimmten genau mit meiner Überzeugung überein, daß nämlich der Tanz der sichtbare Ausdruck von Musik
sei oder gar nichts.

In meiner leichtsinnigen Art hatte ich mir das spanische Kostüm aus dem siebzehnten Jahrhundert – vermutlich bei irgendeinem Theaterkostümverleih aus fünfter Hand erstanden – angezogen und kümmerte mich nicht darum, ob es paßte oder mir stand. Nach einem flüchtigen Blick in den Spiegel stülpte ich mir mit der gleichen Nachlässigkeit die der Zeit entsprechende zottelige, riesige rötlichbraune Perücke auf den Kopf, die an jeder Seite steif abstand. Ich konnte es nämlich kaum erwarten, auf die Bühne zu gehen, um die wunderbar traurige Monotonie von Ravels Musik zu interpretieren. Der schwere Reifrock des Kleides bauschte sich wie ein Schiffssegel bei Flaute. Freddie protestierte. Also nahm ich drei oder vier Sicherheitsnadeln und zog das Oberteil hinten zusammen, denn ich sagte mir, daß niemand meinen Rücken zu Gesicht bekommen würde, weil der ganze Hoftanz sich in einem einzigen langen Zug von einer Seite der Bühne zur anderen schlängelte. Mit der Perücke, die einem aufgeribbelten Strickzeug glich und wie eine sonderbare Teemütze auf meinem Kopf thronte, verfuhr ich in ähnlich unachtsamer Weise, nämlich mit großen Haarnadeln, in der Hoffnung, daß ich so wenigstens von vorne akzeptabel aussah. Mit meiner Interpretation war Freddie sehr zufrieden, weniger allerdings mit meiner unverbesserlichen Nachlässigkeit in bezug auf mein Kostüm. So erfand er für mich den Spitznamen der »Sicherheitsnadelkönigin«.

Es gab noch andere erfreuliche Ereignisse. Ninette de Valois forderte mich auf, das *Prélude* in den *Sylphides* am Sadler's Wells und die Rolle der Lady Clara Vere de Vere zu tanzen, die ich vor kurzem kreiert hatte, als Freddie die Choreographie für ein Ballett zu Versen von Tennyson nach der Musik von Mendelssohn schrieb. Das war die Idee des bedeutendsten Londoner Musikkritikers, Edwin Evans, gewesen, und von den Tänzern der Rambert erst kurz zuvor als Benefiz-Matinee gegeben worden. Das Ballett basierte auf einer umfangreichen Gedichtauswahl und schien sich endlos in die Länge zu ziehen. Die Markova tanzte die Hauptrolle der Katie Willows, Anton Dolin die männliche Hauptrolle und ich die zweite weibliche Hauptrolle als Lady Clara. Wir hatten jeweils sechs oder mehr Soloauftritte, ganz zu schweigen von den weniger bedeutenden Variationen zwischen einem Dutzend anderer Tänzer. Mir ist noch lebhaft in Erinnerung, wie Alicia und ich während dieser furchtbaren Tortur am His Majesty's verzweifelt eine Nummer nach der anderen auf einem Programm strichen, das an die Kulissen geheftet war. Ebenso erinnere ich mich, daß Lydia Lopokova nach der Vorstellung auf die Bühne kam, wo wir, körperlich und geistig erschöpft von den großen Anstrengungen, zusammenstanden.»Freddie«, säuselte sie in ihrer unnachahmlichen schadenfrohen Munterkeit,»die ersten fünf Tage fand ich einfach wunderbar!«

Es folgten einzelne Vorstellungen im Sadler's Wells. Das Erfreulichste daran war, daß ich mit Anton Dolin tanzen durfte. Zum erstenmal erlebte ich echte Zusammenarbeit. Ich verstehe darunter die Arbeit mit einem Partner, der an der Schöpfung und Interpretation einer Rolle aktiv beteiligt und für alle Nuancen empfänglich ist, anstatt lediglich wie ein lebloser Laternenpfahl als Stütze zu dienen. Trotz dieser Erfahrung und der ungewohnten Friedfertigkeit und Fairneß der de-Valois-Truppe konnte ich mich dort nie so recht heimisch fühlen; das Ungebärdige und Leidenschaftliche in mir war schon zu lange im russischen Dschungel verwurzelt.

Wieder im Ballett-Club. Inzwischen hatte Antony Tudor mit der Arbeit an seinem neuen Ballett *Lysistrata* zu der Musik von Prokofjew begonnen. Ich sollte die Titelrolle bekommen; William Chappell entwarf die wunderbaren Kostüme und das Bühnenbild. Zwischen der Zusammenarbeit mit Tudor und der Arbeit mit Ashton bestand ein riesiger Unterschied. Ashton hatte einen völlig anderen Werdegang und brachte ganz andere Voraussetzungen mit. Tudor war ein Selfmademan, ein ehemaliger Handwerker, und um so bemerkenswerter war, was er aus sich gemacht hatte. Offensichtlich mit Intelligenz, geistiger Neugier und einer echten schöpferischen Begabung ausgestattet, war er erst ziemlich spät zum Ballett gekommen, so daß nie ein richtiger Tänzer mehr aus ihm werden konnte. Von Natur aus war er kühl und zurückhaltend; folglich fand ich die Zusammenarbeit mit ihm nicht leicht. Freddie fesselte einen sofort durch seine Wärme, seine Begeisterung und mit seinem jederzeit verfügbaren Repertoire an Schritten und Posen. Er konnte einem alles genau demonstrieren, weil er geschmeidige Bewegungen und noch dazu ein unbeschreibliches Formgefühl hatte. Dagegen fehlte Antony zu der Zeit das wesentliche Rüstzeug, um einem den Sinn seiner Choreographie zu vermitteln. Er nahm einen geistesabwesend bei der Hand und wanderte im Studio herum. Dabei zupfte er sich gedankenverloren an seiner langen, schöngeformten Nase und kehrte den Blick nach innen, so daß man sich fragte, ob er überhaupt noch wußte, daß man anwesend war. Wenn er einige Minuten in dieser Konzentration umhergewandert war, deutete er eine Reihe von Schritten an, die meistens kompliziert und ziemlich schwer auszuführen waren. Da er im Gegensatz zu Freddie kein ausgebildeter Tänzer war, war er sich offenbar der Schwierigkeiten, die mit ihnen verbunden waren, nicht bewußt. Hatte ich alles so gut wie möglich ausgeführt, pflegte er das ganze *enchaînement* wieder zu ändern. Wir nahmen unsere Wanderung von neuem auf, und ich war froh, auf diese Weise ein technisches Problem, das mir Kopfzerbrechen gemacht hatte, losgeworden zu sein. Langsam ging diese Phase vorüber, und sein sehr intelligentes musikalisches Konzept nahm Form an. Er hatte eine interessante, intellektuelle Auffassung vom Tanz; vielleicht moderner, bestimmt aber abstrakter als die von Ashton. Mir kam es immer so vor, als ob seine Choreographie von den eigenen physischen Möglichkeiten begrenzt wurde und als drücke er seine tiefen Gedanken plastisch aus, indem er die Tänzer zu ihrer Verwirklichung benutzte, anstatt in einem bestimmten Tänzer Eigenschaften zu sehen, die er weiterentwickeln wollte. Es ist ja der Traum eines jeden Tänzers, die Muse eines Choreographen zu werden. Diese einzigartige Vereinigung der beiden Elemente, des Urhebers und des idealen Interpreten, war jedoch zu der Zeit nicht sein Ziel. Er errang später in Amerika, in dem Land, das ein mehr ideelles Verhältnis zu den Künsten hat, großen und wohlverdienten Erfolg. Ich selbst kann nur über den Tudor der frühen Londoner Tage sprechen. Die Rolle der *Lysistrata* erfüllte mich vollkommen, denn sie war dramatisch und hatte viele *grands jetés*. Leider war die Bühne des Ballett-Clubs so klein, daß die Zuschauer sich wahrscheinlich jedesmal unwillkürlich duckten, wenn ich einen Sprung ausführte. Aber so etwas kam mir überhaupt nicht in den Sinn: Wenn ich erst einmal losgelassen war, vergaß ich alles um mich herum und nahm nur noch die Musik wahr. Tudor schuf noch zwei weitere Ballette. Ich entsinne mich, daß ich mich in dem einen, *Atlanta*, als Göttin schrecklich langweilte und das Publikum vielleicht ebenso. In dem anderen, einer Parodie mit dem Titel *Boxing*, tanzte ich den »Vamp«. Antony entwickelte allmählich einen feinen, geistreichen Humor. Das letzte Ballett, das ich nach seiner Choreographie getanzt habe, soweit ich mich erinnere, war *The Planets* von Gustav Holst. Er gab mir die Rolle des Mars. Noch lange werde ich mich der entsetzlichen Schwierigkeiten meiner ersten Bewegungen erinnern: aus einer verzwickten Kauerstellung auf dem Boden ein schneller Sprung mit gleichzeitiger Drehung. Meiner unziemlichen Größe wegen konnte ich es mir einfach nicht leisten, irgend etwas zu beanstanden. Hinzu kam, daß die Rambert Tänzerinnen bevorzugte, die besser in ihr kleines Theater paßten, eine schmerzliche Tatsache, die nicht mehr zu übersehen war. Als Ninette de Valois einige Jahre später *The Planets* in ihr Repertoire-Theater am Sadler's Wells aufnahm, war es mir eine Genugtuung, als Peggy van Praagh, eine der begabtesten Solotänzerinnen, mich anrief und protestierte: »Diana, das ist einfach nicht möglich, den ›Mars‹ so zu beginnen.« »O doch, leider«, antwortete ich, »aber eben nur gerade noch, so daß man vor jeder Vorstellung fast vor Angst vergeht.« Ein schwacher Trost.

Zu Hause gewannen die sonntäglichen musikalischen Soireen meiner Mutter immer mehr an Substanz und Interesse. Mamas ehemaliger Wiener Kollege, Artur Schnabel, pflegte mit seiner Frau zum Mittag- oder Abendessen zu kommen, und Griselda und ich mußten endlose, langweilige, mit stark österreichischem Akzent vorgetragene Lektionen über den »aktiven Fatalismus« über uns ergehen lassen. Er ließ sich dabei auch nicht gern unterbrechen. Mit Basiliskenblick schüchterte er seine Opfer ein und brachte sie zum Schweigen. Eines Tages begleitete ich ihn nach dem Mittagessen auf einem langen, ermüdenden Spaziergang und empfand dabei das ganze Ausmaß seiner schulmeisterlichen Unverschämtheit, so wunderbar er auch als Pianist gewesen sein mochte. Ich hatte zunehmend das Gefühl, ungeliebt, unbekannt und auf jeden Fall unbesungen zu sein. So verfiel ich auf die scheinbar kluge Idee, Gesangsunterricht zu nehmen, um ein weiteres Eisen im Feuer zu haben. Ich meldete mich bei einer Italienerin an, die seit langem in London lebte. Alles, woran ich mich dabei erinnere, ist mein absoluter Mangel an Stimme und der eigenartige Geruch der Dame. Sie war um die Sechzig, recht rundlich und immer mit demselben schwärzlichen Gewand bekleidet oder vielmehr darin verpackt; dazu trug sie auch im Hause einen Hut. Ihre Wohnung war düster, überladen und schlecht gelüftet: Eigenschaften, die gleichermaßen auf sie selbst zutrafen. Ihr dunkelgelbes Gesicht, ihre bunten Halsketten und ihr schlechter Atem verstärkten diesen Eindruck noch. Bei jeder Bewegung, mit der sie mich entweder korrigierte oder berührte, nahm der eigenartige Geruch zu, so als würde er mit einem unsichtbaren Löffel umgerührt. Ich hatte das Gefühl, mit sehr alten, sehr finsteren und geheimen Erscheinungen in Berührung zu kommen, vergleichbar etwa den schwebenden Dämpfen eines satanischen Sakraments. Nach einigen Unterrichtsstunden floh ich verzweifelt in die Baker Street hinaus und geradewegs in die Arme der göttlichen Tamara Karsawina – meiner geliebten Madame Ta-Ta. Beim Anblick dieses edelsten Engels aller großen Tänzer versanken plötzlich meine jämmerlichen Bemühungen um eine Erweiterung meiner Marktfähigkeit in einer Welle von Nostalgie.

Als ich sie, wahrscheinlich den Tränen nahe, damals auf der Straße begrüßte, muß sie gemerkt haben, wie unglücklich ich war. »Darlinck Diana«, sagte sie und sah mich dabei mit ihren großen schwarzen Augen an, »unmöglich du kannst Karriere alleine machen. Das mußt du doch wissen.« Damit küßte sie mich und ging weiter. Ich ließ die Autobusse an mir vorbeifahren. Bald würde ich einen von ihnen nehmen müssen, der mich für immer von dieser stickigen Wohnung und meinen jämmerlichen Trällerversuchen fortbrachte. Ich würde über Tamara Karsawinas Worte nachdenken müssen. Wäre mir der Rat nicht von ihr, sondern von jemand anderem gegeben worden, hätte ich ihn als unmoralisch abtun können. Aber jemand wie sie, die für ihre Vornehmheit bekannt war von ihren ersten Tagen in St. Petersburg an bis zu ihrer Ehe, die sie, wie ihr ganzes Leben, mit großer Würde geführt hatte, hätte so etwas nie leichtfertig geäußert. Mehr denn je fühlte ich mich aus der Bahn geworfen und schutzlos. Der strenge Verhaltenskodex meiner Mutter, Mulberry House – der goldene Käfig – und meine leidenschaftliche Natur selbst waren allesamt dazu angetan, mich mit Schrecken zu erfüllen, wenn es zu den unvermeidlichen sexuellen Anträgen kam. Für viele romantisch veranlagte Mädchen der dreißiger Jahre war die durch Unwissenheit noch gesteigerte Angst ein ebenso wirksames Verhütungsmittel wie ein eiserner Keuschheitsgürtel, und ich war ein typisches Beispiel dafür. Ausgerechnet ich, die ich so dringend Hilfe gebraucht hätte, war in Panik geraten und hatte mich drei der mächtigsten Männer der Theaterwelt verweigert, und dabei war ich noch nicht einmal zwanzig Jahre alt. Welche Hoffnung bestand da für die Zukunft einer derart törichten Jungfrau?

Nachdem also mein mißlungener Versuch, Englands vielversprechendster Mezzosopran zu werden, unauffällig begraben worden war, tanzte ich im Ballett-Club weiter, wurde als *Sylphide* von einem führenden Künstler der Royal Academy gemalt und verbrachte einen ganzen Tag im Büro des Ballett-Clubs damit, mit Hilfe von Mamas Gästeliste Umschläge für das bevorstehende Londoner Debüt von Agnes de Mille zu adressieren. Ruth Draper, die berühmte Diseuse, gab damals einen ihrer einzigartigen Soloauftritte und kam zu einem Diner nach Mulberry House. Sie beunruhigte und begeisterte mich. Ruth Draper und ihre Landsmännin Aggie verfügten beide über Zielstrebigkeit, gepaart mit einer beneidenswerten Selbstsicherheit. Ich war davon überzeugt, daß Ruth Draper keinerlei Zweifel hegte an der Güte ihrer Schöpfungen und Aufführungen und nichts von der lähmenden Zaghaftigkeit hatte, die so oft die Folge von Kritik und Sarkasmus ist, die allgemein zur englischen Erziehung gehören. Ihr späterer unglaublicher Erfolg war wahrhaftig Beweis genug für ihr Selbstvertrauen. Aber Agnes, die ihre Laufbahn gerade erst begonnen hatte, glaubte ebenso unerschütterlich an alles, was sie tat, und war begeistert von der Ansicht, ihre Kreativität zeigen zu können. Daß ihr wegen ihrer ungenügenden Ausbildung im Tanz gewisse Grenzen gesetzt waren, schien sie nicht zu beunruhigen. Sie kam wie Ruth Draper aus einem Land, das jede Fähigkeit fördert und nicht dauernd an allem etwas auszusetzen hat. Beide waren zugleich schöpferische und ausführende Künstlerinnen; ihnen gehörte beides: die Wurzel und die Blüte. Die weitere Entwicklung von Agnes de Mille zur bedeutendsten und innovativsten Choreographin des amerikanischen Musicals – darunter *Oklahoma! Carousel* und *Brigadoon* – bezeugte die Richtigkeit ihres unerschütterlichen Glaubens an sich selbst.

Als ich Ruth Draper am Tisch gegenübersaß und sie beobachtete, ihre strahlenden schwarzen Augen, den vogelartigen Kopf, wie sie Wärme ausstrahlte und ungezwungen und vergnügt plauderte, wurde ich an Aggie erinnert. Als die sich auf ihre bevorstehende Vorstellung vorbereitete, warf sie den Kopf in den Nacken, sah an ihrer feinen Adlernase hinunter und verkündete:»Diana, weißt du eigentlich, *welche* Musik ich für meinen Tanz des 18. Jahrhunderts verwende? Keine geringere als das Menuett aus Mozarts *Jupiter-Sinfonie*.« Dabei lachte sie laut auf, entzückt über ihr eingestandenes Plagiat und nicht in mindesten beschämt. Welch begehrenswerte Eigenschaft! Ich wußte, das war eine berufliche Möglichkeit, die ich in Erwägung ziehen würde, wenn ich den Mut oder die Kreativität dazu besäße. Ich wurde allmählich dafür bekannt, daß ich die verschiedensten Rollen besetzen konnte, so daß sich hier ein Ausweg aus der Sackgasse hätte bieten können. Aber da war immer wieder die Angst vor der kalten, abfälligen Stimme, die mir zu Hause, in der Schule und im Ballettunterricht so häufig in den Ohren geklungen hatte, daß sie wie eine Alarmglocke in meinem Kopf weitertönte und mich hemmte. Als passionierter Einzelgängerin fehlte mir der besondere innere Impuls, neue Möglichkeiten furchtlos zu prüfen, und es gab auch niemand anderen, der mich angespornt und dadurch vielleicht ermutigt hätte. Das Schreckgespenst des Mißerfolgs lauerte immer in bedrohlicher Nähe, und ich wußte, ich hatte kein Sicherheitsnetz. Wie recht hatte doch die Karsawina! Selbst ein Einzelgänger braucht ein gewisses tragendes Element, um sich besser entfalten zu können, so wie das Salz im Meer gute Voraussetzungen für den Schwimmer schafft, ohne die seine Anstrengungen mit Ertrinken enden würden. So schritt das Jahr fort, und ich versuchte, Schritt zu halten. Fortnum & Mason engagierten mich hier und da als Modell, was mir ungeheuer schmeichelte, jedoch kaum dazu geeignet war, den Nebel aufzulösen, der über meiner Zukunft hing. Aber dann kam der unvergeßliche Tag, an dem die Rambert verkündete, daß Balanchine sein eigenes Ballett in Paris gegründet hatte. Dafür habe er einige der russischen Tänzer engagiert, die immer noch auf eine Wiederauferstehung des Diaghilew-Balletts warteten, das de Basil bisher erst halb wieder zusammengestellt hatte. Balanchine würde zunächst in Paris beginnen und dann nach London kommen. Um letzteres verwirklichen zu können, mußte er laut Vorschrift der britischen Künstlergewerkschaft »Equity« je zwei englische Landsleute als Solotänzer und Mitglieder des *corps de ballet* engagieren. Ich traute meinen Ohren nicht, als die Rambert mich und Prudence Hyman (eine enge Freundin noch aus der Kindheit und eine gute Tänzerin) vorschlug sowie zwei ausgezeichnete Schülerinnen, Betty Cuff und Betty Schooling. In meiner augenblicklichen Unausgefülltheit und Trübsinnigkeit gab mir die Aussicht, mit Balanchine persönlich zu arbeiten, ein Gefühl, als hätten leuchtende Sonnenstrahlen die bis dahin undurchdringlichen Wolken durchbrochen. Wie sehr ich auch unter den unaufhörlichen Angriffen der Rambert gelitten haben mochte, so hatte ich es doch ihrer engen Zusammenarbeit mit Diaghilew zu verdanken, daß ich die Welt des Balletts durch das Eingangstor russischer Schulung betreten hatte und meine bewegte Laufbahn in diesem gefahrvollen Dschungel beharrlich fortsetzen sollte. Ihr hatte ich es zu verdanken, daß Diaghilew mich als Vierzehnjährige engagiert hatte und ich somit Gelegenheit erhielt, eines von Balanchines bedeutendsten Balletten, *Apollon musagète*, zu sehen. Auf diese Weise lernte ich schon sehr früh die außerordentliche Klarheit und Reinheit der Linie kennen, die Lifar, die Doubrovska, die Nikitina und die Danilova so vollkommen darstellten. Da gab es keine überflüssigen Bewegungen, kein Getue, keine Ausschmückungen, die die zugrundeliegende Idee verfälscht hätten. Balanchine kam es nur darauf an, die Musik Strawinskys so getreu wie möglich zu interpretieren.

Ich bezweifle, daß mir in dem jugendlichen Alter bewußt war, welch einzigartige Vereinigung verschiedener Talente der *Apollon* darstellte. Aber ich erinnere mich jedenfalls an eine gewisse Aufregung und Bewunderung für die Choreographie, die ohne 32 *fouettés* [Pirouetten] und all den anderen Ballast auskam, der aus einer Ballerina eine Art kleinen, runden und sich stets drehenden Klavierbock machte. Natürlich hatte Diaghilews erster Choreograph, Fokin, die Tänzer bereits von der vorgeschriebenen technischen Perfektion befreit, die den verstaubten Scheußlichkeiten der großangelegten Stücke wie *Esmeralda* oder dem *Schwanensee*-Dreiakter anhafteten. Er hatte *Sylphides, Carnaval, Spectre de la rose* usw. sein besonderes romantisch-lyrisches Siegel aufgedrückt. So gab es durchaus eine Brücke zwischen den alten, von Diaghilew so gehaßten Schinken und den sparsamen und schönen Kreationen des jungen Balanchine.

Mit Massine zu arbeiten, war schon immer sehr lohnend gewesen. Er war stets gut vorbereitet, äußerst musikalisch, konnte gut erklären und änderte wenig. Mit sicherer und geübter Hand setzte er die Tänzer auf sehr flexible Weise ein. Seine Choreographie war im wesentlichen romantisch und groß angelegt, in ihrer schwächsten Form ein Anklang an Brahms mit einer Spur der »Rockettes«, wunderbar ausdrucksvoll und gut zu tanzen in ihrer besten Form. Sie unterschied sich vollkommen von Balanchines Arbeit, die weitaus feiner und persönlicher war. Massine verwendete in seinen späteren Arbeiten für das Basil-Ballett immer größere Bilder sowie symphonische Musik. Er nutzte die aufregenden Techniken der sogenannten »Baby-Ballerinen« wie der Toumanova, der Baronova und der Riabouchinska aus. Blickt man auf diese Epoche der dreißiger Jahre zurück und vergleicht die beiden letzten Choreographen Diaghilews miteinander, so erkennt man, daß die Tradition Massines in direkter Linie von den »Esmeraldas« und den »Corsaires« abstammte, während mit Balanchine eine vollkommen neue Konzeption des Tänzers begann. Er war die Zukunft; Massine war die letzte Blüte der Vergangenheit.

Ich kann mir gut vorstellen, daß dies der Grund dafür war, daß sich Balanchine von de Basils Plänen löste. Es war Balanchines Glück, daß Edward James nach einem Rahmen für seine Frau, Tilly Losch, suchte, vielleicht, um seine gefährdete Ehe neu zu beleben. James war daher der Katalysator für *Les Ballets 1933*. Meine Reise mit Prudence Hymans zur Balletttruppe nach Paris stand zunächst unter keinem guten Stern. Kaum in Calais gelandet, wurden wir ohne viel Federlesens von einem Beamten angehalten, der die Eintragung in unseren Pässen, »Tänzerin und Schauspielerin«, angewidert betrachtete und unser *permit de travail* [Arbeitserlaubnis] verlangte. Die konnten wir nicht vorweisen, denn es war niemandem eingefallen, uns damit auszurüsten. Der Beamte weigerte sich, uns auch nur einen Schritt weitergehen zu lassen, wohl aus Angst, wir könnten als illegale Immigranten ohne Leumundszeugnis Frankreich verunreinigen. Wütend verlangte ich ein Telephon und rief Edward am ›Prince de Galles‹ in Paris an, wo er sich glücklicherweise auch aufhielt. Er entschuldigte sich und versprach, gleich am nächsten Morgen früh jemanden zu uns zu schicken. Pru und ich genossen im Hotel Terminus, berühmt für seine »pommes de terre soufflées«, ein herrliches Abendessen, stiegen danach versöhnt in sehr schmuddelige und etwas fragwürdige Betten und schliefen wie die Murmeltiere. Am nächsten Tag erhielten wir unsere Arbeitsgenehmigungen und fuhren nach Paris, wo Pru und ich bei Guggan wohnen sollten. Am folgenden Morgen stellten wir uns, gemeinsam mit Betty Cuff und Elizabeth Schooling, beklommen bei Balanchine vor. Er hauste in einem sehr kleinen, mit Linoleum ausgelegten Studio, das keinerlei Belüftung hatte. Draußen war die Temperatur auf fast 32° C gestiegen; hier drinnen waren es 40° C. Wir wurden kühl empfangen, und Georges mit seinem vogelartigen Kopf unterzog uns alle vier einer genauen Musterung. Er war schlank und gepflegt und trug wie Massine schwarze Alpakahosen und ein weißes Hemd. Da endete die Ähnlichkeit aber auch schon. Kein verhaltenes Feuer, keine glühenden Augen, sondern ein sehr kühles, hochintelligent wirkendes Gesicht mit einer Adlernase, so daß der ganze Kopf zwei sorgfältig zusammengefügten Profilen glich.

Er scheuchte die ganze Truppe an die Stange und leitete sie vom Klavier aus, auf dem er ein herrliches Potpourri spielte, bestehend aus Jazzimprovisationen, Opernmelodien und allem möglichen, was zu dem Rhythmus paßte. Schon bald stellte sich mit grausamer Deutlichheit heraus, daß er es darauf anlegte, die Neuankömmlinge fertigzumachen und, wenn notwendig, zu Staub zu zermahlen. Nicht zwölf *battements* nach jeder Seite, nein fünfzig, und dasselbe bei jeder anderen technischen Übung. Wild entschlossen, dem Union Jack alle Ehre zu machen, näherten wir uns langsam, aber sicher dem Siedepunkt. Auf die Strapazen an der Stange folgten komplizierte *enchaînements*, wobei Georges auf das Klavier hämmerte und uns der Schweiß aus allen Poren lief. Nach zwei Stunden wurden wir endlich erlöst und konnten noch schnell einen Blick auf unsere Kollegen werfen. Auf diese Art ging es weiter bis zum Ende dieser ersten Woche, die einem Alptraum glich. Dann lächelte Balanchine plötzlich, und wir wußten: er hatte uns akzeptiert.

Balanchine hatte die entzückende dreizehn oder fünfzehn Jahre alte Tamara Toumanova mitgebracht. Ich erinnere mich jedenfalls, daß wir ihren fünfzehnten Geburtstag in den darauffolgenden Jahren mehrmals feierten, deshalb kann ich nicht präziser sein. Aber unbestritten ist, daß sie sehr jung und sehr schön war und über eine grundsolide Technik verfügte, die ihr und Irina Baronova von der Préobrajenska beigebracht worden war. Die Toumanova hatte ein Gesicht von georgischer Schönheit und einen pummeligen Körper. Unter ihrer Trainingskleidung wurde die arme Irina von ihrer Mutter in Gummi eingewickelt, so daß wir sie beim Umziehen in eine Emailleschüssel stellen mußten, weil ihr der Schweiß in Strömen herunterlief. Lieb und warmherzig, wie sie war, schlossen wir bald Freundschaft. Balanchine hatte jetzt eine zwar kleine, dafür aber verläßliche Truppe, die seinen Ansprüchen gerecht wurde. Der erste Tänzer war Roman Jasinsky; die übrigen stammten aus dem großen Reservoir der verschiedenen Studios von Paris. Völlig neu war für mich, daß Balanchine für die althergebrachte

Form des *corps de ballet* keinerlei Verwendung hatte. Offensichtlich bedeutete es ihm nicht mehr als eine langweilige Zierde auf der Bühne, die nur dazu diente, eine Pause auszufüllen, während der sich die Solisten hinter den Kulissen verschnauften.

Für Edward James, einem Mann mit viel Geschmack, finanziellen Mitteln und einem Blick für Malerei, war jetzt der richtige Augenblick gekommen, um eine Truppe nach Diaghilews Vorbild aufzubauen, mit neuen Inszenierungen, wo namhafte Komponisten und Bühnenbildner gemeinsam jedes Ballett zu einem harmonischen Ganzen gestalten sollten. Ich hatte Edward flüchtig kennengelernt in der Zeit, als ich die zweite Besetzung für Tilly in der Rolle der Nonne in *The Miracle* war. Tilly kannte ich natürlich gut. Die spitzbübische, kecke Tilly mit ihren riesigen eisblauen Augen und ihren schöngeformten, erotischen Armen und Händen. Die Tilly, die um den ewig jungenhaften Edward mit dem frischen Gesicht ihre Kreise zog. Die Tilly, die Balanchine zur Verzweiflung trieb, wenn seine Inspiration total versagte, sobald er für sie ein Ballett kreieren sollte. Die Tilly, die schließlich in *Anna-Anna* und *Errante* Triumphe feierte.

Wir zogen schließlich aus dem finsteren Loch in den Probenraum über der Bühne des Théâtre des Champs-Elysées und bekamen unsere Rollen zugewiesen. Tilly war auch dabei und wirkte etwas fehl am Platze. Wir müssen, wenn nicht gerade bedrohlich, so doch etwas fremdartig auf sie gewirkt haben, denn wir waren alle im Teenageralter und hatten alle eine ausgezeichnete technische Ausbildung genossen, während Tilly sich wohl zum erstenmal mit einer solchen Truppe messen mußte. Sie hatte ihre Ausbildung ausschließlich nach der Methode des mitteleuropäischen Ballettunterrichts erhalten und sich ihre eigene spezielle und sehr erfolgreiche Nische in den Revuen von Cochran geschaffen. Als die schöne Tänzerin, die sie war, verließ sie sich ganz auf ihre persönliche sinnliche Ausstrahlung und auf ihre ausdrucksvollen Hände. Damit war sie einer solchen Gruppe von jungen und kräftigen Tänzern kaum gewachsen.

Schließlich konnte das Tilly-Problem mit *Anna-Anna* mehr

als erfolgreich gelöst werden. Es war eine von Kurt Weill und Bertolt Brecht zusammengestellte typische Berliner Inszenierung der dreißiger Jahre über die sieben Todsünden. Die meisten von uns konnten sie nicht ausstehen, weil jeder, der übriggeblieben war (wie kaltes Fleisch vom Vortag), sich in einen riesigen Umhang mit Kapuze hüllen und entweder als Sünde oder als Sündenstrafe stöckeschwingend auf die Bühne stürzen mußte. Tamara Sidorenko und ich haben nie herausgefunden, was wir eigentlich tun sollten. Ein weiteres Tilly-Problem wurde von Pavel Tchelitchew und Balanchine mit vier Kilometern Seide gelöst, die sie als Hintergrund benutzten, und mit raffinierter Beleuchtung. Sie steckten Tilly in ein herrliches Gewand aus smaragdgrünem Satin mit einer langen, breiten Schleppe, die wir von jenseits der Kulissen hoben und flattern ließen, wenn Tilly in *Errante* zu der Musik der »Wanderer-Fantasie« (Schubert/Liszt) in gebotener Verwirrung pausenlos auf der Bühne hin und her lief.

Jetzt waren wir endlich im Theater, und zwar in dem Théâtre des Printemps. Die Proben fanden recht unregelmäßig statt: manchmal nachmittags, manchmal abends. Da man nie im voraus wußte, was geprobt wurde, erschien man einfach jedesmal. Es war sowieso nie Zeitverschwendung, Balanchine bei der Arbeit zuzusehen. Ich erinnere mich an eine Probe im oberen Probenraum, zu der Josephine Baker kam und kaum zu erkennen war: angezogen und ohne Bananen.

Nach und nach nahmen die fünf Ballette – *Mozartiana, Songes, Die sieben Todsünden, Fastes* und *Errante* – Form an. Georges fügte plötzlich ein sechstes, *The Waltzes of Beethoven*, hinzu. Zu diesem hatte ein reicher, aber nicht sonderlich begabter Südamerikaner namens Emilio Terry ein verrücktes Dekor und schauderhafte Kostüme entworfen, die die vier Elemente Wasser, Erde, Feuer und Luft darstellten. Mir fiel die Rolle der Erde zu, und ich mußte in einem scheußlichen chitonartigen Gewand aus bouillonfarbenem Chiffon erscheinen. (Alte Dung-Mutter nannte ich mich selbst.) Bei den Anproben mußte ich stundenlang stehen, während die großartige Karinska, eine berühmte russische Kostümschneiderin, die von Amethysten nur so strotzte, den Stoff immer aufs neue drapierte. Dabei schimpfte sie, wenn auch durch die Stecknadeln im Mund etwas behindert, vor sich hin:»*Ach, Boje moi! Kak oojasnia.*« Das hieß so viel wie:»O Gott, wie furchtbar«, was meine Stimmung nicht gerade hob. Am Abend der Premiere der *Waltzes of Beethoven* warteten wir zitternd vor Nervosität hinter der Bühne immer noch auf unseren Kopfschmuck. Das Publikum klatschte bereits ungeduldig, und um uns herum herrschte allgemeine Panik. Endlich fuhr die Karinska in großer Hektik mit einem Taxi vor. Sie überreichte mir ein pyramidenähnliches Gebilde, das eine Höhe von mindestens 70 cm hatte und offensichtlich aus Gips und Lehm bestand. Ich setzte es mir auf den Kopf, brach in Tränen aus und wandte mich hilfesuchend an Georges. Die Vorstellung begann mit meinem Solo. Wenn der Vorhang aufging, sollte ich auf irgendeiner Unterlage ruhen (ich glaube, es war eine Zementcouch; auf jeden Fall war sie äußerst unbequem), von der aus ich auf Spitzen in die vierte Position springen und meinen Oberkörper so weit wie möglich zurückbiegen mußte. (Es war Balanchine aufgefallen, wie gelenkig mein Rücken war.) Was mit dem auf meinem Kopf thronenden Monument passiert wäre, das wissen die Götter. Auf jeden Fall wäre das mein Ende gewesen. Glücklicherweise nahm Georges mir das Monstrum ab, wischte mir die Tränen ab, gab mir einen Kuß und einen sanften Schubs:»Geh schon, Dianotschka, geh schon.« Und so rannte ich mit zitternden Knien auf die Bühne, um meine einsame Position einzunehmen, wobei ich mich bemühte, den immer lauter werdenden Ärger oder den spöttischen Applaus auf der anderen Seite des Vorhangs zu überhören.

Trotz schönster Solos für mich, für Prudence als »Luft«, für die Sidorenko als »Feuer« und für die Ouchkova als »Wasser« fand das Ballett, das hauptsächlich für Tilly als »Daphne« und Jasinsky als »Apollo« geschrieben war, keinen großen Anklang beim Publikum und wurde zum Glück abgesetzt. Niemand bedauerte das wirklich, denn es hatte sich als vollkommen unmöglich erwiesen, Daphne in einen Lorbeerbusch zu verwandeln. Ich sehe noch, wie wir vier Elemente uns bemühten, grünblättrige Zweige aus Papier an Tilly zu befestigen, in der leisen Hoffnung, daß die Verwandlung von der Nymphe in einen

Busch realistisch erschien. Wie sehr Tilly auch verwundertes Staunen mimte und mit ihren eisblauen Augen rollte, sie konnte das elegante Publikum nicht davon überzeugen, daß sie nicht wie eine kleinbürgerliche Gartenhecke aussah. Also starb diese traurige Angelegenheit nach wenigen Aufführungen eines nicht beklagten Todes. Leb wohl, Dung-Mutter! Mir jedenfalls hatte mein Solo Spaß gemacht.

Als wir nun endlich das triste Studio verlassen hatten und auf die Bühne und in die Umkleideräume des Champs-Elysées vorgedrungen waren, begann das eigentliche Abenteuer. Endlich lernten wir das ganze Team kennen, das Boris Kochno (Diaghilews angesehener Sekretär), Balanchine und schließlich Edward James um sich versammelt hatten. Da waren André Derain (einer der »Fauves«) mit dem enormen Schmerbauch und den fröhlichem, hervorquellenden Augen, der affektierte Maler Bébé Bérard (er erging sich in dauerndem Miniwutanfällen und war stets beleidigt), Pavlik Tchelitchew mit seinem schönen, abgezehrten romantischen Gesicht und Nika Nabokov, der Komponist, ein wunderbarer Russe mit einer dunkelblonden Mähne und klugen blauen Augen. Pavlik und Nika nahmen mich auf viele ihrer ziellosen und sehr russischen Ausflüge durch ganz Paris mit, entweder um Freunde zu besuchen, die gewöhnlich nicht zu Hause waren, oder um mit hier lebenden Amerikanern zu plaudern und Tee zu trinken. Tchelitchew las mir aus der Hand: »Dianotschka, du hast Hand von sehr alte Dame!« Und da gab es die Komponisten Henri Sauguet, immer freundlich lächelnd, und Darius Milhaud mit seinem großen, zitronenfarbenen Gesicht und verträumten schwarzen Augen. Alle gingen im Parkett auf und ab oder sahen sich ihre Ballette an und diskutierten mit Balanchine über Änderungen und Korrekturen. Ich war verzaubert und staunte, daß ich zu dieser illustren Gesellschaft gehörte und das große Privileg hatte, diesen erhebenden Augenblick miterleben zu dürfen. Kein einziges verstaubtes, aus der Mottenkiste hervorgeholtes Ballett. Ganz neue oder selten gehörte Musik, funkelnagelneue Entwürfe und Ideen. Es ist ein Zeichen für Kochnos Verständnis und für Balanchines Genialität, daß aus all dem überhaupt etwas wurde. Natürlich gab es Augenblicke, in denen man irgendwie die Heimat, die Sicherheit vermißte, die ein bewährtes Ballett seinen Tänzern bietet, und manchmal wurde man angesichts der ungeheuren visionären Kraft Balanchines von einem Schwindelgefühl überwältigt. Und all dieses Neu-artige – so viele Konzeptionen, so viele schwierige Geburten, so viele Risiken, die man in Kauf nahm. Ich kann mich nicht erinnern, jemals ein ärgerliches, ungeduldiges Wort von Georges gehört zu haben, wenn er mit uns die Schritte, die *enchaînements*, die Solotänze und *pas de deux* übte, hier und da korrigierte und wieder korrigierte. Als wir viel später einmal durch London bummelten, sagte er: »Weißt du, mei-ner Meinung nach sollte ein Ballett etwas ausschließlich Aktu-elles sein – eine Sache von kurzer Dauer, und es sollte nach einer Spielzeit verworfen werden.« Ich protestierte, denn ich fand die Vorstellung beunruhigend – sie ging mir etwas zu weit.

Nach Paris mit seiner *assistance très élégante* ging es nach London, wo wir im Savoy, einem konventionellen kleinen Theater, auftraten. Inzwischen tanzte ich die Rolle der »Demi-monde« in *Les Songes* und die des blauen »Saltateur« in *Fastes*. Aus Furcht vor der kommenden Konkurrenz von der Basil-Truppe am Alhambra bewegte Edward Serge Lifar (der, wie er gehört hatte, im Aldwych auftreten sollte) dazu, statt dessen zu uns zu kommen und einige Solovorstellungen zu geben, die an verschiedenen Abenden eingeschoben werden sollten. Mit ei-nem Mal war London von Balletttruppen überschwemmt. Lifar brachte die Nikitina, die Doubrovska, Slavinsky und mehrere andere führende Mitglieder der aufgelösten Diaghilew-Truppe mit. In der ersten Aufführung im Savoy verärgerte Serge sowohl das Publikum als auch die Kritiker, weil er *L'Après-midi d'un faune* in einsamer Größe ohne den reizenden Fries der Nymphen tanzte. Edward stellte ihn daraufhin zur Rede, und es folgte eine lautstarke Auseinandersetzung, bei der es im Foyer des Savoy-Hotels zu Handgreiflichkeiten kam. Nach diesem liebenswürdigen Dialog gab Serge insoweit nach, als er der Ersten Nymphe den Auftritt gestattete. Dies war eine Rolle, die Wójcikowski mit mir einstudiert hatte, und Serge akzeptierte mich. Den ganzen Nachmittag trieb ich mich voller Unruhe im

Theater herum, in der Hoffnung auf eine Probe. Schließlich ging ich vor lauter Verzweiflung in Lifars Garderobe. Keine Proben, keine Zeit. Ich solle einfach meine Rolle tanzen und auf der Seite mit dem Souffleurkasten auftreten. »Und zwar hier«, dabei klopfte er mit dem Finger auf die Partitur. Gräßlicher Kerl! Also ging ich zitternd davon. Leider hatte Serge seit Diaghilews Tod vier Jahre lang keinen Unterricht mehr gehabt, und in einer sehr schwierigen Parallelposition auf *demi-pointe*, in deren Stil die ganze Choreographie geschrieben war, ein deutliches Kippeln entwickelt. Als ich ihm, während er von einer Seite zur anderen schwankte, Auge in Auge dicht gegenüberstand, war ich gezwungen, auf das Proszenium zu starren, um meine eigene Balance nicht zu verlieren und um dem bösartigen Blick seiner Augen auszuweichen, die sich wie das Pendel eines Metronoms hin- und herbewegten. Nie hat mir eine Aufführung so wenig Vergnügen bereitet. Und in den zwei darauffolgenden wurde es auch nicht besser. Wie traurig, solch eine einmalige Gelegenheit zu haben und dann seiner Illusionen beraubt zu werden! Mit Lifar war es abwärts gegangen, und er war offenbar noch stolz darauf.

Ich bin in meinem Bericht im Zickzack von London nach Paris und wieder nach London und zurückgegangen, denn durch das umgekehrte Ende eines Teleskops gesehen, das auf fast fünfundfünfzig Jahre zurückschaut, verschmelzen die verstreuten Erinnerungen an beide Spielzeiten miteinander, da Fleisch und Blut des unmittelbaren Erlebens fehlen und nur das Knochengerüst geblieben ist. Paris hatte mir berauschende Wochen geschenkt. Wochen, in denen ich beobachten konnte, wie sich frisch konzipierte Vorstellungen entwickelten, wie sie Gestalt annahmen und sich mit Leben füllten. Wochen, in denen Balanchine neue Rollen mit mir einstudierte und ich das Zusammenwirken von Komponist, Bühnenbildner, Librettist und Choreograph erlebte, die gemeinsam von Grund auf Neues schufen. Lediglich in *Mozartiana* wurde Musik von früher verwendet (Auszüge von Mozart, in der Bearbeitung von Tschaikowski). Die Musik für *Waltzes of Beethoven* bestand aus verschiedenen Stücken, von Nabokov orchestriert, während *Errante*, obgleich hier Musik von Schubert verwendet wurde, wiederum ein Pastiche war, weil sie die von Koechlin bearbeitete Wanderer-Fantasie mit einschloß. Ich nahm von dort den Eindruck einer großen Spielzeit mit.

Sie war eher eine Vorführung von Bewegung als die gewöhnliche Ballettspielzeit mit ihrem drakonischen Fünfzehnstundentag, bestehend aus Unterricht, Proben und acht Vorstellungen pro Woche. Wir tanzten nur an bestimmten Abenden, das Programm war schmal. Wie schon erwähnt, arbeitete Balanchine immer mit leichter Hand. Niemals schrie oder kommandierte er. Er führte lediglich die Schritte vor und korrigierte. Das tat er mit einer Präzision und einem musikalischen Verständnis, die eine Freude für jeden Tänzer waren, der sich schon einmal mit Bearbeitungen abplagen mußte, die die Phrasen und Melodien zuwiderlaufen und dabei das instinktive Gefühl und die Seele des Tänzers verbiegen.

Hier hatten wir es mit einem logischen und hochmusikalischen Verstand zu tun. Nicht umsonst hatte Balanchine in Rußland Musik studiert, was in seinem gesamten Schaffen zum Ausdruck kam. Er benutzte den menschlichen Körper wie ein Musikinstrument. Dabei zog er die Tänzerin dem Tänzer vor, besonders, wenn es sich um eine hochgewachsene Tänzerin handelte, die seine fließenden Linien ausführen konnte. Man erinnere sich nur an die Doubrovska in *Le Fils prodigue*, deren schöne Beine er wie eine dehnbare, weiche Knetmasse in die Länge zog, und sofort erkennt man die Neuerungen, die er mit Diaghilews Unterstützung eingeführt hatte. Und man fragte sich, in welcher bilderstürmerischen Form der große Diaghilew seine einzigartige Truppe wohl fortgesetzt hätte, wenn er nicht relativ jung gestorben wäre, denn in den großen Truppen schien kreatives Ballett damals auf der Stelle zu treten. Sein berühmter Ausspruch »Etonne-moi« [setz mich in Erstaunen] fällt einem ein.

Und damit komme ich zur letzten Vorstellung der Londoner Spielzeit. Jasinsky hatte sich den Fuß verletzt, so daß Balanchine zu meinem Entzücken die Demi-monde-Folge in *Les Songes* selbst tanzte. Hinter der Bühne zog Derain, während ich auf meinen Auftritt wartete, seinen Füllfederhalter heraus und zeichnete auf einer leeren Seite seines Souvenirprogramms meinen Kopf in groben Umrissen. Dabei lief die Tinte meine Wangen hinunter. Er signierte die Zeichnung mit folgenden Worten:

A Diana A. Derain
A mademoiselle Diana en toute amitié
A. Derain. Souvenir
13 Juillet 1933

Ich habe auch eine weniger erfreuliche Erinnerung an das Savoy. Die meisten Garderoben lagen außer Hörweite der Bühne und des Orchesters, so daß man dort isoliert und unsicher war. Als ich eines Tages seelenruhig vor mich hinträ-delte, platzte plötzlich Balanchine herein und rief:»Diana, die Saltateurs!« Er zwängte mich in die Strumpfhose, während ich mir blaue Schminke auf das Gesicht schmierte. Im Hinausstür-zen schnallte ich meinen Gürtel fest und raste die Treppe hinunter. Zu meinem Schrecken glaubte ich die zwei letzten Takte vor meinem eigentlichen Auftritt aus der Ecke des Souffleurkastens zu hören. Schweratmend rannte ich hinter dem Prospekt entlang und stürzte auf die Bühne, wobei ich fast mit meiner Partnerin, Tamara Sidorenko, zusammenstieß, die die Rolle des anderen»Saltateur« (pfirsichfarben gekleidet) tanzte. In meiner fieberhaften Hast war ich zwei Takte zu früh aufgetreten. Durch eine Drehung mitten auf der Bühne gelang es uns, einen Frontalzusammenstoß zu vermeiden, aber ich zitterte vor Scham, bis ich die Bühne verlassen und mich bei beiden, Georges und Tamara, entschuldigen konnte. Es ist der klassische Alptraum jedes Künstlers, einen Auftritt zu verpas-sen, und das hatte ich ja effektiv getan. Danach haßte ich das Savoy-Theater um so mehr.

Nachdem leider auch die letzte Vorstellung zu Ende gegangen war, feierten wir eine Party in einem der bescheidenen Hotels in Bloomsbury. Dort stiegen die Tänzer immer ab, zum einen, weil es dort billig und gemütlich war, und zum anderen, weil man dort die seltsamen Verbindungen und Wechselbeziehun-gen übersah, die nach russischer Sitte unter dem etwas locker verwendeten Begriff»Ehe« liefen.

Anschließend ging Balanchine mit mir in der warmen Julinacht spazieren, immer rund um den Russell Square. »Dianot-schka«, sagte er, »heute kam ein Mann zu mir – er ist Amerikaner – und bot mir eine Schule und eine Truppe an, wenn ich nach Amerika gehe. Bitte, komm doch mit.« Wie gern hätte ich zugesagt, aber ich war zu jung und hatte zuviel Angst vor einem so großen Schritt ins Ungewisse. So sagte diese törichte englische Jungfrau wieder einmal nein. Obgleich wir sicher ein dutzendmal um den Platz liefen und Balanchine mich weiter bekniete und obgleich ich innerlich hin und her gerissen war, behielten Furcht und Feigheit bei mir doch die Oberhand. Traurig kehrten wir zum Hotel zurück und nahmen liebevoll voneinander Abschied.

Der Rest ist bekannt: Der Amerikaner war Lincoln Kirstein, und Balanchine ist immer weiter aufgestiegen.

Edward James, jetzt so gut wie bankrott, zog sich nach West Dean in Sussex zurück, um seine Wunden zu lecken. Er war doppelt verletzt: Zum einen wollte Tilly die Ehe nicht weiter-führen, und zum anderen war die Balletttruppe, die er Tillys wegen unterstützt hatte, aufgelöst worden. So blieben ihm nur ein paar traurige Erinnerungen in Form von ein paar Kostümen und leblosem Dekor. Ich glaube, er hoffte trotzdem noch, seine verlorene Welt irgendwie zu neuem Leben erwecken zu können. Da er uns von Balanchine fernhalten wollte, »entführte« er die beiden Sidorenkos, die Tchdinarova, Leslie, zwei Mütter und, wenn ich mich recht erinnere, Ismailov und Mattinsky, Prudence Hyman und mich und holte uns alle für eine Woche Luxusleben nach West Dean. Dort zogen wir die Kostüme an, die er gerettet hatte, und standen in sinnlosen Posen auf dem Rasen herum.

Jeden Morgen beobachteten Edward und ich die allge-meine Fassungslosigkeit auf den Gesichtern der Russen, wenn sie zum Frühstück die auf der Anrichte aufgereihten Schüs-seln erblickten. Prudence und ich wurden hier zu Frühauf-stehern und schlenderten gern vor dieser unwiderstehli-chen Mahlzeit, einer wahren Orgie, durch das herrliche An-wesen.

Beim Mittagessen versuchten Edward und ich uns gegensei-tig mit französischen Konjunktivformen zu überbieten. Der arme Edward, der wie ein Schmetterling von einer neuen Idee zur anderen taumelte und selten zum Kern der Sache vorstieß. Der gute Edward, der immer wieder enttäuscht und ausgenutzt werden sollte. Hätte er vielleicht in der einen oder anderen Kunstrichtung, der er sich widmete, mehr erreicht, wenn er weniger wohlhabend gewesen wäre? Hätte er vielleicht bessere Gedichte geschrieben, oder wäre er mit einer Gemäldegalerie in London oder Paris glücklich geworden, wenn das die einzige Möglichkeit für ihn gewesen wäre, sich sein Brot zu verdienen? Oder war es die Kombination von Reichtum und Mangel an echtem Talent, in Verbindung mit einer oberflächlichen Lebenseinstellung, die ihn von einem Unternehmen zum anderen trieb und ihn zu einer idealen Beute jedes Scharlatans machte?

Ich erinnere mich, daß seine Anwälte mich (ausgerechnet mich!) anriefen und mich fragten, ob ich nicht helfen könne, Edward vor »diesen Russen« zu schützen – in diesem Falle Lifars Verwalter –, die ihn nach Strich und Faden ausnahmen. Seine sogenannte »Familie« mache sich allmählich Sorgen. Da ich derzeit noch nicht volljährig war, sagte ich ihnen, daß ich selbst nichts weiter tun könne, als Edward zu warnen; der würde aber wohl kaum auf mich hören.

So verging eine Woche, Edward gab endlich seine Träume auf, und wir verließen das Schlaraffenland West Dean. Einige der Tänzer gingen zu de Basil zurück, und ich nahm eine Rolle in einem Theaterstück an. Edward blieben nur noch die Auflösung seiner Ehe und die Überbleibsel von *Les Ballets 1933*, einem Unternehmen, das ohne sein Geld und ohne seinen Enthusiasmus niemals entstanden wäre. Ich hoffe sehr, daß er es nie bereut hat.

Für mich waren die Erfahrungen dieser Monate bei Balanchine von unschätzbarem Wert. Diese Zeit hat mir unendlich viel gegeben, hat sie mich doch ermutigt und meinen unersättlichen Appetit auf alles, was zum Ballett gehört, wie Malerei, Design und Musik, noch gesteigert. Auch erweiterte sich meine ursprüngliche Vorstellung von meinem Beruf, die unter der strengen Disziplin der Ausbildung immer enger geworden war. Trotz des Gefühls, daß die günstige Strömung wieder verebbte und mich an einem unbekannten Strand zurückließ, bewahrte ich in Herz und Sinn Schätze auf, die mir nichts und niemand nehmen und auf die ich mich zeit meines Lebens stützen konnte.

6 Der Sklaverei
endlich entronnen

Die Lebenskunst hat mit der Fechtkunst mehr
Ähnlichkeit als mit der Tanzkunst, insofern man
auch auf unvorhergesehene Streiche gerüstet sein
und unerschütterlich fest stehen muß.

MARK AUREL

*D*amals war ich jung und besaß noch die beneidenswerte
Fähigkeit eines Stehaufmännchens. Als *Les Ballets 1933*
schloß, machte ich mit meiner Familie eine Ferienreise, die
uns quer durch Europa nach Jugoslawien führte. Einfach aus
Opposition gegen unsere Mutter, die erklärt hatte, Griselda und
ich wagten nicht, uns am Schönheitswettbewerb um den Titel
der »Miss Dubrovnik« zu beteiligen, da wir dazu – typisch
englisch – zu gehemmt und feige seien, taten wir genau dieses.
Ich trug den ersten und Griselda den zweiten Preis davon.
Weiter ging es nach Venedig.

Jeder, der Venedig zum erstenmal besucht, sollte per Schiff
ankommen wie wir, die wir von der illyrischen Küste heraufka-
men. Venedig – wie der Tadsch Mahal ein abgedroschenes
Motiv, das einem seit der Kindheit als Allerweltsdekoration
vertraut ist, von Nudelpackungen bis hin zu Toilettenwänden.
Ich hatte entsetzliche Angst davor, enttäuscht zu werden und
konnte einfach nicht glauben, daß die greifbare Wirklichkeit all
das bieten könnte, was Canaletto und Longhi dargestellt haben.
Vom Meer aus gesehen, wirkte die Stadt gleichzeitig kleiner und
eindrucksvoller. Wir lehnten an der Reling, und das seit langem
vertraute Bild tauchte in unserem Blickfeld auf, verschwindend
klein und zugleich ganz real, atemberaubend in seiner Schönheit. Aus der Entfernung nahm man diesen einmaligen Anblick
mit freudigem Erschrecken auf; die Wirkung war total und
unvergeßlich.

Und wieder zurück nach London mit der täglichen Arbeitdis-

116

ziplin, ohne die eine Tänzerin nicht nur ihre Technik einbüßen würde, sondern jegliche Hoffnung auf Verbesserung aufgeben müßte, zumal in einer Kunstform, deren Vollendung so unerreichbar ist wie der Horizont. Die Basil-Truppe, deren Erfolg zu den kleineren Fehlschlägen des Unternehmens von Balanchine beigetragen hatte, beendet erst jetzt ihre ruhmreiche Spielzeit am Alhambra. Ich bin zu dem abendlichen Abschiedsessen eingeladen. Es findet wiederum in einem dieser Bloomsbury-Hotels statt, wo die leichten Abweichungen von ehelichen Gepflogenheiten keiner Zensur unterliegen. Neben Léonide Massine zu sitzen, wäre für mich sowohl schmeichelhaft als auch vergnüglich gewesen, hätte es nicht erneut einen Angriff auf meine ewige Feigheit bedeutet. »Dininka, jetzt, wo Truppe großer Erfolg, komm doch zu uns. Bald wir gehen nach Amerika. Ich habe Rolle für dich in neues Ballett, was ich jetzt mache. Fünfte Sinfonie von Tschaikowski. Erster Satz wirst du sein.« Und seine brennenden, schwarzen Augen sehen mich eindringlich an, als er unter dem Tisch meine Hand ergreift. Ich bemühe mich, seinem Blick standzuhalten, bin total verwirrt, stottere irgend etwas und fange mit klopfendem Herzen den mörderischen Blick seiner »Ehefrau« auf, die an seiner anderen Seite sitzt (es ist dieselbe, die mich einst mit einem Revolver in der zitternden Hand in unserer gemeinsamen Garderobe zur Zeit des *Miracle* bedroht hatte). Ich Unglückselige erbat mir für dieses phantastische Angebot Bedenkzeit. Mein noch unerfahrenes Herz bestätigte mir durch den Panzer meiner konventionellen Erziehung, daß ich auf dem besten Wege war, mich in Massine zu verlieben. Bloomsbury, so jedenfalls erschien es mir, war mir für alle Zeit als *champs de bataille* zugewiesen, mit dem Unterschied, daß man mich dieses Mal – etwa vier Monate später – nicht um den Russel Square herumschleppte, um mich zu überreden. Mit der Hand unter und den glühenden Augen über dem Tisch, trachtete Massine danach, mich zu verführen. Mag sein, daß ich seinem Werben nachgegeben hätte, wenn er seine Taktik ohne die feindseligen Scheinwerferblicke seiner sogenannten »Gemahlin« hätte anwenden können. Wie auch immer, der entscheidende Schritt aus der eisernen Rüstung der Jungfräulichkeit in eine *ménage à trois* hätte ein akrobatisches Kunststück erfordert, für das mir noch der Mut fehlte. Wieder eine verpaßte Chance, und ich selbst war es, die die Tür zugeschlagen hatte, ich dummer Angsthase.

Zurück zur Stange und zu Mims weiterhin gut gezielten verbalen Kokusnüssen. Eines Tages besuchte Sir Nigel Playfair den Unterricht. Ich hatte ihn seit über drei Jahren, nachdem er den jungen Tänzern eine Spielzeit für ihr Debüt ermöglicht hatte, nicht mehr gesehen. Ich erfuhr, daß er im Saville-Theater ein Stück mit Musik und Tanz aufführen wollte. Es drehte sich um die Figur von Beau Brummell, der während der Regentenperiode in Brighton in der Mode tonangebend gewesen war. Dazu hatte er Andrée Howard engagiert, die zu den begabtesten Choreographen der Rambert gehörte. Playfair war gerade aus dem kleinen Theater des Ballett-Clubs gekommen, das an unser Tanzstudio angeschlossen war, und sah äußerst mißmutig drein. Wie sich herausstellte, hatte sich die junge Tänzerin, die er als Solistin ausgewählt hatte, bei der Probe in seinem Theater als ausgesprochen schlechte Schauspielerin entpuppt. Und es hatte sich soeben gezeigt daß sie außerdem auch als Tänzerin viel zu wünschen übrigließ. Die arme Andrée hatte sich mit ihr abgeplagt, weil sie fälschlicherweise angenommen hatte, sie sei eine gute Schauspielerin, während Playfair sich der Illusion hingegeben hatte, sie könne gut tanzen. Dieser doppelte Irrtum hatte sich gerade erst herausgestellt. Plötzlich fiel sein Blick auf mich, und er fragte die Rambert, warum sie nicht daran gedacht habe, mich für die Rolle vorzuschlagen. Die Rambert war offensichtlich leicht verlegen, gab aber keine Antwort. »Diana«, sagte Nigel, »lauf mal vom anderen Ende des Raumes auf mich zu und frag mich, wie es mir geht.« Das tat ich. »So, und jetzt komm her und sag irgend etwas zu mir – was du willst, aber etwas Dramatisches.« Ich gehorchte. »Fabelhaft, die Rolle gehört dir. Wie du tanzt, weiß ich ohnehin. So, das wär's. Komm heute nachmittag ins Saville Theater. Du hast genau zehn Tage, um das Libretto und die Tänze zu lernen.«

Während der folgenden zehn Tage arbeitete ich ohne Pause, pendelte zwischen Probenraum, Studio und Theater hin und her, verlor fast fünfzehn Pfund an Gewicht und genoß jede

Minute. Leider war es ein ziemlich schlechtes Stück. Übrigens war es auch Nigel Playfairs letzte Inszenierung. Heute wundert es mich eigentlich, daß ausgerechnet er, ein Mann mit soviel Geist, Humor und erlesenem Geschmack, annehmen konnte, daß dieses lahme, einem schauspielerndem Sänger als Vehikel dienende Stück anders wirken könne als entsetzlich unelegant.

Beau Brummel – oder »O-beiniger Brummel«, wie ich ihn getauft hatte, weil der sagenumwobene Held die gräßliche Angewohnheit mancher Tenöre hatte, vor einer hohen Note in die Knie zu gehen, so als ließe sich damit ein unsichtbarer akrobatischer Akt leichter bewerkstelligen – hatte sich Ende Januar 1934 totgelaufen. Ich hatte neue Erfahrungen gesammelt, gute Kritiken erhalten, ein paar Wochen lang Geld verdient und an einer kurzen Tournee teilgenommen, deren Ziel es war, Playfairs finanzielle Einbußen wettzumachen. Dennoch führte das Abenteuer wieder zu nichts Besonderem, und ich kehrte aus der zweifelhaften Eleganz meiner »Bude« im winterlichen Birmingham in den Komfort von Mulberry House zurück in dem vollen Bewußtsein, mich glücklich schätzen zu können, ein solches Zuhause zu haben. Der Abstand zwischen mir und meinen Geschwistern wurde deutlich größer, denn damals war ich von einer Selbstanalyse, die ich später mehr und mehr betreiben sollte, so weit entfernt wie der Mond von der Sonne. Erst jetzt, wenn ich in den Zerrspiegel der Erinnerung sehe, wird mir klar, daß ich die reinste Vogel-Strauß-Politik betrieb, wenn es um praktische Dinge oder Realitäten ging. Das gehörte alles zu meiner Zaghaftigkeit, die meiner romantischen Natur zugrunde lag. Je mehr Risiken und Härten mir täglich und stündlich auf meinem Weg begegneten, desto hartnäckiger umgab ich mich mit den letzten Resten meiner Illusion. Ich verweigerte mich den Erfordernissen des praktischen oder alltäglichen Lebens, sah keine Notwendigkeit, planvoll vorzugehen und den Rat der lieben Madame Ta-Ta zu befolgen, wenn sich die Gelegenheit dazu bot, was immer häufiger der Fall war.

Zusammen mit Maurice Evans (dem später größten Shakespeare-Schauspieler in den Vereinigten Staaten) erhielt ich die Einladung zu Probeaufnahmen, die derartig banal waren, daß wir uns beide mit der Arroganz und Unbekümmertheit der

Jugend von Anfang bis Ende darüber lustig machten. Aber schon am darauffolgenden Tage legte ich meine gesamte Energie und mein ganzes schauspielerisches Anfängertalent in die Rolle der Tonya in der bösen Parodie *Squaring the Circle* auf das neueste sowjetische Gesellschaftsexperiment aus der Feder des russischen Autors Katajew. Ashley Dukes, der stückeschreibende Ehemann der Rambert, hatte mir die Rolle angeboten. Das Stück handelt von der Geschichte zweier Pärchen, die sich amtlich als Wohngemeinschaft eintragen lassen; das ganze törichte Projekt endet mit einem totalen Fiasko.

Inzwischen hatte der Ballett-Club unter Ashleys Schirmherrschaft auch das Mercury Theater ins Leben gerufen. Ashley war ein gütiger, hochintelligenter und begabter Mann, und er verwandelte das kleine Gebäude in einen Ort der Fröhlichkeit, wo mit Begeisterung gearbeitet wurde. Nichts erinnerte mich an die Bühne, auf der ich fast immer mit schwerem Herzen, wenn auch nicht – so hoffe ich – mit bleiernen Füßen getanzt hatte. Zum gleichen Zeitpunkt engagierte Antony Tudor mich für die Tanzrolle der »Paramour«, mit seinem engen Freund Hugh Laing als mein Partner, in Marlowes *Faustus* in einer Inszenierung der Oxford University Dramatic Society. Es waren arbeitsintensive und bereichernde Monate, verbunden mit ständiger Fahrerei: zu Proben nach Oxford, dann wieder zurück nach London zu Proben für *Squaring the Circle* und wieder nach Oxford zu den Vorstellungen. Ich genoß dort eine richtige Zuleika-Dobson-Zeit, überallhin begleitet von einer Gruppe sehr ritterlicher und lustiger Studenten. Die Zeit endete mit einer durchfeierten Nacht und mindestens zwei Frühstücken in der Morgendämmerung. All das half gewiß, die Disziplin, mit der ich damals meine einsame Karriere verfolgte, zu lockern. Zum Glück forderte die Rolle der »Paramour« keine große Technik. Gefragt waren in der Hauptsache Hüftenschwingen und Augenaufschläge sowie verführerische Armbewegungen, mit denen ich mir wahrscheinlich meine Clique anhänglicher junger Männer erobert hatte. Nie zuvor hatte so wenig Arbeit soviel erfreulichen Gewinn gebracht, und nie wieder sollte ich mich in der Rolle des häßlichen Entleins sehen, welche die Rambert und meine Mutter mir eingeredet hatten.

Squaring the Circle hatte Premiere und war sofort ein Erfolg. Mir erschien es wie ein Wunder, ohne zu keuchen und ohne blutige Füße von der Bühne abzugehen, ganz zu schweigen von der Chance, in einer Komödie mitspielen zu können. Da ich groß war und klassische Züge hatte, mußte ich wiederholt als Göttin auftreten oder als eine ähnlich humorlose Figur. Dabei hätte ich alles darum gegeben, die Zuschauer zum Lachen bringen zu können, so wie Freddie und ich es in den ersten Tagen des Ballett-Clubs taten. Wir erheiterten unsere Kollegen zum Beispiel mit Parodien auf einen Pas de deux: Fred als Madame P (Pawlowa) in meinen Spitzenschuhen, ich als sein männlicher Partner. Alicia Markova war inzwischen zu uns gestoßen, und der Club profitierte auf der ganzen Linie von ihrem wunderbaren Tanz. Ninette de Valois hatte ein sehr amüsantes Ballett inszeniert, und zwar über Manets Gemälde *Bar in den Folies Bergères*, in dem die Markova die besonders geistreiche erste Kurtisane verkörperte. Ich hatte die de Valois gebettelt, mir die Rolle eines der übrigen leichten Mädchen zu geben, und es machte mir ungeheuer viel Spaß zu improvisieren und Alicia in einem Duo »Stichworte« zu liefern, was auch beim Publikum sehr gut ankam.

Während der unglückliche *Beau Brummel* noch auf dem Spielplan stand, aß ich eines Abends mit einem meiner jungen Freunde im Savoy Grill, und der Oberkellner erzählte mir, daß der ungarische Filmproduzent Alexander Korda, der mich den ganzen Abend über pausenlos angestarrt hatte, vorgeschlagen habe, daß ich mich mal bei ihm melden solle. Lässig hatte ich das Kompliment entgegengenommen, aber unternommen hatte ich nichts. Nachdem jedoch der arme alte »O-Beinige« sein Leben ausgehaucht hatte und *Faustus* sowie *Squaring the Circle* ebenfalls aufgehört hatten, besann ich mich auf die Mitteilung, die ich so leichthin abgetan hatte. Ich setzte mich mit Korda in Verbindung und wurde aufgefordert, nach Elstree zu kommen, um dort den Großmogul der Leinwand zu treffen. Er war gerade mit dem Szenenaufbau zu irgendeinem Film beschäftigt, wirkte aber sehr höflich und interessiert, fuhr mich nach London zurück und machte mir den Vorschlag, ihn noch einmal zu besuchen, um mit ihm ernsthaft über einige Projekte zu diskutieren. Zwei Tage später war ich schon in einige andere Studios in Teddington zu Probeaufnahmen bestellt, und so erbat Korda meinen Besuch am Spätnachmittag des darauffolgenden Tages. Es war ein wunderschöner Maitag, und ich entschied mich für meine beste Seidenbluse mit Rock. Dazu setzte ich meinen schicksten Hut auf und bestieg voller Erwartung zum zweitenmal den Zug nach Elstree. Meine gehobene Stimmung bekam jedoch sehr schnell einen Dämpfer. Ich wurde nämlich aufgefordert, vorerst in einem scheußlichen filmischen Niemandsland Platz zu nehmen, in dem riesige Bühnenkulissen, wie von Piranesis Hand, mit all ihren Gerüsten, Seilen und Laufgängen in tiefster Düsternis weit hinauf in die schwindlige Höhe des Studios ragten. Dort saß ich also, von allem abgeschnitten, und kam mir mehr und mehr wie ein alter Stiefel vor, den die Flut angespült hat, während hinter der großen schwarzen Wand wie von weit her entweder unverständliche Rufe und Schreie ertönten oder aber eine Stille herrschte wie in einer Welt von Taubstummen. Offenbar war man mit dem kunstvollen Vorgang des »Filmens« beschäftigt.

Ich verbrachte zwei enervierende Stunden mit Warten, in denen mir von Zeit zu Zeit aus dem sanctum sanctorum kurze Entschuldigungen zugeworfen wurden, wie trockene Krumen für einen unerbetenen, lästigen Vogel. Schließlich war die Tagesarbeit geschafft. Korda erschien mit der Erklärung, es sei eine »Schwergeburt« gewesen, und führte mich ein paar Stufen zu einem Raum hinauf, in dem mehrere Sekretärinnen saßen. Nachdem er die Damen für den Rest des Tages entlassen hatte, öffnete er die Nebentür zu seinem Privatbüro. Ich hörte, wie sich hinter mir der Schlüssel im Schloß drehte, und schon wandte Korda sich um, griff hastig und plump nach mir, wobei er mir nicht nur den Atem nahm, sondern auch meinen besten Hut wegstieß. Wäre ich erfahrener gewesen und hätte mich nicht wie eine Heldin des neunzehnten Jahrhunderts aufgeführt, hätte ich vielleicht lachen können. So aber konnte ich nur wie ein Hecht an der Angel strampeln, und dabei war mir vor Schrecken und Ekel richtig übel. Als ich mich endlich aus diesem Ringkampf befreit hatte, holte ich tief Luft, um gegen seine Grobheit und Zudringlichkeit zu protestieren. »Liebes

Kind«, war seine Reaktion,»ich bin ein alter Mann und habe keine Zeit zu verschwenden, so wie du. Was hattest du eigentlich erwartet?« Ja, was hatte ich Dummkopf eigentlich erwartet? Wütend hob ich meinen Hut auf. Er entriegelte die Tür, und dann rannte ich, den zerrissenen Kragen meiner besten Bluse fest an mich pressend, die Treppe hinab und heulte auf dem ganzen Weg zum Bahnhof. Merle Oberon bekam die Rolle der Anne Boleyn in dem Film *The Private Lives of Henry the Eighth* mit Charles Laughton, q. e. d.

Inzwischen hatte die bildhübsche Griselda sowohl die Schule als auch zwei Jahre Schauspielunterricht an der Central School of Speech and Drama absolviert. Sie war einige Male mit Erfolg in Sonntagabend-Vorstellungen aufgetreten und stand vor der Entscheidung, ob auch sie eine Bühnenlaufbahn einschlagen solle. Sehr bald führte sie bei einem der bekanntesten Schauspielermanager, Leon M. Lion, ein Vorstellungsgespräch. Als sie nach Hause kam und ich mich nach dem Ausgang des Gesprächs erkundigte, sah sie mich deprimiert an.»Alles, was er fragte, als ich ihm meinen Namen nannte, war: ›Sind Sie mit Diana Gould verwandt?‹ Als ich ihm sagte, ich sei deine Schwester, meinte er: ›Sie ist das Komischste, was ich seit Jahren auf der Bühne erlebt habe. Sie tanzte in *Bar aux Folies-Bergère*. Sagen Sie ihr bitte, sie möchte doch einmal zu mir kommen.‹« Diesmal ließ ich kein Gras darüber wachsen. Leon M. Lion war ein sehr sympathischer, freundlicher Mann. Er bedauerte sehr, daß er mir nichts Passendes anzubieten habe, aber er sei gerade mit dem Stück *Headlines* von Arnold Ridley – bekannt durch *Ghost Train* – beschäftigt. Darin sei nur noch die Rolle der jungen Tochter des Schuldirektors unbesetzt, und das sei wohl kaum das Richtige für mich. Ich hakte entschlossen ein und bat ihn, mir eine Chance zu geben. Zwar war es kein besonders gutes Stück, aber er hatte ausgezeichnete und noch dazu bekannte Schauspieler engagiert. Ich lernte also meine Rolle als »jugendliche Hauptdarstellerin«. Wir begannen unsere Tournee in Birmingham und gingen von da aus noch in ein paar andere Provinzstädte. Ich spielte ausgesprochen schlecht. Zum Glück endete das Stück in Wimbledon. R. I. P.

Der Herbst kam, und gegen Ende Oktober 1934 nahm mich

meine Mutter mit zu einem Matineekonzert in die Albert Hall, wo Yehudi Menuhin Geige spielte. Mama, Griselda und ich waren schon bei seinem ersten Konzert gewesen, das er mit dreizehn Jahren gegeben hatte. Gemeinsame gute Freunde hatten damals seiner Familie ein Empfehlungsschreiben an uns mitgegeben, von dem sie jedoch nie Gebrauch gemacht hatte. Auch diesesmal waren wir von seinem Spiel entzückt. Aber wir gingen, ohne das Künstlerzimmer aufzusuchen. Dieses Manko in Mamas Musikerleben ist uns bis heute unerklärlich, es sei denn, man verstünde es im Zusammenhang mit dem willkürlichen Reglement, das Yehudis Mutter für das Familienleben der Menuhins aufgestellt hatte und das ich viel später kennenlernen sollte. So wurde meine Begegnung mit Yehudi vom Schicksal um nahezu fünfzehn Jahre aufgeschoben.

Bald nach dem Konzert gab Agnes de Mille ihre langgeplante Vorstellung, die für mich der Beweis war, daß ein schöpferischer Geist über das Hindernis ungenügender Technik triumphieren kann. Sie nutzte die kleinste Bewegung, die ihr zu Gebote stand, erhöhte jede Geste, und mit jeder Regung ihres Gesichtes drückte sie auf subtile Weise etwas Bestimmtes aus. Und all das mit einer Klarheit und einem Selbstvertrauen, das jemand wie ich nur beneidenswert finden konnte, denn wenn ich auch über eine fundierte Technik, schauspielerische Begabung und das notwendige Temperament verfügte, wurde ich doch von Hemmungen zurückgehalten und konnte mich aufgrund meiner Erziehung und Prägung aus diesem wahren Teufelskreis von Zweifeln und Befürchtungen nicht befreien.

Arnold Haskell war der erste echte Ballettkritiker, der die jungen Rambert-Tänzer mit großem Interesse verfolgte und ein kleines Buch über uns geschrieben hatte. Nachdem er auch die Basil-Truppe begleitet hatte, kehrte er zurück und hörte, ich sei unlängst im »konventionellen Theater«, wie man es seltsamerweise nennt, aufgetreten. Einige Zeit vorher hatte er im *Tatler* ein ganzseitiges Foto von mir veröffentlicht, das mich als eine der von Oliver Messel hinreißend gekleideten Waldnymphen aus dem *Miracle* zeigte. Darunter hatte er geschrieben: »Diana Gould, die musikalischste junge Tänzerin, die Englands Tanzkunst je hervorgebracht hat.« Jetzt stellte er mich zur Rede und warf mir vor, sein Urteilsvermögen in Frage gestellt und sein Vertrauen mißbraucht zu haben. Er begriff jedoch sehr schnell, wie unglücklich und eingeengt ich mich bei der Rambert fühlte, und nahm mich kurzerhand mit nach Paris, um mich der berühmten Matilda Kschessinskaja vorzustellen: vor der Revolution die *prima ballerina assoluta* am Mariinski-Theater und die Geliebte des jungen Zaren Nikolaus II. vor dessen Heirat und bis zur russischen Revolution die mächtigste Frau in ganz St. Petersburg.

Wieder sollte ich bei der gastfreundlichen Guggan wohnen, erneut in meinem geliebten Paris leben und zumindest diesmal von Arnold beschützt und vorgestellt werden. Trotzdem ging ich an jenem ersten Morgen doch wieder mit Angstgefühlen in den Unterricht. Seit meiner ersten Stunde bei der Egorova waren zwei Jahre vergangen, in denen ich hart gearbeitet hatte. Außerdem wußte ich inzwischen noch mehr über die vielfältigen Gefahren und Eifersüchteleien, die Komplotte und Intrigen, die in diesem vom Konkurrenzkampf geprägten, überlaufenen Beruf gehäuft auftraten. Nach meiner Nervosität zu urteilen, war ich mehr oder minder wieder da, wo ich angefangen hatte. Das helle und luftige Studio entzückte mich. Es befand sich im ersten Stock eines Hauses, das nicht weit von der Straße meiner Großmutter entfernt lag. Die Leitung hatte eine Frau inne, deren legendäre Geschichte sofort völlig glaubhaft wurde, wenn man sie ansah.

Winzig, mit einer starken Ausstrahlung und einem natürlichen Charme, sprühend vor Lebenslust, erfüllt von Fröhlichkeit, Wärme und einer gewissen rauhen Zärtlichkeit, war die Kschessinskaja für mich der Inbegriff aller Qualitäten, die ich brauchte, um zu dem Tanz zurückzukehren, dem ich ursprünglich hatte dienen wollen. Ihr Unterricht war voller Poesie, gab zahllosen Improvisationen Raum und wurde von der ersten echten Pianistin, die ich je in einem Übungsraum erlebt hatte, begleitet. Madame Wassmund hatte den Beruf einer Pianistin ausgeübt, bis die Revolution ihre Karriere jäh unterbrach. Mit leidenschaftlicher Intensität bot sie ihr gesamtes klassisches Repertoire auf, Chopin, Tschaikowski, Mozart,

Schubert und andere, und die Kschessinskaja trug ihre choreographischen Improvisationen dazu bei. Ich genoß das natürlich in vollen Zügen. Hier fand im Unterricht endlich die Umsetzung von Musik in Bewegung statt – und nicht das entsetzliche Ta-ra-ra-tum, ta-ra-ra-tum, ta-ra-ra-tum, ta-ra-ratum-te-tum, ta-ra-ra-tum des durchschnittlichen Klavierklimperers, bei dem man verzweifelt versuchte, zu tanzen und nicht in Zuckungen zu verfallen.

Der verwitterte alte Kopf der Wassmund, der mit seiner krausen roten Perücke an einen Igel erinnerte, beugte sich über die Tasten des Klaviers, wenn sie sich mit Leib und Seele ihrem Spiel hingab, in tiefer Bewunderung für ihre geliebte Matilda Felixowna. Nie zeigte sie eine Spur von Müdigkeit während der täglichen drei oder vier Unterrichtsstunden. Sie verfolgte genau, wie die Kschessinskaja die *adagios* oder *allegros* demonstrierte, und paßte sich mit den Rhythmen und Tempi aus ihrem unerschöpflichen Repertoire kunstgerecht an. Es war, als strömte Sonnenlicht in das Studio.

Ich muß wohl die Prüfung gut bestanden haben, denn am Ende kamen Eltern, die häufig bei dieser Art Unterricht als Zuschauer zugegen sind, auf mich zu, um zu erfahren, bei wem ich meine gute Technik gelernt hätte. Ich pries die Rambert und Cecchetti und ging danach wie auf Wolken in das Restaurant, in das Arnold mich zum Mittagessen eingeladen hatte. Dort schwelgten wir zusammen in Zufriedenheit und Dankbarkeit.

Eines Tages erschien ein großer, gutaussehender älterer Herr gegen Ende des Unterrichts im Studio, um die Kschessinskaja abzuholen. Es war nicht schwer, an der schmalen Stirn und den schöngeschnittenen Augen einen Romanow zu erkennen. Sie stellte ihn mir als den Großherzog Andrei vor: einst ihr Liebhaber, jetzt ihr ergebener Ehemann. Er war der Vetter des Zaren, ein äußerst sanfter Mann und bei seinen Bauern so beliebt, daß er und die Kschessinskaja ungehindert von seinem Gut fliehen konnten. Diese Flucht sollte erst nach zwei Jahren am Schwarzen Meer enden, wo sie schließlich an Bord eines Schiffes gingen, das sie nach Venedig brachte. All dies wurde mir nach und nach im Laufe dieses wundervollen Winters und Frühlings erzählt. Beide hatten mich inzwischen sozusagen adoptiert und luden mich in ihre entzückende Villa in Auteuil ein, die ihnen von der französischen Regierung zur Verfügung gestellt worden war. Beide bezeigten mir eine Herzensgüte, wie ich sie bis dahin nie erfahren hatte. Eines Tages, nachdem ich etwa einen Monat am Unterricht teilgenommen hatte, sagte Matilda Felixowna zu mir: »*Dianotschka, le pauvre Grand-Duc est tout seul le mercredi après-midi quand je dois donner la classe, sois gentille et va prendre le thé avec lui!*« [Dianotschka, der arme Großherzog ist Freitagnachmittag, wenn ich Unterricht habe, ganz allein. Sei so nett und besuche ihn zum Tee.] So nahm ich die Straßenbahn bis zur Villa Molitor, öffnete das Tor zu der kleinen Privatstraße, ging durch den winzigen Vorgarten und wurde von Monsieur Georges, dem gutaussehenden, treuen Diener des Großherzogs, begrüßt und in den hübschen Salon geführt. Dort saß mein geliebter »Lucy« (diesen weiblichen Spitznamen, der auf denselben Namenstag fiel wie Andrei, hatte ich ihm gegeben) und wartete darauf, daß uns russischer Tee in hohen Gläsern mit silbernen Einfassungen serviert wurde, in denen unten etwas Kirschmarmelade schwamm. Dazu wurden kleine Kekse gereicht, die »Madame Georges«, die vorzügliche Köchin und beschwipste Ehefrau von Monsieur Georges, selbst gebacken hatte. Und wie wir zusammen schwatzten und lachten! Er sprach sein fließendes »Kinderstubenenglisch«, gefärbt mit den wohlklingenden Doppelvokalen der russischen Sprache und sah mich dabei treuherzig an. Seine großen Augen strahlten eine solche Freundlichkeit und Arglosigkeit aus, daß man schnell begriff, daß er ohne die elementare Kraft und den eisernen Willen seiner von ihm angebeteten Matilda-»Mala« – nie überlebt hätte.

Ich habe nie wieder ein so innig verbundenes Ehepaar erlebt. Beide hatten sich mit dem relativ eingeschränkten neuen Lebensstil abgefunden, wie es nur den Russen dieser außergewöhnlichen Generation gelang. Sie schienen aus einem Zauberstoff zu sein, der sich auf Befehl dehnen oder zusammenziehen konnte, ohne je den eigentlichen Wert der Grundsubstanz zu verlieren. Nie habe ich Klagen über ihre beengten Verhältnisse gehört, niemals sprachen sie über ihre Vergangenheit, es

sei denn, sie erinnerten sich unter viel Gelächter einer besonders komischen Situation. Die Vergangenheit vertrug sich nicht
mit Tränen, die Zukunft nicht mit Ängsten. Aber die Gegenwart
mußte man leben und voll und ganz ausschöpfen und vor allem
mit anderen teilen.

Eines Tages rief die Kschessinskaja beim Mittagessen (mindestens fünf Gänge, alle köstlich, mit denen ich allmählich
umzugehen lernte, indem ich einiges unter das Besteck schob,
so daß es aussah, als hätte ich viel gegessen): »Poussia! Wir
müssen Diana die Geschichte mit dem Zigarettenetui da erzählen!« Der Großherzog hatte gerade ein wunderschönes Fabergé-Etui hervorgeholt, wohl eines der wenigen Wertgegenstände, die ihm geblieben waren. Es war aus Rot- und Weißgold
gefertigt. Er legte ein Stück Seidenpapier darauf, um mir den
Farbunterschied beider Metalle zu verdeutlichen. Sie fuhr in
ihrem slawischen Französisch fort: »Wir waren zwei Jahre
unterwegs, um ans Schwarze Meer zu kommen, manchmal sind
wir durch Flüsse geschwommen...« Hier wurde sie vom Großherzog unterbrochen: »Dianotschka, ich werde immer auf
Garris Tweed schwören.« (Russen sprechen den Buchstaben
»H« als »G« aus. So heißt zum Beispiel Shakespeares Tragödie
»Gamlet«.) »Ich schwimme, und in zwei Jahren läuft mein
englischer Anzug nicht ein.« – »Schließlich kommen wir in
Odessa an«, sagt seine Frau, »gehen dort auf ein Schiff und
erreichen Venedig, wo der Großherzog und ich so manche
›Flitterwochen‹ im Hotel Danieli verbracht hatten. Wir haben
entsetzlichen Hunger und gehen mit dem Großherzog Gabriel
und seiner Frau, die mit uns zusammen geflohen waren, sofort
ins Restaurant. Wir warten. Und warten. Kein Kellner läßt sich
bei uns blicken. Plötzlich geht mir ein Licht auf, als ich uns
anschaue: Ich trage ein blaues Samtkleid voller Flecken (dies
wird lebhaft mit ihren kleinen Händen demonstriert), Prinzessin Gabriel sah auch wie eine Vogelscheuche aus, und was
immer der Großherzog auch von seinem Garris Tweed sagen
mag – der Anzug hatte in zwei Jahren kein Bügeleisen gesehen.
Poussia, sagte ich, hol doch mal dein Fabergé-Etui heraus. Das
tat er und legte es mit einem Knall auf den Tisch. Der Oberkellner dreht sich bei diesem Geräusch um, gestattet sich zum

erstenmal eine genauere Inspektion dieses Vogelscheuchen-
quartetts, das er bislang tunlichst gemieden hat, starrt auf das
Zigarettenetui, schlägt sich mit der Hand vor die Stirn und sagt:
›Dio mio! Monseigneur, bitte verzeihen Sie mir, ich habe Euer
Gnaden wirklich nicht erkannt‹. Wir schrien vor Lachen, weil
es so urkomisch war. Er war unendlich lieb und nett und
schleppte Massen von den wunderbarsten Köstlichkeiten
heran, ohne daß uns irgend jemand fragte, ob wir das überhaupt
bezahlen konnten. Das Etui war unsere Rettung!«
»Konnten Sie irgend etwas mitnehmen, Prinzessin?« wagte
ich zu fragen. »O ja, jedenfalls für einige Zeit. Ich versteckte
meine Kette aus taubeneigroßen Smaragden in einem Blumen-
topf, den ich überallhin mitnahm. Wenn eine Pflanze einging,
besorgte ich eine neue.« Hier verloren sich ihre Worte. In
Wahrheit hatten sie genügend Geld ins Ausland geschafft, um
sich eine zauberhafte Villa am Cap d'Ail zu mieten, nachdem sie
Venedig verlassen hatten. Allerdings hatten sie bald mit ihrer
typisch russischen Verschwendungssucht ihr ganzes Geld verspielt. Dann kam der Tag, an dem ihnen nichts anderes übrig-
blieb, als sich wieder einmal in das Unvermeidliche zu fügen
und nach Paris umzusiedeln, ein Ballettstudio aufzumachen
und sich in einer kleinen Villa niederzulassen. Sie mußte jeden
Tag von morgens neun bis abends sechs unterrichten und
fuhr alle Strecken mit der Metro. Diese außergewöhnliche
Frau, ohne ein graues Haar und quicklebendig wie eine Libelle,
muß, als ich sie damals kennenlernte, eher an die Siebzig als
an die Sechzig gewesen sein. Trotzdem spielte sie nach ihrer
Rückkehr aus dem Studio bis zum Morgengrauen Poker, schlief
ein wenig, frühstückte und machte sich erneut mit der Metro
auf den Weg zum Studio. Leider gibt es solche Lebenskünstler
nicht mehr.
So ging dieses herrliche Jahr weiter, erfüllt mit harter Arbeit.
Wir, die »fortgeschrittenen« Schüler, zwangen die Kschessinskaja erbarmungslos, uns mehr und mehr *allegros* zu geben, bis
der Unterricht länger als drei wunderbare Stunden andauerte.
Einmal hinkte ich zu ihr, zog einen meiner Schuhe aus und
zeigte ihr die Socke, die an den Zehen mit Blut durchtränkt
war. »*Pauvre Diana*«, sagte sie freundlich, »*va faire encore*

douze fois!« Und ich zog meinen Schuh wieder an und wiederholte die Schritte tatsächlich ein dutzendmal, wie sie es befohlen hatte.

Ich ging damals nur wenig aus. Ich hatte einfach keine Lust, und die einzige Ausnahme waren meine Besuche bei einer exzentrischen älteren Amerikanerin, Miss Fleming Jones, die beinah jeden in der Pariser Kunstszene kannte. Eines Abends lud sie mich zu einem Essen ein, bei dem auch Alexandre Benois, Diaghilews berühmter Bühnenbildner, zugegen war, ein reizender älterer Herr, der an einen wohlwollenden Antiquar erinnerte. Mir fiel ein, daß er mich vor ein paar Jahren tanzen gesehen und mir den schmeichelhaften Beinamen »Giorgiones Venus« gegeben hatte, noch bevor die jungen Rambert-Tänzer ihr Debüt unter der Leitung der Karsawina gegeben hatten.

Eines Tages besucht ein Theaterregisseur den Unterricht. Er hält mich an und erklärt, er sei im Begriff, eine Art »Zwitteroper« mit dem Titel *Messaline* auf die Bühne zu bringen. Für die Titelrolle benötige er eine, die sowohl singen als auch tanzen könne, und ob ich vielleicht an dieser Rolle interessiert wäre? Ich gestehe, daß ich keine ausgebildete Stimme besitze. Er drängte mich, es doch zu versuchen. Es folgen ein paar verrückte Tage: Ich appelliere an Guggans Nachbarn, den berühmten spanischen Komponisten Joaquín Nin, und gemeinsam stöbern wir ein paar einfache Liedchen auf, die ich möglicherweise mit meinem geringen Stimmumfang bewältigen könnte. Wir üben unter viel Gelächter. Ich gehe erneut zu dem Regisseur in sein hochelegantes Appartement am linken Seineufer, singe meine bescheidenen Liedchen und schlage ihm vor, die Rolle für Sprechgesang einzurichten, eine Art deklamatorischen Stil, wobei nur hier und da ein Wort richtig gesungen werden müßte. Er stimmt zu, und wir diskutieren ausführlich darüber. Ich habe allerdings Bedenken, denn alles erscheint mir etwas vage und sieht mehr nach dem Wunschtraum eines sehr reichen Mannes mit hochfliegenden Plänen aus. Er scheint sich jedoch schon Gedanken über die Gestaltung und Organisation des Musicals gemacht zu haben und bittet mich, mir die Sache doch ernsthaft zu überlegen, da ich seiner Idealvorstellung für diese Rolle entspräche. Als ich mich schließlich zum Gehen anschicke, erwähne ich, daß ich kaum als volljährig gelten könne und ein *permis de travail*, eine Arbeitserlaubnis, benötigte, auf die man Ewigkeiten warten müsse. »Was? Sie sind keine Französin?« fragte er. »Nein, ich bin Engländerin.« »Oh, quel desastre« [O wie fatal], ist seine Reaktion. »Das wußte ich ja gar nicht. Sie sprechen nicht wie eine Engländerin und sehen auch nicht so aus.« So war die ganze Sache schließlich zum Scheitern verurteilt. Alles löste sich wie Ektoplasma auf – ein Schicksal, das viele Pläne reicher und künstlerisch begabter Amateure ereilt. Enttäuscht stürzte ich mich intensiver denn je in meine Übungen im Unterricht.

Joaquín Nin grinste unverhohlen, als er mich über den Stand meiner »Opernkarriere« befragte. Ich erzählte ihm die Geschichte, woraufhin er mir eine signierte Fotografie mit folgender Unterschrift schenkte: »A la chère jeune Diana Gould, lumière d'aujourd'hui, étoile demain« [Für die liebe, junge Diana Gould, das Licht von heute, der Stern von morgen].

Das Jahr endete mit einer Vorstellung im Ritz für die *Union des Jeunes Russes*, dem sich ein geradezu phantastisches kaukasisches Weihnachtsdiner für zweiunddreißig Personen anschloß: zehn Gänge mit halborientalischen Gerichten von großer geschmacklicher Vielfalt und Erlesenheit. Der Krimwein floß in Strömen. Ich kam neiderfüllt zu dem Schluß, daß Russen dehnbare Mägen aus Gußeisen besitzen, was keinesfalls auf englische Mädchen zutraf, und so lebte ich dann bis zum Silvesterabend von gekochtem Reis.

Mit Beginn des neuen Jahres arbeitete ich wie besessen. Der dreistündige Unterricht am Vormittag genügte mir nicht mehr, und ich nahm auch an den fast genauso langen Nachmittagsstunden teil. Es schien fast so, als wäre dieses Verlangen nach immer größerer technischer Perfektion bei dem nie endenden Streben nach dem Unerreichbaren viel zu lange gebremst worden, weil es an Ermutigung und Sympathie gefehlt hatte. So wagte ich es jetzt nicht, auch nur einen Augenblick zu versäumen. Ich war die ganzen ersten Jahre mit dem Kopf gegen eine Wand des Widerstandes gerannt und hatte noch dazu viel Pech gehabt! Nun, da ich endlich von der Strömung getragen wurde und nicht gegen sie ankämpfen mußte, hätte ich entspannt mit ihr schwimmen können. Statt dessen fühlte ich mich immer noch gezwungen, mit derselben verbissenen Beharrlichkeit weiterzumachen. Anstatt – in einer anderen Metapher ausgedrückt – den Berg im Leerlauf hinabzurollen, schaltete ich den ersten Gang ein und bewegte mich zwangsläufig nur knirschend weiter. Ich wußte es einfach nicht besser, und eines schönen Tages brach ich physisch und psychisch völlig zusammen. Guggan steckte mich ins Bett, der gute Dr. Crussaire versuchte, mich von den Grenzen selbst eines jungen und kräftigen Körpers zu überzeugen, und die geliebte Kschessinskaja besuchte mich und gab mir aus ihrer langen Erfahrung heraus liebevolle Ratschläge. Sie erzählte mir, wie sie sich von der rein körperorientierten Einstellung zu ihrer Arbeit auf die geistige hatte umstellen müssen, daß sie gelernt habe, mit ihren Kräften zu haushalten und sich vor Überanstrengungen zu hüten. »Allerdings, Liebling«, sagte sie, »wurde ich immer sowohl von dem berühmten Mariinski-Ballett selbst als auch von« (Pause) »Freunden protegiert.«

Da tauchte sie also wieder auf, diese absolute Notwendigkeit, einen einflußreichen Freund in hoher Position zu haben. Ihre mütterliche Fürsorge tröstete mich, und bald konnte ich wieder am Unterricht teilnehmen. Dabei bemühte ich mich um mehr Besonnenheit.

In dieser Zeit starb Großtante Minnie, Guggans Schwester. Serge Lifar gab im Salle Pleyel eine Vorstellung mit verschiedenen Tänzern unter dem Titel Soirée à la Mémoire de Pushkin. Dies war wieder einer seiner unbestimmten Titel, er hätte ebensogut »Soirée à la Mémoire de Robespierre« oder »de Talleyrand« heißen können. Weitaus passender wäre allerdings der Titel »Soirée pour la Gloire de Serge Lifar« gewesen, bei der er in seiner früheren Rolle als der Hohepriester des verstorbenen Serge Diaghilew hätte auftreten können. Ich erinnere mich, daß ich in dem Stück einen Walzer in der Bearbeitung der Kschessinskaja getanzt habe.

Eines Abends schaute Guggan mich über den Rand ihrer Brille an und erklärte, es sei mittlerweile Februar geworden, und so würde sie bald nach Menton gehen, um dort den Rest des

Winters zu verbringen. Ich müsse nach Hause zurückkehren, denn sie könne unmöglich zulassen, daß ich allein mit dem Butler Ramon im Haus bleibe. Ramon war ein verhutzelter kleiner Spanier, der aussah, als wäre er das Opfer einer seltsamen Behandlung gewesen, nämlich zuerst eingeweicht, dann ausgewrungen und schließlich in extremer Hitze getrocknet worden. Er hatte ein zerfurchtes Gesicht und knotige Hände. Da er ein rührendes Männlein war, weit entfernt von irgendwelchen sexuellen Phantasien oder ihrer konkreten Ausführung, erschien mir Guggans Beschluß geradezu absurd. Aber hier kam ihre ganze Borniertheit ins Spiel, und ich konnte sie nicht umstimmen. Allerdings war ich fest dazu entschlossen, die Kschessinskaja nicht aufzugeben und fand mit Hilfe einer Kollegin ein Haus unweit unseres Studios, in dem Zimmer vermietet wurden. Ich nahm das, das als einziges im ganzen Haus ein Waschbecken besaß. Ansonsten verfügte es über ein durchgelegenes Bett, einen Schrank und einen wackeligen Tisch. Das Badezimmer lag ein Stockwerk höher. Addie Rothschild (Baronne Edmond und eine Freundin aus Guggans Kindheit) schickte Guggan ihren Wagen mit dem obligaten englischen Chauffeur Carter, und ich sagte ihr Lebewohl, als sie mit der armen alten, gelbgesichtigen Gabrielle und einer Unmenge dunkelbrauner Gepäckstücke (vermutlich Vuitton) am 18. Februar 1935 abreiste. Danach sammelte ich meine Siebensachen zusammen, verabschiedete mich von dem verdutzten Ramon und zog in meine unfreundliche Bude. Zuvor hatte ich Mama geschrieben und gebeten, mir mehr Geld zu schicken, da ich ab jetzt Miete zahlen müsse. Dieses Geld ließ leider lange auf sich warten, und weil ich von jeher Schulden haßte, ging ich mit meinem nicht gerade üppigen Taschengeld doppelt vorsichtig um. Zusammen mit der kleinen russischen Gruppe, die mit mir am Unterricht teilnahm und deren Mitglieder allesamt aus der Basil-Truppe stammten – wie die Riabouchinska, die Baronova und andere –, aß ich regelmäßig in einem russischen Krämerladen nahe der Rue Nicole zu Mittag. Hinter dem Laden lag ein kleines, dunkles Zimmer, wo an etwa drei kleinen Tischen, die immer von russischen Landsleuten besetzt waren, das Tagesmenü serviert wurde. Sehr bald mußte ich mich auf russischen Salat beschränken, das einzige, was ich mir finanziell noch leisten konnte. Der Besitzer, ein ausgesprochen netter Mann, erriet offensichtlich meine Situation und häufte mir immer wieder Salat auf den Teller und berechnete mir nur eine Portion. Seither habe ich nie wieder russischen Salat angerührt.

Das Bad oben im Haus war ein einziger Betrug. Von Zeit zu Zeit spie es lauwarmes Wasser aus, so als verhöhnte es jeden, der töricht genug war, seinen Körper von oben bis unten baden zu wollen. Wenn das Wasser schließlich eine Höhe von 25 cm erreicht hatte, war die Temperatur so mäßig, daß man erschauerte. Da wir Mitte Februar hatten, herrschte draußen schneidende Kälte, wie manchmal während der späten Wintermonate in Paris. So verzichtete ich denn auf diese Flüssigkeit, die wie schales Bier aussah (der Boden der Badewanne war von einem grobkörnigen Grau) und mich jedesmal fünf Franken kostete und lernte, pünktlich um drei Uhr morgens aufzuwachen, nachdem ich festgestellt hatte, daß das Wasser in meinem Waschbecken um diese Zeit kochend heiß war. Ich wusch mich von Kopf bis Fuß, wickelte mich danach wieder in meine Decke und kroch zurück ins Bett. Damit legte ich den Grundstein zu meiner Schlaflosigkeit, an der ich bis heute leide.

Inez, die mich in der Villa eingeführt hatte, bewohnte direkt unter mir ein Zimmer. Wir hatten beide wenig Geld, froren und waren immer hungrig nach dem spätabendlichen Unterricht. Sie besaß eine kleine, stinkende Kochplatte, auf der sie in einem verbeulten Topf *soupe au foin* kochte, eine Art nahrhafte Hafersuppe. Diese stellte zusammen mit einer dicken Scheibe Brot unser Abendessen dar. Ich kaufte eine Flasche Rum, wir teilten uns die Kosten für Zitronen, und setzten, nachdem wir den Suppentopf ausgewaschen hatten, Wasser zum Kochen auf. Wir füllten zwei Gläser mit heißem Wasser, dem Saft von zwei Zitronen und einen guten Schuß Rum. Mit unseren Gläsern, die wir mit Wollhandschuhen anfaßten, zogen wir uns dann in unsere Betten zurück und schlürften den Schlaftrunk in der wachsenden Kälte der dunklen Zimmer, in denen die Heizkörper längst schon niedriggestellt worden waren. Das Frühstück bestand aus einem Zichoriengetränk, das sehr schnell in einer großen Tasse abkühlte, und einer Scheibe Toast, die so hart war, daß ich mir einmal einen Backenzahn daran ausbiß. Dennoch machte ich weiter, nahm an zwei verschiedenen Kursen teil, immer noch von einer Scheibe Toast, russischem Salat und Haferflockensuppe mit Brot lebend. Manchmal wurde ich von einem Beau zum Essen eingeladen, und dann aß ich wie ein Scheunendrescher. Die Kschessinskaja war sehr streng mit mir. Wiederholt bekam ich riesige Flieder- oder Liliensträuße (wären sie doch eßbar gewesen!) von einem bestimmten, sehr gut aussehenden Russen mittleren Alters; sie verbot mir jedoch, seine Einladungen anzunehmen. *»Non, Diana, il n'est pas propre«* [Nein, Diana, das gehört sich nicht]. So langweilte ich mich mit einem jungen Grafen aus der Provinz zu Tode, bis ich ihn trotz meines Hungers nicht mehr ertragen konnte. Da es äußerst schwer war, ihn loszuwerden, verfiel ich auf eine großartige Idee. Wir aßen in einem der großen Cafés an den Champs-Elysées zu Abend. Als ich mit dem Essen fertig war, bei dem ich sinnloses Zeug geredet hatte, um seine Platitüden zu überbrücken, fischte ich einen Zahnstocher aus dem Behälter, der auf dem Tisch stand. Mit der anderen Hand bedeckte ich schamhaft meine Oberlippe – den kleinen Finger geziert abgespreizt – und begann, meine unteren Zähne unter diesem vorgehaltenen Schirm mit einer Konzentration zu bearbeiten, die den biederen französischen Arbeitern, die ich so oft bei dieser Beschäftigung in den kleinen Cafés beobachtet hatte, gewiß Ehre gemacht hätte. Der arme Jean war entsetzt: *»Diana! Mais voyons, qu'est tu fais?«* [Aber Diana! Was machst du denn da?] Ich schaute ihn unschuldig und verwundert an, während ich, scheinbar angeekelt, einen imaginären Essensrest, den ich herausgestochert hatte, auf dem Tellerrand deponierte. Eifrig bohrte ich weiter in meinen Zähnen herum und setzte mein munteres Plappern fort. Bis in die Tiefe seines winzigen aristokratischen Kerns getroffen, rief er schnell nach der Rechnung. Ich hatte inzwischen mein Stochern beendet, trug erneut Lippenstift auf, strahlte ihn an, war in der Taxe reizend zu ihm und sah ihn danach nie wieder.

Haskell schrieb mir regelmäßig. Er freute sich, daß ich mich bei der Kschessinskaja so wohl fühlte und sie so zufrieden mit mir war. Ab und zu kam er für ein Wochenende herüber, und wiederholt bat ich ihn, doch ein Buch über diese einzigartige Frau zu schreiben. Er hätte das bestimmt großartig gemacht, aber leider kam es nie dazu. Das Leben in dem gemieteten Schlafzimmer war allmählich nicht mehr zu ertragen. Anfang April wird in ganz Paris in allen Mietwohnungen die Heizung abgedreht, ohne Rücksicht auf die herrschenden Temperaturen. In der folgenden Woche fing es an zu schneien, und selbst der heiße Grog konnte einem nur noch zu etwa zwei Stunden Schlaf verhelfen.

Am 15. April kam meine Großmutter endlich nach Paris zurück, das Geld meiner Mutter war eingetroffen, und ich konnte die Miete für mein trostloses Zimmer bezahlen. Bald danach kehrte ich nach London zurück, und die liebenswerte Matilda Felixowna machte den langen Weg zur Gare du Nord, um mir mit einem riesigen Blumenstrauß Lebewohl zu sagen.

Nicht ganz unerwartet erlitt ich nach meiner Rückkehr einen Zusammenbruch. Die liebe, besorgte Goggo diagnostizierte nach einem Blick in mein graues Gesicht und nachdem sie in meine Ohrläppchen gekniffen hatte, eine drohende perniziöse Anämie. Sie steckte mich sofort ins Bett, wo ich mich eine Woche lang verwöhnen und wieder aufpäppeln ließ.

Drei Wochen später kehrte ich nach Paris und zu der Kschessinskaya zurück, wo man mir im Studio einen tollen Empfang bereitete. Und wieder besuchte de Basil den Unterricht, wieder forderte er mich auf, zu seiner Truppe zu kommen. »*Vous serez un article de luxe, Mademoiselle, parce que vous êtes si grande*« [Sie sind ein Luxusartikel, Mademoiselle, weil Sie so groß sind], sagte der schlaue Fuchs. Ich wies auf eine andere Solistin in seiner Balletttruppe hin, die genauso hochgewachsen war wie ich. »*C'est vrai*« [Das stimmt], gab er zu und fügte mit lüsternem Blick, der allerdings dank der bierflaschendikken Brillengläser etwas mißglückte, hinzu: »*Mais beaucoup meilleur faite.*« [Aber Sie sind besser gebaut.] Ich akzeptierte das Kompliment und war hocherfreut zu hören, daß ich sowohl Zobéide in *Shéhérazade* als auch die Rolle der Constanza in *The Good-humoured Ladies* tanzen sollte. Ich begann jedoch, das Ausmaß seiner Raffiniertheit zu begreifen, als ich in sein Büro kam, um meinen Vertrag für die kommende Londoner Saison und mein Reisebillett abzuholen und weder den einen noch das andere vorfand. Der treue Ramon raste zum Bahnhof, wo Großmutter mir eine Fahrkarte kaufte. Wiederum kam die Kschessinskaja zum Abschied, zusammen mit dem geliebten Lucy.»Paß gut auf dich auf, liebes Kind«, sagte er, »und komm bald wieder.« Und so reiste ich mit der gesamten Basil-Truppe nach London zur Saison in Covent Garden.

7 *Aus der Finsternis ans Licht*

Und das lehr uns,
Daß eine Gottheit unsere Zwecke formt,
Wie wir sie auch entwerfen.

WILLIAM SHAKESPEARE

Am liebsten würde ich vor die folgenden schrecklichen Wochen in der Balletttruppe einen kleinen schwarzen Vorhang ziehen. Intrigen und Verschwörungen waren hier an der Tagesordnung, im Vergleich dazu wirkte der Hof der Medici wie ein Kindergarten. Kaum war ich angekommen, gestand mir Massine, der glücklich war, mich endlich bei sich zu haben, daß er das Recht verspielt habe, die Besetzung für seine eigenen Ballette zu bestimmen. Dem Colonel Geld zu entlocken, war schwieriger, als einen eingewachsenen Weisheitszahn zu ziehen. Daher hatte er auf Vorauszahlung für seine Ballette bestanden und damit die Kontrolle über die Besetzung der Rollen eingebüßt. So war er auch nicht berechtigt, mir die Rollen zu geben, die er mir zugedacht hatte. Dann stellten sowohl Lubov Tschernicheva als auch ihre Schwiegertochter (die mächtigste Clique bei Hof) de Basil ein Ultimatum, als sie hörten, daß ich Zobéide in *Shéhérazade* und Constanza in *The Good-humoured Ladies* tanzen sollte: Sie würden diese Rollen niemals mit mir teilen. Entweder gingen sie oder ich. Schöne Aussichten! Außerdem gab die Tschernicheva, die in den Fünfzigern war (doppelt bitter, daß Diaghilew sie einst – fast sechs Jahre vorher – bei meinem Eintritt in sein Ballett zu meiner ›Mutter‹ ausersehen hatte), den ganzen Unterricht. Sie rächte sich, indem sie mich geradezu mit einem Hagel von Kritik und beißenden, sarkastischen Bemerkungen bombardierte und mir in jeder Hinsicht das Leben zur Hölle machte.

Der Morgen begann in den düsteren, verwahrlosten Proberäumen in der Poland Street im tiefsten Soho; auf den Unterricht folgten verschiedene Proben, bis wir nach Covent Garden übersiedelten. Dort wurden die ›Ausländer‹ (Engländer und Amerikaner von allen Stufen der im Ballett üblichen strengen Hackordnung) alle in Umkleideräume im Souterrain gepfercht, wo uns hie und da eine Ratte Gesellschaft leistete. (Grimmig erinnerte ich mich, daß in Paris die jungen Ballettänzer zutreffenderweise *les rats du ballet* [Ballettratten] genannt werden.) Mit der Zeit erfuhr ich, daß de Basil auf die schlaue Idee verfallen war, in den wichtigsten Städten Amerikas Probetanzen abzuhalten und so einige ausgezeichnete Tänzer entdeckte. Sie würden genau wie ich eine schlechte Behandlung erfahren, würden um ihr Gehalt kämpfen und als zweitrangige Mitglieder des Balletts überhaupt viel aushalten müssen.

Da ich mir nicht nachsagen lassen wollte, ich sei eitel oder nicht kooperativ, wartete ich geduldig darauf, daß die Vorsehung sich meiner unerfreulichen Lage erbarmen würde, und versuchte dabei, die Rollen zu lernen, für die ich engagiert worden war. Schon früh war ich zu der Einsicht gekommen, daß es klüger sei, keinen der Tänzer zu bitten, mir eine Rolle zu zeigen, und ging jetzt resigniert den höhnischen Bemerkungen, dem Schulterzucken und der Zurückweisung aus dem Weg. Ich hatte ebenfalls frühzeitig gelernt, daß man nicht so töricht sein durfte, sich in dunklen Kulissen aufzuhalten und einem Ballett zuzusehen, in der Hoffnung, die Schritte auf diese Weise besser zu erfassen. Alles, was dabei erfaßt wurde, war ich selbst: Man packte mich unsanft von hinten, warf mich auf die riesigen Diwankissen der Shéhérazade-Dekoration und überfiel mich mit lüsterner Gewalt, so daß es meiner ganzen wütenden Kraft bedurfte, mich zu befreien. Um das Maß voll zu machen, durfte ich dann noch für mein zerrissenes Kostüm bezahlen. Betrübt verfolgte ich die internen Machtkämpfe, das Drängeln bei der Besetzung gefragter Rollen, das öde Ins-Bett-Hüpfen mit diesem oder jenem Mächtigen, nur um sie zu bekommen, die schamlose Prostitution alles dessen, was aufregend, schön und inspirierend hätte sein sollen. Ausgelaugt von zuviel Arbeit (fünfzehn Stunden täglich), den Reisen und den ewig ungünstigen Bedingungen, waren die Tänzer grob, schamlos und fast stumpfsinnig geworden. Das gefiel de Basil ausgezeichnet. Er wußte, daß sie sonst nirgends unterkommen würden; je fügsamer sie waren, desto weniger Schwierigkeiten würde er mit ihnen haben. Entweder sie erschienen mißmutig in Lockenwicklern zum Unterricht, oder sie erschienen überhaupt nicht, mit dem Ergebnis, daß sie Bußgeld zu zahlen hatten und immer mehr in seiner Schuld standen. Trotz allem gab es noch immer wunderbare Tänzer: die junge, zauberhafte Toumanova, die Baronova oder die Danilova und unter den Männern David Lichine, Shabelevsky, Wójcikowski und Massine. Aber diese waren alle dem Dschungel sicher entronnen und konnten frei und ungehindert ihr Bestes geben; nur selten kam es vor, daß sie um etwas kämpfen mußten oder einem Skandal ausgesetzt waren, der ihnen Steine in den Weg legte. Mit den jungen Tänzerinnen hatte ich in den Pariser Studios gearbeitet, und was die Männer betraf, so konnte man ihr Verhalten mir gegenüber jedenfalls nicht als feindselig bezeichnen. So ertrug ich diese entsetzliche Spielzeit, tat nichts Nennenswertes, und da ich keine Gage erhalten hatte, machte ich mich einfach davon, nachdem ich traurig von Massine Abschied genommen hatte. Aber das Glück wollte, daß ich, als meine Not am größten war, aufgefordert wurde, im Herbst einer neuen Truppe beizutreten, die Alicia Markova und Anton Dolin leiteten.

Meine geliebte Kschessinskaja und der Großherzog kamen zu Besuch nach London, und da meine Familie nicht in London war, lud ich sie zum Mittagessen zu meiner Großmutter ein. Es folgte ein herrlicher Sommer mit Freunden meines Stiefvaters auf einem dänischen Schloß. Danach kehrte ich nach England zurück, um bei dem Markova-Dolin-Ballett anzufangen, für das ich die folgenden zwei Jahre tanzen sollte.

Trotz aller Risiken, byzantinischer Intrigen, scharfer und gefürchteter Konkurrenz fühlte ich mich nur in der russischen Welt des Balletts wirklich heimisch. Bis zu einem gewissen Grade beruhte dieses Gefühl auf Gegenseitigkeit. Wann und wo immer ich während meiner Kindheit und Jugendjahre getanzt hatte, fiel die Wahl der Russen, ob Diaghilew, Massine, Balanchine, ob selbst Lifar und später die Nijinska, immer auf mich. Meine unzähligen russischen Freunde hatten mir den Spitznamen »Sparja« (Spargel) gegeben, denn ich war hochgewachsen und schlank und hatte eine blaßgrüne Hautfarbe. Meine Kollegen der angenehmen Zeit vor de Basil pflegten zu sagen: »Weißt du, Dianotschka, du nicht englisch, du sehr russisch«, und ich antwortete, das läge wohl an der irischen Abstammung meines Vaters, denn beide Völker seien künstlerisch veranlagt, spontan, unzuverlässig und leidenschaftlich. In diesem russischen Komposthaufen fühlte ich mich verwurzelt, von ihm nährte ich mich und aus ihm entwickelte ich mich. Das Problem war, daß niemand in der Basil-Truppe den Kompost gewendet hatte und er sich allmählich zu erhitzen begann. Sowohl die Markova als auch Dolin waren, obgleich gebürtige Engländer, im russischen Ballett ausgebildet. Sie hatten in den ganzen letzten Spielzeiten Diaghilews getanzt und russische Eigenschaften angenommen, so daß ich mich in der neuen Truppe, deren Repertoire im wesentlichen aus den klassischen Balletten wie *Schwanensee, Carnaval, Sylphides, Nußknacker, Giselle* und anderen bestand, nicht wie eine Fremde fühlen würde. Viele neue Werke kamen hinzu, als die Truppe immer weiter florierte.

Sechs Wochen lang probten wir an dem alten Scala-Theater in Soho (demselben Theater, auf dessen Bühne ich als Neunjährige eine Blutspur hinterlassen hatte). Damals, als nur eine einzige Balletttruppe, nämlich Sadler's Wells, das Feld beherrschte und es nicht einmal, wie in Paris, ein ständiges Opernballett gab, konnte ›Pat‹ Dolin sich seine Tänzer aussuchen. Er hatte ein vorzügliches Team von Solistinnen, unter ihnen auch meine alten Kolleginnen Wendy Toye und Prudence Hyman, während zu den männlichen Solisten unter anderem Freddie Franklin und Keith Lester gehörten. Sein *corps de ballet* war ausgezeichnet geschult und erregte den Neid de Basils, der mir im Verlauf der folgenden Spielzeit sagte, daß er sein *corps* am liebsten hinauswerfen und es durch unser diszipliniertes ersetzen würde. Schließlich wurden wir an einem Tag Anfang November 1935 in einen Zug nach Newcastle verfrachtet, wo wir noch einige Tage proben und am 11. November in dem alten Theater die Eröffnungsvorstellung geben sollten. Pru Hyman und ich hatten uns in einem abscheulichen möblierten Zimmer einquartiert; es lag im obersten

Stockwerk eines großen, verkommenen Hauses, hatte zwei Betten mit knubbeligen Matratzen und ebensolchen Kopfkissen sowie einen widerspenstigen Warmwasserspeicher im Badezimmer. Unsere Hauswirte wohnten im Kellergeschoß, ein ungehobeltes, einheimisches Ehepaar, das uns widerwillig gestattete, unsere gewaschenen Strumpfhosen und diverse Stücke unserer Unterwäsche über Nacht an ihrem Herd zu trocknen, was zur Folge hatte, daß ihnen der leidige Geruch des Hauptnahrungsmittels der Familie – Fisch und Pommes frites – anhaftete. Hinzu kam, daß wir uns in der wenig beneidenswerten Lage befanden, allabendlich eine Premiere geben zu müssen, denn es ist das unabwendbare Schicksal jeder nagelneuen Truppe, die übliche Anzahl von drei Balletten pro Vorstellung sechs Abende hintereinander und in zwei Matinees liefern zu müssen. Eine meiner Rollen war der ›Danse arabe‹ in *Nußknacker*. Als der alte Sergejev vom Mariinski-Theater entdeckte, daß meine Wirbelsäule biegsam wie Gummi war, schrieb er die Rolle hurtig um und fügte endlose »Rückenbeugen« und schlangenartige Bewegungen ein. Mir hätten die Proben sicher mehr Spaß gemacht, wenn sie nicht in dem Grillroom des Turk's Head, dem Hotel-Pub des Ortes, stattgefunden hätten, wo der Kamin eine fürchterliche Hitze ausstrahlte und die gesamte Einrichtung den ekelerregenden Gestank uralten Rinderfetts ausdünstete.

Am schlimmsten aber war das Orchester. Mit den damaligen kärglichen Mitteln konnte sich keine Truppe auf Tournee mehr als ein paar »vordere Notenpulte« leisten; der Rest des Orchesters wurde in jeder Stadt neu zusammengestellt. Das allein wäre noch nicht so katastrophal gewesen, wenn Dolin einen guten Dirigenten verpflichtet hätte. Aber leider! Unser Dirigent war der unfähigste Musiker, den man sich in seinen schrecklichsten Alpträumen hätte vorstellen können. Bei der ersten Orchesterprobe wedelte er kraftlos mit seinem Taktstock, als wäre es der Zauberstab einer Fee, der dem zusammengewürfelten Haufen im Orchestergraben Harmonie und holde Töne entlocken könnte. Es waren aber nur schauerliche Mißklänge zu hören, die lebhaft an das Papageienhaus im Zoo erinnerten. Wir armen Tänzer bemühten uns nach Kräften, hörten auf zu

142

tanzen, wenn der alte Blowitz oder wie er sonst heißen mochte, den Kampf aufgab (etwa alle achtundvierzig Takte), und warteten in stiller Verzweiflung, während er versuchte, die Partitur zu entziffern (die er vermutlich nicht einmal lesen konnte). Schließlich fingen wir mit dem Ballett resigniert wieder von vorne an, was er wohl auch vorgehabt hatte, wenn er nicht von der Mehrzahl der Musiker, die unbekümmert weiterspielten, daran gehindert worden wäre. Uns armen Dingern blieb nichts anderes übrig, als unsere Schritte mit lautem Zählen zu begleiten, ohne uns um das zu unseren Füßen herrschende Chaos zu kümmern. Die zunehmende Verwirrung blieb nicht ohne Einfluß auf unsere müden Körper. Dolin, der viel Geduld hatte, verlor sie schließlich. Alice meinte: »Also danach kann ich nun wirklich nicht tanzen.« Der alte Blowitz und seine fröhlichen Mannen bliesen und fiedelten wie ein Häufchen Irrer bei ihrer Jahresfeier, und ich schrieb eine »Ballade auf Blowitz«, ein Hilfsmittel, zu dem Griselda und ich immer in Augenblicken von Kummer und Aufregung griffen (inzwischen längst verlernt).

Die Bühne hatte eine beängstigende Schräge und fiel jäh zum Orchestergraben ab; die Umkleideräume waren eng und lieferten nur kaltes Wasser. Die Eröffnungsvorstellung rückte bedrohlich näher. Mit welchem Feuereifer und welcher Hingabe wir auch arbeiteten, gegenüber diesem Trottel von einem Musiker waren wir vollkommen machtlos. Mit wunden Füßen und schwerem Herzen hinkten Pru und ich zu unserem schäbigen Zimmer zurück, aßen unseren Sardinentoast und fielen auf unseren unbequemen Matratzen in unruhigen Schlaf. Am nächsten Morgen bot sich uns beim Erwachen der herzerfrischende Anblick des kleinen Hausmädchens, das die Krumen unseres Festessens vom Vorabend mit derselben Bürste vom Tisch fegte, mit der sie sonst die Asche in den rostigen Kamin zurückbefördert hatte. »Einen schönen guten Morgen«, sagte ich zu mir, als wir uns für die Proben fertigmachten, die bis zur Eröffnungsvorstellung den ganzen Tag dauerten, ganz zu schweigen von der trostlosen Aussicht, uns durch *Sylphides*, *Nußknacker* und *Divertissement* zählen zu müssen.

Entweder hatte der unmusikalische Blowitz die ganze Nacht

durchgearbeitet, oder es hatte ihm jemand geholfen, das Geheimnis der Partitur zu lüften, denn immerhin konnte man die Musik in dem allgemeinen Lärm wenigstens teilweise erkennen. Aber die wichtigste Eigenschaft eines Ballettdirigenten, nämlich die Tänzer beobachten und ihnen folgen zu können, sich ihre Tempi einzuprägen und je nach Bedarf schneller oder langsamer zu werden, ging ihm völlig ab. Tatsächlich fehlte ihm jede Kontrolle. Man war dem verflixten Taktstock, der in der untalentierten Hand seines Dirigenten ein seltsames Eigenleben zu führen schien, auf Gedeih und Verderb ausgeliefert. Diese furchtbare erste Woche war eine Herausforderung für uns alle, und es spricht für den *esprit de corps* der immerhin noch neuen Truppe, daß wir uns von diesen entsetzlichen Arbeitsbedingungen nicht unterkriegen ließen. Außerdem beweist es, daß Ballettänzer nicht gerade verwöhnt werden, und schon gar nicht in der damaligen Pionierzeit. Tanzen war kein Beruf, sondern eine Berufung, und es überlebten nur die Tänzer, die bereit waren, sich der ihr zugrundeliegenden Vision mit Haut und Haaren zu verschreiben. Die anderen blieben – wohlweislich vielleicht – auf der Strecke.

Nach weiteren fünf Wochen Tournee, mit eisigen Zimmern, eisernen Bettstellen, lauwarmem Wasser, schlechter Ernährung, Fünfzehnstundentagen und langen Reisen am Sonntag und in schmutzigen Zügen, kehrten wir endlich nach London zurück. Man sagt ja: *Theatricals and fish travel on a Sunday* [Spielleute und Fisch reisen sonntags].

Am 23. Dezember 1935 gab das Markova-Dolin-Ballett seine erste Vorstellung am Duke of York's Theatre in St Martin's Lane. Mit Pat als Eusebius tanzte ich in *Carnaval* in der Rolle der Chiarina (Choreographie von Fokin, Musik von Schumann, eines der Repertoireballette der Diaghilew-Truppe). Zu Weihnachten schenkte er mir eine schöne blaue Schreibunterlage aus Samt, mit einer Lithographie von Taglioni aus dem 19. Jahrhundert, die ich noch heute benutze.

In den folgenden eineinhalb Jahren lernte ich die Geborgenheit in einer gutgeführten Balletttruppe kennen. Die anfänglichen Schwierigkeiten der ersten Tournee waren überwunden, und ›Blowitz der Unfähige‹ war entlassen worden. An seiner

Stelle hatte man Leighton Lucas, einen ausgezeichneten Ballettdirigenten, engagiert, der wiederum Musiker einstellte, deren Spiel uns Tänzer inspirierte. Nachdem die Knoten und Schlingen in dem aus unzähligen Fäden bestehenden Geflecht des Balletts, dieser komplizierten Variante des Theaters, entwirrt worden waren und wir die erste Londoner Spielzeit erfolgreich hinter uns gebracht hatten, wußten wir, daß wir uns einen Platz in der englischen Ballettwelt erobert hatten. Mit Dolin, dem hervorragenden *danseur noble* der Zeit, und der Markova, der ersten aus England stammenden Ballerina, waren wir auf dem besten Weg, eine Truppe zu werden, mit der man rechnet.

Sadler's Wells war zwar bereits ein alteingesessenes Ballett, aber Tänzer gab es im Überfluß, so daß eine Truppe allein sie gar nicht alle hätte aufnehmen können. Für mich, die ich nur die Möglichkeit sah, entweder in de Basils byzantinischen Dschungel zurückzukehren oder gelegentlich Gastspiele zu geben, war das Markova-Dolin-Ballett die Rettung. Auch hätte ich es nicht ertragen können, mich wieder in dem winzigen Ballett-Club zu verkriechen, der lange Zeit Ursache meines ganzen Unglücks und Elends gewesen war, selbst wenn die Rambert mich jetzt willkommen geheißen hätte.

Im Laufe des ersten Jahres unternahmen wir die gängigen Tourneen, unterbrochen von Spielzeiten in London, denn keine Balletttruppe kann überleben, wenn sie nicht unaufhörlich beschäftigt ist. Neue Ballette wurden geschaffen, und ich konnte mich endlich als vollwertiges Mitglied einer Truppe betrachten und nicht als einen zu groß geratenen *article de luxe*, wie de Basil mich abwertend beschrieben hatte. Inzwischen umfaßte mein Repertoire fast jeden Stil, von der Komödie über das Klassische und Romantische bis zum Drama und dem, was seltsamerweise unter dem Begriff ›Charakterrolle‹ läuft. Letztere hat weniger mit der eigenen Persönlichkeit zu tun als vielmehr mit der Fähigkeit, eine Reihe von Volkstänzen interpretieren zu können. Ich hatte längst erkannt, daß meine Größe von 1,72 m – nicht etwa *sur pointes* gemessen – mir zum Nachteil gereichte, und war zu dem Schluß gekommen, daß ich mich zu einer Tänzerin entwickeln müsse, die so vielseitig einsetzbar sein würde wie nur irgend möglich. Schließlich war ich so naiv gewesen, sowohl Massines als auch Balanchines Annäherungsversuche zurückzuweisen, wodurch ich mir sämtliche Chancen, von ihnen eigens für mich geschaffene Rollen zu bekommen, verdorben hatte. Damit fehlte mir der bedeutendste Faktor im Leben eines Tänzers, nämlich mein eigener Choreograph, dessen Musik ich hätte Form geben können. Wie schon erwähnt, hatte Massine mir gesagt, daß er den ersten Satz von *Les Présages* – seinem Ballett zur fünften Sinfonie von Tschaikowski – und das Andante in *Choreartium* – seinem Ballett zu Beethovens siebenter Sinfonie – eigentlich für mich geschrieben hatte. O, wie dumm war ich doch gewesen! Und hätte ich 1933 Balanchines Drängen nachgegeben und wäre mit ihm nach New York gegangen, hätte meine Karriere einen ganz anderen Verlauf genommen, denn er hatte eine Vorliebe für lang fließende Linien, und niemals wäre das Gefühl in mir aufgekommen, ein störendes Möbelstück in einem sonst stilvoll eingerichteten Zimmer zu sein – wie z. B. eine beschämt vor sich hintickende Standuhr zwischen lauter kleinen Tischchen.

Jetzt konnte ich endlich diese Zwangsjacke abwerfen, in die ich mich seit dem Schock über Diaghilews Tod und meines endlosen Wachstums wegen innerlich eingehüllt hatte. Dolin schrieb ein reizendes Menuett zu Mozarts *Eine kleine Nachtmusik* für mich, und es kam schon vor, daß ich in einer Reihe Divertimenti auch einen derben Cancan zu tanzen hatte und das Ganze mit einer Polonaise von Tschaikowski abschloß. »Verwandlungskünstlerin der Divertimenti« nannte Pat mich, denn innerhalb von zweieinhalb Minuten riß ich mir hinter der Bühne die falschen Ponyfransen vom Kopf, die lila Strumpfhose und die gerüschten Röcke vom Leib, stülpte mir eine weißgepuderte Perücke auf, während meine Garderobiere mir den schweren Reifrock um die Taille legte und mir das weite, goldene Kleid über den Kopf stülpte. Häufig mußte sie es noch am Rücken zuknöpfen, während ich schon zur Bühne lief und heftig schluckend meinen Atem unter Kontrolle zu bringen versuchte, damit der aufgehende Vorhang eine ruhige, selbstbeherrschte *dame de cour* des achtzehnten Jahrhunderts präsentierte, die sich nach dem *billet doux* eines unsichtbaren Liebhabers sehnt.

Im Verlauf dieser berauschenden ersten Spielzeit am Duke of York's lag König Georg V. im Sterben. Ich erinnere mich noch genau an den Abend, an dem wir mit wunden Füßen auf einen Entschuldigungsgrund hofften, um die Abendvorstellung absagen zu können. Wir umstanden das Radio und warteten auf das neueste Bulletin. Wenn der König vor einer bestimmten Stunde stürbe, würde die Vorstellung automatisch abgesagt werden. Aber wir warteten vergebens, und in dem siebenten Vorspiel zu *Sylphides* versuchte ich kläglich, auf meinen blutenden Zehen so ätherisch-romantisch wie möglich auszusehen und war froh, danach im *Nußknacker* barfuß auftreten zu können, da ich dazu nur eine biegsame Wirbelsäule brauchte und mich in aufreizenden Bewegungen ergehen mußte. Zur Beerdigung des Königs bekamen wir einen Tag frei.

Das Jahr 1936 brachte zwei traurige Ereignisse mit sich: Im April starb die gute alte Guggan, und meine geliebte Goggo folgte ihr im November desselben Jahres. Zwei der wenigen Stützen, die meinem Leben Halt gegeben hatten, waren mir damit für immer genommen worden; zwei Familienmitglieder, von denen ich nur Zuneigung erfahren hatte und die mir stets mit praktischer Hilfe zur Seite gestanden hatten. Letzteres möglicherweise, weil weder die eine noch die andere meiner Mutter besonders zugetan war, die, wie sie wußten, mir wenig warme Anteilnahme entgegenbrachte, die das junge Mädchen, das sich zu einer so schwierigen Karriere entschlossen hatte, besonders nötig gebraucht hätte. So konnten sie ihre Einwände gegen meine Mutter und die Liebe zu ihrer Enkelin, die recht einsam und verlassen war, zum Ausdruck bringen.

Mein Pariser Zufluchtsort war also auf immer verloren. Nie mehr würde ich beim Erwachen die Backdüfte, die über der ganzen Stadt hingen, und das Aroma des Zichorienkaffees riechen. Nie mehr würde ich die Treppen zur Metro hinunterlaufen und ihre heiße Luft atmen, die mir noch heute in der Nase liegt; nie mehr in die Wärme und das Licht dieser wunderbaren Stadt hinaufsteigen und in die Studios der Egorova und der Kschessinskaja, wo ich vor allem meine Liebe und Hingabe zum Tanz wiedergefunden hatte. All dies und mehr verdankte ich dem Glücksfall, daß meine Großmutter ein Haus in Paris besaß. Ich war hier keine Fremde, keine Besucherin, sondern fühlte mich diesem Land zugehörig, dessen Sprache die erste meines Vaters und uns zu Hause als Zweitsprache geläufig war. Darüber hinaus verschaffte mir die Zeit in Paris einen leichteren Zugang zu dem russischen Ursprung meines Berufs, denn die meisten vor der Revolution geborenen Russen lebten in Paris. Es waren vitale, spontane, vielseitige und warmherzige Menschen. Hier gab es alles, wovon eine junge, in den eiskalten Londoner Studios zitternde Tänzerin nur träumen konnte. Ich brauchte, nicht mehr darauf zu warten, daß die wollene, stets feuchte Strumpfhose nach den Proben am Anthrazitofen trocknete, und mich nicht mehr wie tiefgefrorenes Schichtgemüse aus einem Knäuel von Strickjacken und dicken Pullovern herauszuschälen; keine übertriebenen Übungen an der Stange mehr, um meinen Kreislauf anzukurbeln. Hier lag der wahre Kern aller Ziele, die ein Tänzer verfolgte, und sein Streben wurde ihm erleichtert durch zahllose Faktoren physischer, psychologischer, spiritueller und materieller Art. Paris, meine franko-russische zweite Heimat, war für alle Zeiten dahin.

Es folgte eine zweite Tournee durch die englischen Provinzstädte, auf der wir mit Begeisterung die steigende Zahl der Zuschauer und eine große Schar von Anhängern feststellen konnten, die von unserer avantgardistischen Balletttruppe mit ihren neuen Balletten angezogen wurden. Ich selbst hatte mir eine beachtliche Anzahl von Fans und einige ganz spezielle Freunde erworben, die immer auftauchten, wenn wir in ihren Heimatorten gastierten. Ich erinnere mich an ein besonders herrliches, spätes Abendessen im Pompadour-Restaurant des Caledonian Hotel in Edinburgh. Zwei meiner jungen Freunde waren dabei: ein Rugbyspieler, der für Schottland spielte, beim Militär war, sehr gut aussah, über 1,80 m lang und seinem Sport entsprechend kräftig war, und ein ebenso großer, schlanker, gutaussehender junger Mann der Irischen Garde; beide mit einem köstlichen Humor ausgestattet. Sie waren übereingekommen, gemeinsam mit mir auszugehen. So setzten wir uns an unseren Tisch, bestellten das Essen, und Christian, der

Schotte, forderte mich zum Tanzen auf. Kaum hatten wir eine Runde um den kleinen Tanzboden gedreht, als der Oberkellner Christian auf die Schulter tippte und ihn nach bester Knox-scher Manier davon in Kenntnis setzte, daß ich nicht tanzen dürfe, weil ich einen Hut und somit nicht die vorgeschriebene Abendtoilette trüge. Verlegen schaute ich um mich. Hier und da tanzte die eine oder andere Frau tatsächlich in einer Art Chiffonkleid, mit dem sie den Eindruck erweckte, als hätte sie ihr Cello an der Garderobe gelassen oder als trüge sie das vier Jahre alte unvorteilhafte Brautjungfernkleid auf, von dem nur das Alter mit Sicherheit feststand. Ich trug eine sehr schicke schwarze Satinbluse und dazu einen kleinen schwarzen Mata-dorhut – alles echte Pariser Mode. Bedrückt machte ich Anstal-ten, mich wieder hinzusetzen. Christian sagte:»Madame wird selbstverständlich ihren Hut *nicht* absetzen«, und folgte mir wütend zum Tisch.»In welch ein unmögliches Restaurant haben wir dich da gebracht, mein Schatz! Verzeih!« Ich wies darauf hin, daß ich ausgerechnet in diesem Hotel wohnte und daß es eines der wenigen war, die nach Theaterschluß noch geöffnet waren. Christian murmelte Verwünschungen vor sich hin, beruhigte sich aber allmählich. Plötzlich begann die Tanzkapelle mit einem Tango. Ohne ein Wort zu sagen, sprang Michael, der Ire, auf, zog eine Rose aus der Vase und überreichte sie Christian mit einer tiefen Verbeugung; die-ser nahm sie und steckte sie sich verschämt hinters Ohr, um sich dann auf die Tanzfläche und in Michaels Arme ziehen zu lassen. Engumschlungen legten sie so mit vollkommenem Ernst einen feierlichen und sehr leidenschaftlichen Tango aufs Par-kett...

Die anderen Paare sahen dem mit einer Mischung aus Un-gläubigkeit und geheimem Neid zu. Das Gesicht des Oberkell-ners bot ein herrliches Bild unterdrückter Wut; seine vor ohnmächtigem Zorn funkelnden Augen verfolgten das Paar, wie es über die Tanzfläche glitt, mit den Füßen stampfte und sich mit echt spanischer Glut in die Augen sah. Schließlich hörte der Tango unter gemeinsamem Fußstampfen und mit lautem »Olé« gleichzeitig mit der Musik auf. Christian verbeugte sich tief vor Michael, dieser tat desgleichen, und beide kamen zu mir an den Tisch zurück, als mir die Tränen nur so über die Wangen liefen. Niemand sagte ein Wort. Wir kauten an unserem Essen. Die Kapelle setzte erneut ein, und Christian walzte mit mir samt Hut über den Tanzboden. Der Oberkellner ließ sich nirgends mehr blicken!

Das war eine der fröhlichsten Geselligkeiten, die ich je erlebt habe. Mein schottisch-irisches Gespann schleppte mich zu ›taxi-dances‹, wo Christian sich mit zwei Männern stritt, die mit mir tanzen wollten. Michael und ich mußten ihn schnell die steile Treppe hinunterdrängen, um ihn vor Schwierigkeiten zu bewahren. Am Ende der Woche besuchte Christian mich – ohne Schnurrbart. Warum? »Weil ich dachte, du magst ihn nicht, Liebling.« Ich schickte ihn traurig fort, ohne ihm irgendwelche Hoffnungen gemacht zu haben. Ich glaube, keiner von beiden hat den Krieg überlebt.

Pru und ich machten uns einen Spaß daraus, Pats Bett mit Hilfe einer offenen Zahnpastatube, zusammengenähten Laken und einem gut versteckten Wecker in ein Lager zu verwandeln, auf dem er sich nicht ausstrecken konnte. Er fand das gar nicht witzig, und aus Rache strich er mir einen meiner Auftritte mit ihm im *Carnaval*.

Na ja! Während eines Abendessens in Manchester, in dem einzigen, noch spät geöffneten Restaurant des Midlands Hotel, kleckerte ich mir Sauce auf mein Kleid und ließ mir in Hörweite eines gutaussehenden Oberkellners ein *Merde alors* entschlüpfen. Darauf eilte er herbei, ergriff meine Hand mit liebeskrankem Blick, betupfte den Fleck und überschüttete mich mit einem Schwall Französisch. Paul wurde ein wunderbarer Freund, und von da an speisten Pru und ich wie die Fürsten, und das alles zum Preis für eine Person. Der einzige Nachteil war, daß Paul wahllos irgendwelchen Männern, die im Restaurant speisten, unsere Zimmernummer verriet, so daß, kaum daß wir in unser Zimmer zurückgekehrt waren, unweigerlich das Telefon klingelte. Mann: »Spreche ich mit Miss Gould?« Ich: »Warum?« Mann: »Würden Sie morgen mit mir zu Abend essen?« Ich: »Warum?« Und damit legte ich auf. Einer, der sich nicht abschütteln ließ, folgte mir bis in die nächste Stadt, klebrig wie ein Fliegenfänger, so daß ich mich gezwungen sah,

entsetzlich unhöflich und unfreundlich zu sein, um ihn loszuwerden.

So nahm die Tournee ihren Lauf. Die Sonntage verbrachten
wir mit langen Bahnfahrten. Pat schlief gewöhnlich, dabei den
Kopf auf meinem Schoß und den Rest seiner Person über die
gesamte Sitzbank unseres Abteils zweiter Klasse drapiert. Alice,
elegant und kühl wie immer, trank aus einer Thermosflasche,
die ihr von ihrer Schwester Doris angeboten wurde, und ich las
über Pats Kopf hinweg. »Gould, warum um Himmels willen
mußt du unbedingt mit einem Überseekoffer voller Kleider
herumreisen?« »Das sind keine Kleider, Pat, das sind Bücher.«
Aus irgendeinem Grund lagen Pat und ich uns ständig in den
Haaren. Er war ein wunderbarer Tänzer mit einer tadellosen
Technik, doch leider entsprach sein Geschmack nicht seinem
Talent. Mir schien es – jung wie ich war und daher etwas
festgelegt in meiner Vorstellung, wie Diaghilews letzter großer
Tänzer zu sein hatte –, als verleugnete er fortwährend seine
Talente und die einmalige Ausbildung, die er, der Glückliche,
genossen hatte. Er hatte eine Vorliebe für geschmacklose
kleine Einlagen, in denen er in einem goldfarbenen Anzug, mit
Zylinder und spitzen Schuhen erschien und sechs oder sieben
Drehungen *sur pointe* vollführte und danach auf einem Knie,
den Hut in der Hand, mit dem Publikum kokettierte. Oder er
erschien in spanischen Hosen, seinen nackten Oberkörper nur
mit einem Bolero bekleidet, und stolzierte zu der unendlich
monotonen Manieriertheit von Ravels *Bolero* wie ein Zucht-
hengst auf der Bühne umher. Das verstieß gegen meinen Sinn
für gute Formen. Derselbe, der einen am nächsten Abend in
Giselle zu Tränen rühren konnte oder der ideale Prinz im
Nußknacker war: elegant, höflich, sein natürliches Stilgefühl
mit einem wunderbaren klaren Tanz verbindend. Verärgert, ja
wütend pflegte ich ihm Vorhaltungen zu machen. Pat schlug
zurück und zog mich auf. Stets bestand er darauf, daß ich mit
ihm und Alice nach der Vorstellung zu Abend aß, und war
entrüstet, wenn ich eine andere Verabredung hatte. Alice hatte
einen ganz anderen Stil. Sie war die letzte der – wie ich sie
nannte – ›ornithologischen Ballerinen‹, die vollkommene, klassische, körperlose, vogelgleiche Tänzerin. Sie hatte einen zier-

lichen, fast zerbrechlichen Knochenbau und war keiner verspielten Bewegung, keiner verwischten Linie oder Grimasse fähig. Mit konzentriertem, heiterem Gesicht gab sie ihren durchtrainierten Körper einfach der Interpretation der Schritte hin. Wir waren befreundet und mochten uns sehr gern, und das, obgleich sie ihre Karriere längst vor mir begonnen hatte und die *ballerina assoluta* der Balletttruppe war. Als Privatperson lernte ich sie nie richtig kennen, und es wäre mir, wenn ich jetzt darüber nachdenke, auch nie in den Sinn gekommen, mich darum zu bemühen. Alice war die Verkörperung des klassisch-lyrischen Tanzes, und es war eine Freude, ihr zuzusehen. Dabei beließ ich es.

Als die Tournee zu Ende war, begann endlich unser Sommerurlaub; ein ganzer Monat, der nicht von ermüdenden Wochen in Badeorten getrübt wurde. Meine geliebte Kschessinskaja und ihr Großherzog waren wieder nach London gekommen. Sie und Lydia Sokolova traten bei einer Gala in Covent Garden zur allgemeinen Begeisterung auf, und Matilda Felixowna und der gute Andrei: kamen zum Mittagessen nach Mulberry House.

Von meiner Mutter bekam ich den Auftrag, Guggans Haushalt in Paris aufzulösen und ihre Angelegenheiten zu ordnen. Die arme alte Gabrielle (traurig und bleicher denn je) half mir, die zahllosen winzigen Glastischchen – als *tables d'occasion* bekannt und Stolpersteine für mich seit meiner Kindheit –, die mit Glas-, Silber und Porzellangegenständen beladen waren, durchzumustern und auszusortieren und gewaltige Überseekoffer mit Tischwäsche, Silber und Porzellan zu füllen. Wir befreiten Guggans *cabinet de toilette* von seinem Mosaik vergilbter Fotografien, die als Zeugen ihres Lebens wie eine Tapete bis unter die Decke reichten: Hier war sie »mit der Marchesa Osso Bucco in Florenz« zu sehen, dort »mit Harvard P. Waveslangers in Santa Barbara«. »Der lieben Connie alles Liebe von Egbert und Wilfred« hieß es auf einer Fotografie, die zwei Herren unbestimmten Geschlechts zeigte, die im Schatten einer Gruppe verblaßter Schirmbäume saßen. Pietätvoll steckte ich alle in einen großen Briefumschlag. Gute, alte, liebe, eigensinnige Guggan. Ich verdankte ihr so viel.

Ich regelte Gabrielles Rente und fuhr dann nach Cannes.

Dort traf ich im Hôtel du Cap in Antibes Dolin, Beatrice Lille und ihren Sohn Bottie, Belita, eine talentierte junge Eisläuferin, die bei Dolin Unterricht nahm, und ihre Mutter (in der Rolle der Anstandsdame) und verbrachte mit ihnen zwei schöne und etwas verrückte Wochen. Bea war natürlich die Anstifterin aller Streiche, sei es, daß sie es fertigbrachte, wie der Rattenfänger von Hameln, übermütig singend, sämtliche Gäste des einen Nachtklubs auf die Straße hinaus- und in einen anderen, nahe gelegenen hineinzulocken, um dann in den leeren Nachtklub zurückzukehren und den wütenden Inhaber reizend anzulächeln; oder sei es, daß sie, leicht beschwipst, dem Croupier in San Juan »Banco« zurief, bis Pat und die anderen sie zum Gehen bewegen konnten, solange sie noch genug Geld hatte, um ihre Hotelrechnung zu bezahlen; oder sei es, daß sie zu früher Morgenstunde bei der verwirrten Telefonzentrale anrief: »C'est Lady parle qui Peel« (im normalen Leben war sie Lady Peel). Wo immer sie auftrat, war Bea der strahlende Mittelpunkt und stets bester Stimmung, zärtlich verbunden mit ihrem geliebten Bobby, dem nettesten, unverdorbensten jungen Mann, den man sich vorstellen konnte. Das war 1936. Wenige Jahre später ging Bobby mit seinem Schiff im Fernen Osten unter. Bea erhielt die Nachricht während eines Auftritts in Manchester. Sie bestand darauf, bis zum Ende der Vorstellung weiterzutanzen.

Der Urlaub half mir auch dabei, die starren Konventionen der Londoner Saison abzulegen. Einige Jahre zuvor hatte ich zum Beispiel meiner Mutter zu Gefallen zugestimmt, während der Saison bei Hofe vorgestellt zu werden. Auch das gehört eher zu den Unternehmungen des Unglücksraben.

Dank meiner Bühnenerfahrung war ich angesichts der strengen Hofetikette, der diese Zeremonie unterlag, nicht so aufgeregt wie verständlicherweise die anderen Debütantinnen. Sobald das Diplomatische Corps im Thronsaal des Buckingham Palastes, in dem wir warteten, die Zeremonie erläutert hatten, drängte Mama, die das alles zum drittenmal erlebte, zur Eile. Das hieß, daß wir den Hauptsaal verließen und in den danebenliegenden Korridor gingen, um uns in die Schlange ängstlicher Mütter und zitternder Töchter einzureihen, die nach und nach paarweise die Stelle erreichten, wo sie schließlich den Thronsaal parallel zum Thron erneut betreten und ihren Hofknicks vor dem Königspaar ausführen würden, um dann in das Vorzimmer weiterzugehen. Dies war übrigens das letzte Mal, daß die sehr traditionsbewußte alte Königin Mary und König Georg V. Hof hielten. Einer der Kammerherren, der mit meiner Mutter befreundet war, instruierte mich vorher: Erstens sollte ich mir nichts daraus machen, wenn der König über meinen Kopf hinwegsehen würde, denn die ganze Knickserei errege in ihm eine solche Übelkeit, daß die Pagen hinter seinem großen Stuhl Fläschchen mit Riechsalz bereithielten, die sie ihm, wenn notwendig, unter die königliche Nase halten konnten. Zweitens dürfte ich die Königin auf keinen Fall anlächeln. Sollte sie wohlwollend auf eine Siebzehnjährige blicken, sei das ihre Sache, aber nicht meine.

So schritten Mama und ich langsam den Korridor entlang, wobei wir angeregt über ein musikalisches Thema diskutierten, bis wir plötzlich ein lautes Zischen vernahmen und zu unserem Entsetzen sahen, daß das Paar vor uns längst hineingegangen war und schon in der Ferne verschwand. Wir hatten den reibungslosen Ablauf der Zeremonie empfindlich gestört. Der Haushofmeister durchbohrte uns mit seinen Blicken. Mama machte einen schnellen Schritt vorwärts. Ich Unglücksrabe stand jedoch auf ihrer Schleppe und brachte es auf diese Weise fertig, ihr die Federn und das Diadem nach hinten, fast bis in den Nacken zu ziehen. Mit einem Medusenblick in meine Richtung bemühte sie sich, den Kopfschmuck zu halten, vollführte ihre Knickse und entschwand. Während ich dem gräßlichen Augenblick, da der Zorn der Götter sich über meinem unwürdigen Haupt entladen würde, mit Schrecken entgegensah, machte ich (die furchtbare Abrechnung so lange wie möglich hinausschiebend) vor Seiner Majestät einen schwungvollen Knicks und einen weiteren bis zum Boden vor Ihrer Majestät und wurde, als ich mich erhob, von ihr mit einem sehr freundlichen Lächeln bedacht. Ich klammerte mich an diesen kleinen Lichtblick und ging zu meiner Mutter, die sich inzwischen mit Freunden unterhielt. Als sie sich umdrehte, um mit mir ins Gericht zu gehen, kam der Kammerherr, Jocelyn

Godefroy, der mich so gut beraten hatte, ihr schnell mit einem Bericht über den vergangenen Abend bei Hofe zuvor. Wir standen am Buffet (das von der Firma Lyons geliefert worden war, wie ich auf den gut sichtbaren, hinter Tischen stehenden, hölzernen Tabletts las). Mr. Godefroy (sehr elegant in Kniehosen und schwarzen Seidenstrümpfen) erzählte:»Als die Bediensteten gestern abend nach den Festlichkeiten bei Hof die Essensreste wegräumten, sollen sie in einer Blumenvase ein Gebiß entdeckt haben, das in einer Makrone steckte.«... Die Geschichte hat inzwischen apokryphe Ausmaße angenommen, aber dies hier war ihr eigentlicher Ursprung. Wiederholte Beschreibungen des entsetzlichen Augenblicks, als der unglückliche Besitzer spürte, wie seine Zähne in der klebrigen Delikatesse steckenblieben, das Ganze daraufhin aus seinem Mund riß und, jetzt vollkommen in Panik geraten, alles in der nächsten Vase verschwinden ließ, rufen sekundenlang ein Bild nackter lähmender Angst hervor, auf die eine so unwiderruflichen Verzweiflungstat folgt, daß man nicht umhin kann, sich wieder und wieder mit der Logik des Ganzen zu beschäftigen.

Der Gedanke an die Makrone verfolgte mich die ganze *Parsifal*-Aufführung hindurch, die Mama und ich hinterher besuchten. Das fing bereits an, als wir unser »Gefieder« in der Proszeniumsloge an einem Haken aufhängten. Ich hörte den Blumenmädchen auf der Bühne nur halb zu und schenkte Frida Leider, die sich in der Rolle der Kundry auf dem Boden der Covent-Garden-Bühne in einer Wolke von Staub wand und wie ein gestrandeter Tümmler heulte, kaum mehr Aufmerksamkeit. Währenddessen flatterten die Blumenmädchen umher, deren Schlichtheit Zeichen ihrer Unschuld war, obwohl ihre welke Gesichtshaut ihnen jegliche Jugend absprach. Sie sangen meiner Meinung nach ohne besonderen Grund (schon damals haßte ich Wagner), es sei denn, um das Fallen des Vorhangs so lange wie möglich hinauszuzögern. Zu meiner Belustigung konnte ich von meinem Logenplatz direkt über der Bühne beobachten, wie eines dieser lieblichen Geschöpfe aus ihrem umfangreichen Busen, der in sehr unvorteilhaften braunen Musselin gehüllt war, ein zerknittertes Stück Notenpapier hervorzog, ihr lückenhaftes Gedächtnis auffrischte und das Stück

Papier dann wieder an Ort und Stelle verstaute, während sie mit ihren Blumenfreundinnen weitertollte. In Gedanken immer noch bei der Makrone, überlegte ich, was ich selbst wohl in einer solchen Situation getan hätte. Nach dem Dresdner Amen, das mir sehr gefiel, schenkte ich der Musik keine weitere Aufmerksamkeit mehr.

Da weder Mama noch meine beiden Großmütter falsche Zähne hatten, hatte ich in dem jugendlichen Alter wenig Erfahrung in dieser Richtung, um mir genau vorstellen zu können, wie es sein muß, wenn man, in großer Aufmachung inmitten einer Gesellschaft von ähnlicher Eleganz, einen derart traumatischen Augenblick erlebt: Ein wichtiger Teil der körperlichen Ausrüstung versagt einem in aller Öffentlichkeit den Dienst. War es vielleicht einer Frau passiert? In dem Fall hätte sie doch alles in ihrem Abendtäschchen verschwinden lassen können. Aber auch dann hätte sie mümmelnd und stumm der versammelten Gesellschaft gegenübersitzen müssen. Nein, ganz offensichtlich hatte sich der Besitzer mit einer einzigen hastigen Gebärde die anstößliche Kombination von Makrone und Gebiß aus dem Mund gerissen, war an der Vase vorbeigerast und hatte alles kurzerhand hineingeworfen; dann nur fort, aus dem Zimmer, aus dem Palast, ins Auto und nach Hause. Dort war er in Tränen ausgebrochen, hatte sich die Nummer seines Zahnarztes auf den Nachttisch gelegt, um ihn am nächsten Morgen sofort anzurufen.

Ich erkundigte mich bei dem Kammerherrn: Die Zähne wurden nie abgeholt.

In der Saison des Jahres 1930 hatte es noch eine ganze Reihe von Bällen gegeben. Die gute Goggo begleitete mich dahin, denn meine Mutter, die es einmal über sich hatte ergehen lassen, den ganzen Abend an einen goldenen Stuhl gefesselt zu sein, während ich mit verschiedenen langweiligen jungen Männern tanzte, hatte sich geweigert, diese Prozedur noch einmal auf sich zu nehmen. Goggo war ein riesiger Erfolg und amüsierte sich köstlich. Die jungen Männer umschwärmten sie wie Bienen einen Honigtopf, waren von ihrer Schlagfertigkeit und ihrem kätzchenhaften Aussehen begeistert und baten sie gelegentlich um meine Hand. Nachdem ich das alles pflichtgemäß

überstanden hatte, konnte ich die Rolle mit Anstand an Griselda weiterreichen, die bald nach mir debütierte und mit ihren hübschen blonden Locken und ihrem angeborenen Sexappeal viel mehr Talent dazu hatte als ich. Nichts wäre mir unsympathischer gewesen, als mir den Namen ›Debütanten-Ballerina‹ einzuhandeln. Wie meine Mutter vor mir hatte ich eine ganz und gar professionelle Einstellung zu meiner Karriere und konnte nicht dulden, daß sie durch irgend etwas behindert wurde. Überdies hatten damals die meisten Mütter den Ehrgeiz, ihre Töchter zu verheiraten, so daß ich von da an Heiratsanträgen so eilig auswich, als wären sie gefährliche Geschosse auf meinem Berufsweg, und Liebesbriefe unter Matratzen und in entlegenen Schubladen versteckte. Bei den gefürchteten Gelegenheiten, wo der Bewerber nicht im Hintergrund gehalten werden konnte, fügte ich mich resigniert ins Unvermeidliche und ging einige Male mit ihm aus, um ihm dann geschickt den Laufpaß zu geben. Mindestens ein halbes Dutzend dieser jungen Männer waren im Auswärtigen Amt beschäftigt, und etliche von ihnen stiegen bis zum Botschafter auf (sicher weil sie Frauen heirateten, die weit mehr den Konventionen entsprachen als ich). Glücklicherweise konnte Griselda viele der gesellschaftlichen Verpflichtungen von mir fernhalten. Hinzu kam, daß meine Mutter von ihren sonntäglichen musikalischen Soiréen, die sie in Mulberry House eingeführt hatte, fast ganz in Anspruch genommen wurde. Das hieß aber nicht, daß sie sich nicht der einen oder anderen von uns gelegentlich erinnerte und merkte, daß wir um vier Uhr morgens noch immer nicht nach Hause gekommen waren. Dabei ist mir eine Situation besonders im Gedächtnis geblieben: Als ich eines frühen Morgens erschöpft die Treppe hinaufstieg, während die Sonne hinter den Gardinen ähnliche Anstrengungen machte, traf ich meine Mutter im Morgenrock auf der obersten Stufe sitzend an. Sie jammerte, daß sie Scotland Yard angerufen und eine Beschreibung meiner Person durchgegeben habe, worauf sie auf folgende Weise getröstet worden sei: »Nur keine Sorge, Madame, die Leichen kommen immer alle zu uns, und zur Zeit ist hier keine, zu der Ihre Beschreibung paßt.«
Arme Mama, ihre mütterlichen Gefühle funktionierten wie

ein defekter Motor nur gelegentlich, und dann so, daß sie für uns selten von Vorteil waren. Als sie einmal im Korridor an Griselda vorbeiging, die mit einem jungen Mann und einem Koffer im Begriff war, das Haus zu verlassen, um zu einem Jagdball aufs Land zu fahren, ließ sie plötzlich den mütterlichen Motor an und wollte wissen, wo Griselda die Nacht zu verbringen gedächte. Als sie erfuhr, daß alle Gäste, wie üblich, in umliegenden Landhäusern untergebracht würden, beanstandete sie, daß sie den Besitzer des betreffenden Hauses ja gar nicht kenne. Ohne sich davon beirren zu lassen, gab Griselda, die wesentlich mehr Initiative besaß als ich, ihr einen Abschiedskuß und war auch schon samt Koffer und Begleiter verschwunden.

Eine Woche später gab Mama eines ihrer Mittagessen für zehn bis zwölf Personen, an dem auch Griselda und ich teilnahmen. Mama war eine ausgezeichnete Gastgeberin und verstand es, die Unterhaltung so zu lenken, daß jeder Gast sich angesprochen fühlte. Während einer plötzlichen Stille ertönte Mamas Stimme: »Nun ja, da ich nicht in England aufgewachsen bin, kenne ich mich in den hiesigen Gepflogenheiten nicht genau aus, aber Sie werden doch sicher verstehen, daß ich Einspruch erhob, als ich hörte, daß Griselda (hier tauschten die Schwestern einen Blick stummen Entsetzens aus) nach dem Ball die Nacht im Hause eines mir völlig Fremden verbringen wollte. Stimmen Sie mir zu?« In das verdutzte Schweigen hinein sagte Griselda: »Aber Mama, ich bin doch nur vierundzwanzig Stunden da gewesen!« »Unsinn, Griselda«, parierte Mama prompt, »Napoleons Liebesaffären sollen jeweils nur dreieinhalb Minuten gedauert haben!« Der Sekunde totaler Verblüffung folgte ein lautes ungläubiges Gelächter der Gäste, und ich kann nur hoffen, daß einigen die vollkommene Harmlosigkeit dieser Bemerkung meiner Mutter bewußt war. Es ist mir in meiner Jugend immer ein Rätsel gewesen, wie sie innerhalb von fünf Ehejahren drei Kinder zur Welt bringen konnte.

Für gut erzogene Mädchen war England immer noch ein außergewöhnlich unschuldiges Land, in dem Jungfräulichkeit vorherrschte, Verhütung mit wenig Geschick praktiziert wurde, Pornographie heimlich unter dem Ladentisch angeboten wurde, junge Leute im Schoß der Familien lebten und Abtreibung Sache zwielichtiger Individuen war, die in dunklen Gassen ihr gefährliches Handwerk trieben. Selbst für eine nicht so heillos romantische Seele wie mich war dies alles abschreckend genug, um vom Rosenpfad abzuweichen. Da war Paris etwas ganz anderes, und ich lernte sehr bald, daß man, wenn man allein mit einem Mann ausging, selbst wenn es der Sohn einer befreundeten Familie war, sich praktisch als Entgelt für ein Essen mit drei Gängen anbot. Aber ehe ich das alles ganz klar durchschaute, hatte ich harte Kämpfe in einem Renault und einem Peugeot auszufechten und einen langen Fußweg nach Hause zu überstehen. Damals verspürte ich wenig Appetit auf Essen und Sex, ich sehnte mich nur nach Gesellschaft und nach Gesprächen, und zwar mit Männern. Klatsch langweilte mich und albernes Mädchengeschwätz noch mehr. Meine Freunde stammten zunehmend aus Schriftstellerkreisen, waren Dichter oder Maler (denen ich oft still wie eine Statue Modell saß, mitten in dem herrlichen Geruch von Farben, Öl und Leinwand), Bildhauer, angehende Politiker, Diplomaten oder Journalisten. Mit ihnen konnte ich »die Sonne mit Reden ermüden und hinter den Horizont schicken« *[tire the sun with talking and send him down the sky].*

Dieser Kreis sollte sich jedoch erst nach und nach im Laufe der folgenden Jahre bilden. Während meiner ersten Spielzeit mit dem Markova-Dolin-Ballett und der angenehmen Sommerferien im Hôtel du Cap hatte ich wenig Zeit, Freundschaften zu pflegen. Dieser etwas verrückte, chaotische und sonnendurchtränkte Sommer trug viel dazu bei, mich der gesellschaftlichen Konventionen zu entledigen, die durch die Herkunft meiner Mutter bedingt waren, und als ich nach Paris zurückkehrte, hatte ich im Unterbewußtsein viele davon abgeschüttelt. (Unberührt war ich allerdings immer noch.)

Da Guggan vor kurzem verstorben war, bedeutete Paris für mich vierundzwanzig traurige und unglückliche Stunden, eine letzte Unterredung mit dem Rechtsanwalt meiner Großmutter, eine letzte Nacht in dem vertrauten und geliebten Haus, in das ich mich seit meinem elften Lebensjahr immer wieder zurückgesehnt hatte. Der 21. August 1936 war der bisher traurigste

Tag meines jungen Lebens. Ich mußte ein Kapitel über die Seite meines Ichs abschließen, die vielleicht nie zum Vorschein gekommen wäre, wenn ich nicht diese kleine zweite Heimat gehabt hätte. Ich lag da und dachte an Guggans einzigen Sohn, Gerard, meinen Vater, den ich nie gekannt hatte, und fragte mich, ob ich meine tiefe Verbundenheit mit Frankreich – sie war viel tiefer als die der übrigen Familienmitglieder – wohl von ihm geerbt hätte. Ich tröstete mich mit der Vorstellung, daß ich, wenn meine Begeisterung anhielte, dieses kostbare Geschenk nie zu verlieren brauchte, dieses alter ego, das sich so natürlich in mir entfaltet hatte wie der Ableger einer gesunden Pflanze. Ganz gleich, wie sehr sich seine Realität auch verflüchtigen mochte, jetzt, da es die Brutstätte nicht mehr gab – der eigentliche Kern, das Erbe meines nie gekannten Vaters würde mich mein Leben lang begleiten.

Schweren Herzens kehrte ich nach London zurück, zu einer weiteren Tournee durch die Provinzen mit der Markova-Dolin-Truppe. Nicht, daß ich keine Freude gehabt hätte an der Arbeit, am Ausdruck des eigenen Selbst und an der Erfüllung, die so notwendig und so schwer zu erreichen ist in diesem mit größter Abhängigkeit verbundenen Beruf. Ein Maler kann jederzeit malen, ein Schriftsteller schreiben, ein Dichter ein Sonett dichten, aber das arme Geschöpf, das sich dem Theater verschrieben hat, muß erst einmal engagiert werden, ehe es sich ausdrücken kann. Nicht ewig kann man mit leerem Magen und unter einer nackten Glühbirne Hamlets Monologe rezitieren, genausowenig wie der Tänzer unaufhörlich Sprünge und Drehungen im Unterrichtsraum vollführen kann, ganz gleich, wie viele *entrechats* er seiner Technik hinzufügt, oder im Falle einer Tänzerin, wie viele *double-fouttés*. Wir mußten uns notgedrungen Arbeit suchen, und ich hatte das große Glück, bis zur Auflösung der Truppe eine Solistenstelle einzunehmen. *Mirabili dictu*, Dolin verkündete, daß die Truppe niemand anderen als Bronislava Nijinska, die Schwester Nijinskis, eine der bedeutendsten Choreographinnen der Zeit, engagiert hatte. Nach Neujahr würde sie zu uns kommen und als erstes *Les Biches*, das berühmte Ballett, das sie für Diaghilew zu der Musik von Poulenc geschaffen hatte, inszenieren, mit den

Kostümen und dem Bühnenbild von Marie Laurencin. Später, wenn sie die Qualität der Tänzer beurteilen konnte, würde sie andere folgen lassen.

Wir waren gerade in Bristol, als Mama mich einige Wochen später mit der Nachricht anrief, daß meine geliebte Goggo am Herzschlag gestorben war, nachdem sie im gleichen Jahr schon etliche Herzanfälle überstanden hatte. Glücklicherweise lebte sie zu der Zeit schon in Mulberry House, so daß dieses tapfere, sensible und talentierte Wesen nicht mutterseelenallein in ihrer kleinen Wohnung starb. Sie war mir ein so großer Trost und eine große Stütze gewesen, liebevoll und aufmunternd, stets geistreich und zärtlich; immer fand sie in ihrem mageren Portemonnaie Geld für die Massage meiner muskulösen Beine oder für eine gemeinsame Reise an den Comer See (unsere erste Italienreise) oder um Stoff zu kaufen, damit die Schneiderin den kleinen Bestand unserer Garderobe vergrößerte. Es gab keine patentere Frau als sie oder keine, die ihre Talente zum Wohl anderer intensiver einsetzte als Goggo. Ich habe sie für immer in mein Herz geschlossen, und dort spreche ich von Zeit zu Zeit mit ihr.

8 Die Nijinska

Wer an die Tugend glaubt, sollte von ihrer Ver-
wirklichung keine Freude erwarten, es sei denn,
das Glück stünde auf seiner Seite.

(Autor unbekannt)

1937 war das letzte wirklich sorglose Jahr für alle diejenigen unter uns, die, wie das Gros unserer Landsleute, den Kopf
in den Sand steckten und es irgendwie zustande brachten, auf
diese Weise bis weit hinein in den Sommer des nächsten Jahres
frei zu atmen. Für die Dauer von 1937 konnten wir weiter in
unserem insularen status quo ante verharren und uns unserem
gesellschaftlichen und beruflichen Leben widmen, ohne die
Veränderungen zu beachten, die zur gleichen Zeit in Deutschland stattfanden.

Griselda hatte die großartige Idee, Mama aufzuheitern (die
nach Goggos Tod von Gewissensbissen gequält wurde), und
zwar durch eine Reise nach Wien. Dort hatte sie in der letzten
großen Epoche Österreichs vor dem Ersten Weltkrieg, als sie
bei Leschetizky studierte, gemeinsam mit ihrer Mutter soviel
Schönes und Lustiges erlebt.

Da Mama – seit jeher in ihrer eigenen Welt eingekapselt – mit
ihrem uralten Adreßbuch nach Wien gekommen war, wäre
unser schöner Plan um ein Haar ins Wasser gefallen. Ein paar
Tage lang hatten wir nämlich an Haustüren geschellt, die
entweder verschlossen blieben oder von unfreundlichen
Dienstmädchen geöffnet wurden, die Mama ungläubig anstarrten und mit Worten wie »bereits seit zwanzig Jahren tot,
Gnädigste« die Tür wieder ins Schloß warfen oder die erklärten:
»Nie gehört. Frau Prögelhofer lebt schon seit 1920 in dieser
Wohnung«, worauf auch diese Tür zuknallte. Schließlich konn-
ten Griselda und ich unsere Mutter davon überzeugen, daß es

wohl am sinnvollsten und klügsten sei, wenn wir direkt auf den berühmten Zentralfriedhof gingen, der einige Kilometer außerhalb der Stadt liegt. Natürlich war Mama zunächst aufgebracht und fauchte vor Entrüstung. Natürlich stimmte sie uns schließlich zu, und wir machten uns per Taxe auf den Weg zu diesem weitläufigen Friedhof. Jetzt übernahmen wir die Führung und gingen mit Mama in das – wie ich vermute – Auskunftsbüro der Totenstadt. Nach Vorlage unserer Namensliste wurde uns auf einem Stück Papier die gewünschte Auskunft erteilt, und mit dieser Information ausgerüstet, stapfte Mama nun voll unerwarteter Zielstrebigkeit die gefrorenen Schlammwege entlang. »Gruppe null, Reihe eins«, murmelte sie vor sich hin oder durchforschte noch seltsamere Gräberordnungen, um die Spuren ihrer Freunde von einst wiederzufinden. Triumphierend machte sie zum Beispiel vor einem imponierenden Grabstein halt und zeigte auf die Inschrift: »Da ist er!« Der Ausruf erinnerte an eine Gastgeberin, die sich auf ihrer Party schon lange nach einem verloren geglaubten Gast umgeschaut hat. Sogleich begann sie mit dem Curriculum vitae der dort ruhenden Gebeine, denen sie alsbald mit ihren lebhaften Erinnerungen Fleisch und Blut verlieh. Von dem eisigen Januarwind halb erfroren, trotteten Griselda und ich hinter ihr her, während sie, ungeachtet der bitteren Kälte, mit hochroten Wangen eine Gräberreihe nach der anderen abschritt und immer wieder auf ihren Zettel schaute, um sich dann auf einen neuen Fund zu stürzen und von Abenteuern, Zwistigkeiten und musikalischen Erlebnissen zu erzählen, die sie, die junge Evelyn Suart, mit diesem oder jenem erlebt und geteilt hatte. Griselda und ich waren von der Kälte, die hier auf den trostlosen Fluren der Verstorbenen herrschte, an Leib und Seele wie erstarrt. Wir schlugen unsere Kragen hoch, um uns vor dem arktischen Wind zu schützen, der über die breiten Wege pfiff, die zwischen den erdrückenden Mauern und Steinen der Grabstätten verliefen. Fast schien es, als sollten diese wie bleischwere Gewichte die Flucht von Geist oder Seele aus diesen enggeschlossenen Grabreihen verhindern. Griselda und ich wunderten uns über Mama, die von der schrecklichen Endgültigkeit dieses Ortes nicht im geringsten berührt war; sie unterhielt sich einfach mit alten Freunden. Wien war dagegen fröhlich und unbeschwert. Es gab Bälle im Palast und Ausflüge mit dem Fiaker nach Grinzing, wo man jungen Wein trank. Wir besuchten Konzerte und Opern. So konnten wir Mama innerlich gefestigt nach London zurückbringen, wo sie ihr unbesorgtes Leben wiederaufnahm. Zur gleichen Zeit begann für die Markova-Dolin-Truppe die interessanteste und wichtigste Phase. Anfang Februar kam die Nijinska zu uns, um mit den Proben in den Studios des Stoll Theatre zu beginnen. Welche Eigenschaft liegt eigentlich dem schwer faßbaren Begriff ›Präsenz‹ zugrunde? Haben wir es hier im wesentlichen mit einer Ausflucht, einer Konvention zu tun, dazu bestimmt, Eigenschaften zu erklären, die sich nur schwer beschreiben lassen? Ist Präsenz eine Ballung von Charakterzügen, die so subtil und größtenteils so selten sind, daß sie unergründlich bleiben müssen und von Natur aus nicht zu analysieren sind?

In dem Moment, in dem Bronislava Nijinska das Probenstudio der Markova-Dolin-Truppe betrat, muß auch der schwerfälligste Geist diese außergewöhnliche Gabe der Präsenz empfunden haben. Sie war klein, von zylindrischem Körperbau, und wirkte gedrungen in ihrem dunkelblauen Pullover und den Hosen. Sie trug weiße Baumwollhandschuhe (sie mochte einen Tänzer nie direkt berühren). Ihr mattblondes, graumeliertes Haar wurde von einem Stirnband gehalten und rahmte ihre leicht schlaffen Wangen ein, bevor es im Nacken in einem geschickten Chignon zusammengehalten wurde. Ihr kurzer Hals betonte den großen, starken Kopf, die hohen Backenknochen, die schweren Lider über den slawischen Augen und die hohe Stirn. Dieser Kopf beherrschte die ganze Erscheinung und wirkte auf mich wie die Lichtquelle des gesamten Körpers. Hände, Glieder und Rumpf deuteten bei ihren sparsamen Anweisungen die Bewegungen an. Alles wurde jedoch von diesem Kopf koordiniert, der sich wie ein Kreiselkompaß neigte und drehte, als ob er die Balance hielte. Auf diese Weise vermittelte sie uns ihre choreographischen Intentionen viel klarer und deutlicher als mit einem Dutzend großangelegter Bewegungen aller Gliedmaßen.

Die Tatsache, daß sie fast taub war, mag eine wichtige Rolle bei diesem Eindruck von Distanziertheit gespielt haben. Hinzu kam eine gewisse Zurückhaltung, die typische Vorsichtsmaßnahme derer, die sich von müheloser Kommunikation ausgeschlossen wissen und nicht einmal sicher sein können, daß ihre Stimme laut genug ist, um gehört zu werden. Trotzdem hatte sie nichts Kaltes an sich. Im Gegenteil, man war sich des in ihr schlummernden Feuers durchaus bewußt: Manchmal verriet es sich durch ein plötzliches Aufblitzen der Augen oder durch eine schroffe Geste, mit der ein nachlässiger Schritt ungeduldig abgewinkt wurde. Und dann – das Schönste von allem – ihr plötzlich erstrahlendes Lächeln, wenn sie entweder belustigt oder zufrieden war.

Wir alle, wie wir da waren, beteten sie an, sei es trotz oder wegen ihrer Strenge. Man durfte zum Beispiel nicht im Probenstudio üben, wenn sie dort arbeitete. Hatte man seinen Körper sowie sämtliche Möglichkeiten, in irgendwelchen Ecken des Umkleideraumes oder in angrenzenden Korridoren zu proben, erschöpft, durfte man sich in einiger Entfernung von ihr auf einen harten Stuhl setzen und mit geschlossenen Füßen, die Hände im Schoß und ohne ein Wort zu sprechen, ihr bei der Arbeit zuschauen. Man knickste, wenn sie kam und wenn sie einen entließ. Anstatt uns ihr zu entfremden, stärkte dies alles unsere Beziehung zu ihr, die sich zusammensetzte aus Zuneigung, Respekt und der Bereitschaft, für jemanden zu arbeiten, der es endlich wirklich wert war, daß man ihm derartige Empfindungen entgegenbrachte. So oft verlangt das Ballett, Gehorsam und Disziplin denen zu erweisen, die weder das eine noch das andere verdienen, und so war es einfach wunderbar, Bronislava Fominitschna beides von ganzem Herzen zu schenken.

Da sie mir zu meiner großen Freude ihre eigene Rolle als Gastgeberin in *Les Biches* übertragen hatte, in dem Ballett, das ich dank Diaghilews Einladung schon als Kind gesehen hatte, wurde ich nur zu den Proben meiner Solotänze gebraucht oder höchstens noch zu den Tänzen, die zu meiner Rolle gehörten. Außerdem hatte sie mich als ihre ›Bezugsperson‹ und Dolmetscherin erwählt, die zwischen ihr und den übrigen Tänzern vermitteln sollte. Das bedeutete, daß ich während der Proben immer auf dem Sprung sein mußte, um sofort zur Stelle zu sein, wenn sie mich brauchte. Nie hätte ich gewagt, mich im Verlauf dieser langen Stunden auch nur einen Augenblick auszuruhen. Die Situation wurde weiter dadurch kompliziert, daß ihre »Signale« fast unmerklich waren: lediglich ein kleiner Wink mit dem Zeigefinger im weißen Baumwollhandschuh, der sich meistens nicht einmal aus seiner locker hängenden Position an ihrer Seite erhob, wenn sie kerzengerade auf ihrem Holzstuhl in der Mitte des großen Raumes saß. Oftmals durch ihr gleichzeitiges Herumfuchteln mit der Zigarettenspitze verwirrt, mußte ich höllisch aufpassen, um ihre Gesten nicht falsch auszulegen. Meine Aufgabe bestand darin, zu ihr zu eilen, zu knicksen und zuzuhören, das heißt mit allen Sinnen dem Gemisch aus Russisch und Französisch zu folgen, das aus ihren halbgeschlossenen Lippen in der tiefen Tonlage erklang, die typisch ist für Menschen, die ihre eigene Lautstärke nicht einschätzen können. Qualvoll. Ich sah ihr angestrengt ins Gesicht, versuchte, ihr die Worte von den Lippen abzulesen, wobei ich zu Gott betete, daß ich auch alles richtig verstanden haben möge. »*Mademoiselle Diana*«, kam ihre Stimme wie das tiefe Summen eines Brummers im Herbst, »*Mademoiselle Diana, vous allez dire à cette jeune fille-là qu'elle danse comme un éléphant.*« [Mad. Diana, sagen Sie dem jungen Mädchen da, daß es wie ein Elefant tanzt.] Um Zeit zu gewinnen, schluckte ich ein paarmal und erklärte dem unglücklichen Mädchen, Madame wäre sehr dankbar, wenn sie sich bemühte, etwas leichtfüßiger und mit mehr Grazie zu tanzen, worauf ich meinen Knicks machte und mich auf meinen Stuhl zurückzog, um ihren nächsten Befehl abzuwarten.

Eines verhängnisvollen Tages war unsere gute alte russische Pianistin Foxie wieder einmal das Opfer ihrer gelegentlichen Ausschweifungen geworden, nach denen sie noch weniger als normalerweise realisieren konnte, was sie tat oder spielte. Sie haute beim Finale der *Sylphides* in die Tasten, ihre orangegraue Perücke schwang auf und nieder wie die Kringel von Obstschalen, und ihre schwarz umrandeten Augen starrten glasig auf die Noten. Die Mächen hüpften nach besten Kräften herum, bis die Nijinska Einhalt gebot, mich zu sich winkte und mir auftrug, ihnen mitzuteilen, daß sie noch einmal von vorn beginnen und sich um eine gleichmäßigere Linie bemühen sollten. Nachdem ich diesen Befehl ausgeführt hatte, kehrte ich zu meinem Stuhl zurück. Zu meinem Entsetzen nahm Foxie unbekümmert das zweite Thema in Angriff und überließ das arme *corps de ballet* dem hoffnungslosen Bemühen, sich mit falschen Schritten dem falschen Rhythmus anzupassen. Bald würden sie gezwungen sein, ihren Versuch aufzugeben, und in einem totalen Chaos enden. Die Nijinska hatte einen ihrer besonders tauben Tage und merkte nichts, weil sie nichts hörte. Ich zögerte voller Verzweiflung, die Tänzerinnen sahen ebenso verzweifelt drein. Da faßte ich mir ein Herz. Während auf der Bühne verbissen weitergetanzt wurde, schlich ich mich hinter dem Stuhl der Nijinska entlang bis zum anderen Ende des Raumes, wo das Klavier unter Foxies wahnsinnigem Getrommel zitterte und bebte. Ich lehnte mich scheinbar ganz lässig gegen das Instrument, als hätte mich plötzlich das verrückte Verlangen gepackt, seine erregenden Rhythmen hautnah zu spüren und als wäre ich machtlos dagegen. Indem ich in Richtung der fernen Dachsparren starrte, zischte ich:»Fox, du Trottel, um Himmels willen wach auf und spiel den Anfang des Finales, los!«

Ich fühlte Foxies geistesabwesenden Blick. Von der Rückseite des Klaviers abgeschirmt, rüttelte ich sie am Arm, während die Mädchen wie wild weitertanzten und leise vor sich hin zählten, damit sie wenigstens im Takt zusammenblieben und so Foxies musikalischen Fehltritt ignorieren konnten; sie waren jedoch nahe am Rand der Verzweiflung.»Foxie, bitte, wach endlich auf!« Sie schüttelte sich, stierte mich mit schwarzen Augen zornig an, blickte dann zu den Mädchen, merkte plötzlich, was geschehen war und setzte, dank ihrer langjährigen Erfahrung, genau da ein, wo die Tänzerinnen inzwischen angekommen waren, wobei sie ihren Kopf herumwarf und ein Regen von Schuppen und dünnen Haarnadeln herabrieselte. Das ganze Drama kann kaum länger als eine halbe Minute gedauert haben, mir jedoch kam es wie eine qualvolle Ewigkeit vor. Ich holte wieder Luft und war gerade dabei, den zweiten Teil meiner Nummer als Gelegenheitskritikerin zu Ende zu bringen, als eine gebieterische Stimme ertönte:»*Mademoiselle Diana, quand j'aurai besoin de vous, je vous le dirai, n'est-ce pas*« [Mademoiselle Diana, wenn ich Sie benötige, teile ich Ihnen das mit, verstanden?]. Die Worte wurden von einem eisigen Blick begleitet. Knallrot wie ein Sonnenuntergang, schlich ich mich auf meinen scheinbar kilometerweit entfernten Sitz zurück. Zwar hatte man mir vergeben, jedoch habe ich nie herausgefunden, ob sie das Dilemma nicht doch erkannt hatte, es sich aber nicht leisten konnte, ihren Irrtum einzugestehen, ohne ihre Autorität zu verlieren.

Eines Tages erließ sie der gesamten Truppe den Nachmittagsunterricht und erklärte, lediglich ich solle zu einer Soloprobe erscheinen. Zitternd vor Angst ging ich in das kleine Café und war kaum in der Lage, mein pochiertes Ei hinunterzuwürgen (Nanny hatte gesagt, daß man nur frische Eier pochieren könne), zu dem ich den für Tänzer üblichen Liter schwarzen Kaffee trank. Es war ein verteufelt schweres Solo, das von komplizierten *batteries* (wiederholtes Kreuzen der Füße im Sprung) in allen Positionen nur so strotzte. Hinzu kam, daß der Oberkörper völlig entspannt bleiben mußte, während sich die Schultern mal auf diese, mal auf jene Weise drehten in der klassischen Nijinska-Pose, die sie zu ihrem persönlichen Merkmal stilisiert hatte. Da war das berühmte *épaulement*: Eine Hand hält die Zigarettenspitze, und die andere, im eleganten, langen Abendhandschuh, spielt mit der Perlenkette am Hals, die sich durch die Finger schlingt. Zur Krönung des Ganzen gehörte zu dem enganliegenden, champagnerfarbenen Kostüm auch noch ein hoher Kopfputz aus Straußenfedern. Das alles mußte mit lässiger Eleganz und blasierter Nonchalance getragen werden, was schwierig war, denn die untere Hälfte des Körpers bewegte sich fortwährend im Pizzikato der schnellen und komplizierten Rhythmen.

Die Nijinska ließ drei volle Stunden nicht von mir ab, bis ich ihr schließlich zu Füßen fiel und Speichelblasen aus meinem Mund traten und Blut durch meine Schuhe sickerte. Der reizende Mann der Nijinska versuchte mir, die ich schwer atmend dalag, aus meiner Lage zu helfen, wobei er seiner Frau sanfte Vorwürfe machte. Die sah mich plötzlich an, schenkte mir ihr wunderbares Lächeln und sagte: »Bravo Diana – pardon«, woran sich noch etwas Freundliches auf russisch anschloß. Dann klopfte sie mir auf meine verschwitzte Schulter und erklärte, die Tortur sei für diesen Tag erfolgreich überstanden. Leider war sie für mich keineswegs vorüber. An einem Gelenk des großen Zehs war eine der Gewebetaschen geplatzt, was bedeutete, daß ich eine ganze Woche lang frustriert am Stock und im Pantoffel herumhumpelte.

Wieder ins Studio zurückgekehrt, wurde ich mit soviel Wärme begrüßt, daß ich mir zum erstenmal der Bande bewußt wurde, die im Verlauf dieser wenigen Wochen zwischen uns entstanden waren. Bei all der Aufregung, der totalen Hingabe an die lange harte Tagesarbeit und im Banne dieser außergewöhnlichen Frau, die Respekt und Disziplin verlangte, ohne je ihre Stimme erheben zu müssen, hatte ich diese Entwicklung nicht bemerkt. Da war einfach keine Zeit gewesen, um an persönliche Beziehungen zu denken. Außerdem war mein überaus romantisches Herz so in Anbetung versunken, daß mir eine Erwiderung meiner Zuneigung niemals in den Sinn gekommen wäre. Vielmehr hätte das für mich Majestätsbeleidigung schlimmster Art bedeutet. Mit Begeisterung folgte ich jeder ihrer Bewegungen, stellte fest, wie knapp und sparsam sie waren, so als wurden sie auf ihre eigentliche Bedeutung reduziert; nur eine Drehung ihrer Schulter, eine schnelle Arm- oder Handbewegung, eine bestimmte Kopfhaltung und eine kaum wahrnehmbare Veränderung in der Fußstellung dienten dazu, die von ihr gewünschten Schritte genau zu erklären. Anschließend kehrte sie zu ihrem Stuhl zurück, zog tief an der nie fehlenden Zigarette, mit der sie kurz zuvor Bögen von lyrischer Schönheit beschrieben hatte, und brummte zufrieden vor sich hin.

Die gesamte Truppe betete sie an, und sogar Tich, unsere lustige Cockney-Garderobiere, konnte man, als wir schließlich ins Theater umgezogen waren, dabei beobachten, wie sie sich, ganz verzaubert, hoch oben auf dem Laufgang hinter den Kulissen festklammerte und bei den Proben zuschaute. »Keine Ahnung, was es iss, aber sie iss das reinste Wunder«, sagte sie, »ich muß se einfach ankucken.«

Nachdem die Premiere von *Les Biches* gut über die Bühne

gegangen war und ich augenscheinlich weder die Nijinska noch die Kritiker enttäuscht hatte, sah ich während einer späteren Vorstellung in derselben Saison – ich holte gerade Luft hinter den Kulissen nach dem vertrackten ersten Solo –, wie keine andere als Lydia Sokolova, Diaghilews wunderbare englische Charaktertänzerin, Interpretin der Frau des Müllers im *Dreispitz* und des jungen Mädchens in *Sacre du printemps*, durch die kleine Seitentür trat. Ich erinnerte mich ganz plötzlich, daß sie außer der Nijinska die einzige Tänzerin bei Diaghilew gewesen war, die die Rolle der Gastgeberin getanzt hatte. Bevor ich mir Gedanken darüber machen konnte, was sie vielleicht zu kritisieren hätte, kam sie auf Zehenspitzen auf mich zu (das Ballett war in vollem Gange, und ich wartete auf meinen nächsten Auftritt) und flüsterte heiser: »Diana, was um Himmels willen mutet sie dir zu, du Ärmste? Noch nie wurde die Rolle so getanzt, nicht mit diesen *brisées volées* oder den anderen Schritten. Dazu fehlte ihr die Technik – sie war schlicht und einfach eine Charaktertänzerin. Das Solo, das ich von ihr übernahm, war ganz unkompliziert; es handelte sich um ein paar Schritte, ein Schreiten und ein paar kleine Sprünge – ich bin sprachlos!« Bevor ich antworten konnte, stockte mir der Atem, denn im gleichen Augenblick tauchte hinter der Kulisse, wo ich auf meinen Auftritt wartete, die Nijinska selbst auf. Die Sokolova floh. »Mademoiselle Diana«, sagte die Nijinska mit kalter Wut, »ich weiß nicht, was Madame Sokolova eben zu Ihnen gesagt hat, aber es war ganz gewiß nicht die Wahrheit.« Ich kam mir sehr dumm vor und murmelte: »Gewiß, Madame.« Dabei dankte ich meinem Schöpfer, daß der Augenblick für meinen Auftritt gekommen war. Mit ihrem Scharfblick hatte sie sofort erkannt, was die Sokolova da preisgegeben hatte, und sie war fest entschlossen, es zu leugnen. Was mich betraf, so hätte sie das Solo mit dreimal soviel technischen Schwierigkeiten versehen können. Das war ihr gutes Recht, selbst wenn sie hätte zugeben müssen, daß sie selbst es nie so getanzt hatte. Paradoxerweise stürzte ich mich von dem Moment an mutiger denn je und mit neuer Begeisterung in die Rolle.

Außerhalb der Arbeitsstunden hielt sie sich zumeist abseits, und ich konnte mir denken, daß dies zum einen etwas mit ihrer Schwerhörigkeit und zum anderen mit der Tradition zu tun hatte. Nur gelegentlich wandte sie sich an den einen oder anderen von uns, um etwas zu erklären oder zu kommentieren. Eines Abends blieb sie nach der Vorstellung auf dem Weg zu ihrer Garderobe an der Tür der Solistengarderobe stehen, ließ ihren durchdringenden Blick über uns vier schweifen und sagte:»Nur eine von euch hat Feuer, und das ist Diana Gould!« Nach diesem Fanfarenstoß ging sie weiter und ließ mich mit gemischten Gefühlen zurück; teils war ich selig, teils hatte ich Angst vor meiner neuen Rolle als»meistgehaßte Schülerin der sechsten Oberstufenklasse«.

Als wir mit den Proben zu ihrer zweiten Inszenierung begannen, las ich mit der glücklichen Erregung, die nur die nachempfinden können, die den beschwerlichen Weg des Tänzers nach oben kennen, meinen Namen neben der zweiten Hauptrolle – die erste gehörte selbstverständlich der Markova. Es war das Ballett *La Bien-Aimée* mit der Markova als Muse und Dolin als Dichter. Ich hatte die Rolle der Lionne, einer schönen Dame von Welt, die mit vier Verehrern tanzt. Die Musik stammte von Chopin in der Orchestrierung von Liszt; sie war wunderbar romantisch. Mit der Nijinska als Choreographin waren Musikalität und ein ausgeprägter Stil garantiert. Ich konnte die Bühnenprobe am nächsten Tag kaum erwarten. Für mich war damit die Tatsache besiegelt, daß ich sie in *Les Biches* nicht enttäuscht hatte und daß dieses Engagement ein ernsthafter Beweis ihres Vertrauens in meine Fähigkeit war. Ich dankte ihr, als sie dort klein, gedrungen und autoritär mit dem Rücken zum leeren, schwarzen Zuschauerraum stand. Sie winkte ab und murmelte:»Nicht doch, Diana, das ist ganz allein Ihr Verdienst.« Wir begannen mit der Probe, die, soweit ich das beurteilen konnte, gut verlief. Das Gesicht der Nijinska, auf das von oben Licht fiel, erinnerte mich auf seltsame Weise an ihren Bruder: ganz slawisch, die schrägen Augen unter den schweren Lidern fast wie die eines Reptils, hätten sie nicht diese sehr menschliche Klugheit ausgestrahlt. Die flinken, skizzengleichen Bewegungen, mit denen sie die Schritte vorschrieb, die vollkommene Konzentration – alles dies konnte ich nun nach den ersten Probewochen umsetzen und vor allem genießen. Am gleichen Abend tanzte ich die Chiarina im *Carnaval* mit Dolin als Eusebius, was wie immer ein Vergnügen war. Am darauffolgenden Morgen erschien ich, wie gewohnt, zum Unterricht und hielt kurz am schwarzen Brett an, um mich über die Probezeiten zu informieren. Ich traute meinen Augen nicht: Mein Name neben »La Lionne« war durch einen anderen ersetzt worden. Total verstört nahm ich meinen ganzen Mut zusammen und klopfte an die Tür der Nijinska. Mühsam meine Tränen der Enttäuschung zurückdrängend, fragte ich sie nach dem Grund dieser Änderung, in der verzweifelten Hoffnung, daß da vielleicht ein mißliches Versehen vorliege. Sowohl sie als auch ihr Mann sahen mich ernst an. »Nein«, sagte er, »bedauerlicherweise sieht es so aus, als hätte Dolin die Rolle bereits jemand anderem versprochen, ohne Bronislawa Fominitschna zu konsultieren, und anscheinend ist er auch nicht gewillt, etwas daran zu ändern. Da Madame jedoch immer ihre Ballette selbst besetzt hat und das auch weiterhin zu tun gedenkt, und zwar mit den Tänzern, die sie selbst aussucht, wird sie am Ende der Spielzeit gehen.«

Da brach ich in Tränen aus. Die Nijinska tröstete mich zwar und sagte mir viel Freundliches, aber wieder einmal war mir der Boden unter den Füßen weggezogen worden. Irgendwie schaffte ich die abendliche Vorstellung und reichte dann meine Kündigung ein. Ich sah keinen Grund, noch länger zu bleiben.

Ich ging schweren Herzens. Wieder einmal war der Weg nach oben offen gewesen, wieder einmal hatten mich die Russen auserwählt, doch wieder hatte das Schicksal einen Riegel vorgeschoben. Die böse Fee?

Postscriptum

Der Krieg ist längst vorüber, ich habe Yehudi geheiratet, wir haben zwei kleine Söhne und wohnen jetzt in London. Ich erhalte folgende Nachricht: Die Nijinska inszeniert für das Royal Ballet *Les Biches* und würde sich sehr freuen, mich zu sehen, wenn es möglich wäre. Es war tatsächlich möglich. Ich hatte inzwischen alle meine Beziehungen zu meinem einstigen

Leben in der Welt des Balletts abgebrochen, und obwohl wir jetzt ein festes Zuhause hatten, begleitete ich Yehudi auf vielen seinen Tourneen durch die ganze Welt. Ich sagte ihm, daß ich nach all den Jahren die Nijinska sehr gern wiedersehen würde. Er war begeistert und richtete es ein, daß er mit mir dorthin gehen konnte. Wir suchten sie im Kensington Hotel auf. Als wir uns zu ihren Räumen begaben, war mir etwas beklommen zumute, ohne daß ich genau erklären konnte, welche Gefühle ich hatte gegenüber einer Welt, der ich so bewußt den Rücken gekehrt hatte. Sie hatte sich kaum verändert bis auf die grauen Haare und vielleicht ein paar Falten mehr; und möglicherweise war sie etwas fülliger geworden. Aber immer noch dieselbe aufrechte Haltung, die gleiche Zigarette in der langen Spitze, genau die gleiche Art, sich mit einer winzigen Veränderung der Fußstellung total um die eigene Achse zu drehen.

Wir fielen uns in die Arme; in ihrem Gesicht las ich echte Freude. Der gute Nikolai Nikolajewitsch und ihre Tochter Irina begrüßten mich, als wären seit unserem letzten Treffen nicht Jahre verflossen oder als hätten diese keinerlei Erinnerungslücken hinterlassen. Augenscheinlich war Nikolai Nikolajewitsch ein großer Bewunderer Yehudis, und während die Nijinska und ich von alten Zeiten plauderten, erzählte er Yehudi, wie viele seiner Schallplatten er besäße; sie sprachen vom Geigenrepertoire und noch vielen anderen Dingen. Ich fragte Bronislawa Fominitschna, wie es denn mit *Les Biches* ginge. »Bien... très bien« [Gut, sehr gut sogar], antwortete sie und fügte dann mit einem schalkhaften Blick auf Yehudi hinzu:»La danseuse qui danse le rôle de l'hôstesse a un peu du tempèrament de Diana!« [Die Tänzerin in der Rolle der Gastgeberin hat ein bißchen von Dianas Temperament!]

Zurück ins Jahr 1938. Auch außerhalb des Balletts war mein Leben abwechslungsreicher geworden. Ich hatte einige Freunde im Auswärtigen Amt gefunden und lernte dadurch die verschiedensten Politiker kennen, wodurch mein Leben, das sich sonst nur um den Beruf drehte, der pro Tag mehr als 15 Stunden Arbeit forderte (mit Ausnahme des Sonntags), um eine weitere Dimension bereichert wurde und mich davor bewahrte, mich einzig und allein auf begrenzte, vergängliche Werte zu konzentrieren. Da man in einem zu engem Bezugssystem lebt, fällt man leicht den Untiefen einer Theaterkarriere zum Opfer, all ihren unvermeidlichen Enttäuschungen, ihren Intrigen und ihrem begrenzten Horizont. Immer deutlicher wurde ich mir der Notwendigkeit bewußt, noch ein weiteres Betätigungsfeld neben meiner tänzerischen Karriere zu finden. Es mußte etwas sein, das meinem täglichen Leben einen Halt gab und den Geist emporhob über blutige Zehen und zugige Theater, unangenehme Kollegen und widerwärtige Intrigen, die alle zur Kehrseite des Theaters gehören und denen man nur schwer entrinnen kann, wenn das Theater als solches Ursprung und Quelle der eigenen Wünsche und Hoffnungen ist. Wenn man mehr über andere Talente, Ideen und schwerwiegende Probleme wußte, schrumpften die eigenen beruflichen Sorgen auf den ihnen gemäßen Stellenwert zusammen. So konnte man je nach ihrer Schwere oder Belanglosigkeit angemessen mit ihnen umgehen, ohne zu solchen heftigen Reaktionen Zuflucht zu nehmen, bei denen nur diese Konsequenz möglich war: entweder man erhängte sich an der nächstbesten Kulisse oder man schoß der gemeinen Rivalin in die Fessel.

Sir Robert Vansittart war ständiger Unterstaatssekretär (mit anderen Worten: Chef) im Auswärtigen Amt und der Stiefvater eines meiner engsten Freunde dort. Er und seine charmante Frau Sarita luden mich entweder in ihr Heim in London ein oder in ihr Haus aus dem siebzehnten Jahrhundert in Denham. Dort lernte ich alle Arten von Politikern kennen, angefangen bei Ramsay MacDonald, dem ersten Premierminister einer Labour-Regierung, und seiner Tochter Isabel bis hin zu verschiedenen Diplomaten und Parlamentsmitgliedern. Ich lernte durch Zuhören und konnte meinen geistigen Horizont erweitern; mein Denken ging über das tägliche Einerlei der Busfahrkarten und Bananenschalen hinaus, was zur Folge hatte, daß ich meine Karriere leidenschaftsloser betrachten konnte. Auch Mulberry House bot eine Vielzahl interessanter Gäste: Wilhelm Furtwängler, der berühmte Dirigent der Berliner Philharmoniker, kam jedesmal zum Mittagessen, wenn er in London war, um an der Oper von Covent Garden Wagners *Ring* zu dirigieren.

Er murmelte sein ›Ritterdeutsch‹ in einem derartigen Tempo, daß ich außerstande war, seinen Worten zu folgen, und da Musik sein einziges Gesprächsthema war, entspann sich zwischen ihm und Mama ein Dialog, der mich schrecklich langweilte. Das traf wahrscheinlich für Griselda weniger zu, denn seine Augen, die – zumindest, was die Damenwelt betraf – ruhelos durch den Raum irrten, blieben zumeist an Griselda hängen, deren Fähigkeit zu charmanter Koketterie die meine weit übertraf und die seine unverhohlene Schwärmerei für sie mit der gleichen Geschicklichkeit lenkte, die er mit seinem Dirigentenstab bewies. Der große ungarische Pianist Louis Kentner war ebenfalls bei einem dieser Essen zugegen. Verliebte auch er sich schon damals in Griselda? Neun Jahre später sollte sie ihn heiraten.

In der Zwischenzeit drückte ich mich vor diversen Heiratsanträgen, die Mama allesamt mit sehr ehrenwerten Schwiegersöhnen versorgt hätten. Ich fühlte mich einfach noch nicht reif genug für die Ehe. Allein der Gedanke, mich einem Mann, den ich nicht liebte, gleich ob durch Heirat oder nicht, hinzugeben, war mir total fremd. Auch konnte ich den heißen, schwülen Annäherungsversuchen von Männern, mit denen ich nichts gemein hatte, absolut nichts abgewinnen und schickte sie alle, wie sie da waren, mit giftigen Blicken fort. Lieber blieb ich allein und unabhängig, als mich mit den Trophäen halb geduldeter Verehrer zu schmücken. So arrogant und hart das klingen mag, für mich bedeutete es nur, offen und ehrlich zu sein.

Mein Stiefvater beendete seine zwei Jahre als Kapitän auf einem Zerstörer in Australien und schlug Mama vor, ihn mit Griselda und mir in Victoria an der kanadischen Westküste zu treffen. Wir machten eine phantastische Fahrt über den ganzen Kontinent, obwohl Mama auf der Reise zwischen Southampton und Quebec erklärt hatte, daß zwischen ihr und dem Spind von Davy Jones nur eine einzige Planke lag, worauf sie sich unversehens in ihre Koje zurückzog. Da sie aber niemanden fand, der mit ihr sympathisierte oder ihr wenigstens zustimmte, was den tatsächlich sicheren Schutz betraf, den das großartige Schiff anzubieten hatte, erhob sie sich schließlich wie eine Aphrodite und genoß die Reise in vollen Zügen. Wir holten Cecil ab und kehrten über die Vereinigten Staaten zurück. Einer meiner hoffnungsvollen Diplomaten holte mich ritterlich vom Zug in Washington ab, obwohl ihm kurz zuvor ein Vorderzahn beim Squashspiel ausgeschlagen worden war. Auf der Rückreise – diesmal auf der neuen Queen Mary – gab es wieder einen Zwischenfall, der zum Kapitel Pechvogel gehört. Ich turnte jeden Tag im Turnsaal und fiel beim Schlingern des Schiffes von einem hohen Barren, wobei ich mir ein Knie sehr übel verletzte. Danach konnte ich neun Monate nicht tanzen.

9 Schwankungen und Torheiten

... daß auch jenes Schicksal, welches unsern wirk-
lichen Lebenslauf beherrscht, irgendwie zuletzt
von jenem Willen ausgehe, der unser eigener ist.

ARTHUR SCHOPENHAUER

Wir alle steckten unsere Köpfe noch tiefer in den Sand, denn
inzwischen schrieb man das Jahr 1938, und man konnte
unmöglich die üblen Gerüche und die häßlichen Geräusche,
die vom Kontinent zu uns herüberwehten, weiter ignorieren, es
sei denn, man stopfte sich Mund, Nase und Ohren fest zu und
verschloß die Augen vor allem. Der Engländer wurstelt sich ja
bekanntlich immer irgendwie durch. Es fehlt ihm die Leiden-
schaftlichkeit der Romanen oder Slawen, er richtet sich in
seiner bequemen Lebensweise ein, mit einem relativ soliden
Regierungssystem und einem Empire, das für ihn als billiger
Supermarkt fungiert. Die meisten von uns sind mit den Bedingungen, unter denen sie leben, sehr zufrieden. Nahrungsmittel,
Kleidung, Transport – alles war für wenig Geld zu haben.
Niemand dachte auch nur im leistesten an Inflation. Durch den
Ersten Weltkrieg war das Vermögen der Gesellschaftsschicht
meines Vaters, in der die meisten Familien ihren Ernährer
verloren hatten, dezimiert worden. Wir alle lebten in einer Art
eleganter Armut, die um so leichter zu ertragen war, weil sie alle
betraf. Vielleicht machte dieser sehnliche Wunsch, ein Leben
zu genießen, welches kaum den Schrecken des Krieges
1914–1918 entronnen war, viele von uns, die wir in den
dreißiger Jahren erwachsen wurden, so merkwürdig apolitisch
und konnte uns, unbeschwert wie wir waren, betäuben.

Meine Mutter pflegte immer die Geschichte eines Deutschen,
eines Franzosen und eines Engländers zu erzählen. Den dreien
wird mitgeteilt, daß an der Straßenecke eine Bombe liegt. Der

177

Deutsche springt sofort auf und verläßt den Raum, um etwas zu unternehmen. Der Franzose regt sich zunächst furchtbar auf, geht dann aber scheinbar vollkommen verwirrt ebenfalls hinaus, während er bereits in seinem Kopf einen Plan entwickelt. Der Engländer wartet, bis die Bombe explodiert und beteiligt sich dann ganz heroisch und planmäßig an der Aufräumarbeit. Diese kleine Parabel spricht Bände. Wir warteten also in der Hoffnung, der gräßliche Anfall gehe vorüber und schauten einfach nicht hin. Wir mußten später dieses unmoralische Verhalten jedoch teuer bezahlen, und zwar bis zum letzten Heller – ein bitterer Trost.

Trotz all der Unruhen nahm das Londoner Leben weiter seinen Lauf. Wieder traf Furtwängler mit den Berliner Philharmonikern ein, wieder kam er wie gewöhnlich zu uns zum Mittagessen, diesmal noch verliebter in Griselda als zuvor. Er lud sie später in der Saison zur *Götterdämmerung* nach Covent Garden ein. Und ich, durch mein verletztes Bein behindert, war verzweifelt und unglücklich und mußte endlose, schmerzhafte Behandlungen über mich ergehen lassen, um mein Knie in Ordnung zu bringen. Zwischendurch saß ich für verschiedene Portraits, stand Spitzenfotografen wie Paul Tanqueray, Angus McBean, Norman Parkinson und Cecil Beaton Modell und ließ mich, immer noch hinkend, von einer Anzahl junger Männer, die mich ausschließlich geistig anregten, mehrmals ausführen. Ich muß alle zur Verzweiflung gebracht haben mit meiner Selbstgenügsamkeit, »in weiße Seide gehüllt, geheimnisvoll, wunderbar« und völlig ungerührt, wie eine zweite Besetzung für *Lady of the Lake*. Aber vielleicht sollte ich mich wegen meiner sonderbaren Zurückhaltung nicht gar so hart verurteilen, wenn ich andererseits emotionell auch hätte weiter sein können. Einige Jahre zuvor hatte ein tragisches Geschehen unsere Familie tief getroffen und die wirklichkeitsfremde Einstellung, in der unser Verhalten gründete, jäh erschüttert. Dieser Schock hallt bis heute in mir nach. Unser guter gescheiter Gerard, der auf ein Wochenende von Oxford nach Hause gekommen war, hatte ohne Vorwarnung plötzlich seinen Verstand verloren. Der schreckliche Anblick des wie vom Teufel besessenen vertrauten Gesichtes und besonders die Bestürzung, die es bei all der gewaltsamen Verzerrung ausdrückte, erschütterte meinen blinden Glauben an das Gute für alle Zeiten. Ich war gerade siebzehn. Von dem Tag an verschloß ich meine Gefühle noch tiefer in mir. Gerard wurde nie wieder gesund.

Jahre später saßen Mama, Griselda und ich auf einer Bank in Kew Gardens, zusammen mit dem armen Gerard, auf dessen Heilung wir kaum noch hoffen konnten. Es war ein wunderschöner Märztag, und Gerard schien ruhig und zufrieden zu sein. Da trat die gesamte Menuhin-Familie aus einer Lichtung. Sonnenstrahlen glänzten auf ihren hellen Köpfen. Sie waren alle da: Hephzibah, Yaltah und Yehudi mit seiner attraktiven rothaarigen Verlobten, Nola Nicolas aus Melbourne. Hinter ihnen gingen die Eltern Menuhin. Sie gingen an uns vorüber – ein Bild von Glück und Schönheit. »Mit Ruhm und Ehre gekrönt«, sagte ich wehmütig zu mir selbst, als sie zwischen den blühenden Bäumen verschwanden. Dieser bittere Gegensatz war mir noch lange Zeit bewußt. Das tragische Geschick, das den begabten Gerard heimgesucht hatte, die Bürde, die Traurigkeit und wachsende Hoffnungslosigkeit, die auf unserem jungen Leben lasteten, die unfaßbare Grausamkeit und Ungewißheit des Ganzen – das alles wurde durch die vorübergehende glückliche Familie scharf und brutal ins Blickfeld gerückt und war kaum zu ertragen. Selbst Mama, sonst von Natur realitätsblind, war erschüttert. Griselda und ich hakten Gerard unter, und wir alle machten uns schweigend auf den Weg zum Tor. Man sagt, daß ein vorüberfliegender Schatten ein Angstgefühl hinterläßt. Wie muß es heißen, wenn man von einem Leuchten gestreift wird, das keine Wärme hinterläßt?

Dolin ruft mich an und lädt mich zum Dinner in den Savoy Grill ein. Ich habe ihn, seit ich im Juni des vergangenen Jahres das Ballett verlassen habe, nicht mehr gesehen. Mir war zu Ohren gekommen, daß die Truppe auf eine vierwöchige Tournee gegangen war, daß Pat sich desorientiert und unglücklich fühlte und daß das gesamte großartige Unternehmen ein für allemal gescheitert war. »Willst du mich heiraten?« fragte Pat. »Bitte, geliebte Diny.« Und ich, in dem Glauben, es handle sich wieder um einen seiner zahlreichen listigen Pläne, mit denen er mich fast zwei Jahre lang an der Nase herumgeführt hatte, lachte und sagte:»Ja, natürlich!« Woraufhin er mich zu meinem großen Erstaunen bei der Hand nimmt und zu Bea Lillies Tisch zieht.»Bea! Ist es nicht wunderbar? Diny hat versprochen, mich zu heiraten!« Bea, die mir eine gute Freundin gewesen war, als er während unseres Urlaubs in Antibes immer wieder gegen mich gestichelt hatte, sah mich mit einer Mischung aus Erstaunen und Besorgnis an.»Diny, meine Liebe, welch gute Nachricht«, brachte sie gerade noch heraus. Ich setzte mich ausgesprochen verlegen hin, wahrscheinlich auf den Schoß ihres Begleiters, gab Pat einen lauten Schmatzer auf die Wange und sagte zu ihm, ich wüßte genau, daß er es nicht ernst gemeint habe. Ich sei tief gerührt, würde auf keinen Fall diesen Augenblick zärtlicher Nostalgie ausnutzen, ich dächte nicht daran, irgend jemanden in absehbarer Zeit zu ehelichen, und er müsse frei wie ein Vogel sein und bleiben. Ich sagte, daß ich ihn liebte und respektierte und daß es inzwischen nach Mitternacht geworden sei, und ob er oder Bea oder sonst jemand mich nun bitte nach Hause bringen würde? Pat kam mir ohne seine übliche»Show«-Parade und die gewohnte Angeberei (beides wohl eine Art Selbstschutz, die aufzugeben er sich nicht getraute) seltsam verletzt und zum erstenmal irgendwie rührend vor. Ich wünschte, er hätte mir während der langen Zeit unserer Zusammenarbeit ein wenig von der Zartheit bewiesen, die er jetzt zu spät zeigte. Wie sehr hätte er mir damit in meinen einsamen Kämpfen geholfen.

London füllte sich allmählich mit Flüchtlingen aus Hitler-Deutschland: Ärzten, Rechtsanwälten, Journalisten, Schriftstellern, Bühnenbildnern. Mulberry House wimmelte von Musikern aus Wien, Berlin, Frankfurt, Budapest, und sie alle trugen Unschätzbares zum beruflichen, intellektuellen und musikalischen Leben der Stadt bei. Unser Leben verlief in gleichmäßigem Rhythmus weiter, mit Ausnahme eben dieser nur allzu deutlichen Hinweise auf den Umsturz, den Deutschland erlebte. Hier hatten wir Konzerte mit Toscanini und dem BBC-Sinfonieorchester, die schöne Olivia de Havilland kam zu meiner Mutter zum Essen, im Fortune Theatre gab Aggie de Mille eine großartige Vorstellung, und ich riskierte, mit endlich verheiltem Knie, wieder vorsichtig am Ballettunterricht teilzunehmen. Dazu wählte ich Mim Rambert, denn ich glaubte, daß sie mit meinen mühsamen Versuchen, meine für lange Zeit unbenutzte Technik neu zu entdecken, Nachsicht haben würde, da sie mich ja von Kindesbeinen an kannte. Neun lange und deprimierende Monate waren verflossen, seit ich zum letztenmal meine Ballettschuhe angezogen hatte. Hinzu kam, daß die Erinnerungen an die einst erlittenen Demütigungen im Ballett-Club nicht gerade dazu beitrugen, meine Stimmung zu heben.

Am gleichen Abend gehen Mama, Griselda und ich zu einem Konzert von Yehudi und Hephzibah in die Queen's Hall. Beide füllen den Saal, nicht nur mit ihrem wunderbaren Musizieren, sondern auch mit ihrer Gegenwart, die frei ist von jeder Manieriertheit, vollkommen unberührt von allem außerhalb ihrer Gemeinsamkeit und der stillen Heiterkeit, die aus allem, was sie spielen, strahlt. Yehudis Spiel ist einzigartig, es ist die Stimme eines Chorknaben, der die Botschaft der Musik verkündet, die man instinktiv als eine wesentliche Wahrheit erkennt. Er ist das Medium, durch das die Gedanken des Komponisten ungehindert und rein fließen können. Ich fühle mich regeneriert und weniger mutlos, wenn ich an den langen Weg denke, den ich zurücklegen muß, um meine frühere Technik wiederzuerlangen. Innerhalb von vier Wochen bin ich soweit, daß ich auf einer Wohltätigkeitsveranstaltung für die Mount-Vernon-Krebshilfe eine recht schwierige Rolle, die ich erstmals in der Markova-Dolin-Truppe erarbeitet hatte, tanzen kann, was mir weiterhin Mut gibt.

Massine hat eine neue Truppe mit all den Tänzern gebildet, die mit dem Chaos bei de Basil unzufrieden waren. Eine sehr starke Truppe: die Markova, die Danilova, die Toumanova und Serge Lifar höchstpersönlich. Sie treten am Drury Lane auf, und ich sitze zusammen mit Cecil Beaton und meiner geliebten Tilly Losch in einer Loge. Alicia tanzt eine hinreißende Giselle, eine Rolle, die sie zu ihrer ganz eigenen gemacht hat. Ihr Partner ist Serge, der sich mehr und mehr auf seine Manierismen und sein Aussehen verläßt, wobei letzteres längst an Attraktivität verloren hat, da seine Figur leicht aus dem Leim gegangen ist. Ich flüsterte Tilly zu, sein Hinterteil ähnele einem

Stück nachgeschicktem Reisegepäck. Am Schluß gab es begeisterten Applaus mit Rufen nach »Mark-Over, Mark-Over!« Wieder und wieder stürzte Serge mit ihr vor den Vorhang. Schließlich entstand eine längere Pause, man sah, wie der Vorhang sich etwas bauschte und – was mag das für ein Geräusch gewesen sein? Endlich erscheint die Markova allein. Das Haus tobt.

Ich gehe hinter die Bühne zu meinem heißgeliebten Massine, der mich mit all der Herzlichkeit begrüßt, die ich mir nur wünschen kann. Ich frage ihn, wodurch die Pause entstanden sei. »Das einzige, was wir tun konnten, Dininka«, sagt er lachend, »war, Serge so« (hier zeigt er mir einen Griff aus dem Ringkampf) »zu packen, ihn zu Boden zu werfen und uns auf seinen Kopf zu setzen!« Trotz Massines wiederholter Bitten zögerte ich immer noch, der neuen Truppe beizutreten, und sie hielt sich auch wirklich nicht lange. Der Ausklang des Jahres ist deprimierend. Aggie schickt mich zu Myron Selznicks Büro, wo möglicherweise Filmarbeit winkt. Ich werde von einem äußerst charmanten Herrn interviewt, der die Interessen der Herren Myron und David Selznick in London vertritt. Mit echt amerikanischer Höflichkeit erklärt er mir: »Meine liebe, junge Dame, lassen Sie sich von mir raten. Ich kenne Sie als eine der bekanntesten Tänzerinnen hierzulande, und ich glaube, Sie haben auch schon Theater gespielt – dort liegt Ihre Karriere. Hollywood ist das reinste Irrenhaus. Sie werden nur Erfolg haben, wenn Sie bereit sind, sich den Weg nach oben zu erschlafen. So, wie Sie aussehen, wird keiner auch nur im entferntesten daran denken, Ihnen ein Engagement auf irgend eine andere Art zu besorgen.« Er grinst: »Die wären ja auch verrückt, wenn sie es täten! Schlagen Sie sich den Gedanken aus dem Kopf, und machen Sie weiter wie bisher.« In mir steigen Erinnerungen an die Kämpfe mit Korda auf, an die Jagd durch das schwarzgekachelte Badezimmer von Tilly und Edward, wo ich von einem berühmten amerikanischen Produzenten belästigt wurde, bis er schließlich ausrutschte und auf seinem Hinterteil landete, und an vieles mehr. Ich seufzte, dankte dem freundlichen Herrn, wanderte die St James' Street hinunter und überlegte, was es in meinem Aussehen und

Verhalten wohl sei, das meine kompromißlose Jungfräulichkeit so deutlich verriet.

Ende August bricht mein Stiefvater seinen Urlaub ab. Er wird von der Admiralität der tschechisch-deutschen Krise wegen abberufen. Es folgt eine Kabinettssitzung. Ungläubig hören wir im Radio die Rede Hitlers vor den Menschenmassen im Berliner Sportpalast. Sie gehört einer Welt an, die wir nicht begreifen können: Wir in England haben uns immer standhaft geweigert, das Proklamieren und Anheizen von Nationalgefühlen in ihrer ganzen gefährlichen Bedeutung zur Kenntnis zu nehmen. Die Marine wird einsatzbereit gemacht. Im Parlament spricht Churchill zur Nation. Ich kümmere mich darum, daß die großen Kellerräume unter dem Hofplatz von Mulberry Haus getüncht und für den Aufenthalt bei eventuellen Luftangriffen vorbereitet werden. Wir stehen Schlange nach Gasmasken, Kerzen, Keksen und Taschenlampen, die wir in den Kellern lagern. Chamberlain fliegt am 29. September 1938 nach München, um mit Hitler und Mussolini zu verhandeln. Um ein Uhr dreißig in der Frühe treffen sie ein Abkommen. Die Zeitungen sind voll von Bildern, die Chamberlain, ein Stück Papier schwenkend, zeigen.»Frieden gerettet«, verkünden die Schlagzeilen.

Der Staub legt sich, aber das Gefühl, daß man auf schwankendem Boden steht, verläßt einen nie. In der Albert Hall spielt Rachmaninow sein zweites Klavierkonzert, um Henry Woods Jubiläum zu feiern. Meine gute Freundin Aggie berichtet mir zögernd, daß in diesen langen Monaten schmerzhafter Rehabilitation, als ich darum kämpfte, mein tänzerisches Können wiederzuerlangen, die Lehrerin, in deren Obhut ich mich begeben hatte, nur über mich hergezogen habe.»Wie dick Diana geworden ist!« Natürlich hatte ich in den Monaten der Bewegungsunfähigkeit zugenommen.»Sie wird nie wieder richtig gut werden« oder»Wenn ich nur an ihren schlechten Auftritt in *Squaring the Circle* denke und wie gut die jetzige Schauspielerin ist« und dergleichen mehr. Dabei hatte sie mich doch von meinem neunten Lebensjahr an ausgebildet, sie, der ich mit 14 und mit 16 Jahren Ruhm einbrachte, weil Diaghilew und Anna Pawlowa mich ausgewählt hatten und in deren Ballett-Club ich

Rollen von Ashton, Tudor und de Valois gestaltet hatte. Pure Boshaftigkeit und Verleumdung gegenüber ihrer ersten und erfolgreichsten Tänzerin. Warum? Warum nur verfolgte sie mich mit derartigem Haß?»Bitte, geh nicht zu ihr zurück, Diana«, bat Aggie,»tu's nicht. Ich mußte dir das einfach sagen, verzeih. Aber ich könnte es nicht ertragen, wenn du dich unwissentlich erniedrigtest.« Daraufhin gehe ich zitternd vor Schmerz und innerem Ekel zu der Rambert, sage ihr auf den Kopf zu, daß ich über ihre ungerechtfertigten, gemeinen Reden genau im Bilde sei, packe meine Trainingssachen ein letztes Mal zusammen und kehre dem Studio, in dem so viele meiner Hoffnungen geboren und so viele zerstört worden waren, für alle Zeit den Rücken. Bis heute ist mir das Ganze ein Rätsel.

Im Dezember nahmen Griselda und ich die Fähre Richtung Paris, weil wir uns darüber im klaren waren, daß es so nicht mehr lange weitergehen würde. Im Salle Pleyel dirigierte Furtwängler das Pariser Sinfonieorchester. Es war ein großartiges Programm: Beethoven, Debussy, Richard Strauss. Jemand, der Furtwänglers Interpretation von Strauss' *Ein Heldenleben* nie gehört hat, kann sich diese magische Verschmelzung des Heroischen mit dem Spirituellen, des Sinnlichem mit dem Elegischen, die nur er mit seinen deutschen Wesenszügen hervorbringen konnte, gar nicht vorstellen. Griselda sagte später, ich hätte vollkommen unbewegt dagesessen, während mir die Tränen über das Gesicht gelaufen seien. Da wir beide, wie üblich, nur wenig Geld hatten, mußten wir alle unsere Künste aufbieten, um uns Einladungen zu verschaffen, insbesondere solche, die günstigerweise mit den Mahlzeiten zusammenfielen. Eine alte Freundin meines Vaters, Miriam Rothschild, lud uns zu einem üppigen Mittagessen ein, bei dem es sogar unsere Lieblingsnachspeise aus Kindheitstagen gab, deren Geheimnis lediglich ihr Koch kannte. Es war ein Soufflé, das zur Hälfte aus Schokolade und zur Hälfte aus Kaffee bestand, mit einer unsichtbaren Trennungslinie dazwischen. Dieses Essen ernährte uns für den ganzen Tag. Am darauffolgenden Tag stießen wir auf die wunderbare Diana Cooper. Ihr Mann, der Autor und Diplomat Duff, sollte am gleichen Nachmittag in dem kleinen Ambassadeurs-Theater eine Rede über die derzeitige politische Situation halten, wofür sie uns Eintrittskarten schenkte. Es war eine glänzende, freimütige Rede, die das drohende Unheil in greifbare Nähe rückte. Mit einer riesigen Hortensie machte ich mich auf den Weg zu meiner geliebten Kschessinskaja, die so fröhlich und unbeschwert war wie immer. Griselda hatte inzwischen einen amerikanischen Verehrer aus London aufgegabelt, der sie zum Essen einlud, während ich noch einmal, zum letzten Mal für lange Zeit, an einer russischen Party bei der Kschessinskaja teilnahm. Auch Lifar und die Nemtschinowa waren zugegen. Letztere erzählte Matilda Felixowna sofort viel Schmeichelhaftes über meine Rolle in *Les Biches*. So weit, so gut: Noch litten wir keinen Hunger, und noch hatten wir Geld. Ich werde aus London von einem lästigen Kavalier angerufen, der wissen möchte, ob ich mit ihm ausgehen würde, wenn er nach Paris flöge. Sicher, sage ich, während ich mir wenigstens eine gute Mahlzeit ausrechne. Er kommt an wie geplant, sieht blendend aus und trägt das ganze Selbstbewußtsein eines berufsmäßigen Verführers zur Schau. Wir speisen vorzüglich in der ›Périgourdine‹. Als wir nach dem Genuß dreier reichhaltiger Gänge die Stufen regelrecht hinunterwatscheln, macht Billy anzügliche Bemerkungen über den langen Reißverschluß am Rücken meines lilafarbenen Kleides. Mit sonorer Stimme erklärt er:»Das müßte sich doch leicht ausziehen lassen.« Ich drehe mich vollkommen unschuldig nach ihm um und lispele:»O ja, es ist so bequem,« wobei ich einen kleinen Rülpser zu unterdrücken versuche. Mit leicht frustriertem Gesichtsausdruck geht er mit mir am linken Seineufer entlang und sucht nach einer Taxe (was für ihn soviel wie ein fahrbares Schlafzimmer bedeutet). Ich quassele weiter irgendwelchen Unsinn, von lustigen Trillern unterbrochen, mache Bemerkungen wie ›es sei sehr gesund für die Verdauung, zu Fuß zu gehen, ganz abgesehen von der Figur‹ (autsch, das hätte ich lieber nicht sagen sollen, denn die Bemerkung hat einen lüsternen Blick in meinen Ausschnitt zur Folge). Ich schwatze weiter über Paris, meine verstorbene Großmutter, wobei ich ihn von Zeit zu Zeit groß und unschuldsvoll ansehe, bis wir über den Pont de la Concorde gehen und er bereits etwas hinkt und ausgesprochen entmutigt aussieht. Ich klatsche in meine immer noch kindlichen Hände und schlage vor, bei ›Colombin‹, ganz in der Nähe, Tee zu trinken. Er stimmt etwas verdrossen zu. Vielleicht sagt er sich, das sei zumindest in der Nähe des Ritz, in dem er wohnt und das leicht anzusteuern ist. Das Colombin gehört zu den altmodischen Teestuben mit winzigen, runden Marmortischchen, um die sich betagte Gäste scharen, die gierig ihre Fünf-Uhr-*eclairs*, ihre *mille-feuilles, palmiers* und *choux-au-chocolat* verschlingen, als hinge ihr Leben davon ab. Der arme Billy sah mit Recht etwas angewidert drein. Ich setzte mich, redete unaufhörlich und begann, mich vollzustopfen (wobei ich betete, daß mein Magengeschwür mitmachen würde). Danach leckte ich mir den schmierigen Rest Vanillecreme von den Lippen, auf die Billy, der bislang mit hungrigen Blicken an ihnen gehangen hatte, langsam den Appetit verlor. Schließlich war mir übel, und ich erklärte, satt zu sein. Der ganzen Sache etwas überdrüssig, bezahlte Billy die Rechnung, wonach ich mich bei ihm ein-hängte und wir so die enge Gasse zum Hintereingang des Ritz entlangstolzierten. Ich redete lauter dummes Zeug, und zwar mit der affektierten Stimme, die ich mir zugelegt hatte, als ich wußte, wie diese großartige kulinarische Einnahmequelle am besten zu handhaben sei. Von meiner augenscheinlichen Nähe ermutigt, legte er seinen Arm um meine Taille und lächelte zu meinem albernen Gesicht hinunter, offenbar in gehobenerer Stimmung:»Na, Diana, mein Schatz, amüsierst du dich gut?« Diese Frage wurde von seinem schönsten Schlafzimmerblick begleitet.»O ja, Billy«, erwiderte ich, und befand, daß es wohl übertrieben wäre,»und wie!« hinzuzufügen.

Aus dem Augenwinkel sah ich, daß wir auf die gefährliche Tür zusteuerten, von der es kein Zurück mehr gab. Der letzte éclair machte sich unangemeldet Luft und warf die Frage auf, ob sich das ganze Affentheater wirklich gelohnt hatte. Ich beschloß, die Frage zu bejahen, und sei es lediglich, um einem dermaßen von sich überzeugten Mann, der sich seiner Macht über Frauen so sicher war und keine Mißerfolge kannte, ein Bein zu stellen. Das war meiner Ansicht nach ein Sieg für uns junge, verwundbare Frauen, die einer Generation angehörten, in der als Folge des Ersten Weltkrieges zehn Frauen auf einen Mann kamen.

Mit wachsender Ungeduld schiebt er mich fast durch die Tür

bis zum Aufzug. »Billy«, sage ich, immer noch der alberne *Backfisch*, »es war ein himmlischer Tag – das herrliche Essen und dazu deine Gesellschaft. Du bist so lieb!« Und als der Aufzug kam, gab ich ihm einen Kuß, der der sechsten Oberstufe von St. Swithins alle Ehre gemacht hätte, drehte mich auf dem Absatz um und rannte zum Eingang zurück, nicht wagend, mich noch einmal nach ihm umzusehen. Wer weiß, wie er diese Geschichte erzählt hat oder ob er es nicht vorzog, seine ungewohnte Niederlage zu verschweigen.

Mit also gestilltem Hunger und einem nachfolgenden Alptraum mit Magenschmerzen machten Griselda und ich uns daran, unsere Finanzen zu überprüfen. Wir konnten uns noch etwa zwei Tage leisten, vorausgesetzt, unsere Verpflegung funktionierte wie bisher. Sonst hätten wir uns gezwungenermaßen von Croissants ernähren und danach müde, blaß und abgemagert nach Hause zurückkehren müssen. Aber unsere Glückssträhne hielt an. Im Foyer stießen wir auf John Lodge, den amerikanischen Filmstar, auf den Diplomaten Boston Brahim und seine auffallend schöne Frau, Francesca. Sie nahmen uns in Johns neuesten Film mit, in dem er mindestens vier verschiedene Posen einnahm und die dazugehörige Miene aufsetzte (zwei mehr als außerhalb der Kamera), und – das war weitaus wichtiger – luden uns zum Mittagessen ein. John Walter, der rasende Reporter der *Times*, tauchte plötzlich wie ein Kobold auf (ihm begegneten wir ausgerechnet auf einer Verkehrsinsel mitten auf der Avenue de l'Opéra). Das Essen mit ihm wurde von den beunruhigenden Nachrichten, die er frisch aus Berlin mitbrachte, nicht eben verschönert, denn sie verdarben uns den Appetit. Er kaufte uns ein paar Taschentücher, die das zuversichtliche Motto trugen *Viva Chamberlain*, das mit dickem, schwarzem Garn (bewußt?) daraufgestickt war. Am letzten Tag aßen wir lediglich belegte Brote, während wir unsere Koffer packten, denn uns war im Maxime ein tolles Abendessen versprochen worden. Vorher sollten wir noch in der Opéra Comique Hollywoods kürzlich entdeckte Diva, Grace Moore, in der Titelrolle von Charpentiers *Louise* zu hören bekommen. Unser Gastgeber war Valentine Lawford, einer der von uns am meisten geschätzten Diplomatenfreunde, der sich vor kurzem plötzlich den Namen Nicholas zugelegt hatte; das reizte uns, ihn »Nicotine« zu nennen. Er brachte einen sehr gutaussehenden, blonden Kollegen mit, den er als Donald MacClean vorstellte. Wir saßen im Parkett in der ersten Reihe und benahmen uns ausgesprochen unpassend. Miss Moore hatte einen französischen Akzent, der kaum etwas mit der Comédie Française zu tun hatte, sondern eher aus der Bronx stammte. Es kostete uns viel Kraft, nicht in lautes Gelächter auszubrechen; schließlich saßen wir nur wenige Meter vom Rampenlicht entfernt, und ein derartiges Benehmen wäre unverzeihlich gewesen. Als jedoch die große Arie *Depuis le jour* begann, die mit einer Begeisterung gesungen wurde, die ihren vollen stimmlichen und emotionalen Einsatz verlangte, verlor sich auch die kleinste Spur gallischer Sprachfertigkeit, die sie sich möglicherweise bei Proben angeeignet hatte, und mit unserer Beherrschung war es vorbei. Das Possenhafte der ganzen Vorstellung war mehr, als wir ertragen konnten. Wir prusteten und kicherten hinter unseren vorgehaltenen, kaum ausreichenden Taschentüchern und dem ebenfalls unzulänglichen Schutz des Galaprogramms. Es war die reinste Qual. Am schlimmsten benahmen sich Griselda und Donald MacClean. Sie bemühten sich nicht einmal, ihre Erheiterung zu verbergen, und bald merkte das gesamte Orchester unsere Belustigung. Aber es waren eben echte Franzosen, die das Ganze gleichermaßen lächerlich fanden, uns schöne Augen machten und diese Blicke mit weiteren komplizenhaften Sympathiekundgebungen begleiteten. Die Oper hinkte ihrem Ende entgegen. Applaus kam nur zögernd auf, und wir machten uns unter dem verschwörerischen Abschiedwinken des Orchesters schnellstens aus dem Staube. Das Essen im Maxime, das bis halb vier in der Frühe dauerte, war erfreulicher, ebenso die Post-mortem-Diskussion über die mißlungene Vorstellung. Donald MacClean erwies sich als charmanter und geistreicher Unterhalter. Was später über seine politische Einstellung und Moral bekannt wurde, schien gar nicht zu ihm zu passen.

Und wir, die Gouldschen Goldgräber, kicherten in Erinnerung an unseren ersten Versuch auf diesem speziellen Jagdgebiet und kehrten nach London zurück. Griselda, die ihre

Finanzen aufgebessert hatte, sauste nach Paris und zu einem weiteren Furtwängler-Konzert zurück, während ich mich pflichtschuldig erneut meiner Arbeit zuwandte und meine Suche nach einem neuen Tanzlehrer aufnahm.

1939 könnte man als das Jahr beschreiben, in dem jeder dem Blick des anderen auswich, das Jahr, in dem das Unaussprechliche unausgesprochen blieb und wir alle das Gefühl hatten, unser Leben nehme ohne unser Zutun immer mehr an Geschwindigkeit zu. In einer freiheitlich eingestellten Gesellschaft, wie meine Generation sie kannte, wirkte diese unterschwellige Strömung auf seltsame Weise destabilisierend. Verbissen bebauten wir unsere Gärten wie bisher, obgleich wir im Unterbewußtsein daran zweifelten, daß den Stauden ein weiteres Jahr beschieden sei.

Ich begann mit dem Unterricht bei Lydia Sokolova, der großen Charaktertänzerin des Diaghilew-Balletts. Sie war eine inspirierende Lehrerin, die es an positiven, freundlichen Ratschlägen nicht fehlen ließ, wenn auch vielleicht keine Expertin, bei der man die Grundtechnik erlernte. Andererseits war sie, ähnlich wie die Kschessinskaja, ideal für fortgeschrittene Tänzer, die sowohl ihre Erfahrung brauchten als auch ihr Wissen, um die zahlreichen Anforderungen und Gefahren, die mit der Verkörperung einer bestimmten Rolle verbunden sind. Da sie aus dem Londoner Osten stammte, zeigte sie keine von den für die englische Mittelschicht typischen Hemmungen. Statt dessen verfügte sie über den Humor, die Spontaneität und Keckheit der Schicht, aus der sie kam. Sie sprach noch mit einem Anflug des näselnden Cockneys, das allem, was sie sagte, eine gewisse Würze verlieh, selbst, wenn sie Russisch sprach, das sie sehr schnell beherrscht hatte, oder sich in gebrochenem Italienisch und Französisch der Ausdrücke bediente, welche die Sprache des Balletts überschwemmten. Ihr Unterricht war die reinste Freude, denn immer war sie guter Stimmung, freundlich und voller Schwung. Außerdem war sie schlank und agil genug, um die Schritte noch selbst vorführen zu können: wichtig in einer Kunstform, die kein grundlegendes Drehbuch kennt. Ich beobachtete begeistert, wie sie sich wendete und herumwirbelte, in einer Weise, die im Ballett als »Markieren«

bekannt ist. Das bedeutet soviel wie das skizzenhafte Andeuten der Bewegungen, eine Reduzierung der vollen Dimension der Sprünge, Drehungen und Dehnungen. Man könnte es einen tänzerischen Kunstgriff nennen, der ohne den totalen physischen Einsatz die Intention klar herausstellt. Bei einer solchen Tänzerin, wie sie eine gewesen war, hatten die Illustrationen eine inspirierende Wirkung. Während die Rambert tagtäglich nur der Cecchetti-Bibel folgen konnte, ohne irgendwelche Improvisationen – so daß ich nur sehr langsam ein *enchaînement* begriff, als ich zu der Egorova oder der Kschessinskaja kam –, schuf die Sokolova ihre eigenen Versionen des *adagio* und *allegro*. Selbst die Übungen an der Stange wurden variiert, wenn es ihr angebracht erschien. Auf diese Weise verwandelte sich der Unterricht fast unmerklich in eine Aufführung, und man sublimierte das Technische sogar während der praktischen Übungen, die im Ballett immer notwendig sind. Es war wirklich ein Segen und eine Erleichterung, zum erstenmal im Unterricht in London richtig glücklich zu sein.

Das Fernsehen steckte noch in seinen Kinderschuhen und war in den riesigen Räumen des Alexandra Palace im Norden Londons untergebracht. Einer der Regisseure, Philip Bate, engagierte mich für eine Reihe von Programmen. Da zu der Zeit die Kameras längst nicht so beweglich waren wie heutzutage, waren jedem Tanz zwangsläufig Grenzen gesetzt, da man sich der winzigen Studiobühne anpassen und im Blickfeld bleiben mußte. Hätte man sich zum Beispiel in einem langen Ballettrock in ein *grand jeté* gestürzt, so hätte das wie ein Orkan in einer Daunenfabrik ausgesehen. Bei zu großer Nähe zur Linse wurden die Gesichtszüge zur Karikatur verzerrt wie in einem Vexierspiegel auf dem Jahrmarkt. Nein, keine zufriedenstellende Arbeit, aber es war auf jeden Fall interessant, bei der Geburt eines neuen Mediums zugegen zu sein. Mir wurden ganze sieben Guineen dafür bezahlt – damals eine Summe, die durchaus nicht zu verachten war.

Musikalisch gesehen, bot diese Saison unendlich viel: Weingartner, Bruno Walter, Toscanini, Beecham, Schnabel an Soloabenden, Louis Kentner mit Liszt- und Beethoven-Sonaten. Ich saß wieder für ein Portrait eines Künstlers der Royal

Academy, James Proudfoot (Yehudi entdeckte das Bild Jahre später), und schrieb zwei Nächte lang an einem Beitrag für Ernst Tollers monatlich erscheinende Zeitschrift für deutsche Flüchtlinge *Die Zukunft*. Im Juli wurde dieser Beitrag unter dem Titel *Frieden und Freiheit im Recht* veröffentlicht. Ich hatte das Gefühl, daß ich der Zeit, in der ich heranwuchs, jetzt etwas mehr gerecht wurde. Auch hatte ich inzwischen eingesehen, daß ich zwar möglicherweise viele Qualitäten besaß (obwohl das besser von anderen beurteilt werden sollte), aber nur wenige Qualifikationen vorzuweisen hatte. Also nahm ich Fahrstunden und bestand die Prüfung. Wie die meisten anderen Mädchen in England, deren Eltern Hausangestellte hatten, hatte ich beschämend wenig Ahnung vom Kochen. Folglich machte ich mich auf zu dem in Chelsea gelegenen Polytechnikum, wo eine spröde Dame mit nicht gerade ermutigendem Äußeren den Unterricht von etwa einem Dutzend sehr verschiedener, jedoch gleichermaßen hilfloser Mädchen in der Kunst des schlichten Kochens übernommen hatte. Wenn ich sage, daß Miss Bowlbys kulinarisches Können nicht weiter entfernt von dem Begriff »Kunst« hätte sein können, kann der Leser sich vorstellen, wie dieser Unterricht ausgesehen hat.

Gleich zu Anfang hatte sie uns mit der Nachricht erschreckt: »Alles, was Sie kochen, müssen Sie auch essen.« Unter den Köchinnen in spe mit den obligaten weißen Schürzen breitete sich Bestürzung aus. Mein Magengeschwür erhob sich und hämmerte laut protestierend gegen meine Rippen. Wie dem auch sei, wir machten uns entschlossen an die Zubereitung solcher Hauptgerichte wie »toad-in-the-hole« [kleine Würste in Eierkuchenteig], Reispudding und Irish-Stew [Eintopfgericht aus Weißkohl und Hammelfleisch]. Miss Bowlby gab die Kochanweisungen mit verbissener Mißbilligung wie der Vater, dem es obliegt, seinen Sohn aufzuklären. Ein einziges Mal entdeckte ich auf ihrer bläßlichen Haut einen Hauch von Leidenschaft. Eines Tages – nachdem wir bereits mehr als eine Woche gehorsam diese ungesunden Mahlzeiten zubereitet und versucht hatten, sie hinunterzuwürgen – schwenkte sie bei ihrer Ankunft ein totes Kaninchen triumphierend durch die Luft. »Oh«, fragte ich harmlos, »ist es überfahren worden, Miss

Bowlby?« Wenn Blicke töten könnten!»Miss Gould, mein Bruder hat es geschossen und mir für meinen Unterricht zur Verfügung gestellt.« Nach dieser Erklärung machte sie sich daran, den traurigen Leichnam mit anstößigem Genuß seines Kopfes zu berauben und ihm danach systematisch das Fell abzuziehen, so als schälte sie eine überreife Banane. Eine der anwesenden jungen Damen, die ich besonders gern mochte, schluckte hörbar und stürzte auf die Tür zu. Wir sahen sie nie wieder. Miss Bowlby fuhr inzwischen in ihrer Rolle als Pathologin fort, wobei sie sich die Lippen leckte und mit glasigen Augen jeden Einschnitt mit den unvermeidlichen Anweisungen begleitete, die wir in unsere Hefte schreiben mußten. Zum Schluß besprenkelte sie die sterblichen Überreste in einer Art heiliger Handlung mit Mehl und schaufelte das Ganze in einen Kochtopf, wo es sich in den sogenannten Hasenpfeffer verwandeln sollte. Das Kaninchen schmorte langsam vor sich hin und verbreitete einen widerwärtigen Geruch. Zweifellos wurden an jenem schrecklichen Morgen etliche Vegetarier geboren.

Eines Tages, als mich der Ekel würgte vor all diesen Scheußlichkeiten, dieser *reductio ad absurdum* einer der elementarsten Leidenschaften der Menschheit, war ich nahe daran, das Handtuch (oder in diesem Falle Küchentuch) zu werfen. Aber es sollte eine weitaus bessere Art der Rebellion geben. Wir alle wurden beauftragt, etwas typisch Englisches zu fabrizieren: Dampfnudeln, und zwar die Version mit Namen ›Kanarienpudding‹, ein blaßgelbes, hefeteigartiges und eigentlich recht leckeres Gebilde. Mit allen seinen Spielarten hat es gemein, daß es zur Winterzeit den britischen Magen angenehm auspolstert. Wir füllten unsere weißen Küchenschüsseln mit den erforderlichen Zutaten, banden ein sauberes Tuch darüber und stellten sie in die Öfen.»Miss Gould, bitte decken Sie wie üblich den Tisch.« Augenscheinlich traute man mir zu, mit der korrekten Position von Messer und Gabel vertraut zu sein. Und dann kam der Augenblick der Erfüllung. Wir alle sammelten unsere Kunstwerke ein und setzten sie auf den langen Tisch an der einen Seite des Raumes, an dem Miss Bowlby präsidierte. Eine nach der anderen entfernte das Tuch von ihrer Schüssel und stürzte den Pudding. Inzwischen standen neun stolze goldgelbe Berge vor ihr; der zehnte war zinnoberrot. In der Klasse erhob sich ein Raunen wie Herbstblätter im Sturm. Miss Bowlby erstarrte und stierte ungläubig auf diesen unattraktiven Eindringling. Schließlich:»Und wem, wenn ich fragen darf, verdanken wir diesen ausgesprochen witzlosen Witz?« Dabei traf uns alle ein vernichtender Blick aus ihren dicken Brillengläsern. Ich grinste unschuldig und sagte kein Wort. Ein Geständnis lohnte sich nicht, weil keine Gefahr bestand, daß jemand ungerecht bestraft werden würde. Mein purpurroter Pudding sah himmlisch aus; er machte all diese langweiligen Sachen, die wir hatten kochen und, schlimmer noch, essen müssen, wieder wett. Ich war sehr versucht zu fragen, ob ich dieses Gebilde selbst essen dürfe, wagte es aber doch nicht, aus Furcht, als die Schuldige entlarvt zu werden. Statt dessen warf ich die kleine Flasche mit rotem Farbstoff, die ich aus dem Schrank entwendet hatte, fort und fühlte mich viel wohler.

Zumindest hatte ich gelernt, niemals eine leere Pfanne auf eine heiße Herdplatte zu stellen, da sie sonst anbrennen würde.

Mit jedem Tag machte sich das unterschwellige Unbehagen deutlicher bemerkbar. Wieder wurde mein Stiefvater zur Admiralität beordert. Die Italiener waren in Albanien einmarschiert.

Die Sokolova machte eine Show, die einem Projekt mit dem ambitiösen Titel *Ballett de la jeunesse anglaise* zugute kommen sollte. Ich hatte darin ein entzückendes Arrangement von russischen Volkstänzen aufzuführen, genannt *Russki Plasski*. Es wurde ein großer Erfolg am Cambridge-Theater, und ich hatte einen Heidenspaß, selbst wenn sich einige meiner jungen Verehrer – die im übrigen das Unternehmen finanziell mit unterstützten – beschwerten, daß die Hälfte der mir zugedachten Bouquets von anderen Tänzern weggeschnappt worden waren... Das gehörte sich schließlich so. Einige Zeit später wurden anläßlich einer *ballett soirée* zugunsten der Mount-Vernon-Krebshilfe in der Albert Hall wieder die *Russki Plasski* gewünscht. Vermutlich werde ich einen dieser Alpträume, die alle Tänzer haben und die – Gott sei Dank! – selten Wirklichkeit werden, mein Leben lang nicht vergessen.

Wie gewöhnlich bei solchen Anlässen werden alle Sitze aus

der Arena der Albert Hall entfernt. Dann wird eine Rampe gebaut, die das Parterre mit der oberen Bühne verbindet. Auf dieser Rampe muß man sich mit möglichst viel Grazie und unauffälliger Entschlossenheit bewegen. In meinem handgemalten russischen Kaftan mit dem krönendem *kakozhnik* (dem Kopfschmuck) rannte ich hinter den Kulissen die Schräge zur Bühne hinauf (mit Sicherheit einer der aufregendsten Auftritte, da man plötzlich vor dem überwältigendem Anblick der sich übereinander türmenden Logenreihen steht, die drei Viertel dieses riesigen Auditoriums ausmachen), überquerte schnellen Schrittes die Bühne und ging dann vorsichtig die Schräge auf der anderen Seite in die Arena hinunter. Das Orchester war am anderen Ende gruppiert.

Ich wartete. Kein Ton. Verwirrt machte ich eine tiefe Verbeugung *à la russe*. Unter Applaus richtete ich mich wieder auf und deutete mit einer Geste den Beginn des Tanzes an. Totenstille im Orchester. So allein gelassen mit 6000 Zuschauern, die mich anstarrten, kam ich mir vor wie jemand, der verloren auf den letzten heimwärtsfahrenden Autobus wartet. Tausend Fragen stürmten auf mich ein: Waren die Musiker plötzlich alle von einer Lähmung befallen? Hatte der Dirigent, mit dem Rücken zu mir, nicht gemerkt, daß ich bereits da stand? Sollte ich laut auf zwei Fingern pfeifen? Ich hatte nichts, was ich nach ihnen hätte werfen können. Und selbst wenn, dachte ich in wachsender Panik, ich würde niemals treffen. Vor Schrecken wie erstarrt beschloß ich, in einer Art Polonaise zum Klang meines Zähneklapperns um die ganze Arena zu sausen, bis zum Orchester, um mich dort mit einem honigsüßen Lächeln auf zusammengepreßten Lippen zu erkundigen, was denn zum Donnerwetter los sei. Es wurde die längste Pilgerfahrt meines Lebens. Mein Kaftan juckte wie ein härenes Hemd, und meine Satinschuhe steckten voller getrockneter Erbsen. Schließlich kam ich in der entferntesten Ecke beim Orchester an und schleuderte dem elenden Dirigenten im Vorüberflitzen einen Fluch zu. »Tut mir leid, mein Schatz, konnte die Noten fürs Orchester nicht finden – jetzt alles ok.« Ich verdoppelte die Geschwindigkeit meiner Polonaise im Endspurt zu meinem Ausgangspunkt, und endlich, gute vier Minuten nach meinem Auftritt, vernahm ich mit Erleichterung die Klänge, mit denen ich meinen Tanz beginnen konnte.

Inzwischen schienen wir irgendwie auf der Stelle zu treten, so als hätte die Strömung, die uns erwartungsvollen jungen Menschen tragen sollte, sich verlangsamt. Die Zukunft schien so neblig wie der *London Particular* [Londoner Spezialität, hier: der typische Londoner Nebel], in dem wir unsere Richtung verloren hatten. Da war ein Anruf von Wendy Toye, der großmütigsten aller Kollegen, höchst willkommen. Sie teilte mir mit, Stephen Haggard (einer der wichtigen jungen Schauspieler der damaligen Zeit) habe gerade sein erstes Theaterstück *Weep for the Spring* geschrieben, und der große Franzose Michel St. Denis habe Regie geführt, mit einer Starbesetzung (Nicholas Hannen, Athene Seyler, William Fox, William Devlin und Peggy Ashcroft). Das Stück sei zwei Wochen eher als geplant auf Tournee gegangen, bevor es in London gespielt würde, und da es etwas kurz geworden sei, hätten Stephen und St. Denis ihm als kurzes Vorspiel eine seichte Komödie von Schnitzler vorangestellt. Diese sei jedoch ein großer Reinfall gewesen, und man müsse sich etwas anderes ausdenken. Also hatten sie Wendy gefragt, ob sie nicht eine Idee hätte. Diese erkundigte sich nun bei mir, ob ich zur Zeit arbeitete und ob ich irgendwelche Vorschläge machen könnte. Begeistert erzählte ich ihr, daß ich tatsächlich arbeitslos war. Vielleicht könnte sie auf die Schnelle ein Ballett für Prudence Hyman, mich und zwei Tänzer zu Mozarts *Kleiner Nachtmusik* zusammenstellen. Ich würde ein Drehbuch dazu verfassen. Ich besäße noch immer das Kostüm für das Menuett jener entzückenden Suite, zu der Dolin mir die *Romanze* geschrieben hatte, und alles Fehlende könnten wir uns von Nathans oder Bermans, den nimmermüden Lieferanten von Theaterkostümen, besorgen, und dann könnten wir uns am gleichen Abend noch treffen. Wendy Toye stimmte allem zu. Ich verbrachte den Tag damit, Pru und zwei Tänzer ausfindig zu machen und das Drehbuch zu entwerfen, und schließlich trafen wir uns mit Wendy um acht Uhr, um mit der Arbeit zu beginnen. Das war am Donnerstag, dem 18. Mai 1939.

Mit Wendy zu arbeiten war der Traum eines jeden Tänzers.

Sie war präzise, musikalisch, flexibel und mit einem angeborenen Talent ausgestattet. An diesem ersten Abend arbeiteten wir vier Stunden zusammen; es folgten acht weitere am nächsten Tag, fünf am darauffolgenden, und am Sonntag waren wir soweit, daß der Regisseur des Stückes mit Stephen Haggard kommen konnte, um der letzten vierstündigen Probe beizuwohnen. Zum Glück waren sie sehr angetan. Noch am selben Abend packten wir unsere Koffer, nahmen den Zug nach Oxford um Viertel nach elf am folgenden Montag und hatten am gleichen Abend, am 22. Mai, unsere Premiere im Playhouse.

Bei solchem Tempo war ich in meinem Element. Das bedeutete: Herausforderung, Einsatz, stundenlange Anstrengung, keine Zeit für Zweifel oder Zögern, das Gefühl, ein Projektil zu sein, das ungehindert auf sein Ziel zuraste. Das Stück selbst war entzückend, einfühlsam und bewegend, die Regie engagiert und delikat wie alles, was Michel St. Denis in die Hand nahm, und die schauspielerische Leistung mit dieser ausgewählten Besetzung natürlich ausgezeichnet. Was diese viel zu kurze Tournee für mich zu einer besonderen Erfahrung machte, war das persönliche Format aller Beteiligten, die zweite Besetzung eingeschlossen. Mit Ausnahme von ›Beau‹ Hannen und Athene waren wir zumeist junge Leute, und auf unseren Reisen von einem Ort zum andern, von Oxford nach Liverpool und von dort nach Brighton und dann wieder landauf nach Scarborough, erfanden wir immer neue Spiele für die Eisenbahnfahrten. Es wurden Picknicks organisiert, und wir ließen uns etwas einfallen, um uns die ziemlich grauenvollen Unterkünfte und das gräßliche Essen erträglicher zu machen. So kamen wir uns immer näher, teilten uns in die Aufgaben und gestanden uns gegenseitig unsere geheimsten Wünsche und Antipathien. Mit anderen Worten: Dieses hier war, was das Menschliche angeht, weit entfernt von der Isoliertheit im Ballett, wo es nichts anderes zu geben schien als Fanatismus und Schikane, Ehrgeiz und Feindschaft und Beziehungen, die einen emotional und physisch total auslaugten. Ich habe diese Wochen in meinem Herzen bewahrt, waren sie doch eine erste Berührung mit dem Gemeinschaftsgeist, der im »konventionellen Theater« herrscht.

Dadurch, daß die Arbeit an sich so viel einfacher war, konnte ich alles wirklich vollauf genießen: kein Spitzentanz, daher weder blutige Zehen noch keuchende Lungen. Ein paar leichte Übungen an irgendeiner Kulisse eine Stunde vor dem Auftritt genügten vollkommen, um im Training zu bleiben. An Leib und Seele unbeschwert zu sein und keine eigentliche Verantwortung zu haben, war das reine Paradies. Pru und ich fanden uns in genau demselben schmutzigen Gasthaus in Liverpool wieder, in der wir bereits zu Zeiten des Markova-Dolin-Balletts vor vier Jahren eine unvergeßliche Woche damit zugebracht hatten, in winzigen Zimmern, zwischen Laken und Bettdecken, die geradezu überwältigend nach dem aufdringlichen Gestank abgestandenen Biers rochen, Schlaf zu finden. Jetzt konnten wir uns über diese Zustände nur lustig machen, denn diesmal hatten wir Kumpanen, mit denen wir gemeinsam lästern konnten. Wir kicherten über die Salatschüssel, in der lediglich die obere Hälfte mit frischen Salatblättern, Gurkenscheiben und Tomaten erneuert wurde, während die untere Hälfte, wie man sehr wohl durch das Glas erkennen konnte, wie Seetang am Rumpf einer Barke klebte und täglich mehr Schimmel ansetzte. Damals war uns übel geworden und wir hatten es stehen lassen. Diesmal konnte mir selbst die hoffnungsloseste Meinungsverschiedenheit mit einem meiner hartnäckigsten Verehrer vom Auswärtigen Amt, der extra gekommen war, um unsere Vorstellung zu sehen, überhaupt nichts anhaben.

Der drohende Krieg machte sich täglich deutlicher bemerkbar, trotz all unserer Bemühungen, ihn wie ein lästiges Hindernis zur Seite zu schieben. Die totale Verdunkelung war inzwischen Vorschrift geworden, und aus keinem Haus durfte ein Lichtstreifen oder auch nur ein schwacher Schimmer nach draußen dringen. Trotzdem kamen wir bei guter Laune in Brighton an, wo unsere kleine Gruppe den ganzen Küstenweg bis Hove zu Fuß ging und wieder zurück durch die seidige Sommernacht, vom Mondschein geleitet, der silbern auf dem Meer lag. Der Abend endete mit einem verspäteten Soupé, das aus Langusten bestand, die wir für je einen Schilling von Fischern, die gleichzeitig als Bühnenarbeiter fungierten, erstanden hatten. Ich glaube, dem bittersüßen Genuß lag die wachsende Erkenntnis zugrunde, daß dies alles sehr bald vorbei sein würde. Intuitiv erkannten wir, daß wir an einem Grenzfluß unseres Lebens angelangt waren, der, einmal überquert, das endgültige Ende unserer Jugend bedeutete, und so genossen wir jede Minute dieser letzten Sommermonate.

In Scarborough an der Küste von Yorkshire angekommen, ereilte uns die schreckliche Kunde, daß unserem Förderer die finanziellen Mittel ausgegangen waren und es zu waghalsig sei, in einem Londoner Theater ein Stück anzubieten, dessen Erfolg man nicht sicher voraussagen konnte, und daß wir hier für die Dauer einer Woche zum letztenmal spielten. Um das Maß voll zu machen, entpuppte das Theater sich als eine Ruine aus der Zeit König Eduards VII., deren goldene Farbe überall abblätterte und deren abgenutzte rote Samtsitze an das Hinterteil bestimmter Affen im Zoo erinnerte. Es gab nicht einmal ein kleines Orchester für unser Mozart-Ballett. Statt dessen produzierte ein entsetzliches Trio, aus Klavier, Geige und Cello bestehend, derartig fürchterliche Töne, daß es nahezu unmöglich war, eine einheitliche Vorstellung zu geben. Zu allem Überfluß trat der Pechvogel wieder einmal elegant auf einen hervorstehenden Nagel und sah sich gezwungen, einen recht bizarren *contredanse* auf eineinhalb Füßen zu improvisieren, um die Seitenkulisse mit einem ausgestrecktem Fuß, in den der Nagel sich tief eingegraben hatte, zu erreichen. Zum Glück erfaßte der Spielleiter sehr schnell den Ernst der Situation, der ihm mit geheimnisvoller Gestik klargemacht worden war, und entfernte das Biest aus meiner Ferse. Ich glitt auf die Bühne zurück und beendete meinen Tanz, der eine Blutspur hinterließ, die mir Ehre machte. Unsere Unterkünfte waren grauenvoll wie gehabt, und das gleiche läßt sich über das Essen sagen. Da konnte selbst unsere gute Kameradschaft, die vier Wochen lang angedauert hatte, nichts mehr ausrichten. Im Gegenteil: Sie verschlimmerte unsere miserable körperliche Verfassung noch durch Traurigkeit. Der gute Billy Devlin, dessen legendäre Darstellung des König Lear für die Oxford University Dramatic Society ihm einige Jahre zuvor die Tore zum Londoner Theater geöffnet hatte und dessen Vorliebe für die Lyrik des sechzehnten und siebzehnten Jahrhunderts ich während unserer ganzen

Tournee geteilt hatte, besuchte mich auf meinem Zimmer, wohin ich mich geflüchtet hatte, um mich vor der letzten Vorstellung auszuruhen. Er hielt mir einen Band mit John Donnes gesammelten Gedichten hin, den ich bis zum heutigen Tag hege und pflege. In seiner winzigen Gelehrtenhandschrift hatte er die Worte: »*Diana, with all love, Billy, summer 1939*« hineingeschrieben.

Stephan Haggard und Peggy Ashcroft kamen zum Bahnhof, um uns zum Abschied zu winken, so nahe waren wir uns gekommen. Damit endete eine der schönsten, wenngleich kurzen Zeitspannen meines Lebens im Theater.

Am folgenden Sonntag kehrte ich nach Mulberry House zurück, wohin annähernd neunzig Menschen gekommen waren, um Musik zu hören, denn Louis Kentner sollte spielen. Ich setzte mich auf die Treppe außerhalb des überfüllten Musikzimmers und ließ mir von den Klängen jede Enttäuschung und alles Heimweh nach verlorenen Hoffnungen und verlorenen Freundschaften aus Auge, Ohr und Seele spülen.

Als Belohnung für meine bestandene Fahrprüfung hatte mein Stiefvater mir das großzügige Geschenk eines Morris Cowley für 30 ₤ gemacht, mit Kratzern auf der Windschutzscheibe, unzuverlässiger Steuerung und einem Motor, der meinem Innenleben an Launenhaftigkeit und Unbehagen in nichts nachstand. Mir graute jedesmal, wenn ich auf eine rote Ampel zusteuerte und das Gefährt mit boshaftem Triumph absoff, trotz aller meiner Bemühungen, es unter heftigem Gasgeben vorwärtszutreiben. In meiner Verzweiflung streichelte ich die trübe Windschutzscheibe, während ich mit dem Fuß kräftig auf den Anlasser trat, in der Hoffnung, wieder in Gang zu kommen und so das Hupkonzert hinter mir zum Schweigen zu bringen. Ich taufte mein Auto ›Chi-Chi, la Marquise de Fla-Fla‹, ein äußerst passender Name für sein unberechenbares Temperament und das affektierte Schwingen der Hinterräder, wie es einer prätentiösen Nutte entspricht.

Cecil Harcourt hatte die Position des Leitenden Direktors an der Admiralität inne, und da er seinen Morgenspaziergang liebte, wurde mir die Aufgabe zuteil, ihn bis zum St. James's Park zu fahren. Dabei nahmen wir nicht selten verschiedene, sehr große, sehr bedeutende Generäle mit, die an der Stadt-halle von Chelsea auf einen Bus warteten. »Halt an, mein Schatz, da drüben steht der alte Shackerley-Ackers, den nehmen wir bis zu den Horse Guards mit.« Und ein mindestens 1,80 m großer Militärangehöriger in eleganter Uniform klappte wie ein Taschenmesser zusammen und kauerte sich in den winzig kleinen Wagen. Eines Abends, auf unserem Heimweg vom Theater, rammte ein ungeduldiger Fahrer hinter mir das arrogante Hinterteil meiner guten, alten Chi-Chi und stieß mich beinahe in den Verkehr von Whitehall vor mir. Aber mein Kopf erlitt nur einen Zusammenstoß mit der bepickelten Windschutzscheibe. Mein todschicker Turban, den ich bei unserem letzten Besuch in Paris erstanden hatte, bewahrte mich vor einer Gehirnerschütterung. Es war ein phantasievolles Gespinst aus meterlangen verschiedenfarbigen Wollfäden, war von der damals führenden Modistin Caroline Reboux entworfen worden und diente in diesem Falle als perfekter Stoßdämpfer. Aber, ach, die arme alte Marquise de Fla-Fla war elendig verkrüppelt. Beim Abschleppen sah sie seltsam obszön aus mit ihren übel zugerichteten Hinterbacken...

Die Basil-Truppe erlebte ihre letzte Spielzeit am Covent Garden. Vorübergehend arbeitslos zu sein hatte den einen Vorteil, daß ich, wann immer ich wollte, dort hingehen konnte. Die Krönung kam an einem Abend, als Gerry Sebastianoff, der blendend aussehende Manager, der mir schon immer ein guter Freund gewesen war, mich zur Seite nahm und fragte, ob ich interessiert sei, einer neuen Truppe beizutreten, die man zu gründen beabsichtigte (offensichtlich, um dem derzeitigen Durcheinander zu entfliehen). Irina Baronova und Alicia Markova würden sich in die Rolle der *prima ballerina assoluta* teilen, Alexandre Benois werde die künstlerische Leitung übernehmen, Anton Dolin sei *primo*, die Nijinska übernehme die Choreographie, und ich solle die erste dramatische Tänzerin sein. Ich war hellauf begeistert, aber doch etwas verletzt, weil Pat mich nicht schon persönlich aufgefordert hatte. »Geh zu ihm und sag ihm, ich hätte dich aufgefordert. Ansonsten brauchst du nur noch die Zustimmung der Nijinska, und ich weiß, wie sehr sie dich während deiner Zeit in der Markova-

Dolin-Truppe bewundert hat. Ich gebe dir ihre Pariser Adresse. Wir sollten alle schon im September zu Proben zusammentreffen.« Ich machte mich eilig auf den Weg zu Pats Garderobe und hielt ihm vor, daß er mich nicht schon längst angesprochen hatte. Er entschuldigte sich für sein Versäumnis. Da umarmte ich ihn und sagte, ich würde versuchen, mich mit der Nijinska in Verbindung zu setzen.

In der Woche danach fuhr ich nach Paris mit der Adresse der Nijinska in der Handtasche. Ich fand sie in einer dunklen kleinen Villa, die am Ende eines schmalen, von einem rostigen Gitter mit kleiner Pforte eingezäunten Gartenstreifens voller Unkraut lag, als habe sie sich mit Widerwillen abgewandt. Ohne große Hoffnung öffnete ich die Pforte und ging den lehmigen Weg entlang zum Haus. An der Haustür hing ein abgerissenes Stück Papier mit der Botschaft »Absents jusqu'à 20 heures« [Bis 20 Uhr außer Haus]. Etwas verloren ging ich den Weg zurück, knallte das wackelige Tor zu und marschierte in Richtung Vorortsbahn. Man kann sich meine Freude unschwer vorstellen, als ich die Nijinska, ihren Mann und ihre Tochter Irina auf dem Bahnsteig erblickte, wo sie gerade im Begriff waren, in den eben eingefahrenen Zug nach Paris zu steigen.

Ich wirkte auf sie ebenso wie eine Erscheinung von einem anderen Stern wie sie auf mich. Die Anonymität des offenen Bahnsteigs, hinter dem sich kilometerweit der städtische Wall hoher, schmaler, schlecht proportionierter Häuser hinzog, bot einen wahrlich ungewöhnlichen Schauplatz für eine der berühmtesten und exotischsten Choreographen Rußlands, die noch immer von der byzantinischen Glorie aus den Tagen Diaghilews umgeben war.

Wir vier quetschten uns auf gegenüberliegende Sitze und diskutierten über die neue Truppe. Ich erzählte ihr, daß ich schon als dramatische Ballerina eingeladen worden sei und daß bis zum kommenden Herbst noch eine größere Anzahl Tänzer aufgenommen werden sollte. »Diana«, sagte die Nijinska, »*je voudrais que vous me trouviez tous les membres du corps de ballet de chez Dolin. Ils étaient marveilleux!*« [Mach doch, bitte, alle Mitglieder des *corps de ballet* von Dolin ausfindig. Sie waren wunderbar.] Das stimmte. Der den Engländern angeborene Teamgeist bewies sich durch die Präzision und elegante Linie der Tänzerinnen immer wieder da, wo der ›corps‹ der alten Schule eingesetzt wurde. Ich versprach, in der kurzen Zeit, die mir verblieb, mein Bestes zu tun. Die Rede kam auch auf ein Filmprojekt über einen satirischen Kriminalroman von Caryl Brahms und A. J. Simons, mit dem Titel *Bullet in the Ballet*, der auf den Ballets Russes von de Basil basierte und ein Bestseller war. Auch darin sollte ich eine Rolle übernehmen. Wir schwelgten in gemeinsamen Erinnerungen an die Zeit im Markova-Dolin-Ballett, während der sie so glücklich gewesen war und so viele Hoffnungen gehegt hatte, bis die Kluft zwischen Dolin auf der einen Seite und ihr und mir auf der anderen Seite sie dazu gebracht hatte, die Truppe zu verlassen. Sie wollte wissen, ob ich wirklich auch zur gleichen Zeit fortgegangen war. Ich bestätigte das und sagte, daß ich nach ihrem Fortgang keinen Wunsch mehr verspürt hätte, länger zu bleiben. Was war aus der Truppe geworden? Sie ging für eine weitere Saison auf Tournee, und danach soll Dolin, so hatte ich gehört, entmutigt gewesen sein (wie ich, wenn ich geblieben wäre), und die Truppe löste sich auf. Jammerschade.

Aus irgendeinem unerfindlichen Grund hatte meine Familie mich zum Orakel von Delphi erklärt. Sowohl Mama als auch Griselda kamen von Zeit zu Zeit zu mir und baten mich, in der Kirstallkugel die Zukunft zu lesen.

Dieses Mal, im Sommer 1939, ging es um die gefürchtete Möglichkeit eines drohenden Krieges. Zweifellos, sagte ich, wird es dazu kommen, und daher, liebe Griselda, ist dies unsere letzte Chance für eine Reise auf den Kontinent. Es gilt also, keine Zeit zu verlieren.

Griselda war damals voller Unternehmungsgeist. Sie schlug eine Stippvisite in Genf vor, wo es eine Ausstellung von Bildern aus dem Prado von Madrid geben sollte, und einen anschließenden Sprung nach Luzern zu einem Konzert mit Toscanini. Dann sollte es nach Dänemark gehen, auf das entzückende Schloß, in dem wir schon zwei Sommer verbracht hatten, und dann, fügte ich grimmig hinzu, könnten wir von Glück sagen, wenn uns alles gelänge.

Toscanini dirigierte das Festival-Orchester mit Adolf Busch als Konzertmeister und Karl Doktor als erstem Geiger. Auf dem Programm standen Beethovens *Coriolan-Ouvertüre*, Debussys *La Mer*, Vorspiel und Liebestod aus *Tristan und Isolde* und die erste Sinfonie von Brahms. Es war ein inspirierendes, bewegendes Konzert, ganz im Stile Toscaninis. Anschließend ging unsere Reise weiter nach Genf. Dort stapften wir einen ganzen Tag durch die außergewöhnliche Sammlung aus dem Prado, bis unsere Füße schließlich halbgaren Frikadellen ähnelten. Zu unserem Kummer gab es nämlich keine Zeitkarten, die es den Fußkranken erlaubt hätten, zum Mittagessen nach Hause zu humpeln, im Bidet ein Fußbad zu nehmen und solchermaßen erfrischt am Nachmittag zu weiteren Genüssen zurückzukehren. Mit listiger Genfer Sparsamkeit verfiel die Eintrittskarte, sobald man das Portal verlassen hatte, und für künftige Freuden hätte man erneut einige Franken springen lassen müssen. Wütend über so viel Knauserei hielten wir fast fünf Stunden durch und genossen den Anblick der wunderbaren Gemälde von Velázquez, Zurbarán, Goya, El Greco (wir waren speziell an der spanischen Schule interessiert) und noch vieler anderer, darunter der eigenartige und wunderbare Patinir, dessen Darstellung von Sodom und Gomorrha ich seit meiner Schulzeit auf einer Postkarte mit mir herumtrug.

Dann weiter nach Dänemark, eine Reise quer über den Kontinent, wie wir sie uns riskanter nicht hätten vorstellen können. Niemand in der Schweiz hatte je von dem dänischen Hafen Fredericia gehört, und so mußten wir über Basel und Hamburg reisen und konnten unsere Reiseschecks nur unter großen Schwierigkeiten einlösen. Wir freundeten uns mit ein paar sehr netten deutschen Soldaten an, die uns interessiert (oder versteckte sich hinter dieser Neugier vielleicht schon ein ehrgeiziger Plan?) über England ausfragten. Schließlich gelangten wir an einen Ort, der sich als Friedrichshafen herausstellte. Hier erspähte ich einen Zeitungsstand und kaufte die *Berliner Illustrierte Zeitung* sowie eine dänische Zeitschrift, die sich *Uge Journalen* nannte. In ihnen waren *charabancs* [Ausflugsbusse], wie die London Coastal Coaches damals noch hießen, abgebildet. Sie trugen die ermunternde Plakataufschrift »Keine

Furcht vor Hitler, jetzt buchen!« Als wir in dem wunderschönen dänischen Schloß angekommen waren, schrieb ich an Sir Robert Vansittart und schickte ihm Ausschnitte aus den beiden Zeitschriften. Mitte August. Das klare Licht Dänemarks lag über der weiten grünen Ebene, die sich wie ein feierlich ausgebreiteter Teppich von den hellroten E-förmigen Ziegeln von Tirsbaek bis hinunter an den silbergrauen Fjord erstreckte, an dessen Ufern riesige Bäume wie Blätterwände standen. Kein einziges Flugzeug unterbrach die Stille. Griseida und ich lagen zusammen mit Ebba, der jungen Tochter des Hauses, unter einem großen Pflaumenbaum im Küchengarten und stopften uns genüßlich voll. Einer von Griseldas vielen Verehrern stellte sich ebenfalls ein. Ich glaube kaum, daß wir ein ernstes Gespräch führten. Aus dem Haus kam jemand mit einem Telegramm für mich: ein Fernsehtermin mit Dolin am 6. September; Probenbeginn für die neugegründete Truppe am 28. September. Zwei Tage danach, am 21. August, panische Angst vor dem Krieg. Am 24. August meldet sich mein Stiefvater mit der Nachricht, es sei kein Grund zur Besorgnis, und das, obgleich der deutsch-sowjetische Pakt gerade eben unterzeichnet worden ist. Im übrigen war der Vertrag für den Film *Bullet in the Ballet* in Mulberry House eingetroffen. Jetzt ruhelos geworden, verabschiedete ich mich von unseren liebenswürdigen Gastgebern und besuchte ein paar liebe Freunde in Kopenhagen. Es waren junge Leute unseres Alters, mit denen wir einen sorglosen Sommer auf ihren verschiedenen Landsitzen in der Umgebung verbracht hatten. Den Dänen ist es gegeben, wirklich zu genießen. Außerdem sind sie eine Augenweide und behandeln ihre Gäste mit einer unwiderstehlichen Mischung aus Charme und Liebenswürdigkeit, die beruhigend auf meine übereifrige, hyperaktive Natur wirkte und mich mit einer Fröhlichkeit erfüllte, die ich bis zu dieser Zeit fast gänzlich verloren hatte.

In dem berühmten Hotel d'Angleterre in Kopenhagen, wo man auf der Terrasse mit Sicherheit alle die antraf, die zum engen Kreis der Vorkriegsgesellschaft gehörten und dort frische Krabben mit Tyborg-Bier genossen, stellte ich die Frage, die mir auf den Nägeln brannte: »Wann ist es soweit?« Adam Moltke,

Niels Friis, Ulrick Ahlefeldt, die Dannesjkølds und Reventlows, alle, wie sie da waren, lachten mich wegen meiner Ängste aus. »Schau mal, Diana, wir alle haben deutsche Vettern ersten Grades, es wird natürlich nichts passieren.« Keineswegs davon überzeugt, wandte ich mich an den einzigartigen Hasluv von der langsam aussterbenden alten Garde berühmter Portiers und bat ihn um seine Ansicht. Ohne die leiseste Regung auf seinem schildkrötenhaften Gesicht gab er zur Antwort: »Ich werde für Sie einen Platz auf dem ersten Schiff morgen reservieren lassen, Miss Gould.« Das war der 26. August. Was für ein wunderbarer Mensch! Er hatte für mich sogar eine Einzelkabine gebucht unter dem hochstaplerischen Titel ›Lady Diana Gould‹. Um sie zu erreichen, mußte ich über die vielen Körper hinwegsteigen, die auf jedem verfügbaren Zentimeter dichtgedrängt auf dem Deck lagen. Griselda und ihrem jungen Begleiter gelang es noch zwei Tage später, am 28. August, nach England zurückzukehren.

Von nun an warte ich jeden Tag voller Unruhe auf die Nachricht, daß die Proben beginnen. Funkstille. Am 1. September wird die Einberufung und zugleich die Mobilmachung aller Streitkräfte verkündet. Um sechs Uhr morgens besetzt Hitler Danzig und marschiert in Polen ein. Die lange vorbereitete Evakuierung aller Kinder beginnt. Papa verbringt die Nacht in der Admiralität, und am nächsten Morgen, dem 2. September, sitzt er in voller Uniform am Frühstückstisch. Niemand sagt irgend etwas von Belang, denn wir können selbstverständlich unseren Vater nicht um irgendwelche Erklärungen bitten. Am gleichen Tag stellt der britische Premierminister Neville Chamberlain Hitler ein Ultimatum, das er bis zum folgenden Morgen elf Uhr beantwortet haben muß, andernfalls werde sein Schweigen als Kriegserklärung verstanden. Es gab kaum Fernsehen damals, lediglich Radio, und unter den gegebenen Umständen nur schmallippige Vermutungen. Wir gehen schlafen. Ich bin erleichtert, daß wir zumindest alle zusammen und wieder unter dem Dach von Mulberry House sind, anstatt über den ganzen Kontinent verstreut zu sein.

Am darauffolgenden Tag, am Sonntag, dem 3. September um elf Uhr morgens, gibt Chamberlain über den Rundfunk bekannt, daß sich, da Hitler das Ultimatum nicht beachtet habe, England und Deutschland im Kriegszustand befinden. Um Viertel vor zwölf heult zum erstenmal eine Sirene. Vorschriftsmäßig ergreifen wir unsere Gasmasken. Bald darauf folgt die Entwarnung. Falscher Alarm. Wir beginnen, Ringe an dicken, schwarzen Vorhangstoff zu nähen, um eine vollständige Verdunkelung zu gewährleisten, und kleben schwarzes Papier vor die Kellerfenster. Große Hanfsäcke, vermutlich voller Sägemehl, erscheinen plötzlich an den Grundmauern der Gebäude. Im Augenblick sieht es so aus, als würden alle Stätten der Unterhaltung bis auf weiteres geschlossen bleiben.

Meine Herbstpläne sind längst zerronnen: kein Film, keine neue Truppe, keine geliebte Nijinska. Das Schiff ›SS Athena‹ wird torpediert und versenkt. Es gelingt mir, mich in Laura Hendersons Haus (der alten Dame, die die Markova-Dolin-Truppe unterstützt hatte) von der Nijinska zu verabschieden, die genau so tief enttäuscht ist wie ich. Am Victoria Station winke ich der Basil-Truppe nach. Zusammen mit der Nijinska gehen sie alle in die Vereinigten Staaten. Jetzt komme ich mir wirklich verlassen vor. Dolin bleibt vorerst zurück und meldet sich bei der ARP (Air Raid Precautions [Luftschutz]) in der Nähe seines Studios am Carlyle Square. Dieser Gruppe obliegt die Rettung von Ausgebombten, die in ein Krankenhaus transportiert werden müssen.

Ich spiele weiter Chauffeur für Vaters Armeefreunde; das Hinterteil der guten Chi-Chi ist zusammengeflickt worden, und sie benimmt sich genauso wie vorher. Griselda und ich tasten uns durch die Verdunkelung und fahren mit der Vorortsbahn zu einem kleinen Theater, das seine Tore nicht hat schließen müssen. Robert Donat, Stewart Granger und noch andere Schauspieler schaffen eine wunderbare Spielzeit mit Stücken von Shakespeare und Goldsmith. Das ist ein Licht in dieser Finsternis, in der selbst die Bahnstationen ihrer Namen beraubt worden sind, um bei einer möglichen Invasion den Feind zu verwirren. Es scheint, als gehörte das zu einer stillen Abmachung, über die sich niemand beschwert, denn wir alle sitzen im gleichen Boot, und, so paradox es auch klingen mag, das Aufregende, die Schönheit der Bühnenwerke und ihrer Darstellung erfahren dadurch noch eine Steigerung. Am 14. Oktober 1939 wird die ›Royal Oak‹, einst Stolz und Freude unseres Landes, versenkt. Nur 370 Mann der Besatzung von insgesamt 1200 Mann können gerettet werden.

Ich bekomme das Angebot, als Double einer berühmten Schauspielerin in einem Film zu tanzen. Erfreut über diese unerwartete Einkommensquelle mache ich mich mit zwei Tänzern auf den Weg nach Elstree. Wir haben, so dachten wir jedenfalls stolz, eine phantastische Ballszene vorbereitet. Für einen Tänzer ist Filmarbeit im übrigen die reinste Hölle. Die damals üblichen endlosen Wartezeiten bedeuteten, daß man in voller Kriegsbemalung Stunden in seiner Garderobe verbringen mußte und sich an irgend etwas, das für Übungen stabil genug schien, festklammerte in dem verzweifelten Bemühen, die Muskeln warm und geschmeidig zu halten. Wenn schließlich der langerwartete Aufruf kam, hatte man ungefähr soviel Kraft und Elan wie eine flambierte Banane vom Vortag.

Immerhin betrug die Gage für einen Tag soviel wie sonst ein voller Wochenlohn für die Arbeit auf der Bühne – also kein Grund zur Klage. Der Spielleiter war Franzose, und es entwickelte sich zwischen uns eine Freundschaft, die ich nur als eine Art *contredanse* bezeichnen kann. Er ging zwei Schritte vorwärts; ich machte einen Schritt, er drei; ich ging einen Schritt rückwärts; das dauerte den ganzen Tag an, verbunden mit merkwürdigen und ziemlich grausigen Mahlzeiten in der Kantine, die mir aber andererseits das Glück verschafften, wieder die Sprache zu sprechen, die ich so sehr liebte. Der Star des Films war keineswegs begeistert, ganz im Gegenteil.

Unsere Ballkleider, die natürlich gleich waren, sahen hinreißend aus. Als Haarschmuck trug ich einen Reifen aus Mondsteinsternen, der meiner Großmutter gehörte. Als ich bei den Dreharbeiten endlos lange neben dem Regisseur saß, vor lauter Warten verzweifelt mit den Zehen wackelnd (eine andere Schauspielerin machte pausenlos Fehler), kam der ›Star‹ auf mich zu. »Das gefällt mir sehr, was du da im Haar trägst«, sagte eine eisige Stimme durch ein verstopftes Nasenloch. »Danke«, sagte ich. Pause. »Ich würde dir das Ding gern abkaufen. Was willst du dafür haben?« Sie schlug diesmal Töne huldvoller

Güte an wie gegenüber einem Untergebenen oder einem Almosenempfänger, das Ganze garniert mit dem sauren Rahm der Menschenfreundlichkeit. Sie hatte praktisch ihre Hand bereits im Portemonnaie. »Nun?« erklang es ungeduldig durch das andere Nasenloch. »Das ist leider nicht möglich«, sagte ich, »es gehört zum Familienerbe, und ich kann es nicht einfach verkaufen, ohne meine Mutter zu fragen.« Dazu lächelte ich zuckersüß. Aus der Richtung meines französischen Freundes kam ein kurzes Lachen, der ›Star‹ starrte mich aus beiden Nasenlöchern an und stürmte verärgert davon. »Va danser enfin!« [Geh endlich tanzen!] sagte der Regisseur mit breitem Grinsen. Und ich tanzte mit meinen beiden Partnern davon, fest entschlossen, als Entschuldigung für meine wohl etwas unfeine Abfuhr ihr wenigstens als Tänzerin in dem Film Freude zu machen.

Meiner Meinung nach waren wir großartig. Als aber meine Partner und ich nach all dem Wirbeln und Herumschleudern atemlos zum Stillstand gekommen waren, hatte der Spielleiter nur dies zu sagen: »Assez, tu viendras demain danser toute seule!« [Das reicht, du wirst morgen ganz allein tanzen!] Meine armen Kollegen wurden fortgeschickt, und ich bekam noch einmal eine volle Tagesgage für wilde Improvisationen samt Mondsteinen.

Das Jahr hinkte seinem Ende entgegen, während wir alle auf das, was wir nicht wußten oder vermutlich eher nicht zu wissen wagten, warteten. Was immer sich an Arbeit bot, wurde angenommen. Ich rechnete täglich mit meiner Einberufung. In unserem Alltag, den wir so normal wie irgend möglich verbrachten, machte sich unweigerlich unsere grundsätzliche Freiheitsbeschränkung unterschwellig bemerkbar. Es erinnerte etwas an die dreibeinigen Wettrennen während der Schulzeit, bei denen zwei Partner jeweils an einem Bein zusammengebunden sind, wodurch die Fortbewegung auf komische Weise behindert wird. Nur dieses Mal war es durchaus nicht komisch.

Ein wohlhabender Australier hatte das kleine Arts Theatre unweit der St. Martin's Lane im Herzen von Londons Theatergegend gekauft. Im Hinblick auf den Tag, an dem die Theater wieder geöffnet würden, engagierte er mich als eine Art Sekre-

tärin, die eine Liste potentieller Interessenten für die Balletttruppen, die er engagieren wollte, aufzustellen und dann
schnellstens abzuschicken hatte. Zwar war es keine aufregende
Arbeit, aber sie brachte stolze £ 4 pro Woche ein. »Immer noch
besser«, wie mein Großvater zu sagen pflegte, »als mit spitzem
Stock ein Stich ins Auge.«

Ich saß für ein neues Portrait von Freddie Gore, einem
jungen und hochbegabten Maler, dem eine große Karriere
bestimmt war. Und wieder zeigte sich, wieviel sich geändert
hatte: der gute ›Vava‹ Galitzine, Prinz Wladimir Galitzine, gab
sein berühmtes Antiquitätengeschäft in der Berkeley Street
endgültig auf. Sowohl er als auch seine himmlische Frau ›Ma-
mascha‹, die beide ein halbes Dutzend Fremdsprachen konnten, wollten zur British Broadcasting Corporation respektive
zur Postzensur gehen, während ihre drei Söhne, Nicholas,
Immanuel und George (ein besonders guter Freund von mir),
sich zur Marine, zur Luftwaffe und zu den Truppen der Welsh
Guards meldeten.

In typisch russischer Manier wurde die Schließung mit einem
wunderbaren Abendessen gefeiert, ohne jegliches Bedauern.
Daran anschließend wurde ich von sieben jungen Männern ins
Players' Theatre verschleppt, wo Schauspieler nach der Vorstellung köstliches Kabarett machten. Das fand auf einem alten
Speicher von Covent Garden statt und bot mit Sicherheit die
geistreichsten Sketches, die in ganz London zu sehen waren.
Wir saßen an kleinen Tischen und tranken, während Satire und
Farce sich ablösten, alles verfaßt und gespielt von Shakespeare-
oder Shaw-Darstellern. Wir waren schon einmal mit Robert
Donat hier gewesen, dieser Abend bot jedoch etwas ganz Besonderes. Ein unförmiges Wesen in einem Ballkleid aus braunro-
tem Organdy, mit einer orangefarbenen, einem Heuhaufen
ähnelnden Perücke angetan, das Gesicht ordinär mit Make-up
verschmiert, wälzte sich auf die kleine Bühne, gefolgt von
einem Pianisten, der geduldig und bescheiden seinen Platz am
Klavier einnahm. Die Kreatur fing an, sich mit starkem mittel-
europäischem Akzent als Frau Lieselotte Beethoven-Finck vorzustellen und in den folgenden dreißig Minuten über die tolle
Entdeckung eines Schubert-Liedes zu berichten, und zwar auf

die absurde Art, die an die lähmenden Musikstunden erinnerte, deren trockener Ernst zweifellos Tausende von Musikbesessenen in die nächste Disko verscheucht hat. Am Ende dieses Vortrages ermannte sich der bis dahin untätige Pianist und setzte zu einer drei Seiten langen musikalischen Einführung im Stile Schuberts an, die von dem Monster mit einem schrillen »Es muß sein!« schlagartig beendet wurde. Es folgte seine Schlußansage: »Dat wos der Fragment«, woraufhin es unter wildem Applaus und Gelächter die Bühne verließ. Es war niemand anderes als der junge Peter Ustinov, dessen erstes Theaterstück soeben im Arts Theatre aufgeführt worden war.

10 Der Wahrheit ins Auge sehen

Und so die Posaune einen undeutlichen Ton gibt,
wer wird sich zum Streit rüsten?
1. Korintherbrief

1940 und immer noch diese Stille vor dem Sturm. Es war,
als würden wir rückwärts an den Haaren in eine Handlung
gezogen, an der wir wenig Gefallen fanden, und als stellten wir
uns nur widerwillig einer Verantwortung, vor der wir uns nicht
länger drücken konnten. Unser unmoralisches Verhalten hatte
einen recht unangenehmen Geruch bekommen, und wie sehr
wir uns auch die Nasenlöcher zuhielten, der Gestank war
stärker. Für so viele von uns hatten die deutsche Kultur, die
deutsche Musik und Literatur zur Erziehung gehört. Wie gern
wollten wir glauben, daß sich ein Krieg zwischen unseren
Ländern niemals wiederholen würde.

Ich habe immer behauptet, daß eine der größten Stärken
meiner Landsleute in ihrem Mangel an Phantasie liegt. Zweifel
regen sich nur in einem aktiven, suchenden Geist, der dadurch
sein Gleichgewicht einbüßt, während das gelassene Gemüt, das
sich nicht allzu viele Gedanken macht und daher gegen Unruhe
gefeit ist, nicht an Fehlschläge glaubt. Ein England, das sich auf
ein riesiges Weltreich und dessen Reichtümer stützte, bot eine
sichere Grundlage. Diese scheinbar kleine Insel war ja nur die
Spitze eines Eisbergs, dessen unsichtbares Fundament seine
eigentliche Stärke war (was uns von den Franzosen den Spitznamen *perfide Albion* eintrug: eine Nation Scheinheiliger, die
sich törichterweise hinter falscher Bescheidenheit versteckte,
indem sie so tat, als wäre sie nichts weiter als eine Ansammlung
kleiner Inselchen). Getrennt von dem unbeständigen Kontinent neigten die Engländer eher zu Phlegma und Toleranz,

nicht aber zu Leidenschaft und Extrapolation. »Es ist genug, daß ein jeglicher Tag seine eigene Plage hat«, sagen sie gern, meiden lästiges Gepolter und ziehen es vor, den unmittelbar anstehenden Aufgaben nachzugehen. Da die Engländer im tiefsten Herzen unpolitisch sind, verliefen ihre Revolutionen im siebzehnten Jahrhundert verhältnismäßig unblutig. Nachdem sie ihren Monarchen in einem angemessenen rituellen Akt enthauptet und die düstere Ideologie Cromwells lange genug ertragen und Buße getan hatten, konnten sie sich wieder den eigentlichen Dingen zuwenden. Als es dann gegen Ende des Jahrhunderts den Anschein hatte, daß es zu weiteren Umwälzungen kommen könnte, hieß man einen holländischen Prinzen willkommen, damit er sie von einem weiteren lästigen König befreite. Vor allem lieben die Engländer die Ordnung, die es ihnen ermöglicht, ihr eigenes Leben zu leben und – wichtiger noch –, das unbehelligt zu tun.

Diese Charakterzüge führten dazu, daß sie allem Unangenehmen gern aus dem Wege gingen und wenig Enthusiasmus für die großen Fragen zeigten. Wenn sie überhaupt eine Vision besaßen, so ging diese weit über Europa hinaus und konzentrierte sich auf das weitverzweigte Empire, denn nur dort wollte man heroischen Mut und Tapferkeit beweisen. Ansonsten hielt man es lieber mit dem großen Lord Melbourne, der behauptet hatte: »Niemand hat je etwas Dummes getan, es sei denn, aus einem starken Grundsatz heraus.« Dementsprechend verhielt man sich auch gegenüber der moralischen Pflicht und der Notwendigkeit, der sich immer weiter ausbreitenden Finsternis ins Auge zu schauen, bis man der entsetzlichen Gefahr oder den moralischen Konsequenzen, mit denen sie einen konfrontierte, nicht länger entfliehen konnte.

Die schlummernde Phantasie erwachte schließlich und mit ihr Burkes unbequemer Ausspruch: »Das Böse kann nur da triumphieren, wo gute Menschen nichts unternommen haben.« Das Böse ist seiner Natur nach primitiv und bleibt daher im Dunkel verborgen. Einzig und allein das Gewissen bringt es ans Licht und fordert es zum Kampf heraus.

In gewisser Weise waren wir erleichtert, als dieses epochemachende Stadium schließlich erreicht war. Kein Vertuschen,

keine spitzfindigen Argumente mehr; vorbei war es mit Trug-
schlüssen und Ausflüchten, und, wie hoch der Preis auch sein
mochte, der Krieg würde sich im Hinblick auf die jahrelange
Drückebergerei zumindest als Katharsis erweisen. Diejenigen,
die zu jung sind, um diese Kriegsjahre miterlebt zu haben,
neigen dazu, dieses einmalige Zusammengehörigkeitsgefühl,
das während der Zeit gemeinsam erlebter Gefahren wuchs, als
sentimentalen Mythos abzutun. Ich jedenfalls stehe dafür ein,
daß es echt war. Vorbei war es auch mit dem entsetzlichen
Klassenbewußtsein, mit der Förmlichkeit; dem britischen
»Unter-sich-Bleiben«, das man in verschiedenen Ausprägungen
in allen Gesellschaftsschichten fand.

Dolin, der nach ungefähr einem Jahr nach Amerika gegangen
war (auch mir war dreimal die Gelegenheit geboten worden,
mich verschiedenen Balletttruppen dort anzuschließen; aber
ich hatte beschlossen, in England zu bleiben, was ich nie bereut
habe), schrieb mir und wollte wissen, wie das Londoner Leben
im Krieg verliefe. Ich antwortete, daß es in vieler Hinsicht
wunderbar sei, sich endlich von all den dummen Einbildungen,
dem Snobismus und den Konventionen befreit zu haben und
jeden Morgen einfach nur dankbar zu sein, daß man noch am
Leben war, daß man genau so schäbig herumlief wie der
nächste, wie jeder andere nach seinen Rationen anstand und
sich schämte, zu meckern. Mit anderen Worten, man verbannte alle Kleinlichkeit und gehörte nun zu einem großen
Ganzen.

Die berühmte Pianistin Myra Hess begann in der National
Gallery mit einer Reihe von Mittagskonzerten, die jeder, der es
in der Zeitspanne zwischen Morgen- und Nachmittagsarbeit
möglich machen konnte, besuchte. Harold Rubin, für den ich
eine Weile als Sekretärin fungiert hatte, um Mitglieder für das
Arts Theatre anzuwerben, entschloß sich, das gleiche zu tun. Er
engagierte drei Balletttruppen, die um die Mittagszeit abwechselnd einige Wochen in dem kleinen Theater auftraten. Die
Truppe, zu der ich gehörte, setzte sich im wesentlichen aus den
Tänzern zusammen, die bei den Russen (wir selbst nannten uns
die »schmutzigen Russen«) gearbeitet und es vorgezogen hatten, in England zu bleiben. Es waren Pru Hyman, Kira Stra-

213

khova (eine ausgezeichnete amerikanische Tänzerin), Hélène Wolska und ich. Keith Lester, ehemaliger erster Choreograph der einstigen Markova-Dolin-Truppe, leitete die Gruppe zusammen mit Harold Turner, mit dem ich als Vierzehnjährige zum ersten Mal öffentlich aufgetreten war. Da wir schon oft zusammengearbeitet hatten, bildeten wir eine erfahrene und professionelle Truppe. Eine der übrigen Truppen wurde von Antony Tudor geleitet mit Maude Lloyd und Peggy van Praagh als erste Ballerinen, und die dritte im Bunde war die der Rambert. Dieses Unternehmen wurde ein solcher Erfolg für alle drei Truppen, daß Rubin noch eine weitere Vorstellung gab – nach einer viertelstündigen Pause, die in der Hauptsache dazu diente, das Haus von den Zuschauern und den übriggebliebenen Butterbroten zu befreien – und schließlich (auf noch größeren Profit erpicht) fügte er eine dritte Vorstellung hinzu. Das hieß, daß wir armen Tänzer um zehn Uhr morgens zum Unterricht zu erscheinen hatten, dem sich eine Probe anschloß, nach der uns gerade noch Zeit für eine Tasse Kaffee blieb, während wir uns schon wieder für die erste Vorstellung, die von ein bis zwei Uhr dauerte, zurechtmachten. Die zweite Vorstellung begann um zwei Uhr fünfzehn, und die letzte lief von halb vier bis halb fünf. Danach wurden uns auf einem großen Tablett alte, trockene Butterbrote kredenzt, für die kein Zuschauer mit Selbstachtung auch nur einen Pfennig gezahlt hätte.

Die Hauptsache war, wir hatten Arbeit. In unserer Position konnten wir nicht verhandeln. Auch waren wir, da wir alle Erfahrungen in russischen Truppen gesammelt hatten, an Schinderei und unerfreuliche Arbeitsbedingungen gewöhnt. Außerdem saß uns wenigstens für die Dauer der Vorstellung die Furcht vor dem Arbeitsamt nicht ständig im Nacken, denn jedes weibliche Wesen im Alter zwischen achtzehn und fünfundvierzig Jahren wurde einberufen. Das bedeutete eine Wahl (oder auch keine) zwischen der Armee, der Marine oder der Luftwaffe (ich bin sicher, wir wären für alle drei vollkommen untauglich gewesen). Damit wäre uns jede Möglichkeit genommen worden, regelmäßig an unserer Tanztechnik zu arbeiten, was für jeden Tänzer ein absolutes Muß ist. Folglich siegte die Dankbarkeit über den Unmut. Und ich für meine Person war selig über ein paar wunderbare neugeschaffene Rollen. Harold Turner schrieb *May Collins*, eine Legende aus Cornwall, in der ich die tragische Titelheldin darstellte. Keith Lester schrieb zu dem zauberhaften langsamen zweiten Satz aus Mozarts Klavierkonzert in c-Moll die Rolle des Mondes, und ich verfaßte das Drehbuch dazu und entwarf die Kostüme für eine *Pavane*, die ich mit Keith Lester tanzte, der die Choreographie zu Faurés lyrischer und melancholischer Musik entworfen hatte. Rubin verliebte sich derartig in das Werk, daß er keine einzige Vorstellung ausließ und mir jedesmal mit einer Karte und dem dazu passenden romantischen Wortlaut Blumen schickte.

Schon immer hatte ich gern gezeichnet, aber wenig, wenn überhaupt, Zeit dazu gehabt, seit ich die Schule mit sechzehn Jahren verlassen hatte, mit Ausnahme der neun Monate, in denen ich mein verletztes Knie kurieren mußte. Als ich nicht tanzen konnte, nahm ich erneut einen Bleistift zur Hand und »übte«, indem ich sämtliche Reproduktionen der Portraitmalerei, angefangen bei El Greco bis hin zu Renoir, zu kopieren versuchte, um das, was Charles Wheeler, der damalige Präsident der Royal Academy, einen »gehorsamen Bleistift« nannte, wiederzugewinnen. Als dann Harold Turner die Inszenierung eines neuen Balletts plante, schlug ich ihm Hugo Wolfs *Italienische Serenade* vor, schrieb das Libretto und entwarf sowohl die Kostüme als auch das Bühnenbild, was mir beides riesigen Spaß machte.

Der »Sitzkrieg«, wie wir ihn damals nannten, ging weiter. Die Theater wurden versuchsweise wieder geöffnet, und ich versammelte mehr und mehr männliche Begleiter aus den unterschiedlichsten Berufsgruppen um mich: Schauspieler, Diplomaten, Maler, Schriftsteller, Politiker, solche, die auf dem Kunstsektor tätig waren und einige wenige, die nichts weiter zu tun hatten, als ihre Landsitze zu verwalten oder sich um ihre Besitztümer zu kümmern. Freundschaften wurden durch die unsichere Zukunft bereichert und vertieft. Es kam Wehmut dazu, wo gefühlsmäßige Bindungen im Spiel waren, Angst um die, die bald einberufen würden. Einer nach dem anderen verschwand in der Armee, der Marine, dem Auswärtigen Amt oder dem Nachrichtendienst. Nur wer die ärztlichen Untersuchungen nicht bestand oder die älteren Männer, die in ihren eigenen Berufen den besten Dienst leisteten und daher an ihrem Platz von größerem Nutzen waren, oder die, die im Militärdienst versagt hätten, blieben zurück. Viele der großen Schauspieler, die man jeden Abend auf der Bühne sehen konnte, ertrugen diese Unterscheidung nicht und meldeten sich einfach freiwillig.

Schon längst hatte man Griselda und mir den Namen »die schönen Schwestern Gould« gegeben. Griselda war überall außerordentlich beliebt und bewegte sich in Gesellschaft freier als ich. »Die Gesellschaft« löste sich jedoch sehr bald auf, und Griselda mußte beweisen, daß sie mehr zu bieten hatte als nur ein schönes Gesicht. Auch ich war zu dem Schluß gekommen, daß es klug wäre, mich nach einer Arbeit umzusehen, denn die Möglichkeit, daß die Theater erneut schlossen, war durchaus gegeben. Zunächst ließ Griselda sich bei der Postzensur in der Londoner City anstellen, wo ihr ihre Französischkenntnisse zugute kamen. Natürlich machte sie ihre Sache großartig und munterte ihre Mitarbeiter zweifellos auf. Bald darauf wurde die Postzensur jedoch nach Liverpool verlegt. Da Griselda fest entschlossen war, in London zu bleiben, besorgte sie sich eine Stellung beim Militärgeheimdienst MI5, was sie, davon bin ich überzeugt, nur der Länge und Schönheit ihrer Wimpern zu verdanken hatte. Obwohl sie nicht mit der Maschine schreiben konnte, gelang es ihr, sich dort sehr gut einzufügen. Sie erzählte uns die komischsten Geschichten aus dem damals recht unorganisierten Ministerium. Einmal schrieb sie eine Persiflage darüber, die sie versehentlich auf ihrer Schreibmaschine liegen ließ (mit der sie nach dem »Zweifingersystem« arbeitete). Man konfiszierte und kopierte sie, und ganz Whitehall lachte darüber, sehr zum Unbehagen des Kriegsministeriums, das ihre weitere Verbreitung zu unterbinden suchte.

Nach dem Krieg offenbarte sie mir, daß mein Name auf der schwarzen Liste von MI5 gestanden hätte, augenscheinlich, weil ich arglos in einem ausgesprochen schlechten, von einem überzeugten Kommunisten verfaßten Theaterstück aufgetreten war, das von sehr links eingestellten Schauspielern aufgeführt worden war. Das hatte nur in einer sonntäglichen Spätvorstellung in einem der unbedeutenden kleineren Theater stattgefunden. Ich war damals achtzehn oder neunzehn Jahre alt und hatte keinerlei Ahnung von der politischen Einstellung des Hauptdarstellers. Ich war vielmehr vollauf damit beschäftigt, seinem widerlichen Körpergeruch auszuweichen und demzufolge nicht in der Lage, seine etwaige rotgefärbte Ideologie wahrzunehmen. Lydia Lopokova, Diaghilews Exballerina und die spätere Ehefrau von John Maynard Keynes, dem berühmten Nationalökonomen, hatte mich für das Stück engagiert. Über Bloomsbury wußte ich kaum mehr, als daß es den Ruf einer intellektuellen Enklave für Schriftsteller wie Virginia Woolf und Lytton Strachey genoß, und ich fühlte mich geschmeichelt, daß sie mich überhaupt aufgefordert hatte. Allerdings erinnerte ich mich genau daran, daß ich wieder und wieder eine der zahlreichen, in London üblichen Steintreppen hinuntersteigen mußte, die in vorsintflutliche Souterrains führten, in denen, zwischen Bloomsbury und Kensington, alle unsere Proben stattfanden. Einmal stand ich vor einem riesigen Plakat, auf dem ein äußerst arrogant aussehender alter Mann mit langem weißem Bart abgebildet war und fragte ganz naiv, wer das denn sei. Meine Frage stieß zunächst auf schockiertes, ungläubiges Schweigen, und dann ertönte es im Chor:»Karl Marx natürlich«, und zwar in einem derart mißbilligenden Ton, daß ich es mir nicht verkneifen konnte zu fragen:»Karl marks what?« Die sich daran anschließende Theaterprobe verlief frostig. Ich kann mich an nichts weiter erinnern, als daß ich von meiner Rolle als Eva (der Übelriechende war Adam) kein einziges Wort verstand und es auch nicht versuchte, denn das ganze Stück war in einem unklaren, schwulstigen und verworrenen Jargon geschrieben, daß ich mich einfach nicht aufraffen konnte, die Sache anzupacken. Als Griselda ihr Geheimnis preisgab, machte mir der fragwürdige Ruhm, den ich mir damit eingehandelt hatte, rückblickend eigentlich Spaß. Daß ich so wichtig war, um als Gefahr für das Reich zu gelten, nur weil ich eine Rolle in diesem dummen Stück übernommen hatte, war erstklassiger schwarzer Humor.

Allmählich wurde der Kreis der Freunde spürbar kleiner, und unser Leben konzentrierte sich auf die Arbeit und die täglich zunehmende Einschränkung unserer einstigen Freizügigkeit. Für Kleidung gab es pro Jahr zweiundachtzig Bezugsscheine, und da ein einziger Mantel die gesamte Zuteilung verschlang, mußte man mit jedem einzelnen Kleidungsstück pfleglich umgehen, mußte flicken, stopfen und abgerissene alte Schuhe noch einmal besohlen. Das Material für Dekor und Kostüme war ebenfalls rationiert. Der Mangel machte uns immer erfinderischer, ob es sich nun um normale oder Theatergarderobe handelte. Bezugsstoffe unterlagen bislang noch keiner Kontrolle, und so blieben etliche Sessel, Sofas und Betten entweder unbedeckt oder schäbig, denn wir hatten ihnen den Samt, Brokat und Chintz abgenommen und uns selbst damit geschmückt. Kunst und Handwerk, die zu unserem Leben gehörten, wurden sehr bald raffiniert und geschickt eingesetzt, und es schadete keinem von uns, wenn wir unseren Verstand gebrauchten. Die Tatsache, daß wir aus unserer Bequemlichkeit und Selbstzufriedenheit herausgedrängt wurden, veränderte unsere Werte. Es war wie bei einem Kaleidoskop, das geschüttelt wird und neue Muster in ganz anderer Anordnung und Farbe zeigt.

Wegen des drakonischen Spielplans im Arts Theatre waren wir zu erschöpft, um noch viel anderes zu unternehmen und nur noch in der Lage, uns abends zur ersten Mahlzeit des Tages nach Hause zu schleppen. Von Zeit zu Zeit kam ein Freund, den man längst schon an den Kriegsdienst verloren hatte, auf Urlaub, und gemeinsames Ausgehen bedeutete wesentlich mehr als früher. George Galitzine, mein engster russischer Freund, der seit einigen Monaten bei den Welsh Guards diente, rief mich unerwartet an und lud mich zum Abendessen ein. In großer Vorfreude auf das Wiedersehen verabredeten wir uns. Laut Dienstvorschrift müssen alle neuen Rekruten der Guards in den niedrigen Rängen beginnen, ungeachtet ihres gesellschaftlichen oder finanziellen Hintergrundes. Harold Nicolson, mein Vormund und einer der führenden englischen Literaten, hatte gerade einen recht unterhaltsamen Artikel geschrieben zu der Frage, inwieweit »Kleider Leute machen«, besonders wenn es sich um Männer handelt. Nach Nicolson kann eine gewisse angeborene Vornehmheit, die der landläufige Herr aus gutem Hause wie ein Geburtsrecht besitzt, von seiner Kleidung – und sei sie noch so billig oder schäbig – niemals beeinträchtigt werden. Ich konnte jedoch beweisen, daß es keinen größeren Irrtum gibt. Das Hausmädchen in Mulberry House kündigte Georges Ankunft an. Voller Aufregung, ihn nach all diesen Monaten wiederzusehen, raste ich die Treppe hinunter. Für einen kurzen Augenblick glaubte ich mich zu täuschen. Der dort linkisch in der Diele stand, von seinen schweren Armeestiefeln an den Boden festgenagelt, unförmig wie ein Paket in seiner dicken khakifarbenen Infanterieuniform, das rote Haar abrasiert bis auf ein Strohbüschel, das dort oben wie eine bei Regen hastig aufgestülpte Kopfbedeckung saß, mit dem langen Hals, der aus einem schlecht sitzenden Kragen herausragte und ein blasses Gesicht mit abstehenden Ohren stützte, was insgesamt an eine Klosettbürste mit extra Henkeln erinnerte: das war der einst so lässige und elegante George Galitzine. »Sparja, Schatz!« (mein russischer Spitzname »Spargel«), rief er, »bitte, bitte, lach mich nicht aus.« Aber ich konnte nicht anders, und das Eis war dadurch sofort gebrochen. George war ein regelmäßiger Zuschauer des Markova-Dolin-Balletts gewesen, der uns oftmals während unserer Tourneen besucht hatte. Er besaß einen herrlichen Sinn für Humor, war ein großartiger Gesellschafter, und ich wußte, daß ich es darauf ankommen lassen konnte, daß er über sich selbst lachte. Wir landeten schließlich im Nachtklub ›Four Hundred‹ am Leicester Square, wo die meisten von uns sich abends einfanden. Klein, dunkel und urgemütlich war es da, und wir saßen an winzigen Tischen an den Wänden entlang wie Spalierbäume. In der Mitte des Raumes gab es eine klitzekleine Tanzfläche, auf der die Paare sich so eng aneinander drängten, daß man kaum sagen konnte, mit wem man eigentlich tanzte. George wandte sich einer attraktiven Dame zu, die mit ihm in Tuchfühlung am Nebentisch saß. »Guten Abend, Adèle.« Sie warf ihm den eiskalten Blick zu, der im allgemeinen dazu dient, aufdringliche Männer zu verscheuchen. Pause. »Adèle?« Adèle Cavendish, vormalig Adèle Astaire, die zusammen mit ihrem Bruder Fred in *Lady be Good* London einige Jahre zuvor im Sturm erobert hatte, blickte den lästigen Fremden immer noch eisig an. »Adèle, ich bin George, George

Galitzine.« Diesmal war sein Ton fast flehentlich, fast dem Weinen nahe.»Du großer Gott!« sagte sie, und alle Feindseligkeit schmolz in einer spontanen Umarmung und einem Kuß dahin.

Eines Tages, so erzählte er mir, standen die Gardisten in ihrem riesigen Schlafsaal zu einer der gefürchteten Inspektionen am Fuß ihrer untadeligen Kojen stramm, die Augen geradeaus gerichtet, als der inspizierende General, der langsam die Reihen abschritt, unvermittelt vor George stehen blieb und zu dessen Schrecken sagte:»Galitzine? Kannte Ihren Vater, traf ihn bei Soundso« und dann weiterging. Angstvoll wartete George auf den wilden Aufstand, der mit Sicherheit daraufhin losbrechen würde. Zu seinem Erstaunen umringten ihn seine Kameraden, sobald der General verschwunden war.»Du bist also ein feiner Pinkel?« fragten sie in ihrem Waliser Singsang. George, dessen Ohren vor Erleichterung prickelten, leugnete diese Feststellung mit der Behauptung, sein Vater besäße einen Laden. Er war auf Haßgefühle und Schikane gefaßt gewesen, aber die Waliser empfanden weder Neid noch das Bedürfnis, ein derartiges Gefühl zu zeigen. Als er später zum Offizier befördert worden war, wurde er von seinen Soldaten hoch geschätzt. Er brachte ihnen bei, *Auprès de ma blonde* phonetisch richtig zu singen, wenn sie über die Landwege marschierten, und zwar mit allen dazugehörigen anstößigen Strophen, die sie mit ihren schönen Waliser Stimmen lauthals sangen. Wie gern wäre ich eine Kuh gewesen, hätte über die Hecke geschaut und zugehört!

Als unser Turnus am Arts Theatre beendet war und die nächste Truppe an die Reihe kam, wurden wir auf Tournee geschickt, und zwar, da es Anfang Mai war, hauptsächlich in die Küstenstädte. Hastings stand als erstes auf dem Programm. Wir unterliefen die strikte Vorschrift und schwammen (es war ein herrlicher Sommer), sonnten uns, rieben uns mit Sonnenöl ein und vergaßen darüber fast den Kriegszustand, in dem wir uns befanden und der bislang nicht viel anderes bedeutet hatte als den Verlust unserer Freizügigkeit. Unser einziges derzeitiges Problem war, wie wir die Sonnenbräune kaschieren sollten, die kaum zu einer vom Mond beleuchteten »Sylphide« gepaßt hätte. Jeden Morgen Üben und Proben wie üblich. Eines Tages geht die Tür auf: Polizei. Höflich und ernst wenden sie sich an Barry Barcynsky, einen jungen Polen, und erklären ihm, daß alle Ausländer vorläufig interniert werden müßten. Der arme Barry geht schweigend mit. Wir nehmen den Unterricht erneut auf.

Mai 1940: Die deutsche Wehrmacht marschiert in Belgien und Holland ein.
Der Entschluß, so zu tun, als wäre man im Urlaub, macht sowohl jede geistige als auch jede körperliche Konzentration, die beide für einen Tänzer unentbehrlich sind, zunichte. Folglich beenden wir das *dolce far niente* mit Meer und Sand und ersetzen es durch ausgedehnte Waldspaziergänge im Hinterland, wo es von flammenblauen Glockenblumen nur so wimmelt. Die Arme beladen mit meinen heißgeliebten Feldblumen kehren wir zurück und stopfen sie in Krüge und deckellose Kaffeetöpfe, die wir von unseren Vermieterinnen geborgt haben, um etwas Farbe in die triste Reinlichkeit der Zimmer zu bringen.

Brüssel und Antwerpen fallen.
Churchill hält eine wunderbare, ernste Rede. Seine instinktive Kenntnis der britischen Wesensart ist unverkennbar. Seine Worte halten genau die richtige Balance zwischen vorsichtiger Warnung, Offenheit und dem Glauben an unsere Widerstandsfähigkeit. Drei Tage später scheint das Meer vor unseren Fenstern mit winzigen Punkten gesprenkelt zu sein – Masern den Horizont entlang. Der Himmel ist noch immer blau, das Wasser erstaunlich ruhig. Ich ziehe mich ganz schnell an und laufe an den Strand. Inzwischen haben sich die Punkte in Boote von unterschiedlichster Größe und Form verwandelt: Dinghis, ›Nußschalen‹, kleine Schiffe jedes erdenklichen Typs, die meisten mit Rudern, einige mit Segeln, offensichtlich englische und französische Soldaten, die von ihren Einheiten getrennt worden sind und jetzt verzweifelt über den Kanal zur nächstgelegenen Küste Englands rudern. Eine Anzahl großer Autobusse hat sich inzwischen am Strand eingefunden. Da ich Franzö-

sisch spreche, biete ich meine Hilfe an und stehe bald mit den Verantwortlichen unten am Wasser. Ein Boot nach dem anderen treibt an und spuckt sie aus, die hungrigen, abgerissenen und durchnäßten Männer mit rotumränderten Augen, die Gott weiß wie lange am Strand der Normandie gekauert haben und sich dann in jedes mehr oder weniger seetüchtige Fahrzeug quetschten, das sie erwischen konnten. Einige von ihnen tragen schmutzige, blutdurchtränkte Bandagen, die meisten haben keine Schuhe an, und allesamt sind sie wie betäubt von dem Glücksgefühl, noch am Leben und wieder an Land zu sein. Wir verteilen Schokolade, und ich helfe ihnen in die Busse, mit denen sie zu den verschiedenen Auffanglagern gefahren werden sollen, wo heiße Getränke, warmes Wasser und frische Kleidungsstücke auf sie warten. Mir kam es seltsam vor, wieder mit Franzosen zu sprechen und selbst unter diesen makabren Umständen ihre unzerstörbare Intelligenz wiederzuerkennen. Ihr gehetzter Blick sprach von der seelischen Erschöpfung, die mit ihrer körperlichen Schwäche einherging. Die meisten von ihnen waren entschlossen, sich de Gaulle anzuschließen; in allem, was sie sagten, erkannte ich den Rationalismus, der das Denken des Franzosen grundlegend bestimmt. Niemand gab sich irgendwelchen Illusionen hin. Alle waren sich darüber im klaren, daß Frankreichs Niederlage nicht mehr weit sein konnte.

Die Ballettvorstellungen gehen weiter. Wir brauchen nun keine Selbstdisziplin mehr zu üben, was das Strandleben angeht. Man hat ohnehin damit begonnen, am Pier entlang Minen zu legen und ihn mit aufgerolltem Stacheldraht abzudecken. Spät am Abend kommt ›Patik‹ Thal (die Strakhova von der Basil-Truppe) weinend in unser Zimmer. Kapitän Simpson, der Mann ihrer Schwester, ist auf der Brücke seines Schiffes ums Leben gekommen, denn jetzt hat der große Rückzug von Dünkirchen wirklich begonnen.

Die deutsche Armee ist bei Boulogne. Amiens wurde eingenommen.
Wir tanzen weiter, aber mit stetig nachlassendem Engagement. Man läßt Minen detonieren, die im Meer gefunden wur-

222

den. Die Explosionen werfen einen fast um. Das Tanzen kommt
uns um so absurder vor.

*König Leopold von Belgien ergibt sich der deutschen
Armee.*
Von London und dem Mittelpunkt allen Geschehens entfernt, fühle ich mich ziemlich verloren. Ich sehne mich danach
zurückzukehren, anstatt hier in meinem Ballettröckchen fest-
zusitzen, an einem Meer, das, soweit das Auge reicht, von
unseren Booten übersät ist, die die Küste hinauffahren, dorthin, wo die Entfernung von Frankreich geringer ist. Tag und
Nacht ballern die Geschütze der Fliegerabwehr; Messerschmitts greifen die flüchtigen Boote im Sturzflug an.
Endlich wieder London und Mulberry House. Um die Zeit
auszufüllen, entwerfe ich wieder ein Kostüm für eine unserer
Solotänzerinnen. Die musikalischen Soireen finden nach wie
vor sonntags statt, nur mit dem Unterschied, daß sich jetzt
unter den Zuhörern und Künstlern immer mehr Flüchtlinge
befinden – ein doppelter Bonus. Unsere Truppe geht nach
Tunbridge Wells, dem Kurort unweit des von uns so geliebten
Häuschens unserer Großeltern mütterlicherseits, wo wir als
Kinder unsere Sommerferien verbrachten. Einen ganzen Tag
lang suche ich nach einer Unterkunft, denn irgendwie plant
man nicht mehr, weil man dauernd auf das Eigentliche wartet.
Man denkt so wenig wie möglich an die praktischen Dinge des
täglichen Lebens und ist mit seinen Gedanken vor allem bei
dem, was einem bevorsteht. Ich verbrachte zwei Tage damit,
die Kostüme und das Bühnenbild für die *Italienische Serenade*
zu entwerfen, nachdem ich ein sehr behagliches Doppelzimmer in einem Hotel auf dem Berg Ephraim gefunden hatte. Von
dort aus konnte ich die ausgedehnten Parkanlagen sehen, die
eines Tages unserer Famile zufallen würden, da sie zum Erbe
des Herrenhauses Rusthall gehörten. Es steigerte meine Konzentration bei dieser Arbeit, wenn ich vom Skizzenblock hin-
aussah auf die sommerlichen Bäume des Juni, auf die seltsamen dicken Felsen, die sich wie eine Herde verirrter Elefanten
dazwischen buckelten, auf die Feldblumen an den Grasrändern
und die Kirchtürme der Stadt unten, jenseits der Terrasse der

›Pantiles‹. Auf jeden Fall war ich mit einer schöpferischen Arbeit ausgefüllt und hüpfte nicht nur nach Choreographien des neunzehnten oder zwanzigsten Jahrhunderts herum.

Am 14. Juni 1940 besetzen die Deutschen Paris.
Das bißchen Seelenfrieden, das ich mir mühsam erworben hatte, war dahin. Ich trauerte in meinem Herzen über den Verlust meiner Zauberstadt. Ich empfand ihn in vieler Hinsicht schlimmer als den Tod, denn hier ging es nicht nur um den bloßen Verlust, sondern um die Konsequenz daraus, um das endgültige Schicksal der Stadt, das mich mit schrecklicher Angst erfüllte. Glücklicherweise bewirkte die Wertschätzung der Deutschen für Paris im Verein mit dem Verhandlungstalent der pragmatischen Franzosen, daß die Stadt zumindest vorläufig sicher war.

23. Juni 1940: Frankreich ergibt sich und nimmt die Waffenstillstandsbedingungen der Deutschen an.
Und damit war das Schlimmste eingetreten. Nun waren wir uns selbst überlassen. Zum ersten Mal in meinem Leben befiel mich ein Gefühl der Einsamkeit, das ich bis dahin nicht gekannt hatte. Es war, als hätte sich meine innere Starrheit einen Spalt breit geöffnet, diese Mischung aus unbedingtem Gehorsam gegenüber den Anforderungen meines Berufes und einer gewissen emotionalen Überheblichkeit. Letztere gründete in einer romantischen Natur, die entsetzliche Angst davor hatte, sich jemandem auszuliefern, der meinen absurden Maßstäben nicht entsprach. Dies alles und der hinderliche Verhaltenskodex einer Erziehung aus der Zeit Eduards VII. hatte mich mit einem Panzer umgeben, aus dem ich mich nicht befreien konnte, der mich aber andererseits auch schützte. In den vergangenen Monaten hatten sich die Grundlagen des täglichen Lebens verschoben, wir hatten Freunde verloren, hatten aber auch viele gute Erfahrungen gemacht, die sich nicht mehr hinter Eigennutz oder Verantwortungslosigkeit verbergen ließen. Ich wußte, daß ich mich nicht länger verstecken konnte. Auch fühlte sich dieses Ich weder behaglich noch sicher unter seiner Schutzschicht. Unbewußt hatte ich unter der Unruhe

des Erwachens gelitten und spürte den kalten Hauch des Alleinseins durch die dünne Schutzhaut hindurch. Ich war in einem Maße verletzlich, wie ich es nie für möglich gehalten hätte. Um mich herum sah ich Liebende, Freunde oder Partner. Nur ich war allein – eine Einsame, die nicht länger einsam sein wollte. War es vielleicht die Allgegenwart des Todes, die den Wert des Lebens steigerte, eines Lebens, das um so kostbarer schien, je zerbrechlicher es war, wie alles Schöne? Ich war innerlich in Aufruhr und sehnte mich nach Nähe, nach liebevoller Fürsorge, die ich bislang kaum erfahren hatte. Ich war es endlich müde, *Battling Gould the Wild Half-Caste* zu sein, [die kämpferische Gould, das wilde Halbblut], die nie für sich selbst kämpfen konnte, die zu stolz war, um jemanden um Hilfe zu bitten oder ihre Schwäche einzugestehen, die wie ein spartanischer Jüngling ihre Schmerzen für sich behielt und nicht zugeben wollte, wie wehrlos sie in Wirklichkeit war. Dennoch mußte ich noch viele Widerstände in mir überwinden. Bisher war es keinem Mann gelungen, diese Rüstung zu sprengen oder mich zu entflammen.

Und es geschah in jenem Sommer, in dem der Krieg so plötzlich Wirklichkeit wurde und England auf den Feldern, in den Hecken und Wäldchen von Kent, Surrey und Sussex kämpfte, daß ich einem begegnete, der den Mut und die Fähigkeit besaß, meinen Widerstand zu brechen. Es machte nichts, daß er, wie die Franzosen sagen, *du métier*, ein sehr erfahrener Verführer war. Keinem anderen Liebhaber wäre es gelungen, eine so verschüchterte Romantikerin zu besiegen und so feinfühlig die Schichten künstlicher Weltgewandtheit, Prüderie, Unwissenheit und zitternder Angst zu durchdringen und das kindliche Herz zu erobern. Und kein anderer hätte diese unendliche Geduld aufgebracht, die er bewies, oder sich auf so vielfältige Weise um mich gekümmert, wie ich es noch nie erlebt hatte. Er war für uns beide genau zum richtigen Zeitpunkt aufgetaucht. Sieben Monate dauerte es, und als er mir am Ende das Herz brach, das er zuvor erschlossen hatte, litt ich mit dem ganzen Schmerz der Jugend und mit der Verzweiflung und den Gefühlen einer reifen Frau um den Verlust der ersten Liebe. Er hatte mich wirklich geliebt, soweit sein geübtes Herz überhaupt noch dazu in der Lage war, und nicht ein einziges Mal habe ich das Geschehene bereut, nachdem ich mich schließlich wieder gefangen hatte. Ich erkannte allmählich, daß ich für alles, was das Leben mir schenkte, einen hohen Preis zahlen mußte.

Es kam der erste deutsche Luftangriff, und unser Leben nahm eine sonderbare Form an, so, als ginge man wie gewohnt seiner Arbeit nach, aber mit einem steifen Genick. Die Sirenen heulten, die Bomben fielen. Verkrampft saßen wir in den Autobussen, in starrer Haltung standen wir Schlange. Keiner hätte auch nur im entferntesten daran gedacht, sich flach auf den Gehsteig zu legen, bis die *buzz bombs* [surrenden Bomben], wie wir sie nannten, über uns abgeworfen wurden und mit einem Knall in sicherer Entfernung (nur für uns) irgendwo landeten. Theater und Konzertsäle blieben trotz allem geöffnet, und wir klammerten uns verzweifelt an den Grundsatz: Was auch immer kommen mag, es trifft uns alle. Das war natürlich ein großartiges Mittel, uns seelisch fest miteinander zu verbinden. Jetzt gab es endlich keinerlei Klassenunterschiede mehr. Auch sprachen wir miteinander, ohne daß wir uns gegenseitig vorgestellt hätten. Als der Bus, mit dem ich zum Theater fuhr, den Bombenkrater der vorherigen Nacht umschiffte, fragte ich eine Frau, die neben mir saß, wie die vergangene Nacht für sie gewesen sei. »Nicht so schlimm, und bei Ihnen?« Und dann wünschten wir uns gegenseitig wieder eine halbwegs angenehme Nacht, als wir aus dem Bus sprangen.

Endlich fühlte ich mich nicht mehr ganz so nutzlos, wenn ich meine Schminke auftrug. Jetzt, da der Krieg wirklich hier stattfand und das Theater von ein Uhr mittags bis halb sieben Uhr abends mit Menschen vollgestopft war, wußte ich, daß ich etwas von Wert anzubieten hatte, eine willkommene Atempause, bevor die Bomben bei Eintritt der Dämmerung wieder fallen würden.

Die Truppe zog nach Norwich. Keine Gepäckträger. Keine Taxen. Pru und ich mußten unsere schweren Koffer fast einen Kilometer vom Bahnhof zu dem schmutzigen kleinen Gasthaus schleppen, das als Hotel fungierte. In London war ich mit dem ›Angriff‹ spielend fertig geworden, jetzt jedoch machte ich mir große Sorgen um meine Familie, die ich dort zurückgelassen hatte. Eine Anzahl Telefondrähte war zerstört worden, so daß Zivilisten das Telefonieren untersagt war. Wir waren gänzlich abgeschnitten. Ich sorgte mich so sehr, daß ich mich nicht auf mein Tanzen konzentrieren konnte. Plötzlich wurde ich mir einer dieser telepathischen Botschaften bewußt, wie ich sie auch schon als Kind so oft erhalten hatte. Von Pa kam ein Brief. Mulberry House hatte einen Volltreffer abbekommen, der fast die ganze hintere und untere Treppe zerstörte, unser Dienstmädchen Wilson getötet und unsere treue Winifred am Bein verletzt hatte. Gott sei Dank waren Mama und Griselda aufs Land gefahren, um Gerard zu besuchen, und waren gesund und wohlbehalten. Papas Wagen war auf der Horse Guards' Parade in die Luft geflogen, als die Amiralität getroffen wurde. Mama, Pa und Griselda – alle drei waren wohlauf, und das war das einzige, was zählte. Materieller Verlust bedeutete im Vergleich dazu nichts.

Ich bin obdachlos, als ich nach London zurückkehre. Mama zieht zu ihrer Schwiegermutter, Großmutter Grace, der Mutter meines Stiefvaters, nach Hurlingham. Griselda und ich finden Logis in der Lowndes Street. Es ist absolut notwendig, daß Mama aus London fortgeht. Die meisten Damen aus ihren Kreisen sind dem WVS (Women's Volunteer Service [Freiwillige Frauenhilfe]) beigetreten und verrichten wertvolle Dienste verschiedenster Art überall in der Stadt. Allein die Vorstellung, für Mama, die weder kochen noch nähen, weder multiplizieren noch dividieren, weder ein Auto fahren noch eine Bandage anlegen konnte, eine Aufgabe zu suchen, war entmutigend. Irgendeine beherzte Person steckte sie einmal als Serviererin in eine Offiziersmesse, aber sie gab dauernd kostenlos Brötchen an die Soldaten ab, mit denen sie sich unterhielt. Die Folge war, daß die Bilanz nie stimmte und man sich von ihr trennen mußte. Viele ihrer Freunde waren nach Bath in der Grafschaft Somerset gegangen: eine zauberhafte Stadt aus dem achtzehnten Jahrundert, seit der Römerzeit ein berühmter Kurort und eine äußerst kultivierte Kleinstadt. Man hatte dort für sie ein hübsches kleines Haus gefunden. Ihre drei Bechsteinflügel und was sonst noch an Möbeln unversehrt geblieben war und sie gut gebrauchen konnte, wurden nach Bath transportiert, während unsere Mutter sich auf ihre Abreise vorbereitete.

Zunächst gab es ein kleines Problem, da Cecil ihr eine Fahrkarte erster Klasse gekauft hatte, die sie – typisch für sie – verkaufen wollte, um zweiter Klasse zu reisen. Cecil hatte große Mühe, ihr klarzumachen, daß die Admiralität die Fahrkarten zur Verfügung gestellt habe und sie unmöglich damit Handel treiben könne. Sie stimmte nur widerstrebend zu, daß die Admiralität einen Wagen schickte, der sie zum Bahnhof brachte. Mulberry House war inzwischen provisorisch wieder instand gesetzt, eine eiserne Treppe war anstelle der zerbombten angebracht worden, und Mama mußte zum erstenmal ohne ihre zuverlässige Winifred, die immer noch im Krankenhaus lag, ihre Sachen packen. Griselda kam, um sie abzuholen. Szene: Wie sie berichtete, stand Mama auf den Stufen, die von der Veranda und Eingangstür hinunterführten, zu ihren Füßen zwei riesige Koffer, aus denen lose Bänder, der Fuß eines Strumpfes und ein paar Träger hervorlugten. Ihr Haar sah aus wie ein verlassenes Vogelnest, auf dem etwas schräg ihr zweitbester Hut saß. »Mama!« schrie Griselda, »um Himmelswillen, wie siehst du denn aus!« Pikiert verbat sich Mama Griseldas Kritik und erklärte, sie wisse überhaupt nicht, was sie auszusetzen habe.

Griselda stieß die Haustür auf und zerrte Mama und die beiden Koffer wieder ins Haus. Sie kniete sich auf den Boden, öffnete die Koffer und stöhnte beim Anblick der zerknautschten Kleidungsstücke. Schnell faltete sie sie noch einmal zusammen und stopfte gleichzeitig alles, was vorher aus dem Koffer gehangen hatte, mit hinein. Danach wandte sie sich Mama zu, nahm ihr den Hut ab, reparierte so gut es eben ging die widerspenstige Lockenfrisur, setzte ihr den Hut etwas attraktiver wieder auf, steckte eine Hutnadel hinein und raste mit ihr die Stufen hinunter zu dem wartenden Auto, das von dem üblichen vertrockneten Chauffeur gefahren wurde. Am Paddington-Bahnhof besorgte sie einen Gepäckträger und rannte mit Mama im Schlepptau und den reservierten Fahrkarten in der Hand den Bahnsteig entlang, bis sie den richtigen Wagen erreicht hatte. Das Abteil war leer bis auf die monumentale Erscheinung einer korpulenten Dame in einem fließenden Nerzmantel mit dazu passendem Hut. Ihre Hände waren mit riesigen Ringen übersät und ihr Gesicht dermaßen mit Make-up verkleistert, daß es aussah wie eine Halloween-Rübe mit einer brennenden Kerze darin. Dieses Phänomen musterte Mama, die in der Tür stand, mit einem kurzen Blick und erklärte mit tiefer Verachtung:»Dies ist ein Abteil erster Klasse!«, worauf unsere großartige Mutter äußerst freundlich konterte:»O, sehe ich denn nicht erstklassig aus?« Griselda erzählte, daß sich das Schnaufen der neureichen Dame wie das Zischen einer Gasleitung angehört habe. Ihr Gesicht sei dunkelrot angelaufen, sie hätte mit ihren Handschuhen herumgefummelt und plötzlich, wie gebannt von der Aussicht, aus dem gegenüberliegenden Fenster gestarrt. Griselda machte es Mama bequem, ließ sich dann selbst auf den Sitz fallen, und schon glitt der Zug aus dem Bahnhof.

Ich war erleichtert, als ich beide nicht mehr in London wußte. Die Angriffe gingen mit voller Kraft weiter. Pru und ich hatten endlich zwei winzige Wohnschlafzimmer ganz oben in einem sehr hübschen Haus in Belgravia gefunden – übrigens genau gegenüber dem Haus, in dem wir drei Gould-Kinder geboren wurden. Die Zimmer verfügten über ein Einzelbett, einen Waschtisch, einen kleinen Schrank, eine Kommode, zwei Stühle und etwas, das man für einen Tisch halten konnte; das Badezimmer, in das man sich teilte, lag einen Treppenabsatz tiefer. Es genügte vollkommen, war zentral gelegen, und die Vermieterin war nett.

Was nicht vollkommen genügte, war die künstlerische Arbeitsmoral der Balletttruppe. Nach monatelanger loyaler, aufreibender Arbeit in London und in den Provinzen befanden wir uns plötzlich in einer üblen Zwangslage, wie man sie im Ballett nur allzu gut kennt. Unsere Truppe war von den dreien, die Rubin engagiert hatte, die gefährdetste, denn im Gegensatz zu Ramberts und Tudors eigenständigen Truppen hatten wir mehr oder weniger *ad hoc* begonnen, als wir die Solotänzer zusammenführten, die es vorgezogen hatten, in England zu bleiben anstatt mit den anderen Truppen in die Vereinigten Staaten zu gehen. So waren wir den Launen unseres Brotgebers ausgeliefert, der sich urplötzlich dazu entschlossen hatte, eine völlig unerfahrene Achtzehnjährige zu fördern, für die er sich begeistert hatte. Da dies ein klassisches Beispiel für den herkömmlichen Sittenkodex des Balletts war, versuchten wir mit ihm zu reden: Wir könnten ihr einen Sonderauftritt einräumen. Aber sie willkürlich als Primaballerina an die Spitze zu stellen, über eine Gruppe bekannter und bewährter Tänzer, wäre nicht nur lächerlich, sondern würde dem guten Namen der gesamten Truppe schaden, da man sie dann nicht mehr ernsthaft zu den erstklassigen zählen könnte.

Wir hatten damit einen Aufschub erreicht. Sie tanzte ihre ›große Nummer‹ in einem wunderbaren spanischen Kostüm (übrigens war sie ein ausgesprochen nettes Mädchen), und die Truppe trat weiter auf, aß wie zuvor die Butterbrote mit Eselsohren und kroch im Dunkeln in unregelmäßig verkehrenden Bussen im Bombenregen nach Hause. Man fand sich damit ab, daß der Busfahrer einen manchmal im Stich ließ und sich in Sicherheit brachte. Dann blieb es uns überlassen, uns durch die verdunkelten Straßen zu Fuß in unsere verschiedenen Unterkünfte durchzutasten: müde, hungrig und noch dazu in großer Sorge. Denn als sich die *blitz*-Angriffe verschärften, wurden die Anhänger der Spätvorstellung immer weniger, und wir hatten – wieder ein typischer Fall – auf Anordnung des Managements den finanziellen Verlust zu tragen. Das resultierte nicht nur aus Rubins Knauserigkeit, sondern weil er uns damit auf subtile Art zwingen konnte, seinen Liebling zu fördern, wie er es beschlossen hatte. Nach dieser neuen Bestimmung wurden wir also an jedem Freitag nur aus den Kasseneinnahmen bezahlt; der Buchhalter addierte am Abend das Geld der Woche und verteilte es unter uns. Um diese krasse Maßnahme zu mildern, waren unsere Gagen garantiert und sollten nie weniger als die großzügige Summe von £ 3 pro Woche betragen. Wie die meisten Anhänger dieses Aschenputtelberufes konnten wir uns eine Ablehnung nicht leisten, sondern mußten diese Demütigung hinnehmen. Von da ab zählte ich, der vor jeglicher Art Schulden graute, jeden einzelnen Pfennig noch genauer als zuvor.

Ich rechnete mir aus, daß ich bei meiner Miete von dreißig Schillingen pro Woche für Transportkosten und Essen auch nicht mehr als dreißig Schillinge veranschlagen konnte (vorausgesetzt, wir bekämen weiterhin die gräßlichen Butterbrote, die zumindest den größten Hunger stillten). Ich war zu stolz, um meine Mutter anzupumpen, die inzwischen gut in Bath untergebracht war und einen ihrer Bechsteinflügel an den ›Pump Room‹ (Konzertsaal) ausgeliehen hatte, während die anderen zwei weiter bei ihr im Hause standen. Auch Winifred war dort, inzwischen mit geheiltem Bein, und die epileptische Mrs Battye, die man nach einem Bombenangriff unversehrt in ihrer Kellerküche, von oben bis unten mit Mehl bedeckt, gefunden hatte, wie sie ihre Fäuste gegen den Himmel erhob und »verdammte Nazis« mit ihrem besten irischen Akzent fluchte. Ich überlebte diese Wochen hauptsächlich dank eines neuen Liebhabers, der mich auf sein Landhaus entführte, sobald die sonnabendliche Spätvorstellung vorüber war, und mich durchfütterte, bis ich am Montagmorgen wieder zu Unterricht, Probe und Brotkanten erscheinen mußte.

Am schlimmsten waren natürlich die Vollmondnächte. Keine noch so gute Verdunkelung konnte ein London verheimlichen, das im Silbergrau seiner belaubten Bäume am breiten, hellen Band der Themse lag, die sich zwischen ihren Ufern und unter den Brücken, die das Hauptziel der Messerschmitts waren, hindurchschlängelt. Es war eine Woche ohne Vorstellungen. Vielleicht aus Leichtsinn und weil es eine Art stillschweigendes Übereinkommen gab, ein so normales Leben wie irgend möglich zu führen (»business as usual« hieß es auf den zersplitterten Brettern, mit denen die kleinen Läden ihre zerbombten Ladeneingänge vernagelt hatten), aßen mein Liebhaber und ich mit Freunden in dem eleganten Mirabell-Restaurant in der nahe gelegenen Curzon Street zu Abend. Es waren nur wenige Gäste da. Die zyprischen Kellner waren grün vor Angst, Grund genug hatten sie, denn das Knallen der Explosionen übertönte fast das Orchester, das sich bemühte, unsere leicht zitternden Lebensgeister zu heben. »Irgendwie komme ich mir dumm vor mit meinem blaßblauen Turban«, sagte ich in eine vorübergehende Stille hinein zu Teddy Hulton, dem Besitzer und Herausgeber der Zeitschrift *Picture Post* (unser Pendant zur Zeitschrift *Life*).»O nein, Diana, das darfst du nicht sagen. Du mußt bitte weiter hübsch und schick aussehen, das hebt unsere Moral.« Im gleichen Augenblick hörte das Orchester auf zu spielen, und es schien, als suchte der Dirigent nach jemandem im Raum. Schließlich blieb sein Blick an mir hängen.»Ah, da sind Sie ja, Miss Gould. Würden Sie bitte zum Nachtklub in der Nähe der Bruton Street gehen. Dort wurde Ihre Freundin Prudence Hyman schwer verletzt.« Mir drehte sich der Magen um. Wir hatten Pru vorher dort abgesetzt, weil sie nicht gern allein in ihrem kleinen Zimmer neben meinem leeren hatte bleiben wollen. Ich hatte Schuldgefühle. Als ich durch die Straßen rannte, die zum Berkeley Square führen, und in die enge Gasse einbog, in der der Nachtklub lag, wurde mir beim Anblick der Verwüstung klar, daß es sich um einen Volltreffer derselben Bombe gehandelt haben mußte, deren Explosion vor etwa einer Stunde den Großteil der Gläser von unserem Tisch gefegt hatte. Die ruhigen, freundlichen Luftschutzwarte halfen mir, als ich über Trümmerhaufen und zersplittertes Glas kletterte, durch den furchtbaren Gestank von entweichendem Gas, Ziegelstaub, Blut und Leichen, an den man sich inzwischen gewöhnt hatte, und führten mich dahin, wo einst die Hauptbar gestanden hatte.

Dort lag auf einer provisorischen Trage die arme Pru. Um sie herum gab es noch andere Opfer, die zum Teil mit Servietten und zerrissenen Tischtüchern bandagiert waren. Seit Beginn der deutschen Luftangriffe hatte mir davor gegraut, mich bloßzustellen, wenn ich in direkten Kontakt mit Verwundeten käme. Ich hatte die Mentalität der Leute, die sich mit makabrer Neugier bei einem Autounfall versammeln, nie verstehen können. Jetzt war für mich der gefürchtete Augenblick gekommen, wo es kein Zurück mehr gab. Ich fühlte die feuchtkalten Finger der Ohnmacht auf meinem Körper, schloß die Augen, sprach ein Gebet, schluckte, zählte bis drei, und zu meinem großen Erstaunen verging die Übelkeit. Ich öffnete die Augen und ging hinüber zu Pru, die zu meinem Schrecken vollkommen in Bandagen eingewickelt schien, und zwar am Kopf, am Arm und an einem Bein (lieber Gott, bitte keinen irreparablen Schaden).

Sie war so tapfer und jammerte gar nicht, so daß ich fast in Tränen ausgebrochen wäre.»Sie warten auf den Krankenwagen«, flüsterte sie.»Ich habe Glück gehabt. Dem Barmann flogen alle Flaschen ins Gesicht.« Krankenwärter erschienen, hoben sie auf eine richtige Tragbahre, und ich folgte ihnen bis zum Krankenwagen draußen auf dem Square. Ich versuchte es mit Mamas Technik und sagte, mir sei klar, daß ich nicht mit in den Krankenwagen dürfe, weil, wenn alle Freunde und Verwandten zugelassen würden, ihnen ihre schwierige Aufgabe in einer solchen Nacht unmöglich gemacht würde. Ich sei aber in großer Sorge, denn Pru sei Tänzerin, und ich hätte den Ärzten und Schwestern gern erklärt, von welch schwerwiegender Bedeutung ihre Beinverletzung sein könnte. Wäre da vielleicht eine Möglichkeit...»Steigen Sie ruhig ein, und machen Sie sich keine Sorgen«, unterbrach mich der Fahrer, und schon waren wir mit Geklingel unterwegs zum St. George's Hospital, Ecke Hyde Park.

Pausenlos wurden Krankenbahren herangetragen. Wie eine makabre Version der Rückkehr des Radames nach seinem ägyptischen Feldzug in *Aida*, ging es mir verrückterweise durch den Kopf. In der langen Halle war kaum noch Platz, um Pru zwischen all den anderen hinzulegen. Nach einiger Zeit kam eine erschöpfte Krankenschwester mit kleinen Aufklebern zu uns. Ich gab ihr Prus Namen und Anschrift und teilte ihr meine große Besorgnis mit.»Ach du meine Güte«, sagte sie,»die Ärzte haben alle mit ganz schweren Fällen zu tun, und es kann noch Ewigkeiten dauern, bis sie an der Reihe ist. Wir waschen sie erst einmal und geben ihr Spritzen, aber es könnte sein, daß Sie die ganze Nacht über warten müssen, und das dürfen wir leider nicht zulassen bei den dauernden Angriffen. Wer weiß, wie viele Fälle wir heute noch bekommen.« Also schrieb ich so viele Informationen auf Prus Schild, wie darauf paßten, wartete, bis sie eingedöst war, nachdem ich ihr zuvor versichert hatte, daß ich am nächsten Morgen zurückkäme (es war bereits ein Uhr morgens) und daß sie ein großartiger Kerl sei, küßte sie und ging dann die paar hundert Meter zurück in mein Nest hoch oben in der Lowndes Street. Todmüde und in großer Sorge um Pru zog ich mich aus und fiel ins Bett. Mein Fenster, das man zum Öffnen hochschieben mußte (wir nennen es französisches Fenster), befand sich am Kopfende meines Bettes, genau hinter dem eingebauten Waschbecken. Ich öffnete es so weit wie möglich, legte meinen Kopf auf das Kissen und schlief sofort ein.

Es war noch nicht einmal eine Stunde vergangen, als ich von einem fürchterlichen Krach aufgeweckt wurde, so als wäre eine Schwadron Marsmänner in Stulpenstiefeln mit Fallschirmen auf den nahegelegenen Querstraßen gelandet. Mein Bett schwankte wild hin und her, und es war nur ein Segen, daß die Splitter meiner Fensterscheibe wie Hagelkörner nach unten in den Hof fielen. Während ich mich mit beiden Händen am Bett festklammerte, beobachtete ich, wie der zugemauerte Kamin sich erst grau und dann pechschwarz färbte, als durch den Druck der Explosion der Ruß vom Keller die fünf Stockwerke hinauf durch den einstigen Schornstein gepreßt wurde und mich mit dickem Ruß bedeckte. Bei diesem einen Angriff zählte ich fünf Bomben, während ich mich fest an meiner schwankenden Matratze festhielt. Danach folgte absolute Stille. Das Schaukeln hörte auf; das Haus, in dem ich mich befand, stand jedenfalls noch. Vorsichtig kletterte ich aus dem Bett, schüttelte den Ruß und ein paar verstreute Glassplitter von der Bettdecke und schaute durch den leeren Fensterrahmen. Die benachbarte Straße war heller als bei Tageslicht; eine Bombe mußte direkt in die Gashauptleitung eingeschlagen haben. Das nächste Haus in unserer Reihe war ziemlich hart getroffen, und die beiden letzten waren, soweit ich erkennen konnte, zum größten Teil zerstört.

Ich zog mir schnell etwas an und öffnete meine Tür. Die Treppe war zwar völlig mit Trümmern bedeckt, aber benutzbar. Unsicher rutschte ich zu den nächsten zwei Etagen hinab. Dort begrüßten mich die Überreste eines Autos, welches wie eine Rakete mitten durch die Haustür geschossen war, quer über der Treppe lag und mir den Weg versperrte. Ich griff nach den Überbleibseln des Geländers, kletterte auf das Dach des Wagens, und indem ich mich an allem festhielt, das mir als Bremse auf meiner Rutschpartie nach unten dienlich sein konnte, schlidderte ich hinunter, bis ich unten in der Halle ankam und zu Boden fiel. Ein kläglicher Rest der Haustür hing leblos an einem einzigen Scharnier. Draußen war es sehr hell, und ich hörte das Geräusch von Schaufeln und Stimmen. Die ARP [air-raid precautions = Luftschutz] arbeiteten schwer an dem riesigen Grabhügel, der einst Nummer dreiundvierzig und Nummer vierundvierzig gewesen war. Aus dem benachbarten Haus waren schon alle Bewohner evakuiert. Obgleich es mehr getroffen war als mein Haus, hatten die Bewohner nur leichte Verletzungen, aber die Ärmsten zitterten in ihren Nachtgewändern vor Kälte und Entsetzen. »Alles in Ordnung bei Ihnen?« fragte mich der Luftschutzwart. »Ja, völlig, danke. Kann ich helfen?« »Ja, könnten Sie uns vielleicht ein Paar Schuhe und eine Wolljacke geben?« »Natürlich«, sagte ich und dachte dabei an den mageren Inhalt meines Kleiderschrankes. Diesmal kletterte ich über den zerschmetterten Wagen hinauf, was sich als doppelt riskant erwies, denn ich hatte wenig Lust, den Luftschutzwart über den traurigen Zustand meiner wenigen mir verbliebenen Kleidungsstücke aufzuklären, denn schließlich war er mit viel wichtigeren Problemen beschäftigt. Dank meiner inzwischen perfektionierten Klettertechnik erreichte ich mein winziges Zimmer, schüttelte die Bettdecken so gut ich konnte aus und befreite sie von den Trümmern und dem Ruß. Danach schloß ich unsinnigerweise den Fensterrahmen, zog meinen Koffer unter dem Bett hervor und packte meine wenigen Habseligkeiten. Dann wiederholte ich meine halsbrecherische Akrobatik, stieß dabei meinen Koffer von einem Stockwerk zum anderen, nahm ihn schließlich unten im Flur auf und fand mich auf der Straße wieder. Ich gab dem Luftschutzwart meine kostbaren Schuhe und den Pullover. »So, meine Liebe«, sagte er, »recht herzlichen Dank, aber Sie können die Nacht unmöglich weiter da oben zubringen. Außerdem wissen wir nicht genau, ob Ihr Haus noch sicher ist, und das Feuer haben wir auch noch nicht unter Kontrolle. Sie müssen zum Luftschutzkeller da drüben gehen. Viel Glück.« Und damit wandte er sich dem kleinen elenden Häufchen zu, das unbeschuht und zitternd auf den zerbrochenen Stufen saß und sich bemühte, herauszufinden, wem meine riesigen Schuhe wohl am ehesten passen würden.

Ich wartete, bis er abgelenkt war, ergriff meinen Koffer und schlich die Straße hinunter in die entgegengesetzte Richtung bis zum Belgrave Square. Dort setzte ich mich bei den Gärten auf meinen Koffer und verfolgte den Luftkampf hoch über mir in der unendlichen schwarzen Leere: Messerschmitt gegen Spitfire, bis die Flugzeuge schließlich in südöstliche Richtung abschwenkten, denn die erste zarte Morgenröte zeigte sich am Saum des Firmaments, und die Dämmerung würde nicht mehr lange auf sich warten lassen. Vor uns lagen ein paar gesegnete Stunden der Ruhe, bis am kommenden Abend das Getöse von neuem beginnen würde.

Ich überquerte erneut den Square und schlich mich in die Lowndes Street zurück. Mit schwarzen Gesichtern und total erschöpft war man immer noch damit beschäftigt, vorsichtig weiter in den Trümmern zu graben. Behutsam wurde jede zerbrochene Planke einzeln hochgehoben, während man auf Hilferufe lauschte. Geborstene Steine wurden sorgsam zur Seite gelegt, um ja keine Lawine auszulösen, die vielleicht die letzte Chance, Menschen noch lebend zu retten, zunichte gemacht hätte. Davon überzeugt, daß mich keiner gesehen hatte, bezwang ich erneut den zermalmten Wagen, der dort wie ein riesiges Insekt lag, das bei seinem Versuch, durch einen Urwald zu kriechen, getötet worden war, und landete schließlich in meinem Zimmer. Erschöpft zog ich mich aus und warf mich auf mein rauhes Bett. Ich war viel zu zermürbt und um Pru besorgt, als daß ich mir darüber Gedanken gemacht hätte, ob der Bombenvorrat dieser Nacht bereits aufgebraucht war oder nicht. Allmählich ließ das Tosen der Flammen in meinen Ohren nach, und endlich schlief ich ein.

Nach ein paar Stunden wachte ich auf und stellte erfreut fest, daß ich immer noch fließendes Wasser hatte. Nachdem ich mich gewaschen und angezogen hatte, führte ich meinen Treppenabstieg zum letztenmal auf, inzwischen glatt und gewandt. Der erste, dem ich draußen auf der Straße in die Arme lief, war der freundliche Luftschutzwart. »Sie sind also doch zurückgegangen, Sie ungehorsames Mädchen. Also, heute abend kommt das nicht wieder vor, das steht fest!« Soso, dachte ich und überlegte auf meinem Weg zu Pru ins St. George's Hospital, was ich am besten unternehmen könnte. Sie lag, so wurde mir gesagt, im großen Saal im ersten Stock. Es war halb zehn. Zu beiden Seiten des langen Raumes standen ungefähr je fünfzehn Betten. Ich schritt beide Reihen ab und sah mir die Gesichter an. Ich hatte ungefähr Dreiviertel des Saales durchschritten und war im Begriff, noch an einem weiteren Bett vorbeizugehen, als ich eine aufrecht sitzende Patientin mit zwei kleinen grauen Zöpfchen hinter jedem Ohr gewahrte. Ihr Gesicht war fast ganz mit Musselin verbunden. Ihre beiden Arme waren ebenfalls bandagiert und, Gott sei Dank, die aufrechte Haltung verriet die Tänzerin. Ich blieb direkt neben dem Bett stehen. »Pru!« rief ich der Maske fröhlich zu. »Diny!« schrie sie auf, und dann nahm ich sie ganz behutsam in die Arme. »Wie ist es dir heute nacht ergangen, mein Schatz?« »Also, schließlich haben sie mich völlig betäubt und zusammengenäht und dies«, damit wies sie auf ihr armes Gesicht, »hab' ich, weil sie feststellten, daß mir das Gesicht verbrannt wurde, als die elektrische Lichtleitungen getroffen wurden und das ganze Zeug in Feuergarben auf unseren Gesichtern landete.« Das klang unbesorgt und überzeugt, daß alles von selbst verheilen würde. Ich gab ihr die mitgebrachten Weintrauben und Nachtzeug und fuhr danach zur Probe in einem Bus, der von einer Seite zur anderen wechselte, um zerbombten Häusern und Bombenkratern auszuweichen.

Danach besuchte ich sie jeden Morgen, und mit der außerordentlichen Geschwindigkeit, die allen Tänzern eigen ist, ging es ihr von Tag zu Tag besser. Einen Umzug aufs Land lehnte sie allerdings strikt ab. Im übrigen war der behandelnde junge Arzt äußerst attraktiv (das gleiche traf auf Pru zu). Nachdem ich ein paar Nächte auf einer Matratze in den Behausungen freundlicher Kollegen zugebracht hatte, fiel mir eine Lösung ein. Ich könnte mich in Großmutter Grace's leerer Wohnung in Hurlingham einnisten, wenn sie auch ziemlich abgelegen war. Im Souterrain könnte ich schlafen und hätte Zugang zum Keller, der in all diesen viereckigen Wohnblocks unter dem Innenhof lag und als Luftschutzkeller eingerichtet worden war. So fuhr ich einen Monat lang nach der Vorstellung mit dem, was gerade verfügbar war, die neun Kilometer nach Hurlingham, kochte mir ein Ei (damals gab es hier und da noch welche), öffnete eine Dose Sardinen oder machte mir ein Käsebrot. Anschließend wusch ich mich, zog mir lange Hosen und einen Pullover an und ging in den Luftschutzkeller, wo sämtliche Hausbewohner die Nacht auf Matratzen verbringen mußten. Ein paar Laternen warfen ihre unheimlichen Schatten und verdunkelten die ohnehin trübe Stimmung, anstatt sie aufzuhellen. Da die Mehrzahl der Wohnungsinhaber, wie auch unsere Großmutter, ältere Leute waren und London längst verlassen hatten, gab es kein großes Gedränge. Jeden Morgen standen wir um sieben Uhr auf und stiegen wieder in unsere jeweiligen Wohnungen.

Wenn mich später jemand wegen meiner »Tapferkeit« bewunderte, konnte ich nur wahrheitsgemäß einwenden, daß ich statt Angst bloß heftigen Zorn verspürt hätte über die Störung und Stockung alles Lebens. Wer wirklich tapfer war, das waren die Ängstlichen wie zum Beispiel die junge Frau, die im Keller neben mir schlief und morgens um zwei Uhr zitternd vor Angst aufstand, um ihren Krankenwagen durch den Bombenregen zu lenken zu den grauenvollen und herzzerreißenden Szenen, die sie Nacht für Nacht erlebte. Während sie sich, mit blassem, angespannten Gesicht, zitternd die Uniform anzog, flüsterte ich ihr Mut zu. Sie war wirklich tapfer.

Endlich war der Tiefpunkt des Oktobers durchgestanden. Auf Umwegen hatte ich über eine Freundin meiner Mutter erfahren, daß in der Sloane Street eine wunderschöne Wohnung für vier Pfund pro Woche, zuzüglich des Lohnes für die Haushälterin, zu vergeben sei. Anscheinend legte die alte Dame, der sie gehörte, Wert darauf, daß die Wohnung benutzt wurde, um auf diese Weise die Arbeitsmoral ihrer launischen Hausangestellten aufrechtzuerhalten. Die alte Dame nahm mich unter die Lupe, ich tat das gleiche mit ihr und der Wohnung, und die Sache war abgemacht. Als sie am darauffolgenden Tag die Vereinbarung wieder rückgängig machte, drehte ich fast durch und war daher mehr als erleichtert, als sie nach dem Wochenende erneut auf unsere erste Abmachung zurückkam. Voll Freude packte ich wieder mal den Koffer und verließ für immer den Luftschutzkeller, um mich in dieser luxuriösen, bildschönen Wohnung hoch über der Sloane Street niederzulassen. Ich konnte mein Glück kaum fassen. In einem französischen *direc-toire*-Bett zwischen sauberen Laken zu schlafen, von einem Paar vergoldeter Schwäne bewacht zu sein und von Leah, der österreichisch-ungarischen Perle Kaffee und Toast im Bett serviert zu bekommen, sich dann in einem marmornen Bade-zimmer in wirklich heißem Wasser zu aalen, das konnte eigent-lich nur ein Traum sein, aus dem ich unsanft erwachen würde. Ich besuchte Pru jeden Tag und durfte sie schließlich vom Krankenhaus abholen. Sie war vollkommen wiederhergestellt. Ihr Gesicht war glatt wie Seide, und ihr Haar war füllig nachge-wachsen. Da ich mir so allein in der Wohnung sehr egoistisch vorkam, bot ich Griselda, die ab und zu aus Bath nach London kam, das zweite Schlafzimmer an, und sie zog zu mir.

Leah war eine ausgezeichnete Köchin, die aus den mehr und mehr schwindenden Rationen vorzügliche Mahlzeiten zu zau-bern verstand, was den zweifelhaften Vorteil hatte, daß unsere Freunde kein Interesse mehr zeigten, uns zum Essen auszuführ-ren. Sie zogen Leahs aromatische Küche jeder anderen vor. Griselda, die sich in Bath zu Tode gelangweilt hatte, drängte es nach London, weil sie sich dort besser um Gerards Angelegen-heiten kümmern konnte, deren Verwaltung sie übernommen hatte. Sie bekam Arbeit beim Fernmeldedienst der Admiralität. Da dies ein Vertrauensposten war, wurden nur Frauen einge-stellt, die mit Marineoffizieren verwandt waren, denn nur so konnte man sicher sein, daß sie nie, auch nicht unfreiwillig, versucht waren, auch nur das Geringste über ihre Arbeit zu verraten. So stand es von vornherein fest, daß sie die Wohnung mit mir teilen würde. Pru ging zu ihrer Familie zurück, und Griselda zog kurz nach Weihnachten zu mir.

Ich nehme an, daß wir Weihnachten 1940 in irgendeiner Form begangen haben, aber wir waren immer noch erschüttert, immer noch hin und her gerissen zwischen Schuldgefühlen, weil wir so lange gezaudert hatten, bis wir schließlich in den Krieg eingetreten waren, und dem unbehaglichen Gefühl, Fest-lichkeiten könnten als leichtfertig angesehen werden. Außer-dem gab es ja auch keinen echten Plumpudding.

11 Gegen den Strom schwimmen

Ich wandte mich und sah, wie es unter der Sonne zugeht, daß zum Laufen nicht hilft schnell sein, zum Streit hilft nicht stark sein, zur Nahrung hilft nicht geschickt sein, zum Reichtum hilft nicht klug sein; daß einer angenehm sei, dazu hilft nicht, daß er ein Ding wohl kann, sondern alles liegt an Zeit und Glück. PREDIGER SALOMO

Waren wir zu optimistisch in unserer Hoffnung, die Realität des Krieges – Bomben, Raketen und die wachsende Ungewißheit, ob man überleben würde – könnte im Zusammenleben der Menschen den guten Willen stärken und als Gegensatz zu den Störungen unseres täglichen Lebens den Wunsch nach zwischenmenschlicher Harmonie wecken? Zugegeben, es gab ein echtes Zusammengehörigkeitsgefühl in unserer unausgesprochenen gemeinsamen Furcht, in einer Art zurückhaltender Freundlichkeit zueinander, die Bindungen festigte, die in der harten Konkurrenz der Theaterwelt sonst meistens fehlten. Ein solches Einfühlungsvermögen ging unserem Chef allerdings völlig ab. Er strafte uns weiter dafür, daß wir uns gegen seine Wünsche aufgelehnt hatten, bis er uns eines schönen Tages in einem letzten Wutanfall allesamt vor die Tür setzte. Wir mußten unsere letzte Gage noch abholen und stellten fest, daß sie sich auf sage und schreibe £ 2.3.6 belief. So bemühten wir uns verzweifelt um andere Engagements. Überdies weigerte er sich, mit mir zu sprechen und lehnte auch meine Bitte ab, uns wenigstens unsere Kostüme zu leihen.

In meiner Ratlosigkeit marschierte ich mit einem Saphirring und einem schlangenförmigen Diamantenarmband, das ich nie gemocht hatte, zu einem Juwelier. Der bot mir schlicht £4.10.0, woraufhin ich alles wieder in meine Tasche packte und ein anderes ungeliebtes Schmuckstück hervorholte. Das war eine unerwünschte Halskette aus marineblauem Lapis, die mir irgendeine nette Rothschild-Freundin meiner Pariser Großmutter geschenkt hatte. Der Juwelier steckte sich sein winziges abgesägtes Teleskop ins Auge, grunzte verächtlich und fragte:»Und was sollen das für Steine sein?«Zornig entgegnete ich:»Viktorianische Gallensteine«, und verließ mit meiner mißachteten Beute empört das Geschäft. Ich verdiente mir etwas Geld als Mannequin für *Vogue*, bis wir für eine Woche nach Bath gingen und dort in dem trostlosen, feuchten Pavillon auftraten, der wie ein gekentertes Boot auf der Wiese am Fluß liegt. Wenigstens brauchte ich kein Geld für Unterkunft auszugeben, da ich im Haus meiner Mutter wohnen konnte. Wir hatten alles mitgebracht, was uns noch an alten Kostümfetzen geblieben war, und Winifred, das Hausmädchen meiner Mutter, und ich tunkten einen flüchtig zusammengestückelten weißen Krepprock in dicke, schwarze Kaffeebrühe, in der verzweifelten Hoffnung, so mein wunderschönes Kostüm für den arabischen Tanz im *Nußknacker* zu kopieren. Das Resultat war allerdings seltsam: Lange schmutzige Streifen, unterbrochen von schiefergrauer Farbe, sahen aus wie Krampfadern. Uns blieb jedoch keine Wahl, und so drehten und wendeten wir uns und vollführten zaghafte Sprünge vor ein paar Reihen mit frierenden Zuschauern, deren bloße Anwesenheit schon exzentrisch, wenn nicht sogar masochistisch wirkte.

26. März 1941. Jugoslawien unterzeichnet ein Dreiparteien-Abkommen mit der Achse.
   Prinz Paul flieht nach Griechenland. König Peter übernimmt das Amt zusammen mit einem probritischen Premier.
Trübsinnig machten wir uns auf den Weg zu einer weiteren Woche in einem Seebad, wo der Wind gespenstisch heulte und das Meer sich wie aufgewühlter Haferbrei gebärdete. Danach kam Harrogate, ein schmucker Ferienort in Yorkshire, wo wir uns weiter durchkämpften und mit jeder Vorstellung in dieser grauenhaften Aufmachung etwas mehr von unserem Stolz und unserem Selbstvertrauen einbüßten. Pru und ich hatten eine große Wurst, die Leah aus Fleisch und Kräutern gezaubert hatte, mitgebracht, eine Art ›falscher Hase‹, die ich auf den

Kaminsims in unserem gemeinsamen Schlafzimmer legte. Zuvor hatte ich gleich große Portionen darauf markiert, die als Mittagessen für sieben Tage gedacht waren. Als ich am Ende der Woche zur Theaterkasse ging, um mir zwei Karten für die letzte Vorstellung zu holen, bemerkte ich einen großen Stapel Eintrittskarten, auf die ›Yehudi Menuhin‹ und ein Datum der folgenden Woche gestempelt waren. Ich seufzte, denn unwillkürlich verglich ich seine glänzende Karriere mit unserer elenden, traurigen Existenz und der ungewissen Zukunft, in der Bomben und Raketen die einzigen Sicherheitsfaktoren darstellten. Dann ging es weiter zur letzten gefürchteten Vorstellung in einer Industriestadt in den Midlands, wo wir zunächst wieder einen ganzen Tag lang auf Zimmersuche waren. Nachdem wir beschlossen hatten, der Not gehorchend im Theater zu nächtigen, zeigte der Direktor Mitleid mit uns und fuhr drei von uns zu einem kleinen, schäbigen Haus, in dem die Besitzerin uns ein einziges Zimmer anbot – und noch dazu ihr Wohnzimmer. Es war inzwischen nach zehn Uhr abends, und wir waren müde und verfroren. Zwei der Mädchen teilten sich ein Sofa, und ich stellte drei Stühle zusammen, schnappte mir ein Kissen, das nach Bier und billigen Zigaretten roch, zog mich aus und verfiel auf diesem duftenden Kopfkissen und unter meinem Mantel sofort in einen gesunden Schlaf.

Die Luftangriffe auf London hatten sich intensiviert, und ich sehnte mich danach, zurückzukehren, um Griselda bei der Suche nach einer angenehmeren Behausung zu helfen, denn die längst nicht so freundliche Tochter der liebenswürdigen alten Dame, die uns ihre Wohnung untervermietet hatte, verlangte immer wieder höhere Miete. Bei meiner Heimkehr erfuhr ich, daß man Mulberry House geplündert hatte, aber es fehlte nichts Wertvolles. In derselben Nacht war die Hölle los. Man hätte meinen können, der Himmel sei voller Riesen, die sich gegenseitig mit Donnerkeilen bewarfen. Zu dem Geheul und Krachen der Raketen kam nun das Stakkatoknallen der Abwehrgeschütze. Man konnte unmöglich dabei schlafen, aber ich war wenigstens wieder hier und konnte alles mit Griselda und meinem geliebten London teilen. Am nächsten Tag schafften wir es irgendwie, an etlichen Bombenkratern in Piccadilly vorbei zur Queen's Hall zu gelangen, um dort einen von Mamas Schützlingen, Moura Lympany, zu hören, eine brillante junge Pianistin, die inzwischen längst Weltruhm erlangt hat. Wir sahen uns einer schwelenden Ruine gegenüber, aus der die Feuerwehr zu retten versuchte, was es an Orchesterinstrumenten noch zu retten gab. Moura saß unbekümmert auf einem Lastwagen inmitten der traurigen Reste und umgeben von Mitgliedern des Orchesters. Alle waren entschlossen, trotz allem ein Konzert zustande zu bringen, und so brausten sie, mit uns im Schlepptau, zu der nahegelegenen Musikakademie. In der kleineren Duke's Hall, die nur ein Viertel des Publikums der Queen's Hall aufnehmen konnte, drängten sich die Zuhörer: sitzend, stehend und kauernd. Moura entschädigte uns mit einer glänzenden Interpretation der Sinfonischen Variationen von César Franck.

Hätte ich damals gewußt, daß die heißgeliebte Queen's Hall, in der Toscanini, Furtwängler, Bruno Walter und Mengelberg dirigiert und Pianisten wie von Bülow, Paderewski und Rachmaninow gespielt hatten und in der wir die großen Cellisten Suggia, Casals, Piatigorsky und die Geiger von Ysaye und Heifetz bis zu Yehudi Menuhin gehört hatten, daß dieser Konzertsaal nie wieder aufgebaut werden sollte, wäre ich in Tränen ausgebrochen. Und ich hätte mir vorgestellt, daß die Geister der längst Verschiedenen unter der Asche begraben lägen und mit dem Rauch aufstiegen, der immer noch schwelte, als wir auf unserem melancholischen Heimweg an dieser traurigen Gedenkstätte des wunderbarsten Musiksaales, den London je sein eigen nannte, vorbeikamen.

12. Mai. Rudolf Heß landet per Flugzeug in Schottland, um mit Lord Clydesdale zusammenzutreffen, und wird zunächst als ›Flüchtling‹ ausgegeben.
24. Mai. HMS Hood mit gesamter Mannschaft versenkt.
27. Mai. Nach langer Jagd wird endlich das Schlachtschiff Bismarck versenkt.
Trotz dieser umwälzenden Geschehnisse schleppte sich das Leben weiter. Jede Woche standen wir brav Schlange nach unseren paar Gramm Fett, dem einen armseligen Kotelett, dem

einen Streifen Speck oder den 30 Gramm Käse, die von einem riesigen Block abgesäbelt wurden, der wie nasse Seife schwitzte und auch ähnlich schmeckte. Als Extraration gab es manchmal ein Ei mit derart dünner Schale, daß man es in einem geknoteten Taschentuch nach Hause trug. Dort starrte man es minutenlang ehrfürchtig an wie eine Ikone und konnte sich dann immer noch nicht entscheiden, ob man es kochen, pochieren, braten oder mit dem Eipulver vermischen sollte, um dessen ekelhaften Geschmack nach Zigarettenasche zu löschen, indem man das Ganze zu Rührei verarbeitete. Während wir Schlange standen, unterhielten wir uns mit anderen und tauschten die Erfahrungen der vergangenen Nacht aus. Ich lernte zum Beispiel von Putzfrauen, wie man unsere magere Fleischration am besten verwerten konnte.

10. Juni. Italien tritt in den Krieg ein.
22. Juni. Deutschland greift Rußland an.
Aber es gab auch kleine Freuden. Ein mir befreundeter Marineoffizier brachte uns einen Vorrat an Marmelade, Strümpfen, Butter, Tee und sogar Parfum von überall her, wo sein Schiff angelegt hatte. Außerdem bekam ich ein Engagement für eine kleine Revue, die vielleicht sogar nach London kommen sollte, wenn sie Erfolg hätte. Alle Beteiligten waren noch jung, fleißig und optimistisch genug, um hochmotiviert dafür zu proben. Oliver Messel, der bekannte Bühnenbildner, der früher auch schon die Kostüme für *The Miracle* entworfen hatte, bot mir an, für einen meiner Auftritte eine Krone zu fertigen. Wie alle wirklich begabten Männer des Theaters konnte er mit seiner Phantasie die schönsten Dinge aus dem scheinbar ungeeignetsten Material zaubern. Bei der Schneiderin zog er ein großes Paket borstiger Pfeifenreiniger aus weißem Draht hervor und machte sich daran, sie derart zu biegen und zusammenzufügen, daß ihm schließlich, wie durch Zauberei, ein entzückendes kleines Krönchen förmlich aus den Händen zu springen schien. Aufgeregt setzte er mir das Gebilde auf den Kopf, brach in Tränen aus und sagte: »Oh, mein Schatz, wie schön du bist!« Solche kleinen Zeichen der Bewunderung genügten, um die traurige Tatsache zu mildern, daß die Revue

Meine Großmutter mütterlicherseits (geb. Kathleen Lester), genannt »Goggo«.

Meine Großmutter väterlicherseits (geb. Constance Rawson Reid), genannt »Guggan«.

Mein Großvater mütterlicherseits, William Henry Hodson Suart (3. v. r.), genannt »Gannerwanner«, mit seinen polospielenden Kollegen der Royal Horse Artillery.

Mein Großvater väterlicherseits, Gerard Gould.

Mein Vater, Gerard Louis Eugène Gould (er wurde nach Napoleon III., seinem Taufpaten, Louis Eugène genannt).

Meine Mutter, Daisy (Evelyn) Suart (untere Reihe links), mit anderen Klavierschülerinnen von Theodor Leschetizky.

Mein Stiefvater, Cecil Harcourt, begrüßt auf seinem Schiff »The Duke of York« Winston Churchill, der über den Atlantik fuhr, um Roosevelt zu treffen.

Mulberry House, The Vale, Chelsea.

Griselda und ich auf einem Kinderbild (Pastell von Miss Worsfold).

Ich, Griselda und Gerard (Griselda hatte mich eben noch in die Hand gekniffen).

Die »Gould-Schwestern«, verkleidet als die »Gunning Sisters« (fotografiert von Angus McBean).

Griselda und ich 1941.

Als Vierzehnjährige in der »sauberen Tunika«, in der ich Diaghilew vortanzte.

Sergei Diaghilew.

Als Fünfzehnjährige in der Rolle eines Schwans bei einer von Marie Ramberts Soireen, auf der ihre besten Schüler tanzten.

Marie Rambert, meine erste Ballett-lehrerin.

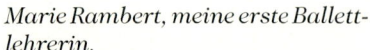

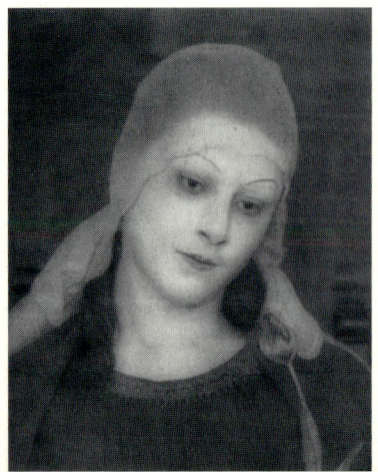

Im Alter von 15 als Leda in Frederick Ashtons Ballett Leda und der Schwan.

In The Mannequin *von Frederick Ashton.*

Mit Frederick Ashton und einigen Tänzerinnen und Tänzern der Rambert in Leda und der Schwan.

Als Achtzehnjährige in meinem ersten Theaterstück Beau Brummel (in einer Tanz- und Sprechrolle). Es war die letzte Produktion von Sir Nigel Playfair.

Tamara Karsawina in Der Feuervogel, 1930.

Der Großherzog von Rußland, der Mann von Matilda Kschessinskaja (mein geliebter »Lucy«).

Matilda Kschessinskaja, vor der Revolution Rußlands Primaballerina assoluta, in Paris meine zweite Lehrerin.

Léonide Massine, Choreograph von The
Miracle.

The Miracle/»Les Ballets 1933«

Georges Balanchine, Choreograph und
Leiter von »Les Ballets 1933«.

*Als Waldnymphe in Oliver Messels
Kostüm für Max Reinhardts Inszenierung
von* The Miracle *(1930 im Lyceum-
Theater).*

Serge Lifar, mit dem ich in L'Après-midi
d'un faune *getanzt habe.*

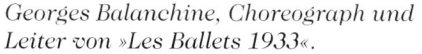

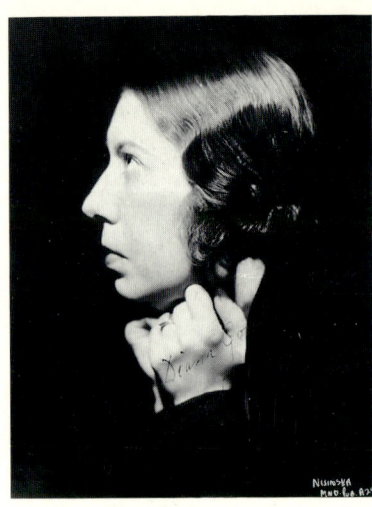

Bronislava Nijinska

Im »Danse arabe« im Nußknacker.

»The Markova-Dolin Company«

Vor dem Vorhang: (v. l.) Prudence Hyman,
Travis Kemp, Anton Dolin, Alicia Markova,
die Nijinska und ich (als Gastgeberin, der
Rolle der Nijinska in Diaghilews Truppe).

Anton Dolin und Alicia Markova.

Als Hexe in »Die Nacht auf dem Kahlenberge« aus Mussorgskis Der Jahrmarkt von Sorotschinzy.

Als böse Stiefmutter in Schneewittchen *(in Pomeroys Truppe).*

In einem Solo, das Dolin für mich zum Andante aus Mozarts Kleiner Nachtmusik *geschrieben hatte.*

In Pavane *zur Musik von Gabriel Fauré. Keith Lester war der Choreograph und mein Partner.*

»The Arts Theatre«

Als Diana in Keith Lesters Ballett zu Mozarts Klavierkonzert in c-Moll.

In meiner Garderobe im Opernhaus von Kairo beim Ankleiden für den »Gold- und-Silber-Walzer«.

Als Froufrou mit Georgina als Madame Popoff im 1. Akt der Lustigen Witwe.

Die lustige Witwe

1944 im Jeep in Bari.

Für zwei Tage vor den Bomben von Neapel nach Positano geflohen: mit Madge und Cyril.

Als Lady Sybil Tenterden in What Every Woman Knows.

What Every Woman Knows / Jacobowsky und der Oberst

Als Nutte im letzten Akt von Jacobowsky
und der Oberst.

Michael Redgrave in der Rolle des Oberst.

Kurz nach unserer Hochzeit in Alma,
Yehudis Wohnsitz in Kalifornien.

Das Haus in Alma.

Highgate Village, 2, The Grove: unser erstes
richtiges Heim (1959).

Gerard 1960 in London.

Zamira und Yehudi beim Mittagessen.

Unser Chalet, Chankly Bore, in Gstaad.

Der fünfjährige Jeremy zeigt dem Fotografen Norman Parkinson, wie groß er schon ist.

Chankly Bore, Gstaad (1960)

Die ganze Familie: Gerard, Ann, Krov, ich, Yehudi, Zamira, Lin und Jeremy.

Unter unserem Wein.

Auf der Terrasse.

Das Haus auf Mykonos

In Yehudis Studio.

»On the rocks«.

schon nach einer Woche unbemerkt abgesetzt wurde. Ich hatte fünf Pfund verdient und neue Erfahrungen gesammelt.

Aus OFLAG VIIC [einem Offizierslager] in Deutschland kommt ein Brief von einem gewissen David Campbell, der um ein Pin-up-Foto von mir bittet. Von dem russischen Kostümzeichner George Kirsta, der für ein Nijinska-Ballett mit der Markova und Dolin die Kostüme entworfen hatte und zu meinen Bewunderern gehörte, erfahre ich, daß er die Mussorgski-Oper *Der Jahrmarkt von Sorotschinzy* inszenieren wird und als kurze Ballettinlage *Eine Nacht auf dem Kahlenberge* einfügen möchte. Und ich soll darin die ›Venus des Infernos‹ tanzen. Hurra! rufe ich aus und begebe mich zu der Ballettmeisterin Catherine de Villiers, einer ehemaligen Charakterdarstellerin am Moskauer Bolschoi-Theater. Ein recht ungewöhnlicher Name für diese so vollkommen russische Erscheinung, die mir da entgegentrat. Kurz und stämmig, so um die Sechzig, mit der kerzengeraden Haltung einer russisch trainierten Tänzerin, dazu ein großflächiges, bleiches Gesicht, in dem zwei sehr gescheite schwarze Augen wie kleine Korinthen aus einer rohen Teigmasse hervorlugten. Ihr Haar, schwarz und streng aus dem Gesicht gekämmt wie ein Turban, hatte in der Mitte eine breite, weiße Strähne (Erinnerungen an Diaghilews Dachskopfzeichnung? fragte ich mich). Die Wangen hingen schlaff wie kleine Säckchen zu beiden Seiten des breiten roten Mundes, und in einer Hand hielt sie lässig eine lange Zigarette. Ein feiner Flaum, ähnlich der Asche ihrer Zigarette, lag auf ihrer Oberlippe. Eine gebieterische Erscheinung, die damals zu Beginn ihres Regimes von einem trockenen Humor und einer gewissen slawischen Wärme verklärt wurde.

Genaugenommen gehört sie nicht zu meiner Kategorie der russisch-französischen Exballerinen, obgleich sie kurze Zeit bei Diaghilew getanzt hatte, um dann nach Berlin zu gehen und sich einer kleinen Truppe von Weißrussen anzuschließen. Sie sprach jedoch fließend Französisch, und wir verstanden uns ausgezeichnet. Mit den Proben sollte gegen Ende August begonnen werden. In der Zwischenzeit drängt wieder einmal ein Diplomat auf Entscheidung: Ich möge doch nun ja oder nein sagen, da er demnächst versetzt werde. »Leider nein, lieber

John, es wäre ein Fehler. Herzlich Diana« ist meine telegrafische Antwort. Wie ungewiß und hart mein Leben auch sein mag, ich möchte mich noch nicht binden.

Der Förderer der neuen Truppe ist Russe mit einer Unmenge Geld aus dem Whiskyhandel. Wie so viele hegt auch er den Wunsch, das Theater finanziell zu unterstützen. Er heißt Jay Pomeroy (ursprünglich Pomeranez) und ist liebenswürdig und großzügig. Natürlich ist das slawische Element in einem solchen Opernensemble stark vertreten, zum Beispiel neben anderen Stimmen die Sopranistin und der polnische Tenor. Bei einigen hört man die ausgeprägteren Akzente des Mitteleuropäers heraus, die mit den Doppellauten der russischen Vokale kämpfen. Wir haben aber in unserer Mitte die unverwüstliche alte Sängerin Olga Slobodskaja, die mit den Solisten arbeitet und dem Ganzen Form gibt. Den Chor betreut der junge Walter Süsskind, und Anatole Fistoulari und George Weldon wechseln sich in der Leitung des London Symphony Orchestra (das zu den vier führenden Orchestern Londons gehört) ab. Soweit sogar besser als gut. Ausgezeichnet. Der Balletttruppe werden, wie üblich, die weniger begehrten Proberäume zugewiesen. Speziell unser Raum – tief im Schlund von Soho, zwischen anrüchigen Nachtclubs und Sexläden auf der einen und dem Wochenmarkt auf der anderen Seite, praktisch eingebettet in menschlichen und pflanzlichen Abfall (ersterer langsamer, letzterer schneller verrottend) – scheint auf die Dauer für den Tanz bestimmt zu sein. Der lange Raum und seine beschlagenen Spiegel sind seit Jahrzehnten mit Schweiß, Tränen und Mühsal getränkt. Am Boden klebt noch das selten abgeschabte Harz, und schmutzige Glühbirnen verbreiten unwillig ihr trübes Licht, als schämten sie sich, soviel Schäbigkeit zu enthüllen.

Hier studierte die de Villiers unter der Begleitung eines verstimmten, von der unverwüstlichen Foxie bearbeiteten Klaviers die Choreographie zu *Eine Nacht auf dem Kahlenberge* und andere Tanz- und Pantomineneinlagen für die Oper ein. Es zeigte sich sehr bald, daß sie dabei hauptsächlich auf ihre bewährte, langjährige Erfahrung zurückgriff. Da ihre Schritte und Kombinationen jedoch uneingeschränkt brauchbar waren, gab ich mir ernsthafte Mühe. Vor Ablauf der zweiten Woche brachen bereits die klassischen Streitereien aus, wie die ersten Rülpser der Lava in dem aktiven Vulkankrater, den das russische Theater verkörpert, ob es sich nun um das Ballett, die Oper oder irgendeine andere Sparte handelt.

Kirsta und die de Villiers übernahmen die Inszenierung der Oper von dem ursprünglichen Regisseur (der das Weite gesucht hatte), und wir rumpelten auf die Premiere zu wie eine Kutsche über Kopfsteinpflaster. Meine Gage belief sich auf ein Pfund pro Woche, gerade ausreichend für mein Busfahrgeld und ein Butterbrot mit Kaffee zur Mittagszeit. Da alle guten Tänzer entweder einberufen worden waren oder bereits zu den älteren, etablierten Truppen gehörten, wurde mir ein etwas beleibter Herr zweifelhaften Alters und einer ebenso zweifelhaften Technik zugeteilt, der es fertigbrachte, mich durch ungeschicktes Hochheben unsanft auf mein rechtes Bein fallen zu lassen. Das bedeutete, daß ich sechs Tage lang an die Couch gefesselt war und über meinen Fuß grübeln konnte, der sich allmählich bis zum Spann hinauf dunkelblau färbte, und über die schreckliche Möglichkeit, den Premierenabend zu verpassen. Wieder einmal die böse Fee. Zum Glück gab es keinen Spitzentanz, und so schaffte ich den ersten Abend irgendwie, allerdings schonte ich wohlweislich meinen kaum geheilten Fuß und kompensierte mangelndes Tanzen mit hochdramatischen Gebärden, die der Venus des Infernos gut anstanden – zumindest hoffte ich es. »Diana«, rief die Katuscha aus dem Parkett während der Probe, »etwas mehr *un*anständige Bewegungen bitte!!«

Es wurde – Gott sei Dank – ein voller Erfolg, insbesondere das Gopak-Finale, wo der gute alte ›Pom‹ am Ende jeder Vorstellung aus den Kulissen trat und das versammelte Haus bat, für die Befreiung seiner ukrainischen Mitbürger aus dem besetzten Kiew zu beten. Frau Churchill brachte den russischen Botschafter Maisky und seine Frau zu einer Sondervorstellung mit, um Gelder für das russische Rote Kreuz zu sammeln. Nach drei erfolgreichen Wochen begaben wir uns dann auf eine fürchterliche Siebenwochentournee durch die Provinzen.

7. Dezember. Die Japaner bombardieren Pearl Harbour.

8. Dezember. Japan erklärt Amerika den Krieg. Die unaufhaltsame Strömung fließt plötzlich schneller und heftiger, gewinnt an Kraft; und gleichzeitig wächst die Erleichterung, daß wir nicht mehr allein in diesem Krieg kämpfen müssen, aber auch die Angst, daß eine Ausdehnung sich möglicherweise weitaus nachteiliger auf unsere arme kleine Insel, die in vorderster Linie kämpfen würde, auswirken könnte. Erschöpft und immer noch tiefbetrübt über meine zerbrochene erste Liebe, fand ich mich in einem Gewirr von verfehlten Zielen, zerschlagenen Plänen und dem niederschmetternden Gefühl einer Scham, das nicht weichen wollte. Der freundliche Arzt, der um Mitternacht irgendwo in einem Ort in den Midlands nach mir sah, nachdem ich ihn schließlich um Hilfe gebeten hatte, da ich wiederholt ohnmächtig und von Schüttelfrost heimgesucht wurde, diagnostizierte totalen Nervenzusammenbruch. Als er sah, daß ich nicht gewillt war, eine solche Schwäche einzugestehen, sah er mir gerade in die Augen und fragte: »Sie sind durch eine tiefe seelische Krise gegangen und haben versucht, ganz allein damit fertig zu werden, nicht wahr?« Die unerwartete Sympathie und seine treffende Diagnose halfen mir aus der tiefen Verzweiflung, auch wenn der Silvesterabend noch im täglichen Trott in einem ungemütlichen Hotel, fern von Freunden und Familie, verbracht werden mußte.

In dem Bemühen, den dauernden Rückschlägen und verhängnisvollen Enttäuschungen in meinem Berufsleben zu trotzen, ergriff ich die Gelegenheit, alles in meiner Macht Stehende zu tun und meine Chance voll zu nutzen, als Pomeroy bekanntgab, er würde die Oper fallenlassen und das Ballett seiner russischen Truppe weiterentwickeln. Es sollte den hochtrabenden Namen *The New Russian Ballet* tragen. Ich wurde nicht nur zur Primaballerina ernannt, sondern war praktisch auch die verantwortliche Leiterin, letzteres teilweise aufgrund der laschen Führung unserer Katuscha (de Villiers), deren Abhängigkeit vom Whisky zwar ihre Stimmung hob, jedoch ihre Fähigkeit, die Truppe einigermaßen vernünftig zu leiten, wesentlich beeinträchtigte. Wir zogen ins Adelphi Theatre in Londons Strand um. Dort begannen wir mit Proben für ein

Ballett zu Ravels Orchestrierung der *Bilder einer Ausstellung* von Mussorgski, die ihr (mit ihrer vorgegebenen Szenenfolge) die Aufgabe leichtmachten und ihren Mangel an echtem schöpferischen Talent kaschierten. Alle möglichen choreographischen Elemente wurden mit einer Art archäologischem Eifer aus ihrem Gedächtnis ausgegraben und zusammengefügt. Hinzu kamen die Begeisterung und der gute Wille der Tänzer, die nur zu dankbar waren, Arbeit zu haben. Auf diese Weise erzielten wir einen ganz ordentlichen Erfolg. Wieder unterstützten uns die Maiskys mit ihrer Anwesenheit. Die Wertschätzung eines Botschafters, der unaufhörlich Schlagzeilen machte – da er, seit Nazideutschland den deutsch-sowjetischen Nichtangriffspakt gebrochen hatte, die britische Regierung in Atem hielt mit seiner Weigerung, einen Nichtangriffspakt mit England zu unterzeichnen –, wirkte sich paradoxerweise positiv auf unseren Kartenverkauf aus.

Wir wohnen immer noch in der Sloane Street und sind auf der Suche nach einer anderen Behausung. Griselda hat jetzt eine anstrengende Nachtschicht in der Signalabteilung der Admiralität, was vierundzwanzig Stunden Arbeit und achtundvierzig Stunden Freizeit bedeutet. Nach der Vorstellung gestatte ich mir ein sonnabendliches Abendessen mit meinem derzeitigen Freund vom Auswärtigen Amt, denn ich kann am Sonntag wenigstens ausschlafen. Wir gehen ins Mirabell. Es ist ein Abend ohne Bomben. Ich habe beschlossen, mich feinzumachen und trage (glücklicherweise, wie sich herausstellen soll) meine schöne geschwungene Diamantnadel, die mir meine Pariser Großmutter Guggan einmal geschenkt hat, zusammen mit einer kleinen diamantenbesetzten Uhr und Diamant-Perl-Ohrringen. Außerdem habe ich die echte Perlenkette angelegt, die ich von meiner Großmutter mütterlicherseits (Goggo) habe. Es hat seinen Grund, daß ich das alles so detailliert erzähle. Griselda ruft mich ganz verstört an: Ich müsse sofort nach Hause kommen, denn bei uns sei eingebrochen worden. So hatte ich doch tatsächlich einmal Glück, denn an diesem Abend trug ich alles, was ich an Schmuck besaß, am Leibe.

Ich ließ mein halbes Abendessen stehen und eilte in die

Wohnung zurück, wo mich die arme Griselda erwartete, der man sämtliche Broschen und Ringe gestohlen hatte. Zwei Polizisten demonstrierten, wie die Einbrecher zwei Sicherheitsschlösser mit Hilfe eines eingeschobenen Glimmerplättchens bezwungen hatten, um sich Eintritt in die leere Wohnung zu verschaffen, wo sie in aller Ruhe unabgeschlossene Schubladen öffnen und sich aussuchen konnten, was sie wollten, bevor sie sich ungesehen aus dem Staube machten. Offensichtlich hatten sie uns tagelang beobachtet. Sie hatten meinen Namen auf den Plakaten des Adelphi-Theaters gelesen, die meine Abwesenheit verrieten, hatten Griseldas täglichen Rhythmus verfolgt und Leahs freien Abend ausgenutzt, um einzubrechen. »Leider«, sagte einer der Polizisten, »habe ich wenig Hoffnung, daß wir sie fassen, denn wir sind mitten in der Rennsaison und leiden dermaßen unter Personalmangel, daß die Kerle sich ungestraft ihre Opfer aussuchen können.« Dies in dem typischen kummervoll-triumphierenden Cockney-Ton gesagt, tippten sie an ihren Mützenrand und verschwanden von der Bildfläche. Leah warf sich die Schürze über den Kopf und heulte nach echter mitteleuropäischer Art. Griselda und ich gingen traurig zu Bett.

15. Februar. Churchill gibt bekannt: Singapur ist gefallen.
Um mein recht mageres Gehalt aufzubessern, führe ich auf der Bond Street Kleider des Couturiers Lachasse vor. Während ich die Straße hinauf und hinunter gehe, werde ich von Cecil Beaton fotografiert. Außerdem bemühe ich mich verbissen darum, das Niveau der Truppe zu heben. Oftmals übernehme ich morgens den Unterricht (der jetzt in einem der Probenräume von Covent Garden stattfindet), wenn die Katuscha einen Kater hat und zu spät kommt. Langsam, aber sicher verschlechtert sich unser Verhältnis zueinander. Sie, die mir einst so gewogen war, konnte es nicht mit ansehen, daß mir mindestens zwei Männer der Truppe den Hof machten und daß ich von verschiedenen Bewunderern eingeladen wurde. Frustriert und eifersüchtig suchte sie Zuflucht in allen möglichen kleinlichen Rachemanövern. So engagierte sie zum Beispiel andere Tänzer, um meine Position zu schwächen, oder wurde

während der Proben recht unangenehm. Mich machte das traurig, denn ich hatte sie gemocht. Obgleich sie meinen verehrten Vorbildern, der Karsawina, der Egorova oder der Kschessinskaja, nicht das Wasser reichen konnte, rief sie in mir doch entfernte Erinnerungen an deren unnachahmliche russische Mentalität wach, so wie der Stöpsel einer längst ausgetrockneten Parfumflasche noch für lange Zeit die Erinnerung an den einstigen Inhalt heraufbeschwören kann. Ich kämpfte weiter, immer mehr davon überzeugt, daß ich das Ziel, das ich mir für unsere Truppe gesteckt hatte, nie erreichen würde, solange sie der Hemmschuh war. Dabei bemühte ich mich um sie und versuchte, dem Namen *charmeuse de serpent* [Schlangenbeschwörerin], mit dem sie mich bedacht hatte, Ehre zu machen; aber er bezeugte nichts weiter, als daß es mir während einer Tournee immer irgendwie gelang, für sie die Flaschen Whisky zu beschaffen, die ihren Motor in Gang hielten...

14. März. Das Schlachtschiff Electra wurde versenkt.
Gegen Ende des Monats mietete Pomeroy das Cambridge Theater. Die Villiers sollte noch zwei weitere Ballette zu der für Mai geplanten Eröffnung einstudieren. Auf der Suche nach guten Tänzern schleppte ich sie zu verschiedenen Ballettschulen und den ein oder zwei Truppen, die sich trotz aller kriegsbedingten Probleme gehalten hatten. Inzwischen waren nämlich die Materialien für Kostüme knapp geworden, auch fehlte es an Leinwand, Holz und Metall für Bühnenbilder. Während einer der Matinees schoß die Katuscha, die neben mir saß, plötzlich hoch, starrte auf die zwei kleinen Dinger‹, die aus dem *corps de ballet* traten, um ein kurzes Duett während der Seeuferszene in *Schwanensee* zu tanzen, und fragte mit Stentorstimme und stark russischem Akzent: »Wer ist denn das rote Scheusal?« (die Unglückselige hatte rote Haare); die umsitzenden Zuschauer protestierten laut. Nach dieser peinlichen Episode machte ich mich allein auf die Suche nach neuen Talenten. Ich engagierte ein weiteres Geschenk Hitlers an die schönen Künste, nämlich den berühmten deutschen Designer Hein Heckroth, der das Bühnenbild und die Kostüme für ein Ballett mit dem Titel *Audition* (›Vortanzen‹) in der Choreographie von

Wendy Toye entwerfen sollte. Dies war der erste Schritt zur Weiterentwicklung der Truppe. Wir wollten noch weitere moderne Choreographen wie Wendy engagieren, um auf diese Weise wirklich gute Tänzer anzulocken. Ich wollte nie der große Fisch in einem kleinen Tümpel sein, sondern mich nur aufgrund meiner Leistung als Künstlerin von Format beweisen.

Am Mittag des 27. März 1942 esse ich im Auswärtigen Amt mit dem freundlichen Diplomaten, der mir soviel Mitgefühl in der schweren Zeit nach dem Scheitern meiner ersten Liebe entgegengebracht hatte. Da er »im Dienst« ist, bekommt er alle Nachrichten sofort zu sehen, wenn sie eintreffen. Plötzlich gibt er mir zu verstehen, daß ein schwerer Luftangriff auf Bath stattgefunden hat. Ich rief sofort in unserer Wohnung an. Ein Telegramm war von der Köchin, Mrs Battye, angekommen: Sie und Winifred seien wohlauf, die Rückseite des Hauses sei jedoch zerstört. Zum Glück war Mama gerade bei ihrer Schwiegermutter in London zu Besuch. Ich lasse meinen Diplomaten und das ohnehin fragwürdige Essen im Stich und rase zu unserer Wohnung. Griselda bekommt Urlaub, und am folgenden Tag sitzen wir im Zug nach Bristol, der nächstliegenden Station. Wir stehen irgendwo Schlange, bis ein Bus uns, zusammengepfercht wie Sardinen in der Büchse, zum Außenbezirk der Stadt befördert. Dort sehen wir eine dicke Rauchwolke wie aus einem Krematorium aufsteigen. Mit beklommenem Herzen klettern wir über die Trümmer, machen Bogen um halb eingestürzte Häuser, die aussehen, als trauerten sie um den Verlust ihrer zerschmetterten Nachbarn, und entdecken, daß sich die Nummern eins bis sieben in der Rivers Street in einen undefinierbaren Haufen aus geborstenen Steinen, Glas- und Holzsplittern verwandelt haben. Zum Glück ist die Vorderseite von Nummer acht, Mamas Haus, noch intakt. Wir drücken auf die Klingel, die nicht funktioniert, bedienen den Türklopfer, und die gute Winifred und Mrs Battye erscheinen, beide grau vor Müdigkeit und Entsetzen. Hinter ihnen, am Ende der Eingangshalle, bricht das Tageslicht durch. Überall liegen dikker Staub und Trümmer, so als trüge das arme kleine Haus Trauer.

Zunächst muß für beide Unterkunft für die kommende Nacht

252

beschafft werden. Wir stehen stundenlang Schlange, denn im Gegensatz zu den robusten Londonern, die sich mit ihrem Schicksal abgefunden haben, befindet Bath sich in einem Schockzustand, und jedem graut vor einer zweiten solchen Nacht. Man trägt sich mit dem Gedanken, die Stadt zu verlassen, selbst wenn man in den umliegenden Feldern und Höhlen schlafen müßte – lieber das, als noch einmal solchem Terror ausgesetzt zu sein. Schließlich finden wir eine Unterkunft, schicken beide per Bus dahin und verabreden uns mit ihnen für den nächsten Tag, um sie nach London zurückzubringen.

Der Anblick dieser entzückenden Kleinstadt aus dem achtzehnten Jahrhundert, der einzigen planvoll gestalteten Stadt Englands, tut weh, denn in den hufeisenförmigen Straßen und den Häuserreihen klaffen große Lücken. Wir wenden uns davon ab und beeilen uns, Kleidung, Bett- und Tischwäsche, Tafelsilber, also alles, was tragbar ist, in Kisten und Koffer zu packen. Danach sehen wir uns nach einer Fahrmöglichkeit um. Bath hatte sich in eine Geisterstadt verwandelt. Die meisten Läden und sämtliche Firmen waren geschlossen, und der Bahnhof lag verlassen da. Stumm machten wir uns auf den Weg zu Sir Saxton und Lady Noble in der Hoffnung, beide noch in ihrem schönen Haus nahe des Royal Crescent anzutreffen. Zu unserer großen Freude fanden wir ihre Straße fast unversehrt. Sie selbst überlegten, was sie tun sollten. Hocherfreut über unser Erscheinen baten sie uns, die Nacht über als ›Wachtposten‹ dort zu bleiben, und flüchteten, nur allzu froh, weggehen zu können. Wir wiederum freuten uns, ein Dach über dem Kopf zu haben. Wir fanden etwas zu essen, zogen Schuhe und Kleider aus und kampierten auf den Sofas im Wohnzimmer. Voller Traurigkeit und durchdrungen von dem Gefühl der Sinnlosigkeit dieser ganzen gegenseitigen grausamen Zerstörung fielen wir in tiefen Schlaf.

Wir wachten mit steifen Knochen müde auf, dankbar, daß die Bomber nicht zurückgekehrt waren. Es gelang uns, die Kisten und Kästen von zu Hause herüberzuschleppen, um sie bei dem armen Menschen, der bei den Nobles einquartiert war, abzuladen. Wir hatten wenig Wasser und kein Gas, also räumten wir so gut es ging auf, knabberten ein Stück altes Brot, sammelten

Winifred und Mrs Battye ein und bestiegen den überfüllten Bus nach Bathampton, von wo aus, so hatte man uns gesagt, es einen Zug in Richtung London geben sollte. Der Bahnsteig ähnelte der geschmacklosen Verfilmung eines russischen Romans: Eine große Menge von mindestens dreihundert ungewaschenen, zerknitterten Menschen stand Schulter an Schulter in geradezu gefährlicher Einigkeit am äußersten Rand des Bahnsteigs. Es fehlten nur noch die Berge von Sonnenblumenkernen, um das Dostojewski-Bild zu vervollständigen. Zwei geschlagene Stunden warteten wir dort gemeinsam, unfreiwillig miteinander verschmolzen, als hätte das Schicksal uns unserer eigenen Identität beraubt und uns statt dessen ganz gegen unseren Willen wahllos in aneinandergereihten Haufen zusammengewürfelt.

Endlich lief der langerwartete Zug ein. Wir stürzten uns darauf, wobei wir von der Masse hinter uns gegen die Wagen gepreßt wurden. Verzweifelt suchten wir nach den Türen und quetschten uns, einer nach dem andern, hindurch, um dann in einem unwillkommenen Schwarm in die bereits überfüllten Gänge einzufallen. Halb erstickt und steif, erreichten wir schließlich Swindon, wo wir ausgeladen wurden und einen Zug fanden, der wirklich weiter nach London fuhr. Mrs Battye ging zu ihrer Schwester, und Winifred fand bei Oma Grace Unterkunft. Unsere Mutter betrachtete die ganze tragische Angelegenheit als persönliche Beleidigung und war uns ausgesprochen undankbar dafür, daß wir ihr ihre Pelze und ihren Schmuck mitgebracht hatten.

In unserer Wohnung wurden wir dank der ersten richtigen Mahlzeit, die wir seit unserer Abreise genossen hatten, wieder besserer Stimmung, die sich weiter hob, als zahlreiche besorgte Anrufe von Robert Donat, Louis Kentner und unseren anderen nahen Freunden kamen, die sich nach unserem Ergehen erkundigten und wissen wollten, was wir erlebt hatten. Winifred und Griselda kehrten am nächsten Tag nach Bath zurück – wo sich das Leben allmählich wieder normalisierte –, um unsere Möbel zu retten und unterzustellen. Mama verfiel in eine Reihe hysterischer Anfälle, und so blieb uns nichts anderes übrig, als sie für eine Weile in einem Sanatorium unterzubringen, da wir uns beide wieder an unsere Arbeit begeben mußten. An Leib und Seele erschöpft, ging ich erneut zu den Proben und fand eine Truppe vor, deren Moral noch tiefer gesunken war als zuvor. Der Grund war das Verhalten der Katuscha, die inzwischen wieder eine ihrer Pastiches schuf, diesmal mit Schneewittchen und der bösen Stiefmutter, deren Rolle sie mir mit glitzernden Augen zuteilte. Es gelang ihr nicht, sich als das unschuldige Opfer darzustellen in dem ganzen trostlosen Drama, das wenige Tage später seinen Höhepunkt erreichen sollte. Unfähig, ihre Abneigung gegen mich noch länger zu unterdrücken, verabreichte sie mir bei einer Probe vor versammelter Truppe eine Ohrfeige. Daß dieser Ausbruch mehr vom Whisky bestimmt war als von den eigentlichen Gefühlen der Frau, die mir einst soviel Sympathie entgegengebracht hatte, machte die ganze traurige Angelegenheit nur noch schlimmer. Es bestätigte mir, ob ich wollte oder nicht, die unwiderlegliche Tatsache, daß ich unter ihrer Führung nie eine erfolgreiche Truppe aufbauen könnte. Da ich Gehorsam gelernt hatte, beendete ich ohne Widerrede die Probe und ging erst danach zum Telefon, um Pom davon in Kenntnis zu setzen, daß ich Zweifel hätte, sie noch länger mitziehen zu können. Um das Maß voll zu machen, gab es noch eine dumme Auseinandersetzung wegen eines Umkleideraumes, der auf Bühnenhöhe lag und mir zustand in meiner Eigenschaft als Primaballerina, Leiterin und »Mädchen für alles«, das sämtliche Fäden in der Hand hielt, an denen eine Truppe von den Kostümen bis hin zum Orchester und dem jüngsten Mitglied hängen. Wütend wie ein alter Kampfhahn verlangte die Katuscha schließlich, daß ich ihr alle meine sorgfältig zusammengestellten Listen, mein Adreßbuch und alle Notizen, die Truppe betreffend, aushändigte (und das nach acht fürchterlichen Tagen, in denen sie mich völlig ignorierte, wie es nur im russischen Ballett möglich ist, wo der engste Freund über Nacht zum unerbittlichen Feind wird und alle Erinnerungen an gemeinsame Freuden und Leiden, die einen eigentlich für alle Zeiten verbinden sollten, sich in der Hitze slawischer Leidenschaften in nichts auflösen).

Wieder bleibt mir nichts anderes übrig, als mich hilfesuchend an Pom zu wenden mit der Botschaft, daß die Moral der ganzen Truppe mit jedem Tag tiefer sinke. Er beschloß, daß ich die Garderobe und alle meine Papiere usw. behalten sollte. Irgendwie mogeln wir uns bis zur Premiere am 9. Juni 1942 durch. Ich tanze meine verschiedenen Rollen in den drei neuen Balletten, von denen das letzte eine recht geistreiche Darstellung von Prokofjews *Leutnant Kijé* ist. Selbst der Erfolg ändert nichts an dem höchst seltsamen Verhalten der Katuscha. Verzweifelt und total ausgelaugt teile ich ihr schließlich mit, daß ich sie, ihr häßliches Verhalten mir gegenüber und die ganze widerwärtige Situation satt hätte und am Ende der Spielzeit zu gehen gedächte, nachdem alle meine Versuche, ihr eine wirklich gute Truppe zur Verfügung zu stellen, gescheitert seien. Da ich von dem sogenannten Unterricht, der entweder in Katerstimmung oder schlechter Laune erteilt wurde oder von mir übernommen werden mußte, genug habe, habe ich inzwischen eine der begabtesten russischen Lehrerinnen engagiert. Sie ist eine ehemalige Tänzerin, die ich bei der Sokolova kennengelernt habe, und heißt Vera Volkova (später sollte sie beim Royal Ballet unterrichten und danach beim königlichen Ballett Dänemarks die erste Ballettmeisterin werden; bislang jedoch war sie meine Entdeckung). Im besten St. Petersburger Stil ausgebildet, war sie ein Ansporn für die unbegabtesten Tänzer und eine echte Inspiration für die besten. So erwachten meine Lebensgeister allmählich wieder, als ich merkte, daß es ihr gelang, Disziplin und guten Willen bei uns allen wieder neu zu beleben.

Eines späten Abends – ich war nach der Arbeit einer langen Woche todmüde – kommt ein Anruf von Pom. Er entschuldigt sich für sein Zögern und erzählt mir, daß er der Katuscha jetzt doch endlich gekündigt habe. Der Weg vor mir sieht so klar aus, als hätte sich ein zuvor undurchdringlicher Nebel aufgelöst; ich werde nun meine Pläne verfolgen können, ohne durch ihre Feindseligkeiten daran gehindert zu werden. Bis zum bitteren Ende entschlossen, soviel Mitleid und Aufsehen wie nur irgend möglich in diesem völlig demoralisierten Häuflein zu erregen, nimmt sie mit einer Tränenflut, die peinlicherweise keinerlei Reaktion auslöst, Abschied und tritt ab. Wir bleiben leicht betäubt zurück.

Am 29. Juli wird mein Stiefvater Cecil zum Konteradmiral

befördert, eine Nachricht, die unsere Mama erfreuen sollte. Wir hatten sie inzwischen in einer Wohnung im gleichen Gebäude wie ihre anhängliche Schwiegermutter mit all ihren Möbeln aus Bath untergebracht. Beneidenswerte Frau; sie merkt gar nicht, wie man ihr dauernd Reverenz erweist.

Um während der Saison keine Zeit zu verlieren, habe ich diverse Choreographen engagiert, auch noch weitere Tänzer und Tänzerinnen sowie Bühnenbildner von Rang und Namen und habe die Libretti der verschiedenen künftigen Produktionen diskutiert. Offensichtlich ist Pomeroy von allem begeistert. Er unterzeichnet die Verträge. Die Saison am Cambridge Theater endet erfolgreich, und nach einer letzten Woche in Brighton freuen wir uns darauf, mit neuen Proben zu beginnen.

19. August. Angriff auf Dieppe.

Das Scheitern dieses unseligen Unternehmens spiegelte sich in den halbleeren Zuschauerräumen in Brighton wider, und wir kehren deprimiert nach London zurück. Dort erwartet uns die böse Nachricht, daß Pom sich plötzlich und aus unerklärlichen Gründen entschlossen hat, die versprochene Summe für die kommende Saison zu kürzen. Mir ist elend zumute, als ich den schwächeren Tänzern kündigen muß, um die Truppe der neuen Finanzlage anzupassen. Diese Pflicht zählte zu den deprimierendsten, denen ich mich im Laufe meiner Karriere unterziehen mußte, und ich übte sie mit Selbsthaß und so behutsam wie möglich aus.

Am Ende des Monats begriff ich Pomeroys seltsames Verhalten. Er war ganz plötzlich mit einem Herzanfall, der schon seit geraumer Zeit gedroht und den er zu ignorieren gesucht hatte, ins Krankenhaus eingeliefert worden. Verzweifelt bemühe ich mich, Gelder aufzutreiben, spreche mit einem Agenten, einem Direktor nach dem anderen, laufe von Anthony Asquith zu David Henley of Selznick, aber alles umsonst. Ich konnte einfach nicht fassen, daß nach all meinen Kämpfen, all meiner Arbeit, meinen Projekten so ein grausamer Schicksalsschlag die ganze hoffnungsvolle Planung eines ganzen Jahres zunichte machen sollte. Ich besuche den armen Pom und flehe ihn so sanft es geht an, er möge mir doch eine Chance geben, weiterzumachen. Traurig antwortet er mir, daß er das nicht könne. Durch seine Krankheit – er ist der alleinige Geldverdiener in dem Geschäft, das niemand anderem anvertraut werden kann – sind seine sämtlichen Geldquellen gesperrt.

Der einzige Lichtblick in diesem Durcheinander war die Einladung eines meiner literarischen Freunde, mit ihm nach Hove zu fahren und dort Lord Alfred Douglas in seiner kleinen Wohnung zu besuchen. Natürlich war ich seit meiner Jugend mit dem berühmt-berüchtigten Fall von Oscar Wilde vertraut und wußte um dessen große Leidenschaft für diesen außerordentlich schönen jungen Mann, die zu seinem Sturz und schrecklichen Ende geführt hatte. Ich hatte auch etliche von Douglas' Sonetten gelesen und freute mich, einen Mann kennenzulernen, der bereits zu einer Legende geworden war.

Könnte ich einer meiner Lieblingstheorien Gestalt verleihen, nämlich, daß die Gedanken, die der Mensch hegt, sich im Laufe seines Lebens unauslöschlich auf seinem Gesicht ausprägen, so daß man von den meisten alten Gesichtern die gesamte Psyche eines Menschen ablesen kann, so wäre Alfred Douglas allerdings ein trauriger Beleg für meine Behauptung. Anstelle der blonden Schönheit mit ihren makellosen Zügen und klarem Ausdruck hatte ich ein zerknautschtes Gesicht vor mir, verschrumpelt wie ein mißlungener Bratapfel, mit wäßrigen blauen Augen, die einen gereizt anblickten. Die Augen standen etwas vor, so als ob selbstsüchtige Arroganz, gepaart mit Mißtrauen, sie zur schnellen Abwehr jeder Belästigung nach vorn gedrückt hätte. Ein paar vereinzelte graue Haare hingen um einen nichtssagenden Kopf; der gesamten Erscheinung fehlte es irgendwie an Bedeutung, sei es im physischen, sei es im übertragenen Sinne. Er begrüßte uns mit der abweisenden Eile, die im allgemeinem einem Postboten zuteil wird, der eine Unterschrift für eine Lieferung verlangt, und bat uns hinein. Ich vermute, er akzeptierte mich als eine Person, die weder ganz unansehnlich noch ganz dumm war, oder einfach als eine Zuhörerin, die es wert war, ihr von sich und seiner bedeutenden Rolle in der literarischen Welt zu erzählen. Als er festgestellt hatte, daß wir ein paar gemeinsame Bekannte hatten, ersuchte er mich, den einflußreichsten von ihnen dazu zu bewegen, sein ›geniales Werk‹ *In Excelsis* herauszurücken, das er im Wormwood Scrubbs Gefängnis geschrieben hatte, in dem er ein Jahr wegen Verleumdung Winston Churchills zubringen mußte. (»Aha«, dachte ich,»man bemüht sich, Wildes bewegendes *De profundis*, seinen *cri de cœur* aus dem Reading-Gefängnis nachzuahmen«). Ich versprach ihm, mein Bestes zu tun und kehrte nach London zurück, tief enttäuscht von dem verblichenen Bild eines Menschen, der in der Welt der Literatur fast historischen Rang besaß. Ich kehrte nach London zurück, um zu erfahren, daß alle Hoffnung, die Balletttruppe durch eine sechswöchige Tournee zusammenzuhalten, zunichte geworden war. Pom hatte der gesamten Truppe ohne jegliche Entschädigung von seinem Krankenbett aus in Bausch und Bogen gekündigt. Dieser Schlag traf mich in mehrfacher Weise: Erstens wiederholte sich wieder einmal meine Pechsträhne, diesmal zu einem Zeitpunkt, wo ich den Erfolg mit Händen zu greifen schien; zweitens war es sehr demütigend für mich, weil ich so vielen Kollegen, Künstlern und Freunden, die mir vertrauten, Hoffnung gemacht und Arbeit zugesagt hatte; drittens war Pom ein guter Freund und ein verständnisvoller Chef gewesen, und ich konnte es nicht ertragen, ihn krank zu wissen und zu erleben, wie diese Krankheit ihn zwang, alle, die für ihn über ein Jahr lang treu und hart gearbeitet hatten, allem Anschein nach ohne Gewissensbisse einfach fallenzulassen. Die einzige gute Neuigkeit in dieser negativen und betrüblichen Phase kam von Griselda, die zwei Wohnungen in Belgravia gefunden hatte, von denen die eine uns gute Dienste leisten würde und die andere, im Nebenblock gelegen und durch einen Korridor mit unserem Gebäude verbunden, ideal für Mama war, deren anhaltende nervliche Labilität Grund genug war, sie in erreichbarer Nähe haben zu wollen.

Ende Oktober zogen wir ein, nachdem wir Leahs Anerbieten, uns zu begleiten, diskret abgelehnt hatten. Zuvor hatten wir sehr genau die Vor- und Nachteile gegeneinander abgewogen, das heißt die Vorzüge eines exquisiten Apfelstrudels, einer Sachertorte und eines Tafelspitz gegen die Launenhaftigkeit ihres österreichisch-ungarischen Temperaments mit den Gewittern, Ergüssen und Tränenfluten, die dem Wetter in ihrem heimatlichen Salzkammergut glichen. Wir waren zu dem Schluß gekommen, daß die Luftangriffe uns genügend Gefahren und Unsicherheiten bescherten und wir unserem Alltag nicht noch mehr dergleichen zumuten wollten. So würden wir eben mit unseren eigenen, wenn auch zweifelhaften Kochkünsten überleben müssen.

Die Wohnung war reizend. Endlich waren wir wieder von den uns vertrauten Möbeln aus Mulberry House umgeben, die uns das Eingewöhnen in unser erstes richtiges Zuhause seit Herbst 1940 erleichterten. Und als am 2. November 1942 auch das letzte Fünkchen Hoffnung, die Pomeroy-Truppe wieder aufleben zu lassen, zitternd erlosch, hatte ich wenigstens den Trost der zwar leblosen, aber symbolischen Gegenstände, die mich fast mein ganzes Leben begleitet hatten.

5. November 1942. Rommel zieht sich aus Ägypten zurück.
8. November. Die USA marschieren in Marokko und Algerien ein.
9. November. Marokko und Algerien kapitulieren.
Es scheint, als wende sich das Kriegsgeschehen langsam zu unseren Gunsten. Die lähmende Stimmung hebt sich, und da ich sowieso zur Zeit nichts zu tun habe, fahre ich wieder einmal nach Hove, um mit Alfred Douglas zu Mittag zu essen. Bei diesem zweiten Besuch ist er zugänglicher. Arrogant vergleicht er seine Sonette mit denen Shakespeares, die, wie er verächtlich feststellt, im Gegensatz zu den eigenen nicht einmal der strengen Form Petrarcas folgen. Ich beiße mir auf die Zunge, um nicht zu erwidern, daß ein Genie keines solchen Korsetts bedarf. Er schenkt mir zwei seiner Bücher.

27. November 1942. Die französische Flotte flieht aus Toulon, als die Deutschen und die Italiener einmarschieren.
3. Dezember. Mein Stiefvater Cecil Harcourt versenkt sechs Schiffe eines Geleitzuges.
Zeitungsreporter und Fotografen lauern Griselda und mir auf in der Hoffnung, daß wir zu den Nachrichten noch irgend etwas hinzufügen können.
Etwas bänglich, aber doch erfreut folge ich am nächsten Tag

der Aufforderung, in den Filmstudios von Denham die Hauptrolle in dem Stück *What Every Woman Knows* [Was jede Frau
weiß] von James Barrie zu lesen. Zu meiner freudigen Überraschung bekomme ich die Rolle in der künftigen Londoner
Produktion. Die Angst, vom Arbeitsamt aufgerufen zu werden,
verfliegt wieder einmal.

Am Ende des Jahres – ich bin immer noch traurig und fühle
mich seelisch ausgelaugt und leer – überredete mich George
Galitzine, mein guter russischer Freund, ihn zu einer Party am
Berkeley Square zu begleiten. Es war eine typisch russische
Party, auf der sich die Besucher drängen und sich und andere
bestens unterhalten mit jener besonderen Mischung aus
Humor, Boshaftigkeit, süffisantem Wohlwollen und der unschätzbaren Fähigkeit, den Augenblick voll auszukosten – das
Überlebensgeheimnis aller russischen Emigranten, die ich je
kennengelernt habe. Ich fühlte mich wunderbar aufgehoben in
dieser Wärme, dem Geplauder und der Zwanglosigkeit dieser
anspruchslosen Menge, daß ich Georges Aufforderung, mich
mit der irischen Wahrsagerin zu unterhalten, die halbversteckt
in einer fernen Ecke des Raumes saß, nicht folgen mochte.
»Komm doch mit, Sparja«, bat er. Ich lehnte entschieden ab.
»Hast du etwa Angst, Sparjenka?« Das war das Stichwort.
Schließlich hatte ich absolut nichts zu verlieren, welchen
Unsinn sie auch reden mochte, denn ich hatte mich monatelang so leer gefühlt, daß meine Stimmung durch nichts gewan-
delt werden konnte.

Ich ging hinüber, und da saß mitten in dem Lärm, Zigarettenrauch und mehrsprachigen Stimmengewirr ein winziges, zerknittertes Weiblein mit dem rötlichen Gesicht einer treuen
Anhängerin der Whiskyflasche. Sie trug ein schmutziges graues
Flanellkostüm und roch nach Alkohol und kalter Asche. Nicht
gerade anziehend. Ich war gerade im Begriff, mich zurückzuziehen, als sie eine Hand von mir ergriff und mich aufforderte,
neben ihr auf dem Sofa Platz zu nehmen. Sie ließ ihren starren
Blick von meiner Handfläche zu meinen Augen wandern und
verkündete mit starkem irischen Akzent: »Sie haben viel
durchgemacht, meine Liebe.« Zu offensichtlich, dachte ich bei
mir. »Aber ich glaube, Sie haben Hilfe bekommen. Es ging um

Probleme der Familie, nicht wahr?« Widerwillig antwortete ich, daß es sich um meine Mutter handele. Sie runzelte die Stirn und meinte:»Komisch. Ich hätte schwören können, daß Ihnen ein Mann geholfen hat.« Um sie zu ermutigen, fragte ich: »Kennen Sie seinen Namen?«»Ja, Louise.«»Wie schreiben Sie das?« fragte ich weiter.»L.O.U.I.S.«, buchstabierte sie. Jetzt bin ich doch neugierig und erkläre ihr, daß es sich tatsächlich um einen Mann handelt, nur daß das ›s‹ nicht ausgesprochen werde. Louis Kentner war sehr lieb und mitfühlend gewesen. Sie redet weiter und beschreibt mir kurz den Zusammenbruch meiner ersten Liebe. Sie sagt weiter, ich würde einen Mann heiraten, der eine Art Künstler sei, denn sie sähe ihn auf einer Bühne. Er sei nicht sehr groß, habe blondes Haar und bisse sich auf die Lippen. Damals kannte ich Yehudi noch nicht einmal, aber viele Jahre später erinnerte ich mich an ihre Worte, die ihn genau beschrieben hatten. »Sie werden unter großen Schwierigkeiten ein Kind bekommen, später noch eins, aber...«. Hier unterbrach sie sich plötzlich und fügte nur noch hinzu:»Kommen Sie zu mir. Hier ist meine Karte. Ich würde lieber privat mit Ihnen weitersprechen.« Mit ihrer unerklärlichen Sehergabe hatte sie möglicherweise mein drittes Kind gesehen, das eine Stunde nach der Geburt starb. Wie lassen sich solche außergewöhnliche Fähigkeiten erklären? Gegen Ende des Abends kam George zu mir und rief:»Sparja, sie sagt, ich würde eine heiraten, die ich schon lange Zeit kenne und liebe. Das bist doch du, nicht wahr?«»Nein, mein lieber George, es ist deine charmante Gastgeberin, auf sie paßt die Beschreibung viel besser.« Er hat sie tatsächlich geheiratet.

12 Tröstliche Arbeit mitten im Krieg

*Ein jegliches hat seine Zeit, und alles Vornehmen
unter dem Himmel hat seine Stunde... weinen und
lachen, klagen und tanzen, lieben und hassen,
Streit und Friede hat seine Zeit.*

PREDIGER SALOMO

1943 traten wir in das vierte Kriegsjahr ein. Inzwischen
hatten wir uns mit einem Leben abgefunden, das wir uns nicht
ausgesucht hatten, und jeden Gedanken an die Freiheit der
Wahl aufgegeben. Kleine persönliche Nischen, die man sich in
der allgemeinen ernsten und gefährlichen Lage der Dinge
erhalten hatte, die man hegte und pflegte, wurden um so
lebensvoller und kostbarer. Wir konnten uns nicht länger etwas
vormachen: Das Leben war riskant und unsicher geworden,
man mußte damit ringen anstatt es zu verleugnen, mußte es als
Schicksal auffassen und nicht als ein böses Verhängnis. Aus
dieser größeren Perspektive gesehen, wurde alles leichter. Das
Leben war auf seine Grundelemente reduziert, Priorität hatte
die schlichte Dankbarkeit, daß man noch lebte, denn die
Luftangriffe hatten wieder richtig angefangen, und die Gedanken beschränkten sich auf das Überleben und auf die täglichen
Pflichten.

Die Proben für *What Every Woman Knows* hatten mit einer
wunderbaren Besetzung begonnen. Dazu gehörten: die *grande
dame* der Londoner Bühnen, Dame Irene Vanbrugh, der Haupt-
darsteller Nicholas Hannen, Barbara Mullen, die für ihre schot-
tischen Rollen berühmt war, und der ›Held‹ John Stewart. Ich
spielte die jugendliche Hauptrolle, Lady Sybil Tenterden. Alle
waren freundlich, hilfsbereit und machten mir Mut, insbesondere Dame Irene und ›Beau‹ Hannen (der trotz seiner sechzig
Jahre immer noch phantastisch aussah und angeschwärmt
wurde), aus deren langjähriger Erfahrung ich nicht nur viel

263

lernte, sondern auch Selbstvertrauen gewann. Ich hatte ja schon vorher einige Male in Theaterstücken mitgewirkt, und es drängte mich immer mehr, zumal ich als dramatische Tänzerin bekannt war, Schauspielerin zu werden und der Unsicherheit, der körperlichen Tortur und feindseligen Atmosphäre der Balletttruppen den Rücken zu kehren. Selbst wenn dieser Schritt bedeuten würde, daß ich dann mit meinem Körper keine Musik mehr interpretieren könnte, so würde ich doch weiterhin in der Welt des Theaters leben und hätte mit einem Stoff zu tun, der von höherem Rang und so viel interessanter wäre als das, was einem die wenigen Choreographen anboten, deren Muse zu werden man nur hoffen konnte. Oder ich dachte an die langweilige Auswahl altbackener Ballette »von anno Tobak«, wie die Russen zu sagen pflegten: etwa die Klassiker von Petipa und Fokin, die man aus dem Archiv holt, ausschüttelte, vom Staub befreite und in den jeweiligen finanziellen Rahmen preßte. Im großen und ganzen fiel mir die Entscheidung nicht schwer.

Das gesellschaftliche Leben war zwar arg zusammengeschrumpft, aber es existierte noch. Puffin Asquith gab in einem Privatraum des Savoy-Hotels eine Reihe von Diners, speziell für seine ungewöhnliche Mutter, die berüchtigte Margot, Gräfin von Oxford und Asquith, Witwe des ehemaligen liberalen Premierministers Henry Herbert Asquith und berühmt für ihren kühnen Witz. Sie hatte dafür gesorgt, daß ich zu jedem dieser Essen eingeladen wurde. Laut Puffins Sekretärin soll sie gesagt haben: »Diana ist das einzige Mädchen in der ziemlich trostlosen Gesellschaft von heute, das nicht nur schön, sondern auch intelligent ist.« Hurra! Es wurden immer acht oder zehn Gäste geladen, die sehr sorgfältig ausgewählt und entsprechend interessant waren: Theaterschriftsteller wie Terry Rattigan, Bühnenbildner wie Cecil Beaton, Filmproduzenten wie Anatole de Grünewald oder Puffins Halbbruder, der Oberste Richter Cyril Asquith, und Journalisten aus Europa, die zwischen den Frontlinien hindurch geflüchtet waren. Gleich surrenden Pfeilen flog die Konversation nur so über den Tisch, wurde geschickt aufgefangen und mit Witz oder Feuer erwidert, je nach dem, wie es das Thema verlangte. Ein Hochgenuß, den ich immer in Erinnerung behalten werde. Oftmals wurde ich gebeten, »Mamma Oxford« nach Hause zu begleiten, wodurch der Abend dann noch einen besonderen Schlußakkord erhielt.

Ich erinnere mich, abgesehen von diesen Diners, insbesondere an ein Mittagessen, das der Auswärtige Presseklub im Savoy-Hotel zu Ehren des im Exil lebenden König Georg von Griechenland gab. Ich saß mit an Mamma Oxfords Tisch für sechs Personen und diskutierte gerade mit dem brillanten, aber ziemlich herrischen ehemaligen Herausgeber der Frankfurter Illustrierten Zeitung. Auf einmal fiel mir auf, daß Mamma Oxford ihr Essen bereits hinuntergeschlungen hatte und immer wieder ungeduldig auf ihre Armbanduhr sah, wobei sie gereizt schnalzende Laute von sich gab und über die Schulter zu dem Haupttisch schielte, an dem der König mit den amtlichen Würdenträgern saß. Plötzlich stand sie auf, stieß ihren Stuhl zurück, schritt auf den König zu, beugte sich über die Nelkensträuße und Bestecke hinweg nach vorn und sagte: »Majestät, es ist recht langweilig und höchste Zeit, daß Sie Ihre Rede halten und das Ganze hier beenden.« Der erschreckte König brauchte einen kurzen Moment, um sich von diesem Überraschungsangriff zu erholen, dann erhob er sich prompt und las seine vorbereitete Ansprache ab. Schon nach wenigen Sätzen war Mamma Oxford fest eingeschlafen und wachte erst auf, als ich sie stupste. Sie stieß ihren eleganten Spazierstock laut auf den Boden und rief »Bravo«.

Menschen ihres Schlages gibt es leider nicht mehr.

Wir hatten die letzte Probenwoche für Barries Stück erreicht, als ich eines Morgens mit hohem Fieber und Grippe aufwachte. Es war klar, daß ich für ein oder zwei Tage nicht zum Theater gehen konnte (länger darf sich ein Tänzer nicht mit Krankheit abgeben), aber die böse Fee hatte etwas anderes mit mir vor: am nächsten Tag hatte ich Gelbsucht. Der Arzt kam und bestätigte es; er erklärte, daß es sich um eine Epidemie in ganz London handele (Grund dafür sei die ungesunde und mangelnde Ernährung). Er verordnete mir zehn Tage Bettruhe. Da ich seit eh und je an einem schwachen Magen litt, kamen noch die fürchterlichsten Magenschmerzen hinzu, und das einzige, was ich vertragen konnte, war Kartoffelbrei, den Griselda liebevoll zubereitete. Nach ein paar Tagen erhielt ich die erschrekkende Nachricht, daß am folgenden Morgen die Kostümprobe stattfände. Bis an die Halskrause voll Whisky und angepinselt wie eine verzweifelte Nutte, um meine Hautfarbe zu kaschieren, stolperte ich, einer abgelagerten Zitrone ähnlich, in eine Taxe, fürsorglich von Griselda gestützt. Irgendwie schaffte ich es bis in die Garderobe des Cambridge Theatre, wo die Garderobiere mir meine Robe für den ersten Akt überzog, die zu ihrem Schrecken gleich wieder herunterrutschte und als knisterndes Häufchen Taft auf meinen Füßen liegen blieb. Ich hatte in den fünf Tagen etwa neun Pfund abgenommen. Hastig steckte sie am Rücken alles mit Nadeln zusammen, während ich mich zur Bühne schleppte. »Ach, du liebe Zeit!« rief Pomeroy, der für das Stück verantwortlich war, »was um alles in der Welt ist mit Diana Gould passiert?« Ich bemühte mich eiligst, meinen bedauerlichen Zustand zu bagatellisieren (Krankheit ist dem Theater ein Greuel) und führte meine restlichen Kostüme vor, wobei es mir sogar gelang, erst hinter der Bühne in Ohnmacht zu fallen. Danach sofort zurück nach Hause und ins Bett, wo ich mir noch zwei Tage Kranksein erlauben konnte, bevor ich zu den letzten Proben zu erscheinen hatte. »Diana, warum schaust du denn in der Liebesszene zu Boden?« bemängelte Clifford Evans, unser sympathischer Regisseur. Ich hatte mir zwar das Gesicht mit hellrosa Make-up verkleistert, aber gegen meine goldgelben Augäpfel konnte ich nichts unternehmen und hatte deshalb so unromantisch auf meine Knie geschielt. Jetzt mußte ich allerdings die Augenlider heben und ihm voll und gelb ins Gesicht blicken. Er zeigte allerdings echtes Mitgefühl und sah davon ab, mich als die Leprakranke zu behandeln, die ich wahrscheinlich für ihn war.

Und wieder stellte mir einer meiner Freunde aus der Diplomatie ein Ultimatum. Nein, vielen Dank, liebster Algernon, sagte ich, und er ging mit Tränen von hinnen, um eine andere zu heiraten; und wenn sie nicht gestorben sind, dann leben sie noch heute.

Es kam der Tag der Abreise. Vom Bahnhof Euston um zehn Uhr morgens. Immer noch recht angeschlagen, erreiche ich mein Abteil und sinke erschöpft gegen das Schondeckchen. Die russische Garderobiere, ein Relikt der einstigen Pomeroy-

Truppe und eine gute Freundin, steckt ihren Kopf durch die Tür, lacht und sagt mit ihrem unverkennbar slawischem Akzent: »Diana, weißt du was? Die Soundso« (Tochter eines der Kollegen aus *What Every Woman Knows* und ebenfalls Schauspielerin, die wütend war, daß man nicht ihr die Rolle der Lady Sybil angeboten hatte) »hat gesehen dich und sagt, du *schrecklich* aussehen und wirst Premiere *morgen* niemals schaffen. Das Beste ist, sie kommt mit Zug nach Glasgow. Ich ihr sagen, da kennst du Diana Gould schlecht, die ausgebildet von Russen. Sie morgen spielen, vielleicht sterben hinterher!«

Wie kamen erst um Viertel vor neun am Abend in Glasgow an, und meine Unterkunft war alles andere als bequem. Alle hatten sich so freundlich und hilfsbereit um mich bemüht, daß sich die elende Krankheit deswegen schon fast gelohnt hatte.

Pomeroy war auf geheimnisvolle Art und Weise erneut in den Genuß seines Wohlstandes gekommen, und das bewies er, indem er nicht nur unser Stück finanzierte, sondern auch George Bernard Shaws *Haus Herzenstod*, in dem Stars auftraten wie Edith Evans, die junge Deborah Kerr und Robert Donat. Auch Turgenjews *Ein Monat auf dem Lande* mit Michael Redgrave und einer ebenfalls erstklassigen Besetzung erfreute sich seiner finanziellen Unterstützung. Roberts Stück begann in Manchester am gleichen Abend wie unseres in Glasgow, und wir sprachen uns telegrafisch gegenseitig Mut zu. Am Ende unserer zweiten Woche in Edinburgh hörten Beau und ich, als wir unseren Zug in südöstlicher Richtung nach London bestiegen, daß Robert mit seiner Besetzung gerade eben auf einem anderen Bahnsteig angekommen war, um uns in Edinburgh abzulösen. Also rasten wir hinüber, fielen uns kurz in die Arme und rasten ebenso schnell zu unserem Bahnsteig zurück, wo unser Zug sich gerade langsam in Bewegung setzte. Beau ergriff die nächste Zugtür, ich stolperte hinter ihm her, und während der Zug an Geschwindigkeit zunahm, rannten wir den Gang entlang, um zu unserem Abteil zu gelangen, fanden jedoch die Verbindungstür verschlossen. Bestürzung in der Truppe, die felsenfest davon überzeugt war, daß wir auf dem Bahnhof zurückgeblieben seien. Stunden später erreichte der Zug die nächste Station; wir liefen den Bahnsteig entlang und suchten unsere rechtmäßigen Plätze auf, was allgemeine Erleichterung unter den Kollegen auslöste.

Bei meiner Rückkehr nach London zur Eröffnung unseres Stücks am selben Abend fand ich die arme Griselda in dem gleichen Zustand vor, in dem ich mich vor gar nicht langer Zeit befunden hatte. Sie sah entsetzlich elend aus. Premiere war im Lyric Theatre, im schönsten aller Londoner Theater. Ich starb fast vor Lampenfieber, aber ich machte meine Sache anscheinend gut, denn ich bekam sehr günstige Kritiken. Ich fühlte mich ausnahmsweise einmal unbeschwert, ja, glücklich, hatte ich doch eine gute Arbeit und war von reizenden Kollegen umgeben. Daher lachte ich, als einer von ihnen einmal zu mir sagte: »Du scheinst nach langen Proben oder den acht Auftritten pro Woche nie müde zu sein. Wie kommt das?« Ich antwortete mit einer Gegenfrage: Ob es ihm nie in den Sinn gekommen sei, wenn er sich ein Ballett angesehen habe, daß die armen Tänzer bereits seit neun Uhr morgens auf den Beinen gestanden hätten. Das Programm fange mit zwei Übungsstunden an und ziehe sich dann mit endlosen Proben manchmal bis zu einer Stunde vor Beginn der Abendvorstellung hin. Es sei statistisch festgestellt, daß die körperliche Anstrengung eines Ballettänzers siebenmal größer sei als die eines Straßenarbeiters mit Spitzhacke, gemessen an der Muskelkraft und der Belastung des Herzens. Auf der Bühne hin und her zu schreiten, meine Kiefer zu bewegen und ab und zu unterschiedliche Armbewegungen zu vollführen, das sei für mich eine phantastische Auffassung von Arbeit, ein seltsames Wunder nach der Fron meines bisherigen Lebens.

Dieser paradiesische Zustand sollte jedoch nicht lange andauern. Zwei Tage später brachte ich Griselda das Frühstück ans Bett und setzte das Tablett zunächst auf einen Polsterstuhl, um ihre Kissen aufzuschütteln. Ich wußte nicht, daß sich unter dem Volant eine lose Laufrolle befand; das Tablett glitt vom Stuhl und krachte auf die Erde. Über meine nackten Füße ergoß sich kochendheißer Tee. Jeder, der sich einmal verbrüht hat, wird mit mir übereinstimmen, daß das sehr viel schmerzhafter ist als eine trockene Verbrennung. Bis schließlich der Arzt eintraf, hatten sich an beiden Füßen lange Brandblasen gebildet, die von den Knöcheln bis zu den Zehen reichten und mir Qualen bereiteten. Am Abend kam ich mit bandagierten Füßen und in Hausschuhen, die meinem Stiefvater gehörten, ins Theater. So schlurfte ich in meine Garderobe, um mich zu schminken. »O Miss!« rief Ethel, meine besonders nette Garderobenfrau, »was haben Sie bloß gemacht?« Ethel, die immer mit blütenweißer Schürze am anderen Ende des Raumes im Sessel saß und heiter und gelassen an irgend etwas strickte, während sie mich mit Berichten über das »Sexualleben, wie man es südlich der Themse über sich ergehen lassen muß«, unterhielt, bis mir die Augen in schierem Unverständnis fast aus dem Kopf fielen und es mich drängte, ihr zu helfen. Lakonisch beschrieb sie mir ihre verschiedenen Maßnahmen, mit denen sie entweder ihren Ehemann in sicherer Entfernung hielt oder aber, wenn diese Bemühungen erfolglos blieben, sich selbst zu einer Abtreibung verhalf, sei es nun mittels einer Gabel oder eines Stiefelknöpfers – das arme Geschöpf. All dies wurde mit leiser Stimme vorgetragen. Ohne eine Spur von Emotion folgte ein grauenvoller Bericht dem anderen, unterbrochen nur von Hinweisen wie »Ihre Perücke finden Sie in der linken Schublade, Miss«; oder nach einer besonders grauenvollen Erzählung, zum Beispiel, als sie von einem freundlichen Polizisten blutend auf der Straße aufgefunden und mit einer Taxe nach Hause gefahren worden war: »Möchten Sie in der Pause Tee trinken, Miss?« So erschloß sich mir eine ganz neue Welt von selbstsüchtigen, brutalen Männern und unsagbar tapferen Frauen.

Man trug mich bis in die Kulissen. Ich hatte ein Paar weicher Satinpantoffeln so aufgeschlitzt, wie Heinrich VIII. sie getragen hat, um seinen gichtigen Füßen Erleichterung zu verschaffen, und hielt mich an zwei Stöcken hoch, bis ich mein Stichwort hörte, die Stöcke fallen ließ und auf die Bühne trat. Zum Glück spielt das Stück *What Every Woman Knows* um die Jahrhundertwende, so daß meine Kleider so lang waren, daß ich damit den Boden fegte. Das große Problem des Schmerzes ist ja, daß er sich nachteilig auf die Konzentration auswirkt, so als forderte er das Gehirn auf, ihm volle Aufmerksamkeit zu schenken. Aber mein langes Training auf ständig wunden Zehen half mir, Ohnmachtsgefühl und Übelkeit zu überwinden, und ich hielt durch, ohne eine einzige Vorstellung abzusagen. Möglicherweise half mir auch die lächerliche Tatsache, daß die junge Schauspielerin, die begierig nach meiner Rolle strebte, wieder aufgetaucht war und hier und da im Theater gesehen wurde, wo sie offensichtlich nur darauf wartete, daß ich einen Zusammenbruch erlitt. Auf diese Weise angefeuert, gelang es mir sogar, das entsetzliche Wochenende zu überstehen, als eine der größeren Brandwunden einen bösen Grünschimmer annahm. Man erklärte mir, daß mir nichts anderes übrigbliebe, als ins Krankenhaus zu gehen, wenn die Sache nicht binnen 24 Stunden abgeklungen sei. Aber die Entzündung ging zurück, und es folgten drei herrliche Monate, in denen ich weder von Grippe noch von Gelbsucht oder verbrühten Füßen heimgesucht wurde.

Mit der echten Theaterkarriere verhält es sich ähnlich wie mit der Liebe: Sie ist nie ohne Spannungen, aber ihre Protagonisten neigen weniger dazu, sich wie Ureinwohner eines fernen Dschungels aufzuführen, als jene im Ballett. Nichtsdestoweniger hatte ich doch hin und wieder unter kleinen Unfreundlichkeiten seitens der Hauptdarstellerin zu leiden. Sie war verärgert, daß die Illustrierte *Picture Post* mein Gesicht dreimal abgebildet hatte, während von ihr nur ein einziges Foto existierte – und das von ihrem stattlichen Hinterteil –, woran sie Anstoß nahm. Ich machte die Erfahrung, daß man nie den Sieg davontragen konnte. Entweder man hatte Erfolg und wurde zum Streitobjekt, oder man fiel durch und stieß auf Verachtung. Auf jeden Fall klang das Lachen der besagten Dame wie eine verrostete Gießkanne, und außerdem war sie entsetzlich eingebildet.

Poms drei Theatergruppen gediehen prächtig, und er beschloß, ein Fest für die drei Besetzungen zu geben. Es wurde ein sehr lustiger Abend, an dem Michael Redgrave auf mich zukam und charmant erklärte:»Ich verliebte mich bereits in dich, als du ungefähr sechzehn Jahre alt warst.« Außerdem habe er mich, so oft es ihm möglich war, tanzen sehen. Wie nett! Ob ich morgen mittag mit ihm zur Matineevorstellung von *Haus Herzenstod* gehen möchte? Und wie ich mochte! Mit Laurence

Olivier und John Gielgud gehörte Michael zu dem führenden Triumvirat der englischen Bühnen. Wir sahen eine großartige Aufführung und trafen uns anschließend mit Bob Donat zu einer fröhlichen Teestunde, bevor jeder von uns zu seinem Theater raste, um die eigene Vorstellung zu geben. Dieser Tag war der Beginn einer langen, liebevollen Freundschaft, die mir viel bedeutete.

Allmählich erhellt der Frühling das zerstörte Straßenbild, rotes Unkraut leuchtet aus den Trümmerhaufen, die Sträucher in den kleinen Parkanlagen zwischen den Häuserblocks schlagen grün aus, und erste Blüten mildern den Anblick zerbröckelter Mauerprofile, die verloren und traurig umherstehen. Griselda und ich besuchen wieder ein Konzert, das der unerschrockene Yehudi Menuhin gibt, der in einem Bombenflugzeug kauernd herübergeflogen ist, um Geld für die *Amis des volontaires français* [Freunde der französischen Freiwilligen] in der Albert Hall einzuspielen. Die riesige Halle ist bis auf den letzten Platz besetzt, und die Schönheit des langsamen Satzes aus dem Violinkonzert von Brahms senkt sich wie ein Segen auf unsere müden Seelen.

8. Mai 1943. Tunis und Biserta fallen.
What Every Woman Knows läuft ungestört weiter. Die Königin und die Prinzessinnen Elisabeth und Margaret besuchen eine Wohltätigkeitsvorstellung für Blinde. Ich werde wiederholt zu Probeaufnahmen beim Film aufgefordert, und der beliebte romantische Star Ivor Novello hält mich mitten auf der Straße an, um mir zu sagen, daß ich die einzige junge Schauspielerin sei, die sich mit Grazie auf der Bühne zu bewegen wisse. Hurra! Was für ein Unterschied zu den Kränkungen und Kämpfen, denen ich in meinem Berufsleben meistens ausgesetzt gewesen war. Und dann bricht alles zusammen. Die Hauptdarstellerin erwartet ein Kind und möchte nicht weiterspielen, und so wird nach vierzehn erfolgreichen Wochen das Ende der Spielzeit bekanntgegeben. Meine letzten Probeaufnahmen seien, so sagt man mir, die besten gewesen, die das Studio seit einem Jahr gesehen habe. Die Rolle wird jedoch an eine Schauspielerin vergeben, die schon unter Vertrag steht, und wieder droht das

gefürchtete Arbeitsamt und eine etwaige Einberufung. Zu dieser trüben Stimmung kommt die Trauer des letzten Abends, daß man sich nun wieder von so vielen Kollegen trennen muß, die inzwischen zu Freunden geworden sind. Es ist der Verlust einer neuen Familie, die zusammengewachsen ist in dieser unsicheren und unbeständigen Welt des Theaters mit all ihren gemeinsam erlebten Hoffnungen, Ängsten und Leidenschaften, welche durch die Spannungen, die zum Theaterspiel gehören, noch intensiviert wurden. Es ist der Verlust von Freundschaft, ja, auch von Liebe, die sich beide aus dem täglichen Zusammensein entwickelt haben. Eine Zeitlang bemühten sich meine sämtlichen Theaterkollegen, ein neues Engagement für mich zu finden, und ich wurde für eine Filmrolle in *Don't Mr Disraeli*, von der ich mir einiges versprach, verpflichtet. Zusammen mit Deborah Kerr bediente ich an einem Verkaufsstand für Wohltätigkeitszwecke im Dorchester Hotel, und der Krieg ging unaufhaltsam weiter.

5. Juli 1943. General Sikorski und Victor Cazalet MP kommen in einem Flugzeugunglück bei Gibraltar um.
10. Juli. Briten und Amerikaner marschieren in Sizilien ein.
Jetzt stand mir eine äußerst unangenehme Aufgabe bevor. Pomeroy war von Equity (Künstlergewerkschaft) zitiert worden, damit er sich wegen der fristlosen Entlassung seiner Balletttruppe verantwortete, der er zwei Wochengagen vom November des Vorjahres schuldete. Ich wurde vorgeladen und harrte voller Unbehagen darauf, als Zeugin aufgerufen zu werden. An einem langen Tisch saßen der Vorsitzende und die obersten Amtsträger von Equity als Urteilssprecher und Pomeroy an einer Schmalseite. Zu meinem Entsetzen begann er, lang und anhaltend mein Lob zu singen, nicht nur als Künstlerin, sondern auch, weil ich alles in meiner Macht Stehende getan hätte, um eine erfolgreiche Truppe aufzubauen. »Genau genommen, war Miss Gould praktisch auch meine Leiterin«, erklärte er. Damit hatte er mir eine unangenehme Suppe eingebrockt, denn ich hatte damals lediglich aus einem Mangel heraus, weil niemand anders da war, damit begonnen, mich um alles zu kümmern. Schließlich hatte ich ihn um seine offizielle

272

Genehmigung dieser leitenden Position und um eine angemessene Gehaltserhöhung gebeten. Das sollte mir einerseits Rükkendeckung geben und andererseits meinen Finanzen aufhelfen, die durch Extraausgaben für Telefonate, Briefe und noch etliches mehr spürbar zusammengeschrumpft waren. Pom hatte damals abgelehnt. Jetzt aber gestand er mir im nachhinein zu, was eigentlich hätte geschehen müssen. Vielleicht versuchte er, mir zu schmeicheln in der Hoffnung, daß ich mich als mitfühlende Zeugin erweisen würde. Außerdem behauptete er, daß weder ein fester Plan noch ein Versprechen bezüglich einer weiteren Spielzeit bestanden hätten; er könne nicht begreifen, wie die Truppe jemals auf solche Ideen gekommen sei. Ich betete innerlich, er möge es nicht als Rache für seinen Geiz ansehen, aber ich hatte keine andere Wahl, als die Sachlage darzustellen, die mich und die anderen Tänzer betraf, und das hieß, gegen ihn auszusagen. Ich berichtete über alle Anstrengungen, die ich unternommen hatte, um ihm eine tüchtige Truppe präsentieren zu können, über das Engagement neuer Tänzer, Choreographen, Bühnenbildner und Librettisten, von denen er die meisten selbst verpflichtet habe, ganz zu schweigen von mehreren Wochen Probe, die stattgefunden hätten. »Außerdem«, so schloß ich mit Bravour, »kann ich mir beim besten Willen nicht vorstellen, daß Herr Pomeroy all unsere ungeheuren Bemühungen unterstützte, um uns letzten Endes nur zwei Wochen im Musikpavillon vom Raynes Park anzubieten.« Danach nahm ich wieder Platz.

Der Vorsitzende lächelte anerkennend. Es wurde entschieden, daß Mr. Pomeroy entweder jedem Mitglied der Truppe für zwei Wochen Gage zahlte oder daß der Fall vor dem nächst höheren Gericht verhandelt würde. Mein Sieg hatte einen unangenehmen Beigeschmack, denn ich mochte Pom wirklich. Andererseits hatte ich auch die armen Jungen und Mädchen, die willkürlich und ohne jede Vorwarnung auf die Straße gesetzt worden waren, sehr gern gehabt. »Als letztes möchte ich noch hinzufügen, daß ich auf meine Gage für die zwei Wochen verzichte als Geste einem Chef gegenüber, der in allen anderen Dingen vorbildlich war«, sagte ich, und indem ich Poms Blick mied, verließ ich das trostlose Büro mit dem schalen Gefühl,

273

einen Pyrrhussieg errungen zu haben. Ich hatte weder Geld noch Arbeit.

25. Juli 1943. Mussolini tritt zurück. Neues italienisches Kabinett, angeführt von Badoglio unter König Viktor Emanuel.
3. September. Die Briten marschieren in Italien ein.
8. September. Italien ergibt sich bedingungslos.
15. September. Cecil wird der CB-Orden verliehen.
Der Herbst scheint es eilig zu haben. Das Laub an den Bäumen verfärbt sich, und trockene Blätter segeln wie verbranntes Papier auf die staubigen Gehsteige. Vor uns liegen kalte Monate, immer dunkler werdende Tage und der endlos dauernde Krieg. Meine einzige Hoffnung auf Arbeit, der Film *Don't Mr Disraeli*, wird auf den Mai des nächsten Jahres verschoben. Vor mir nichts als ein Abgrund und in nächster Nähe die finstere Frau mit dem leeren, ausdruckslosen Gesicht und den dicken Akten: die Frau vom Arbeitsamt. Völlig unerwartet kommt ein Anruf von Cyril Ritchard, dessen vielseitige Begabung ihn vom Musical zur Komödie gebracht hatte, wo er als einer der beliebtesten Darsteller Karriere machte. Ich hatte ihn kaum anders als auf der Bühne erlebt, es stellte sich jedoch heraus, daß er mich, wie Michael Redgrave, seit meiner Zeit als jugendliche Tänzerin verehrt hatte (damals litt ich noch unter den Angriffen der Rambert; und warum, o warum, dachte ich bei mir, ist nicht einer von ihnen zu mir hinter die Bühne gekommen und hat mir die Anerkennung bezeugt, nach der ich damals dürstete). Er bittet mich, in einem von ihm geplanten neuen Musical mitzumachen. Aufgeregt, erleichtert und überglücklich verabrede ich mit ihm zu einem Treffen, um alles genauer zu besprechen. Am nächsten Tag ruft er wieder an, diesmal, um mir zu sagen, daß die Sache ins Wasser gefallen sei. Die große Komödiantin Beatrice Lillie hat ihn überredet, mit ihr zusammen seine Pflicht bei der ENSA zu tun, der Organisation, die für Truppenbetreuung verantwortlich war. (Es wurde von allen Bühnendarstellern erwartet, daß sie einen Teil ihrer Zeit für die Truppenbetreuung opferten, wo in der Welt sie sich auch befinden mochten.) Enttäuschung und Verzweiflung

packten mich, aber ich dankte ihm dafür, daß er wenigstens an
mich gedacht hatte, wünschte ihm und Bea viel Glück, legte
den Hörer auf und machte mich schweren und bangen Herzens
auf den Weg zum Arbeitsamt. Zu meiner Erleichterung war der
Roboter diesmal nicht auf seinem Posten; ob die Dame an
Arterienverkalkung gestorben war oder sich im Krankenhaus
wegen Essigbluten behandeln ließ, entzog sich meiner Kenntnis. Dank ihrer Abwesenheit präsentierte sich mir eine viel
jüngere, weniger frauenfeindliche Kollegin, die mir eine Freistellung für sieben Wochen ausschrieb. Das hieß bis zum Ende
des Jahres 1943. Ich hüpfte die Marlbourough Street entlang,
leichten Herzens trotz des leichten Geldbeutels, fuhr mit dem
Bus nach Hause und anschließend mit dem Zug nach Hove, um
den alten ›Bosey‹ Douglas zu besuchen.

Wir hatten uns inzwischen regelrecht angefreundet. Ich
hatte offenbar für dieses Genie von eigenen Gnaden den richtigen respektvollen Ton gefunden, ohne dabei meinen Anspruch
aufzugeben, für relativ belesen und intelligent gehalten zu
werden (auch wenn er die Sonette, die ich ihm vorgelegt hatte,
mit der Begründung abtat, ihnen fehle die Qualität und Reinheit seiner eigenen). Für einen kurzen verführerischen Augenblick beugte er sich hinunter und zog unter seinem Sofa einen
großen roten Blechkasten hervor, ähnlich denen, die das Auswärtige Amt benutzt. Er war gefüllt, wie er sagte, mit Oscars
Briefen. Voller Spannung und Erwartung bemühte ich mich um
den angemessenen Gesichtsausdruck, um ihn zu ermuntern.
Sollte ich ihn mit begehrlichen Augen voller ungezügelter
Neugier anstarren, oder würde es besser zu der Situation
passen, einen Ausdruck stiller Ehrfurcht und heiliger Scheu
anzunehmen, der nur durch Schweigen wirken könnte? Während ich noch mit dem Problem kämpfte, warf Bosey mir einen
seiner boshaften, fast ein wenig tückischen Blicke zu, der durch
die Wäßrigkeit seiner verblaßten blauen Augen gemildert
wurde, lachte leise vor sich hin und schob das Ganze wie eine
unbenötigte Fußbank wieder unter das Sofa. Ich hätte ihn
ohrfeigen mögen. Ich glaube, er erriet meine Enttäuschung,
denn er schenkte mir ein Bild von sich, halb Fotografie, halb
Zeichnung, auf dem seine Schönheit so unwiderstehlich ist,

daß sie im Betrachter Mitgefühl und Vergebung für Oscar Wilde und für Alfred Douglas weckt. Obgleich ich ihm berichten mußte, daß es Puffin Asquith und mir keineswegs gelungen war, die Regierung zu bewegen, ihm seine Schrift *In Excelsis* zurückzugeben, schenkte er mir doch wieder etliche Bücher. Das war das letzte Mal, daß ich ihn besuchen konnte, diese kleine, verhutzelte Gestalt, die mit dem Bild keinerlei Ähnlichkeit mehr hatte. Eigentlich wirkte er, so dachte ich auf der Rückfahrt bei mir, als wäre er von dem philippinischen Stamm der Igorote gefangen worden, der die abgeschlagenen Köpfe seiner Feinde auf ein Viertel ihrer ursprünglichen Größe zusammenschrumpft, nur mit dem Unterschied, daß in seinem Falle die ganze Gestalt diesen Prozeß durchgemacht hatte.

Zwei Wochen, nachdem Cyril Ritchard mir zum ersten Mal Hoffnungen gemacht und gleich wieder genommen hatte, rief er erneut an. Er wolle Beas Vorschlag nun doch nicht aufgreifen, denn er plane etwas weitaus Besseres: Er wolle die komplette Produktion von Lehárs *Lustiger Witwe*, die gleichzeitig mit unserem Stück *What Every Woman Knows* gelaufen war, der ENSA anbieten. Das sei die erste und einzige vollständige und erstklassige Show, die der trostlose, schlecht organisierte Verein den Truppen offerieren könne. Ob ich die Rolle der Froufrou, der französischen Tänzerin, übernehmen wolle, und würde ich mich mit ihm treffen, um alles weitere durchzusprechen? Was für eine Frage! Cyril erwies sich als der charmanteste, warmherzigste, amüsanteste und begabteste Mann, dem ich je begegnet bin. Diesem ersten bedeutsamen Treffen folgten zwei Jahre, die er und seine entzückende Frau, die Schauspielerin Madge Elliott, zu den glücklichsten Jahren meines Theaterlebens machten. Offensichtlich hatte die böse Fee erschöpft ihre Flügel gefaltet und war eingenickt.

Am nächsten Tag trafen wir nach seiner Abendvorstellung in seiner winzigen Wohnung am Grosvenor Square zusammen, wo es bald hoch herging. Zuvor waren wir einer Bühnenschriftstellerin, die für ihr loses Mundwerk bekannt war, im Treppenhaus begegnet. Sie bedachte uns mit einem bösen Blick, worauf Cyril grinsend bemerkte: »So, jetzt ist die Katze aus dem Sack.« Er erklärte mir meine Rolle, in der ich spielen, tanzen und sogar singen mußte. Die ersten beiden Aufgaben seien kein Problem, sagte ich, aber ich könnte ihm keine großen Versprechungen hinsichtlich der dritten machten, denn im Theater nannte man mich den »krächzenden Sopran«. Wie es denn mit Sprechgesang wäre? Dem stimmte Cyril zu; ich holte tief Luft und fragte ihn, ob es sehr anmaßend sei, wenn ich an dem Libretto ein paar Änderungen vornähme. In Wahrheit war es schrecklich langweilig, eher ein monotones Gepiepse, das man auch mit der besten Intonation nicht in Schwung bringen konnte. »Wie meinst du das?« fragte er. »Nun, Froufrou war ganz offensichtlich eine Pariser Hure, die das ursprüngliche Deutsch mit einem starken französischen Akzent sprach, ganz abgesehen von ihrer Wortwahl, die aus der Gossensprache des Montmartre stammte, glaubst du nicht auch?« Cyril gab mir Carte blanche. Ich machte mich auf den Weg zu der berühmten Binkie Beaumont, die am angesehenen H. M. Tennant Theater für die Rollenverteilung zuständig war, und unterzeichnete eine Vereinbarung über die fürstliche Summe von fünfundzwanzig Pfund pro Woche. Danach begab ich mich zur Gesangstunde und stellte fest, daß ich mich in der mittleren Stimmlage auf ungefähr zweieinhalb Oktaven verlassen konnte – möglicherweise genug, wenn ich noch ein paar Stoßgebete, einen Schuß Unverschämtheit und ein paar Tricks hinzunahm.

Mit der Gage, die ich für zwei Tage Filmarbeit erhielt – ich tanzte in dem Film *Fiddlers Three* – konnte ich wieder Lebensmittel einkaufen. Bald danach begannen die Proben, die natürlich wieder in einem finsteren Loch über einem Lagerhaus in Soho stattfanden. Ich hatte keine Ahnung vom Musical, aber Cyril erwies sich als wunderbarer Lehrer. Er erklärte mir die völlig andere Technik, die extrovertiert ist im Gegensatz zur Introvertiertheit des Balletts. Der Tänzer muß die Musik in sich aufnehmen und sie, entsprechend der Intention des jeweiligen Choreographen, in Bewegung umwandeln; die eigene Person wird dabei den Erfordernissen der Rolle unterworfen. Jetzt mußte ich also lernen, mich dem Publikum sozusagen an den Hals zu werfen, es als eine Menge von einzelnen Menschen zu betrachten, von denen ich angefeuert wurde und eine spontane Reaktion erhielt. Es sollte eher eine Unterhaltung, ein Austausch sein, und selbst da, wo die Rolle ohne Worte verkörpert wurde, sollte es zu einer umfassenden, engen Beziehung mit dem Publikum kommen. Mir machte jeder Aspekt dieser für mich gänzlich neuen Bühnenerfahrung sehr viel Spaß, und ich war Cyril so dankbar für die Fürsorglichkeit und Großmut, die er mir bezeigte.

In die Proben schlichen sich mit Beginn der Vorbereitungen für unsere Auslandsreise einige Mißklänge ein. »Sie müssen zehn Impfungen haben«, erklärte die Oberschwester des Drury Lane Theaters, das sich ENSA als Hauptquartier ausgesucht hatte. Es war weniger die unerfreuliche Aussicht, wie ein Nadelkissen benutzt zu werden, die mich irritierte, als vielmehr die genüßliche Art und Weise, in der uns dieses zweifelhafte Vergnügen angekündigt wurde. Wir sollten während der Mittagspause dort erscheinen, wo die verschiedenen Giftflaschen und die dazugehörigen Nadeln unserer harrten, würden unsere Ärmel aufrollen, gepiekst und mit Pflaster versehen werden und dann zu den Proben zurückkehren. Es hieß, daß eine besonders unangenehme Impfung, als T. A. B. bekannt, in drei Etappen verabreicht werden würde, die gegen Typhus und noch einige andere Fieberarten schützen sollte. Ich weiß noch, wie ich nach der letzten Spritze in meinen schmerzenden Arm zur Probe zurückkam und auf mehr oder minder gummiartigen Beinen tanzte. Dabei versuchte ich krampfhaft, Cyril auszumachen, der sich auf unerklärliche Weise in Zwillinge verwandelt hatte und dessen Stimme einem Nebelhorn aus einer weit entfernten Bucht glich, bis ich, gegen eine Wand gelehnt, wieder zu mir kam. »Gould«, sagte Cyril, »gib's auf und geh nach Hause.« Dankbar verzog ich mich mit meinem glühenden Gesicht und fiel mit 39 Grad Fieber ins Bett.

Eines Tages beurlaubte sich mein lieber Cyril etwas verspätet – typisch Mann – mitten in der Probe für unseren Pas de deux auf der Bühne des Drury Lane Theatre, nachdem er endlich den Entschluß gefaßt hatte, sich in der Miniklinik, die in der einstigen königlichen Loge eingerichtet worden war, einer der Injektionen zu unterziehen. Nach einer unglaublich langen Pause kehrte er verlegen und grasgrün im Gesicht auf die Bühne zurück. »Meister, ist alles in Ordnung mit dir?« »Ach, du meine Güte«, sagte Cyril, »in dem Moment, als dieses Biest mich mit ihrer Nadel stach, kam mir alles hoch.« »Armer Cyril!« »Und noch dazu genau auf den Filzhut des Arztes.« »Ich kann nur hoffen, daß der ordentlich sterilisiert war«, sagte ich, »denn sonst wäre er mitten in der hygienischen Umgebung fehl am Platz gewesen – geschieht den beiden ganz recht.« Cyril grinste, und wir wandten uns wieder unserem Sprung *en arabesque* zu, mit dem ich mich in die etwas unsicheren Arme meines Partners warf.

Die Premiere fand in der letzten Woche des Jahres in Oxford statt. Trotz geschwollener Drüsen in den Achselhöhlen und noch etlicher anderer Begleiterscheinungen der Impfungen verlief alles gut. Der Engländer findet einen ausländischen Akzent – ungeachtet der Worte – automatisch drollig; und nur hier und da verriet eine Lachsalve, daß irgendein Student der modernen Fremdsprachen das Französisch der Gosse recht wohl verstanden hatte.

13 Ruheloses Paradies

Was das Geliebtwerden betrifft, so dient es nicht
nur keinem Zweck, sondern bringt unter Umstän-
den auch noch Unglück. Dies ist zweifellos ein
Risiko, das man unter anderen eingeht, wenn man
jemanden liebt.

HENRI DE MONTHERLANT

Vier Jahre Krieg haben die Normalität langsam, aber sicher
verdrängt. Es hat ein Wandel stattgefunden von der gewohnten
Routine des täglichen Lebens und der Arbeit zum fast unbewußt hingenommenen Außergewöhnlichen und Ungewohnten.
Paradoxerweise bestimmt jetzt die ständig lauernde Gefahr der
Bombenangriffe, was normal ist. Es ist, als erwachte man aus
einem Alptraum mit Feuersbrunst und müßte feststellen, daß
man sich tatsächlich in einem brennenden Haus befindet.

Aber für uns, die wir in der *Lustigen Witwe* auftraten, schien
1944 eine blasse Sonne am fernen Horizont, allerdings noch
mit Einschränkungen wegen der strikten Sicherheitsmaßnahmen, die es nicht gestatteten, daß wir unseren Bestimmungsort
genau kannten. Wir durften nur wissen, daß er ungefähr am
fernsten Ende des Mittelmeers lag. An einem eiskalten, stock-
dunklen Abend, Mitte Januar, wurden wir zu einem Vortrag
über Sicherheitsmaßnahmen nach Drury Lane beordert. »Zurück zur Schule«, dachte ich (als ich den Beamten vom M. I.-
Was-Weiß-Ich mit seinem verschlossenen Gesicht und seinen
vorwurfsvollen Augen betrachtete), »diesmal allerdings mit
dem unangenehmen Gefühl, schuldbewußt vor der Direktorin
zu stehen.« Während die Mißachtung der Vorschriften in der
Schulzeit 100 Zeilen und eine Woche Ausgangsverbot nach sich
zog, wurden wir jetzt über Konsequenzen informiert, die von
der Gefängnis- bis zur Todesstrafe gingen. Wir wurden nach
Kingsway geschickt, um dort unsere Bücher (nur eine vorgeschriebene Anzahl durfte mitgenommen werden) überprüfen

zu lassen. Ich zeigte mich von meiner besten Seite und sah davon ab, *Ulysses* oder *Les Liaisons dangereuses* mitzunehmen, in der Hoffnung, daß die Sonette von Shakespeare, meine Gesamtausgabe von John Donne, die Kurzgeschichten von Somerset Maugham (Ehefrauen, in den heißen Tropen vom Pfad der Tugend abgewichen, waren doch sicher nicht zu anrüchig?), *Ungeduld des Herzens* von Stefan Zweig, Connollys *Enemies of Promise* und Dickens' *Our Mutual Friends*, das ich immer wieder las, nicht als aufrührerisch angesehen werden würden. Ich schwankte zwischen *Moonstone* von Wilkie Collins und einem oder zwei neuen Agatha Christies.

Da wir aufgefordert wurden, einen großen und einen kleinen Koffer zu packen und uns mit Mantel und Regenzeug bereitzuhalten, saßen wir mehr oder weniger gestiefelt und gespornt zu Hause in unserer jeweiligen Diele, bis uns ein kurzer Telefonanruf am Abend des dritten Tages innerhalb einer Stunde nach Drury Lane bestellte. Der gute Cecil, der auf Urlaub zu Hause war, hielt mich an der Haustür zurück (meine Mutter hatte mir gerade genug Aufmerksamkeit geschenkt, um mir einen flüchtigen Abschiedskuß zu geben, so als ginge ich zu einem Jagdball): »Diny, mein Liebling«, sagte er, »paß auf dich auf, ja? Ich weiß, daß das alles für dich ein aufregendes Abenteuer ist, aber ihr werdet euch in sehr gefährliche Gewässer begeben. Tu genau, was man dir sagt, denn nur dann bist du einigermaßen sicher. Gott schütze dich.« Damit küßte er mich, half mir in die Taxe und schickte mich auf die Reise, eine Reise, die, was ich nicht ahnen konnte, fast fünf Monate dauern sollte.

Es war dunkel und kalt, als ich am Theater ankam. Die Truppe, deren Mitglieder unterschiedlicher Stimmung waren – ängstlich, mißtrauisch, stoisch oder, wie ich, aufgeregt –, hatte sich auf der leeren Bühne versammelt. Wir wurden in Busse verladen, durch verdunkelte Straßen zu einem verdunkelten Bahnhof gefahren und schnell in Abteile befördert, wo wir, vier auf jeder Seite, eine halbe Stunde warten mußten, ehe der Zug fauchend und übelriechend mit einem ärgerlichen Ruck in eine noch größere Dunkelheit rollte.

Ich rutschte vom Schoß des mir gegenüber sitzenden Revuetänzers herunter, auf den ich beim Anfahren gelandet war, und nahm meinen Sitzplatz wieder ein. In meinem Wagen saßen die herrliche Sopranistin Nancy Evans und eine Reihe Revuetänzer – übrigens die beste und amüsanteste Gesellschaft, die man sich vorstellen kann. Im Halbdunkel des schmutzigen Zuges schwatzten wir, machten Witze und kugelten uns vor Lachen. Die Revuetänzer frotzelten und neckten sich in ihrem unnachahmlichen, respektlosen, frechen und urkomischen Jargon. Die Herren des Balletts nehmen sich im großen und ganzen viel ernster. Dies war nun meine erste Begegnung mit der seltenen Gattung der Revuetänzer: Sie wurden im Singen und Tanzen ausgebildet, waren sexuell ambivalent und ausgezeichnete Gesellschafter. Aber selbst ihr Humor ließ langsam nach; ein Kopf nach dem anderen sank, von der eisigen, schlechten Luft benommen, nach vorne, so daß bald völlige Stille herrschte, die nur hier und da von Schnarchen unterbrochen wurde. So ratterten wir durch die Nacht, bis blasses Morgengrauen einen schwachen Lichtstrahl, der unserer eigenen Lahmheit entsprach, durch das Rouleau schickte und das verlangsamte Tempo des Zuges unsere Ankunft ankündete. Allerdings hatten wir keine Ahnung, wo das war.

»Diana«, sagte Nancy, »das ist ja zum Verrücktwerden, du hast nicht mal verquollene Augen.« Ich erklärte ihr, daß ich in meinem Leben schon Gott weiß was für Härten und Widrigkeiten ausgestanden hätte, so daß acht Stunden, in denen man aufrecht in einem eiskalten Zug sitzt, kaum schlimmer seien als das Erlebte; außerdem würden das Abenteuer unserer bevorstehenden Reise und die Aussicht, England und dem Krieg zu entrinnen, alles andere in meiner romantischen Seele auslöschen.

Inzwischen hatten wir erfahren, daß unsere Reise uns nach Ägypten führte und dort vor allem nach Kairo und Alexandria, und allein schon diese Aussicht ließ mich alle kleinen Unbequemlichkeiten vergessen.

Es war 6.45 an einem kalten, feuchten, nördlichen Januarmorgen. Der Bahnsteig, von bleistiftdünnen Lichtstrahlen erhellt, glänzte klebrig wie schwarzer Speichel. Steif und klamm wurden wir, wie Vieh in die Quarantäne, in einen großen Schuppen getrieben, wo wir, hungrig und zitternd vor Kälte,

eine halbe Stunde lang durch Zoll- und Paßkontrollen schlurften. Danach wurden wir auf Lastwagen verfrachtet und in die
für den englischen Norden typische trübe Nässe hinausgefah-
ren, die in ihrer Undurchdringlichkeit fast greifbar ist. Etwas
später wurden wir an einem Ort ausgeladen, der mit seinem
Salz- und Ölgeruch, dem Geräusch von dröhnendem Metall
und klirrenden Ketten sowie der frischen steifen Brise nur ein
Hafen sein konnte. Schwankenden Schrittes gingen wir gehorsam zu einer Gangway und kletterten zu einem, wie es uns im
zunehmendem Morgengrauen schien, recht großen Schiff hinauf. Der begabten Sopranistin Georgina, die die zweite Hauptrolle sang, und mir wurde eine kleine, stickige Kabine zugewiesen, die mittschiffs und nicht zu tief unter Deck lag und
fünfzehn Tage lang unser Zuhause sein sollte. In diesem Moment kam sie für uns beide gleich nach dem Hotel Ritz. Die
stickige Luft bedeutete Wärme, und die abgetretenen Läufer
und fadenscheinigen Decken auf den zwei kleinen Kojen waren
eine trockene Zuflucht. Wir zogen unsere feuchten Mäntel aus,
fielen erleichtert auf unsere Kojen und vergaßen für einen
Augenblick unsere knurrenden Mägen.

Endlich wurden wir in den Speisewagen geführt und mit
pechschwarzem Tee belohnt, der so stark war, daß man nicht
auf den Grund der Tasse sehen konnte oder wollte; die dicken,
ziemlich alten Brotscheiben, die es dazu gab, schmeckten nach
Wollhandschuhen. Wir waren aber so hungrig, daß Tee und
Brot uns wie Nektar und Ambrosia vorkamen. »Alles ist relativ«,
sagte ich mit vollem Mund. Der Speiseraum füllte sich bald mit
eleganten Lancers, die sich auf dem Weg nach irgendwo befanden, sowie mit Armee- und Marineoffizieren. Unter ihnen war
auch David Milford Haven, mit dem ich bekannt war und der
allem Protokoll zum Trotz an unserem Theatertisch Platz
nahm.

Am folgenden Tag lichteten wir die Anker. Die Gesichtsfarbe
der meisten Revuetänzerinnen wurde grün, und sie verdeut-
lichten auf anschauliche Weise, daß sie nichts bei sich behalten
konnten. Als wir in den Golf von Biscaya einfuhren, sagte ich
lakonisch, daß dieses Übelsein doch eigentlich sehr zu bedauern sei, schließlich berste das Schiff vor unwiderstehlichen

jungen Männern eines Eliteregiments. Um diese Behauptung zu
beweisen, schleppte ich einige der bleichen Geschöpfe auf das
Hauptdeck und gab ihnen nebenbei zu verstehen, daß sie, wenn
nötig, ihr Frühstück immer noch zu beiden Seiten des Schiffes
über die Reling loswerden könnten. Eigenartigerweise verschwand die Seekrankheit wie von Zauberhand, und es war
auch nicht mehr die Rede davon, daß Mahlzeiten zurückgewie-
sen wurden. Ich überlegte mir ernsthaft, ob ich meine Heilme-
thode nicht patentieren lassen sollte, kam aber davon ab, weil
der Truppenkommandeur mich dazu ausersah, gemeinsam mit
dem leitenden weiblichen Offizier der ATS (weibliche Truppen)
die Teepausen zu organisieren. Das Schiff war brechend voll, so
daß wir in Schichten essen und trinken mußten. Dabei saßen
wir auf dem Fußboden des Rauchsalons, da nicht genügend
Stühle zur Verfügung standen, und verspeisten nach Herzenslust nichtrationierte Kekse. Unsere »Mae West«, wie die vor-
schriftsmäßigen Schwimmwesten in Anlehnung an die üppige
Figur des berühmten Filmstars scherzhaft genannt wurden,
lagen allerdings immer in Reichweite.

Ich habe nie herausgefunden, warum ausgerechnet ich dazu
ausersehen wurde, die Zivilpassagiere zu vertreten; schließlich
gab es an Bord viele, die älter und weitaus vernünftiger als ich
waren. Auch konnte ich mir nicht vorstellen, warum ich eines
Abends zum Truppenkommandeur beordert wurde, der mit
höchst wunderlichen Lauten verbaler Desorientierung begann,
mit »Mms« und »Ahs«, mit Räuspern, lautem Schlucken und
noch anderen Anzeichen äußerster Verlegenheit, die längst mit
allen sexuellen Tabus von einst abgeschafft worden sind. Einen
Augenblick lang befürchtete ich, der vertrocknete alte Soldat
habe den Verstand verloren und zu spinnen begonnen, bis
vereinzelte Worte, die ich auffing, mir endlich einen Anhalts-
punkt gaben. Der gute Alte versuchte mir zu verstehen zu
geben, daß in den Rettungsbooten auf dem Oberdeck alle
möglichen neckischen Spielchen ausgetragen würden und daß
das Keuchen und Stöhnen unter der Plane einen Sport ahnen
ließen, der mit Wurfringspiel, Federball oder Tischtennis absolut nichts gemein hatte und daher sofort unterbunden werden
müßte, ehe er sich unaufhaltsam verbreitete. Damit wischte

sich der gute Mann den Schweiß von der Stirn und räusperte sich erleichtert ein letztes Mal... Ich unterdrückte das Verlangen, ihn zu fragen, wie ich es wohl anstellen solle, diesen natürlichsten aller Triebe in Schach zu halten. Sollte ich dieses keuchende Durcheinander etwa mit einer Harpune bearbeiten oder die leidenschaftlichen Pärchen ins Wasser kippen? Statt dessen versicherte ich ihm, daß ich mein Bestes tun würde und ging fort, während er niedergeschlagen auf seine blanken Schuhe starrte.

Sehr widerstrebend organisierte ich eine Nachtwache, der es leider gelang, die fröhlichen Genießer fortan von ihrem Tun abzuhalten.

Nach jahrelangen Bombenangriffen, Rationierungen und anderen Einschränkungen bedeuteten diese fünfzehn Tage eine herrliche Abwechslung, bei der die morgendliche Rettungsübung das einzig Lästige war. Man hatte immer Gesellschaft, und aus der großen Nähe entstanden Gefühlsbeziehungen, denen die ständige Gefahr und Ungewißheit etwas Bittersüßes und Spontanes verliehen. Aus dem Nichts geboren, unverbindlich, hatten sie nur die Wärme und Zärtlichkeit dieser kurzen Zeitspanne zu bieten. Sie waren wie Blumen in einer Vase, aber ihr Ende war nicht weniger herzzerreißend, als wir endlich, nachdem wir den Torpedos entkommen waren, die das Schiff vor uns versenkt hatten, Port Said und damit das Ziel unserer Reise erreicht hatten.

Unser Schiff machte an einem staubigen Kai fest, der von einem verrosteten Eisenzaun und Stacheldrahtrollen, die wie metallene Steppenläufer aussahen, umgeben war. Eine Horde höchst abstoßend wirkender Menschen in schmutzigen Galabiya drängte sich heran. Aus den zerrissenen und durchlöcherten Gewändern lugte hier ein Knie, dort ein Schienbein oder Ellenbogen hervor, die als Rammbock dienten. Ein ohrenbetäubendes Geschrei erhob sich aus dieser unappetitlichen Menschenmenge: die reinste Parodie eines Willkommens. Die Vision von einem Ägypten mit Sonnenuntergängen, goldenem Sand und Pyramiden versank schnell.

»Du meine Güte«, schrie einer meiner Lieblingsrevuetänzer, »ich kann's nicht glauben, mein Schatz: die zweite Truppe mit dem *Desert Song*!« Dem »Schatz« blieb gar nichts anderes übrig, als es zu glauben und mit den übrigen »Lustigen Witwen« traurig Abschied zu nehmen und schweren Herzens die Gangway hinunterzuwanken. Es folgte ein endloser Papierkrieg, und dann wurden wir in zwei wackelige Busse gepfercht, und nach einigen kleinen Explosionen und unter einer schwarzen Rauchfahne rumpelten wir auf einen gottverlassenen Ort namens Ismailia, zu, wo uns das gräßlichste Essen vorgesetzt wurde, das ich je bekommen habe. Nachdem wir wieder in die alten Klapperkisten verfrachtet worden und mit derselben unfeinen Begleitmusik wie zuvor abgefahren waren, erreichten wir gegen Abend Kairo.

Vor uns lag ein großes, hellerleuchtetes Hotel, dessen Licht die Dunkelheit vertrieb und meine noch an Kriegsverdunkelung gewöhnten Augen blendete. Soviel Licht, soviel unkontrolliertes, verschwendetes, unverschämtes, extravagantes, gefährliches Licht? Ich war allerdings zu nichts mehr zu gebrauchen und sehnte mich nur noch nach einem Bad, einem Bett und Dunkelheit... allerdings hatte ich weder mit Ägypten oder Kairo gerechnet, noch mit deren phantasievollen Lebensweise, die so himmelweit entfernt war von Ernst, Ordnung und langweiliger Rechtschaffenheit. Auch hatte ich die Rechnung ohne den wirklich blendend aussehenden Besitzer des Hotels gemacht, der auf mich zustürzte und mich mit einer Schar seiner Kumpanen in seine herrlich vulgäre Suite entführte, wo ich mit Champagner, köstlichen Gerichten und Unterhaltung bis 3 Uhr morgens neu belebt wurde. Auch war es einfach wunderbar, Madge und Cyril wiederzusehen.

Der nächste Morgen schien vollkommen unwirklich. Aufgescheucht von dem anhaltenden Lärm der Bettler, Händler und hupenden Autos und verwirrt über das Blumenmeer sowie einen Wäschekorb voller Obst in meinem Zimmer, trat ich auf den Balkon hinaus. Voller Staunen sah ich in den rauchblauen Himmel über mir und auf die ganze Fülle, die sich nach all den Jahren der Entbehrungen und unterdrückten Wünsche vor mir ausbreitete.

Noch immer betäubt von der Umstellung, wankte ich am

folgenden Tag zum Opernhaus (das innerhalb von sechs Wochen gebaut wurde und seither verfiel und das jetzt leider längst nicht mehr steht).

In meiner feudalen Garderobe fand ich noch mehr Blumen und haufenweise Post von Freunden, die ich nie wiederzusehen geglaubt hatte, da einer nach dem anderen in der Armee, der Marine und Diplomatie verschwunden war. Plötzlich bedeutete Leben wieder Lebendigsein und nicht nur Überleben.

Ich richtete mich in meiner Garderobe ein, und dann probten wir zwei Tage lang unter dem väterlich wachsamen Auge von Solomon Bey Naguib, dem Intendanten der Oper (allen bald als »Sammy« Naguib vertraut). Er schickte ganze Schwärme von samtäugigen siebenjährigen Buben zu Besorgungen aus. Sie bewältigten die Bestellungen von Kaffee, Tee, Leckereien und Getränken, die einen Kellner mit zwanzig Jahren Berufserfahrung verwirrt hätten, ohne je eine einzige zu verwechseln.

Es kam der Premierenabend. Der Vorhang hob sich vor einem glänzend besetzten Haus, und beim Anblick der elegant gekleideten Zuschauer stieg unsere Stimmung. Woran ich allerdings nicht gedacht hatte, war, daß selbst der vulgärste Ausdruck meiner Gassensprache hier verstanden wurde, da bei Hofe französisch gesprochen wurde. Schallendes Gelächter belohnte Froufrous Schlagfertigkeit, und ich mußte mir eine ganze Reihe von »Beschäftigungen« einfallen lassen, bis ich meinen nächsten (und möglicherweise noch unfeineren) Satz anbringen konnte. Als der Vorhang nach dem ersten Akt fiel, lief ich unter tosendem Applaus hinter die Kulissen. Auf dem Weg zu meiner Garderobe hielt Solomon Bey mich an und informierte mich mit angemessener Feierlichkeit: »Seine Majestät König Faruk wünscht Sie in seiner Loge zu sehen«, woraufhin er mich unvermittelt dorthin führte. Ich sah mich einer Art Plumpudding gegenüber, den man nachlässig in eine weiße Uniform gesteckt hatte. Solomon Bey zog sich zurück. Ich machte meinen Hofknicks und harrte der Dinge, die da kommen sollten, indem ich das recht hübsche Gesicht betrachtete, das noch nicht ganz so aufgeschwemmt war wie der dazugehörige Körper. Er lächelte. »Wie kommt es, daß Sie ein derartiges

Französisch sprechen?«»Ich bitte, die Derbheiten zu entschuldigen, Majestät, mein Französisch ist normalerweise anständiger. Meine Familie lebt seit 1800 in Frankreich.« Das brachte ich sehr gesetzt hervor, während ich seine Augen beobachtete, die mich fachmännisch einzuschätzen schienen. Fast war ich versucht zu fragen, wie hoch wohl mein Marktpreis liege, ich hielt es aber doch für richtiger, meinen Aufenthalt in Kairo nicht mit einer derartig riskanten Ouvertüre zu beginnen. Mit der Leichtigkeit zweier Libellen, die über einem Teich surren, unterhielten wir uns über Frankreich und Ägypten. Seine Augen, die sich inzwischen auf die meinen konzentrierten, erinnerten an halbgelutschte Pfefferminzbonbons. Ich bemühte mich, unserem Gespräch aufmerksam zuzuhören, und merkte plötzlich, daß er dieselbe Frage schon zweimal gestellt hatte. Nach dem Ende des Satzes zu schließen, hatte er mich zum Abendessen nach der Vorstellung eingeladen. Zwar mochte ihn sein Körpergewicht mehr oder minder an seine engste Umgebung gefesselt haben, aber sein Ruf war bis ans Ende der Welt geflogen.»Majestät«, erwiderte ich,»Sie schmeicheln mir, aber ich habe mich schon für meinen nächsten Auftritt verspätet. Sie entschuldigen mich bitte.« Damit vollführte ich einen hastigen Knicks und verließ die Loge, ehe der Wutausbruch, der sich auf seinem Gesicht ankündigte, sich über meinem Haupt entladen konnte.

Die Tatsache, daß ich erst im letzten Akt wieder auf der Bühne erschien, muß ihn sehr verärgert haben.

Es folgte eine herrliche Zeit: vier aufregende, bunte Wochen, voller alter und neuer Freunde. Es hagelte Einladungen zu Parties und Essen, und ich wurde mit Blumen und Komplimenten überschüttet. Es war, als erwachte ich aus einem Alptraum oder zöge einen zu engen Schuh aus, so daß der neubelebte Kreislauf im ganzen Organismus einen schwindelerregenden Freudentaumel auslöste. Ich fühlte mich wieder wie Beerbohms Zuleika Dobson, als ich unter den Verehrern, die sich noch in London so steif und geziert aufgeführt hatten, meine Wahl treffen konnte. Der Genuß, am Arm von Marmaduke durch das Foyer des Shepheard Hotel zu schreiten oder sich scheinheilig bei Archibald zu entschuldigen, weil man das

Versprechen, mit ihm zu dinieren, vergessen hatte; oder Algernons Pralinenkasten vor dessen bittenden Augen baumeln zu
lassen und Percival mit einem bekümmerten Kopfschütteln
zum x-ten Male abzusagen! Ungeniert konnte das alles jetzt
ausgekostet werden, denn die Mädchen, die einst so kalt-
schnäuzig behandelt wurden, waren längst nicht mehr verfügbar, und die Männer mußten sich mit der geringen Auswahl an
weiblicher Gesellschaft, die die mutigen, aber reizlosen Damen
vom Militär boten, begnügen.

Ich glaube, der *coup de grace* war ein riesiges Bouquet von
niemand anderem als Rubin. Darin steckte eine Karte mit so
dick aufgetragenen Schmeichelein, daß mir die Galle hochkam.
»Zu wenig und zu spät«, befand ich, zerriß die Karte, schenkte
die Blumen meiner Garderobiere und dachte an die Zeiten, da
ich halb verhungert unter Überarbeitung gelitten hatte und
schließlich auch noch rausgeschmissen wurde.

Die Tage vergingen wie im Flug mit den vielen neuen interessanten Freunden. Darunter waren weltgewandte Ägypter in den
verschiedensten Regierungsämtern, britische Botschaftssekretäre und Landsmänner in den verschiedensten Kriegsdiensten,
unter denen ich auch einige alte Freunde wiederfand. Sie gaben
Essen für mich und besuchten wieder und wieder unsere
Vorstellungen. Zum größten Teil waren es hervorragende
Unterhalter; zwei der Botschaftssekretäre schrieben Gedichte
und Kurzgeschichten, wieder andere unterrichteten an der
Gizeh-Universität. Zum ersten Mal in meinem Leben wurde ich
gefeiert und war nicht mehr den Grausamkeiten und kleinlichen Intrigen der Ballettwelt ausgesetzt. Meine Melancholie,
die aus den Enttäuschungen und der Einsamkeit erwachsen
war, verflog. Ich atmete eine neue Luft unter Menschen, denen
ich vertrauen konnte, die sich um mich kümmerten, sich um
mich sorgten und die mir Respekt und Zuneigung entgegen-
brachten. So von allem Druck befreit, den die Angst vor dem
nächsten Schicksalsschlag auf mich ausgeübt hatte, entspannte ich mich allmählich. Mir war, als träte ich aus einer
kalten, dunklen Ecke heraus in die Wärme und das Licht der
Sonne. Es war ein Glück, jung und lebendig und von allen
seinen Freunden umgeben zu sein.

Allerdings konnte ich ein gewisses Schuldgefühl nicht abschütteln, und so kaufte ich Seide und Brokat im Basar, die ich, zusammen mit getrocknetem Obst, allwöchentlich an Griselda schickte, die noch immer mit Bomben und Verdunkelung leben mußte. Ich besuchte Krankenhäuser und diskutierte mit dem charmanten britischen Botschafter (ein Freund meines Stiefvaters) über die entsetzliche Armut und die Krankheiten (mindestens vier pro Kopf) der Fellachen. Nach den Vorstellungen saß ich abends lange mit Schriftstellern und Malern, mit Dichtern und Journalisten zusammen, und alle warteten wir und beobachteten voller Besorgnis, wie die Alliierten langsam zur italienischen Halbinsel vordrangen. Und es geschah mitten in diesem fröhlichen Trubel, in dem nichts und niemand besonders auffiel, daß mir sozusagen als Krönung von allem ein Mann entgegentrat und ich blitzartig in dem Aufruhr der Gefühle verstand, was die Franzosen mit *coup de foudre* meinen. Es schlägt nicht nur der Blitz ein, sondern der elektrische Schock trägt beide in einer einzigen Strömung fort, die so intensiv ist, daß alles andere unwichtig wird. Es begann damit, daß er mich im Gewühl einer Party scharf angriff und ich ihn mit der Aufforderung fortschickte, er möge nüchtern wiederkommen, damit der Streit sich auch lohnte. Etwas verriet mir, daß er irgendwann vorher schon Interesse an mir gefunden haben mußte. Ich tanzte und unterhielt mich weiter mit den verschiedenen Freunden um mich herum. Er kam wieder und versuchte, seinen Angriff zu erneuern. Ich widersprach ihm zwar, hatte aber längst erkannt, daß er, wenn überhaupt, nur noch mit halbem Herzen und ich schon gar nicht mehr bei der Sache war. Wir wußten beide, daß wir der Urgewalt gegenüber hilflos waren. Zwei wundervolle Tage flogen nur so dahin; wir besuchten die Pyramiden, um dort den erwachenden Morgen zu erleben, gingen nach Shubbra, wo wir uns den hinreißenden kleinen Türkenpalast im Barockstil ansahen, und nach jedem Auftritt fand ich ihn in meiner Garderobe. Zwischen uns war dieses einmalige Zusammengehörigkeitsgefühl zweier Herzen entstanden, das kaum Worte braucht. Bei der Ankunft im Theater fand ich an meinem Spiegel kleine Zettel: »*Pour moi une rose inconnue a été mon pays vainqueur*«. Ich tanzte meinen Pas de deux mit neuer Empfindsamkeit. Als ich von der Bühne kam, sagte Cyril:»Das war großartig, mein Schatz. Übrigens geht's übermorgen früh nach Alexandria...« Wir verbrachten jeden kostbaren Augenblick, der uns noch blieb, zusammen und klammerten uns an alles Gemeinsame, um es für alle Zeit zu bewahren. Wir saßen in einem arabischen Café, umgeben von Geschwätz und Geschnatter, dem Klirren der Kaffeetassen, dem Dunst ägyptischer Zigaretten, und schließlich brauchten wir gar nichts mehr zu sagen. Das Meer von Blumen, das herzerwärmende Abschiedsfest, das liebevolle Lebewohl von Fans und Freunden am letzten Abend waren unendlich rührend. R. und ich gingen noch einmal zu den Pyramiden hinaus. In der Morgendämmerung kehrte ich um 6.30 Uhr ins Hotel zurück, um zu packen. Um 9.15 Uhr saß ich bereits im Zug auf dem Weg nach Alexandria. Wir hatten genau drei Tage gehabt. (Siehe das Gedicht *The White Country* im Anhang.)

In einem komfortablen Hotel mit Blick auf den Hafen mußten Georgina und ich uns wieder in ein Zimmer teilen, denn der Luxus von Einzelzimmern war wegen der Überbevölkerung Ägyptens während der Kriegszeit ausgeschlossen. Mit sieben südafrikanischen Offizieren nahmen wir ein vergnügtes Mittagessen ein, und ich machte alle Anstrengungen, mein Herz mit einem Panzer zu umgeben. Liebevolle Telegramme und zärtliche Telefongespräche in den leeren Nächten machten das fast unmöglich. Ein britischer Presseattaché, an den ich auf R.s Anregung hin geschrieben hatte, lud mich zum Mittagessen ein. Ich nahm die Einladung ohne große Begeisterung an und verabredete mich mit ihm um ein Uhr im Foyer des Hotels. Als ich in dem knarrenden, altmodischen Fahrstuhl hinunterfahre, taucht ein goldschimmernder Haarschopf vor meinen Augen auf.»Bei einem Mann die reinste Verschwendung«, denke ich à la Nanny, und als ich aussteige, sehe ich, daß der Schopf zu einem stämmigen Mann von Mitte Dreißig gehört, der außerdem eine lustige Nase, die einem großen Zeh ähnelt, und ein charmantes Lächeln besitzt.»Diana Gould«, stelle ich mich vor.»Ich bin Lawrence Durrell.«»Doch nicht etwa der Dichter und Schriftsteller?«»Ich bekenne mich schuldig«, gesteht er, und: »Sie haben mir einen der surrealsten Briefe geschrieben, die ich je erhalten habe«, sagt er und blickt mich dabei spöttisch an. »Tatsächlich? Ich war mir nicht bewußt, daß er von meinem üblichen Stil in irgendeiner Weise abweicht.« »Gut«, antwortete Larry, »das ist ein ausgezeichneter Anfang. Jetzt werden wir erst etwas trinken und dann zu Mittag essen.« Wir gingen ohne ein weiteres Wort durch die Drehtür, bestiegen einen Gari und unterhielten uns über – ja, worüber eigentlich? Es hätte alles mögliche sein können: Dichter, die damals in Ägypten lebten, das seltsame Licht an dem großen, leeren, uralten Himmel, *Die lustige Witwe*, die undefinierbaren Gerüche, die uns umgaben und schließlich so überwältigend wurden, daß ich plötzlich merkte, wir bewegten uns keinen Schritt weiter. So öffnete ich die Pralinenschachtel, die mir ein beharrlicher Bewunderer geschenkt hatte, suchte mir die harten heraus und bewarf damit das Hinterteil des Pferdes. Der Kutscher war außer sich vor Wut, nicht so sehr wegen der Verschwendung, sondern vielmehr, weil das Tier, das sich seinem Brüllen gegenüber taub gestellt und von seinen Peitschenhieben keine Notiz genommen hatte, den süßen Geschossen nicht widerstehen konnte und freudig schnaufend eilig davontrabte und das Tempo beibehielt, bis mein Vorrat an Pralinen erschöpft war. Wo anders als in Alexandria könnte man eine derartige Reaktion erwarten; wo sonst wären selbst Droschkenpferde für solche zweifelhaften Vergnügungen zu haben?

Nach einem dieser ausgedehnten Mittagessen in einem arabischen Restaurant kam ich nur mit knapper Not noch rechtzeitig ins Theater. Larry sagte: »Ich würde heute abend gerne kommen, aber meine nette englische Hauswirtin wartet schon seit einer Woche auf die Geburt ihres Babys.« Ich schlug vor, er solle sie samt Ehemann mitbringen, ich würde das Kind schon aus ihr heraustanzen. Er brachte beide mit, ich tat mein Teil dazu, und siehe da, das Baby kam noch in derselben Nacht zur Welt. Nach der Vorstellung ging Larry mit mir in ein Restaurant. Er beeindruckte mich zutiefst durch sein fließendes Griechisch, seine Arabesken und durch diese einzigartige Verbindung von Klugheit und Güte, die bei Engländern so selten ist. Ich sah über den Couscous hinweg zu ihm hinüber und dachte bei mir: »Irgendwie hat Cromwell ihn übersehen.« So wie er müssen die Engländer zur Zeit Elisabeths I. gewesen sein: derb, aber nicht abgeschmackt, gelehrt, ohne eingebildet zu sein, sinnlich statt sexy, und das Ganze von einer bezaubernden Schüchternheit durchdrungen, die in vieler Hinsicht von seinem lebhaften Geist und seiner scharfen Beobachtungsgabe ablenkte. Er erwies sich auch als großartiger Gesellschafter, und wir redeten stundenlang miteinander, diskutierten, stritten oder stimmten überein und lachten viel. Und dabei beschäftigte mich immer noch seine Nase. Diese Greifennase schien mir der Schlüssel zu seinem Wesen zu sein, derb, aber trotzdem sensibel, immer auf dem Quivive. Wenn er seinen Kopf drehte, sah es aus, als löste seine Nase diese Bewegung aus. Ich stellte mir vor, daß er durchs Leben ging wie ein hochentwickeltes Tier durch den Dschungel, witternd Spuren aufnahm und verfolgte, sie hin und wieder verlor und gelegentlich auch auf einer falschen, aber immer originellen Fährte war. Wo andere Dichter und Schriftsteller nur ihre Augen und Ohren benutzen, setzte Larry auch seine Nase ein. Natürlich war es wunderbar, daß wir die gleiche Sprache hatten.

Wir unterhielten uns über alles und jedes und sprangen wie fröhliche Antilopen von Bradshaw zu Stendhal, von Donne zu Eisenbahnen, von England (das er die »Puddinginsel« nannte), zu metaphysischen Dichtern, Kochen, Tanzen, Münzen und Erdnüssen – ganz gleich, was es war. Einen oder zwei Tage später holte ich Larry nach einer Probe von seinem Büro ab. Er saß hinter seinem Schreibtisch, sein rötliches Gesicht auf beiden Seiten mit zwei tiefen, roten, parallel verlaufenden Kratzern verziert. »Hast du *De l'Amour* von Stendhal gelesen?« begrüßte er mich. Ich verneinte. Er sagte: »Ich habe das Stadium erreicht, das er als Kristallisation bezeichnet« und sah mich dabei spöttisch an. »Hier siehst du die Handschrift meiner derzeitigen Freundin, die das für ein wirkungsvolles Mittel hält, gegen dich zu protestieren.« Daraufhin gingen wir essen.

Später fuhren wir eine holprige Straße voller Schlaglöcher entlang, am Turm des Pompejus vorbei, dem ich die Zunge herausstreckte, weil ich alles Römische hasse, und weiter ging es durch die trockene, schuppenartige Landschaft zum Mareotissee, der tiefrot in einer Senke unter Ägyptens leerem Himmel liegt. Ich sagte:»Ich habe noch nie einen Himmel gesehen, in dem so viel Platz ist«, woraufhin Larry antwortete:»Ich werde dir ein Gedicht darauf schreiben«, was er später auch tat. Er war ein Begleiter, wie man ihn sich aufgeschlossener, interessierter und lustiger nicht hätte wünschen können. Er kam fast jeden Abend in die Vorstellung und schickte mir herrlich unsinnige Botschaften auf kleinen Zettelchen mit eigenartigen Zeichnungen und Metaphern, die mich ungemein aufmunterten. Immerhin befanden wir uns mitten im Krieg, und ich war erschöpft in Ägypten angekommen, noch dazu mit einem gebrochenen Herzen, war halb verhungert aus England angereist und konnte all die Aufmerksamkeit und Fürsorge, die er mir entgegenbrachte, nur zu gut gebrauchen. An einem Abend hatte ich mir meine Rippenmuskeln recht böse gezerrt und war mit breiten Pflasterstreifen, mit denen der englische Normalverbraucher Fahrradreifen flickt, wie eine Mumie umwickelt. Während des Abendessens mit Larry, der besonders amüsant war, mußte ich mich vorübergehend auf mein Zimmer zurückziehen, um das kilometerlange Pflaster abzureißen. Mit meiner festgewickelten Bandage hätte ich unmöglich weiterlachen können.

Ich hatte damals schon viele seiner Bücher und Gedichte gelesen. Für mich war er der erste Schriftsteller seit der viktorianischen Zeit, der (bis zur»Nouvelle Vague«) so schrieb, wie die Franzosen schon immer geschrieben haben, nämlich mit Sinnlichkeit, Leidenschaft und Farbe und mit dem Wissen um die Spannung zwischen Mann und Frau, welche die ganze Struktur des Lebens bestimmt. Dazu kamen sein Humor, sein frecher Witz und die besondere Gabe, einen Schauplatz, eine Umgebung so überzeugend beschreiben zu können wie ein großer Landschaftsmaler. Hier gab es plötzlich einen Schriftsteller, der einen nicht mit endlosen metaphysischen Reflexionen, intellektuellen Bauchschmerzen und hochtrabender Verzweiflung langweilte oder belastete. Er war kein deutscher Philosoph, der sich tief in seine eigenen Theorien vergräbt, auch kein französischer Intellektueller, der sich zwischen politischen Theorien und Sexualität zerfleischt, und kein Amerikaner, der 800 Seiten dazu braucht, um auch noch den letzten trüben Rest seines Es aufzuarbeiten, sondern er war *l'homme moyen sensuel* in seiner poetischsten und reinsten Form. (Siehe auch das Gedicht, das er für mich geschrieben hat, im Anhang.) Und so bot mir Alexandria in Larrys Begleitung noch ein anderes Bild von Ägypten. Ich sah das Alexandria der jahrhundertealten jüdischen und griechischen Enklaven mit ihrer Kultur und ihrem besonderen Charakter, ein Alexandria, das lebendig, klug, kultiviert und elegant erschien und über dem wie schöner Firnis ein mediterraner Glanz lag. Ich aß entweder mit Larry allein oder zusammen mit seinem charmanten Freund, dem walisischen Dichter Gwyn Williams, in winzigen griechischen Restaurants zu Mittag und wurde nach den Abendvorstellungen in wunderschöne griechische Villen eingeladen. An einem dieser Abende machte mir ein äußerst langweiliger griechischer Marineoffizier, der mich schon die ganze Woche belästigt hatte, eine heftige Szene und mußte mit viel Geschick an die Luft gesetzt werden.

Am folgenden Tag zeigte Larry mir seine Wohnung in Alexandria, einen herrlich exzentrischen Turm auf einer großen, ganz normalen Villa, der wie ein verwegener Hut aussah, den jemand während einer Festlichkeit auf einem ehrwürdigen Kopf abgelegt hatte. Wir saßen in Larrys Turm auf dem Fußboden, als ihm plötzlich meine Bedrücktheit auffiel. »Diana, mein Schatz, was ist mit dir los?« »*I am sick of an old passion**, Larry.« [Ich kranke an der ältesten Leidenschaft.] Er schlug sich an die Stirn. »Was bin ich doch die ganze Zeit für ein Trottel gewesen – jetzt verstehe ich erst! Ich werde versuchen, R. für einen Vortrag aus Kairo zu holen.« Und genau das tat er, und wieder saß mein *coup de foudre* am Abend in meiner Garderobe, und wieder griff das Schicksal ein. Am gleichen Nachmittag hatte ich nämlich erfahren, daß wir am nächsten Tag bei Morgengrauen Alexandria verlassen würden. R. sah mir von den Kulissen aus zu, aber weder der stürmische Beifall noch das Meer von Blumen, die zahlreichen Vorhänge und die Rufe »Frou-

---

* Aus dem Gedicht *Cynara* von Ernest Dowson.

frou!« konnten mich aufheitern. Es blieben uns noch genau zwölf Stunden in Alexandria. Um fünf Uhr morgens saß ich im Zug nach Port Said und weinte während der ganzen Fahrt, um mir mein schweres Herz zu erleichtern.

14 Krieg à la Italia

*Gott gebe mir die Gelassenheit, die Dinge hinzu-
nehmen, die ich nicht ändern kann, den Mut, zu
ändern, was ich ändern kann, und die Weisheit,
den Unterschied zwischen beiden zu erkennen.*

OXFORD BOOK OF PRAYER

Auf seinem Weg nach Italien war das kleine Schiff vollgestopft
mit polnischen weiblichen Soldaten, die jeden Tag bei der
Rettungsübung auf ihre Stiefel spuckten. Sechs Tage lang rollte,
schlingerte und boxte sich der Kahn durch die Wellen wie ein
betrunkener Matrose. Endlich machten wir an einem eisigen
Märzmorgen um halb sieben, während der berüchtigte Bora-
Nordostwind direkt auf uns zu über die Adria fegte, in Tarent
fest, wo man uns dichtgedrängt am Kai stehen ließ, bis gegen
Mittag zwei uralte Autobusse, vom gleichen Jahrgang wie vor
sechs Wochen die ägyptischen Modelle, eintrudelten. Wir waren viel zu erschlagen, um uns zu beschweren, und nach einer
Stärkung mit dem üblichen Becher Tee und einem Kanten Brot
quetschten wir uns in die Fahrzeuge, um bis sechs Uhr abends
nordwärts die Küste hinauf durchgeschüttelt und -gerüttelt zu
werden. Inzwischen hatte uns der von ENSA delegierte offizielle
Begleiter davon in Kenntnis gesetzt, daß der Vesuv ausgebrochen war und daß sich Neapel durch dieses unerfreuliche
Naturereignis in Aufruhr befand. Wir sollten statt dessen nach
Bari verfrachtet werden. Bari war ein gottverlassenes Nest an
der Ostküste, eine Hafenstadt, die von Mussolini, weil sie die
höchste Geburtenrate in Italien aufwies, preisgekrönt und mit
einem umfassenden Wohnungsbauprojekt belohnt worden war.
Eine Stadt, so ging es mir durch den Kopf, als wir durch die
seelenlosen Straßen mit den barackenähnlichen Wohnblocks
ratterten, deren Fundament die Paarung ist. Nieder mit dem
Sex in jeglicher Form!

Inzwischen war es stockdunkel und äußerst kalt geworden. Man setzte uns vor einem ziemlich großen Gebäude ab, das der Haupttruppe vorbehalten war. Die barsche, autoritäre Art des ENSA-Menschen, der dazu ausersehen war, sich um unsere Truppen zu kümmern, hatte mich schon mißtrauisch gemacht. So beschloß ich, in Ermangelung einer weiteren zuständigen Person, mir diese Bleibe genauer anzusehen. Nachdem ich den Busfahrer gebeten hatte, zu warten, folgte ich den jungen Männern und Mädchen die Treppe hinauf. Die ersten, die die schmutzigen Schlafzimmer erreichten, warfen sich, den Tränen nahe, über die knubbeligen Betten. Ich öffnete eine andere Tür. Wie trockene Blätter raschelten die Küchenschaben hastig davon. Eine Heizung gab es nicht. Wütend wandte ich mich an den ENSA-Mann: »Wo ist Ihr Vorgesetzter? Die jungen Leute können hier unmöglich bleiben.« Allem Anschein nach war es zu spät, um noch irgend etwas zu unternehmen. »Wo also ist das Hauptquartier vom Generalquartiermeister?« Dies bellte ich in echt dienstlichem Ton. »Was ist dies eigentlich für eine grauenvolle Unterkunft?« Keine Antwort. (Wie sich später herausstellte, handelte es sich um ein Bordell, das vor kurzem für britisches Militärpersonal verboten und daher »stillgelegt« worden war.) Da ich zunächst keinen Ausweg sah, erklärte ich mich damit einverstanden, daß wir zum Essen in das kleine, von Fliegen verseuchte Hotel Il Moro gebracht wurden. Es war grausam. Georgina und ich ließen vorübergehend die Truppe dort und wurden zu unserer ›gehobeneren Unterkunft‹ gefahren. Schon beim ersten Anblick des Gebäudes – Zimmerreihen über fünf Stockwerke verteilt – wurde mir klar, daß wir es hier mit Baris feinerem Puff zu tun hatten. Georgie und ich besahen uns unser Zimmer: zwei eiserne Bettstellen mit Laken von der grauweißen Farbe nasser Zeitungen, wunderhübsch dekoriert mit hier und da willkürlich aufgetragenen dunkelroten Tupfen, die sich bei genauerem Hinsehen als Blutstropfen zerquetschter Wanzen entpuppten. Der Fußboden bestand aus bröckeligen gebrannten Kacheln, und an dem zerbrochenen Fenster winkte uns ein verschmutzter, im Wind flatternder Netzvorhang einen höhnischen Willkommensgruß zu.

Fuchsteufelswild warf ich das Gepäck hin, rannte zu der

uniformierten Gestalt hinunter und verlangte, sofort von ihm in seinem Jeep zum Hauptquartier gebracht zu werden. Widerwillig fuhr er mich hin. Ich betrat ein kleines Büro, in dem irgendein blonder Uniformierter saß, die Stiefel auf dem Schreibtisch. »Ich möchte bitte den Generalquartiermeister sprechen.« Der Khakifarbene betrachtete mich höhnisch, als wäre ich ein Bettler, der zu Buddha vorgelassen zu werden wünschte. Schließlich drückte er seine Zigarette aus und sagte frech: »Das geht nicht.« »Warum nicht?« »Weil er nicht da ist.« Er hatte jedoch den Fehler begangen, über seine Schulter hinweg nach einer hinteren Tür zu schauen. Schnell wie der Blitz drückte ich mich an ihm vorbei, stieß seine Füße vom Schreibtisch, und bevor er sich von dem Schreck erholen konnte, hatte ich die Tür bereits aufgemacht.

Ich befand mich in der Höhle Aladins: ein riesiger Raum, in dem sich ein Regal an das andere reihte, vollgepfropft mit Vorräten: Decken, Konserven, Kartons, Flaschen, alles bis hoch unter die Decke aufgetürmt. Und vor diesem scheinbaren Trimalchio-Bankett, saß ein gelehrt aussehender Offizier an einem imposanten Schreibtisch, entrüstet über diesen plötzlichen Überfall einer zerknitterten Xanthippe, die sich ihm unaufgefordert näherte. »Henry!« rief ich ungläubig, »Henry Croom-Johnson – das ist ja nicht zu fassen.« Ich hörte die Tür hinter mir ins Schloß fallen, als mein Feind, der Khakifarbene, seine Verfolgung aufgab und sich hastig zurückzog.

Einem Freund in ›hoher Position‹ in einem solchen Augenblick zu begegnen, das überstieg jedes Vorstellungsvermögen. »Was machst du denn hier, Diana?« Er hätte genausogut fragen können, weshalb ich wie eine unordentliche Landstreicherin aussah, aber er war ein äußerst sanfter und freundlicher Mann. Und nachdem ich in Kurzform sowohl den Grund meiner Anwesenheit in Bari als auch unsere Zwangslage erklärt hatte, gab er mir Carte blanche, alles mitzunehmen, was wir brauchten. Wir häuften Wolldecken und Konserven auf den Jeep. Mit einem letzten Schwung schnappte ich zwei große Kognakflaschen und kehrte in Begleitung des guten Henry per Jeep zu der Unterkunft der Truppe zurück, wo ich, unter Freudengeschrei, die Decken und Konserven verteilte und eine Flasche

Kognak aushändigte. Letztere löste besondere Begeisterung
aus.

Henry, der schon über die dort herrschenden Zustände
erschrocken schien, war dann vollkommen sprachlos, als er
mich bei unserem zweckentfremdeten Quartier absetzte, wo
Georgie frierend auf mich wartete. Ein Blick auf die Betten
genügte, um uns davon zu überzeugen, daß wir besser auf dem
Fußboden aufgehoben wären, wo wir dann die zweite Flasche
kreisen ließen und das ungewohnte Brennen in unseren Kehlen
genossen, das neues Leben in unsere Glieder brachte. Henry
verabschiedete sich mit dem Versprechen, uns schon irgendwie aus dieser Misere herauszuholen. Georgie und ich, beide
bereits leicht beschwipst, nahmen jede noch einen herzhaften
Schluck, zogen unsere Schuhe aus, legten unsere Mäntel als
Kopfkissen zusammen und rollten uns auf dem Fußboden in
unsere Decken ein, wo wir trotz der herrschenden Kälte ein-
schliefen.

Am nächsten Morgen erwachte ich mit Kopf- und Glieder-
schmerzen. Bei meiner entschlossenen Suche nach Hilfe traf
ich noch einen guten alten Freund wieder, Wakey Chandos-
Pole, Adjutant von General Nares, dem Oberbefehlshaber des
zweiten Bezirks im südlichen Italien. Beiden legte ich dringend
nahe, uns eine andere Bleibe zu besorgen. Irgend jemand
erwähnte ein vom YWCA (Verein christlicher junger Frauen)
geführtes Café. Heißes Wasser, heißer Tee und Kekse! Was für
eine Freude! Ich stieß auf Joyce Grenfell, die in dem einzigen
großen Hotel mit dem großspurigen Namen ›L'Impériale‹
untergebracht war, wo ich mich genußvoll in einem heißen Bad
räkelte. Außerdem begegnete ich noch einem Freund vom Rang
eines Oberst, der meinem Gesuch Gewicht verleihen konnte.
Nachdem ich mit Henry zu Mittag und mit Wakey zu Abend
gespeist hatte, fühlte ich mich vorübergehend besser. Als Wakey mich jedoch in das Bordell Nummer eins zurückgebracht
und einen Blick auf die grauenhafte Schlafstelle geworfen hatte,
zog er seinen Uniformmantel aus, legte ihn über die Matratze
und erklärte, ich könne unmöglich eine weitere Nacht auf dem
Fußboden verbringen. Schließlich trafen auch die ENSA-Vor-
räte ein: Speck, Brot, Marmelade. Ich nahm ein ekelhaftes

Mittagessen mit der Truppe ein, bei dem alle in verschiedenen Tonlagen durcheinanderschrien. Schließlich machte ich den für die Quartiere zuständigen Offizier ausfindig und sagte ihm gründlich die Meinung. Er verzog sich, und ich nahm erneut ein Vollbad in Joyces Hotel. Außerdem traf ich in der Hotelhalle noch einen weiteren Freund wieder, Edward Astley. Ich trank Tee mit ihm, danach brachte er mich zu meiner gräßlichen Unterkunft zurück und zeigte ebenfalls gebührendes Entsetzen. Ein Freund Larrys lud mich zum Abendessen ein, und auch er schloß sich meiner – wie ich sie inzwischen getauft hatte – »schockierten Truppe« an.

Die allgemeine Entrüstung hatte mir den Rücken gestärkt. Ich beschloß, daß diese dritte Nacht meine letzte in dem widerwärtigen Haus sein würde. So meldete ich mich resolut beim Regimentschef an und teilte ihm mit, daß Georgie und ich am folgenden Tag in das freigewordene Hotelzimmer von Joyce zu ziehen gedächten. Seine Besorgnis, wir könnten dort womöglich vergewaltigt werden, schmetterte ich ab. Er hatte nämlich argumentiert, die lüsternen Blicke einiger Offiziere verhießen ein böses Schicksal, das schlimmer sei als der Tod. Ich widersprach ihm und fügte hinzu, ich hätte dieses Schicksal in der Hand und sei auch keineswegs davon überzeugt, daß es schlimmer sei als der Tod.

Das Dunkel lichtete sich endlich nach drei Tagen und Nächten, die so kalt und schmutzig und unerquicklich waren, daß ich das Gefühl nicht loswurde, ich müsse auf irgendeine Weise für meinen kürzlichen Aufenthalt im Paradies des Herzens, zu dem ich kein Recht hatte, büßen. Ewig stand die wilde und leidenschaftliche Seite meines Wesens, die als einziges Ventil den Tanz hatte, unter dem Druck meines konformistischen und moralisierenden Ichs. So konnte ich mich nie wirklich frei und unbeschwert fühlen und mich lustvoll dem Genuß hingeben wie ein völlig sorgloser Mensch. Es war mir verwehrt, mich längere Zeit von dem Höhenflug meiner Gefühle hinwegtragen zu lassen und über der Leidenschaft und dem Glück der Liebe alles andere zu vergessen. Es schien, als hätte die streng moralische Religion, mit der ich großgeworden war, die heidnische Seite in mir schon lange erstickt. Sie hatte mir die Flügel für alle Zeiten gestutzt und mich mit der Angst vor ewiger Strafe belastet, die mir wie ein drohender Finger den Blick in die Weite versperrte und mich vor allzu großer Spontaneität warnte.

Abgestoßen von der ungalanten Art des pedantischen Quartiermeisters war mir alle Lust vergangen, noch länger mit ihm herumzustreiten. Ich trommelte meine Soldatenfreunde Henry, Wakey und Edward zusammen; Georgie und ich packten unsere paar Habseligkeiten, und dann ließen wir uns quer durch die Stadt zu dem sicheren Hafen des Impériale fahren. Dort bahnten wir uns einen Weg durch eine Gruppe von jugoslawischen Widerstandskämpferinnen mit hartem Gesichtsausdruck, stummen russischen Offizieren, deren Gesichter so verschlossen waren, als hätten sie die Schlüssel für immer fortgeworfen, korrekten Briten und baumlangen Kanadiern, um zu unserem kleinen Doppelzimmer am Ende eines Korridors zu gelangen. Das hielt nicht nur den Segen eines Badezimmers für uns bereit, sondern auch den anregenden Ausblick auf einen für Italien typischen, verlassenen Zementblock, dessen leere Fensterhöhlen vom Schorf des zerbröckelten Zements und rostigem Metall verkrustet waren.

»Vivat l'Impériale!« brüllte ich und befühlte die Betten. Die Matratzen waren angenehm fest und wiesen trockene, saubere Laken auf, und – mirabile dictu – weit und breit keine Wanzen oder Kakerlaken. Zu allem Glück waren Madge und Cyril inzwischen angekommen, der schwarze Abgrund hatte sich geschlossen und es sah so aus, als könnten wir mit relativer Bequemlichkeit rechnen. Ich nahm ein Bad, ging mit einem meiner Freunde in ein Konzert, genoß ein zweites Bad, zog zum ersten Mal innerhalb von vier Nächten ein Nachthemd an und schlief den Schlaf des Gerechten.

Am nächsten Tag machten wir uns alle auf den Weg zu dem riesigen Opernhaus. Dort stellten wir fest, daß es keine Fensterscheiben, dafür aber riesige Löcher im Dach gab – Resultat eines erfolgreichen Bombardements von seiten der Nazis am Neujahrstag, das fast alle Versorgungsschiffe in die Luft gejagt und sämtliche Türen und Fenster bis auf fast einen Kilometer im Innern des Landes gesprengt hatte. Am Abend vorher hatte ich bemerkt, daß unsere Tür im Hotel nicht richtig schloß, ich war aber zu froh und erleichtert gewesen, um mir darüber Gedanken zu machen. Auf den leeren Fensterrahmen in meiner Garderobe hatte man ein großes Plakat genagelt, durch das der Bora rachsüchtig blies. Zitternd vor Kälte beobachtete ich, wie mein Name darauf in einem starren Tanz hin- und herflatterte, und legte meine Kostüme bereit. Am nächsten Tag regnete es unaufhörlich Ruß. Der Wind hatte die Asche des immer noch brennenden Vesuvs gespenstisch aufgewirbelt und verteilte sie nun in schwärzlichen Massen über das ganze Land. Mit einem Schirm bewaffnet und wie eine Mumie verkleidet, rannte ich zum YMCA, um dort in Ruhe bei einer Tasse Tee und zwei Brötchen zu lesen. Das Mittagessen bestand aus getrocknetem Fleisch und Kartoffeln. So sehr man auch darauf herumkaute, es war unmöglich, diesen Kloß undefinierbaren Getiers hinunterzuwürgen, und so legten wir ihn in kleinen traurigen Häufchen auf den Tellerrand zurück und waren dankbar für die schuppigen Kartoffeln.

Cyril war fest entschlossen, die Show ohne weitere Verzögerungen auf die Beine zu stellen. Das bedeutete, daß wir den ganzen Tag in dem eisigen Theater zubrachten und unter anderem auch mit den Statisten für den letzten Akt *Chez Maxim* proben mußten, etwas, was Cyril nicht vorausgesehen hatte. In Kairo konnte er sich genügend hübsche Mädchen aussuchen; sie mußten an Tischen rund um die Bühne sitzen. Hier, unter der Knute des Krieges, war er gezwungen, die Damen der niederen militärischen Ränge zu engagieren. Sie arbeiteten in den Kantinen und waren als Soldaten und beim Essenausteilen zweifellos unersetzlich, aber man mußte zugeben, daß ihnen dieser gewisse Charme und Zauber der eleganten Pariserinnen, die sie spielen sollten, völlig abgingen. Verzweifelt versuchte Cyril ihnen beizubringen, wie sie die Bühne betreten und Platz nehmen sollten: nicht, als marschierten sie in schweren Stiefeln durch Morast und pflanzten sich auf den Sitz eines Armeefahrzeugs. Alles umsonst. Die Uhr schlug bereits Viertel nach sieben, der Saal war voller Soldaten, und der Vorhang sollte jeden Augenblick in die Höhe gehen. Erschöpft verzichtete er darauf, ihnen einen graziösen Gang beizubringen und gab in gewohnter guter Laune grünes Licht zum Beginn der Vorstellung.

Wie ich die Soldaten vor mir in ihren hochgeknöpften Militärmänteln, dicken Schals und warmen Stiefeln beneidete, als ich in meinem dünnen Tutu tanzte und die Schneeflocken hier und da durch das löcherige Dach auf meine nackten Schultern flogen und meine Zähne wie Kastagnetten zu meinem Text klapperten. Madge, die elegante lustige Witwe, trug ihre Lieder in einem Nerzmantel vor, den sie sich über die Schultern geworfen hatte, aber selbst wenn ich einen besessen hätte, wäre es unmöglich gewesen, wie ein lebendiger Teddybär auf Spitzen zu tanzen.

Cyril stand mit mir hinter den Kulissen, als sich der Vorhang zum dritten Akt *Chez Maxim* hob. Er hatte sich entschlossen, es lieber doch nicht zu riskieren, daß die Statisten über die Bühne stapften und hatte die Damen an die verschiedenen Tische verteilt. Dort saßen sie in attraktiven Abendkleidern, aus deren Dekolletés breite, muskulöse Schultern wie Wiener Stühle hervorschauten. Ihre Mieder umspannten die verschiedensten seltsamen Busen, eine Auswahl von flachen, schulterblattähnlichen Gebilden bis hin zu großen Säcken mit Kanariensamen. Im großen und ganzen ähnelte die Schar erfolglosen Transvestiten. Zumindest aber war das Licht der Lämpchen auf den einzelnen Tischen fast gänzlich heruntergedreht, so daß die knochigen Ellbogen, welche die großen, an harte Arbeit gewöhnten Hände stützten, auf denen wiederum ein recht männliches Kinn ruhte (diese Stellung hatte Cyril sich ausgedacht, um zu vermeiden, daß beängstigende Fäuste zwischen Besteck und Serviette geparkt wurden) den vagen Eindruck blasierter Kultiviertheit vermittelten. Der wurde aber nur bis zu dem Moment gewahrt, wo eine auffallend große Person zu unserem Entsetzen eine riesige Pranke in ihren spitzenbesetzten Ausschnitt steckte und langsam ein überdimensionales, khakifarbenes Baumwolltaschentuch hervorzog, in welches sie dann genüßlich trompetete und das Orchester völlig übertönte. Cyril brach zusammen, und ich schüttelte mich vor Lachen, so daß ich kaum meine Beine unter Kontrolle hatte, als ich in den Armen meines Partners zu den Klängen des Walzers *Gold und Silber* auf die Bühne glitt.

Aber wie sehr hatte sich das alles gelohnt, als am Ende der Vorstellung der Vorhang fiel und von 3000 Soldaten brausender Applaus ertönte, der die kläglichen Reste des Daches vollends zu heben schien. Wanzen, Küchenschaben, Ruß und Kälte – alles schmolz vor dieser Dankesbezeugung für unsere Anwesenheit dahin. Wir wußten, daß diese selben Männer binnen 24 Stunden ihren Weg an die Front antreten würden, wo in einer Entfernung von weniger als 150 Kilometern nördlich der Feind bei Campo Basso erbitterten Widerstand leistete, und daß nur wenige von ihnen zurückkehren würden. Im Vergleich dazu war es unwichtig, daß wir nur Trockendiät zum Hinunterwürgen hatten. Das wurde mir um so klarer, als ich zum Mittagessen bei General Nares eingeladen war und wir vor Kälte zitternd in seiner ungeheizten Wohnung saßen und uns mit genau dem gleichen ungenießbaren Essen abplagen mußten. *L'union fait la force* [Einigkeit macht stark], sagen die Franzosen, und so stärkte die gemeinsame Not nicht nur unseren Willen, sondern auch unsere Kiefer.

Die Amerikaner überhäuften mich in ihrer typischen Großzügigkeit mit Kartons voller Delikatessen, die mit ihren Liberty-Versorgungsschiffen ankamen. Nach der abendlichen Vorstellung fanden wir uns auf dem Zimmer von Madge und Cyril ein, um die reiche Beute zu teilen. »Gould«, sagte Cyril, »befiehl deinen amerikanischen Anbetern, Kaviar aufzustöbern!« Zwar gelang es mir nicht, ihm diesen Wunsch zu erfüllen, dafür aber ergatterte ich zum Abendessen ein sieben Zentimeter dickes Steak, dem eine großartige Party in einer Villa folgte. Einer der Offiziere spielte meisterhaft Jazz auf dem Klavier, zu dessen Klängen wir bis in die frühen Morgenstunden tanzten. Beladen mit Pampelmusen kehrten wir ins Impériale zurück. Ich mußte an General Nares denken, wie er, in seinen Militärmantel eingewickelt, sich bemühte, das trockene Fleisch zu kauen, während er seine Strategie für den nächsten Feldzug plante...

Alles im Leben ist relativ; und so behielt unser gesteigertes physisches Wohlbefinden weiterhin die Oberhand, auch wenn Georgie und ich allabendlich bei unserer Rückkehr vom Theater den richtigen Moment abpassen mußten, um den wuchtigen Klubsesseln, die in der Vorhalle von riesigen, betrunkenen Kanadiern wie Federbälle herumgeworfen wurden, auszuweichen. Danach galt es, in den Aufzug zu flitzen und irgendeinem Schienbein, das uns an unserer Fahrt nach oben zu hindern versuchte, indem es seinen Stiefel zwischen die Tür klemmte, einen kräftigen Tritt zu versetzen, um dann im Eiltempo den Korridor entlang in den sicheren Hafen unseres Zimmers zu flüchten. Es muß allerdings eingeräumt werden, daß das Wort ›sicher‹ ein Euphemismus ist, denn derselbe erfolgreiche Bombenangriff, dem der Großteil der Fensterscheiben zum Opfer gefallen war, hatte auch, wie schon erwähnt, den Türen übel mitgespielt, so daß sie nicht mehr abgeschlossen werden konnten. Eine ganze Woche lang schien das keine weitere Bedeutung zu haben, bis Georgie und ich eines Nachts, als ich gerade damit beschäftigt war, den Inhalt eines der Liberty-Geschenkkartons auf dem Bett auszuschütten, draußen im Flur ein ungewöhnliches Geräusch vernahmen. Georgies Gesicht wurde so weiß wie ein Stück Schellfisch. Sie stürzte sich auf ihren Koffer, aus dem sie eine riesige Mauserpistole hervorfischte, die einer ihrer vielen Verehrer ihr geschenkt hatte, und fuchtelte drohend damit herum. »Leg sofort das Ding weg,« flüsterte ich ihr zu, schlich zur Tür und schielte nach draußen. Es war niemand zu sehen. Leider lag unser Zimmer in einer Sackgasse; zu unserer Linken befand sich der Raum am Ende des Flures. Auf leisen Sohlen, so hoffte ich jedenfalls, schlich ich darauf zu und hörte schweres Atmen hinter der halboffnen Tür. Ich nahm alle Kraft zusammen, packte die Tür und drückte sie gegen das Etwas, von dem die röchelnden Geräusche kamen. Wieder und wieder knallte ich die Tür dagegen in der verzweifelten Hoffnung, es unschädlich zu machen. Dessen Kräfte waren jedoch weitaus größer als meine. Nach einigem Keuchen und Prusten gelang es ihm, mich zurückzustoßen, und ich taumelte gegen unsere Zimmertür. Jetzt erkannte ich auch die fast zwei Meter lange Hünengestalt, die uns den ganzen Tag über verdächtig gefolgt war. Zum Glück hatte er sich reichlich unter Alkohol gesetzt, bevor er, mit welchem Ziel auch immer, auf die Jagd ging, und war daher jetzt nicht vollkommen Herr der Lage. Als er mit unsicheren Händen nach mir greifen wollte, torkelte er mit trunkenem, anzüglichem Grinsen auf mich zu. Es gelang mir, seiner unerwünschten Umarmung auszuweichen und ihn mit Gewalt rückwärts den schmalen Gang entlangzustoßen. Gleichzeitig trommelte ich mit den Fäusten auf ihn ein, bis ihm der Atem verging und er den Hauptflur entlang fortstolperte. Ich wischte mir die Hände ab und kehrte zu Georgie und unserem unterbrochenen Mahl zurück. Es war inzwischen Mitternacht geworden, wir waren hundemüde und wollten uns endlich ausziehen. Noch einmal warf ich einen Blick in den Flur, von wo ich wieder ein Geräusch vernommen hatte. Der verdammte Kerl war doch wieder in dem leeren Zimmer und wartete offensichtlich auf seine Chance. Wutenbrannt rief ich Georgie zu, sie sollte sich auf die Suche nach einem höheren Offizier machen, während ich erneut, so lange es irgend ging, meinen Trick mit der Tür anwandte. Fast wäre ich überrumpelt worden, aber da kehrte Georgie mit einem verlegenen Major zurück, der den Trunkenbold am Kragen packte und mit sich fortschleppte. Diesmal hatten Georgie und ich das Bedürfnis, die unangenehme Vorstellung einer mit knapper Not abge- wandten Vergewaltigung abzuschütteln, und so gingen wir zu Madge und Cyrils Party, wo wir uns so lange amüsierten, bis wir mit dem sicheren Gefühl, daß die Angelegenheit ausgestanden sei, in unser Zimmer zurückkehrten. Welche Wahnvorstellung mich dann doch davon abhielt, mich zu entkleiden, weiß ich nicht, jedenfalls hörte ich gegen drei Uhr morgens die schlür- fenden Schritte von neuem. Jetzt hatte sich allerdings so viel Zorn in mir angesammelt, daß ich, als er gerade unsere Tür öffnen wollte, keinen Augenblick zögerte, ungeachtet seiner Größe und Kraft, seines wirklich unheilverkündenden Blicks aus glasigen Augen und seines whiskydurchtränkten Atems, der mir direkt ins Gesicht wehte. Ich sprang ihn unter lautem Geschrei an, bearbeitete ihn mit Fäusten, trat mit meinen kräftigen Tanzbeinen (die höchst gefährlich sein können) nach ihm, und während seine Arme wie Windmühlenflügel in der Gegend herumwirbelten und er mich zu packen versuchte, gelang es mir, ihn rückwärts bis zum Treppenabsatz zu manövrieren, wo ich ihn mit letzter Kraft über das Geländer kippte und hörte, wie sein Kopf ein Stockwerk tiefer aufschlug.

Ich wagte nicht, hinunterzusehen, wankte in unser Zimmer zurück, wo ich mich auszog (was sehr schnell ging, weil der Kerl den Großteil meiner Jackenknöpfe abgerissen hatte), kletterte in mein Bett und wünschte Georgie angenehme Ruhe für den Rest dieser Nacht.

Am nächsten Morgen bekam ich Besuch von dem kommandierenden Offizier, dem das Scheusal der vergangenen Nacht unterstand. Er krümmte sich vor Entschuldigungen, wodurch mir die Angst genommen wurde, ich hätte dem Eindringling möglicherweise das Genick gebrochen. Da nun leider erwiesen war, daß die Skepsis gegenüber unserem Aufenthalt im Impériale durchaus ihre Berechtigung hatte, bat ich den Offizier, dem »Quartiersmajor« kein Wort davon zu sagen. Georgie und ich mußten zwar weiterhin den fliegenden Klubsesseln in der Halle ausweichen, wurden aber sonst nicht wieder belästigt. Der eisige Bora zog sich zurück, der rußige Regen hörte auf, die amerikanischen Kartons bereicherten weiterhin unser Trokkenfutter, und die Begeisterung und Dankbarkeit unserer Zuschauer sowie die unvorhergesehene Ankunft von vier weiteren Londoner Freunden im Laufe der folgenden Wochen (unter ihnen der Schauspieler Billy Devlin) verschönerten eine Zeit, die so unselig begonnen hatte.

Endlich Post aus Ägypten: liebevolle, herzliche Briefe von Larry Durrell, auch von R. und der folgende vom guten Gwynn Williams:

30 Rue Sirdar
Mustafa Pasha
Alexandria
20. März 1944

Liebe Diana,

als ich im Radio hörte, wie empfindlich der Vesuv auf Deine Ankunft in Neapel reagiert hat, wurde ich zu dem folgenden Vers inspiriert, den ich noch weiterführen und ausfeilen werde, der Dir aber, so hoffe ich jedenfalls, auch in seinem augenblicklichen Stadium Freude machen wird:

Gould in Neapel, nicht mehr hier –
Vesuv nimmt jetzt seine Rache dafür.

Danke, daß Du nach Alexandria kamst, so herrliche Sachen gesagt hast und dafür, daß es Dich gibt.
Immer Dein
Gwynn Williams

Diese Briefe stimmten mich froh und sehnsüchtig zugleich. Cyril gab bekannt, daß Neapel uns erwartete.
Nach viereinhalb Wochen konnten wir das gräßliche Bari verlassen. Wie eh und je wurden wir in schäbige Busse verladen, was jedoch wettgemacht wurde durch eine wunderschöne Fahrt über die Berge direkt nach Neapel, das bei unserer Ankunft in die untergehende Sonne und das diesige Licht eines noch immer schmollenden Vesuvs getaucht war.
Diesmal waren Madge, Cyril, Georgina und ich in einer sehr schönen Wohnung untergebracht, die in einer ruhigen Gegend lag. Ich dachte mit Schuldgefühlen an die Bewohner, denen man sie weggenommen hatte (ein moralischer Tribut, der allerdings nur wenige Sekunden andauerte). Wir richteten uns ein. Zwei Schlafzimmer mit einem Bad am Ende des Flurs, Aussicht auf den Garten und dicke, angenehm feste Matratzen auf den Fußböden. Das Badezimmer war wie von einem Designer mit allem Komfort ausgestattet: Badewanne, Klo, Bidet, Fußboden und die Wände bis auf die halbe Höhe in Hellblau – ein richtiges Luxusbad! Der einzige Nachteil dabei war, daß es kaum oder gar kein Wasser gab. Nach unserer langen, staubigen Fahrt von der adriatischen Küste sehnten wir uns nach einem Bad, aber aus den himmlischen Hähnen tröpfelte es nur rostigbraun. Allerdings gab es weit mehr Ärger mit dem Klo. Anstatt den deponierten Inhalt zu verdauen, spuckte es ihn wie ein seekranker Passagier lauthals über den Rand der Brille und auf den blanken Fußboden. Grimmig machte ich mich ans Aufwischen. Cyril, der nie aus der Fassung zu bringen war, tat ein stämmiges Dienstmädchen auf, das uns unter viel Gelächter zu

Hilfe kam. Augenscheinlich wurde sie an ihr Zuhause auf dem Bauernhof erinnert. Außerdem verprach sie, uns am folgenden Tag einen Klempner zu schicken, der sich um unsere Wasserversorgung kümmern würde. Wir schliefen den Schlaf der Gerechten, die sich ihres Glücks voll bewußt sind, keine Wanzen, keine Schaben und keine brutalen, unzüchtigen Soldaten um sich zu haben – all das wog den Wassermangel voll auf.

Am nächsten Morgen wurden wir von einem schrecklichem Hämmern aufgeweckt, so als galoppierten hundert Pferde direkt durch unsere Wohnung. Cyril erschien in der offenen Tür seines Zimmers, in einem kurzen rotseidenen Morgenmantel, der mit Gardisten gemustert war und aus dem seine eleganten Beine wie die Stelzen eines Reihers heraustaken. Er stolzierte in Richtung des Lärms den Gang entlang und entdeckte unser Mädchen, das den Fußboden gründlich putzte, indem es in Holzpantinen, um die fadenscheinige Stoffstücke gewickelt waren, eine Tarantella tanzte. »*Silenzio, sordida*«, brüllte Cyril in seinem besten Italienisch, und das arme Mädchen blieb für die ganze Zeit unseres Aufenthalts *Sordida*.

Wir stürzten uns in das Straßengewühl, das fast im Verkehr erstickte. Neapel ist auf drei Etagen erbaut, die Straßen winden sich schlangengleich zwischen den engstehenden Häusern hindurch, die sich wiederum gegen die steilen Höhen drängen, als könnte nur durch dieses Anschmiegen ein jäher Absturz in den Hafen vermieden werden. Die Amerikaner waren allen voran mit ihren üblichen hochmodernen Fahrzeugen: massenweise Jeeps und Lastwagen, die, zusammen mit den ausgedienten Autos und uralten Lastern der Bevölkerung, die Straßen verstopften. Die Frauen klapperten in Holzschuhen mit fünf Zentimeter hohen Keilabsätzen einher, um möglichst modern zu wirken. Nach der Ödnis von Bari machte hier alles einen lebendigen, geschäftigen, zielstrebigen und fröhlichen Eindruck, trotz des fortdauernden Krieges.

Wir nahmen eine Taxe zum Vesuv und kletterten so hoch wie möglich, bis zu einer Stelle, wo die Lava immer noch dampfte und Hitzewellen um sich verbreitete. Danach machten wir uns auf den Weg zu unserem Theater, dem Bellini, einem kleinen, schmutzigen Gebäude, in dem jede Garderobe nur eine einzige

Glühbirne aufwies. Am Abend besuchten wir eine Aufführung von *Carmen* in der großartigen Oper San Carlo und hörten den göttlichen Tenor Augusto Ferrauto, einen Sänger, wie er nur in Neapel geboren wird. Und dann endlich gaben wir unsere erste Vorstellung für die Soldaten, ein rührend dankbares Publikum. Es war inzwischen Mitte April geworden, und wir bekamen Massen von Frühlingsblumen geschenkt, die wir in unsere etwas nüchterne Wohnung trugen, wo immer noch lediglich Rinnsale aus den Wasserhähnen kamen. Nach der Premiere wurden wir von den britischen und amerikanischen Kriegsberichterstattern zu einem fröhlichen Abendessen eingeladen. Dabei erfuhren wir, daß wir von Glück sagen könnten, weil wir gerade eine ruhige Zeit erwischt hätten, denn normalerweise werde die Stadt jede Nacht bombardiert.

Und schon am nächsten Abend geschah es während der Vorstellung: Bomben fielen, und alle Lichter gingen aus. Nachdem wir eine Weile in unseren Garderoben gesessen und überlegt hatten, was nun zu tun sei, tastete der ideenreiche Cyril sich zur Bühne zurück, forderte die Zuschauer auf, ihre brennenden Taschenlampen auf die Rampe zu richten, und wir sangen für sie die gesamten Chöre aus dem letzten Akt.

Diese plötzlichen Angriffe wiederholten sich ab jetzt jeden Abend. Wie Raubvögel schossen die Flugzeuge herab und ließen ihre Bomben fallen. Die Amerikaner rasten mit verdunkelten Jeeps die kurvenreichen Straßen mit riesigem Rauchkanistern hinauf und hinunter und versuchten, die Stadt einzunebeln. Die Fliegerabwehr knatterte – Lärm, Gestank und Dunkelheit waren frustrierend, um es milde auszudrücken. Eines Abends, als es besonders schlimm war, kam ein US-Offizier ins Theater gestürzt und befahl uns, in den Keller zu gehen. Er mußte wohl unsere Vorstellung schon einmal gesehen haben, denn er fragte Cyril und Madge: »Wo ist Diana Gould?« Cyril sah ihn vernichtend an. »Wenn mich nicht alles täuscht, sitzt sie, wie alle Ballerinen, in ihrer Garderobe und stopft ihre Strümpfe bei Kerzenlicht.« Genau das tat ich. Der Offizier verließ uns verwirrt.

An manchen Abenden dauerten die Angriffe nur kurze Zeit, so daß wir die Vorstellung wieder aufnehmen konnten; da die

311

Lichter jedoch nicht wieder angeschaltet wurden, mußte Cyril erneut die Soldaten bitten, das kümmerliche Licht ihrer Taschenlampen auf die Bühne scheinen zu lassen. Während einer düsteren Aufführung verpaßte ich um ein Haar die Arme meines unsichtbaren Partners, als ich im Laufen von einer Seite der Bühne zur anderen sprang und mich nur durch eine Drehung in der Luft vor einem Sturz in den Orchestergraben bewahren konnte. Meine Rippen schmerzten tagelang. Als wir am gleichen Abend sehr spät und müde in unsere Straße einbiegen wollten, standen wir plötzlich vor einer Barrikade. »Es tut mir leid«, sagte einer der Soldaten, »aber hier liegt in einem Hintergarten ein Blindgänger.« »Welche Hausnummer?« »Nummer zehn.« Das war natürlich unser Haus. Wir warteten, bis er seinen Rundgang am anderen Ende der Straße wieder aufgenommen hatte, sausten unter der Sperre hindurch, liefen die Straße hinauf und sanken auf unsere Matratzen, viel zu müde, um uns irgendwelche Gedanken zu machen. Die Sache hatte ein Gutes, wir bekamen – es war drei Uhr morgens – reichlich heißes Wasser und genossen unser erstes Bad seit acht Tagen. Wir hatten Glück. Der Blindgänger wurde am nächsten Tag entschärft.

Laut Beschluß des Militärregimes stand uns nach zwei Wochen voller Angriffe, Sirenen, höllischem Lärm und gestörter Vorstellungen eine Ruhepause zu. So schickte man uns vier ›Stars‹ in einem dreiviertel Tonnen schweren, ungefederten Lastwagen über Straßen voller Schlaglöcher, auf denen der Fahrer an Bombenkratern und ausgebrannten Lastern vorbeimanövrieren mußte, über das Vorgebirge nach Amalfi am Tyrrhenischen Meer. Die blauen Flecke hörten in dem Moment auf zu schmerzen, als ich die Fensterläden meines kleinen, weißgetünchten Zimmers aufstieß und auf das Meer blickte, das wie ein trügerischer Bühnenprospekt zu einer Oper hochkant gegen den Horizont zu stehen schien. Die riesigen Berge, die diese einzigartige Küste bewachen, fallen steil ins Wasser ab – in ein Meer, das so violett im Glanz der letzten Sonnenstrahlen schimmerte, daß ich zum erstenmal begriff, was es bedeutet, wenn von Tyrrhenischem Purpur die Rede ist.

Der Friede um mich herum ergriff jede Faser von mir und

erfüllte mich mit tiefem Trost – nur das plötzliche Zittern um das Stück meines Herzens, das abgerissen in Ägypten zurückgeblieben war, erhob sich aus der Tiefe, wo es sich während der gefahrvollen letzten Wochen verborgen hatte, und ich weinte plötzlich in all der Schönheit, die sich vor mir ausbreitete, um diese verlorene Liebe. Achtundvierzig Stunden später polterten und rumpelten wir den Weg zurück zu unserer Arbeit in dem gräßlichen Teatro Bellini von Neapel. Und weiter ging es mit Angriffen, mit den amerikanischen *travelling smoke-kitchens* [der Spitzname für kleine Jeeps mit Nebeltonnen], dem knatternden Stakkato der Luftwaffe und den plötzlich angeordneten Verdunkelungen. Wir wurden aber als Entschädigung mit Exkönig Umbertos Barkasse zu der zauberhaften Villa des ehemaligen deutschen Botschafters auf die Insel Ischia entführt, wo wir nach Herzenslust in den heißen Quellen planschten. Ich pflückte nichtsahnend einen Armvoll wunderschöner lila Blumen, die sich später als Knoblauch entpuppten. Wieder in Neapel besichtigten wir die nur leicht beschädigte Villa Emma auf einem Bergvorsprung hinter der Bucht. Es war nicht schwer, sich dort Nelson und Lady Hamilton vorzustellen, in den hohen, kühlen Salons mit der aufregenden Aussicht auf diese romantischste aller Buchten. Die passende Kulisse für eine Romanze.

Nach drei Wochen fingen die Tänzer an zu meutern. Man sehnte sich nach den grauen Wolken und dem immerwährenden Regen der Insel – die Larry Durrell ›Pudding-Insel‹ getauft hatte – und hatte keinen Sinn für die aufregende Schönheit Neapels mit seinem Licht, seiner Sonne und seinen Farben. Zugegeben, der Krieg hatte das Bild dieser Stadt verzerrt, und insbesondere abends bekam das Motto »Neapel sehen und sterben« eine eher unheilvolle Bedeutung. Cyril gab mit Bedauern nach. Es war nicht zu leugnen: Wir waren seit dem 15. Januar, also fast fünfzehn Wochen, von zu Hause fort, und selbst seine Warnung, daß wir aller Wahrscheinlichkeit nach die Kriegssituation unverändert vorfinden würden, vermochte nichts gegen Fish-and-Chips und den (wenn auch meist nicht vorhandenen) englischen Sommer, die beide so verführerisch winkten.

Und so gaben wir am 10. Mai 1944 unsere letzte Vorstellung vor den Truppen. Auf der Bühne standen fünfzig Blumensträuße; einer der für mich bestimmten stammte von dem himmlischen Tenor, den ich in *Carmen* und *Aida*, sooft ich konnte, in der Proszeniumsloge des Teatro San Carlo gehört hatte. Eine Fotografie mit der Widmung *Con amirazione profunda, Augusto Ferrauto* [In tiefer Bewunderung...] lag dabei. Am darauffolgenden Tag wurden Madge, Cyril, Georgina und ich, als Dank dafür, daß wir die einzige, ungekürzte West-End-Produktion zu den Truppen gebracht hatten, von dem gleichen grauenvollen Lastwagen auf der Küstenstraße zurückbefördert. Allerdings ging es diesmal nach Positano, einem Ort, der damals nur bei Malern und Dichtern bekannt war. Nur von einer hochgelegenen Stelle der Küstenstraße aus kann man das Dorf sehen. Es besteht aus einer Ansammlung kleiner weißgetünchter Häuser, zwischen denen uralte arabische Hütten liegen, die sich in einer engen Schlucht wie Nüsse in einem Nußknacker aneinanderdrängen. Lebensgefährlich hocken sie zu beiden Seiten dieser Schlucht auf Terrassen voller Apfelsinen-, Zitronen- und Feigenbäumen, die bis hinunter in die winzige, lavagraue Bucht reichen, wo mitten im Sand eine kleine Kirche steht, deren Kuppel aus gelb und blau gebrannten Ziegeln das Gesamtbild beherrscht, so als könnte sie allein den zweifachen Zweck erfüllen, nämlich die Häuser vor ihrem Sturz in die Tiefe zu bewahren und zu verhindern, daß das Meer sie verschlingt. Zwei gewaltige Löwen liegen gebieterisch auf den obersten Stufen, während die Wellen sie plätschernd umspielen. Man kann Positano nur zu Fuß erreichen. Das Auto läßt man auf halbem Wege auf einer Piazza stehen: Das letzte Stück des Abstiegs legt man auf einem Weg mit Kopfsteinpflaster zurück, der sich um üppig mit Jasmin und Bougainvillea behangene Villen windet, bis hinab zu einem kleinen offenen Platz, auf dem das winzige Hotel von Giulio Rispoli steht.

Ich konnte mich an der heiteren Schönheit des Ortes, die im krassen Gegensatz zu dem Schmutz, dem Krach und der Gefahr Neapels stand, nicht uneingeschränkt freuen, sondern befand mich in einem Zwiespalt. Wie würde ich je wissen, welcher der beiden Schauplätze dem eigentlichen Leben ent-

sprach. Waren es die Schrecken und Nöte und die hoffnungs-
lose Grausamkeit, die die Menschen einander antaten, oder
war es dieser liebliche Frieden hier, der zu einer Flucht ins
Empyreum einlud? Das nicht zu unterdrückende protestanti-
sche Gewissen regte sich wieder; es mußte fortwährend urteilen, bewerten und war ewig der Spielverderber. Vor Kriegsan-
fang war Giulio ein angesehener Fotograf in London gewesen;
jetzt hatte er das Haus hinter der Kathedrale in ein ideales
kleines Hotel verwandelt: Fußböden aus roten Kacheln, weißge-
tünchte Wände und nur wenige, schlichte Möbel. Von den
Balkons des oberen Stockwerks stürzten wahre Glyzinenteppi-
che hinab, die alle unteren Zimmer in das golden-violette
Sonnenlicht des Abends tauchten. Giulios Schwester kochte in
der kleinen, geschlossenen Terrasse auf der Seeseite. Wie nur
Italiener es verstehen, konnte sie die einfachsten Gerichte
kochen und aus jedem eine Mahlzeit mit Charakter und zartem
Geschmack machen.

Wir warfen unsere paar Habseligkeiten in unsere Zimmer
und begaben uns ausgehungert in den winzigen Speiseraum.
Nach Wochen, in denen wir nichts als fragwürdigen Lachs aus
Dosen, ein paar faserige Gemüse, die eher dem Grünzeug am
Kiel eines Kanalbootes ähnelten und den immergegenwärtigen
Kartoffelbrei zu essen bekommen hatten, gehörten die Suppe
aus frischen Tomaten, das perfekte Omelette für jeden und der
Salat zu diesem Traum... Plötzlich bemerkte ich aus dem
Augenwinkel, wie Georgie eine große Flasche Ketchup aus
ihrem Beutel zerrte und drauf und dran war, das exquisite
Omelette darin zu ertränken.»Georgie, um Himmels willen«,
schrie ich und versetzte der Flasche einen derart kräftigen
Schlag, daß sie über den Marmortisch hinwegschlidderte und
mit einem Knall auf dem Fußboden landete.»Gould«, war
Cyrils Reaktion,»du bist mal wieder zu weit gegangen.«»Ich
habe aber erreicht, daß die gute Georgie zum erstenmal in
ihrem jungen Leben den Geschmack eines echten Omelettes
kennenlernt«, konterte ich.

Es folgten fünf herrliche Tage, und es kamen etliche Freunde
von uns, denn die Briten hatten sich klugerweise Positano als
›Urlaubsort‹ ausgesucht. Wir ruderten in Schlauchbooten, be-

sichtigten die kleinen arabischen Hütten (Überbleibsel aus der Zeit der Muselmänner), freundeten uns mit Malern an, die zu ihrem Glück durch den Krieg hierher verschlagen worden waren – Deutsche, Holländer, Engländer –, machten Mondscheinspaziergänge zwischen den duftenden Terrassen und verabschiedeten uns von denen, die an die Front zurück mußten. (Irgendwo habe ich später die Diamantenmedaille der Royal Fusiliers [königliche Infanterie] verloren, die man mir mit der Gravierung ›Für Diana‹ geschenkt hatte, aber noch heute besitze ich den wunderhübschen malayischen Sarong, den mir ein sehr lieber Freund schenkte, der später an der Front umkam.) Immer noch wie verzaubert kehrten wir nach Neapel zurück, wo wir unsere Sachen zusammensuchten, um dann zum letztenmal die Reise mit den Lastwagen anzutreten, die uns zu dem Hafen brachten, in dem unser Schiff lag. Es war wieder eine Art »Badewanne«, verwandt mit der alten P & O- (Peninsular and Orient) Linie, mit der wir vor siebzehn Wochen von Liverpool ausgelaufen waren. Georgie und ich beobachteten entsetzt, wie unsere Koffer von den Klauen riesiger amerikanischer Kräne hochgehoben und aus einer Höhe von sechs Metern wie Zuckerwürfel in den Laderaum geworfen wurden, wo sie kunterbunt durcheinander purzelten. Danach zogen wir uns in unsere Kabine zurück.

Wir legten noch in derselben Nacht ab, um unsere ursprüngliche Route durch die Straße von Gibraltar und die Bucht von Biscaya bis nach Liverpool zurückzuverfolgen; so war es jedenfalls geplant. Allerdings hatten die deutschen U-Boote andere Pläne mit uns. Sie scheuchten uns mitten in den Atlantik und in entsprechend rauhes Wetter. Der kommandierende Truppenoffizier, ein charmanter pensionierter Offizier der Armee, der mich an meinen geliebten Großvater erinnerte, bestellte mich in seine Kabine: Ob ich wohl die Malteser Mütter mit ihren Babys bei der täglichen Rettungsübung beaufsichtigen würde? Wieder mußte ich mich sehr zusammennehmen, um nicht die Frage zu stellen, warum ausgerechnet Froufrou aus der *Lustigen Witwe* für diese Aufgabe ausgesucht worden sei. Statt dessen erkundigte ich mich, was diese ethnische Gruppe ausgerechnet an Bord eines Schiffes zu suchen hätte, das von

Soldaten wimmelte, die nach der ägyptischen Kampagne endlich nach England zurückkehrten.»Ja, sehen Sie, meine
Liebe«, sagte er trocken (das Gegenteil des Truppenkomman-
deurs von der Hinreise),»vor etwa einem oder zwei Jahren
verbrachte eine britische Abordnung der Infanterie auf ihrem
Weg an die Front in der Wüste vierundzwanzig Stunden auf
Malta. Die eine Nacht dort wurde, wenn man das so sagen kann,
höchst wirkungsvoll genutzt, und das Resultat befindet sich
nun an Bord. Irgendein Forscher in Whitehall entdeckte diese
Verpflichtung in einer seiner vielen Schubladen und beschloß
daraufhin, daß man sich der Angelegenheit unverzüglich anzunehmen habe. Und jetzt haben wir den Salat. Seien Sie so nett
und sorgen Sie dafür, daß die Leute tun, was man ihnen sagt.«
Ein reizender Mensch; ich würde für ihn auf die Barrikaden
gehen! Im Fortgehen hörte ich, wie er stolz die gerade erst
erschienene Einspielung von *Oklahoma!* auflegte.»Kommen
Sie heute abend mit den Ritchards rüber und hören Sie sich
diese Show an – großartig, sag ich Ihnen.«
  Folglich ließ ich zweimal täglich hundert senffarbene Frauen
mit Babys gleicher Tönung antreten, sorgte dafür, daß sie ihre
»Mae Wests« überzogen, und trieb sie dann wie eine Herde
Ziegen zu den verschiedenen Teilen des Decks, wo sie im
Notfall ausgebootet würden.»Frauen und Kinder zuerst«, murmelte ich. Mich verblüffte, daß diese Muttis so völlig unerotisch
waren ... wäre es möglich, daß in jener folgenschweren Nacht in
Malta die totale Finsternis geherrscht hatte? Nach einer Woche
brach unter den Truppen, die wie die Sardinen unter Deck
zusammengepfercht waren und sich nach der Heimat sehnten,
eine Meuterei aus.»Sagen Sie«, fragte mich der kommandierende Offizier,»können Sie mir irgendwie aushelfen – mit
Tanzen oder Singen oder so?« Also stiegen Georgie und ich in
den Laderaum zu den Zuckerwürfeln und stolperten auf dem
wirren Haufen Gepäck herum. Derweil schlingerte das Schiff
wie ein volltrunkener, torkelnder Clown. Schließlich erspähten
wir die Ecke eines vertrauten Koffers, zerrten ihn hervor,
öffneten ihn und zogen je ein Abendkleid heraus. Dann
schwankten wir in unsere Kabine zurück.
  Von da ab gaben wir in dem großen Eßsaal eine eineinhalb-

stündige Vorstellung für die Truppen. Daß wir statt einer Glanzleistung mehr guten Willen zeigten, lag nicht an uns. Selbst meinem ärgsten Feind würde ich nicht wünschen, auf einem auf- und niedertauchenden Schiff zu tanzen, dessen Deck ohne Vorwarnung bis zu drei Metern absacken konnte, um sich dann mit plötzlichem Ruck, von heftigem Beben begleitet, wieder zu heben. (Tatsächlich zerriß sich mein beklagenswerter Tanzpartner nach einigen Vorstellungen die Achillessehne und sollte nie wieder tanzen können.) Mit der Abendmahlzeit war es vorbei; statt dessen gab es um neun Uhr recht unappetitliches Dosenfleisch mit harten Keksen. Allerdings waren die Probleme unter Deck aus der Welt geschafft.

Am siebzehnten Tag gelang es uns endlich, die U-Boote abzuschütteln. Wir krochen an der Westküste Irlands hinauf, um die Nordküste herum und erreichten Liverpool am 2. Juni 1944, wo wir den Zug nach London bestiegen. Noch am gleichen Abend war ich wieder zu Hause bei Griselda. Siebzehn Wochen war ich fort gewesen. Jeder einzelne Augenblick hatte sich gelohnt, war in jeder Hinsicht phantastisch gewesen – vom entsetzlichsten bis zum wunderbarsten. Ich fühlte mich größer, weiter und tiefer, befreit von so vielen nichtigen Wertvorstellungen und törichten Maßstäben.

6. Juni 1944. Die Invasion der Alliierten in Frankreich beginnt im Morgengrauen.
Zur gleichen Zeit begannen die riesigen Raketen einzufallen, die ganze Straßen mit ihren kleinen Häusern zerstörten. Somit verschob sich unser Premierenabend im His Majesty's Theatre, und die Truppe sah sich erneut gezwungen, in die Provinzen zu gehen, denn da lag unsere einzige Einnahmequelle, bis London sich entschließen würde – wie zuvor während der Bombenangriffe, als man sich an sie gewöhnt hatte –, sein Theaterleben wieder aufzunehmen. Dieser Aufschub sollte mich viel kosten.

Da inzwischen mehrere Neulinge zu unserer Truppe gestoßen waren, probten wir zwei Wochen lang, bevor wir unsere Tournee begannen. Cyril hatte beschlossen, meinen *Gold-und-Silber*-Walzer abzuändern und mir statt des einen zwei Partner zu geben. Dazu engagierte er einen bekannten Choreographen,

Freddie Carpenter, der die Schritte ausarbeiten sollte. Wir drei stampften gerade zu den Klängen des gesetzmäßig verstimmten Klaviers in einem Studio in der Archer Street (direkt neben der Regent's Street), als die gräßlichen Töne des Instruments durch ein viel unheimlicheres Geräusch übertönt wurden. Da war ein Zischen irgendwo über uns, das in dumpfes Grollen überging. Ein einziger Schrei »Hinlegen!«, und wir lagen alle platt auf dem Gesicht und bedeckten unsere Köpfe sinnloserweise mit den Händen. Der Luftzug, der folgte, war wahnsinnig schmerzhaft. Ich zweifelte nicht daran, daß meine Rippen davon eingedrückt würden, so sehr verschlug es mir den Atem. Ich war einer Ohnmacht nahe, als ungefähr neunzig Meter entfernt ein fürchterliches Krachen losbrach, gefolgt von dem schon bekannten Klirren von Glas, als sämtliche Schaufenster in den großen Kaufhäusern der Regent Street zu Bruch gingen und in tausend Scherben auf dem Pflaster landeten. Unser Gebäude ruckte kurz und stand wieder still. Mit einem Gefühl der Benommenheit und Schwäche setzte ich mich auf und schüttelte mir Ziegelstaub von Kopf und Rücken. Wir hatten großes Glück gehabt, denn unsere Zimmerdecke war ein einziges großes Oberlicht aus verdrahtetem Glas. Es war zwar geborsten, aber nicht zersplittert, folglich blieben wir unverletzt. Wir lehnten uns an die Wände, versuchten wieder zu atmen und unsere zitternden Glieder zu beruhigen. Von draußen herein drang der vertraute Lärm von Krankenwagensirenen, lauten Rufen, Feuerwehrwagen und den Lastern der ARP.

Wir zogen uns wieder an und wankten auf die Straße. Das Regent's Palace Hotel am anderen Ende der Straße hatte einen Volltreffer abbekommen und war zu unserem Glück zur anderen Seite gestürzt. Der Schrecken war uns gehörig in die Glieder gefahren, so daß selbst wir leidgeprüften Tänzer uns nicht dazu aufraffen konnten, weiterzuproben. So begaben wir uns auf den Heimweg. Ich setzte mich in unserer leeren Wohnung auf das Sofa und versuchte, das Zittern zu beherrschen, das mich wie eine Stoffpuppe schüttelte.

Bevor wir zu unserer Tournee aufbrachen, folgte ich gehorsam Larrys Bitte und ging zu Nicholson und Watson, um Tambimuttu, den singhalesischen Dichter und Lektor, zu treffen. Larry hatte den Vorschlag gemacht, ich sollte ein kleines Buch über unsere *Lustige-Witwe*-Tournee in Ägypten und Italien schreiben und die Sache mit Tambimuttu besprechen. Ich war von dieser Idee sehr angetan und sagte zu Tambi (ein exzentrischer Typ), daß ich es aller Wahrscheinlichkeit nach *Feet across the sea* [Füße über das Meer] nennen würde. Er war begeistert von dem Plan, wir einigten uns über den Vertrag, und dann schleppte er mich in seine nahegelegene Lieblingskneipe ›The Hog in the Pound‹. Dort trank er Unmengen und redete dabei wie ein Wasserfall, so als verwandelte sich der Alkohol fortlaufend in einen unaufhörlichen Redeschwall. Ich machte mich aus dem Staub, als seine lebhaften braunen Augen einen stieren Blick bekamen. Das Buch habe ich nie geschrieben, es kam zuviel dazwischen. Die hier skizzierten Erinnerungen an die einzigartige Zeit in Ägypten und Italien sind nur ein kurzer Abriß dieser außergewöhnlichen Lebensphase, die ich im Geiste noch ganz klar vor mir habe und die möglicherweise aus der zeitlichen Distanz schärfer umrissen werden kann.

Die großen Raketen schlugen weiter ein, und wir begannen unsere Tournee von einer Stadt zur anderen. Der Krieg erreichte einen Höhepunkt, der von so schrecklicher Realität war, daß man sich kaum noch hinter seiner täglichen Arbeit verkriechen konnte. Es gab nichts, was die beunruhigten Gemüter mit ihren enttäuschten Hoffnungen hätte beschwichtigen können. Und dann, als wir gerade in einer besonders tristen Stadt spielten, erreichte uns eine aufregende Nachricht.

23. August 1944. Paris ist in die Hände der Untergrundbewegung gefallen.
Nie werde ich unseren Jubel an diesem Tag vergessen. Es war, als wäre die Tür, hinter die ich alle meine zu nostalgisch und kompliziert erscheinenden Empfindungen verbannt hatte, plötzlich mit größter Kraft aufgestoßen worden. Heraus stürzte ein Schwall von Erinnerungen an vergangene Freuden, aufregende Kindheitserlebnisse, jungmädchenhafte Schwärmereien, an Guggans schöne Hände und ihr schlaffes Gesicht, an tausenderlei Düfte: das allmorgendlich frischgebackene Brot, die Untergrundbahn und den schwefligen See im Bois, die

Wohlgerüche, die mittags aus den Poren sämtlicher Küchen strömten, den schalen, sauren Geruch der Seine, die Einbildung, daß die riesigen Kastanien nach einem Regenschauer tatsächlich grün röchen – und noch viele, viele andere Kleinigkeiten, die wie Staubkörner in dem himmlischen Sonnenstrahl dieser Nachricht glänzten. Die Jungen der Tanzgruppe und ich kauften paketweise Fish-and-Chips, tanzten am Abend durch die freudlosen Straßen und sangen mit dem Mund voller Fischgräten die Marseillaise. Eine kägliche kleine Feier, aber das Äußerste, was wir tun konnten.

Der neue *pas de trois* des letzten Aktes machte sich sehr gut, und meine erste schauspielerische Szene erzielte den gleichen spontanen Beifall wie jeden Abend seit unserer Premiere in Kairo und meinem zweifelhaften Erfolg bei König Faruk. Ich fieberte förmlich danach, meine Froufrou in London vorzuführen. Inzwischen hatte ich auch beide Akte wesentlich aufpoliert und war mir ihres Erfolgs sicher. Um so härter traf mich der völlig unerwartete Brief des Regisseurs, den ich während einer Vorstellung in meiner Garderobe vorfand. Darin dankte er mir für meine Arbeit und kündigte mir unter Einhaltung der gesetzlich vorgeschriebenen Frist von zwei Wochen. Irgendwie stand ich den letzten Akt durch und wankte dann nach dem lang anhaltenden Beifall hinter die Kulissen, wo ich in Tränen ausbrach, die ich bis zu dem Augenblick hatte zurückhalten müssen. Die gesamte Truppe war fuchsteufelswild, und alle beteuerten, sie wollten aus Solidarität mit mir und gegen diese unerklärliche, skrupellose Handlungsweise in einen Streik treten.

In heller Verzweiflung ging ich zu Cyril. Der gestand mir, daß er bereits seit Wochen um mich gekämpft und darauf bestanden habe, daß der Regisseur die Vorstellung besuchte und sah, welch riesigen Beifall ich jeden Abend zweimal erntete. Aber das half alles nichts. Es war die alte Geschichte. Der Regisseur hatte sich eine neue Freundin zugelegt, die meine Rolle verlangte, und er hatte sie ihr versprochen. Seither nannte mich der gute Cyril nur noch *Busy Mrs. Ibsen* [vielbeschäftigte Frau Ibsen]. Vielbeschäftigt, da er noch nie jemanden erlebt hatte, der so hart arbeitete, und Ibsen, weil er, der meine Karriere seit meiner Kindheit verfolgte, keinen kannte, der so vom Pech verfolgt würde wie ich.

5. September 1944. Brüssel fällt.

Schweren Herzens gab ich meine letzte Vorstellung in der *Lustigen Witwe*. Wir heulten alle. Ich rief mir die achteinhalb Monate in Erinnerung, in denen ich die wunderbare Freundschaft von Cyril und Madge erfahren durfte, in denen wir so manchen Spaß und manche Gefahren geteilt hatten, Cyrils wertvolle schauspielerischen Ratschläge, die ich mir für die Zukunft merken würde. An alles dachte ich, nur um nicht an die böse Fee denken zu müssen, die wieder einmal zugeschlagen hatte.

Die Show ging ohne mich ins Coliseum. Man erzählte mir, daß mein Choreograph, Freddie Carpenter, hinter die Bühne gestürmt sei (er war gerade von seinem Royal-Airforce-Stützpunkt beurlaubt) und verlangt hatte, mich zu sprechen. »Das Mädchen hier kann weder tanzen noch singen – wo zum Teufel ist Diana Gould«? soll er Cyril angebrüllt haben, der unmittelbar neben dem Regisseur stand. Der letzte Akt war noch schlimmer. Cyril erzählte mir, daß der Regisseur ihn gefragt habe, ob ich möglicherweise bereit wäre, zurückzukommen. »Nachdem, was Sie ihr angetan haben, würde sie mit Ihnen nie wieder etwas zu tun haben wollen«, war seine Antwort.

Außerdem waren mir die ersten Kritiken in den Abendzeitungen – Krönung meiner ganzen Arbeit – unwiederbringlich verlorengegangen.

Grau lag der September vor mir, wieder war ich arbeitslos, und wieder drohte der Schatten des Arbeitsamtes. Ich ging ins Theater, wo Michael Redgrave mit seiner Frau Rachel Kempson und mit Beatrix Lehmann in einem äußerst finsteren Stück, *Uncle Harry*, auftrat. Michael spielte als willensschwacher, kläglicher Bruder zweier widerlicher Schwestern, die ihn schließlich zum Mord treiben, eine der besten Rollen seiner ganzen Karriere. Ihm gelang es, seine Hysterie hinter seiner jämmerlichen Gefügigkeit zu verbergen, bis sie schließlich die Oberhand gewinnt und in Gewalttätigkeit explodiert. Von seinem nuancenreichen Spiel tief beeindruckt, faßte ich mir ein

Herz und ging zu ihm hinter die Bühne, etwas, daß ich eigentlich ungern tue, aus Angst, ich könnte unaufrichtig wirken. Da er mich jedoch mit echter Herzlichkeit empfing, wagte ich den Sprung und sagte ihm, daß Yehudi Menuhin meine Mutter kürzlich angerufen habe und am 29. zum Mittagessen käme. Ob er Lust habe, auch zu kommen? Michael wischte sich die Schminke vom Gesicht und sagte: »Ach, Schatz, ich glaube nicht, daß ich das wage – er ist ein Genie!«»Na, hör mal«, war meine Antwort, »nach der Vorstellung eben zu urteilen, bist du selbst auch nicht weit davon entfernt. Ich werde auch Puffin Asquith dazu bitten.«

Dieser Tag sollte mein ganzes Leben verändern.

Der 29. September 1944. Mama hatte alle ihre Lebensmittelabschnitte gesammelt, um ein angemessenes Mittagessen auftischen zu können. Wir waren alle in ihrer Wohnung versammelt. »Ich bekam gerade einen Anruf von Yehudi Menuhin. Er ist aufgehalten worden, wird nun aber so bald wie möglich hier eintreffen«, sagte sie. Allerdings kam er erst fünf Minuten, bevor Puffin sich verabschieden mußte. Ich schrieb in mein Tagebuch: »Menuhin rief an, daß er etwas später kommen würde, Puffin mußte noch vor dem Essen wieder gehen. Riesengroßer Erfolg. Menuhin nahm Mike und mich bis zum Piccadilly Circus mit. Ich mußte zum Zahnarzt.« Mehr als diese trockene Eintragung konnte ein Tagebuch mit fünf Zeilen pro Tag nicht verkraften. Ich hatte ihn jedenfalls hinreißend gefunden, beneidenswert gesund und gut genährt im Vergleich zu unserer durchsichtigen Blässe – insbesondere Griseldas, deren müdes Gesicht bereits Spuren ihres Arbeitspensums in der Admiralität aufwies. Menuhin hatte eine so unkomplizierte, herrliche Art, daß gar keine Befangenheit aufkommen konnte und die Gespräche heiter und freundlich verliefen.

Meine Mutter, wie immer *Madame sans gêne*, war in ihrem Element. Yehudi sagt, er erinnere sich, daß ich auf einem großen ledernen Puff am Ende des langen Salons saß und daß er auf der Stelle beschloß, mich für sich zu gewinnen, da ich ihm wie die Verkörperung aller seiner Wunschträume erschien. Als er mir das Jahre später gestand, konnte ich nur entgegnen: »Aber Yehudi, du warst damals doch verheiratet. Deine Tochter

Zamira wurde an dem Tag fünf Jahre alt!« Aber was wußte ich schließlich von Wolke Neun, diesem Dauermietplatz im All, von dem aus Yehudis zweites Ich agiert, ungeachtet dessen, was inzwischen auf dem Erdboden vor sich geht.

Es gibt noch weitere Anzeichen dafür, daß ich allmählich aus dem Abgrund der Verzweiflung wieder nach oben klettere. Michael ruft am nächsten Tag an, um sich für das »anregende Mittagessen« zu bedanken und bittet mich, ihn im Theater in der Pause zwischen zwei Aufführungen zu besuchen. Er gibt mir das Manuskript des französischen Stückes *L'Amoureuse* aus der Feder des berühmten Porto-Riche, das zu Sarah Bernhardts größten Triumphen zählte. »Hättest du Lust, das mit mir zusammen zu übersetzen, Diana?« Begeistert von der Idee, frage ich: »Wie wollen wir vorgehen?« Und damit begann eine höchst erfreuliche Partnerschaft zwischen uns. Ich sollte die Rohfassung machen und Mike wollte die Feinarbeit übernehmen und meinen Text in echte Theaterdialoge verwandeln. Nach den ersten zwei Stunden harter, einsamer Arbeit schrieb ich ihm verzweifelt: »O Mike, mir ist, als würde ich den Schmetterling der französischen Sprache auf das Rad der englischen Zunge flechten!« Aber Mike erwies sich als flexibler Mitarbeiter, obgleich es eine Weile dauerte, bis ich seine Zurückhaltung (eine Mischung aus Nervosität, Schüchternheit und Befangenheit) bezwungen hatte. Als er zu unserem dritten Treffen ausgesprochen zurückhaltend erschien, sagte ich zu ihm: »Mike, schau mal, als du das erste Mal kamst, gabst du mir den im Theater üblichen Schmatz auf die Backe, beim letzten Mal hast du mir nur die Hand geschüttelt, und falls du bei unserem nächsten Zusammensein nur noch über deinen Rechtsanwalt mit mir verhandeln willst, dann sag es lieber gleich, damit ich dir die Tür beizeiten an den Kopf knallen kann.« Er nahm mich spontan in die Arme, brüllte vor Lachen, und von dem Augenblick an verband uns die schönste aller *amitiés amoureuses*.

Nach einer dreistündigen Sitzung lud Mike mich zum Mittagessen ins Hyde Park Hotel ein. Von dort gingen wir, laut Eintragung in meinem Tagebuch, zur Albert Hall, um zwei Eintrittskarten abzuholen, die Menuhin dort hinterlegt hatte.

Wir hörten Lalos *Symphonie espagnole* und das Beethoven-Violinkonzert; die reizende Rachel Kempson, Cecil und Mama waren dabei. Weiter steht nichts in meinem Tagebuch. Es folgten beglückende Wochen, teils in Mikes Theater, teils in Filmstudios, manchmal auch in der Wohnung der Redgraves, wo ich ihre hinreißende Tochter Vanessa und den kleinen Corin kennenlernte, beide so um die sechs oder sieben Jahre alt, glaube ich. Gemeinsam hörten wir Menuhin, der um 14.30 Uhr Bartók und um 16.15 Mendelssohn im Rundfunk spielte. So steht es in meinem Tagebuch.

Cyril ruft an und bittet mich, mit seiner Truppe nach Paris, Brüssel und möglicherweise nach Holland zu gehen, um dort *Die lustige Witwe* aufzuführen. Alles hänge natürlich von der weiteren Entwicklung des Krieges ab. Ob ich nicht auch während der letzten zwei Wochen im Coliseum wieder als Froufrou auftreten möchte. Wie hätte ich zu einer solchen Einladung nein sagen oder Bitterkeit und Engherzigkeit zeigen können?

L'Amoureuse ist zu Mikes und meiner Zufriedenheit fast fertiggestellt. Aus Kairo kommt ein Exemplar der Zeitschrift *Personal Landscape*, ein literarisches Magazin, das von all den Autoren und Dichtern, in deren Gesellschaft ich mich so unendlich wohl gefühlt habe, redigiert und herausgegeben wird. Zu meiner freudigen Überraschung bringt die Zeitschrift zwei meiner lustigen Vierzeiler:

Nietzsche
was a cruel Tietsche
but Goethe
wouldn't hoethe fly.

Dies war Larrys Lieblingsreim. Der andere ging folgendermaßen:

Rousseau était dousseau
Jolies dames
Mais Pizarro était bizarro
point de vue des femmes.

Mitte November begannen die Angriffe erneut. Unser Premierminister verkündete, daß die »pilotenlosen Flugzeuge« »V1-Raketen« genannt wurden. Es half keineswegs, daß man nun ihren richtigen Namen kannte, wenn man zusehen mußte, wie ganze Straßen weggefegt wurden, oder wenn man gar daran dachte, daß man selber fast von einer dieser Raketen ausgelöscht worden wäre.

17. November 1944. Ein großer Vorstoß an einer 600 Kilometer langen Front beginnt.

Im Dezember spiele ich im Coliseum wieder in der *Lustigen Witwe* und ernte den gleichen Beifall wie seinerzeit in Ägypten und Italien. Mike Redgrave lädt Madge, Cyril und mich zu einem festlichen Souper in den Savoy Grill ein. Am folgenden Tag besucht er unsere Aufführung, schenkt mir Blumen, und bevor er in seine eigene Vorstellung geht, schickt er mir durch seinen guten alten Kostümier Lobb einen Gedichtband von Valéry, in den er eine reizende Widmung über meine Darstellung geschrieben hat. Die Wunde ist fast verheilt, aber die Narbe wird immer bleiben.

15 Endlich wieder in Paris

Die Liebe ist die heitere Fremde, das fremde Ich.
RALPH WALDO EMERSON

Die Vorbereitungen für unsere Reise nach Paris mußten zwangsläufig wieder im geheimen getroffen werden. Zudem war es diesmal unerläßlich, daß wir Uniform trugen, da es in die Nähe der feindlichen Stellungen ging. In Zivil gefangengenommen zu werden, bedeutete Todesstrafe. Ich nahm von meiner Familie Abschied. Ausgerüstet mit Mikes Abschiedsgeschenk, *Unquiet Grave* von Cyril Connolly, sowie mit einem Koffer voll Kaffee, Schokolade, Zigaretten, Marmelade, Seife und dem, was ich sonst noch ergattern konnte, gesellte ich mich zur Truppe. Wir wurden in einen gottverlassenen Zug verfrachtet und in irgendeinem verdunkelten Hafen auf ein Schiff geladen, das, seinem trostlosen, mitschiffs gelegenen Salon nach zu urteilen, noch ein alter Dampfer aus der Zeit meiner Kindheit war. Im trüben Licht erspähten wir ein Buffet, vor dem abgerissene Soldaten Schlange standen. Wir schlossen uns ihnen an, denn es war mittlerweile etwa elf Uhr geworden, und wir hatten Hunger. Wie groß unser Hunger wirklich war, konnten wir bald ermessen, als wir resigniert eine dicke Scheibe Corned beef, ein Stück Brot, je einen Klecks Margarine und Pflaumenmarmelade – alles zusammen wahllos auf unsere vorgehaltenen Teller geklatscht – in Empfang nahmen. Inmitten dieses Durcheinanders stand wacklig der nie fehlende Becher mit schmutzigbraunem Tee. Georgie und ich hatten gleich eine der schäbigen Kojen, die die Wände entlangliefen, mit unseren Koffern mit Beschlag belegt, und auf diesen Diwan zogen wir uns jetzt mit unserem fragwürdigen Festessen zurück. Wir aßen soviel, wie

327

wir hinunterwürgen konnten (übrigens schmeckte das Corned beef besser, wenn man Marmelade daraufstrich), entledigten uns dann unserer Teller, Tassen und Schuhe – in genau der Reihenfolge – und legten uns hin.

Das Licht wurde noch mehr abgeblendet; wir waren längst ausgelaufen, aber aus irgendeinem Grund hatten wir mitten im Kanal beigelegt. Ich dankte Gott für die ruhige See, denn das Essen war schlecht genug und die Verhältnisse an Bord trostlos, so daß die Aussicht auf seekranke Passagiere wahrhaftig wie ein Alptraum war. Vorsichtig legte ich mich auf die schmutzige Decke, Georgies Zehen unmittelbar vor meiner Nase. Plötzlich huschte etwas über mich hinweg. Als ich mich aufsetzte, sah ich zwei rote Augen funkeln, Schnurrhaare, und schon war die Erscheinung verschwunden. Aller Schlaf war wie weggeblasen. Ehe ich Ratten über mich hinweglaufen ließ, zog ich es doch vor, die ganze Nacht aufzubleiben. Man konnte ihre Krallen hören und das rote Blitzen ihrer kleinen Augen sehen, wenn sie auf ihrer Suche nach Essensresten unter die Kojen flitzten und wieder hervorkamen. Während sie nach den Leckerbissen des entsetzlichen Corned beefs jagten, zerrten sie an den Decken.

Als das erste Morgenlicht durch die Ritzen drang, glaubten wir endlich zu hören, daß das Schiff am Kai festmachte. Von wegen! Wir lagen drei Meilen vom Hafen entfernt auf offener See vor Anker. Um 8.30 Uhr bekamen wir wieder solch einen appetitanregenden vollen Teller samt Becher mit süßem, heißem Tee. Es gab kein Wasser. Schmutzig und zerschlagen saßen wir zwischen den Abfällen, bis wir um 15.30 Uhr endlich an Deck durften. Offenbar hatten wir irgendwo in Frankreich angelegt. Freundliche Offiziere befreiten uns schließlich und brachten uns in eine Villa (in Boulogne?), wo wir uns waschen und gründlich säubern konnten. Ich verbannte die vergangene Nacht aus meinem Gedächtnis. Nach fünf Jahren war ich erstmals wieder in meinem geliebten Frankreich.

Eine Stunde später wurden wir auf Militärlastwagen geladen und durch das von Kämpfen verwüstete Land gefahren. Wir wurden zehn Stunden lang derart durchgerüttelt und -geschüttelt, daß unser Hinterteil sich schmerzhaft bemerkbar machte, bis wir am nächsten Morgen um zwei Uhr in Paris eintrafen. Da war dann alles vergessen: die ungenießbaren Essensrationen, die schmutzigen Kojen, die widerlichen Ratten und die knochenbrechende Fahrt. Vor mir die eleganten Linien der Boulevards, die Seine, die sich gleich einer verspielten Schlange unter den sie wie Ketten umschlingenden unzähligen Brücken hindurchwand, die großen offenen Plätze, die sanft ansteigenden Straßen, die damals noch so harmonisch in den Horizont übergingen, ehe Hochhäuser und Wolkenkratzer dieses friedliche Bild zerstörten.

In dem kleinen Hotel Vendôme, am Rand der Place Vendôme, trafen wir Madge und Cyril wieder. Nachdem Georgie und ich uns in unserer kleinen Suite einquartiert hatten, stieg ich, voller blauer und grüner Flecken, glücklich ins Bett und schlief sofort ein. Es war drei Uhr morgens, und ich hatte ein Zimmer ganz für mich allein...

Ich wachte mit einem Ruck auf. Es war hellichter Tag, und am Fußende meines Bettes stand ein Mann, der sich lässig an das Messinggestell lehnte. Schlaftrunken versuchte ich mich zu orientieren – wo um Himmels willen war ich? Meine Augen durchflogen das mir fremde kleine Zimmer mit seinem unscheinbaren Schrank, Tisch und Stuhl, und plötzlich war mir alles klar. Das konnte nur Frankreich sein. Nur in Paris würde der Kellner so unverfroren mein Zimmer betreten, um sich nach meinen Wünschen zum Frühstück zu erkundigen. Vermutlich hatte er angeklopft, keine Antwort erhalten, war hereingekommen und hatte mich beim Aufwachen beobachtet...

Ich grinste. Er grinste zurück. »Bonjour Mademoiselle.« »Bien le bonjour, Monsieur le Garçon«, antwortete ich, und, indem er sich weiter an meinem Bett festhielt, unterhielten wir uns lange über das Paris während der Okkupation. Inzwischen hatte er mir meinen Ersatzkaffee und ein zähes Brötchen gebracht, dachte aber nicht daran, unser Gespräch abzubrechen. Paris war vier Monate zuvor befreit worden, und mein Kellner hatte sich von all den verschiedenen Soldaten ein Bild gemacht. Die Briten tat er mit einer Handbewegung ab, weil er sie offensichtlich einer ernsthaften Analyse nicht für würdig hielt; über die Deutschen sagte er: »Ah, Mademoiselle, les Allemands etaient au moins correctes« [... die Deutschen waren wenigstens korrekt]. Zaghaft fragte ich ihn über die Amerikaner aus. »*Oh*«, sagte er und warf vor Entsetzen die Arme in die Luft, »*les Américains!*« Gespannt wartete ich darauf, Geschichten von Raub und Vergewaltigung zu hören und war bereit, ihm zu widersprechen. »*Les Américains*«, wiederholte er mit einer Mischung von Abscheu und Entrüstung. »*Mademoiselle, imaginez*«, [... stellen Sie sich vor] (hier hielt ich mich an meinem Frühstückstablett fest), »zur Suppe trinken sie *Bier* und zum Soufflé au chocolat *Whisky!* Das sind Barbaren, völlig verwildert – es gibt einfach kein anderes Wort dafür!« Damit nahm er mein Tablett und verschwand.

Ich habe regelrecht Tränen gelacht: Nur ein Franzose konnte das Volk, mit dessen Hilfe er von jahrelanger Fremdherrschaft befreit worden war, aus Gründen verurteilen, die für ihn schwerer wogen als alles andere, nämlich aus Geschmacks- und Stilgründen... Einfach köstlich!

Ich zog mich rasch an und lief zu den nahegelegenen Tuilerien und zur Place de la Concorde. Der Anblick war atemberaubend. Vor mir breiteten sich die Champs-Elysées bis zum Arc de Triomphe ohne jeden Verkehr aus, genauso wie es an einem frühen Morgen vor hundert Jahren hätte sein können, ehe Kutschen und Pferde ihr Tagwerk begonnen hatten. Kein Auto, kein Bus verunstaltete die lange Prachtstraße. Als ich so überwältigt und wie verzaubert dastand, sah ich, wie weit oben beim Rond Point zwei Jeeps in entgegengesetzten Richtungen über die Straße fuhren. Ich setzte einem armen Verbindungsoffizier so lange zu, bis er mir, um mich loszuwerden, für den Morgen einen Lastwagen zur Verfügung stellte. Mit Leckerbissen beladen, ließ ich mich von ihm zum Studio der Kschessinskaja fahren. Sie war nicht da. Ich bat ihn, mich zu ihrer kleinen Villa in Auteuil zu bringen. Auch da hatte ich kein Glück. Es war niemand zu Hause. Betrübt und enttäuscht lieferte ich bei Ludmilla, der dicken russischen Köchin, die mich mit einem Freudenschrei und einer Alkoholfahne begrüßte, meine Geschenke ab: zwei Pfund Kaffee, zwei Pfund Marmelade, hundert Zigaretten, Seife, Schokolade – was ich nur in meinen kleinen Koffer hatte stopfen können –, und dann fuhr ich traurig zum Hotel zurück. Ich wusch mir Ratten und Staub aus den Haaren und versuchte gerade, sie am elektrischen Heizstrahler zu trocknen, als jemand an die Tür unserer Suite klopfte. Da die Ritchards und Georgina ausgegangen waren, lief ich mit triefenden Haaren zur Tür. Vor mir stand mein geliebter ›Lucy‹, der Großherzog Andrei.

Wie bekömmlich kann eine Trennung doch sein, wenn sie bei einem Wiedersehen derartig starke Gefühle auslöst. Er wirkte erschöpft und dünner, sah aber noch genauso gut aus wie früher und hatte immer noch seinen liebenswürdigen Gesichtsausdruck. Er und Matilda Felixowna und Vova seien gesund, und alle würden nächste Woche gern zum Mittagessen kommen. »Und vielen Dank ›Lieblink‹ für all die schönen Sachen.« Als er gegangen war, fragte ich mich, für wen von uns der Krieg wohl schwerer gewesen sein mochte.

Wir bereiteten uns auf die Eröffnungsvorstellung am Théâtre Marigny vor, als eine Ausgangssperre verhängt wurde. In den vergangenen Tagen hatte es viel zu viele Fallschirmabsprünge in unmittelbarer Nähe gegeben, so daß ab acht Uhr niemand mehr auf den Straßen sein durfte. Wir waren auf tägliche Matinees angewiesen. Furchtbar langweilig. Als Madge, Cyril und ich einen oder zwei Tage später in unserem kleinen Wohnzimmer saßen, riß uns eine laute Explosion ganz in der Nähe zu Boden. Mit etwas betretenen Gesichtern rappelten wir uns wieder auf, und jeder fragte auf seine Weise: Was zum Teufel war das? Wir sollten es bald erfahren. Wir waren genau zu dem Zeitpunkt im befreiten Paris angekommen, als die zwei einzigen Bomben, die überhaupt auf diese ehrwürdige Stadt abgeworfen wurden, die Gärten der Tuilerien am Ende der Straße und, was wesentlich schlimmer war, einen auf einem Nebengleis im Bahnhof St. Lazare stehenden Zug mit Verwundeten trafen. Dies fiel mit dem Beginn der Ardennenoffensive zusammen, dem letzten Versuch der deutschen Armee unter General von Rundstedt in den Vogesen.

Wir gaben weiterhin unsere langweiligen Matinees. Allerdings gab es auch Lichtblicke. Meine geliebte Kschessinskaja kam mit ihrem Großherzog zum Mittagessen und war so fröhlich und heiter, wie es nur diese einzigartigen baltisch-russischen Frauen sein können. Ich verbrachte recht einträgliche

Stunden in den Buchhandlungen der Rue de Castiglione, in die
ich nach Einbruch der Dunkelheit schlüpfte und meine letzten
Kaffeebohnen gegen wunderschön gebundene Bücher im Wert
von 2000 Francs eintauschte. Es war kaum zu glauben, aber
Weihnachten stand schon wieder vor der Tür, und wir wurden
zu Diners eingeladen und im großen Stil bewirtet. Streng
genommen, waren es natürlich Mittagessen, denn die verflixte
Ausgangssperre hielt uns alle wie gereizte Tiere im Zoo gefangen.

Eines Abends wagte ich es, aus schierer Verzweiflung über
dieses Eingeengtsein, mit einem Freund zu dinieren, der eine
Wohnung in einem der schönen *Hôtels particuliers* (große
Privathäuser aus dem siebzehnten und achtzehnten Jahrhundert) auf der anderen Seite des Flusses in St. Germain hatte. Ich
zog Zivilkleidung an und trug den Caroline-Reboux-Turban,
den mir Miriam de Rothschild zur Belohnung geschenkt hatte,
weil ich damals für sie und ihren Agenten in Paris Kurier
gespielt hatte. Die Reboux war die *première modiste* und hatte
mir aus Paisley-Stoff eine hinreißende Kopfbedeckung gezaubert, nur halb so hoch, wie ich sie auf den Köpfen der
Pariserinnen sah. Die Besatzungsarmee hatte die Stoffration
pro Kleid auf zwei Meter festgelegt. Die Pariserinnen machten
ihrer Empörung Luft, indem sie aus dem Großteil des Stoffes
die verrücktesten Kopfbedeckungen herstellten. Das war wieder mal typisch französisch. Solange alle diese albernen Gebilde trugen, konnte niemand dafür bestraft werden. Meines
war verhältnismäßig bescheiden und sehr elegant.

Ich ging zu Fuß und erreichte mein Ziel ohne Zwischenfall.
Die fast menschenleeren Straßen waren im Zwielicht des Winters wunderschön. Es war eine reizende Wohnung, ganz exquisit möbliert. (Zuvor hatte sie einem alten, gräßlichen Pétain-
Anhänger gehört und war vom Militär beschlagnahmt worden.)
Das Essen war köstlich, die Unterhaltung amüsant. Gegen zehn
Uhr machte ich mich auf den Weg zurück zum Hotel – allein,
denn mein Gastgeber konnte es sich nicht leisten, die Ausgangssperre zu brechen. Ich hatte gerade den breiten Boulevard St. Germain erreicht, als ich zu meinem Schrecken am
anderen Ende der Straße eine Kette von Polizisten sah, die den

Boulevard blockierte. Ich verfluchte meine eigene Dummheit und überlegte, ob ich einfach weitergehen und die Polizisten mit einem freundlichen Lächeln grüßen sollte, in der Hoffnung, daß ich als Pariserin (wenn auch ohne Personalausweis) durchgelassen würde. Dann kamen mir aber doch Bedenken, man könne mich für eine Nutte halten. Plötzlich ertönte ein ohrenbetäubendes Pfeifen, und die ganze Polizeitruppe wurde von einem Lastwagen, der mitten durch sie hindurchfuhr, auseinandergesprengt. Die Polizisten verfolgten den Wagen, schossen wild durch die Gegend und rasten direkt auf mich zu. Verzweifelt suchte ich nach einem Unterschlupf. Da entdeckte ich ihn direkt vor mir, nur einige Schritte entfernt. Eine *vespasienne* war meine Rettung – eine öffentliche, kioskähnliche Toilette, ohne die ein männliches Wesen angeblich nicht auskommen kann. Ich rannte hinein. Das Wasser, das um meine besten Schuhe gurgelte, trug kaum dazu bei, den fürchterlichen Gestank zu mindern, aber was machte das schon? Ich hörte die Polizisten vorbeilaufen, ihr wütendes Rufen, die Schüsse, die sie bei ihrer Verfolgungsjagd abgaben. Keuchend donnerten sie an mir vorbei. Auf einmal stellte ich entsetzt fest, daß mein ganzer Stolz, mein Reboux-Turban, über die Wand der Toilette hinausragte. Da waren die Polizisten aber schon vorbeigelaufen, und als ich meinen Kopf hinaussteckte und tief die frische Luft einatmete, sah ich sie hinter mir um die Ecke verschwinden. Ohne weiter zu überlegen, rannte ich Hals über Kopf in Richtung der Place de la Concorde davon, überquerte den Platz und lief die Rue de Rivoli und die Rue de Castiglione entlang, bis ich völlig außer Atem war, aber unversehrt endlich das Hotel erreichte.

Ich warf mich auf mein Bett, und erst dann fing ich an zu lachen. Wie unvorsichtig war ich doch gewesen, denn wäre ich ohne Papiere erwischt worden, hätte ich die Nacht auf der Polizeiwache in einer Zelle verbringen und weitere schreckliche Konsequenzen erwarten müssen.

Als nächstes gaben wir unsere Show in einem verfallenen alten Theater in Versailles, wo die Royal Air Force stationiert war. Am Künstlereingang wurden wir von einem kleinen Pferd begrüßt, das in dem Kabuff des Bühnenportiers stand. Das erschien alles sehr á la Margritte und ließ für unsere Garderoben noch Schlimmeres befürchten. Das Publikum war jedoch wunderbar und entschädigte uns für die eisige Kälte. Ein Ereignis trübte allerdings den Abend. Der berühmte Entertainer Maurice Chevalier stand unter dem Verdacht, ein Kollaborateur gewesen zu sein. Er hatte darum gebeten, die Lage vorsichtig prüfen zu dürfen, indem er nach meinem Walzer im Maxim eines seiner beliebten Chansons sang. Tatsächlich ertönte nur ein einziger Ruf ›Collaborateur‹, der ihn zusammenzucken ließ, aber er faßte sich wieder und erntete viel Beifall. In der kurzen Zeit, die ich in Paris verbrachte, lernte ich übrigens sehr schnell, daß man nicht so einfach ein kategorisches Urteil fällen durfte. Das Leben hatte sich den damaligen Verhältnissen anzupassen, man mußte sich seine Arbeit und Stellung erhalten. Nur in den schwersten und offensichtlichsten Fällen von Verrat konnte von Korruption die Rede sein, wenn die Betreffenden sich dadurch besondere Vergünstigungen und Vorteile verschafft hatten, während der größere Teil der Bevölkerung unter Entbehrungen litt. Das war eine enttäuschende Feststellung. Diese verschwommenen Grenzlinien machten mir zu schaffen. Wieviel einfacher war doch ›mein‹ Krieg gewesen, mit so wenigen moralischen Entscheidungen und gemeinsam durchlebter Gefahr.

Am Silvestermorgen gingen Cyril und ich zum Hochamt in die Kathedrale von Notre Dame. Er war ein frommer Katholik. Ich war, wie ich ihm erklärte, einfach eine Gläubige, was an sich schon ein Zustand der Gnade sei, den man ständig pflegen und schätzen müsse. Der Gottesdienst brachte uns beiden innere Befreiung und gab uns ein Glücksgefühl, das nur diese große Kathedrale mit ihrer Geschichte und Schönheit einem schenken konnte. Als wir zurückgingen, spürte ich, daß ich innerlich ruhiger geworden war.

An dem Abend, es war Silvester, bestiegen wir Schlafwagen nach Brüssel. Als ich den Korridor entlangging, packte mich ein betrunkener amerikanischer Offizier. Müde und angewidert wie ich war, gab ich ihm eine Ohrfeige und ging in mein Abteil. Zwei geschlagene Stunden lang klopfte und hämmerte er an die Tür, bis in der Täfelung ein großer Riß klaffte. Da endlich griff der bis dahin gleichgültige Zugbegleiter ein, der den Anblick des ›siegreichen Helden‹ satt hatte und ihn fortschleppte. 1. Januar 1945. Ich wachte auf und stellte fest, daß der Zug angehalten hatte. Durch das Rouleau fiel schwaches Licht. Beunruhigt steckte ich meinen Kopf durch die Tür. Mein Blick fiel auf den Zugbegleiter, der auf seinem Hocker zusammengesackt schlief; offensichtlich war von ihm keine Erklärung zu erwarten. Eine halbe Stunde später fuhr der Zug mit einem Ruck, der durch sämtliche Glieder ging, wieder an. Ich zog das Rouleau hoch. Es war inzwischen hell geworden und ich erkannte mit Schrecken, warum der Zug angehalten hatte; wir fuhren langsam durch einen verschneiten Flugplatz der RAF, auf dem fast jede Maschine lichterloh brannte. Wie von Sinnen liefen Männer von einem Scheiterhaufen zum anderen; totale Panik vor offensichtlich totaler Zerstörung. Als der Zug schneller wurde, sah ich geschwärzte, schmerzverzerrte Gesichter. Der Angriff mußte sich ungefähr eine halbe Stunde zuvor ereignet haben; wir konnten von Glück sagen, daß wir da nicht hineingeraten waren. War das vielleicht ein gutes Omen für das neue Jahr?

Wir wurden eiligst zum Palace Hotel gebracht, badeten und bekamen ein ungenießbares Mittagessen im britischen Offiziersklub vorgesetzt. Weiter ging's zu dem großen Theater, wo wir noch am selben Abend unsere erste Vorstellung gaben. Brüssel selbst schien unversehrt, und das Theater war groß, angenehm und sauber; allerdings bitterkalt, von Heizung keine Spur. Ich traf noch einen meiner Londoner Freunde wieder und wurde von ihm zum Essen eingeladen: meine erste richtige Mahlzeit seit Paris. Auch hatte ich die Teestube der Offiziere entdeckt. Was für eine segensreiche britische Einrichtung, wo es wundersamerweise immer Tee und süße Brötchen gab und immerhin ein Quentchen Wärme. Dort verbrachte ich die Morgenstunden, aß ununterbrochen und schrieb ellenlange, bekrümelte Briefe: an Larry Durrell, an Mike Redgrave, an R. und andere nahe Freunde. Zwischendurch ging ich während meiner Freizeit in die Oper. Als ich einmal gerade zu meiner Abendvorstellung gehen wollte, platzte das Stubenmädchen herein: »*Mademoiselle, imaginez-vous!*« In Zimmer 5128 hatte man einen Nazigeneral in britischer Uniform geschnappt. Sein Pech, dachte ich. Wann wird dieser scheußliche Krieg endlich aufhören, und wann wird die komplizierte Frage der Loyalität und Tapferkeit endlich klar definiert werden und aus wessen Sicht?

Inzwischen wurde Brüssel weiter sporadisch angegriffen, aber das ließ sich weder mit dem Höllenlärm noch mit der Intensität der Bombardements auf London oder Neapel vergleichen. Es schien, als wären die Nazis nicht mehr ganz bei der Sache, denn ihr anfänglicher Schwung ließ allmählich nach, und die Bombenangriffe fanden nur noch zum Schein statt.

Kein Schein, sondern allzu wirklich war dagegen der herzzerreißende Anblick der Flieger, für die wir in dem Lazarett tanzten, in dem ihnen die verbrannten Gesichter und Hände langsam und unter großen Schmerzen neu geformt wurden. Die Konfrontation mit diesen unmenschlichen Masken – manche ohne Nase –, die nur aus einem Mosaik von winzigen Stücken neu verpflanzter Haut bestanden, mit den traurigen, manchmal angstvollen Augen, die unverwandt aus den zerstörten Gesichtern hervorstarrten und darum flehten, als normal angesehen zu werden, war eine schreckliche Herausforderung. Ich atmete tief, unterdrückte die unwillkürliche Übelkeit, hielt ihren Blicken stand und fand in diesem Austausch etwas Gemeinsames. Mit einigen, deren Gesichter nach Gott weiß wie vielen Operationen nun endlich zu heilen begonnen hatten, konnte ich mich unterhalten und durch die steife, ausdruckslose Maske zu der Stimme und ihrem Tonfall durchdringen.

Ich kämpfte mit den Tränen und nicht etwa mit dem Ekel beim Anblick dieser jungen Menschen, deren Gesichter zum Lohn für Mut und Tapferkeit zu gnomenähnlichen Masken geworden waren. Ich besuchte sie, sooft ich nur konnte. Ein junger Mann, der besonders entstellt war, wurde allabendlich in die Proszeniumsloge gebracht, die sich über dem Rampenlicht befand, und ich konzentrierte meinen Tanz ganz auf ihn, machte meinen letzten Knicks nur für ihn und sah, wie sich sein verstümmeltes Gesicht vor Freude erhellte. Ich wußte, daß er von allen Verwundeten psychisch am meisten geschädigt war, und es tröstete mich, daß ich ihm mit dem einzigen Mittel, das ich besaß, helfen konnte. Als unsere Zeit ihrem Ende zuging, berichteten die Ärzte, daß er große Fortschritte gemacht habe und nicht mehr so verbittert und deprimiert sei.

Da sich offensichtlich keine andere Truppe dazu bereit erklärt hatte, gingen wir nach drei Wochen süßer Brötchen und Bomben nach Holland an die Front, wo man unbedingt etwas Aufmunterung gebrauchen konnte. An einem pechschwarzen, eisigen Wintermorgen wurden wir in zwei große Busse verladen, nachdem wir etwas Heißes zu trinken bekommen hatten, das seiner trüben braunen Farbe nach entweder starker Tee oder dünner Kaffee hätte sein können. Um acht Uhr ging es auf vereister Straße in Richtung Front. Wir befanden uns in einer langen Kolonne von Armeelastwagen, die Munition, Lebensmittel und allen möglichen Nachschub wie Revuetänzer und -tänzerinnen sowie hoffnungsvolle Entertainer, wie wir es waren, geladen hatten.

Wir fuhren mit einem Durchschnittstempo von 30 Stundenkilometern, rutschten, schleuderten und schlitterten hin und her, wandten unsere Augen von dem demoralisierenden Anblick der Lastwagen ab, die weniger Glück gehabt hatten als (bisher jedenfalls) wir und zu beiden Seiten der Straße im Graben lagen. Ihre Räder ragten in die Luft; sie zeigten ihre von Matsch und Schnee verkrusteten Unterseiten, die in dieser unfreiwilligen Pose seltsam anstößig wirkten. Nach fünf oder sechs Stunden bat der Chor aus ganz bestimmten Gründen um eine Pause. »Unsinn«, sagte Cyril, »wenn Diana und Madge es aushalten können, könnt ihr es auch.« Aber selbst Diana, Madge und Cyril konnten nach weiteren zwei Stunden ihren Ruf als Vorbild für Blasenkontrolle nicht mehr aufrechterhalten und baten darum, die Fahrt zu unterbrechen, denn alle Gewissensbisse, weil wir damit den gesamten Konvoi aufhielten, wichen vor der entsetzlichen Aussicht, die Kontrolle über die Blase zu verlieren. Wir stürzten aus dem Bus und hüpften wie Lemminge durch den Schnee, und alle Warnungen, daß wir uns in einem Minenfeld befänden, wurden ignoriert. Der Augenblick der Erleichterung, als wir hinter einem verlassenen Häuschen nur teilweise verborgen auf der Erde kauerten, verscheuchte selbst britische Hemmungen. Es gab nie einen deutlicheren Beweis dafür, daß zwingende natürliche Bedürfnisse alle Schranken beseitigen, die Geschlecht, Gesellschaftsschicht, Anschauungen oder Sitten uns auferlegen. Glücklich bestiegen wir wieder unseren Bus und nahmen von den Pfiffen aus den uns folgenden Militärlastwagen keine Notiz. Um vier Uhr kamen wir dann in Eindhoven in Holland an.

Das Thermometer zeigte zehn Grad unter Null, das armselige, kleine zweistöckige Gebäude, in dem wir abgestellt wurden (ein zutreffendes Wort), war völlig ungeheizt, und die Fensterscheiben wären längst Opfer des Krieges geworden. Frierend und hungrig starrten Georgie und ich bedrückt auf das eine harte Bett, das wir uns teilen sollten. Von Verzweiflung getrieben, gelang es mir, ein Feldbett zu organisieren, das wir abwechselnd benutzen konnten. Mein kluger Stiefvater hatte darauf bestanden, mir seinen Schlafanzug mitzugeben, den er während seiner Kreuzfahrten durch die Arktis benutzt hatte. Nach einer improvisierten Mahlzeit zogen wir uns unter Zähneklappern aus, ich stieg in meinen Schlafanzug, vervollständigte meine Nachttoilette mit zwei Paar Socken und Wollschals und kroch unter die rauhen, eiskalten Decken, um in einen unruhigen Schlaf zu fallen. Womit wir nicht gerechnet hatten, war ein anhaltender Schneesturm , der uns die Flocken ins Gesicht blies. Unsere Nasen, die wie Periskope eines Unterseeboots aus unserem Bettzeug hervorragten, weckten uns mit der Regelmäßigkeit eines Weckers, sobald sie den Gefrierpunkt erreicht hatten. Wir rieben sie, bis sie in der Dunkelheit glühten, und versuchten, uns gegenseitig aufzumuntern, wobei wir uns überlegten, ob es so etwas Schreckliches wie eine erfrorene Nase gäbe. Dann schliefen wir wieder ein, um das Ganze so lange zu wiederholen, bis wir uns im eiskalten Morgengrauen entschlossen, den Kampf aufzugeben und aufzustehen.

Draußen fuhr ein langer Güterzug mit Kohlenwaggons langsam vorbei, von denen die zuständigen Soldaten hier und da einige Klumpen von den riesigen Haufen zu den mageren Kindern hinunterstießen, die im Schnee hinter ihnen herliefen und verbissen um jede einzelne Kohle kämpften. Wir wurden in die Kantine gebracht und mit einer Art Frühstück bewirtet und danach zu dem kleinen Theater gefahren, das die Elektrofirma

Philips für ihre Belegschaft gebaut hatte. Dort mußte ich mir eine ganze Woche lang ein hauchdünnes Kostüm anziehen, meinen schnatternden Zähnen Ruhe gebieten, meine vor Kälte schlotternden Glieder unter Kontrolle bringen und so gut wie möglich die Reihen der Soldaten aufheitern, die in ihren Mänteln, Stiefeln und diversen Wollsachen wie verschnürte Pakete aussahen und aufmerksam und fröhlich dasaßen. Dabei gemahnte das unaufhörliche Hämmern naher Geschütze daran, daß die Hälfte dieser Soldaten am folgenden Tag vielleicht nicht mehr am Leben sein würde. Wir versuchten, diese Gedanken zu verdrängen. Einige Mädchen vom Chor bekamen Lungenentzündung und fielen um wie die Fliegen. Eine von ihnen war töricht genug gewesen, mit einem der Soldaten in seinem Jeep mitzufahren; sie kam nie wieder. Es war hart; physisch war es das reinste Elend und psychisch eine heilsame Lektion in Ausdauer.

Ich erinnere mich, daß ich zum Schluß durch die Kälte und den ständigen Hunger so abgehärtet war, daß ich bei einem leichten Schneeschauer in der Hemdbluse hinauslief, um mich von Madge und Cyril zu verabschieden, die per Flugzeug nach Hause zurückkehren wollten. Es war mir immer selbstverständlich gewesen – und das verband uns miteinander –, daß ich die mir gewährten Privilegien nicht ausnutzen dürfte und immer ein Auge auf die Truppe haben und mein Äußerstes tun würde, um ihre Moral zu stützen. Da das zum größten Teil bedeutete, zuerst einmal die eigene Moral aufrechtzuerhalten, muß ich gestehen, daß es viele Augenblicke gab – zum Beispiel unsere anschließende zwölfstündige Reise in ungeheizten Bussen nach Ostende –, da meine Ohren sich vom vielen Steifhalten verkrampften und ich mir so viel Kipling wie möglich in Erinnerung rufen mußte.

Am folgenden Tag saßen wir im Wohnheim herum. Entweder füllten wir die Wärmflaschen oder sahen aufs Meer hinaus (dicke Haferschleimsuppe aus dem Internat) und warteten auf Erlösung. So saßen wir noch eine trostlose Nacht und einen Morgen lang am Kai auf unseren Koffern, bis wir um zwei Uhr nachmittags endlich mit einer Menschenmasse, die ebenso amorph und elend wirkte wie wir, auf ein Schiff gepfercht wurden und den winterlichen Kontinent hinter uns ließen, um in Richtung Heimat davonzudampfen. An Bord standen wir noch einmal geduldig Schlange und wurden mit einer halben Büchse des ewigen Corned beef, vier Keksen und der regulären Tasse schwärzlich-grauen Tees belohnt. Am folgenden Tag fuhren wir die Themse nach Tilbury hinauf und stärkten uns zum Frühstück erneut mit Corned beef und Teeaufguß und mit der Aussicht, nach Hause zu kommen.

16 Der Zauberberg

Berenn mein Herz, dreifaltiger Gott.

Was für eine große Bedeutung bekommt der Begriff ›zu Hause‹ unter diesen Umständen, die wir alle während des Krieges erlebt haben... wie ein Palimpsest der Gefühle, wo sich die Linien überschneiden und alles miteinander verschränken: Erinnerungen, Symbole, Beziehungen, die sich je nach Blickwinkel, der durch Trennung und Rückkehr bestimmt wird, vertiefen und klären. Ich verteilte meine kleinen Mitbringsel, alles, was ich in Paris und Brüssel im Tausch gegen Schokolade und Kaffee einheimsen konnte: Bücher, Modeschmuck, kleine Kunstgegenstände. Michael Redgrave bat mich, ihm an seinen ersten Drehtag für den Film *Dead of Night* [Um Mitternacht] im Ealing-Studio moralische Unterstützung zu leisten. Ich nahm meinen sechzig Zentimeter hohen Reboux-Turban mit und stülpte ihn mir zum Entzücken Mikes und zum Befremden der übrigen Gäste in der Kneipe beim Mittagessen auf den Kopf. Zugegeben, in einem fremden Milieu wirkte er grotesk. Mit einem Brief von Mike machte ich mich auf den gefürchteten Weg zum Arbeitsamt, wo man mir, wenn auch ungern, eine Verlängerung bis Ende des kommenden Monats bewilligte als Belohnung für die strapaziöse Arbeit für mein Land, von der ich soeben zurückgekehrt war. Die andere Seite der vaterländischen Dankbarkeit offenbarte sich jedoch in der Forderung des Finanzamtes, die Hälfte der Gage von £ 10, die ENSA den besten Künstlern zahlte, freundlicherweise zurückzuerstatten. Später sollte ich erfahren, daß meine russischen Kollegen mit Medaillen überhäuft wurden, unter deren Gewicht sie in ihren Tutus beinah zusammenbrachen, und darüber hinaus noch etliche andere Vergünstigungen genossen. Soviel zu der Ehre, die England den schönen Künsten erweist. In den nächsten beiden Monaten ging es nur noch bergab. Zwar schlugen die Raketen nicht mehr so häufig ein, aber die Folgen waren niederschmetternd. Unter den derzeitigen Umständen war es fast unmöglich, Arbeit zu finden. Bosey Douglas starb mit 74; Griseldas schlechter Gesundheitszustand wurde immer besorgniserregender; das Arbeitsamt genehmigte mir eine letzte Verlängerung, was soviel bedeutete wie 28 Tage und danach Einberufung.

12. April 1945. Roosevelt stirbt.
Eine weitere Konsultation voll banger Erwartung bei einem weiteren Arzt ergibt die erschreckende Diagnose, daß Griselda Tuberkulose hat, ein Loch in einer Lungenspitze, das man schon vor Monaten hätte feststellen müssen. Mehr denn je war ich entschlossen, eine eventuelle Einberufung zu verhindern, denn jetzt war es erst recht wichtig, daß ich Griselda zur Seite stand. So bat ich Michael um die kleine Rolle seiner Geliebten Cosette in dem Theaterstück *Jacobowsky und der Oberst,* das er inszenierte. Er protestierte mit der Begründung, es würde meiner Karriere schaden, in einer derart unbedeutenden Rolle aufzutreten, aber ich erklärte ihm, daß mich das völlig kalt lasse, solange ich den gierigen Klauen des Arbeitsamtes entginge und genügend Zeit gewänne, mich um Griselda und ihre Krankheit zu kümmern.

27. April. Himmler macht ein Friedensangebot an das Vereinigte Königreich und die USA.
29. April. Mussolini gefangengenommen und von italienischen Partisanen erschossen.
1. Mai.»Hitler tot«, laut Meldung von Admiral Dönitz.
2. Mai. Dönitz zum Führer ernannt. Italien ergibt sich bedingungslos.
3. Mai. Berlin fällt, Rangun fällt.
5. Mai. Deutschland ergibt sich in Dänemark, Holland und Nordwestdeutschland.

Mitten in diesem allgemeinen Zusammenbruch bringe ich Griselda ins Krankenhaus, das weit entfernt im Südwesten Londons liegt, und besuche sie an den beiden darauffolgenden Tagen.

8. Mai 1945. Endlich ›V-EDay‹. Sieg in Europa. Der Krieg ist vorüber.
Wir proben gerade am Phoenix Theater (ein seltsam passendes Omen?) und betteln Michael, uns freizugeben. Dann laufen wir bis zum Trafalgar Square durch die bevölkerten Straßen, um zusammen mit der begeisterten Menge an dieser großen Katharsis von Geist, Seele und Körper teilzunehmen. Fast sechs Jahre waren vergangen, sechs verschwendete Jahre der Vernichtung junger, tapferer und vielversprechender Männer, der Zerstörung berühmter Städte, der Verhaltensnormen – eine ganze Lebensstruktur war zerschlagen worden, zu der auf beiden Seiten niemand wieder zurückkehren würde. Zugegebenermaßen wurden auch viele falsche Unterschiede, sinnlose Klassengegensätze und längst überholte Anschauungen für immer hinweggefegt, allerdings zu einem Preis, den man lieber nicht genau nachrechnete. Endlich lag nun eine bestimmbare Zukunft vor uns, bestimmbar allerdings nur in dem Sinne, daß die Rauchwolken des Krieges sich sowohl bildlich als auch im wahrsten Sinne des Wortes verzogen hatten und man mehr oder weniger in der Lage war, sich aus den Fesseln der letzten Jahre zu befreien und zu versuchen, seinem persönlichen Leben wieder eine eigene Struktur zu geben.

Wir feierten den Abend mit einem gemeinsamen Essen: Puffin Asquith, dessen Mutter, Lady Oxford, meine geliebte Madame Ta-Ta (Tamara Karsawina) und deren Mann, Benjy Bruce. Gemeinsam hörten wir die tiefbewegende Ansprache von König Georg VI. Da war wenig, wenn überhaupt, von Jubel und Frohlocken die Rede, sondern einfach von dem überwältigenden Gefühl der Erleichterung und der tiefen Trauer über so viele Verluste und soviel nie wieder gutzumachende Vergeudung.

Inzwischen war die Premiere von *Jacobowsky und der Oberst* im Piccadilly Theater gewesen, und ich hatte die Zähne zusammengebissen und die kurze Szene mit Michael ebenso gut gespielt wie die Skizze einer schweigenden, Tango tanzenden Hure in einem Nachtklub im letzten Akt. Übrigens machte mir diese Rolle weitaus mehr Spaß als die eher konventionelle Liebesszene, denn hier konnte ich das Komische, an dem ich schon immer Gefallen fand, freier gestalten. So tanzte ich zu den Klängen von *La Cumparsita* in einem enganliegenden, schwarzen Satinrock mit einer schrecklichen weißen Organdybluse und schwarzen Strümpfen, die mit ihren Laufmaschen ein Spinnennetz bildeten.

Mittlerweile war es Juni geworden. Eines Tages rief mich Yehudi Menuhin an. Tagebucheintragung vom 6. Juni 1945: »Menuhin hat angerufen. Wieder im Claridges Hotel zur Aufnahme der Musik für einen Film über Paganini.« Mama brachte ihn eines Abends mit in die Vorstellung, und wir setzten uns anschließend zu einem lustigen Mahl mit Champagner zusammen. Man konnte sich in Gesellschaft immer auf Mamas Fröhlichkeit und Herzlichkeit und ihren leicht verrückten Humor verlassen. Ich glaube, erst nach diesem Abend erlaubte ich mir, ihn Yehudi zu nennen – nicht etwa, daß mein Zögern auf Konvention beruhte, sondern einfach auf meiner grundsätzlichen Abneigung gegen eine Vertraulichkeit, auf die eine unechte, spontane Freundschaft folgt, die meistens nicht lange hält. Von da an holte Yehudi mich oftmals nach meiner Vorstellung ab, sehr zum Mißvergnügen des Pförtners am Bühneneingang (eine ganz besondere, längst ausgestorbene Gattung, die alle Schauspieler und -spielerinnen kannte sowie ihre Freunde und Feinde, ihre Erfolge und Mißerfolge und ganz einfach zum Leben hinter der Bühne gehörte), der mich vorwurfsvoll an eine Verabredung erinnerte, die ich mit einem anderen Freund für diesen Abend getroffen hatte. »Mr. Menuhin ist hier«, pflegte der gute Frank zu sagen, und: »Miss Gould, Sie haben doch nicht vergessen, daß Sie heute mit Mr. X ausgehen, nicht wahr?« Ich wartete dann, bis X kam und lud ihn ein, wenn es nicht zu umgehen war, mit Yehudi und mir auszugehen. Nach einiger Zeit kam ich jedoch zu der Erkenntnis, daß die Herren X, Y, Z mich viel weniger brauchten als Yehudi. Er schien einsam und irgendwie verloren zu sein, und seine große Einfachheit und Bescheidenheit verwirrten jeden, der ihn wie ich nur von seinem Ruhm her kannte, den er sich schon in früher Jugend erworben hatte. Danach führte ich den alten Frank nicht länger an der Nase herum, sagte allen Algernons ab und hielt mich nur zu gern frei für unsere langen Gespräche, in deren Verlauf sich Yehudi, nach anfänglichem Zögern, ganz allmählich offenbarte als jemand, der trotz aller guten Vorsätze seines aufrichtigen, edlen Charakters seine Zielstrebigkeit und irgendwie auch seinen Weg verloren hatte. Es genügte mir, ihm zuzuhören, und es berührte mich sehr, daß er mir vertraute. Seit meinem siebenten Lebensjahr und dem ersten Heiratsantrag eines Neunjährigen, der zusammen mit meinem Bruder zur Schule ging (»Hör' mal, Gould, glaubst du, daß deine Schwester mich heiraten würde?«), hatte ich mich zu Männern als den wahren Romantikern der beiden Geschlechter hingezogen gefühlt. Ich fühlte mich ihnen verbunden, mir lag ihre Denkweise, und sie wiederum schienen den freundschaftlichen Charakter meiner Beziehung zu ihnen anzuerkennen. Sie merkten, daß es mir weder um Eroberung noch um Verführung ging, sondern daß ich einfach den männlichen Geist, den Austausch von Ideen genoß, die erfrischend weit entfernt waren von den belanglosen Themen, die die meisten meiner weiblichen Zeitgenossen bevorzugten und die sich von a) der männlichen Überlegenheit bis zu b) der Mode und wieder zurück auf diesem ausgetretenen, langweiligen Pfad bewegten. Wenn dies selbstgefällig klingt, bitte ich um Entschuldigung. Ich kann einfach nichts für eine Neigung, die sich schon frühzeitig herausstellte und unverändert eine Vorliebe von mir blieb. Ich erinnere mich, daß ich von früher Kindheit an immer wieder vorgeschickt wurde, um mich um störrische männliche Familienmitglieder zu kümmern. Das reichte von einem entfernten Verwandten (der aus Wut über seinen Ruin im amerikanischen Goldrausch auch noch seine Verdauung zugrunde richtete, indem er seinen ledernen Streichriemen aufaß) bis zu launischen Tänzern, die sich auf dem Fußboden des Ballett-Clubs hysterisch wälzten, und hartherzigen Managern, die sich weigerten, dem corps de ballet eine angemessene Gage zu zahlen.

Die meisten Abende verbrachten Yehudi und ich im Berkley Hotel, wo wir aßen und die Ziele, die wir beide in unseren jungen Jahren hatten, mit dem späteren Lebensweg verglichen. Der seine war wie der Aufstieg eines Kometen, der meine dagegen erdgebunden, voller Hindernisse, Herausforderungen und Kummer. Aber wir hatten genügend gleiche Erfahrungen gemacht, daß ich ihm, wie er sagte, ein Verständnis entgegenbringen konnte, das er bis dahin weder gekannt noch je für möglich gehalten hätte. Seine Bescheidenheit bei einer so triumphalen Karriere fand ich allmählich beunruhigend. Ohne ein gewisses Selbstvertrauen konnte er leicht in heikle Situationen geraten, welche Entschlußkraft und Weitsicht von ihm verlangten, die er wiederum ohne etwas Selbstsicherheit nicht aufbringen könnte. Fast schien es, als hätten sein weitreichender Ruhm und die Geschwindigkeit seines Aufstiegs ihn entwurzelt und sein eigentliches Wesen unentwickelt und zum großen Teil unentdeckt zurückgelassen.

Unsere Seelenverwandtschaft, die wir mit großer Freude feststellten, wuchs mit jedem Tag und hob mich weit über die unbefriedigende Arbeit im Theater hinaus. Sie erleichterte mir gleichzeitig die ständige Sorge um die kranke Griselda. Im Hinblick auf das Theater fand sich bald eine traurige Lösung. Peter Daubeny, unser mutiger Direktor, bat uns, eine niedrigere Gage zu akzeptieren, um es ihm zu ermöglichen, das Stück (dessen Kritiken nicht gerade enthusiastisch ausgefallen waren) weiter zu »pflegen«, bis wir mehr Zulauf haben würden. Michael Redgrave war dazu jedoch nicht bereit, und so wurde uns mitgeteilt, daß das Stück nach Ablauf der gesetzlich festgelegten zwei Wochen abgesetzt würde. Die Sorge um Griselda wog allerdings viel schwerer. Schon zweimal hatte sie sich während ihres mehrwöchigen Aufenthalts im Krankenhaus einer Operation unterziehen müssen in der Hoffnung, den Zerfall ihrer Lunge aufzuhalten, beide waren jedoch erfolglos gewesen. Immer wieder machte ich mich auf den langen Weg zu ihr und nahm ihr an Eßbarem mit, was ich auftreiben konnte, um das trostlose Krankenhausmenü zu ergänzen. Angesichts ihrer rührenden Zuversicht konnte ich mich nur bemühen, meine nagenden Ängste zu verbergen. Wenn ich dann mit

Straßenbahn und Autobus von dem weit entfernten Teil Londons, in dem das Krankenhaus lag, zurückfuhr, sah es in meinem Herzen genauso trostlos aus wie auf den Straßen um mich her.

Juli 1945. Churchill unterliegt bei der Wahl der Labour Party und geht in die Opposition. Zwei Lichtblicke gab es: die volle Straßenbeleuchtung wurde wieder eingeschaltet, ein Genuß nach sechsjährigem Tappen im Dunkeln. Das Arbeitsamt schaffte den Zwang der Arbeitsgenehmigungen ab. Das war doppelte Freude, denn es bedeutet Befreiung von ständiger Angst. Meine Lebensgeister stiegen noch mehr, als ich mich eines Morgens um halb sieben mit Yehudi auf den Weg zu den Lime-Grove-Filmstudios machte, wo er zuvor die Musik für einen Film über das Leben Niccolò Paganinis aufgenommen hatte. Aus Spaß und ohne ernste Absicht, die schauspielerische Rolle im Film zu übernehmen, hatte er damals zugesagt, er würde versuchen, die Liebesszene zwischen dem berühmten Geiger und seiner *inamorata* zu spielen. Der Vorschlag war von dem Filmregisseur selbst gekommen, der sich einen riesigen Kassenerfolg davon versprach, sollte Yehudi bereit und imstande sein, die Rolle wirklich zu übernehmen. Auf der Fahrt zum Studio in einem Mietwagen sagte ich ihm seinen Text vor und bemühte mich, ein bißchen Wärme und Farbe in die Monotonie seiner Rede zu bringen – allerdings mit geringem Erfolg.

Im Studio angekommen, wurde er sofort in den Maskenraum entführt, gebührend geschminkt und mit einer riesigen, übermäßig gelockten braunen Perücke ausgestattet, die ihm bis auf die Schultern reichte. Er sah aus wie eine Kreuzung zwischen einem verwirrten Löwen und einer brünetten Loreley. Als nächstes folgten ein grüner Gehrock, Kniehosen, Strümpfe (die, das muß ich zugeben, seine wohlgeformten Waden gut zur Geltung brachten) und Spangenschuhe. Danach wurde er auf die Bühne gebracht, wo die Probe stattfinden sollte. Dort erwartete ihn eine entzückende, aber völlig uninteressante junge Frau. Ich zischte ihm eine letzte Instruktion zu, in dem verzweifelten Bemühen, ihm wenigstens etwas von der Leidenschaft einzuflößen, die in einer Situation, in der ein Musiker aus Genua dem Gegenstand seiner Sehnsucht Herz und Hand bietet, mit Sicherheit nicht fehlen darf. Aber leider ohne Erfolg. Der gute Yehudi spielte sozusagen nur auf einer leeren Saite, ohne jegliches Vibrato, und leierte seine Worte mit dem Feuer eines geborenen Taubstummen herunter. Mir tat die arme junge Schauspielerin leid, die sich redlich bemühte, auf seine Litanei zu reagieren, aber ich konnte mein Kichern nicht länger unterdrücken und mußte mich hinter ein paar Bogenlampen verstecken.

Der Regisseur merkte bald, daß Stewart Granger wohl besser für die Rolle geeignet sei. Yehudi zog sich um und schminkte sich ab, und wir machten uns auf den Heimweg. Die ganze Angelegenheit hatte Yehudi riesigen Spaß gemacht und ihn nicht im geringsten in Verlegenheit gebracht.

Am nächsten Abend besuchten wir irgendeine Party in der südamerikanischen Botschaft. Anschließend zog ich mir lange Hosen und eine Bluse an, und wir schlenderten durch die samtene Julinacht die Uferstraße entlang. Auf der Themse tuteten die Schlepper durch den dünnen Nebel, das Wasser plätscherte gegen die Mauer, an der wir lehnten. Plötzlich, ganz unerwartet küßte Yehudi mich und gestand mir seine Liebe. Das traf mich völlig unvorbereitet, denn ich wußte, daß er verheiratet war, und wollte weder einen unlauteren Vorteil aus unserer engen Freundschaft ziehen noch das delikate Gleichgewicht stören, das zu halten, ich mich bemüht hatte. So beschloß ich, meine tiefe Liebe zu ihm geheimzuhalten, ihm aber jeden Wunsch zu erfüllen, ohne daß er sich in irgendeiner Weise verpflichtet fühlen mußte.

In den wenigen Tagen, die uns noch verblieben, begleitete ich ihn zum Bildhauer Epstein, der eine Büste von ihm anfertigte. Am Ende der Sitzung teilte Yehudi Epstein mit, daß er noch am gleichen Nachmittag mit Benjamin Britten nach Deutschland reisen würde, um dort vor den Insassen des erst vor kurzem befreiten Konzentrationslagers von Bergen-Belsen zu spielen. Er könne nur noch zu einer Sitzung sechs Tage später kommen, da er am gleichen Tag in die Vereinigten Staaten zurückfliegen müsse. Epstein sah zunächst mich an und dann Yehudi. »Bring sie mit, Yehudi. Du siehst vollkommen anders aus, wenn sie dabei ist.« Das blieb mir als kleiner Trost in den darauffolgenden leeren Tagen, als *Jacobowsky und der Oberst* abgesetzt wurde und die Besuche bei Griselda immer mehr Grund zu Besorgnis gaben.

Yehudi kam wieder, wir gingen zu Epstein. Große Katastrophe! Den vielversprechenden Tonkopf hatte die leidige Katze, die während der ganzen Nacht im Studio eingeschlossen war, umgeworfen. Epstein mußte wieder von vorn anfangen. Yehudi gab ihm soviel Zeit, wie er erübrigen konnte, dann rasten wir ins Claridges zurück, wo ich für ihn packte. Schweren Herzens mußte ich zusehen, wie er ins Auto stieg, das ihn zum Flughafen bringen sollte, von wo aus er nach Amerika zurückflog. Ich fragte mich, ob ich ihn je wiedersehen würde, da ich mich bis zum letzten Augenblick sträubte, ihn in seinen Gefühlen zu mir dadurch zu beeinflussen, daß ich ihm meine Liebe gestand.

So als wüßten sie, daß ich wieder verfügbar war, riefen alle meine näheren Freunde in den darauffolgenden Tagen an, aber ich wollte keinen von ihnen sehen. Ein Regisseur lud mich zum Mittagessen ein und bot mir eine Rolle in einer neuen Revue an, die er im Herbst auf die Bretter stellen wollte. Ich war froh, wieder Aussicht auf Arbeit zu haben, wenn sie auch noch eine Weile auf sich warten ließe. Am nächsten Tag kam ein langes und liebevolles Telegramm von Yehudi, das mein Gefühl, einen großen Verlust erlitten zu haben, etwas milderte. Ich schrieb den ersten von Hunderten von Briefen, die ich ihm vermutlich im Laufe der letzten fünfundvierzig Jahre geschrieben habe.

6. August 1945. Die Atombombe fällt auf Hiroshima.
10. August. Die Japaner kapitulieren unter der Bedingung, daß der Kaiser bleibt.
14. August. Die Japaner kapitulieren endlich.
15. August. ›VJ Day‹. Japan besiegt. Menschenmengen versammeln sich im Regen.
Endlich ist das große Schlachten vorüber. Ich schreibe wieder an Yehudi.

Nachdem ich am einundzwanzigsten den ganzen Vormittag auf Yehudis angekündigten Anruf aus Alma, seinem kalifornischen Zuhause, gewartet habe, kommt er endlich durch und fleht mich an, auf ihn zu warten. Er plant, zurückzukommen, und fragt, ob ich mir vorstellen könnte, ihn zu heiraten. Ich antworte ihm, daß er nie wieder so etwas sagen dürfe, solange er nicht frei sei, aber mein vorsichtiges Herz macht einen großen Sprung. Zwei Tage später bekomme ich seinen ersten Brief, den ich in der Straßenbahn und im Autobus auf meinem Weg zu Griselda tagelang wieder und wieder lese, bis ich ihn auswendig kenne. Am vierundzwanzigsten höre ich in den Neunuhrnachrichten der BBC, daß mein Stiefvater, Cecil Harcourt, zum Gouverneur von Hongkong, das er gerade von den Japanern befreit hat, ernannt worden ist. Was für eine erfreuliche Nachricht!

Die folgenden Wochen waren trostlos, Griselda mußte in ein Sanatorium in der Grafschaft Kent verlegt werden, eineinhalb Bahnstunden entfernt. Selbst der Trost und die angenehme Gesellschaft von Puffin Asquith vermochten mich in diesen Septemberwochen nicht aufzuheitern. Zweimal wöchentlich fuhr ich zu Griselda; dabei mußte ich die ganze Strecke in dem überfüllten Zug stehen. Dann ging es weiter per Bus bis zu den Toren des Sanatoriums. Dort begann ein eineinhalb Kilometer langer Fußmarsch in meinem einzigen Paar wetterfesten Schuhen, die allmählich auseinanderplatzten. Die Sohlen lösten sich langsam vom Oberleder und klafften wie die Münder von Leuten, die Polypen haben. An den Kauf eines neuen Paares war gar nicht zu denken, da uns pro Jahr nur insgesamt 82 Kleidermarken zustanden. So behalf ich mich mit riesigen, leuchtend rosa Pflasterstreifen, mit denen ich sie zusammenklebte. Bei der Ankunft am Haupteingang hatte meine wunderschöne Handarbeit allerdings den Kampf gegen Steinchen, kleine Blätter, Stücke von Zweigen und Klümpchen aus getrocknetem Schlamm und Gras verloren. Um mit ihrer freudlosen Einsamkeit fertigzuwerden, wappnete sich Griselda mit ihrem üblichen Sarkasmus (sie hatte sich selbst den Spitznamen *Vinaigrette* zugelegt). Ich saß plaudernd an ihrem Bett und entfernte das Geröll aus meinen Schuhen, bevor ich Schusters Rappen für den Rückweg erneut zusammenklebte.

Der einzige Lichtblick in diesen düsteren Wochen war wieder eines von Puffin Asquiths Diners im Savoy Hotel. Diesmal war der Ehrengast kein anderer als Léon Blum, der französische Expremier, dem vor kurzem mit Hilfe der Briten die Flucht gelungen war. Es wurde ein faszinierender Abend mit allerlei Diskussionen über die moralische Bedeutung des soeben beendeten Krieges. Lord Justice Cyril Asquith, Puffins Halbbruder, der neben mir saß und sich an den Schiedsurteilen beteiligte, erklärte, daß das kürzliche Geschehen ihn, den Agnostiker, zum Gläubigen gemacht habe. »Es gab überhaupt keinen Grund für unseren Sieg, so unvorbereitet und unwillig wie wir der gut organisierten deutschen Wehrmacht gegenübertraten. Zu Recht mußten wir für unsere Verderbtheit zahlen und Bombenangriffe, jahrelange Vernichtung und Zermürbung erdulden. Es scheint mir, als hätten wir uns die Absolution verdient und als hätte uns der Allmächtige entgegen allen Erwartungen auf unbegreifliche Weise vor einer Invasion geschützt und uns nach sechs Jahren als Sieger hervorgehen lassen. Es gibt dafür einfach keine andere logische Erklärung als eine metaphysische.«

Sieben lange Wochen folgten, ohne einen Brief oder Anruf von Yehudi. Als ich nach meinem dritten Besuch bei Griselda innerhalb einer Woche schweren und bangen Herzens in unsere Wohnung zurückkehrte, um ein Huhn zu kochen, das mir unser Gemüsehändler freundlicherweise angeboten hatte, dem die Sache mit Griselda sehr naheging, klingelte es. Mit fettigen Händen und irritiert über die Störung mache ich auf. Draußen steht ein strahlender Yehudi. Alles geht in unermeßlichem Glück unter. Sorgen, Sehnsüchte, Einsamkeit – alle Probleme entschwinden auf eine Ebene, wo sie nicht länger unlösbar sind. Er erklärte mir, daß er die ganze Zeit gezielt eine Reihe von Konzerten in England geplant habe, um zu mir zurückkommen zu können. Er habe aber keine falschen Hoffnungen wecken wollen, falls sein Vorhaben erfolglos geblieben wäre. Während der nächsten zwei Wochen verbrachten wir jede freie Minute zusammen. Noch immer war ich nicht gewillt, ihm meine Zuneigung zu gestehen und ihm eine moralische Verpflichtung aufzubürden. Vielmehr bemühte ich mich, nicht an die Zeiten zu denken, in denen er wieder fort und mein Leben wieder trist sein würde.

Inzwischen war ich mehr denn je entschlossen, Griselda in die Schweiz zu schaffen; es zeichnete sich immer deutlicher ab, daß dies die einzige Möglichkeit war, sie zu retten. Immer wieder wurden mir Knüppel zwischen die Beine geworfen. Ihr Arzt wollte nicht zugeben, daß er sie nicht heilen konnte. Louis Kentner, inzwischen geschieden, konnte sie als Staatenloser nicht heiraten, bevor er in England naturalisiert war. Griseldas Paß war abgelaufen. Wir hatten kein Schweizer Geld, um das Sanatorium in Davos zu bezahlen, und besaßen keine Visa, um dort einzureisen. So begann mein langer Kampf an allen Fronten, ein Kampf, der sich über vier lange Monate erstrecken sollte, in denen ich voller Angst mit ansehen mußte, wie Griselda von Tag zu Tag dünner und blasser wurde. Wieder mußte sie sich einer sinnlosen Operation unterziehen. Der erbarmungslose Pulsschlag der Zeit dröhnte mir über Tage, Wochen und Monate in den Ohren wie rasende Hufe, die mich unausweichlich auf ein Ziel zutrieben, von dem ich nicht wußte, ob ich es rechtzeitig erreichen würde. Yehudi kam uns in einem Punkt zu Hilfe: Er versprach, für das kommende Frühjahr Konzerte mit Kentner in der Schweiz zu arrangieren, und sagte seinem Schweizer Agenten, daß er als Vorschuß auf seine Tourneegage die Kosten des Schatzalp-Sanatoriums bezahlen sollte, sobald wir dort einträfen. Ein riesiges Hindernis war somit überwunden.

Ich ging zu einem hinreißenden Konzert in der Albert Hall, wo er das Brahms-Violinkonzert spielte. Zum ersten Mal nach Kriegsausbruch war er nach Prag eingeladen und schlug vor, daß ich ihn auf seinem Rückweg in Paris bei gemeinsamen Freunden treffen sollte, falls es mir gelänge, ein Visum zu bekommen. Es wären zwar nur ein paar Tage, sie würden mir aber sicher guttun, meinte er, nach dieser langen anstrengenden Zeit.

Tatsächlich schaffte ich es, dem widerstrebenden Beamten am französischen Konsulat ein vierwöchiges Visum zu entlokken . Ich besorgte mir meine Fahrkarten für das Boot und den Zug nach Paris, noch bevor Yehudi nach Prag abgereist war. Auf dem Rückweg von Cooks Reisebüro traf ich ein paar Tage später auf der Straße das Hausmädchen meiner Mutter, Winifred. »Biss Diadda«, sagte sie wie üblich mit verstopfter Nase, »Bister Beduid is in der Wohdung Ihrer Butter.« Ich raste dorthin und traf einen verschwitzten, müden Yehudi an. Die Russen hatten ihn in Prag angesprochen und ihn praktisch entführt, weil sie darauf bestanden, daß er direkt von dort aus nach Moskau ginge – der erste Musiker nach dem Krieg, der eingeladen wurde. Er hatte ihnen erklärt, daß er erst zu mir zurückfahren müsse, und versprochen, ein paar Tage später nach Moskau zu kommen.

Am nächsten Tag gingen wir zu Epstein; Yehudi sollte mit ihm und der inzwischen fertiggestellten Bronzebüste fotografiert werden. Drei Tage darauf bekam er schließlich sein Visum und flog nach Moskau. Am selben Tag unternahm ich eine etwas zivilisiertere Reise nach Paris als die letzte, die von Ratten begleitet wurde. Das einzige Abenteuer im Zug von Calais nach Paris lieferte der Mann, der mir gegenübersaß. Als er einen der stets herumlungernden neugierigen Beamten, die einem das Leben seit Jahren erschwert hatten, erspähte, bat er mich eindringlich, eine Rolle Papiergeld in meinem Schuh zu verstecken. Mir blieb keine Zeit zum Protest, ich legte das Geld unter meinen Fuß und setzte mein unschuldigstes Gesicht auf, hielt dem Beamten freimütig meine Handtasche hin mit ihrer dürftigen, amtlich zugelassenen Summe französischer Franken und atmete auf, als er, von unserer Unschuld überzeugt, im Gang verschwand. Ich händigte dem dankbaren Mann das (sicher etwas angewärmte) Geld wieder aus. Paris begeisterte mich wie eh und je. Während ich auf Yehudi wartete, lieferte ich meine Vorräte bei meiner geliebten Kschessinskaja und ihrem Großherzog ab und ging in ein wunderbares Konzert von Casals, in dem er Elgar und Dvořák spielte. Anschließend nahm ich an einem Fest in der britischen Botschaft zu Ehren Winston Churchills teil. Die Franzosen hatten Churchill das Ehrenbürgerrecht der Stadt Paris verliehen und ihn zweifellos noch mit anderen Ehrungen ausgezeichnet, um ihm zu beweisen, daß ihre Dankbarkeit sogar die des *perfide Albion* übertraf. Die Gastgeber waren Duff und Lady Diana Cooper, und so wurde es ein fröhlicher, unbeschwerter Abend für mich, der sich bis sechs Uhr morgens hinzog, nachdem ich mit Mary, der Tochter des Hauses, die fünfundzwanzig Jahre später selber als Gattin des Botschafters in dem wunderschönen Haus residieren sollte, noch etliche Nachtklubs unsicher gemacht hatte. Trotzdem wartete ich händeringend auf Nachricht von Yehudi. Nach über einer Woche telegrafierte er mir, daß seine Pläne alle durchkreuzt worden seien und er sofort nach London zurückkehren müsse.

Unendlich enttäuscht marschierte ich zu Cooks, um meine Rückreise zum nächstmöglichen Zeitpunkt zu buchen. Eine riesige Menschenmenge drängte sich an der *Assemblée;* es war plötzlich das Gerücht aufgekommen, de Gaulle habe definitiv seinen Rücktritt angeboten. Diese dramatische Situation wurde gerade diskutiert. Ich begab mich zum Flughafen Le Bourget, wo ich hoffnungslos wartend herumsaß. Zum Glück lief mir ein befreundeter englischer Geschäftsmann in die Arme – genau der richtige Verbündete in solch einem vertrackten Moment. Wir gaben jegliche Hoffnung auf ein Flugzeug auf, setzten uns in eine Taxe, rasten in typisch französischem Eiltempo zum Bahnhof St. Lazare, erstanden die letzten beiden Fahrkarten, verpaßten den Zug um Haaresbreite und erwischten später das Schiff und dann den Zug nach London in letzter Minute. Ich kehrte nach Hause zurück, ohne Yehudi im Claridges vorgefunden zu haben. Auch am nächsten Tag kein Lebenszeichen von ihm , was um so beunruhigender war, als er am gleichen Abend in der Albert Hall auftreten sollte. Ich fuhr sofort ins Sanatorium zu Griselda. Vorher hatte ich mit ihrem ursprünglichen Londoner Krankenhaus telephoniert und darum gebeten, daß man sie dort noch einmal aufnähme mit dem Versprechen, es würde sich nur um eine kurze Zeit handeln, da ich hoffte, sie bald in die Schweiz bringen zu können. Diese Nachricht nahm Griselda natürlich mit Freuden auf. So ging ich, wie ich hoffte, zum letztenmal die lange Einfahrt entlang. Es war ein später Novemberabend, der Schlamm war halb gefroren und meine Treter wieder mit Heftpflaster verklebt.

Als ich bei meiner Rückkehr immer noch keinerlei Nachricht

von Yehudi vorfand, geriet ich in Panik. Was konnte nur in Rußland geschehen sein? Hielt man ihn dort fest? War sein Flugzeug bei diesem Winterwetter mit Eis und Schnee verunglückt? Es wäre nicht auszudenken. Allein in der Wohnung, müde und mit wehen Füßen, war ich den schwarzen Gedanken ausgeliefert, konnte mich zu nichts entschließen, konnte weder essen noch lesen, geschweige denn an irgend etwas denken, ohne daß meine ruhelosen Gedanken immer wieder in Panik um Yehudi kreisten. In solchen Augenblicken macht sich die Einsamkeit besonders grausam bemerkbar. Es war zu spät, zu dunkel und zu kalt, um einen Mantel überzuwerfen und hinauszugehen. Es gab kein Entrinnen aus dieser seelischen Qual.

Es klingelte. Froh über jede Ablenkung, selbst wenn ich nur ein paar Worte mit jemandem wechseln konnte, der verspätet ein Paket ablieferte, eilte ich zur Tür. Und da stand wieder Yehudi vor mir, verwahrlost und zerzaust, mit einer riesigen Büchse Kaviar in der Hand und einem großen, grüneingebundenen und mit Goldbuchstaben verzierten Band *Nash Ballet* (unser Ballett) unter dem Arm, der herunterzurutschen drohte. Etliche Päckchen lagen zu seinen Füßen. Wieder diese Freude, diese Erlösung von aller Angst und Sorge! (Wie konnte ich damals ahnen, daß es in den folgenden Jahrzehnten so weitergehen sollte und daß ich nie lernte, damit fertigzuwerden?) Wir zogen uns nur flüchtig um und gingen dann zum Essen in unser Stammlokal, ins Berkeley. Dort erzählte er mir die altbekannte Geschichte, daß es einfach unmöglich sei, den Russen irgendeine bindende Auskunft zu entlocken. Er hatte tagelang im Hotel und auf dem Flughafen gewartet. Alles wurde jedoch wettgemacht durch herrliche Konzerte, durch ein Diner, das der amerikanische Botschafter, Averell Harriman, bei dem er zum ersten Mal Schostakowitsch begegnet war, ihm zu Ehren gab, und durch den rührenden Empfang des Moskauer Publikums. Eines Morgens war er seiner Begleitung von Intourist entwischt und in eine Buchhandlung gerannt, wo er dieses faszinierende alte Buch, voll mit Bildern einstiger Ballerinen, gefunden hatte, deren Geschichte in das Pantheon eines jeden Tänzers gehört.

Aber über was konnte ich berichten? Nur über meinen endlosen Kampf mit den Hindernissen, die es zu überwinden galt, um Griselda in die Schweiz zu bringen, und über meine dauernde Angst, daß mir nicht mehr genügend Zeit blieb. Yehudi bat mich erneut, ihn helfen zu lassen, soviel er konnte, und ich fühlte mich ein wenig getröstet.

Und wieder gab es ein wunderbares Konzert in der Albert Hall mit Elgars Violinkonzert, das Yehudi so ganz zu seinem eigenen gemacht hat. Einer von Griseldas zahlreichen anhänglichen Admirälen fährt mit mir nach Midhurst und bietet ihr zumindest die kleine Annehmlichkeit, per Auto nach London und ins King's-College-Krankenhaus gebracht zu werden. Yehudi besucht sie. In seinem letzten Konzert in der Albert Hall spielt er das D-Dur-Konzert von Mozart und das Violinkonzert von Bartók. Am nächsten Tag gehen wir zu einer Privatausstellung in der Leicester Gallery, um dort die Epstein-Büste zu sehen. Dann ist alles vorüber.

Ich fuhr nach Hurn, wo sein Flugzeug, eine Skymaster-Maschine, nach New York starten sollte. Hurn ist ein trostloser Flugplatz aus der Kriegszeit.

In der Nissenhütte, die Menschlichkeit und Wärme entbehrt, stand Yehudi neben mir, umringt von recht lautstarken Amerikanern, und sah verlassener aus, als ich ihn je zuvor gesehen hatte. Er hielt einen großen Karton mit Krimwein vom Geburtsort seiner Mutter in der einen Hand und mich an der anderen. Es gab nichts mehr zu sagen – in dieser fremden Umgebung wäre alles nur banal gewesen. Selbst seine angeborene Zuversicht schien ihn im Stich gelassen zu haben. Vielleicht erriet der nette Flugoffizier vom Dienst unsere Traurigkeit, denn er lud mich ein, mit Yehudi und ihm zusammen in seinem Bus auf das Flugfeld zu fahren, wo ich innerlich aufgewühlt und stumm zusah, wie er in das Flugzeug stieg und auf und davon flog, soviel ich wußte, für immer, fort aus meinem Leben und zurück zu seiner Familie und einer fünf Monate dauernden Tournee durch die Staaten.

Bis zu diesem bitteren Ende hatte ich verschwiegen, wie sehr ich ihn liebte, ebenso, daß ich bereit war, auf ihn zu warten, wenn er mich wirklich ernstlich wollte. Niemals werde ich wissen, ob ich damals eine falsche Entscheidung getroffen habe. Tiefbetrübt kehrte ich zurück zu der leeren Wohnung, zu meinem Kampf um Griseldas Leben, und auf dem ganzen Weg weinte ich.

Yehudi rief am nächsten Tag um zwei Uhr morgens an. Sie hatten notlanden müssen, aber er war unversehrt. Der gute Puffin Asquith erwies sich als großartiger Freund. Bei etlichen Verwandten und politischen Freunden hatte er sich auf meine Bitte hin für Kentners Naturalisation eingesetzt und bewirkt, daß das Gesuch schließlich das Innenministerium erreichte. Wir bekamen die Nachricht, Louis Kentner werde wegen seines unschätzbaren Beitrags zur Musik in England ab sofort als Engländer eingebürgert und mit einem Paß versehen. Wieder war eine Hürde genommen. Um fünf Uhr morgens ruft Yehudi aus New York an. Und zwei Tage später wieder. Seine Anrufe sind mir ein großer Trost, er klingt jedesmal liebevoll und besorgt, und das bringt ihn mir wieder näher.

Endlich bekomme ich Griseldas Paß. Die dritte Hürde ist genommen. Am 19. Dezember 1945 wird Cecil Harcourt zum Ritter geschlagen.

Ich stelle die wichtigsten Papiere und Pässe zusammen und beginne meinen Angriff auf den Minister bei der Schweizer Legation. Immer wieder sollte ich dort vorsprechen und den armen Mann belästigen, bis er schließlich nachgibt und mir die Visa genehmigt, ohne die ich nicht in die Schweiz einreisen kann.

Ein langes Telegramm kommt von Yehudi, in dem er mir mitteilt, daß er Sir Alexander Fleming gesprochen habe, der uns die neueste Medizin gegen Tuberkulose schicken werde. Ich versuche zu glauben, daß diese Neuentdeckung wirklich von Nutzen sein wird. Dann kommt ein Anruf von der überseeischen Fernvermittlungsstelle: Ich möchte mich bitte für ein Gespräch mit Mr. Menuhin bereithalten. Vier lange, aufregende Tage saß ich am Telefon, wagte kaum, einen Schritt aus der Wohnung zu tun, weil von Zeit zu Zeit erneut die Ankündigung kam, um nach einer Weile widerrufen zu werden. Es ist Neujahrsabend, und ich warte immer noch, allein und völlig deprimiert. Ich feiere nicht einmal den Jahreswechsel; total erschöpft und nur noch betend, daß 1946 für Griselda und für mich eine Wende zum Besseren bringen möge, schlafe ich darüber ein.

Zehn lange Tage warte ich sehnsüchtig auf Yehudins avisierten Anruf. In dieser Zeit hole ich Griselda aus dem Krankenhaus in unsere Wohnung, in der Hoffnung, daß sie es hier bequemer hat und ihre Lebensgeister wieder erwachen. Dann endlich höre ich Yehudis Stimme, voll liebevoller Fürsorge. Er bittet mich, ihn auf seiner Amerikatournee zu begleiten. Als ich ihm schweren Herzens erkläre, daß es unmöglich sei, Griselda jetzt allein zu lassen, erstirbt plötzlich die Leitung und damit ein Großteil meiner Hoffnung, daß wir je wieder zusammenkommen.

10. Juni 1946. Erste Konferenz der Organisation der Vereinten Nationen.
Ein Amerikaner ruft mich aus dem Savoy an. Er hat Päckchen für Griselda, Louis und mich von Yehudi mitgebracht. Als ich meines öffne, erblickte ich ein Paar derbe Schuhe (Lebewohl, Heftpflaster!), meine allerersten Krokodillederschuhe und sechs Paar Nylonstrümpfe. So viel Großzügigkeit! Griseldas Paket enthält mehrere Konservendosen, die ihr zu neuem Appetit verhelfen sollen. O du wunderbarer Yehudi! In der folgenden Woche gelingt es ihm, mich fast täglich von dem einen oder anderen Ort anzurufen. Er weiß, daß ich mit wachsender Verzweiflung um die Ausreisegenehmigung kämpfe. Der gute Cyril Richard wendet sich anläßlich einer Schweizer Filmpremiere an das Publikum und erklärt öffentlich, daß Leute, die gesund und munter sind, ohne weiteres zum Skilaufen in die Schweiz reisen dürften, während ich, die ich meine todkranke Schwester dort in ein Sanatorium bringen wolle, keine Reiseerlaubnis bekäme. Seine Worte erscheinen in einer der Tageszeitungen. Das und ein frühmorgendlicher Anruf von Yehudi geben mir neuen Aufschwung. Erneut attackiere ich die Schweizer Botschaft zwischen ihr und dem französischen Konsulat hin und her pendelnd, um Transitvisa zu bekommen (weshalb ausgerechnet da, ist mir nie klar geworden, es sei denn, man zöge einen Absturz über französischem

Gebiet in Erwägung, der uns zu illegalen Leichen gemacht hätte). Schließlich halte ich triumphierend die Schweizer Visa in der Hand. Aber unsere Pläne sollten während der folgenden drei Wochen wieder und wieder durchkreuzt werden: Die Bank verlangte mehr ›Beweise‹, bevor man bereit war, mir den erforderlichen Betrag in ›freier Sterlingwährung‹ zu bewilligen. Griseldas heißgeliebter Admiral schrieb an den Gouverneur der Bank of England. Ich verbrachte einen ganzen Tag mit Anrufen bei Cooks und der Bank, um unsere Rückfahrtkosten sicherzustellen. Alles erfolglos. Aber dann kam der wunderbare Augenblick, wo ich endlich unsere Pässe, vorschriftsmäßig abgestempelt, abholen konnte. Unser Gesuch ist endlich befürwortet worden. Zwei Plätze sind für den 13. Februar gebucht, und Yehudi ruft wieder aus New York an. Außer mir vor Freude und Aufregung nehme ich den Bus zum Airways House, wo mir nach einstündigem Warten mit der für kleine Angestellte typischen Genugtuung mitgeteilt wird, daß keine Bestätigung vorliege – ergo keine Flugkarten. Beunruhigt mache ich mich erneut auf den Weg zur Schweizer Botschaft. Dort sagt man mir nach einstündigem Tauziehen, daß die Maschine vom 13. sowieso bereits ausgebucht sei. Den Tränen nahe, ziehe ich meine Trumpfkarte hervor: den Brief des Admirals an den Direktor der Bank of England. Dieses Schreiben zusammen mit meinem langen Kampf und meinen Tränen muß ihr Herz erweicht haben, denn ich bekomme eine Buchung für den neunzehnten. Der treue Puffin rettet mich zu einem Mittagessen und bringt mich anschließend zum Airways House, wo ich nach einer weiteren nervenaufreibenden Warterei meine Flugtickets erhalte. Ich starre auf die Scheine, unsere Visa und Pässe und kann kaum glauben, daß ich nach all diesen Monaten des Kampfes schließlich doch den Sieg errungen habe. Allerdings wird die Freude getrübt durch die Sorge um die immer elender werdende Griselda und die Angst, daß die Rettung womöglich doch zu spät kommt.

Während der nächsten Woche rief Yehudi mich täglich an, immer ermutigend und liebevoll besorgt, denn er hörte aus meiner Stimme nicht nur die totale Erschöpfung nach den langen Kämpfen heraus, sondern auch die Angst vor dem Urteil, dem wir uns im Sanatorium stellen mußten. Vielleicht war es die gleiche Angst, die Griselda am Vorabend unserer Abreise dazu trieb, mich anzugreifen. Ich brachte sie ins Bett, nachdem die Koffer gepackt und die wertvollen Papiere in meiner Tasche verstaut waren. Da warf sie mir plötzlich mangelnde Wärme und Lieblosigkeit vor. Ich sei nur herrisch und gefühllos mit ihr umgegangen, habe überhaupt kein Mitgefühl gezeigt, etwas, was ihr während der langen neun Monate lieber gewesen wäre als alles andere. Tief erschrocken und verletzt ging ich in mein Zimmer und weinte eine Stunde. Mit den Tränen brach die ganze aufgestaute Angst aus mir heraus. Ich hatte sie unterdrückt, weil ich immer fürchtete, Griselda könne Verdacht schöpfen, wenn ich zu liebevoll und besorgt wäre, abgesehen davon, daß dadurch meine eigene resolute Haltung ins Wanken geraten wäre. Schließlich schlief ich ein, zerrissen von dem verzweifelten Gefühl, daß ich sie sichtlich enttäuscht hatte. Noch nie war mir Yehudi so weit weg und die Zukunft so unsicher erschienen.

Am darauffolgenden Tag, dem 19. Februar, rief Yehudi aus Chicago an, um uns gute Reise zu wünschen, und das gab mir Mut für unsere bervorstehende Fahrt. Als die Maschine in die Luft stieg – dies war mein erster Flug überhaupt –, blickte ich auf das entschwindende Land unter uns und konnte kaum glauben, daß ich endlich die Schlacht halbwegs gewonnen hatte. Vor uns lagen die lange Reise in die Berge und der Urteilsspruch des Arztes.

In Zürich angekommen, wurden wir von einem Krankenwagen abgeholt. Als man uns beim Einsteigen half, sah ich mich zu der Erklärung genötigt, daß trotz meines hageren Gesichts nicht ich, sondern meine Schwester die Patientin sei. Griselda hatte, zumindest äußerlich, wieder etwas von ihrem Liebreiz zurückgewonnen.

Wir verbrachten die Nacht in Zürich. Am folgenden Tag ging die Reise weiter durch die winterliche Landschaft hinauf nach Davos, wo der Schnee im vierten Wintermonat so dick lag, daß man uns auf einen Schlitten verfrachtete, in Wolldecken einwickelte und zum Klang der Pferdehufe und dem Geklingel der Glocken bis zur Drahtseilbahn brachte. Griseldas Stimmung besserte sich zusehends. »Anna Caramelina«, sagte sie entzückt.

Das Sanatorium Schatzalp (es existiert schon längst nicht mehr) war das reale Vorbild für den Schauplatz in Thomas Manns *Zauberberg*. Der Chefarzt, Doktor Maurer, war ein gewaltiger kleiner Mann. Das Gebäude wirkte trostlos und steril mit seinem kalten Mobiliar, der sparsamen Ausstattung und dem völligen Verzicht auf Farbe. Aber aus dem großen Fenster in Griseldas Zimmer hatte man einen herrlichen Blick auf die gegenüberliegende weiße Wand der Berge, auf schneebeladene Bäume, die sich in Gruppen und Reihen den ganzen Weg bis hinunter zu der kleinen Stadt im Tal erstreckten und die nackte Leere milderten. Die reine, eisige Luft, das Licht und die weißen Kristalle im Glanz der Sonne ließen mich für einen Augenblick die Angst vergessen, die mich so lange beherrscht und jetzt ihren Höhepunkt erreicht hatte.

Mit ihrer ironisch verbrämten Tapferkeit stand Griselda die ersten Untersuchungen durch und auch die folgenden Wochen, in deren Verlauf sie sich immer wieder Tests unterziehen mußte. In der ersten Nacht dort schrieb ich meinen dreiunddreißigsten Brief an Yehudi. In den folgenden zehn Wochen sollte ich ihm jeden Tag, den Gott werden ließ, schreiben. Das gesunde Essen, die saubere Luft, der herrliche Ausblick und schließlich die wunderbare Nachricht, daß sich das Loch in Griseldas Lunge geschlossen hatte (auch wenn das Organ noch eine lange Zeit brauchen würde, um sich zu kräftigen und ganz gesund zu werden, bevor sie in den normalen Alltag zurückkehren konnte), waren wie ein Geschenk des Himmels. Ganz langsam stiegen wir aus der Tiefe der Verzweiflung wieder empor. Griselda hatte in ihrer typischen Art bereits die meisten interessanteren Männer im Sanatorium, zu denen auch Dr. Maurer gehörte, erobert. So nahm ihr Dasein wieder etwas Farbe und Form an nach all den grauenhaften Monaten, die sie hatte durchstehen müssen.

Von Zeit zu Zeit gelang es Yehudi, telephonisch zu mir durchzukommen, und der Klang seiner geliebten Stimme gab mir weiter Mut. Er hatte vor kurzem ein dringendes Telegramm an J. G. McLure, den amerikanischen Oberbefehlshaber in

Deutschland, geschickt und ihn darin ernsthaft gebeten, Furtwängler wenigstens das Recht zur Entnazifizierung zuzubilli-
gen (das ihn von seiner angeblichen Kollaboration mit dem
Naziregime freisprechen würde). Von den Franzosen, Engländern und Russen war das Verfahren bereits bewilligt worden.
Am 16. März 1946 hielt Churchill in Fulton, Missouri, seine
berühmte Rede, in der er den Westen vor der Macht seines
neugewonnenen Alliierten Rußland und den Gefahren der
Politik Stalins warnte. Ich las in der Zeitschrift *La Suisse*
Stalins machiavellistische Erwiderung.

An einem sonnigen Tag wurden alle Patienten, bei denen
zumindest teilweise Heilung eingetreten war, in Schlitten verladen, um eine Landpartie per Schlitten zu veranstalten. Fünfzehn Pferde, mit Luftballons am Geschirr, zogen die Schlitten
unter Glockengeläute auf verschneiten Wegen bis nach Monstein, wo mit etlichen Litern Rotwein im Freien zu Mittag
gegessen wurde. Auf dem Rückweg gab es einen Tanztee in
Davos. Oh, diese wundervolle Flucht aus der Krankheit zurück
in das normale Leben gesunder Menschen – diese Flucht in die
Unbeschwertheit. Erst am Spätnachmittag kehrten wir zurück,
purzelten unter Lachen und mit leichtem Herzen aus der
Drahtseilbahn und gingen in unsere Zimmer. Griseldas Krankenschwester erschien mit der Medizin. Der kleine Türkenjunge, den wir hatten zurücklassen müssen, war während
unserer Abwesenheit gestorben, sagte sie uns. Plötzlich fiel das
Dunkel wieder in unsere Seelen. Alles Licht und alle Wärme
waren erloschen. Ich machte mich auf den Weg zu meinem
Zimmer in einem benachbarten Chalet, in dem die wenigen
Verwandten der Kranken untergebracht waren. Als ich den
langen Flur entlangging, konnte ich nicht umhin, versiegelte
Türen wahrzunehmen, deren Anblick ich immer wieder gemieden und aus meinem Bewußtsein verbannt hatte. Diese Türen
hatten auch einmal offengestanden – jetzt verrieten sie mir,
daß hier kürzlich der Tod eingekehrt war; der Tod eines
Menschen, mit dem man vielleicht einmal im Eßsaal gesprochen hatte, dem man in der Halle begegnet war, dessen Hoffnungen einem so vertraut waren wie die eigenen. Die grauenhafte Gefahr dieser schrecklichen Krankheit kam mir wieder

neu zu Bewußtsein und senkte sich wie ein feuchtkaltes Lei-
chentuch auf mich, und ich erschauderte in meinem kleinen
Zimmer und betete dafür, daß Griselda ein Rückfall erspart
bleiben möge. Ich sehnte mich nach jemandem, mit dem ich
sprechen und meine Angst teilen könnte. Und wie an jedem
anderen Tag schrieb ich an Yehudi, der so unendlich weit
entfernt war.

17 Bilanz wider Willen

It is the poems you have shared
The ills from missing dates at which the heart expires
Slowly the poison the whole bloodstream fills
It is not the effort nor the failure
The waste remains the waste remains and kills.

WILLIAM EMPSON

Wir schreiben April, den schönsten Monat im Hochgebirge. Es schneit fast nicht mehr, jeden Tag scheint die Sonne, und im Schnee tanzen tausend Diamanten. Ab und zu löst sich ein Klumpen Schnee von den schwerbeladenen Ästen der Bäume und plumpst zur Erde; ein Zeichen, daß der Winter langsam abgeschüttelt wird. Dort, wo nur noch eine dünne Schneeschicht den Boden bedeckt, wagt sich tiefblauer Enzian hervor. Millionen Sterne durchbrechen die Schwärze des Nachthimmels, als spiegelten sie die Helle des Tages auf einem Negativ wider.

Bald wird Louis Kentner, dessen Naturalisationspapiere jetzt in Ordnung sind und der seinen Reisepaß in Händen hält, hier eintreffen, um Griselda zum Altar zu führen. Der 15. April bringt ein Telegramm von Yehudi aus New York, in dem es schlicht heißt: »Reise ab.« In dieser Nacht schlafe ich kaum. Als das Wandtelefon im Flur vor meinem Zimmer klingelt, bin ich als erste zur Stelle, denn ich weiß, daß es nur Yehudi sein kann. Seine sehnsüchtige Stimme klingt undeutlich vor lauter Müdigkeit, ich selbst habe einen Kloß im Hals und kann kaum sprechen. Er ist wieder in London. Neunzehn lange Wochen der Trennung sind gottlob zu Ende. »Liebling, ich wollte eigentlich heute nachmittag zu dir kommen, nur –« er zögert, und dann: »Würdest du bitte noch einen einzigen Tag Geduld haben?« Das Schicksal, stellt sich heraus, hat unbegreiflicherweise dafür gesorgt, daß Nola und die Kinder, nach einem monatelangen Aufenthalt bei ihrer Familie in Australien, anstatt nach Hause zurückzukehren, am nächsten Tag in London eintreffen werden. Und das, obgleich Yehudi die letzten beiden Wochen in Alma auf sie gewartet hatte. »Ich werde sie abholen, unterbringen und dann übermorgen zu dir fliegen. Nur noch ein einziger Tag, mein Schatz, ich verspreche es dir.« Er hatte französisch gesprochen, wie wir es in der ersten Zeit oft zu tun pflegten, und ich höre mich noch heute an meiner Antwort würgen: *»Yehudi, j'ai peur, j'ai peur…«* [ich habe Angst]. »Wie kannst du nur so ängstlich sein?« fragte er zurück, »wir sind doch schon morgen wieder zusammen.«

Mit meinem sechsten Sinn hatte ich befürchtet, daß weder er noch ich die Kraft haben würden, uns zu wehren, sollten plötzlich irgendwelche Hindernisse seine Pläne durchkreuzen. (Schon längst hatte er ohne mein Wissen Nola, die sich inzwischen einem anderen Mann zugewandt hatte, seine Absichten dargelegt.) Yehudi würde aus Scheu vor jeder Art Disharmonie und aus fehlendem Selbstbewußtsein heraus nicht kämpfen können, und ich nicht, weil ich zu sehr an einen Ehrenkodex gefesselt war, der es mir verbot, eine Situation zu forcieren, in der ich keinen moralischen Anspruch erheben konnte.

Bei Yehudis rührenden Beteuerungen, unserem Wiedersehen, das wir beide so herbeigesehnt hatten, stünde nichts im Wege, fühlte ich mich beschämt durch sein liebendes Vertrauen und bat ihn um Verzeihung. Aber ich erzählte ihm nichts von der immerwachen bösen Fee, die schon so oft in meinem Leben soviel Hoffnung zunichte gemacht hatte.

Aber, weh mir, meine Ängste waren begründet. Yehudis schlichtes Vertrauen, das auf viel Erfüllung in seinem Leben beruhte, wurde erbarmungslos zerstört von den bitteren Konseqenzen, mit denen Nola ihn so plötzlich konfrontierte. Sie habe es sich anders überlegt und werde ihn nicht freigeben. Er sei ihr und der gemeinsamen Ehe verpflichtet. Sie kannte Yehudi und seine Opferbereitschaft gut genug, um zu wissen, daß sie ihn mit diesem klugen Schachzug zwingen würde, sofort zu seiner Familie zurückzukehren.

Louis traf ein, wie verabredet, und ich fuhr mit ihm nach Zürich, um die amtliche Heiratserlaubnis einzuholen. Am 29. Mai heirateten er und Griselda im Stadthaus von Zürich.

Yehudi und Furtwängler waren Trauzeugen. Griselda brauchte mich nun nicht mehr, und am 1. Juni kehrte ich allein in unsere Wohnung in der Chesham Street zurück, wo ich der guten Winifred half, Griseldas Sachen in das entzückende Haus zu bringen, das Louis in Chelsea gefunden hatte.

Danach ging ich nach Paris, um den Tanz wieder aufzunehmen. Mein Leben schien mir bedeutungslos geworden. Ich wurde schwerkrank, und als ich die Klinik verlassen konnte, kehrte ich nach London zurück, wo mein liebevoller Stiefvater, der inzwischen aus Hongkong zurückgekommen war, mich vom Flugplatz abholte. Er kam in Begleitung des Admirals, der mich bei allen meinen Bemühungen, Griselda ins Sanatorium zu schaffen, unterstützt hatte. Sie brachten mich zu der Wohnung zurück, in der jetzt nur noch mein Bett und ein Stuhl standen.

Vor Monaten, als ich noch in einer anderen Welt und Zeit lebte, hatte ich mir ein Ticket und ein Touristenvisum für die Staaten besorgt. Ich saß auf einer Kiste und sah um mich herum nur leere Regale und helle Flecken an der Wand, wo einst Bilder gehangen hatten. Im Geiste schritt ich durch die Räume, in denen Yehudi und ich uns lieben gelernt hatten. Ich fand Trost in Griseldas Heilung und Heirat und beschloß, da ich vollkommen ausgelaugt war und weder ein Zuhause, eine Arbeit noch irgendeine Hoffnung besaß, das einzige, was mir geblieben war, nämlich mein Ticket nach Amerika, zu nutzen. Weiter in London zu leben, wäre unerträglich gewesen. Mit der seltsamen Entschlossenheit und Zielstrebigkeit, die aus einer totalen Leere erwächst und nur dann in Erscheinung tritt, wenn man im Leben einen absoluten Tiefpunkt erreicht hat, buchte ich meinen Flug nach New York. Ich packte die wenigen mir verbliebenen Habseligkeiten zusammen, setzte meine Eltern und Griselda von meinem Plan in Kenntnis und wartete in der Vorhölle, die jetzt mein Leben ausmachte.

Rachel und Michael Redgrave hatten gehört, daß ich allein in der leeren Wohnung saß, denn mein Abflug verzögerte sich um drei Tage. Als gute Freunde bestanden sie darauf, daß ich bis zum Antritt meiner Reise bei ihnen wohnte. In ihrem schönen Haus am Flußufer überfiel mich ein seltsamer Friede. Was gewesen war, mußte wie ein totgeborenes Kind für immer begraben werden. Vielleicht könnte ich es eines Tages wagen, mich an eine wunderbare Hoffnung zu erinnern, auf die ich keinen Anspruch besaß; und daß ich einst an sie glaubte, hatte ich einzig und allein mir selbst vorzuwerfen.

Jetzt hieß es für mich: vorwärtsgehen ins *néant* [das Nichts].

Am 23. September brachten Mama und Griselda mich zum Bus am Airways House. Als ich mich nach ihnen umwandte und sie durch die Scheiben dort stehen sah, bemerkte ich auf Mamas Gesicht den üblichen leicht mißbilligenden Ausdruck. Griselda liefen die Tränen über die Wangen.

Damals war eine derart lange Flugreise in einer Propellermaschine ein gefährliches Abenteuer. Nach etlichen Zwischenlandungen und weiteren Flugstunden zwischen dem geschlossenen New Yorker Flughafen und einem wolkenbedeckten Boston erklärte der Pilot Boston als das kleinere Übel. Das war am Abend des nächsten Tages. Ein freundlicher Mann, mit dem ich mich während des Fluges unterhalten hatte, brachte mich zum Bahnhof, wo ich eine Fahrkarte nach New York erstand. Als ich dort nach Mitternacht ankam, stellte sich heraus, daß mein reserviertes Zimmer inzwischen vergeben und das Hotel voll war. Man entschuldigte sich und führte mich in einen kleinen Saal, in dem es stark nach schalem Zigarettenrauch und Alkohol roch. Als erstes entleerte ich ein Dutzend Aschenbecher in einen Papierkorb, wischte anschließend Bier- und Whiskylachen von den langen Tischen, zog mir die Schuhe aus, drapierte meinen Mantel über die Tische und versuchte zu schlafen. Es war inzwischen drei Uhr morgens geworden. Ich hatte geglaubt, den tiefsten Punkt in London erreicht zu haben. Das war ein Irrtum; ich sollte noch viel tiefer fallen.

Am nächsten Morgen wachte ich mit steifen und schmerzenden Gliedern auf. Der freundlichen Geschäftsführerin, die sich als Engländerin entpuppte, war es gelungen, mein Zimmer zurückzuerobern. Ich hatte nicht einmal Yehudis Adresse bei mir, da ich nicht die Absicht hegte, ihn wiederzusehen oder in seine Ehe einzubrechen, zu deren Weiterführung er offensichtlich umgestimmt worden war, obgleich diese Ehe seit Jahren nur noch auf dem Papier existierte.

Anton Dolin und Alicia Markova tanzten am American Ballet Theatre. Toni und Klari Dorati waren auch in New York, wo Toni für die Basil-Truppe dirigierte. Lucia Chase, die Leiterin der American Broadcasting Corporation, hatte mir kurz vor Kriegsausbruch eine Stelle angeboten, und ich war mir sicher, daß ich bei dem einen oder anderen Arbeit finden würde. Inzwischen trainierte ich wieder intensiv. Ich nahm an dem Privatunterricht einer langjährigen Freundin, der Tänzerin Ana Ricarda, teil, die ich zuvor als Ann Simpson gekannt hatte und deren Mutter eine Freundin meiner Mutter war. Den Unterricht gab ein überschwenglicher Italiener namens Celli. Pfeifend, stampfend und singend lotste er uns durch seine selbsterfundenen, recht ungewöhnlichen ›enchaînements‹.

Ein paarmal tanzte ich bei irgend jemandem vor, mußte aber wiederholt vor lüsternen Grapschereien fliehen, die offenbar bei solchen Vorstellungen gang und gäbe waren. Pat Dolin verbrachte jede freie Zeit mit mir, aber weder er noch Sol Hurok, der damals führende Ballett- und Konzertimpresario, der von mir als ›Dolins schönem Mädchen‹ sprach, boten mir ein Engagement an. Allerdings wäre ich auch lieber Hungers gestorben als in das Chaos zurückzukehren, in das sich die Basil-Truppe mehr und mehr verwandelt hatte. Ich hatte inzwischen das Stadium des akuten Hungers erreicht, denn mein Geld schwand allmählich dahin, und die paar Empfehlungen, die mir der beste aller Freunde (Ivor Newton, der berühmte Begleiter) mitgegeben hatte, waren auch nach ein paar Wochen abgehakt. Zumindest hatten sie es mir ermöglicht, mich mit Cocktailkeksen und gesalzenen Mandeln über Wasser zu halten, und manchmal war ich sogar zu einem regelrechten Essen eingeladen worden. Mein Frühstück bestand aus Kaffee und ein paar Keksen, die ich vorsorglich eingeteilt hatte; zum Mittagessen gab es ein Butterbrot und am Abend ein Stück Käse und einen Apfel, die ich in meinem kleinen Zimmer zu mir nahm. Schon längst war ich nicht mehr Gast im Eßsaal. Auf einer dieser Cocktailpartys, bei denen ich vorgestellt wurde, traf ich wieder auf Edward James.

Er lud mich zum Essen ein, und während wir lange und

wehmütig über unsere Erinnerungen an *Les Ballets 1933* sprachen, stopfte ich mich für zwei Tage voll.

Nur allzu schnell wich die willkommene Lähmung der Sinne und des Herzens, die mich zu dem Schritt in diese unbekannte Welt motiviert hatte. Allmählich, wie das Prickeln eingeschlafener Glieder, deren Blutzufuhr erneut beginnt, kam mir meine aussichtslose Lage zu Bewußtsein, meine Einsamkeit, meine Armut und der mechanische Ablauf eines jeden Tages. Ohne Sinn und Ziel kam mir mein Leben wie das Dasein eines Tieres vor, das am Morgen erwacht und, ohne sich dessen bewußt zu sein, seinem Rhythmus durch die Stunden folgt. Klari, liebenswürdig wie immer, erzählte mir eines Tages, als sie mich zum Mittagessen eingeladen hatte, daß Yehudi wieder in New York sei und mich sehen wolle. Sie hatte ihm berichtet, daß ich hier Arbeit suchte. Hätte ich mich noch immer in dem früheren Lähmungszustand befunden oder Arbeit gehabt und mir ein eigenes Leben aufgebaut, wäre es mir leichtgefallen, abzulehnen. So aber – ohne Halt, hungrig, arbeitslos, mit schwindender Hoffnung und zunehmender Angst – stimmte ich zu. Wir sahen uns einige Male. Er wußte, daß es nichts gab, was er mir hätte sagen können, und ich konnte ihm unter keinen Umständen mein Herz ausschütten, denn das hätte wie eine Anklage gewirkt. Einmal brachte er seine kleine Tochter Zamira mit, ein sonderbar verloren anmutendes Kind, dessen zaghafte, vorsichtige Annäherung etwas Rührendes hatte. Ich dachte daran, daß ich ihrem Vater an ihrem fünften Geburtstag zum erstenmal in Mulberry House begegnet war; inzwischen mußte sie mindestens sieben Jahre alt sein. Nach diesem ersten Treffen rief sie mich jeden Morgen an und bat, mich besuchen zu dürfen. Wir gingen entweder spazieren oder besuchten eine Ballettvorstellung. Manchmal kochte ich uns ein Mittagessen, denn inzwischen war ich in ein billiges Apartement umgezogen. Und dann kam der Abend, an dem ich es nicht länger ertragen konnte: dieses Hungergefühl, die Geldsorgen und nicht zuletzt das geplatzte Engagement, an das ich mich voller Hoffnung geklammert hatte.

Meine scheinbar unauslöschliche Hoffnung starb mit einem letzten Flackern. Ziellos trieb ich durch die Straßen. Mir graute vor den Menschen um mich herum; alles und jedes war mir fremd, nichts davon gehörte zu mir und nichts von mir gehörte zu ihnen; nichts hatte mehr Bedeutung. Ich war nun seit sieben Wochen in New York, seit sieben demütigen Wochen, in denen ich von der Hand in den Mund und von der Wohltätigkeit einiger Bekannten lebte, die mich zum Essen einluden. Allmählich glaubte ich nicht mehr daran, daß ich noch für irgend jemanden oder irgend etwas von Nutzen sei. Eine überflüssige Touristin in einem fremden Land. Es war an einem kalten Dezemberabend, als ich auf der Fifth Avenue wanderte und inmitten der sich langsam auflösenden Menschenmassen in Richtung Innenstadt ging. Mein Leben lang habe ich scheinbar unlösbare Probleme auf Spaziergängen zu lösen versucht. Irgendwie bildet sich durch den Rhythmus der Schritte eine Strömung, die selbst das hartnäckigste Hindernis losreißt und von dem erstickenden Mittelpunkt, wo man fast nicht mehr atmen kann, entfernt. Ich schien von Fremden umgeben zu sein, die alle auf einen Menschen oder einen Ort zustrebten, der auf sie wartete. Nur ich war entbehrlich, nahm nichts in mich auf und fühlte nichts anderes als meinen Schmerz. Zwei Stunden später fand ich mich in der Nähe des Hafens wieder. Die verwahrlosten Gebäude ringsum sahen aus wie Haufen von schäbigen Kleidern, die man auf beiden Seiten der engen Straße weggeworfen hatte. Ich verspürte keine Angst, obgleich ein Teil von mir wußte, daß ich mich in dem finstersten und gefährlichsten Stadtteil New Yorks befand, nachdem ich fünfzig Häuserblocks passiert hatte. Ich lehnte mich gegen einen Pfahl und starrte auf das schmutzig brodelnde Wasser. Ich wandte mich um und stapfte die Avenue wieder zurück. Erstes Morgenlicht breitete sich hinter den Wolkenkratzern aus und gab ihnen Leben, so daß sie riesigen Pflanzen glichen, die über Nacht hochgeschossen waren.

Am nächsten Morgen kam mit der Post eine Einladung der ›Boys‹ Frank Ingerson und George Dennison. Ich solle meinen einsamen Kampf in New York aufgeben und zu ihnen nach Kalifornien kommen. Also packte ich meine Siebensachen, kaufte mir von meinem restlichen Geld eine Flugkarte und kam am 14. Dezember in einer wahrhaft paradiesischen Landschaft

an. Dort fiel ich in die ausgebreiteten Arme der zwei langjährigen Freunde meiner Mutter und Großmutter. Beide hatte ich
seit meinem zwölften Lebensjahr nicht mehr gesehen.
Das Haus der ›Boys‹ war umgeben von riesigen Eichen und
Obstbäumen. Es lag in den Bergen von Santa Cruz, am Fuße des
Hügels, auf dem Yehudi sein Haus gebaut hatte. Zwischen ihnen
und der jungen Menuhin-Familie bestand seit vielen Jahren
eine enge Freundschaft. Sie hatten Yehudis Vater, Aba, vorgeschlagen, die 90 Morgen Land zu kaufen, auf denen das Haus
Alma stand. Und sie hatten damals den Empfehlungsbrief an
meine Mutter (der uns nie erreichte) geschrieben und schließlich vor zwei Jahren Yehudi unsere Telefonnummer gegeben.
Ich hörte nach ein paar Tagen, daß Yehudi in seinem Haus
oberhalb von uns angekommen war. Eines Morgens erschien er
bei uns im Tal und bat mich, mit ihm zusammen seine Eltern zu
besuchen, die seit 1936 in der benachbarten Kleinstadt Los
Gatos wohnten. In meinem verworrenen Seelenzustand, in
dem ich nur funktionierte, wenn ich wie ein billiger Wecker
täglich aufgezogen wurde, willigte ich ein. Yehudis Eltern waren
ein legendäres Paar, das in der Musikwelt wegen seines gegen-
sätzlichen, ausgesprochen lebhaften Temperaments berühmt
war. Aba war sprunghaft und gefühlvoll. Er vergötterte seinen
Sohn mit einer Liebe, die eher leidenschaftlich als klug war. Die
Mutter, ›Mammina‹, einst eine große Schönheit, war als echte
Russin gebieterisch und rechthaberisch und verstand es auf
rätselhafte Weise, ihre Gefühle zu verbergen. Mit anderen
Worten: Hier hatten sich zwei im Grunde unvereinbare Cha-
raktere zusammengetan, die aus moralischer Überzeugung,
durch Abas unauslöschliche Liebe und ihre totale elterliche
Hingabe verbunden blieben. Wohl nicht die ideale Vorausset-
zung für häusliche Harmonie, wie ich später erfahren sollte. Bei
dem täglichen Kleinkrieg fegten die Geschosse nur so über den
Eßtisch. Trotzdem bildeten die beiden ein organisches Ganzes.
Aba war ein liberal denkender Mensch aus Überzeugung, der
seine Kinder über die Natur des Menschen aufklärte, immer
darauf bedacht, das Los der Menschheit zu verbessern. Mammina beschränkte sich freiwillig auf die Rolle der vorbildlichen
Mutter, wenn auch mit matriarchalischem Verhalten, das ihr

auf fast jedem Gebiet, mit Ausnahme der Politik und der Haushaltsfinanzen, eine gewisse Vorrangstellung gegenüber Aba verschaffte. Ich fand beide faszinierend, obgleich man bei ihnen immer wie auf einem Pulverfaß saß. Ich lernte auch Yaltah, Yehudis jüngere Schwester, kennen, eine hübsche junge Frau mit dem goldblonden Haar ihrer Mutter. Einige Tage später traf Yehudis geliebte Schwester Hephzibah aus Australien ein, mit ihrem Mann Lindsay und ihren zwei kleinen Söhnen, Kronrod und Marstie. Durch den Krieg waren Yehudi und Hephzibah fast sechs Jahre lang getrennt gewesen, und es war wunderbar, die Freude und Aufregung ihres Wiedersehens mitzuerleben. Eine mir bislang unbekannte Seite seines Wesens schien lebendig zu werden, als hätte er neuen Auftrieb bekommen. Ich hatte schon vor den ›Boys‹ von dieser tiefen, unzertrennlichen Gemeinschaft der beiden Geschwister gehört. Aber es verband sie nicht nur das gemeinsame Musizieren, sondern auch derselbe Humor und die Freude, wenn sie zusammen sein konnten. Hephzibah hatte sich schon als Kind immer sehr nach ihrem Bruder gesehnt, von dem sie schon so früh getrennt wurde, wenn er mit dem Vater auf Tournee ging. All dies sah ich jetzt ganz lebendig vor mir. Und ich fühlte mich erleichtert bei dem Gedanken, daß Yehudi, selbst wenn er sich niemals meinetwegen aus seiner Ehe lösen könnte, doch einen ihm engverbundenen Menschen hatte, der ihm für alle Zeit liebevoll und tröstend zur Seite stehen würde.

Ein weiterer Trost wurde mir zu meiner Überraschung durch die Herzlichkeit und Unterstützung von Hephzibah und ihrem Mann Lindsay, Nolas sympathischem Bruder, zuteil. Lindsay nahm mich in dieser Phase geistiger und seelischer Verkümmerung unter seine Fittiche und setzte sich, zunächst ohne mein Wissen, für mich ein, obgleich ich selbst längst alle Hoffnungen begraben hatte. Die ›Boys‹ hatten mir inzwischen trotz ihres mageren Portemonnaies für vierzehn Dollar ein schwarzes Kleid und eine Wolljacke gekauft, um meine knappe Garderobe zu vergrößern. Sie hatten vor, mich nach Hollywood zu bringen, wie sie es vor fast zehn Jahren mit der jungen Olivia de Havilland gemacht hatten, um mich ihren Freunden in einflußreichen Positionen vorzustellen und mir einen neuen beruflichen Anfang zu ermöglichen. Ich erfuhr, daß Lindsay die Beziehung seiner Schwester zu Yehudi schon früher mit Mißfallen beobachtet hatte, da er ihr Temperament und ihre Unberechenbarkeit kannte. Er selbst war hochmusikalisch und zweifelte sehr daran, daß sie je die schwere und verantwortungsvolle Aufgabe erfüllen könnte, die eine so große Karriere wie die von Yehudi ihr stellte.

Das Jahr näherte sich seinem Ende. Die beiden, Hep und Lindsay, bezogen mich immer mehr in Yehudis Leben ein. Sie nahmen mich mit einer so unerwarteten Zuneigung auf, daß meine Gefühle in Aufruhr gerieten. Ich hatte – jedenfalls hoffte ich es – meine ganze verzweifelte Sehnsucht inzwischen ausgelöscht und plante, wenn sich beim Film keine Arbeitsmöglichkeit ergeben sollte, nach London zurückzukehren. Ich glaubte akzeptieren zu müssen, daß das, was ich einst als Schicksal aufgefaßt hatte, nur eine Episode in Yehudis Leben gewesen war.

Rückschauend weiß ich, daß das neue Jahr, 1947, unbemerkt eine Wende meines Schicksal brachte. Die ›Boys‹, die sich freundlich und entschieden darum kümmerten, daß ich meine Unabhängigkeit wiedererlangte, fuhren mit mir die Küste hinunter nach Carmel zum Mittagessen mit der schönen Joan Fontaine, Olivia de Havillands Schwester und ebenso berühmt als Filmstar wie sie. Sie hofften, dieser Kontakt werde bei meiner Arbeitssuche förderlich sein. Lindsay war nach New York geflogen, um seine Schwester Nola, die er infolge des Krieges sechs Jahre lang nicht gesehen hatte, zu besuchen. Wie ich später erfuhr, wollte er sie bitten, Yehudi von dieser nicht mehr existierenden Ehe zu befreien, deren Ende sie ihm schon vor mehreren Jahren von sich aus freimütig angekündigt hatte. Dazu hatte sie sich den Augenblick ausgesucht, als sie ihm vom Zug abholte. Dieser Schock hatte ihm die traurigste Heimkehr in der Zeit seiner Ehe beschert und sicher nicht unerheblich zu seiner zunehmenden Verschlossenheit und Geistesabwesenheit, die ich an ihm bemerkt hatte, beigetragen; aber ich hatte mich immer gescheut, ihn direkt nach dem Grund zu fragen.

Nach seiner Rückkehr überredeten Lindsay, Hep und die Kinder mich, mit ihnen zusammen nach Los Angeles zu fliegen, wo Yehudi das Violinkonzert von Elgar spielen sollte. Ich erinnere mich von den wenigen Tagen dort noch lebhaft an die echte Hollywood-Atmosphäre. Yehudi hatte sich zu einem Arbeitsfrühstück mit einem der Großmoguln von MGM verabredet, der ihn in die Filmwelt locken wollte. Dieser ließ sich beredt über die sagenhafte Gage aus, die Yehudi verlangen könnte, hob die weltweite Werbung, die glanzvollen Ehrungen und noch etliches mehr hervor. Dabei zündete sich der arme Kerl eine Zigarette nach der anderen an, als müsse er den Motor seiner Begeisterung immer wieder ankurbeln. Während er seine Spur unermüdlich weiterverfolgte, befeuchtete er seine ausgedörrten Stimmbänder tassenweise mit dem ekelhaften Kaffee, der vom Hotel angeboten wurde. Ich begann den Mann zu bedauern, der sich seine auffallend große Nase an Yehudis unbeteiligtem Gesicht geradezu wundrieb. Schließlich bittet er ihn, vollkommen blind gegenüber Yehudis orientalischer Undurchdringlichkeit, mit Fanfarenstimme um seine Meinung. Yehudi antwortet ihm höflich, er habe alle Vorzüge, die ihm in der letzten halben Stunde so anschaulich beschrieben worden seien, genau vernommen. Er sei jedoch der Ansicht, daß diese Welt sich grundsätzlich unterscheide von seiner Musikwelt, in der er nun schon seit über zwanzig Jahren arbeite, und zwar – bei aller Bescheidenheit – zu seiner Freude und Zufriedenheit. Es gebe beim Film – man möge ihm verzeihen – gewisse Risiken, wie zum Beispiel die Wahrscheinlichkeit, daß er keine Kontrolle ausüben könnte über viele Aspekte, die nicht seiner Ansicht entsprächen oder die – er bitte um Verständnis – seinem Ruf als ernsthafter Künstler – man möge es ihm nicht übelnehmen – möglicherweise schaden könnten.

Der MGM-Vertreter war entgeistert über die Unterstellung, Hollywood könnte es an dem nötigen Feingefühl mangeln, um Qualität und Stil zu schätzen. »Aber Mr. Menuhin!« protestierte er, »Sie kennen doch den berühmten Pianisten José Iturbi, mit dem wir gerade den zweiten höchst erfolgreichen Film gedreht haben? Es gibt eine Klausel in seinem Vertrag, die ihn davor schützt, jemals mit einem Matrosenhut auftreten zu müssen!« »Wie interessant«, sagte Yehudi. »Wenn Sie mich jetzt bitte entschuldigen, ich komme zu spät zu meiner Probe.« Damit schüttelte er dem enttäuschten Herrn freundlich die Hand, wir machten uns aus dem Staub und ließen ihn wie vom Donner gerührt zurück. Er konnte es nicht fassen, daß man einer halben Million Dollar so leichtfertig die kalte Schulter zeigt.

Wir kehren nach Alma zurück. Yehudi geht nach Dallas, um das Orchester dort zum zweitenmal zu dirigieren. Hep und Lindsay sprechen, bemüht wie immer, ausführlich mit mir und überreden mich, bei ihnen zu bleiben, bis sie alle in sechs oder sieben Wochen nach Europa zurückkehren. Augenscheinlich hat Yehudi inzwischen in einer ruhigen, bescheidenen Region Floridas ein kleines Haus am Meer gemietet. Ich erkläre, daß ich nur mitgehen würde, wenn ich sie alle bekochen darf. Allein fliege ich nach New York und verbringe dort eine Woche in einem billigen Hotel an der West Side – in einem Horst des zwanzigsten Stockwerks, mitten im Vogelmist. Danach verlasse ich diese trostlose Behausung und treffe mich mit der Familie in einem Zug mit dem großspurigen Namen »Orange Blossom of Florida«, der uns zu der bescheidenen Villa am Strand bringt.

Wir finden zwei ebenholzfarbene, freundliche Hausmädchen vor, von denen eine paradoxerweise den Namen Blanche trägt. Der nächste Lebensmittelladen liegt zehn Kilometer entfernt. Fünf Wochen lang koche ich für sechs Erwachsene und drei Kinder, denn Yaltah ist inzwischen auch mit ihrem kleinen Sohn Lionel angekommen. Die Aufgabe wird erschwert durch den Wunsch der australischen Gruppe, jede Mahlzeit total zerkocht vorgesetzt zu bekommen, und durch Yaltahs Angewohnheit, mitten in der Nacht in die Küche zu schleichen und den Eisschrank zu plündern, was den für den folgenden Tag vorsorglich zusammengestellten Speiseplan völlig durcheinander bringt. Volle Suppenschüsseln sind unbegreiflicherweise plötzlich leer; Desserts weisen unerklärliche Löcher auf, gelierte Fischspeisen sind mit verräterischen Pockennarben übersät, und der Käse trägt überall Spuren von kleinen Bissen, so daß ich mich frage, ob ich vielleicht versehentlich Mäuse in den Eisschrank gelassen habe. Am Ende der Ferien sahen alle, außer mir, blühend aus. Ich hatte von Natron gelebt.

Bei unserer Rückkehr nach New York werden Yehudi und Hephzibah schon von ihrem geliebten Enescu erwartet. Die

Proben zu ihrem ersten gemeinsamen Konzert seit 1938 in der Metropolitan Opera beginnen. Die Eintrittskarten werden auf den Treppen des Opernhauses zu Schwarzmarktpreisen gehandelt. Ich habe Yehudi dazu überredet, den orangeroten Bart, den er sich in Florida hat wachsen lassen, wieder abzurasieren, denn die kleine Zamira war bei seinem Anblick in Tränen ausgebrochen. Yehudi neckte sie, indem er zuerst die eine Seite rasierte, am nächsten Tag den halben Schnurrbart auf der anderen Seite, und jeden Tag etwas mehr, bis er zum Konzert am 16. März glattrasiert dastand. Ich brauche nicht zu betonen, daß dieses Konzert ein großes Ereignis war. Für die Geschwister bedeutete es darüber hinaus die wunderbare Erneuerung ihrer engen Partnerschaft von einst. Ich war mit meinen guten Freunden Cyril Ritchard und Madge ins Konzert gegangen. Ich fand Trost bei dem Gedanken, daß Yehudi wieder von einer Liebe umgeben war, die verläßlich, vertrauenswürdig und echt war. Vier Tage später gingen wir an Bord der Queen Elizabeth. Ich teilte eine Kabine mit Marstie und der Gouvernante; beide waren während der ganzen Reise sterbenskrank.

In London angekommen, ging ich mangels einer eigenen Bleibe zu meiner Mutter, die anderen wohnten im Hotel Claridges. Mama und ich besuchten Yehudis und Heps Konzert in der Albert Hall. Es wurde ein außerordentlich bewegender Abend: Nahezu 8000 Menschen applaudierten und wollten die Künstler nicht gehen lassen. Schließlich mußte die Polizei die Menge draußen zurückdrängen, die nicht aufhörte mit ihren Begeisterungsrufen »Yehudi, Yehudi, Hephzibah, während beide durch ein Spalier von Menschen zu ihrem wartenden Auto gingen. Begeistert von der Liebe und Bewunderung, die man ihm zeigte, kehrte ich in Mamas Wohnung zurück und fühlte mich doch gleichzeitig in steigendem Maße desorientiert. Wie sehr ich mich auch bemühte, nicht an die Wohnung nebenan zu denken, in der soviel Schönes entstanden und gewachsen war, ich mußte mich immer wieder gewaltsam von den Trümmern eines Traumes losreißen, auf dessen Erfüllung ich keinerlei Recht hatte. Das gleiche galt für die drei alptraumhaften Monate in New York, ja, die gesamten sechs Monate des Mißerfolgs in Amerika und die anschließende Hölle, in der ich jetzt lebte.

376

Ohne ein Zuhause beziehungsweise ohne Arbeit sah ich jetzt Yehudi von der bewundernden Menge umringt, mit seiner Hephzibah wieder verbunden, und erkannte, daß ich nicht länger gebraucht wurde. Wieder einmal war der Augenblick der qualvollen Neubesinnung gekommen; ich konnte ihr nicht ausweichen und mich nur damit trösten, daß ich dieses Mal der traurigen Wahrheit nicht mutterseelenallein in einem fremden Land gegenüberstand.

Ich war wieder in meiner Heimat, wo es trotz der begrabenen Hoffnungen neue Anknüpfungspunkte gab, wo sich Freundschaften auffrischen ließen und meine abgebrochene Karriere wiederaufgenommen werden konnte.

Es kommt ein Anruf von Lindsay, der mich am nächsten Tag zum Mittagessen ins Hotel Claridges einlädt. Ich verberge meine Traurigkeit und sage zu. Alle sehen glücklich aus; der Glanz des Konzerts in der Albert Hall umgibt sie noch immer. Nach dem Essen nimmt Lindsay mich vertraulich zur Seite. Er teilt mir mit (was ich schon längst wußte), daß sie in wenigen Tagen auf den Kontinent reisen werden, um Konzerte von Paris über Budapest bis Prag, Holland usw. zu geben. Ob ich nicht mitkommen wolle? Wehen Herzens lehne ich ab. Es sei sehr lieb von ihm, mich zu fragen, sage ich, und ich würde seine herzliche Freundschaft, die mir in den letzten Monaten so geholfen habe, nie vergessen, aber jetzt sei der Zeitpunkt gekommen, wo ich mich zurückziehen müsse. Yehudi sei so viel glücklicher jetzt, er könne wieder gut spielen und habe seine geliebte Hephzibah bei sich. Nach meinem Gefühl sitze er nun wieder fest im Sattel. Ich hoffte nur, daß ich ihm in irgendeiner Weise dabei hätte helfen können, diese Sicherheit wiederzugewinnen. Jetzt müsse ich mein eigenes Leben wiederfinden, das Griseldas bedrohliche Krankheit und meine eigenen törichten Wünsche so völlig auseinandergerissen hätten.

Lindsay sah mich ungläubig und erstaunt an. Um ihn daran zu hindern, mich zu überreden, sprach ich schnell weiter. Ich erklärte ihm, daß ich hier in meiner europäischen Heimat gar nicht so unbekannt sei und es daher demütigend für mich wäre, den Eindruck eines aufdringlichen Fans zu erwecken. Ich wolle mich nicht in diese Herde selbsternannter Anhänger einreihen, unter denen so viele berühmte Künstler zu leiden hätten, nicht als ein Anhängsel erscheinen, das nie ganz dazugehöre, sondern als eine Art Ersatzreifen, als Garantie gegen eine eventuelle Störung fungiere. Ich könne nicht länger leichtfertig mit meinem Leben umgehen, noch mich selbst betrügen und mir vormachen, die Dinge lägen anders, als ich sie jetzt beurteilte. »Wenn dein Stolz«, sagte Lindsay verärgert, »dir wichtiger ist als die Tatsache, daß Yehudi dich genauso braucht wie früher, dann bist du nicht der Mensch, für den ich dich gehalten habe. Wir gehen sehr bald nach Australien zurück, und mir graut bei dem Gedanken, was aus Yehudi werden soll. Bitte denk dran, daß ich ihn und meine Schwester Nola länger kenne als du, und so werde ich alles in meiner Macht Stehende tun, um dich davon zu überzeugen, daß du bei ihm bleibst und ihm helfen mußt. Du bist der einzige Mensch, der das kann.«

»Es geht hier nicht einfach um *amour propre*«, sagte ich. »Du verlangst von mir, daß ich es wage, all das in mir wieder wachzurufen, das ich in monatelangen Kämpfen begraben, um nicht zu sagen ausgelöscht habe. Ich bin zutiefst verletzt worden, habe mich aber damit abgefunden und spüre jetzt eine Art Frieden. Kannst du das verstehen, lieber Lindsay?«

»Ich bitte dich inständig, komm mit uns, Di. Das ist alles. Bitte.«

Ich hatte als Abschiedsgeschenk für Hep eine Ausgabe von John Donne gekauft, dem berühmten elisabethanischen Dichter, der meinem poetischen Empfinden am nächsten steht. »Bitte höre auf Lin, Diny. Er weiß genau, um was er dich bittet, und ist sich der ernsten Bedeutung für uns alle wohl bewußt«, sagte sie zu mir.

Den größten Teil der Nacht verbrachte ich damit, mit mir zu Rate zu gehen. Ich kämpfte gegen die lauernde Angst an, die nie ganz zu weichen schien, sondern immer parat stand, um jedes Geschehen in meinem Leben zu begleiten. Sie hatte mich inzwischen so zermürbt, daß ich jeden Mut verloren hatte, irgendein Problem zu lösen, und auch jene Intuition nicht mehr besaß, die mich früher so sicher zu geleiten schien. Noch nie war ich einem Mann nachgelaufen, weder um der Arbeit oder einer Eroberung willen noch für einen anderen denkbaren Vorteil. Schon die bloße Vorstellung war mir zuwider. Beim ersten Anzeichen, daß eine Beziehung an Intensität verlor, war ich mit Windeseile auf und davon. Sollte ich nun, nach all der Zeit des Leidens und der Ungewißheit, weiter einer Vision folgen, die sich scheinbar längst zu Tode gelaufen und als unmöglicher und geradezu absurder Wunschtraum erwiesen hatte? Wie wägt man moralische und emotionelle Werte gegeneinander ab? Wie Schuld gegen Zuneigung? Was war aufrichtig, was Selbstbetrug? Handelte es sich lediglich um das Verlangen, an dem unbegreiflichen Wunder jenes ersten Anfangs unserer Liebe festzuhalten und damit an dem merkwürdigen Gefühl schicksalhafter Fügung, das mich durch soviel Schweres getragen hatte? Sollte das alles nur eine Illusion gewesen sein?

Früher war ich so sicher, so stark und so bereit gewesen, zu warten. Jetzt hatte ich nur noch das Gefühl, daß wohl nichts anderes mehr zu erwarten war als Demütigung.

Yehudis Londoner Cousine, ›Tante‹ Edie, eine reizende Dame, die mir von Anfang an eine gute Freundin gewesen war, meldete sich. Die Nicholas-Menuhin-Familie hatte ihre Tochter Sonia zur Mitreise eingeladen – könnte ich ihr auf der Reise nicht Gesellschaft leisten? Ich entschloß mich, diese Gelegenheit zu ergreifen und die letzten Wochen mit der australischen Familie in Europa zu verbringen und durch sie meine Kenntnis von Yehudis früherem Leben zu vertiefen. Weiter wollte ich nicht denken.

Die Reise sollte in Paris beginnen, meiner einstigen zweiten Heimat, und ich buchte in demselben kleinen Hotel, in dem ich vor unendlich langer Zeit zusammen mit Griselda gewohnt hatte. Auf diese Weise bewahrte ich mir ein bißchen Unabhängigkeit. Außerdem war Paris so sehr ein Teil von mir, daß ich niemals das Gefühl hatte, jemand anderem als mir selbst und meiner Vergangenheit dort zu gehören. Intelligenterweise brachte ich es fertig, mir den Fuß zu brechen, als ich aus dem Bett sprang, um ans Telefon zu rennen (einem dieser altmodischen Apparate, die vertikal auf dem Kaminsims am anderen Ende des Zimmers standen und deren Hörer in einer Halterung daneben hing). Ich hatte nicht rechtzeitig genug festgestellt, daß mir ein Bein eingeschlafen und so brauchbar war wie eine gekochte Banane. Als es mit einem dumpfen Knacks versagte, wußte ich instinktiv, wie alle Tänzer, was mir noch blühen würde, wenn das Kribbeln erst einmal aufgehört und der entsetzliche Schmerz eingesetzt hatte. Ich würde also nur ein Bein und einen Fuß zur Verfügung haben. Wütend gestand ich Hep, die anrief, was ich mir gerade geleistet hatte. Danach kroch ich in mein Bett zurück, wo ich die nächsten Tage verbrachte. Somit verpaßte ich Yehudis Einspielung der *Symphonie Espagnole* von Lalo mit Jean Fournet und empfing einige spezielle Freunde Yehudis in dieser wenig attraktiven Situation. Dazu gehörte Pierre Bertaux, einst der junge Lehrer der Menuhin-Kinder in Ville d'Avray und inzwischen einer der führenden Widerstandskämpfer Frankreichs sowie *une grosse-tête* [großer Kopf], wie es im Französischen so elegant heißt (was viel anschaulicher ist als ›großer Intellektueller‹). Und auch die gute alte Gabrielle erschien, ihr Gesicht war gelber als je zuvor und sah aus wie eine riesige Zitrone bei untergehender Sonne. Inzwischen hatte sie allerdings einen soliden Satz Klaviertasten im Mund anstatt der ewig wackelnden Mandeln, von denen ich immer befürchtet hatte, sie würden, eine nach der anderen, auf ihre Stopferei purzeln. »*Merci, merci Mademoiselle Diane*«, murmelte sie, als ich Mamas dickes Bündel Scheine in ihr altes Portemonnaie steckte. Ihr Anblick rief so vieles aus einer glücklicheren, sichereren Vergangenheit in mir wach, als wäre eine Jalousie ganz plötzlich hochgeschnellt und hätte eine überwältigende Aussicht enthüllt. Eine Flut von Erinnerungen an meine Jugend stürmte auf mich ein: Ambitionen, Ziele, Hoffnungen, von Zweifeln ungetrübt und mit der göttlichen Kraft genährt, die alle jungen Künstler beflügelt; und nichts schien davon übriggeblieben zu sein. Plötzlich fühlte ich mich noch verlorener, als wäre ich auf einem Fluß ohne Strömung in eine Flaute geraten und hätte kein Ruder.

Und die Karawane zog weiter: nach Brüssel, Amsterdam, Straßburg. Ich lebte außerhalb meines Bewußtseins, am Rande meines Herzens, so wie jemand, der sich die Nase zuhält, um einen unangenehmen Geschmack nicht wahrnehmen zu müssen. Yehudi und ich machten einen kurzen Abstecher zur

Schatzalp, wo sich Griselda einer Nachuntersuchung unterzog. Zusammen mit Louis Kentner gab Yehudi ein Konzert im Sanatorium. Ich hielt mir die wunderbare Tatsache vor Augen – wie einen Schutzschirm gegen alle anderen schmerzlichen Erinnerungen –, daß Griselda geheilt war.

Und wieder war der Mai gekommen, und wir hielten uns alle in Vevey am Genfer See auf. Yehudi, der Furtwängler und seine Frau nur kurz im Vorjahr bei Griseldas und Louis' Hochzeit kennengelernt hatte, rief ihn in der nahe gelegenen Niehans-Klinik an, in der beide wohnten, und lud sie zum Essen ein. Furtwängler dankte ihm von Herzen, daß er 1945 für ihn einen fairen ›Entnazifizierungs‹-Prozeß erwirkt und ihm damit geholfen hatte, dem Komplott zu entrinnen, das gegen ihn geschmiedet war, um ihn an der Fortsetzung seiner Karriere zu hindern. Wir aßen mit Blick auf den See. Dies war das erste Mal, daß beide Männer wirklich miteinander sprachen. Furtwänglers reizende blonde Frau Elisabeth war auch dabei. Mehr denn je kam ich mir entwurzelt vor, denn er erkannte mich natürlich wieder von seinen vielen Besuchen vor dem Kriege im Hause meiner Mutter. Es wurde jedoch ein bewegender Abend, und es tat wohl, zu beobachten, wie gut sich die beiden Männer verstanden. Furtwängler – vornehm, zurückhaltend, sehr deutsch ritterlich – erwärmte sich zusehends für Yehudi, den sanften, arglosen, genialen, noch jungen Mann, dessen Natürlichkeit ein wesentliches Element der Wirkung war, die er auf alle ausübte, die ihm begegneten. Mit diesem Treffen begann eine musikalische Partnerschaft, die zu den wertvollsten und bedeutendsten Einflüssen in Yehudis Leben gehört. Sie verband sich mit seiner Liebe zur deutschen Literatur und zu der Kultur, die dem Großteil der Musik zugrunde liegt, die er seit seiner Kindheit spielt.

Von dort gingen Yehudi und Hephzibah mit ihrem Gefolge nach Mittel- und Osteuropa, um in den Städten, die er vor den Umwälzungen des Krieges gekannt hatte, Tag für Tag Konzerte zu geben, die teilweise im voraus geplant, teilweise aber auch nur improvisiert waren. Damit sammelte er Gelder für alle möglichen guten Zwecke und verwirklichte sozusagen eine Lebensweise, die er sich unbewußt immer gewünscht hatte:

teils als Minnesänger, teils als Kreuzritter; und immer versuchte er, seine Musik, sein Spiel mit der gemeinsamen Sache zu identifizieren. Gleichzeitig entfloh er für einige Zeit dem Joch der anstrengenden Tourneen, bei denen er monatelang von Stadt zu Stadt reisen mußte, zu Proben, zu Konzerten, in ständiger Wiederholung wie eine aufgezogene Uhr, als wäre er ein nützlicher Gebrauchsartikel auf dem Fließband der Hochkultur.

Seit Anbeginn unserer Freundschaft, als er mir im Berkeley Hotel in dem unpassenden Rahmen des Speisesaals zögernd gestand, daß er seit den Tagen seiner Kindheit die Musik als Botschaft auffasse, als eine ihm geschenkte Stimme, durch die er der Welt Freude und Heilung bringen müsse, hatte ich begriffen, was ihn von allen anderen Geigern unterscheidet. Es war dieser moralische Ernst, den er mir zu erklären suchte (sehr scheu, als das etwas absurde überschwengliche Ideal des Vierjährigen) und der, so spürte ich, alle seine Interpretationen durchdrang. Seine Vision vom Künstler als dem Diener seines Publikums, der zu beweisen sucht, daß die Kunst Quelle eines unvergänglichen Lebenssinnes ist, machte den eigentlichen Yehudi aus. Ich hatte auch erkannt, daß er deshalb so verwundbar, so verloren und wehrlos war in der Berufswelt, in der er notgedrungen leben mußte. So entstand mein Verlangen, ihm zu helfen, und die närrische, unbestimmte Hoffnung, daß ich einen Platz einnehmen könnte, wo sich dieser brennende Wunsch verwirklichen ließe. Anmaßend? Nach allem, was darauf folgte, befand ich mich jetzt in einem Zustand innerer Zerrissenheit, konnte nicht mehr klar denken und empfinden, noch Recht von Unrecht unterscheiden; ich war in einem Dornbusch gefangen, und die kleinste Bewegung bedeutete Selbstverurteilung.

Prag wirkte trotz der Entbehrungen des Krieges und seiner erst kürzlich erfolgten Befreiung erfrischend. Die herrlichen Gebäude und die Musik belebten mich. Für Yehudi bedeutete es das Musizieren mit Gleichgesinnten, von dem er nie genug bekommen konnte. Treffpunkt war die Wohnung von Rafael und Ludmila Kubelik, in der sich alle einfanden und wo sich Yehudi und David Oistrach wiedertrafen. Mit dem französischen Pianisten Jacques Février oder Hephzibah und vielen anderen spielten sie Kammermusik. In dieser wunderbaren Stadt gab es eine riesige Auswahl an Musikern. Es wurde bis zum Morgengrauen von Martinů bis Spohr vom Blatt gespielt; und hier gingen Yehudi und Oistrach auch zum erstenmal das Doppelkonzert von Bach durch, mit dem sie von da an in vielen Städten auftraten. Obgleich der Ablauf dieser außergewöhnlichen Zeit sicher im großen und ganzen vorausgeplant war, hatte diese Tournee doch etwas von dem Zauber der Improvisation.

Kaum hatten wir drei ausgefüllte Tage in Prag verlebt, bestiegen wir schon wieder den Zug nach Budapest. Obgleich wir erst Ende Mai hatten, war die Reise heiß und staubig. Budapest wies alle Zeichen der wochenlang erduldeten Kämpfe auf. Die schöne Elisabeth-Brücke lag als häßlicher Haufen aus verbogenem, zerborstenem Schmiedeeisen mitten in der Donau, vollkommen verdreht auf dem Rücken liegend wie eine schöne, halbertrunkene Kreatur, weder tot noch lebendig. Die Gebäude am Ufer des Flusses waren von Artilleriegeschossen und Kugeln durchbohrt, wie von Pocken zerfressen, so als hätte eine Seuche die Stadt heimgesucht und ihr Antlitz für alle Zeit mit Narben entstellt. Trotz dieser offensichtlichen Zeichen eines Kampfes, der hier schlimmer gewütet hatte als in Prag, konnte man den lebendigen Geist der Ungarn überall sehen, hören und bewundern, von dem deutsch sprechenden Taxichauffeur, der lauthals gegen die russische ›Befreiung‹ fluchte, bis hin zu dem Geschäftsführer des schäbigen Hotels Gellert, der sich für unsere kleine, dürftige Suite und den Mangel an gutem Essen entschuldigte. Er beklagte die sowjetische Zwangsjacke, die sie immer mehr einengte und ihre Fähigkeit, sich aus eigener Kraft wieder zu erholen, im Keim erstickte. »Warum wurden wir nicht von den Alliierten befreit?« lautete das Schlagwort, »warum habt ihr es den Sowjets überlassen?« Darauf gab es jetzt, da die Konferenz von Jalta mit unwiderruflichen Entscheidungen stattgefunden hatte, keine Antwort mehr. Wie konnte ich als Engländerin erklären, daß Churchill von Roosevelt und Stalin überrumpelt wurde?

Arbeiter saßen auf den Trümmerhaufen, die zu beseitigen

waren, kauten an riesigen Stücken Brot und Wurst und spülten beides mit kräftigen Schlucken Bier und Wein hinunter. Zu essen gab es irgendwie immer dank der Zauberkraft der ungarischen Lebensart, die weder Gesetze beachtete noch Verordnungen befolgte, sondern sich einfach beschaffte, was sie brauchte. Man jammerte nicht, man war nur gereizt und erbost und ignorierte mit außerordentlichem Leichtsinn die Gefahren, die mit der ungeschminkten Meinungsäußerung über das Regime und dem offen bekundeten Widerspruch einhergingen. Ganz anders war es in Prag gewesen, wo schon immer eine gewisse Sympathie für den Kommunismus und dessen Ideologie bestanden hatte. In Budapest herrschten Unzufriedenheit und Empörung; und so war es nicht verwunderlich, daß Yehudi und Hephzibah auf ihrem Weg in die Halle sowie nach dem Konzert von einer lauten Menschenmenge bedrängt wurden.

Yehudi gab die erste Pressekonferenz, die einem ausländischen Besucher gestattet war, in einem schäbigen Hotelzimmer, in dem sich die Zuhörer drängten. Man hatte einen halbherzigen Versuch unternommen, wenigstens einige der schlimmsten Beschädigungen an der Fassade des Gebäudes zu beheben. Arbeiter klebten am Baugerüst und starrten durch die Fenster auf Yehudi, so als wäre er eine Erscheinung. Er sprach deutsch und englisch, und ab und zu wurden seine Worte von einem Reporter ins Ungarische übersetzt. Man war begeistert, so schien es, über die Nachricht, daß es zumindest einen gewissen Grad von Freiheit geben sollte, mit dem das neue Regime die bittere Pille seiner zahlreichen Verordnungen versüßen wollte. Das bedeutete eine ganz geringfügige Lockerung eines Knotens in einem als äußerst wichtig geltenden Flechtwerk von kleinlichen Vorschriften. Ob Yehudi nicht auch der Meinung wäre, daß dies ein hoffnungsvolles Zeichen sei, etwas, wofür man dankbar sein müsse? »Unsinn«, sagte Yehudi. »Vergeßt nie, daß ihr alle frei geboren seid. Niemand kann euch das schenken, was ihr bereits als Geburtsrecht mitbekommen habt und was euch niemand nehmen kann. Dankbarkeit ist hier fehl am Platze, es genügt vollkommen, einzuräumen, daß sie euch als Menschen mit berechtigten Erwartungen anzuerkennen scheinen.« Es folgten wilde Begeisterungsausbrüche vom Baugerüst her, nachdem seine Worte übersetzt worden waren. Es war typisch, daß die ungarischen Zeitungen das ganze Interview, diese Erklärung inbegriffen, druckten. Der große alte Gastronom Gundel lebte damals noch. Er gab in seinem Gartenrestaurant das außergewöhnlichste Bankett, das ich je erlebt habe und das an die Vorkriegsjahre erinnerte. Weiß der Himmel, wo er all die Herrlichkeiten aufgetrieben hatte, ich erinnere mich insbesondere an eine riesige, mit Kalbsbries und Kräutern gefüllte Brioche. Aber ich denke auch noch an die glückliche Umarmung, mit der Gundel Yehudi begrüßte. In seinen Augen glänzten Tränen. Die unnachahmliche Begabung der Ungarn, einen Augenblick voll auszuschöpfen, wirkte berauschend und erinnerte mich an die sehr ähnliche Lebenseinstellung der Russen. Auch hier wurde die ganze Nacht hindurch musiziert, wie es der beneidenswerten Lebensart der Musiker Mitteleuropas entsprach und von der meine Mutter soviel zu erzählen wußte. Immer fand sich irgend jemand, der Geld und eine Wohnung hatte und seine Tür gastfreundlich öffnete. Eine Schar von Musikern wurde willkommen geheißen und bewirtet, bis sie sich im Morgengrauen glücklich und erfüllt von ihren erschöpften Gastgebern verabschiedeten und müde den Heimweg antraten.

Das war Manna für Yehudi, der schon immer vorzüglich vom Blatt gespielt hatte: Diese Gemeinschaft, das hohe musikalische Niveau, das Musizieren zur eigenen Freude ließen ihn aufblühen. Sein ganzes Inneres, das von der Musik lebt und aus dem seine berufliche Karriere so erbarmungslos schöpfte, wurde neu gestärkt.

Leider waren die fünf konzentrierten Tage dann doch zu Ende. Wir fuhren zum Bahnhof und sahen uns dort von der Hälfte der Stadtbevölkerung umringt, die kartonweise echte Pariser *petits fours* und winzige *pâtisseries* von dem weltbekannten Gerbeaud anschleppten. Lindsay fotografierte gedankenlos eine Gruppe russischer Soldaten mit dem Erfolg, daß sein Fotoapparat unverzüglich konfisziert und der Film herausgenommen wurde, ein peinlicher Moment, aber dann unterbrach die leidenschaftliche Menge erneut die Stille. Wir kletterten in unser Abteil, beladen mit den Kuchenkartons; ich trug eine riesige Silberschale, auf der Yehudis Name eingraviert war, und eine Unzahl kleiner Pakete mit ungarischen Stickereien. Es gab in den Läden außer einigen Büchern und Antiquitäten, die wahrscheinlich gegen Nahrungsmittel eingetauscht worden waren, nichts zu kaufen. Die glücklichen Gesichter über der schäbigen Kleidung, aus denen Dankbarkeit strahlte, beschämten mich plötzlich, weil ich mein eigenes Los beklagt hatte. Dieses Gefühl vertiefte sich, als unser Zug sich in Bewegung setzte und uns ohne Schwierigkeiten in die Freiheit brachte, die wir als selbstverständlich nahmen.

Nach diesem ungarischen Erlebnis erschien mir Prag irgendwie selbstzufrieden, ja, fast möchte ich sagen pedantisch in seiner zurückhaltenden Kühle. Wir trafen uns mit David und Tamara Oistrach zum Mittagessen, zu dem sich auch Schostakowitsch und seine Frau einfanden. Yehudi hatte den Komponisten schon in Rußland kennengelernt und hatte mich vor dessen Zurückhaltung und Schüchternheit gewarnt. William Walton und Alice Wimborne, die sich zufällig auch in Prag aufhielten, kamen ebenfalls dazu. Gemeinsam besuchten wir am Spätnachmittag das Konzert, in dem David, Schostakowitsch und noch andere Musiker ein ganzes Programm mit Werken von Schostakowitsch bestritten, einem Quintett, einer Sonate für Violine und Klavier und, wenn ich mich recht erinnere, einem Klaviertrio. Ich fand seine Musik reichlich maßvoll, ziel- und formlos, so als wäre der Komponist sich nicht sicher, was er ausdrücken wollte. Oder vielleicht war er unsicher, was Josef Stalin und Schdanow hören wollten? Danach gab es wieder einen jener langen, wunderbaren Musikabende im Hause Kubelik. Und wieder zog er sich bis in die frühen Morgenstunden hin. Der folgende Tag brachte ein Orchesterkonzert, an dem unter anderen Yehudi und David das Doppelkonzert für zwei Violinen von Bach zum erstenmal in der Öffentlichkeit spielten. Rafael Kubelik dirigierte. Es war ein herrliches Konzert. Anschließend lud Jan Masaryk, der Außenminister, zu einem späten Abendessen ein. Er ließ sich ausführlich über die politische Situation aus, die er aufgrund seiner Erfahrung und geistigen Brillanz sehr einleuchtend erklärte. Aber bedauerlicherweise sollte weder die eine noch die andere

Qualität ihm zugute kommen. Nicht lange danach ›fiel‹ er aus einem hochgelegenen Fenster des berühmten Schlosses, in dem die Regierung ihren Sitz hatte. Sein tief betrauerter ›Selbstmord‹ bedeutete den Verlust eines Mannes, der einen großen Namen trug, und gleichzeitig eines wesentlichen Teils der unabhängigen Tschechoslowakei, für die das neue Regime keine Verwendung mehr hatte.

In Amsterdam endete die Tournee mit dem Violinkonzert von Bartók, das van Beinum dirigierte. Wir kehrten alle nach London zurück. Ich, immer noch heimatlos, zog wieder zu Mama, und die Nicholas-Familie reiste zurück nach Australien. Es war im Juni 1947. Ich wußte weniger denn je, wohin ich gehörte. Die bloße Tatsache, daß ich soviel Wunderbares mit allen zusammen erleben durfte, hatte nicht zur Lösung meiner Probleme beigetragen, sie eher noch vertieft. Dieser sinnlose Ehrenkodex, der mich geprägt hatte und gemäß dem Belohnungen verdient werden mußten, jedes Glück sich nur durch harte Arbeit rechtfertigen ließ und Ehrungen nur mit reiner Hand empfangen werden durften, stand wieder an erster Stelle. Er hemmte meine Spontaneität, dämpfte meine Begeisterung, zog mich von jedem Höhenflug, zu dem ich mit so viel Schwung angesetzt hatte, zu Boden und tadelte mich für ein Glücksgefühl, zu dem ich eigentlich kein Recht hatte. Ich war der Lösung des Problems keinen Schritt nähergekommen, seitdem Lindsay, Hephzibah und Tante Edie mich mit ihren Argumenten überredet hatten, doch noch länger mit ihnen zusammenzubleiben.

Jetzt aber gab es keinen Aufschub mehr. Ich wußte, daß Yehudi zu sich und seinem Spiel zurückgefunden hatte. Ich erkannte, daß er aus dem Schwebezustand herausgekommen war, in dem ich ihn das erste Mal zwei unendlich lange zurückliegende Jahre vorher gehört hatte. Als er damals in London auftrat, hatte ich seinen seelischen Zustand erraten, lange bevor ich ihn kennenlernte. Sein Spiel erschien mir zu jener Zeit fast schlafwandlerisch. Seine ganze innere Verlorenheit war inzwischen beinahe geschwunden. Dennoch konnte ich keinerlei Anzeichen dafür entdecken, daß er, was unsere Beziehung betraf, einen Ausweg aus dem ›Status quo‹ gefunden hatte. Ich fragte ihn auch nie danach. Es lag nicht in seiner Natur, für sich selbst zu kämpfen. Seine Frau hatte ihm deutlich genug zu verstehen gegeben, was seine Pflicht war. Die Entscheidung lag nicht bei ihm. Das war ihm nur zu klar geworden an jenem Tag im Mai 1946, als er unser Wiedersehen um nur einen einzigen Tag zu verschieben glaubte.

Yehudi ruft mich an. Bevor Lindsay und Hephzibah ihre Heimreise antraten, war er augenscheinlich mit Lindsay erneut an Nola herangetreten mit der Bitte, diesen unwürdigen Zustand zu beenden. Wie es schien, hatte sie neue Scheidungspapiere aufgesetzt, die für sie vorteilhafter waren als die vorherigen, zu deren Annahme Lindsay sie, ohne mein Wissen, hatte bewegen wollen. Aber sie hatte seither nichts weiter unternommen. Diesmal rechtfertigte sie sich damit, daß sie die Kinder nicht sechs Wochen lang allein lassen könne, um die Scheidung in Florida durchzuziehen, wo dies in aller Diskretion möglich war. Yehudi hatte daraufhin sofort vorgeschlagen, ihm die beiden Kinder für den Sommer zu schicken, wozu sie sich überraschenderweise gern bereit erklärt hatte. Am 13. Juni sollten Krov und Zamira in Paris ankommen. Yehudi war felsenfest davon überzeugt, daß ich mich um die Kinder kümmern würde. Typischerweise hatte er mich gar nicht erst gefragt.

Ich befand mich jetzt erst recht in einem Dilemma. Wäre Yehudi an mich mit der Bitte herangetreten, ihm diese Last abzunehmen, hätte ich vielleicht Bedenken geäußert. Seine absolute Sicherheit hingegen, daß ich zustimmen würde, zeigte mir erneut sein großes Vertrauen, daß ich dieser Aufgabe gerecht werden könnte, und gerade das machte eine Ablehnung meinerseits unmöglich. Es hätte kleinlich wirken oder nach Vergeltung aussehen können. So hieß es, unsere wechselvolle Beziehung weiter zu verlängern. Ich fühlte mich noch zusätzlich verunsichert, als ich versuchte, Yehudis Handeln und Verhalten in Anbetracht meiner eigenen unhaltbaren Situation sowie meine wachsende Angst vor Schwindel und Betrug zu analysieren.

18 Die Seele war dieselbe geblieben

Quäle dich nicht mit Einbildungen, viele Ängste
entstehen aus der Erschöpfung und Einsamkeit.
Sei trotz vernünftiger Selbstdisziplin freundlich
zu dir. Und geh nicht zynisch mit der Liebe um,
denn bei aller Ernüchterung und Desillusionie-
rung überdauert sie die Jahre wie das Gras.
DESIDERATA, GEFUNDEN IN ST PAUL'S, BALTIMORE

Juni 1947. Paris. Ein Konzert mit Enescu steht bevor, und Yehudi und ich erwarten die Ankunft der Kinder. Der Tag hatte bereits unheilvoll mit einem Mittagessen bei Prunier unweit unseres Hotels begonnen. In seiner Begeisterung für kulinarische Genüsse, sofern sie bestimmte Voraussetzungen erfüllen (was auf Yehudiisch soviel wie gesund und exquisit zubereitet bedeutet), hatte Yehudi sich ein Dutzend Austern einverleibt, gefolgt von drei Vierteln eines gewaltigen Saint-Pierre-Fisches, dazu eine Riesenschüssel Salat und eine Käseplatte, die zum größten Teil aus Ziegenkäse bestand und dementsprechend durchdringend duftete. Zum Nachtisch hatte er eine dieser gräßlich schleimigen Angelegenheiten gewählt, die aus übelriechendem Heu und einer Spur Wurzeln bestehen, welche nur verzweifelten Tieren im kargen Gebirge als Nahrung dienen (so jedenfalls scheint es mir) und von denen er schwört, sie seien das unbestritten wirksamste Verdauungsmittel. Da sein physisches Innenleben dem eines Vogels Strauß weit überlegen ist, hat es gar keinen Zweck, über diesen Punkt zu diskutieren. Und dann kam die Rechnung – sie war hoch, da wir erstens bei Prunier und zweitens nicht gerade zurückhaltend in der Auswahl der Gänge gewesen waren. Es folgte ein Herumfummeln in jeder einzelnen Tasche auf der Suche nach nicht vorhandenem Geld; eine Situation, die ich später noch oft erleben sollte und der ich stets vorzubeugen suchte.

Schließlich bittet Yehudi den Kellner, dessen Gesicht inzwischen den für Franzosen typischen Ausdruck höflicher Verach-

tung angenommen hat, um einen Stift.»*Pourquoi, Monsieur?*«
»Pour signer l'addition« [Um die Rechnung zu unterschreiben],
antwortet Yehudi munter. Mit gekräuselten Lippen teilt der
Kellner ihm mit, daß diese Idee sowohl verrückt als auch
inakzeptabel sei. Jetzt zeigt Yehudi sich irritiert, denn er
erwartet von anderen das gleiche Vertrauen, das er allen stets
entgegenbringt. Er schlägt vor, man solle die Rechnung eine
Straße weiter ins Hotel Raphael bringen; dort wohne er und
dort werde der Portier (Yehudis väterlicher Bankier in jeder
Stadt) sie sofort begleichen. Welchen Namen man denn ange-
ben dürfe, falls man sich zu dieser absurden Forderung verstehen könnte, wird nun gefragt. Yehudi haßt von jeher, seinen
Namen zu nennen, und murmelt etwas Unverständliches, was
wie »Mumbrumbrooin« klingt. Ich hatte das Gefühl, jetzt sei es
an mir, einzugreifen, selbst wenn mein Anteil an dem ganzen
Mittagessen nicht mehr als ein Viertel des Fisches, ungefähr die
gleiche Menge Salat, ein Eckchen des am wenigsten duftenden
Käses betragen hatte, ohne Austern (die meines Erachtens
überbewertet werden und mich anekeln, weil sie immer so
aussehen, als wären sie bereits gegessen worden). So verkündete ich laut und deutlich »Yehudi Menuhin«. Diese Erklärung
diente lediglich dazu, den Sarkasmus des Kellners in höchste
Höhen zu treiben. »*Et moi*« konterte er, »*moi, je suis Jésus
Christ*«. Ich besah mir Yehudis zerknautschten Anzug und
mußte dem unangenehmen Kellner recht geben. Widerwillig
wühlte ich in meiner Tasche. Wir sahen beide etwas ungepflegt
aus, weil wir die ganze Nacht im Flugzeug gesessen hatten. Wir
waren aus New York gekommen, wo man Yehudi und Hep nach
einem Fernsehinterview einen wunderschönen Füllfederhalter
mit Namensgravur überreicht hatte. Ich fand Yehudis Stift und
gab ihn mit gespielter Gleichgültigkeit dem Kellner. Der sah
mich sauer an, unterzog Yehudi zum erstenmal einer genaue-
ren Prüfung (bei Prunier wird der Gast nicht angesehen, sondern nur unwillig und herablassend bedient), erkannte ihn,
murmelte eine Entschuldigung und hielt ihm die Rechnung zur
Unterschrift hin. Insgeheim hoffte ich, Yehudi würde ihm kein
Trinkgeld geben, aber das ist leider nicht sein Stil. Wir standen
auf. »*Eh bien*«, sagte ich, »*on aurait pu la voler, la plume,*

non?« [man hätte ja den Füllfederhalter auch gestohlen haben können, nicht wahr?] Und mit diesen Worten rauschte ich hinaus und sah nur noch, wie dem Kellner der Kiefer herunterfiel bei dem Verdacht, den ich in ihm geweckt hatte, daß wir womöglich den Füllfederhalter gestohlen hatten und Yehudi lediglich ein Doppelgänger war.

Nachdem die Kinder sicher eingetroffen waren, verbrachte ich die darauffolgenden Tage mit dem Überholen ihrer Kleidung und mit Besuchen bei Arzt und Zahnarzt. Ich nahm sie in ein Konzert mit, in dem ihr Vater mit seinem hochverehrten Enescu das Doppelkonzert von Bach spielte sowie die Violinkonzerte von Beethoven und Bartók in einer marathonartigen Darbietung mit dem Orchestre Colonne. Die hochmusikalische Zamira war begeistert, Krov verfiel allerdings in einen Anfall kindlicher Ungeduld, dem er mit verzweifelten Tritten gegen die Logenwand Ausdruck verlieh, bis ich ihn in der Pause nach Hause schickte.

Yehudis Agent hatte uns, wie er uns triumphierend erklärte, ein Auto besorgt, das seinesgleichen suchte: ein weißes Gefährt mit aufklappbarem Dach, in dem genügend Platz für uns vier und das Gepäck war. Das war genau das richtige, um uns in die Tannenwälder an der Côte d'Azur zu befördern, die sich bis direkt ans Meer erstrecken und wo Yehudi das umgebaute Bauernhaus eines Freundes gemietet hatte.

In bester Stimmung fuhren wir Richtung Lyon zunächst nach Sens, wo wir zu einem großartigen Mittagessen mit Schnecken und anderen Delikatessen haltmachten, während wir auf die Reparatur eines platten Reifens warteten – ein kleines Ärgernis. Die Kathedrale war wunderbar, das Essen köstlich und unsere Stimmung ungetrübt. Wir holten das Auto von der Werkstatt ab und fuhren weiter bis Saulieu, wo wir tanken wollten. Dort gab der Anlasser unter einigem Stöhnen und Gurgeln seinen Geist auf. Wir brachten den Wagen in die Werkstatt zur Reparatur und zogen uns in das nahe gelegene Hotel zurück, das für seine Küche berühmt war. Nachdem wir unser Essen bestellt hatten, sah ich mich im Speisezimmer um. So kurz nach Kriegsende gab es nur wenige Touristen in Frankreich, und das Land wimmelte von den Überbleibseln der Widerstandsbewegung, einer Mischung aus zweifelhaften Persönlichkeiten und Helden. Der Speiseraum war leer, mit Ausnahme eines amerikanischen Offiziers und seiner entzückenden Freundin, die in unserer Nähe saßen. Die Kinder baten um eine Fortsetzung ihrer allabendlichen Geschichte, einer endlosen hochdramatischen Erzählung, die ich erfunden hatte, um sie während des Abendessens bei guter Laune zu halten. Aus einem unerfindlichen Grunde, den nur mein Unterbewußtsein kannte, hießen die Hauptfiguren Jerry und Hepatica. Meine Erzählung sollte sich, wie sich später herausstellte, als ausgesprochen nützlich erweisen.

Während ich die Kinder unterhielt, konzentrierte Yehudi sich auf seine leckere *foie gras* und sah der Ankunft des nächsten Gerichts schon voller Vorfreude entgegen. Meine Wahl war ebenso vernünftig wie phantasielos und störte kaum beim Erzählen: Suppe und gegrillte Seezunge. Wieder bezahlt Yehudi die Rechnung, wir machen uns auf den Weg zur Reparaturwerkstatt, holen dort *Dégé ab* (so getauft nach den Anfangsbuchstaben meiner beiden ersten Vornamen), werden um eine astronomisch hohe Summe erleichtert und machen uns schnellstens auf den Weg nach Lyon. Wir haben uns bereits um eine Stunde verspätet. Immer weiter wurde die Landschaft, Dämmerung breitete allmählich lange, melancholische Schatten über die Straße, und die letzten Anzeichen menschlicher Behausung lagen bereits einige Kilometer hinter uns. Da tauchte zur Rechten ein riesiges, verlassenes Schloß auf, im nächsten Augenblick rutschten wir nach links, und als es Yehudi gelungen war, Dégé zum Stillstand zu bringen, entfuhr ihr ein lautes, unfreundliches Zischen, woraufhin sie nach Backbord absackte. Ich sprang aus dem Wagen, Yehudi mir nach. Diesmal war der Hinterreifen platt und lag verrunzelt und obszön auf der Schotterstraße. Da das Auto um 1938 von irgendeinem großspurigen Verrückten entworfen worden war, waren alle vier Räder von schweren »Metallidern« bedeckt, ähnlich wie bei einer alten Nutte.

Wir wühlten unter den verschiedenen Gepäckstücken und gruben den Wagenheber aus, hoben unter Stöhnen das Rad hoch und schoben den Heber unter einen dieser unbeweglichen Deckel. Y, gutgelaunt wie immer, hatte gerade begonnen, eifrig den Wagenheber zu bedienen, als wir ein dunkles, rachsüchtiges Grollen vernahmen und der ganze Apparat auf Nimmerwiedersehen von dem riesigen Augenlid verschlungen und tief in die Teerstraße einsank, die unter der anhaltenden Sommerhitze weich geworden war.

Inzwischen hatte ein kalter Wind eingesetzt, und es wurde schneller dunkel, als ich es je zuvor oder danach wieder erlebt habe. Nach zwanzig endlosen Minuten fuhr ein Auto vorbei. Die Insassen ignorierten unsere wilden Gesten, man gab Gas und floh vor uns, als wären wir Leprakranke. Eine halbe Stunde später – wir waren inzwischen durchgefroren – erspähten wir die Scheinwerfer eines großen amerikanischen Wagens und gaben erneut verzweifelte Signale. Zu unserer Erleichterung verlangsamte das Auto sein Tempo, und heraus stieg der sympathische amerikanische Offizier. »Hallo«, rief er, »was gibt's?« Ein einziger Blick auf Dégé genügte als Antwort. »Also, ich war geradezu fasziniert von Ihrer Geschichte beim Abendessen. Mir entging kein Wort. Leider darf ich auf militärische Anordnung niemanden in meinem Wagen mitnehmen.« (Seine Augen streiften dabei seine *petite amie*, und ich nickte ernsthaft.) »Aber nach dieser schönen Geschichte bringe ich es einfach nicht fertig, Sie alle hier im Stich zu lassen. Ich werde Sie und die Kleinen bis nach Chalon-sur-Saône mitnehmen. Es ist anzunehmen, daß Sie dort ein Auto finden werden.« Wir überließen Yehudi als Wächter über unser Gepäck seinem Schicksal, ich umarmte ihn, ergriff den Geigenkasten, und dann sprangen wir in das Auto. Eine Stunde und siebzig Kilometer später waren wir in Chalon angekommen. Obwohl es erst halb zehn war, schnarchte bereits das ganze Städtchen. Die französische Provinz lag im Bett. Ich bat den hilfsbereiten amerikanischen Oberst, uns doch bei der Polizeistation abzusetzen, und von dort winkten wir dem Davonbrausenden nach.

Zögernd betrat ich mit Zamira, Krov und dem Geigenkasten den Hauptraum der Wache. Drei sehr junge, blonde Polizisten, noch nicht trocken hinter den Ohren, starrten uns an. Ich erklärte ihnen unsere traurige Lage. Der älteste von ihnen (er war mindestens schon 23) sagte: »Madame, Sie werden hier nie ein Auto finden, das Sie zu dieser Nachtzeit fährt. Das ganze Gebiet wimmelt von Banditen.« Plötzlich sah ich ein gräßliches Bild vor mir: Yehudi, ganz allein bei dem schrecklichen Auto, seine Kehle von einem Ohr zum anderen aufgeschlitzt. »Ich flehe Sie an, wenigstens zu versuchen, eine oder zwei Reparaturwerkstätten anzurufen und zu erfahren, ob sie auf irgendeine Weise helfen können.«

Neues Pech: Die Person von der Telephonzentrale hatte sich schon dem Chor der Schnarchenden angeschlossen. Jetzt folgte eine wahre Pantomime mit gekreuzten Kabeln und falsch eingesteckten Stöpseln, worüber man sich in einer anderen Situation sicher köstlich amüsiert hätte. Schließlich gelang es ihnen, sich nicht länger mit der Irrenanstalt des Ortes oder einer der Küchen des Hotel de Paris von Monte Carlo in Verbindung zu setzen, sondern mit einer der Werkstätten in der Nachbarschaft. »Für was für einen Idioten halten Sie mich eigentlich?« war die lakonische Antwort des Besitzers, bevor er einhängte.

Inzwischen waren wir zu Kumpeln geworden, die gleichermaßen verzweifelt waren. Dann rief einer der Polizisten: »Wir könnten es doch bei diesem *Pied Noir*, dem Algerier, probieren! Vielleicht riskiert er's!« Und tatsächlich erschien dieser Mann zehn Minuten später in einem Auto, das zumindest etwas lebensfähiger und vertrauenswürdiger anmutete als die elende Dégé. Mit einem Blick auf den Geigenkasten, in dem sich Yehudis Stradivari und seine Guarneri befanden, sagte ich kurzentschlossen: »Wenn ich diesen Kasten hier bei Ihnen lasse, würden Sie bitte ganz vorsichtig damit umgehen? Er enthält zwei unersetzliche Geigen von großem Wert.« Die drei blonden Köpfe beugten sich über den Kasten und lasen neugierig den Namen auf dem Gepäckanhänger unter dem Griff. »Mein Gott«, riefen sie einstimmig, »das ist ja Yehudi Menuhin!« Ein dreifaches Hoch auf die französische Kultur, dank der drei Polizisten in einer kleinen Stadt auf dem Land, die noch lange vor Beginn des Fernsehens genau wußten, wer der Träger dieses fremden Namens war. »Madame, schnell in die Taxe mit Ihnen.«

»Kinder«, fragte ich, »wollt ihr hierbleiben oder mit mir

kommen?« Großartig, sie sagten im Kanon:»Wir kommen natürlich mit dir mit.«

Ich verfrachtete sie auf den Rücksitz des Autos und kletterte zu dem Fahrer nach vorne. Er war ein freundlicher, respektabel aussehender Mann in den Dreißigern mit einem Kopf voll schwarzer, lockiger Wolle wie Astrachanfell. Aber was war denn dieses metallische Objekt rechts unter meiner Sitzfläche? Bevor ich einen Schrei ausstoßen konnte, hatte er geschaltet und wir rasten auch schon davon. Ohne ein Wort schob er seine Hand unter meine und umschloß damit den Revolver, auf dem ich Unglückswurm saß, während mir Vorstellungen von Vergewaltigung, Pistole im Anschlag und Raub der beiden armen Kinder durch den Kopf schossen. Die schwarze Komödie wurde noch bedrohlicher durch seine gemurmelte Bemerkung:»Kein Wort zu den Polizisten!« Während unser Tempo weiter anstieg, erklärte er mir, daß er keine Erlaubnis habe, eine Waffe bei sich zu tragen, daß aber sein bester Freund, auch Taxichauffeur, erst vor zwei Tagen von einer Bande überfallen und ermordet worden sei. Ich atmete wieder etwas freier und versprach, nichts zu verraten. Dann schlug ich den Kindern vor, doch zu versuchen, ein wenig zu schlafen, und weiter ging's durch die finstere Nacht, während ich mühsam versuchte, ihm zu zeigen, wo ungefähr wir Yehudi am Straßenrand wiederfinden würden (bitte, lieber Gott). Der Fahrer war skeptisch. Mir war übel vor lauter Angst, und ich hoffte nur, daß die Kinder nicht genügend Französisch verstanden, um seine Kassandra-Prognosen zu interpretieren, die er mit stark algerischem Akzent vorbrachte.

Nach mehr als einer schier endlosen Stunde hatten wir den Hügelkamm erreicht und begannen mit der Abfahrt auf der anderen Seite. Gott sei Dank, dort stand Yehudi, direkt vor uns im Scheinwerferlicht, mitten auf der Straße, die Hände in die Hüften gestemmt, offensichtlich auf ein schreckliches Schicksal vorbereitet und bemüht, den Eindruck zu erwecken, als wäre er eine Kreuzung zwischen dem diesjährigen Sieger im Schwergewichtboxen und Tarzan. Wir brüllten:»Yehudi, Daddy, wir sind's« und warfen uns in seine Arme.

Was Dégé anging, so waren wir bereit, sie ohne Gewissensbisse aufzugeben, diese schiefe, tückische alte Hure. Es gelang unserem wunderbaren Fahrer jedoch, mit viel Geschick das Rad zu wechseln, und so kehrten wir mit äußerster Geschwindigkeit hintereinander zur Polizeistation zurück, wo meine Kumpel Yehudi einen wahrhaft königlichen Empfang bereiteten. Wir riefen bei unserem armen Pierre Bertaux an, der sehr beunruhigt war und darauf bestand, seinen Wagen zu schicken, um weitere Transportdramen zu vermeiden. Wir dankten, belohnten unseren tapferen Algerier und kletterten nach einer uns endlos scheinenden Wartezeit in Pierres hocheleganten Delahaye. Dégé wurde von einem Mann gefahren, den Bertaux geschickt hatte. Wir bedankten uns auch bei unseren netten Polizisten und trafen schließlich schmutzig, zerzaust und erschöpft um vier Uhr in der Frühe bei der Präfektur in Lyon ein.

Nach zwei Tagen (inzwischen gesäubert und dank der Gesellschaft und Konversation des brillanten Pierre – übrigens damals der jüngste Bürgermeister Frankreichs – gestärkt) vertrauten wir uns wieder Dégé an, die uns entgegen allen Befürchtungen ganz brav hinunter nach Aix-en-Provence und endlich am nächsten Morgen an die Mittelmeerküste bei Sainte-Maxime brachte. Dort verfuhren wir uns etliche Male auf der Suche nach unserem Bauernhaus, irrten inmitten der duftenden Pinien nahezu zwei Stunden lang umher, bis wir eine gefährliche Schneise hinunterrutschten und das Haus mitten in einer Lichtung vorfanden. Es war fest verschlossen.

Inzwischen an Mißgeschick gewöhnt, packten wir resigniert den Wagen aus und stapelten unsere Koffer, Regenmäntel, Geigen, Bücher, Strohhüte, Spielsachen, Schals, Nougat (unterwegs in Montélimart erstanden) vor der Hintertür auf und einigten uns darauf, daß wir alle vor Hunger umkämen und zunächst versuchen würden, in Saint-Tropez etwas Eßbares zu finden. Doch siehe da, den Weg herauf kam eine stämmige Person ungewissen Alters und Geschlechts, mit schwarzen Haaren und ebensolchen Augen und einer walnußartigen Haut. Sie trug alte blaue Hosen und ein Hemd und auf dem Kopf einen verbeulten Strohhut, der einem Esel entwendet zu sein schien. Madeleine war ihr Name; sie entschuldigte sich und zog einen hübschen, kleinen Jungen mit sich, den sie als Jean-Marie vorstellte. Alsdann öffnete sie die Tür zum Haus, das innen entzückend war; wir ließen unser Gepäck fallen, verteilten die Zimmer, und inzwischen hatte Madeleine schon ein Mittagessen auf den Tisch gestellt.

Wir waren viel zu erregt, um an Ausruhen denken zu können und fuhren statt dessen den kaum befahrbaren Weg, der vom Winterregen ausgewaschen und von den Wurzeln der Eichen und Tannen geadert war, nach St. Tropez, um Vorräte einzukaufen. Daß Dégés empfindliche Organe einen Schaden davongetragen hatten, als wir auf der Hauptstraße anlangten, braucht nicht erwähnt zu werden. Sie hinkte in eine Werkstatt, die sie – aber das konnten wir damals nicht ahnen – noch oft während der kommenden Wochen besuchen sollte wie ein eingebildeter Kranker eine Klinik. Wir kauften ein, holten unsere Dégé wieder aus der Werkstatt, wo ihre augenblicklichen Beschwerden, jedenfalls laut Mechaniker, zufriedenstellend beseitigt worden waren, und kehrten wohlbehalten in unser, wie sich herausstellte, vollkommenes Refugium zurück. Wir haben nie mit Sicherheit sagen können, ob der Mechaniker nicht bei Behebung eines Symptoms dafür sorgte, daß ein zweites behutsam eingeleitet wurde, um so einen weiteren Besuch innerhalb weniger Tage sicherzustellen.

Wir schwammen, wanderten, schliefen, halfen beim Löschen von Waldbränden, entdeckten an dem wunderschönen Küstenstreifen kleine, abgelegene Buchten, die noch unter dem Stacheldrahtverhau der Verteidigungsmächte lagen, und vermieden diejenigen, an denen Schilder vor Minen warnten. Die meiste Zeit verbrachten wir an einer besonders schönen Bucht, wo eine große, weiße, übel zugerichtete leere Villa stand, die von Kaskaden violetter Bougainvillea eingehüllt war. Hier war niemand außer uns; wir konnten den ganzen Tag lang über den herrlich weißen Sand, das warme blaue Meer und den wolkenlosen Himmel verfügen. Den einzigen Schatten während des sonst so sonnigen Monats warf Dégé mit ziemlicher Regelmäßigkeit. Oftmals ließ sie es sich auf dem Rückweg einfallen, seltsam schrille Töne von sich zu geben, woraufhin wir sie ohne weitere Umschweife zu ihrem Arzt, dem Werkstattmechaniker, brachten. Manchmal kam es vor, daß sie in einem epileptischen

Anfall am Straßenrand liegen blieb und wir zu ihm zurücktrotteten, um ihn zu bitten, sie abzuholen. Danach kletterten wir durch den Wald zu unserem Bauernhaus, einem köstlichen Mahl und Bett, zurück.

Nach viereinhalb Wochen erklärte der ewige Optimist Yehudi, Dégé sei nun völlig wiederhergestellt und somit in der Lage, uns bei unserem nächsten Unternehmen zu begleiten; und zwar wollten wir durch das Rhônetal der Route Hannibals nach Montana in der Schweiz folgen.

Inzwischen war es am Mittelmeer unerträglich heiß geworden, die Nächte waren stickig und die Luft so dick wie Linsensuppe, die gerade vom Herd kommt. Außerdem gab es riesige *bouderagues*, fliegende Käfer, die mit furchterregender Geschwindigkeit durch die offenen Fenster schossen und direkt gegen unsere Köpfe prallten.

Mit großem Bedauern verließen wir die treue alte Madeleine, die uns mit ein paar Flaschen Rotwein (der einem die Kehle ätzte) von ihrem eigenen Weinberg versorgte. In kühler Morgenfrühe machten wir uns auf den Weg nach Nizza, wo wir unser nächstes Abenteuer, wenn ich mich recht entsinne, bei Négresco mit einem seltsamen Imbiß, bestehend aus Käse, Toast und Champagner, feierten. Und so brachen wir auf zu unserer Weiterreise durch das wunderschöne Tal mit seinen Biegungen und Kurven und seinen steilen, von Bäumen bedeckten Hängen, die ab und zu den Blick auf Wiesen, bestellte Felder und spätblühende Sommerblumen freigaben. Unterwegs kauften wir Honig, Käse und Würste und picknickten am Wegesrand. Die erste Nacht verbrachten wir in einem zwar primitiven, aber sauberen, kleinen Hotel. Am nächsten Morgen ging die Reise schon früh weiter. Wir kletterten einen Paß nach dem anderen hinauf, während sich die Bäume um uns herum von Laub- in Nadelhölzer wandelten und immer spärlicher wurden. Wir fuhren an zerstörten Städten vorbei, Zeugen des erst kürzlich beendeten Krieges, saßen zum Mittagsmahl auf einem letzten Fleckchen Gras und genossen das klare Licht und die dünne, reine Luft in dem wunderbaren Gefühl, auf dem Gipfel der Welt zu sein und wie ein Vogel fliegen zu können.

Schließlich fuhren wir im Leerlauf nach Val d'Isère hinab, zu einem sehr behaglichen kleinen Hotel, wo wir den unverzeihlichen Fehler begingen, Dégé in einer winzigen Garage abzustellen. Als wir um halb sechs am nächsten Morgen startbereit waren, entdeckte Yehudi, daß Dégé wieder einmal eine ihrer Launen hatte und sich weigerte, auch nur einen Schritt aus der Garage hinauszutun. Was wir am Vorabend übersehen hatten, war, daß die Garage einen feuchten Erdboden und eine hölzerne Rampe unterhalb der Tür hatte. So hatte Dégé eine gemütliche Nacht verbracht und räkelte ihren betagten Rumpf auf der warmen Erde. Wieder und wieder trat Yehudi auf das Gaspedal mit dem einzigen Erfolg, daß Dégé vor Empörung zu qualmen begann. Alle Überredungskünste vermochten sie nicht dazu zu bewegen, sich mit einem kleinen Hopser aus ihrem Nest zu erheben. Nach zwei Stunden und mit fremder Hilfe gelang es uns endlich wegzukommen und den ganzen Hügel bis nach Chamonix hinunterzurollen, wo wir Dégé seufzend in die nächste Werkstatt brachten, um sie erneut untersuchen zu lassen. Wir erklommen inzwischen den Gletscher, verbannten sie aus unserem Gedächtnis und stürzten uns genüßlich in das herrliche Gemisch aus heißer Sonne, eiskalter Luft und Schnee.

Es kam der vierte Tag. Wieder früh auf und weiter über die Grenze in die Schweiz, steil empor auf den schwindelerregenden Col du Fauclas, wo wir allesamt die Luft anhielten, Stoßgebete sprachen und viel zu früh erleichtert aufatmeten, als wir den Kamm des Passes erreicht und die Abfahrt hinunter zu der jetzt breiten, schönen Rhone begonnen hatten, die wie glänzendes Zinn in dem weiten Tal vor uns lag. Als ob sie unsere Erleichterung geahnt hatte, begann Dégé, heimtückisch und selbstsüchtig wie immer, seltsame Klopfgeräusche von sich zu geben, so als quälte sich jemand in ihrem Innern mit Kastagnetten ab. Wir schwiegen alle einmütig. Ein Blick auf Yehudis zusammengepreßte Kiefer genügte, um uns davon zu überzeugen, daß es angebracht war, uns nicht nach dem Ursprung dieser geheimnisvollen Trommelschläge zu erkundigen. Inzwischen hatten wir jedoch unten im Tal Martigny erreicht. Dégé, die möglicherweise empört darüber war, so völlig ignoriert zu werden, änderte ihre Meinung und stieß die schrecklichsten Töne aus, eine Art Passacaglia aus wildem Geratter und einem noch lauteren Quietschen. Um diese Arie voll zur Geltung zu bringen, hatte sie ihr Tempo auf 22 Stundenkilometer verlangsamt. Zamira, Krov und ich konnten nicht länger an uns halten und prusteten vor Lachen. Der Anblick von Yehudi, der sich ans Lenkrad klammerte und den verrückten, alten Schlitten, der wie am Spieß schrie, mit unbeweglichem Gesicht und würdevoller Miene im Schneckentempo durch die Stadt steuerte, bemüht, das gaffende Volk zu beiden Seiten zu ignorieren, war wirklich urkomisch. Für mein Gefühl fehlte nur noch das Sägemehl auf dem Boden und das Zirkuszelt über uns.

Den ganzen beschwerlichen Weg zur Werkstatt schrie und ratterte sie wie besessen. Der Besitzer dort diagnostizierte ihre Hysterie als geborstene Ölpumpe, und wir mußten sie ihm infolgedessen überlassen. Wir nahmen eine Taxe, stopften unser Gepäck und alles, was sich inzwischen angesammelt hatte, hinein und ließen uns in die Berge hinauffahren. Etwa eine Stunde später erreichten wir das winzige Chalet, das herrlich am Waldrand lag, weit entfernt vom Dorf Montana unten im Tal. Der Ausblick auf das Matterhorn ähnelte so sehr einer Schweizer Postkarte, daß man versucht war, eine Briefmarke darauf zu kleben. Das Chalet hatte eine junge Schweizerin, die ab und zu als Yehudis Sekretärin arbeitete, für uns gemietet. Offensichtlich war sie der Ansicht, daß uns das einfache Leben guttäte. Es bestand aus vier kleinen Zimmern, hatte weder Dusche noch Bad und nur Waschbecken mit kaltem Wasser in zwei Räumen. Niemals zuvor hatte man sich so inbrünstig nach einem heißen Bad gesehnt. Widersinnigerweise stand uns dasselbe Paar zur Verfügung, das für Yehudi in der Villa Karma gearbeitet hatte, nämlich der Butler Eduard und die Köchin Clara. Wie gern hätte ich beide gegen etwas mehr Leitungswasser und einen Zuber eingetauscht...

Clara kochte kesselweise Wasser, und ich füllte damit die Waschbecken für die Kinder. Die Ärmsten mußten sich auf einen Stuhl stellen, bevor ich sie mit einem Schwamm abseifen konnte. Mira mit schnatternden Zähnen:»Ich wünschte nur, meine Freundinnen in Amerika könnten das hier sehen. Dann würden sie wissen, wie gut sie es haben!« Zum Abendessen gab es dann eine extra lange Fortsetzung unserer Geschichte.

Am nächsten Tag war Yehudi schon bei Morgengrauen nach Salzburg unterwegs, wo er das Violinkonzert von Brahms, von Furtwängler dirigiert, spielen sollte. Er freute sich darauf wie ein Kind auf Weihnachten. Gern hätte ich ihn begleitet, aber das war verständlicherweise unmöglich. Fest entschlossen, mich für unsere Bleibe, die man nur als eine etwas luxuriöse Hütte bezeichnen konnte, zu entschädigen, kroch ich hinaus, wobei ich mir den Kopf am Türbalken stieß, und machte mich auf den Weg in den Wald, in der Hoffnung, einen besseren Eindruck von unserer Umgebung zu bekommen. Hinter dem Chalet erstreckte sich eine lange Wiese, die bis zu einem Baumgürtel im Tal abfiel. Kein Haus weit und breit. Nun gut. Zur Linken lag, von Büschen gesäumt, die Landstraße mit Blick auf das Rhônetal, im Hintergrund die Berge. Hinter mir lagen die Wälder. Es war wirklich eine beneidenswerte Lage, ganz einsam und friedlich. Außer Vogelrufen und Blätterrauschen war nichts zu hören. Wenn die spartanischen Einwohner nur eingesehen hätten, daß man Schönheit weitaus mehr genießt, wenn sie wenigstens ein Minimum an Komfort bietet! Mit Schaudern dachte ich an die Möglichkeit eines Regentages. Man würde drinnen hocken müssen, die Berge wären hinter einem Regenvorhang verborgen, die Tropfen würden geräusch-voll auf die Dachschindeln prasseln. Ich sah mich schon die widerwilligen Kinder nach draußen zu einer Wanderung durch den triefenden Wald zerren. Und dann würden wir heimkehren mit dem Verlangen nach einem gemütlichen Wohnzimmer, einem Holzfeuer im Kamin und einem heißen Bad. Es gab nichts, womit man diese Hütte hätte verbessern können, kei-nen Kamin, kein Badezimmer, und das Wohnzimmer war eine Schuhschachtel – und zwar für Pantoffeln Größe 36. Und hier sollten wir es möglicherweise sechs Wochen lang aushalten. Man konnte nur um gutes Wetter beten und noch mehr Bücher und Spiele besorgen. Ich würde Yehudi bitten, eine dieser kleinen Schweizer Nähmaschinen – eine großartige Erfindung – zu kaufen, damit ich für Zamira Baumwollkleidchen und Kittelschürzen nähen könnte, die sie dringend brauchte.

Jeder Tag sollte mit einer Stunde Französischunterricht beginnen, die man hoffentlich im Freien abhalten könnte, denn das Risiko, von einer Wespe gestochen zu werden, schien mir weitaus geringer zu sein als die Aussicht auf bedrückende Platzangst innerhalb der dunkelbraunen Holzplanken, aus denen die Zimmerwände bestanden. Wir würden so oft wie möglich Picknicks abhalten, lange Waldspaziergänge machen und auf einem dieser großen Felsen, von denen es unzählige in den Schweizer Wäldern gibt, unsere hartgekochten Eier, Karotten, Butterbrote und Obst verzehren. Inzwischen gäbe es vielleicht auch schon wilde Himbeeren und Walderdbeeren und später, dann Brombeeren und Pilze. Auf die Weise würde Yehudi genügend Zeit zum Üben bleiben, und abends beim Essen würde ich dann wieder eine Fortsetzungsgeschichte erzählen. Ich steigerte mich derart in diese Phantasien hinein, daß ich das Gejammere der Kinder überhörte, die sich vernachlässigt fühlten und nicht wußten, was sie nach dem wunderbaren Monat mit Sonne, Meer und Sand und dem herrlich bequemen Bauernhaus mit sich anfangen sollten.

Gegen sämtliche Diätvorschriften von Yehudi ging ich mit ihnen den halben Kilometer hinunter nach Montana, um zu erkunden, was sich uns dort bot. Wir aßen *pain au chocolat* und *mille-feuilles*. So gelabt, kletterten wir wieder zu unserer bescheidenen Hütte hinauf. Der Appetit auf das Mittagessen war zwar dahin, aber die gute Laune wiederhergestellt. Bald hatten wir einen recht angenehmen Rhythmus gefunden, und da wir großes Glück mit dem Wetter hatten, konnte mein optimistischer Plan im großen und ganzen verwirklicht werden. Yehudi kam und ging, zum Beispiel nach Luzern, wo er Beethoven unter Furtwänglers Leitung spielte und anschließend aufnahm. Wieder begleitete ihn mein sehnsüchtiges Herz.

Zwischendurch dachte sich dieses Musterbeispiel eines Optimisten neue Abenteuer aus. Er fuhr mit uns zur Rhône hinunter und aus dem wunderschönen Tal hinauf nach Andermatt, das ungefähr 2000 Meter hoch auf seinem engen Paß hockt wie ein Adler, der sich dort auf einem Gipfel niedergelassen hat und das ganze wilde Schauspiel in der Tiefe von oben betrachtet.

Die Kinder waren von dem Gletscher tief beeindruckt, obgleich er sich nicht von seiner besten Seite zeigte, weil er noch mit den Überbleibseln des Sommers bedeckt war und eigentlich ein gründliches Bad gebraucht hätte.

Bislang hatte Dégé sich wie eine Dame benommen, die sie nicht war, aber die Anstrengung war wohl doch zu groß für sie, um sie durchhalten zu können. Mitten in der gefährlichen Abfahrt riß die Kupplung. Yehudi zwang sie in den ersten Gang, und ich mußte dann den Schalthebel mit aller Macht umklammern und gewaltsam in seine Position zurückzwängen, weil er immer wieder aus der Halterung sprang. Es dauerte Stunden, bis wir in Sierre ankamen. Meine Arme und Schultern schmerzten derart, daß ich der alten Kiste nicht einmal mehr einen wohlverdienten Schlag versetzen konnte, nachdem wir in die Werkstatt gekrochen waren. Wieder mußten wir uns eine Taxe nehmen, die uns den Berg hinauf und nach Hause brachte.

Als Yehudi aus Luzern und Dégé von ihrem Krankenhausaufenthalt zurückgekehrt waren, schlug er kühn einen Ausflug nach St. Luc unterhalb des Matterhorns vor. Da ich es leid war, als Kassandra gegen seine hl. Bernadette aufzutreten, stimmte ich in den allgemeinen Jubel ein.

Obgleich wir die gegenüberliegende Talseite tagtäglich vor uns sahen, hatten wir sie bislang noch nicht erforscht. So machten wir uns zu viert bei schönstem Wetter auf den Weg. Dégé prahlte stolz mit ihrer gelungenen Operation, und so kletterten wir hinauf nach St. Luc, wo wir anhielten, um den Blick auf die winzigen Weiler mit ihren pilzähnlichen Chalets zu genießen, deren stelzenartige Fundamente den Hang hinauf an den Gesimsen klebten. Die Sonne schob sich schon hinter die Berge, als wir uns widerwillig entschlossen, zur Abfahrt wieder in unsere Dégé zu steigen. Wie alle bösen Kreaturen, die man zu lange hat warten lassen, hatte diese uns offensichtlich inzwischen Rache geschworen. Auf halbem Wege blieb ihr Schalthebel mürrisch und verstockt stecken und rührte sich nicht mehr. Dégé steckte uns die Zunge heraus, und nichts änderte ihren Sinn. Yehudi lenkte sie bis an die Felswand, um zu vermeiden, daß sie weiterrollte bis zum bösen Ende, was einen Sturz in die Ravine auf der gegenüberliegenden Seite bedeutet hätte. Wir stiegen aus, stemmten uns gegen sie und warteten ergeben. Es war fast dunkel geworden. Wir hockten in der zunehmenden Kälte dicht beieinander, bis das letzte Postauto von Zermatt bei uns anhielt und sich mitleidig der vier Gestrandeten annahm. In Sierre angekommen, marschierten wir dieses Mal ohne die Kranke in die Werkstatt, arrangierten ihren Transport vom Berg hinab ins Tal und nahmen uns wieder einmal eine Taxe. Wie immer waren die Kinder sehr kooperativ und friedlich. Der gute Yehudi bemühte sich, seinen chronischen Optimismus, der sich allmählich verflüchtigte, wiederzugewinnen, so daß wir aus lauter Mitleid mit ihm die ganze Misere Dégé in die Schuhe schoben. Sie hatte inzwischen eine eigene, souveräne Identität angenommen, war zu einer Art *monstre sacré* geworden, die Gehorsam und Opfer verlangte.

Unsere Bergferien neigten sich dem Ende zu. Dank des wunderbaren Wetters hatten wir glückliche und harmonische Tage verlebt, trotz der engen Hütte, in der kaum noch jemand anders, und sei es nur zu einer Tasse Tee, Platz hatte. Glücklicherweise waren Herr und Frau Hindemith von kleiner Statur (wenn auch rundlich wie Kropftauben) und konnten zum Mittagessen ohne große Schwierigkeiten untergebracht werden. Anschließend unternahmen Paul und Yehudi einen Spaziergang, während Frau H., die sich intensiv mit dem Puzzlespiel befaßte, Mira, Krov und mich zur Verzweiflung trieb, weil sie darauf bestand, völlig ungeeignete Stücke an die falschen Stellen zu legen, während die Kinder und ich uns unter dem Tisch traten. Ansonsten kann man nicht behaupten, daß die Hütte von Begeisterung, fröhlichem Geplauder oder klingenden Champagnergläsern widerhallte. Vielmehr waren nach kalvinistischer Art nur Bier, und das aus kleinen Gläsern, und ein recht karges Gesellschaftsleben zugelassen. Aber die Kinder hatten gerötete Wangen, ihre Beinmuskeln waren gekräftigt, ihr Französisch war aufpoliert, und ihre Lungen waren mit frischer Luft gefüllt. Mira sah entzückend aus in den kleinen Schürzen, Röcken und Nachthemdchen, die ich genäht hatte. Krovs nervöse Energie hatte sich ein Ventil geschaffen und ihn

404

in einen lebhaften, spontanen und fröhlichen kleinen Jungen verwandelt.

An einem zauberhaften Morgen lud Eduard schon früh unsere großen Koffer auf einen Pferdewagen, der ins Tal hinunterrollte. Wir verabschiedeten uns herzlich von ihm und Clara, die alles getan hatte, um uns für das Leben in der Hütte zu entschädigen, verstauten unsere kleineren Gepäckstücke in Dégé, winkten noch einmal mit gemischten Gefühlen zurück und bereiteten uns zur Abfahrt nach Sierre vor. Sechseinhalb Wochen hatten wir dort oben zugebracht. Obgleich einfach und genügsam, war es doch eine gute, erfüllte Zeit gewesen. Die Kinder sollten zu ihrer Mutter nach New York zurückgebracht werden – und ich? Mir war, als hätte ich eine Art Prüfung durchgestanden – keine vorausgeplante, sondern wie schon so oft in den letzten sich immer länger hinziehenden siebzehn Monaten hatte ich mich an eine Lebensweise gewöhnen müssen, die improvisiert und unwirklich war. Jede neue Situation ergab sich rein zufällig, so wie Saatkörner, die vom Wind willkürlich herumgewirbelt werden, sich an einer Felswand festklammern und in Blüten verwandeln.

So fuhren wir zum letztenmal hinunter nach Sierre, während mir diese Gedanken im Kopf herumspukten und die Sonne strahlend über den Bergkuppen aufging. Die Luft war rein und noch so warm, daß ich das Fenster herunterkurbelte. Genauer gesagt, versuchte ich es, aber Dégé hinderte mich daran. Folglich brachten wir sie erneut zu ihrem zweiten Zuhause, der Werkstatt, und ließen die Kurbel reparieren. Wir winkten ihrem ›Arzt‹ Lebewohl und machten uns gutgläubig auf den Weg nach Lausanne. Dégé hegte jedoch andere Pläne und blieb nach ein paar Metern stehen. Diesmal klemmte die Kupplung. Nach einer endlosen Stunde, in deren Verlauf der Mechaniker die alte Dirne von allen Seiten untersuchte, unter sie kroch, seinen Kopf tief in ihre Haube steckte und vom Vordersitz aus dieses und jenes rüttelte, rief er uns triumphierend zu (wir waren inzwischen auf der Straße auf und ab marschiert), daß alles in Ordnung und *en état de marche* sei.

Wir pferchten uns erneut zwischen Kisten und Kasten und fuhren singend von dannen. Und schon blieben wir wieder stehen. Dégé war sich treu geblieben und hatte in typisch französischer Manier revoltiert. Wir auch. Nun war auch Yehudis Geduld am Ende, nachdem er ihr immer wieder aufs neue vertraut hatte. Die Kinder und ich baten Yehudi im Chor, die Farce endlich aufzugeben und einzusehen, daß es sich bei Dégé um ein Denkmal aus grauer Vorzeit handle, daß sie sich im fortgeschrittenen Krankheitsstadium befand und ein für allemal abgeschafft werden müsse. Wir riefen einen guten Freund an, Monsieur Burger, der unsere sämtlichen Habseligkeiten in seinem Auto verstaute und uns in flottem Tempo nach Lausanne fuhr, wo wir unseren Zug gerade noch mit Mühe und Not erreichten und unsere zahlreichen Gepäckstücke verstauten.

Traurig trennte ich mich von meinem schönen, großen weißen Pariser Hut, der sich in dem Tumult als viel zu unpraktisch erwiesen hatte, und rief Monsieur Burger zu, der immer noch mit dem Hut in der Hand auf dem Bahnsteig wartete, er möge ihn seiner Frau verehren... Dégé hatte das letzte Wort gehabt.

Wenige Tage danach kehrten die Kinder zu ihrer Mutter zurück. Wir hatten glückliche dreieinhalb Monate zusammen verbracht, in denen wir uns nahegekommen waren und uns sehr aneinander gewöhnt hatten. Soviel Gemeinsames hatten wir erlebt, angefangen bei den Konzerten ihres Vaters und den Proben, über Sonnenschein und Meer und dem Bauernhaus an der Côte d'Azur bis hin zu dem winzigen Kaltwasser-Chalet am Rande des Waldes, von wo aus man einen Blick über das Rhonetal hatte.

Sie waren länger mit ihrem Vater zusammen gewesen, als sie es in ihrem Leben wahrscheinlich je wieder sein würden. Sie hatten Dégés Unzuverlässigkeit gutgelaunt ertragen. Sie waren im Wald herumgestrolcht, hatten Blumen gepflückt, Pilze gesammelt und ihre französischen Lektionen mit Anstand über sich ergehen lassen. Begierig folgten sie abends der Fortsetzungsgeschichte, ohne die sie nicht ins Bett gehen wollten. Ich fühlte mich traurig und verlassen nach unserem Abschied. Sie hatten meine Bindung an Yehudi, den ich längst verloren geglaubt hatte, enger geknüpft. So fühlte ich mich nach ihrer Abreise noch halt- und zielloser als zuvor. Fünfzehn Wochen lang brauchte ich an nichts anderes zu denken als an die angenehme Pflicht, mich um alle drei zu kümmern. Ich konnte alle Plagegeister über Bord werfen, alle Selbstbezichtigungen, die mich unaufhörlich gequält hatten, auslöschen und mir in der willkommenen Anonymität von La Berle und dem Montana-Chalet eine kleine, glückliche Welt zu viert schaffen und darin leben.

Wie zerbrechlich das Fundament auch gewesen sein mochte, auf dem dieses winzige Paradies ruhte, so hatte sich doch in meinem tiefsten Innern ungewollt ein Gefühl geregt, das mir eine Änderung meiner Zukunft andeutete. Ich wagte nicht, dieses Gefühl weiter zu analysieren, aus Furcht, es könne sich wieder um eine Illusion handeln, die aus der Harmonie der letzten Monate geboren war. Ich begleitete Yehudi nach Berlin in der Überzeugung, daß diese Tage, und sollten es die letzten sein, die wir miteinander verbrachten, von einer so außerordentlichen, ja, fast historischen Bedeutung für seine Laufbahn waren, daß ich mir gestatten durfte, sie mit ihm zu teilen.

Am 27. September 1947 bestiegen wir das erste Sonderflugzeug der KLM, das nach dem Kriege nach Berlin flog. Als wir am frühen Nachmittag in Tempelhof landeten, wurden wir von der amerikanischen Militärbehörde, die für das Unterhaltungsprogramm zuständig war, empfangen. Man fuhr uns durch eine Stadt, die mir, obgleich ich an die zerbombten Straßen Londons gewöhnt war, wie eine Mondlandschaft erschien. Die Trümmer der zerstörten Gebäude waren inzwischen auf beiden Seiten der Straßen geräumt worden und bildeten einen schrecklichen Damm durch tiefe Schluchten, die von den zerklüfteten Profilen der wenigen Häuser eingerahmt waren, von denen noch ein oder zwei Stockwerke stehengeblieben waren. Die Fahrt durch diese Straßen glich dem Alptraum nach einem Erdbeben, als ginge man über einen Totenacker. Der Anblick war so grauenvoll, daß Vorstellungsvermögen und Gefühl aussetzten und einer Art lähmender Ungläubigkeit wichen.

Nach der Abzweigung in Richtung des Vorortes Dahlem, wo einige Villengegenden von der Verwüstung verschont geblieben waren, wurden wir ohne besonderes Zeremoniell am Titaniapalast ausgeladen. Dieses ehemalige Kino fungierte jetzt als die einzige Konzerthalle in ganz Berlin. Proben der Berliner Philharmoniker unter Furtwängler hatten bereits begonnen. Yehudi blieb ein wenig Zeit, um sich die Finger zu wärmen, bevor das Beethoven-Konzert durchgespielt wurde, das er ja erst vor kurzem mit ihnen gespielt und vor ungefähr vier Wochen in Luzern aufgenommen hatte. Hinterher speisten wir in der Villa, die für Gäste der US Musical Association reserviert war, und zwar zusammen mit dem großartigen rumänischen Dirigenten Sergiu Celibidache, dem es während des Krieges auf wundersame Weise gelungen war, das Berliner Philharmonische Orchester nach Furtwänglers Flucht zusammenzuhalten. Yehudi hatte im Jahr vorher mit ihm musiziert.

Am nächsten Morgen fand Yehudis erstes Konzert in Berlin mit Furtwängler statt. Diese erste Aufführung war britischen und amerikanischen Soldaten und ihrer Administration vorbehalten, die wunderbare Zuhörer waren. Damals müssen wir wohl auch den amerikanischen Botschafter Robert Murphy zum erstenmal getroffen haben. Er lud uns zum Mittagessen ein und stellte sich als ein Mann heraus, der sich durch soviel Herzenswärme und Höflichkeit, durch Humor und hohe Intelligenz auszeichnete, daß man nicht umhin konnte, sich schon nach den ersten fünf Minuten Hals über Kopf in ihn zu verlieben.

Es gab ein stark besuchtes Presseessen. Den Vorsitz führte Stuckenschmidt, damals der führende Musikkritiker. Bei diesem Treffen kristallisierte sich das Dilemma heraus, das Yehudis Gegenwart heraufbeschworen hatte. Yehudi war das Symbol für so viele, grundverschiedene Faktoren:

Hier stand der große Musiker, der, weil er Jude war, seit seiner Jugendzeit nicht mehr nach Deutschland gekommen war; gleichzeitig verkörperte er als geborener Amerikaner den Gegner; er hatte die grauenvolle Realität von Bergen-Belsen mit eigenen Augen gesehen; und schließlich war hier der Mensch, der sich trotz allem entschlossen hatte, nach Deutschland zu gehen, um zu versuchen, die tiefe Wunde zu schließen, die der Irrsinn der Nazis der gesamten Kultur Deutschlands geschlagen hatte.

Yehudis Auffassung von der Bedeutung des Menschen in dieser Welt, seine *Weltanschauung*, war von jeher unteilbar: der Mensch, als Einheit von Körper und Seele, als ein organisches Ganzes im Einklang mit der Natur und der Zeit. Er vertritt die platonische Vorstellung vom Menschen als Künstler, dem höchsten Ausdruck seiner Existenz, unter welchen Umständen er auch leben mag. Yehudi selbst hatte Glück gehabt; er war mit einem großen Talent geboren worden, das es ihm ermöglichte, diese persönliche Philosophie umzusetzen, so gut er konnte. Das hat er stets getan, selbst wenn er sich damit Mißverständnisse, Kritik, Schaden und akute Gefahr für seine künstlerische Karriere einhandelte. Es ist ein langer, anhaltender Kampf, und er muß sein Terrain immer wieder verteidigen, wenn er sich zum Handeln aufgerufen fühlt. Es hat viele Fronten gegeben: politische, soziale, berufliche, und an allen hat er gekämpft, ohne Aggressivität, aber mit standfestem Mut, der stärker und wirkungsvoller ist. Ich glaube, das außergewöhnliche Vertrauen, das man ihm überall in der Welt schenkt, kommt daher, daß er nichts Pharisäerhaftes an sich hat, was jeder instinktiv spürt.

Die Pressekonferenz brachte vielen deutschen Berichterstattern, die sicher mit gewissen Befürchtungen zu diesem Treffen gekommen waren, eine kathartische Erfahrung. Yehudis Offenheit und Menschlichkeit gab ihnen die Gelegenheit, das Unaussprechliche auszusprechen, ihre Beschämung ohne Heuchelei einzugestehen und ihrer Dankbarkeit, ohne zu kriechen, Ausdruck zu verleihen ebenso wie ihrer Hoffnung, daß man es Deutschland gewähren möge, seine zerbrochene Ehre wiederherzustellen, ungeachtet der verdienten Verurteilung und mit Hilfe des Mitgefühls, das es so dringend benötigte und das Yehudi ihm bereitwillig schenkte.

Am darauffolgenden Tag, dem 20. September, fand ein Konzert statt, das mir für alle Zeit aus vielen Gründen in Erinnerung bleiben wird. Nicht allein, weil Yehudis und Furtwänglers Interpretation des Violinkonzertes von Beethoven die vollkommene Übereinstimmung zweier Geister in dem schönsten und ausdruckstärksten aller für Violine geschriebenen Werke darstellt, sondern auch, weil sich im Orchester viele Musiker befanden, die schon damals, als Yehudi als Kind in Berlin gespielt hatte, dabeigewesen waren. Aber vor allem, weil das Publikum deutsch war und sich aus besiegten Menschen in einer verwüsteten Stadt zusammensetzte, für die Musik sicher das einzig Unversehrte inmitten der Zerstörung ihres Lebens war. Die schweigende, dichtgedrängte Zuhörerschaft war wie ein einziges Wesen mit einem Geist und einem Herzen. Mir stockte der Atem, als sich die Musik mühelos in aller Reinheit und Klarheit entfaltete und durch Yehudis Stimme ihre heilende Botschaft verkündete. Am Schluß herrschte vollkommene Stille, die mehrere Sekunden lang anhielt. Dann erst erhob sich brausender Applaus, der während der ganzen Pause von zwanzig Minuten andauerte, bis Furtwängler allein auf die Bühne trat, den Taktstock hob und der erste Satz der fünften Sinfonie von Beethoven ertönte.

Zwei Tage lang spielte Yehudi von morgens bis abends für alle möglichen guten Zwecke: für die Jüdische Gemeinde, die Hochschule für Musik, für Krankenhäuser und Kinderheime. Eines Morgens spielte er in einem riesigen Kino vor den Insassen eines Lagers für Zwangsvertriebene. Diese traurigen Einrichtungen waren so etwas wie Auffanglager, in denen diejenigen zusammengepfercht wurden, die der Krieg entwurzelt hatte. Die meisten waren Juden, aber auch Zigeuner waren darunter und Asiaten – alle die, die irgendwie die Ausrottung der von dem »Herrenvolk« als unwürdig Gebrandmarkten überstanden hatten und für die man bald eine neue Zukunftsperspektive finden mußte.

Am Künstlereingang begrüßte uns ein baumlanger, freundlich aussehender amerikanisch-jüdischer Offizier in Kapitänsuniform. Er zog mich zur Seite und gestand, offensichtlich peinlich berührt, daß nur ungefähr vierzehn Menschen im Parkett säßen. »Warum?« fragte ich. »Ja, also, in der letzten Woche hat ein Mann im Lager alle gegen Menuhin aufgewiegelt, er hat erklärt, Menuhin sei ein Verräter, der kein Recht habe, sich hier zu zeigen. Sie wären ebenfalls Verräter, wenn sie sein Konzert besuchten. Ich kann da gar nichts ausrichten. Er hat das Lager in einen Hexenkessel verwandelt. In Wirklichkeit ist er ein Lockspitzel und will sie alle nach Israel bringen. Dagegen habe ich durchaus nichts, aber warum muß er auf Yehudi herumhacken?« Der arme Kerl sah völlig verzweifelt aus. Ich ging sofort zu Yehudi und berichtete ihm davon. Wir fanden, daß es das beste sei, wenn er auf die Bühne ginge und eine halbe Stunde für die paar Tapferen spielte, die sich den anderen widersetzt hatten. Ich ging auch in den Saal, wodurch sich die Zahl auf fünfzehn erhöhte, und hörte mir die von Yehudi gespielte Solosonate von Bach an. Später fragten wir den Kapitän, ob wir das Lager besuchen dürften. Wenn ihm das recht sei, könnten wir am nächsten Morgen früh eine Stunde dafür herausquetschen. »Und ob mir das recht ist«, erwiderte er, und man konnte förmlich sehen, wie sehr er sich freute. »Wissen Sie aber auch, worauf Sie sich da einlassen? Die armen Menschen sind durch die jahrelange abscheuliche Behandlung und durch jahrelanges Darben brutal geworden und verhalten sich kaum noch menschlich. Dazu hat dieser Kerl noch an ihre niedrigsten Instinkte appelliert. Ich werde Militärpolizei holen müssen, damit wir die Sache im Griff behalten.«

Am nächsten Morgen fuhren Yehudi und ich in Begleitung des Kapitäns durch die Tore des Lagers. Im Nu waren wir von einem Schwarm brüllender und gestikulierender Gestalten umringt, die sich an das Auto krallten, noch bevor wir Zeit hatten anzuhalten. Hünenhafte Militärpolizisten in weißen Helmen drängten die Menschen auseinander, als wischten sie Ameisen zur Seite. Ich öffnete die Wagentür und stieg aus. Sie hatten eine Lücke gebildet, die sie mit ihren haßerfüllten Gesichtern wie eine Hecke umrahmten und in deren Mitte ein kleiner Mann stand, der erbärmlich aussah und noch dazu einen Klumpfuß hatte. Auch er starrte mich an. Ich streckte ihm die Hand entgegen und sagte (ich hatte seinen Namen erfahren): »Guten Tag, Herr Jonas.« Er sah so verdutzt drein, als hätte ich ihm eine Ohrfeige verabreicht oder als wäre ihm sein Drehbuch abhanden gekommen. Ich ergriff einfach seine Rechte, schüttelte sie und wiederholte meine Grußworte. Inzwischen waren Yehudi und der Kapitän ebenfalls aus dem Wagen gestiegen und schlossen sich meiner Begrüßung an. Das Gebrüll hatte sich zu einem Knurren abgeschwächt. Die Polizisten führten uns in einen langen, niedrigen Raum mit schmalen Säulen und einem Podium am anderen Ende. Wir kamen uns vor wie in einem Zoo, in dem ein Dutzend verschiedener Tiere heulen und bellen. Das Ganze war vor allem tief deprimierend. An jeder Seite einen Polizisten, trat Yehudi auf das Podium. Herr Jonas kam dazu und mit ihm ein oder zwei Mitglieder des amerikanischen Kulturteams, die für Yehudis Besuch verantwortlich waren. Da oben bildeten sie einen nicht gerade reizvollen Fries. Menschen drängten sich an den Wänden, waren halbwegs hinaufgeklettert, hingen an den Säulen, von denen herab sie weiter kreischten. In ihrem geballten Haß sahen sie unmenschlich aus, rettungslos beschädigt. Das war die bittere Ernte nach Jahren der Grausamkeit, Vernachlässigung und Hoffnungslosigkeit, der erschreckende Beweis für die Macht des Menschen, seinesgleichen wie Tiere zu behandeln. Diese elenden, verlorenen Kreaturen ähnelten den Gemälden von Hieronymus Bosch. Sie brauchten Erlösung, nicht Verdammung. Vor allem durften sie nicht noch mit falscher Propaganda aufgestachelt werden.

Yehudi trat vor, hob die Hand, um den Lärm zu dämpfen, und begann zu sprechen. Er erklärte ihnen die Gründe, warum er nach Deutschland gekommen war; er sprach zu ihnen als den vernünftigen Menschen, die sie einst gewesen waren. »Nie und nimmer waren wir Juden Bettler und dürfen es auch niemals werden. Wir dürfen unsere Hände nicht ausstrecken, um Almosen zu empfangen als Entschädigung für grausame Behandlung, keine Vergütung für unsere Wunden verlangen. Vorwärts müssen wir gehen, mitten hinein in die Welt, und uns unsere Ehre und Menschenwürde zurückerobern als die berühmten Schneider, Kürschner, Bankiers, Wissenschaftler – und selbst Geiger«, sagte er zu ihnen. »Nichts kann uns auslöschen oder uns unserer Talente berauben. Das ist es, was wir der Welt beweisen müssen, so gut wie wir irgend können!« Das und noch vieles mehr sagte er. Ein großes Geschrei brach aus, man klatschte, man rief Yehudis Namen. Jonas sprang wütend auf und schrie: »Er ist einer von denen, die sagen, wie schrecklich es sei, daß so viele Häuser in Berlin zerbombt sind! Ich sage dagegen, daß es schrecklich ist, wenn es noch ein einziges gibt, das steht! Alle sollten in Schutt und Asche liegen!« Aber er wurde niedergebrüllt. Die Masse stürzte zum Podium, umringte Yehudi, als er herunterstieg, und schob ihn buchstäblich zur Tür. Sie flehten ihn an, ihnen noch eine Gelegenheit zu geben, ihn spielen zu hören. Er erklärte ihnen mit Bedauern, daß wir noch am gleichen Tage abreisen müßten.

Ich werde mich immer an ihre verbrauchten Gesichter erinnern, die von langem Leiden gezeichnet waren und jetzt ein wenig erhellt schienen, als sie unserem Wagen bis zu den Toren folgten. »Gott sei's gedankt, Yehudi«, sagte der Kapitän, »daß ich von jetzt ab Ruhe und Frieden im Lager haben werde.«

Noch am gleichen Abend suchte Herr Jonas uns auf, um sich zu entschuldigen. Er habe die Situation völlig falsch beurteilt, sagte er, und so habe seine Rhetorik die Oberhand gewonnen über seine Vernunft. Jetzt wisse er, daß er sein Ziel auf dem Weg, den Yehudi gewiesen habe, erfolgreich verfolgen könne. Es war sehr nobel von ihm, daß er sich gemeldet hatte. Niemand hatte es von ihm verlangt.

In dem Militärflugzeug, das uns nach Frankfurt beförderte, wurden wir mit Fallschirmen fest umgurtet und auf beiden Seiten an die stählernen Bänke geschnallt. Man brachte uns zur Reichsbank, wo man uns große Eimer zeigte, die dort aufgereiht standen und bis zum Rand mit Goldzähnen gefüllt waren. Dazwischen lag eine Handvoll grauenerregender kleiner Broschen, Anstecknadeln und Ringe. Das also waren die Überreste, die Tausenden von Menschen abgenommen worden waren, deren Schicksal es gewesen war, der »falschen« Rasse anzugehören. Nur Gott kann vergeben, nur die Zeit läßt auf Vergessen hoffen.

Zwei weitere Flugreisen brachten uns nach Kopenhagen und dann nach Stockholm, wo uns Yehudis langjähriger Begleiter Marcel Gazelle in Empfang nahm. Nach Konzerten in Stockholm und anderen skandinavischen Städten endete die Tournee in Kopenhagen. Für mich bedeutete es den Abschluß einer weiteren Phase, die mich in Yehudis Leben hinein- und wieder hinauskatapultiert hatte. Es erinnerte ein wenig an Szenen aus einem schlecht gemachten Theaterstück, in dem ich nie wußte, welche Rolle ich spielen sollte und ob es mir überhaupt zustand, einen Part zu übernehmen. Das Hotel in Stockholm nannte sich ›Schloß‹. Die uns zugewiesene Suite erwies sich als recht düster, und ich war entsetzlich erschöpft nach all dem Erlebten in Deutschland und den drei Flügen innerhalb eines Tages. Zu müde, um weiter über die Zukunft nachzugrübeln, machte ich mich ans Auspacken. Yehudi wandte sich derweil dem Haufen Post zu, der ihn erwartete. Als ich plötzlich aufsah, stand er mit einem unergründlichen Gesichtsausdruck vor mir und hielt mir ein Bündel Papiere hin.»Hier sind meine Scheidungspapiere mit rechtskräftigem Urteil«, sagte er tonlos. Und wieder zeigte es sich, wie grundverschieden wir im tiefsten Innern auf ganz persönliche Dinge reagierten: er, reserviert und fast ein wenig phlegmatisch, ich schweigsam und mit der größten Vorsicht, die aus Hunderten von Enttäuschungen geboren war, die diesen Augenblick, der eigentlich wunderbar erleichternd hätte sein sollen, erdrückten. Ein wenig traurig erkannte ich, daß die ganze Bedeutung der Nachricht erst langsam zu ihm durchdringen mußte. Wer weiß, wie viele Knoten in seinen psychischen Arterien gelöst werden mußten, bis er sein Gleichgewicht wiedererlangte und eine klarere Vorstellung von der Zukunft hätte.

Ich würde warten müssen, würde irgendwie die Geduld aufbringen müssen, bis er selbst zu einem Schluß gekommen wäre. Alles, woran ich mich klammern konnte, war die Tatsache, daß er endlich frei war, frei, um sich zu entscheiden.

Es dauerte volle acht Tage, bis er in Kopenhagen schließlich aus seinem inneren Aufruhr auftauchte und mich fragte, ob ich bereit wäre, ihn zu heiraten. Wie sehr er bei der Erforschung und Prüfung seines Herzens und seiner Seele gekämpft hatte, würde ich nie erfahren. Ich antwortete, daß ich ihn heiraten würde, wenn er sich ganz sicher sei, und daß meine Liebe zu ihm über die Jahr unverändert geblieben sei. Er entgegnete, sein tiefstes Empfinden, selbst wenn es manchmal einen anderen Anschein gehabt hätte, sei immer gleichgeblieben. Der Wille hatte den moralischen Anschuldigungen nicht standgehalten, konnte sich nicht gegen die Vorwürfe, ihn mangele es an

Pflichtgefühl und Verantwortung, behaupten. Aber vor allem konnte er sich des Gefühls nicht erwehren, daß das, wonach er sich am meisten sehnte, unerreichbar für ihn sei und daß er auch kein Recht darauf habe.

Mit frischer Energie schlug Yehudi plötzlich vor, daß wir versuchen sollten, jetzt gleich, hier in Dänemark, zu heiraten. Auf diese Weise wäre es möglich, der unvermeidlichen Publizität, unter der sein Leben litt, aus dem Wege zu gehen. Da ich vor dem Krieg schon etliche Sommer zusammen mit Griselda in diesem schönen Land verbracht hatte, hatte ich viele Freunde hier. Als erstes rief ich Adam Moltke an, nachdem ich von dem unersetzlichen Portier des Hotel d'Angleterre gehört hatte, daß Moltke inzwischen Bürgermeister von Kopenhagen geworden war. »Selbstverständlich verzichte ich auf Aufgebote, Diana, und sorge dafür, daß du deinen Yehudi heiraten kannst. Wunderbar!« war dessen Reaktion. In der Zwischenzeit hatte Yehudi sich mit seinem Botschafter in Verbindung gesetzt und sich zum Mittagessen mit ihm verabredet. Josiah Marvell (ein direkter Abkomme meines geliebten Dichters Andrew) erwies sich als äußerst charmanter, geistreicher und begeisterungsfähiger Mann, der sofort Feuer und Flamme war, uns in jeder Weise zu helfen. »Aber meine Liebe«, warnte er mich, während wir auf der Terrasse Krabben und Tyborg genossen, »wir haben immer noch das kleine Problem mit *Ihrem*, dem britischen Botschafter. Ich werde alles arrangieren, was Yehudi betrifft. Graf Moltke gibt seine Zustimung, soweit es sich um die Formalitäten im Rathaus handelt, aber Sie müssen erst noch Ihre Situation klären.«

Wie immer war ich hellhörig; irgendwie schwang Zweifel in seiner Stimme mit. Er traf für denselben Nachmittag eine Verabredung mit Seiner Britischen Exzellenz. In dem Moment, in dem ich dem Vertreter Seiner Majestät gegenüberstand, erkannte ich, die ich eine alte Bekannte des Auswärtigen Amtes war, diesen Beamtentyp nur zu genau wieder. Mir sank das Herz. Hier hatte ich es mit der bürokratischen Sturheit zu tun, der man bei alten Amtsschimmeln immer wieder begegnet.

Ich legte ihm die Sachlage dar. Er machte Einwände: Dies sei eigentlich keine Angelegenheit, die ihn etwas angehe. Ich hätte mich an den Konsul wenden sollen. »Aber um Himmels willen, Mr. Blank«, protestierte ich, »es kann doch wohl kein Zweifel darüber bestehen, daß ich weiß, worum ich Sie bitte, nämlich hinsichtlich der Gesetzgebung ein Auge zuzudrücken. Herr Marvell und Graf Moltke haben das bereits auch getan, und nun bin ich zu Ihnen gekommen, denn es steht in Ihrer Macht, sich Ihr eigenes Urteil zu bilden und den Handlungsspielraum zu nutzen, den sie als Botschafter haben, aber ein Konsul nicht. Was hindert Sie daran, uns zu helfen?« Sein Räuspern verriet mir, daß sein Frühstück nur aus Zwieback bestanden haben mußte. Es wurde von einem Blinzeln seiner undurchsichtigen braunen Augen begleitet, über denen die Lider ständig zuckten.

»Tja, Miss Gould, es gibt schließlich einen Grund für Aufgebote. Man will damit nämlich Bigamie ausschalten.« Vor Zorn außer mir wedelte ich zum vierten Mal mit meinem Jungfernpaß vor seiner Nase herum. »Mr. Blank, wenn das hier nicht genügend Beweis ist, würden Sie so liebenswürdig sein und meinen Stiefvater anrufen, der zufällig Second Sea Lord bei der Admiralität ist, und ihn fragen, ob seine Stieftochter, Diana Rosamond Contance Grace Irene Gould, bereits verehelicht ist oder nicht? Er dürfte es wohl wissen.«

Es war nicht zu fassen, aber er weigerte sich auch, dies zu tun, und war immer noch unschlüssig. Dann bat er sich Bedenkzeit aus. Wir sagten ihm, daß wir bereits am nächsten Morgen nach London zurückkehren müßten und daß der einzige Grund für unsere sicher nicht unvernünftige Bitte sei, es uns zu ermöglichen, dort als Ehepaar anzukommen. Danach verabschiedeten wir uns – ich war wütend, und er biß sich wahrscheinlich auf seine verhornten Fingernägel. Der gute Josiah Marvell kam mit seiner entzückenden Frau am Abend ins Konzert, das in einem riesigen Saal stattfand, der eher einer Flugzeughalle glich, und in dem sich 6400 Menschen drängten, über deren Köpfe ein Dutzend oder mehr Tauben, wie verzückt von Yehudis Spiel, aufgeregt hin und her flatterten. Ein Essen mit den Marvells beendete den Abend. Josiah erzählte mir, er habe eine Auseinandersetzung mit dem unzugänglichen britischen Botschafter gehabt und ihm sogar eine Erklärung aufgesetzt, wie er sie für Yehudis Freistellung benutzt hatte, damit der Botschafter sie sich einprägen und innerlich verarbeiten konnte. Das einzige, was dabei herausgekommen sei, wäre, daß er Yehudi und mich um neun Uhr am folgenden Morgen zur britischen Botschaft bringen sollte, zu welchem Zeitpunkt Mr. Blank uns seine endgültige Entscheidung, so oder so, mitteilen würde. Auf diese Art und Weise hätten wir gerade genug Zeit, uns der Zeremonie im Rathaus zu unterziehen und auch noch unseren Flug zu erreichen. Was für ein wunderbarer Mensch! Ich umarmte ihn voll Dankbarkeit.

Am folgenden Morgen – sämtliche Koffer waren bereits in der Taxe verstaut – machten wir uns in Begleitung von Josiah auf den Weg zur britischen Botschaft. Voll bangen Hoffens betraten wir das Büro des Botschafters. Der saß da, blickte düster auf eine Schreibmaschine, in der ein Bogen steckte, der offensichtlich die von Josiah aufgesetzte Erklärung darstellte. Er besah sich das Stück Papier mit einer Mischung aus Angst und Abscheu, so als handelte es sich dabei um einen heimlichen Anschlag auf sein ganzes moralisches Gefüge. Josiah brach das erwartungsvolle Schweigen mit der Bemerkung, er sei davon überzeugt, daß der Botschafter das Dokument unterschreiben werde, wenn das nicht, wie er annehme, schon längst geschehen sei, damit uns der Weg zu unserer glücklichen und legalen Vereinigung offen stünde. Die stumpfen Augen des Mr. Blank, die er schließlich auf uns richtete, enthielten alles, was ich an meinen Landsleuten am meisten verabscheue: Pedanterie, Halsstarrigkeit und puritanische Selbstgerechtigkeit. Er habe sich mit seinem Konsul verständigt, der ihm geraten habe, nicht mit dem bestehenden Gesetz zu spielen, selbst dann nicht, wenn es sich um einen ungewöhnlichen Umstand handele und der dänische Bürgermeister und der amerikanische Botschafter sich bereits zu unseren Gunsten entschlossen hätten. Es täte ihm zwar leid, jedoch könne er sich dem nicht anschließen.

Ich war noch nie so nahe daran, jemanden zu beleidigen, wie in diesem Moment. Nicht nur, weil er uns etwas abschlug, das für uns von ungeheurer Wichtigkeit war, sondern weil ich mich vor Josiah schämte, daß er die unsympathischsten, abscheulichsten Eigenschaften verkörperte, denen man nur allzu häufig bei Engländern der Mittelschicht begegnet, nämlich Mangel an Liebe, verbunden mit dem Mangel an Phantasie. Ich starrte ihn an, drehte mich um und ging hinaus, weil ich befürchtete, in Tränen auszubrechen. Josiah, der viel zu sehr Gentleman war, als daß er ausgesprochen hätte, was er dachte, umarmte uns, wünschte uns alles Gute und verabschiedete sich von uns, bevor wir zum Flughafen weiterfuhren.

Es kam, wie wir befürchtet hatten: der Londoner Flughafen wimmelte von Fotografen. Ich duckte mich, und es gelang mir, ihnen zu entwischen und zu Griselda zu flüchten, bei der ich mich für die Dauer der folgenden vier Tage verkroch. Mama wurde pausenlos von hartnäckigen Reportern belästigt und wußte sich ihrer nicht zu erwehren. Griselda dagegen, eine vollendete Schwindlerin, konnte wunderbar mit ihnen umgehen. Ich schaffte es, unbeobachtet zum Standesamt in Chelsea zu schleichen, das nur wenige hundert Meter von Griseldas Haus entfernt war. Dort erstand ich für die fürstliche Summe von £ 2.13.4 eine Heiratslizenz und beschwor die beiden Standesbeamten, Marsh und Stream, absolutes Stillschweigen darüber zu bewahren. Der Leser mag mich im Verdacht haben, daß ich mich in meiner Bewunderung für Charles Dickens dazu habe hinreißen lassen, diese zugegebenermaßen theatralischen Namen zu erfinden, um dem todlangweiligen Büro, in dem die beiden Herren regierten, etwas Farbe zu verleihen. Diese Namen entsprechen jedoch vollkommen den Tatsachen, und ich kann hinzufügen, daß mir beide bereitwillig all die Sympathie und das Verstehen bezeigten, die der britische Botschafter in Dänemark mir vorenthalten hatte. »Machen Sie sich keine Sorgen, Miss«, sagte Mr. Marsh, »wir kennen uns hier mit solchen delikaten Fällen gut aus.«

»Das kann man wohl sagen«, pflichtet Mr. Stream bei. »Erst vor ein paar Monaten hatten wir hier den Fall von – nicht wahr? – Lord Knitting. Er wollte zum vierten Mal heiraten und war sehr daran interessiert, daß diese Neuigkeit möglichst bei ihm und seiner Zukünftigen blieb und nicht an die Öffentlichkeit drang.«

»Und wie schafften Sie das?« fragte ich.

»Folgendermaßen: Wir müssen Ihren und Mr. Menuhins

Namen hier in das öffentliche Register eintragen, zusammen mit dem Datum und der Uhrzeit der Zeremonie. Die Presse erscheint hier regelmäßig an jedem Sonnabend, um sich die Liste für die kommende Woche anzusehen und sich möglicherweise etwas Interessantes für die Zeitung herauszusuchen. Was Mr. Marsh und ich damals machten, war, daß wir ihre Aufmerksamkeit von Lord Knittings Namen ablenkten und einfach die Seite umblätterten und auf einen anderen Namen in der folgenden Woche hinwiesen.«

»Und bei Ihnen werden wir es genauso machen«, fügte Mr. Stream hinzu. »Ich bin sicher, daß das funktioniert. Kommen Sie beide also mit Ihren Trauzeugen und wem immer sonst noch um Viertel nach neun am Sonntag, dem 19. Oktober, also übermorgen, hierher. Wir tragen Ihre Namen jetzt ein, und so bleibt den Reportern nur noch der morgige Tag, um das Register einzusehen. Also keine Bange.«

Ich rannte zu Griselda zurück und fühlte mich so unbeschwert wie seit langem nicht mehr. Yehudi und Louis spielten am Abend bis spät in die Nacht hinein Beethoven-Sonaten. Danach ging Yehudi ins Claridges zurück, und auch da tat man sein möglichstes, um die Presse abzuwimmeln. Am nächsten Abend besuchten wir zu viert Benjamin Brittens Oper *Albert Herring* in Covent Garden. Anschließend genossen wir ein fürstliches Mahl bei Boulestin.

Sonntag, den 19. Oktober 1947, morgens 9.15 Uhr: Hochzeit.

Epilog

*Zusammenfassungen, die das meiste enthalten,
sind selbst immer am kürzesten.*

SAMUEL BUTLER

*I*ch hatte am Anfang dieses Buches zu bedenken gegeben, daß eine Autobiographie genauso Gefahr läuft, die Dinge zu verzerren, wie eine Biographie. Die Ereignisse, die die Autorin selbst erlebt hat, die sie glücklich und unglücklich machten und die sich ihr für alle Zeiten tief eingeprägt haben, sind vielleicht gerade dadurch, daß sie in Herz und Seele eingeschlossen sind, im Laufe der Jahre unscharf geworden, weil ihnen die Dimension von Zeit und Raum fehlt. Würde man sich immer wieder das Thermometer der Erinnerung in den Hals stecken, um die unterschiedlichen Temperaturen unzähliger Erlebnisse davon abzulesen, würde man eine Kurve erhalten, die den Konturen einer Bergkette gliche.

Umgekehrt hätte der Biograph, dem nur die Tatsachen zur Verfügung stehen, eine weitaus leichtere Aufgabe, kann er die Fakten doch nach eigenem Gutdünken zusammenfügen. Dabei mißt er einigen Geschehnissen mehr Bedeutung zu als anderen und malt somit ein Portrait, dessen wesentliche Züge das darstellen, was er für charakteristisch hält. Zwischen dem Biographen und seinem Objekt liegt der Pinsel, zwischen dem Autobiographen und seinem Gegenstand gibt es nur das Ich. Vielleicht existieren immer zwei Versionen einer Erzählung: die erlebte und die beobachtete, die subjektive und die objektive. Und dennoch enthält jede Version auch immer ein wesentliches Element der anderen, denn es ist einfach unmöglich, sich selbst gegenüber völlig objektiv zu sein, und ein sensibler Biograph, der sich intensiv mit seinem Stoff befaßt, wird wahrscheinlich ein Einfühlungsvermögen entwickeln, das von Natur aus subjektiv ist.

Ich habe daher über die vielen Jahre so wahrheitsgetreu wie irgend möglich berichtet und dennoch meinen Stoff begrenzt, reduziert und zusammengefaßt, denn nichts ist langweiliger als eine aufgeblähte Geschichte, die sich in Selbstverherrlichung ergeht. Warum schreibt man überhaupt eine Autobiographie? In meinem Falle ist die Anwort einfach: man bat mich darum. Nicht nur ein- oder zweimal, sondern wiederholt, bis ich schließlich *Durch Dur und Moll* (Fiddler's Moll) schrieb. Warum dann dieser zweite Band? Weil man mich um mehr gebeten hat. So entschloß ich mich, dieses Mal mit dem Anfang meines eigenen Anfangs zu beginnen. Damit konnte ich dem bereits Erzählten eine Basis geben. Ich habe versucht, in meiner Geschichte einem roten Faden zu folgen. Er zieht sich durch eine recht rauhe Kindheit, die von einem einzigen großen Ziel, dem Tanz, bestimmt wird; durch die qualvollen Kämpfe, die einem dieser Beruf abverlangt; und dann durch den zweiten Weltkrieg bis hin zu meiner Begegnung mit Yehudi und weiter bis zu jenem merkwürdigen Vorgefühl einer schicksalhaften Fügung. Das und eine unwandelbare Liebe überwanden schließlich alle Hindernisse und führten zu unserer Heirat. Wie ich jetzt in der Rückschau feststelle, handelt meine Geschichte von Anfang an von Leidenschaft und Schmerz, harter Anstrengung und ekstatischer Begeisterung, von Kämpfen, aber auch von Augenblicken der Stille und von Ängsten, die durch die verschiedenen Formen inspirierender Liebe in meinem Privat- und Bühnenleben ausgeglichen wurden. Meine Erfahrungen haben sich samt und sonders als Feuerprobe erwiesen, durch die mein ruheloses Herz hindurch mußte, bis es allmählich lernte, das Unabänderliche zu akzeptieren: daß ich dazu auser- sehen war, ein Leben mit nie endenden Herausforderungen zu führen. Schon als Kind und als junge Frau schien es mir bestimmt zu sein, immer wieder einen steilen Aufstieg zu meistern, um dann doch nur wieder in einen Abgrund von Enttäuschung und Verzweiflung zu stürzen. Und doch hat mich gerade diese Erfahrung vorbereitet für die unvermeidlichen Anforderungen, die das Zusammenleben mit einem Menschen wie Yehudi an einen stellt. Es gab allerdings einen großen Unterschied. Die persönlichen, kleinen Konflikte meiner Karriere wurden durch eine überwältigende Inspiration verlagert und umgewandelt. Meine ganze Tatkraft galt von jetzt ab der Aufgabe, für ihn zu sorgen und für ihn da zu sein.

London, 19. Oktober 1991
Vierundvierzig Jahre sind seit der schrecklichen Zeremonie im Standesamt von Chelsea vergangen. Es waren Jahre, die in ihrer Vielfalt so reich waren, daß man daran hätte ersticken können. Es waren Jahre, deren Tempo einen in Atem hielt und die keine Zeit für Selbstmitleid oder Kummer ließen.

Kaum waren die Kinder zur Welt gekommen, und zwar immer dort, wo die Geige sich im neunten Monat zufällig befand (Gerard wurde am 23. Juli 1948 während des Festivals in Edinburgh geboren, Jeremy erblickte am 2. November 1951 in San Francisco das Licht der Welt, und Alexis, der gleich nach der Geburt starb, wurde am 10. August 1955 ebenfalls in San Francisco geboren), rissen wir uns von dem kalifornischen Nirwana los. Ich befürchtete, die Kinder würden dort niemals die erforderlichen Abwehrstoffe entwickeln, die sie in einem Leben voll geistiger, körperlicher und psychologischer Bakterien schützen würden. Wir zogen in die Schweiz, und zwar nach Gstaad, damals noch ein schlichtes Dorf im Berner Oberland, das hauptsächlich seiner ausgezeichneten Schulen wegen bekannt war.

Yehudi, der Vorläufer des »All-Zwecks«, hatte kaum seinen Fuß in das gemietete behagliche Chalet gesetzt, da wurde er auch schon von dem einheimischen Kurdirektor belagert und um Hilfe angefleht (vielleicht sollte man hier eher von Verführung reden). Er erzählte eine traurige Geschichte: Eine Wintersaison sei so kurz, daß die Hotels nur für wenige Monate belegt seien, und der darauffolgende Sommer so regnerisch, daß die Touristen mit wehenden Regenmänteln an die Riviera oder in die Karibik verjagt würden. Diese Tragödie führe zum Bankrott der meisten Hotels – und das wiederum trieb jemandem wie ihm Tränen in die Augen. Wenn (jetzt kommt's!) Herr Menuhin vielleicht zwei – nur zwei – Konzerte in der wunderschönen

Kirche in Saanen aus dem Jahr 1607 zu geben bereit sei, würde niemand abreisen, ob durchnäßt oder nicht, denn derartige musikalische Genüsse würde man sich nicht entgehen lassen. Das war anno 1956, und zufällig waren Benjamin Britten und Peter Pears gerade bei uns zu Besuch. Beide waren mit Yehudi begeistert von der Idee. In den darauffolgenden zwei Jahren wurden jeweils zwei Konzerte mit ihnen und noch anderen Musikern veranstaltet. Danach bot man immer mehr Konzerte an, um zu vermeiden, daß die kleine Kirche aus allen Nähten platzte. So entstand das Menuhin Festival, heute in seinem 36. Jahr, das Gstaad kulturell so bereicherte, daß es wie ein Magnet Dutzende von anderen Projekten anzog. In Scharen kamen die Leute und bauten sich eigene Chalets, wie wir schließlich auch, und empfanden Gstaad bald als einen äußerst angenehmen Wohnsitz, trotz des mangelnden Winterschnees und der ständigen Regengüsse. Aus Dankbarkeit boten die Schweizer Yehudi, mir und unseren zwei Söhnen die Schweizer Staatsbürgerschaft an. Dieses Vorrecht wird sich auch auf künftige Generationen erstrecken, etwas, das uns beide glücklich und zufrieden macht. – Nur ich, die alternde Matriarchin, empfinde doch den Verlust meiner echten Sommerferien. Eheu Fugaces!

Ein Knarren, ein Krachen und ein dumpfer Schlag im Nebenzimmer, Geräusche, die Tote erwecken könnten, schleudern einen nach einer viel zu kurzen Nacht, ob man will oder nicht, in den Morgen. Minervagleich erhebt man sich aus reiner Gewohnheit, um die Fensterläden zu öffnen, denn der Lärm zeigt an, daß Yehudi aus seinem Kopfstand in die normale Position zurückgekehrt ist und ein neuer Tag unweigerlich begonnen hat.

Die Sonne ist gerade erst über den Eggli (oder den Kuegli) geklettert, und das ganze wunderschöne Tal liegt in ihrem warmen Licht. Verheißungsvolle Bilder von einem Picknick ganz oben auf dem Hoernli (oder dem Spaetzeli) gehen mir angenehm durch den Kopf: wie die Kinder große Käsewürfel über einem Feuer aus Holz und trockenem Mist schmelzen, verkohlte Wienerli aus der Asche retten und sich mit Rotwein einen Schwips antrinken. Man rennt im Nachthemd die Treppe hinunter, heftig zählend, um die Köchin zu beauftragen, vier Dutzend Würstchen, drei Kilo Gruyère und vier Flaschen des einheimischen roten Fusels zu bestellen, und wird mittendrin durch ein Klingeln an der Haustür gebremst. Durch das Dielenfenster erspäht man einen kräftigen jungen Mann mit buschigen Augenbrauen und Geigenkasten. Man rafft sein Nachthemd eiligst zusammen und huscht wütend und frustriert ins Schlafzimmer zurück, leise Verwünschungen gegen Musik im allgemeinen ausstoßend.

Sicher hinter der Türe hört man trotz seines laut klopfenden Herzens Yehudis Schritte, die die Treppe hinabeilen. Es folgen sein fröhlicher Willkommensgruß und eine gedämpfte Unterhaltung, und während man sein einsames Frühstück, mit einer Spur Adrenalin, hinunterwürgt, ertönen entfernte Klänge, die einen doch etwas deprimieren. Es vergeht einige Zeit, bevor Yehudi erscheint. Fröhlich grinsend macht er sich ohne ein Wort an sein Frühstück.

»Darf man fragen, wer das war?« Das bin ich, mit beherrschter Stimme.

»Aber sicher, Schatz. Das war ein Geiger.«

»Natürlich, Liebling«, hier gerät die Stimme etwas außer Kontrolle, »ich erkenne den Ton einer Geige sehr wohl.« Dann, etwas pikiert: »Sogar um 7.45 in der Früh'.« Erwartungsvolle Pause. Als keine weitere Information kommt, frage ich weiter: »Wer war es denn, wenn ich fragen darf, und wo kommt er her?«

Unschuldige blaue Augen erheben sich vom Yoghurt und versuchen sich auf mich zu konzentrieren. Aber irgendwie scheint ein feiner Schleier der Hilflosigkeit die klare Sicht zu trüben. Er räuspert sich und antwortet: »Hm, ich weiß nicht genau... es könnte« (hier hellt sich sein Gesicht auf) »der nette junge Mann sein, den ich in Budapest hinter der Bühne getroffen habe, oder vielleicht ist es der, den ich mir auf M.s Bitten ansehen sollte, der Franzose, der vor kurzem sein Studium am Conservatoire beendet hat.«

Jetzt ich: »Was für eine Sprache hat er denn gesprochen?«

Die Augen sind jetzt von Panik erfüllt. »Ich weiß es nicht

mehr… ich glaube, es war Französisch. Nein, (jetzt voller Triumph) Deutsch!«

»Dann ist es wahrscheinlich der, den du in deinem Termin-kalender für heute abend um 7.45 eingetragen hast, nämlich Hans Knappert-Katzenellenbogen.«

Große Erleichterung und Dankbarkeit breiten sich auf sei-nem bis dahin bewölkten Gesicht aus, so wie man jemanden anschaut, dem es gerade gelungen ist, das letzte widerspenstige Teilchen eines schwierigen Puzzles an den richtigen Platz zu befördern. Mit einem letzten Schluck seines aromatischen Löwenzahntees und einem herzlichen »Recht hast du!« ist er schon verschwunden, um sich die Finger fünfzehn Minuten lang anzuwärmen, bevor er um 9.20 bei der Probe sein muß.

Das letztere Detail ist nicht wörtlich zu nehmen. Es ergibt sich vielmehr aus jahrelanger Gewohnheit: Man rechnet vom Zeitpunkt der anberaumten Probe nach rückwärts aus, wieviel Zeit erforderlich ist, um pünktlich dort zu sein, subtrahiert davon die Anzahl der Minuten, die notwendig sind, um die Finger gelenkig zu machen, bis man an dem gegenwärtigen Augenblick angelangt ist, der irgendwie nie als eigentlicher Zeitpunkt existiert, da er immer wieder eingequetscht wird zwischen dem, was zuvor noch atemlos erledigt wurde, und dem, was noch eiligst zu erledigen wäre.

Bei seiner Ankunft zur Probe in der benachbarten Dorfkirche wird Yehudi auf dem Pfad zum Eingang sofort von einer kunter-bunten Schar erwartungsvoller Anhänger überfallen, die min-destens dreisprachig auf ihn einreden. Man hat das Gefühl, daß der Turm zu Babel sich aus den Reihen der Grabsteine erhoben hat und der Tag des Jüngsten Gerichts tatsächlich angebrochen ist. Jeder ist darum bemüht, seine Stimme am lautesten ertö-nen zu lassen. Yehudi bemerkt das alles gar nicht, sei es im übertragenen oder wörtlichen Sinne. Er schenkt jedem und allen ein wunderschönes, unverbindliches Lächeln, das dem eines brabbelnden Babys gleicht, geht mitten durch die Menge hindurch und in die Kirche hinein, packt seine Geige aus, horcht einen Moment und stellt fest, daß das Orchester keines-wegs das spielt, was er erwartet hat.

Seelenruhig sucht er nach jemandem, der die richtigen

Noten bei sich hat und stürzt sich freudig in den Brahms, der eigentlich Mozart sein sollte. Jetzt ist er in einer anderen Welt.

Ich sitze derweil in der Mitte des Seitenschiffs und kritzele endlose Briefe etwa in dem Tempo, mit dem ein verzweifelter Schiffbrüchiger mitten im Atlantik versucht, gegen ein Leck in seinem Schlauchboot anzukämpfen. In den Pausen werde ich vom Turm zu Babel attackiert. Man wedelt mit unwiderlegbaren Beweisen von Verabredungen mit Herrn Professor oder Monsieur le Maître oder Il Professore Maestro oder auch schlicht und einfach mit Mr. Yehudi Menuhin. Ich wehre sie mit ein paar geschickten Worten ab, denen ich durch unmißverständliche Gesten mit meinem Kugelschreiber Nachdruck verleihe, in der Hoffnung, daß sich ein einziges Mal, und zwar in diesem Augenblick, die Schreibfeder als mächtiger erweisen werde als das Schwert.

Um ein Uhr bin ich ausgehungert, gereizt und mit Tinte und dem Speichel der Lästigen bespritzt. Ich flitze den Gang hinunter zur Bühne, mit dem festen Vorsatz, Yehudi einzusammeln und mit ihm zum Essen zu gehen. Aber die Hoffnung erstirbt zum tausendsten Male in meiner nur allzu menschlichen Brust. Yehudi ist bereits wieder umringt. Während er seinen Geigenkasten schließt, wendet er sich mir zu und erklärt reumütig, aber gleichzeitig mit der Entschlossenheit einer Biene, die dem Kelch der Blume zustrebt, daß folgendes auf ihn wartet: erstens ein Interview für den französisch-schweizerischen Rundfunk zu dem Thema *La musique, est-elle captive ou dominante, est-ce le caprice ou la logique?* Dafür, fügt er hastig hinzu, brauche er nur eine Viertelstunde; zweitens ein Interview mit dem deutsch-schweizerischen Rundfunk unter dem Titel *Die politische und gesellschaftliche Rolle der Musik im Rahmen der Musikfeste*; und schließlich: *La musica, la gioia, e l'amore* für den italienisch-schweizerischen Funk.»Ich habe jedem nur fünf Minuten zugesagt, Liebling.« Beim Anblick des verhungerten und mißbilligenden Gesichtes seines Lieblings fragt er schnell, ob es nicht sehr klug von ihm gewesen sei, sie alle auf einen Schlag zu bestellen. Viel zu ausgehöhlt, um auch nur mit einer Spur von Großmut darauf zu reagieren, sacke ich auf einen nahegelegenen Grabstein und kaue an meinen Nägeln.

Als ich endlich zu Hause angekommen bin, erblicke ich zwei Extragedecke neben den acht üblichen für die Familienmitglieder. Sie sind bestimmt, so erfahre ich, für einen arabischen Gentleman, der die Aufteilung von Geldern besprechen will, die für einen Konzertsaal in der Sahara gesammelt wurden, und einen begabten Geiger aus Israel ... Die klebrige Schwüle während des dann folgenden Essens ist nicht allein auf die saftigen Früchte zurückzuführen, die zum bitteren Ende gereicht werden.

Nachdem der freundlich lächelnde Gastgeber seine Besucher hastig in verschiedene Richtungen entlassen hat, schlage ich vor, daß er sich eine Ruhepause gönnt und schließe zu diesem Zweck die Vorhänge. Es ist inzwischen drei Uhr geworden, die Kinder sind von der Bildfläche verschwunden, im Haus herrscht Ruhe. Der in der Luft liegende Streit hat sich in der allgemeinen Stille verflüchtigt. Frieden. Genau zehn Minuten nach drei poltert der erste Cellokasten die Treppe hinauf, und innerhalb kürzester Zeit hat sich ein mittelgroßes Kammerorchester buchstäblich aus dem Nichts gebildet. Resigniert will ich Yehudi aufwecken, entdecke ihn aber bereits oben an der Treppe, wo er mich wie ein frisch ausgeschlüpfter Vogel anblinzelt und erklärt, er habe vier und eine halbe Minute fest geschlafen und fühle sich wunderbar erfrischt. Eine Probe von vier geschlagenen Stunden folgt, die nur von etwa dreißig Tassen Tee, von Madame Samowar Menuhin serviert, kurz unterbrochen wird. Um halb acht kann ich von meinem Schreibtisch aus durchs Fenster beobachten, wie die Musiker von dannen ziehen. Ich seufze wohlig bei dem Gedanken an eine angenehme Entspannung, ein Abendessen und ein gemütliches Plauderstündchen am Kamin. Und so begebe ich mich hinunter, um mich um Kinder und Küche zu kümmern. Aber meine Hoffnungen waren verfrüht. Zwar sind die Musiker abgezogen, aber dort, im Musikzimmer, befinden sich alle Anzeichen für ihre Rückkehr: Celli, Geigenkästen auf Sofa, Stuhl und Klavierdeckel. Ich wende mich mit wer weiß was für einem Ausdruck von Erschöpfung und enttäuschter Hoffnung in den Augen um und begegne Yehudis Blick, der sich auf irgendeine entfernt liegende verminderte Septime konzen-

triert.»Wann fangt ihr wieder an?« frage ich tonlos. In seinen
Augen flackert etwas auf, das der Harmonie entgegengesetzt ist.
»Ach, hier bist du, Schatz. Komm, laß uns essen.«
»Wann«, frage ich erneut, »kommen sie wieder?« Der fremde
Ausdruck verstärkt sich, und die blauen Augen scheinen gegen
einen Splitter anzukämpfen. »Liebling, hat du den Corolla
(oder den Britten oder den Bartók) gehört?« Inzwischen haben
wir alle unsere Plätze eingenommen, und er teilt am Kopfende
des Tisches die Suppe aus. »Wann?« frage ich. »Ach so«, sagt er.
»Nun?« bohre ich weiter. »Liebling«, sagt er, »nach dem Essen«, und er glüht vor Freude über seinen glänzenden Einfall.
Ich lege meinen Löffel nieder. »Und wann ist das?« Der nächste
Gang wird gebracht und von Yehudi wie ein alter Freund
begrüßt, der ihm aus der Verlegenheit hilft. Ich warte, bis jeder
bedient ist, wiederhole meine Frage und bekomme die Antwort
mit brutaler Endgültigkeit, denn es klingelt an der Haustür, und
die Geräusche aus der Diele verkünden, daß die Midianiter
bereits eingetroffen sind.
   Ich sehe Yehudi an. Um gerecht zu sein: der Splitter hat sich
inzwischen in einen Balken verwandelt. »Liebling, das war mal
wieder ein wunderbares Essen«, sagt er, umarmt mich, wobei
ein Teil dieses großartigen Essens an meinen Haaren hängen
bleibt, und verschwindet mit der Frage: »Du wirst doch zuhören, nicht wahr?«
   Nachdem ich um 23.30 Uhr einen Teewagen mit Erfrischun-
gen ins Musikzimmer gerollt habe, gehe ich ins Bett. Um
Mitternacht erscheint Yehudi, kreuzfidel. »Jetzt muß ich mir
nur noch das Schriftstück über organisch gezogene Tomaten
durchsehen, das morgen mit der ersten Post weg muß, Liebling.« »Ist bereits erledigt«, sage ich. »Wann denn bloß?« »In der
Pause.«

                     * * * * *

Nach etwa eineinhalb Jahren in Gstaad zogen wir für zwei
glückliche Jahre in das kleine Bauernhaus des großen Kunstkri-
tikers Bernard Berenson (gegenüber seiner Villa ›I Tatti‹) nur

wenige Kilometer außerhalb von Florenz. Ich stand seit seinem 90. Geburtstag mit ihm im Briefwechsel. »Nutzt B. B. aus, solange es euch noch möglich ist«, hatte er gebeten. So verpflanzte ich die gesamte Familie fröhlich in die duftenden Pinienwälder von Settignano. Jeremy kam in eine englische Grundschule in Florenz, während Gerard nach Salem ging, in Kurt Hahns berühmtes Internat, das Gordonstoun als Vorbild diente. Zamira, die zu meiner Freude seit ihrem zwölften Lebensjahr zu ihrem Vater und mir gezogen war, kam in ein Schweizer Töchterinstitut in der wunderschönen Bergwelt des Engadins. Man mußte schon Organisationstalent haben, um alles unter einen Hut zu bringen: Kinder, Konzerte, Schulbesuche, Ferien. Während der Schulzeit begleitete ich Yehudi auf seinen Reisen. Schwester Marie (unser absolut verläßliches Schweizer Kindermädchen) kümmerte sich derweil um Jeremy, und im August kehrten wir immer zum Festival nach Gstaad zurück. Mir war bewußt, daß die Zeit in Italien mit ihren guten Gesprächen in der Villa I Tatti, die das Muhen der Kühe ersetzten (denen die hygienischen Berner Oberländer vor lauter Besitzerstolz sogar das Hinterteil schrubbten), nur eine wunderbare Zwischenstation sein konnte, obwohl der alternde B. B. auf unseren gemeinsamen Wanderungen immer noch leichtfüßig wie ein junges Bergzicklein über Stock und Stein hüpfte. Ich drängte auf ein richtiges Zuhause für die Kinder. Das Shangri-la von Alma in Kalifornien schien inzwischen weniger denn je dazu geeignet zu sein. »Egal wo, nur irgendwo in Europa«, drängte ich Yehudi, denn ich hatte das Gefühl, daß es für Männer wichtiger ist als für Frauen, die sich leicht anpassen können, dort Wurzeln zu schlagen, wo sich ihr Geist, ihr Herz und auch ihre Füße wohl fühlen.

»London«, erklärte Yehudi. »Mein Vater, der sich mit seinem ängstlichen Mißtrauen dauernd selbst quälte, fühlte sich in England immer am allerwohlsten.« Ich war entzückt, daß wir in der Stadt, in der ich geboren wurde und aufgewachsen war, vor Anker gehen wollten, selbst wenn die »MS Menuhin« immer nur kurze Zeit in diesem Hafen bleiben würde. Wir gingen auf Haussuche und fanden ein reizendes Domizil in Highgate, einem ehemaligen Dorf aus dem 17./18. Jahrhundert, im

Norden der Metropole gelegen. Das Haus war um 1680 erbaut und hatte einen Garten mit einem umwerfenden Ausblick. Es war ein wunderschönes, einladendes Haus, in das wir im Herbst 1959 einzogen. Man sagt, daß das Haus zu den allerersten »Reihenhäusern« in einer Zeile gehört, die je in London gebaut wurden. Mit den Doppelhäusern daneben bildete es eine ganz besonders elegante und architektonisch schöne Front. Seine alten, roten Ziegelsteine reagierten auf das wechselnde Licht der Tageszeiten und widerstanden Wind und Wetter. Genauso zuverlässig war sein steiles Dach aus rotgebrannten keltischen Pfannen. Die großen Fenster waren so harmonisch angeordnet, daß ihre Scheiben einen wie freundliche Augen ansahen. Im Innern war es zum großen Teil holzgetäfelt und gab einem das Gefühl der Ruhe und Wärme. Die vier tiefen Fenster des Salons verteilten sich auf die gesamte Breite des Hauses und sahen auf einen entzückenden Garten, in dem eine uralte Eiche, ein australischer Myrtenapfel- und ein Loorbeerbaum wuchsen. Im Frühling blühte an der langen Ziegelmauer zwischen uns und dem Nachbargrundstück ein ganzes corps de ballet aus weißen Kirschbäumen. Der Blick aus den oberen Stockwerken nach hinten hinaus war ein Gedicht: bis hin zu den entfernt liegenden Hügeln der Grafschaft Surrey breiteten Hampstead Heath und Kenwood ihre riesigen, grünen Gobelins aus.

Man konnte sich nur schwer vorstellen, daß man in London wohnte. Für Yehudi, der bis dahin noch nie wirklich in einer Stadt gelebt hatte, war die Lage ideal, und unsere Jungen konnten sich in dem großen Garten austoben. Damals gab es hier noch wenig Straßenverkehr; später sollte sich das allerdings ändern.

In den ersten Monaten nach dem Kauf des Hauses pendelte ich zwischen unserem Heim in Kalifornien, London und Gstaad hin und her; Yehudi hatte inzwischen beschlossen, uns ein eigenes Chalet im Berner Oberland zu bauen. Das bedeutete, daß Möbel, Bett- und Tischwäsche, Gläser, Porzellan, Bilder und Kleidung aufgeteilt werden mußten, bis das Haus in London bezugsfertig war; unser Heim in Kalifornien sollte noch genügend ausgestattet sein, damit wir dort immer eine Zeitlang wohnen konnten, wenn wir die Großeltern besuchten, die in der Nähe lebten. So besaßen die Nomaden plötzlich zwei Häfen. Zur gleichen Zeit hatte ich Yehudi auf fast allen Konzertreisen begleitet. Wenn diese uns nach England verschlugen, war ich immer besonders dankbar. Das gab mir die Gelegenheit, in sämtlichen Geschäften herumzustöbern, von den großen Warenhäusern bis zu den kleinen Buden auf den Flohmärkten, um dort Kleinigkeiten zu erstehen, die einem Zimmer die persönliche Note geben und den individuellen Geschmack der Bewohner widerspiegeln, ohne auch nur im entferntesten an einen anonymen Innendekorateur zu erinnern.

Mir war es endlich gelungen, meinen Anteil der Möbel von Mulberry House vom Speicher zu holen, und als unser neues Haus endlich eingerichtet war, saß ich überglücklich in unserem schönen Salon im Stile Karls I., schaute in den herbstlichen Garten voller Chrysanthemen, Dahlien und goldblättrigen Bäumen und genoß das Gefühl der Heimkehr, das mir der gute Geschmack meines längst verstorbenen Vaters verschaffte. Mein Rücken schmerzte, meine Fingernägel waren abgebrochen, und im Verlauf einer Woche, die ich dem Terminplan entrissen hatte, um den Einzug der Möbel zu überwachen, hatte ich kaum mehr als ein paar Stunden Schlaf gehabt. Mein zerfleddertes rotes Oktavheft, in dem ich alle Skizzen und Listen aufgehoben hatte, hing müde zwischen meinen Fingern. Aber in den Vasen standen Blumen, und alles um mich herum war vertraut und gehörte mir. Zwölf Jahre lang in Hotels, umgeben von dem Geschmack fremder Leute. Selig schloß ich die Augen und wartete auf Yehudis Rückkehr aus Florenz. Ich war viel zu glücklich, um müde zu sein.

Eine Stunde später kam er, in seinem Gefolge zwei italienische Dienstmädchen, Schwester Marie, zwei kleine Knaben und zwei Wagen voller Reisegepäck, genug, um mich aus meiner idyllischen Träumerei zu reißen. Die allgemeine Begeisterung in diesem ersten und ganz neuen Zuhause fegte alle Nostalgie hinweg. Die Kinder, die beglückt über ihre Zimmer die Treppen hinauf und wieder herunter und weiter in den Garten tobten, die mit ihrem Lachen das Haus erfüllten und deren kindlicher Zauber sich auf die Gegenstände aus meiner Kindheit senkte, wirkten wie eine Wünschelrute, bei deren Berührung sich alle meine Bemühungen in Leben verwandelten.

Allerdings war dies nur eine Kostprobe nach Menuhinschem Rezept, die uns einen Vorgeschmack auf künftige Gemütlichkeit gab, denn innerhalb von zehn Tagen mußten Yehudi und ich auf eine lange Tournee nach Amerika gehen. Gerard kehrte nach Salem zurück, Jeremy und Schwester Marie nach »I Tatti«, wo sie Nicky Mariano über den kürzlichen Tod von B.B. hinweghalfen, und Zamira sah sich in London nach einer Arbeit um. Das Haus Nr. 1 in The Grove wurde inzwischen verwaltet, bis wir alle im darauffolgenden Frühjahr 1960 wirklich in unser Heim einziehen konnten, das es für die kommenden fünfundzwanzig Jahre bleiben sollte.

Allein die Tatsache, daß wir von jetzt an immer wieder an ein und denselben Ort zurückkehren konnten, der endgültig und im wahrsten Sinne des Wortes uns gehörte, wo persönliche Gegenstände, angefangen von einem geerbten Stuhl bis hin zu einem alten Teddybär, auf uns warteten, gab unserem zigeunerhaften Leben einen Halt, der soviel Sicherheit bot wie der Kai, auf den man seinen Fuß setzt, nachdem man einem schlingernden Boot entstiegen ist. Natürlich gab es auch hier, selbst in diesem schönen, glücklichen Haus unliebsame Zwischenfälle, wie sie in jedem Haushalt passieren. Einer davon ereignete sich etwa fünf Jahre nach unserem Einzug.

Es war morgens um acht Uhr. Millie, unsere Haushälterin, klopfte an die Schlafzimmertür und trat ein, um, wie ich annahm, die Vorhänge aufzuziehen. Yehudi war auf einer kurzen Konzertreise im Ausland, und ich war ausnahmsweise einmal allein mit den Kindern zu Hause. Allerdings zog Millie die Vorhänge nicht zurück, sondern trat mit bleichen Lippen an mein Bett. »Letzte Nacht waren Einbrecher im Haus«, sagte sie. »Die haben eine große Fensterscheibe im Salon eingeschlagen und alle Wertgegenstände mitgenommen!« Arme Millie. Ich sprang auf, warf meinen Morgenmantel über und begleitete sie nach unten. Tatsächlich waren sämtliche Silberornamente, Jadefiguren, alles Elfenbein, Porzellan, Glas und auch zwei wunderschöne, persische Gebetsteppiche aus Seide verschwunden. Der Raum sah vergewaltigt, nackt und trostlos aus. Ich war zutiefst betrübt. Außerdem quälte mich das Gefühl, daß ich an dem Ganzen irgendwie schuld sei. Ich zog mich an, beruhigte Millie so gut ich konnte und wartete auf die Kriminalpolizei. Zwei ausgesprochen elegant aussehende Männer erschienen. Denen erzählte ich meine traurige Geschichte. Sie hörten sich alles höflich an, machten mir allerdings keinerlei Hoffnung, daß ich irgend etwas von dem Gestohlenen je wiedersehen würde. Offensichtlich waren sie erleichtert, daß ich weder schrie noch tobte, und so trennten wir uns. Ob das, was sie planten, möglicherweise die Diebe ausfindig machen konnte, verrieten sie nicht, und ich war viel zu brav, um sie zu einer Äußerung zu drängen.

Deprimiert und gleichzeitig erbost über soviel menschliche Gemeinheit machte ich mich an meine tägliche Routinearbeit, wie Briefeschreiben, Anrufe, »Abweichungen vom Monatsplan« (diese vertrackten Änderungen, die alle zwei oder drei Tage auftreten) und all die andere Kleinarbeit, die dazu dient, die MS Menuhin über Wasser zu halten. Als Yehudi anrief, hatte ich bereits beschlossen, ihn nicht mit der traurigen Nachricht zu belasten. Danach Bett, Buch und Licht aus um ein Uhr.

Gegen drei Uhr wache ich plötzlich auf. Ich glaube, ein Geräusch gehört zu haben. Ich warte. Dann schleiche ich mich zur Schlafzimmertür, wobei ich mir meinen Morgenrock überstreife. Ich horche – nichts. Ich gehe auf Zehenspitzen die Treppe hinunter in die Diele. Wieder horche ich. Wieder nichts. Dann entschließe ich mich, in den Keller zu gehen. Auf der untersten Kellerstufe stehend, strecke ich die Hand aus, schalte das Licht an und warte. Immer noch nichts. Ich dringe weiter in den Keller vor. Alles scheint in bester Ordnung, und so gehe ich zurück ins Bett, wo mir plötzlich einfällt, daß ich mich nicht einmal mit so etwas wie einem Stuhlbein bewaffnet habe. Wenn ich nun einem Einbrecher begegnet wäre... Aber ich war wohl zu wütend, um klar denken zu können. Ich schlafe ein.

8.30 am nächsten Morgen. Wieder tritt Millie ins Zimmer, wieder die bleichen Lippen. Und wieder unterläßt sie es, die Vorhänge zurückzuziehen. Sie klammert sich am Bettpfosten fest und stammelt:»Auf der Treppe vor der Haustür liegt ein großes braunes Paket.«Da es während der vergangenen Wochen wiederholt vorgekommen war, daß die reizende IRA ähnliche entzückende Objekte, die Bomben enthielten, in Büros und Läden deponiert hatte, springe ich unverzüglich aus dem Bett, rufe bei der Polizei an und bitte den ortsansässigen Polizisten, doch bitte umgehend zu kommen. Ich bin kaum fertig angezogen, da treffe ich auch schon auf zwei sehr schicke junge Polizistinnen in der Küche. Sie bitten um Entschuldigung, daß wir circa eine halbe Stunde warten mußten, aber das Sprengkommando sei total überfordert. Millie sieht grün aus. Ich schlage Tee für alle Versammelten vor (das klassische Allheilmittel der Briten). Eine Polizistin erklärt, sie seien im Dienst.»Was für ein Unsinn«, sage ich,»eine von Ihnen beiden kann ja draußen stehen und sich in die Luft jagen lassen, wenn Sie das wollen, und die andere trinkt ihren Tee. Anschließend können Sie sich ablösen, vorausgesetzt, sie überleben beide. Ganz abgesehen davon ist es fürchterlich kalt draußen.«

Also entscheiden wir uns alle für das britische Allheilmittel. Nach schier endloser Wartezeit hören wir lautes Motorengeheul, und ich stürze nach draußen. Ein großes Lastauto hat hart auf dem Kies jenseits der Pforte gebremst, und zwei riesige Kerle springen wie aus einem Schleudersitz heraus. Sie brüllen uns zu, wir sollten wieder in der Küche verschwinden, und schwenken ein langes, schweres Metallrohr, das an einem unergründlichen, eisernen Apparat wie ein verlängerter Elefantenrüssel angeschlossen ist, vorsichtig und aus der sicheren Entfernung von ungefähr dreieinhalb Metern mit einer seltsam sinnlich anmutenden Bewegung über dem Plastikpaket hin und her, das feindselig auf der abgetretenen Stufe lauert. Wir anderen halten den Atem an in Erwartung dessen, was sich als nächstes in diesem verrückten Schauspiel tun wird. Wir gleichen einer Gruppe schlechter Schauspieler, die ihren Text vergessen haben. Nach einer Wartezeit von bestimmt fünf quälenden Minuten rufen die Männer:»Alles in Ordnung, Mum! Es ist keine Bombe.«Dann springen sie in ihren Lastwagen zurück, holen die teuflische Maschine ein und brausen davon, zweifellos zu einer weiteren angenehmen Aufgabe dieser Art.

Inzwischen ist unser Ortspolizist eingetroffen. Er ist blond, hat rosige Wangen und sieht aus, als wäre er gerade erst sechzehn. Er zieht sein Notizbuch hervor. Ich verabschiede mich von den zwei polizeilichen Schutzengeln, und während er bereits seinen Bleistift mit Spucke anfeuchtet, um sogleich mit Fragen zu beginnen, bitte ich ihn: »Officer (immer die beste Anrede, wenn man den Dienstgrad nicht genau weiß), erlauben Sie mir, daß ich mir das Paket näher ansehe, da es ja ungefährlich ist?«

»Auf keinen Fall«, antwortet er mit Bestimmtheit. »Da steht aber auf dem großen Pappstreifen etwas geschrieben. Darf ich das wenigstens lesen?« Er ist noch unentschlossen, aber ich habe mich bereits darüber gebeugt. Da steht in großen, ungelenken Buchstaben: SORRY, REST COMING LATER. (TUT UNS LEID; DER REST KOMMT SPÄTER). Bevor der arme Junge überhaupt die Möglichkeit hat, mich zurückzuhalten, habe ich schon eine Seite des riesigen sackartigen Pakets mit hämmerndem Herzen aufgerissen. Da lugt dicht neben einer chinesischen Elfenbeinfigur der schöne Kopf eines Phönix aus Jade hervor. Darunter zwängt sich ein kleines, silbernes Zigarettenetui mit der Inschrift: »An Yehudi Menuhin in Dankbarkeit für seine großzügige Hilfe für die Kinder Athens.« Alles übrige ist ein einziges Durcheinander, das wirr auf allen Seiten den Plastiksack teils spitz, teils rund ausbeult, so als hätte das Kindermädchen einer reichen Familie einen Haufen Bausteine auf den Müll geworfen.

»Officer, die haben *alles* in der vergangenen Nacht wiedergebracht«, rufe ich. (Das also waren die Geräusche, die ich auf meinem nächtlichen Streifzug zu hören glaubte.)

Es kann nur eine einzige Erklärung geben: Als die Diebe ihre Beute zum Hehler brachten und dieser die vielen Widmungen für Yehudi sah, die auf ein silbernes Tablett, einen Alabasterkasten oder den Sockel eines Jadestücks eingraviert waren, hat er sie wahrscheinlich angebrüllt: »Ihr Idioten, ihr habt Yehudi beklaut! Das ist eine Schande – bringt sofort alles wieder zurück!« Wir hätten ihnen so gern gedankt, aber es gab leider keine Möglichkeit.

Als wir holpernd und ratternd von einer Stadt zur anderen

durch die Vereinigten Staaten fuhren – drei bis vier verschiedene Orte pro Woche – und Yehudi Soloabende mit Hephzibah oder Konzerte mit verschiedenen Orchestern von New York über San Francisco und East Overshore bis Vinegar Bay gab, wunderte ich mich immer wieder über seine geistige Spannkraft, seine Unersättlichkeit und Leidenschaft, mit der er jedesmal vor sein Publikum trat, gleich, ob es in Großstädten oder in der Provinz war. Damals kam mir der Gedanke, der in den folgenden Jahrzehnten zur Gewißheit wurde, daß Yehudi keine Karriere, sondern eine Mission verfolgte und daß er, genau wie ein Wissenschaftler, stets nach Lösungen suchte und im Leben wie in der Musik nach Vollkommenheit strebte. Nie gab er sich mit dem gegenwärtigen Zustand zufrieden, immer strebte er nach fernen, unerreichbaren Horizonten. Ich erkannte, daß ich ihn davon nie zurückhalten könnte. Meine Aufgabe war, ihm den Weg zu ebnen und dieser gewaltigen Aufgabe nie müde zu werden. Ich müßte ihn allerdings davor bewahren, sich von seiner eigentlichen Bestimmung zu weit zu entfernen. Ich müßte ihn vor verlockenden Projekten schützen, die ihm von geschäftstüchtigen Leuten unterbreitet wurden. Oftmals waren es Menschen, die darauf aus waren, sich seines Namens für die eigenen Zwecke zu bedienen und seine Arglosigkeit, seine angeborene Bescheidenheit und seine Zugänglichkeit zu ihrem Vorteil ausnutzten. Dem entgegen zu wirken, ist keineswegs immer leicht, denn Yehudi haßt es, jemanden zu verurteilen, und schreckt schon vor dem bloßen Gedanken an die mögliche Existenz des Bösen zurück.

Die Probleme, mit denen ich zu tun hatte, waren aber nicht nur psychologischer Art. Diese waren variabel, schwer zu fassen und erforderten die gleiche ständige Wachsamkeit wie die tückischen Gewässer, die ein Kapitän von der Schiffsbrücke aus stets im Auge behalten muß. Dazu kamen die üblichen reisebedingten Beschwerden: das endlose Warten auf eingeschneiten Flughäfen; Augenblicke, in denen einem das Herz stehenzubleiben drohte, wenn hoch über dem Atlantik der zweite Pilot mit grünem Gesicht durch die Kabine wankte und bekanntgab, daß der soeben gehörte Knall nichts weiter zu bedeuten habe, als daß ein Triebwerk ausgefallen sei. (Dieser

Knall war von einem plötzlichen Absacken der Maschine begleitet worden, so daß die Tabletts hochgeschleudert wurden, um
dann auf dem Haupt der armen Stewardeß zu landen und sie
mit Suppe zu taufen.) Es bestünde kein Grund zur Sorge, wir
würden New York ohne Schwierigkeiten erreichen, auch wenn
wir nicht, wie geplant, nach London weiterfliegen könnten. Ich
denke auch an die vielen Probleme, die vor dem Düsenzeitalter
auftraten; zum Beispiel an die Reisen mit einem Baby und
Schwester Marie, während ich die Geburt des nächsten in
wenigen Monaten erwartete. Einmal hatte das Flugzeug Feuer
gefangen und ich, die ich mit der Nase eines Tapirs ausgestattet
bin, nahm als einzige den brenzligen Geruch wahr und bestand
darauf, daß der Steward die Isolierung untersuchte, unter der
die schmorenden Drähte an der Decke entlangliefen, von der
jeden Moment brennende Fetzen auf uns alle herniederregnen
konnten. Wie viele solcher gefährlichen Situationen gab es
noch, wenn ich mit verkrampften Händen und zusammengepreßten Lippen ununterbrochen den 23. Psalm wie ein Mantra
vor mich hinbetete, während Yehudi ruhig und gelassen blieb
(wenn er die ganze Episode nicht sowieso in seliger Unwissenheit verschlief).

Eine schreckliche Reise hat sich meinem Gedächtnis besonders eingeprägt. Passive Tapferkeit ist noch nie meine Stärke
gewesen. Die Hilflosigkeit, der man in gefährlichen Situationen
ausgesetzt ist, nagt an der Widerstandskraft. Sie ist wie eine
Lähmung, die einen daran hindert, seiner Furcht durch prakti-
sches Eingreifen Herr zu werden. Man kann nichts anderes tun
als mit zusammengebissenen Zähnen beten.

Wir hatten New York im tiefsten Winter verlassen und befanden uns auf dem Wege nach St. Louis, der Hauptstadt Missouris.
Draußen klatschte der Schnee mit Gewalt gegen die Fensterscheiben, so als wollte er vor der eisigen, finsteren Nacht ins
Innere fliehen. Das Flugzeug rüttelte, schaukelte und
schwankte beängstigend, während es gegen den Wind an-
kämpfte. Über die Sprechanlage kam die Stimme des Copilo-
ten: Wir würden bei Blankville umkehren – er bat um Entschuldigung, da wir St. Louis leider doch nicht erreichen könnten
wegen – blabla – Schnee – blabla – schlechter Sicht – blabla...

Müde sah ich Yehudi an, der fest schlief, und beneidete ihn um seine gottgegebene Fähigkeit, sich aus der Gegenwart in irgendein Nirwana zurückzuziehen, das ich, in dem Bemühen, meine Nervosität und Angst zu unterdrücken, niemals erreichen könnte. Er wachte auf, als wir mit einem Ruck landeten, reckte sich, gähnte und lächelte. »Nein«, sagte ich, »wir sind noch nicht angekommen, mein Schatz. Wir sind wieder da gelandet, wo wir hergekommen sind.«

Manchmal kommt es mir so vor, als nähmen die Ausdrucksmöglichkeiten seines Gesichtes in dem gleichen Maße ab, wie sein musikalisches Repertoire zunimmt. »Aha«, war seine Reaktion, und zwischen den Augenbrauen entstand eine kleine Falte. Nach einer Pause fügte er ein »Hm« hinzu, stand auf, hob seine Geige aus dem Gepäckfach, und wir schlurften beide verbissen und benommen, wie man es bei gestrandeten Fluggästen beobachten kann, zum Ausgang. Die Stewardeß intonierte in ihrem professionellen Singsang, man möge sich zum Ausgang auf der rechten Seite begeben und sich mit den notwendigen Umsteigekarten versehen, auf denen die Sitzplätze registriert seien, falls Näheres über unseren Weiterflug bekanntgegeben würde. Daraufhin schaltete sie ihr Kehlkopfmikrophon aus, und wir schleppten uns zum Flughafengebäude, vorbei an riesigen, rosafarbenen Teddybären aus Nylon, bunten Leckereien und allen Flaschen, die auf dem Markt waren.

Wir ergattern zwei Sitzplätze und lassen uns hineinfallen. Leute jeden Alters, jeder Größe und Statur, die sich alle irgendwie zu ähneln scheinen, wandern auf und ab, hin und her, seitwärts und rückwärts, schnell und langsam an uns vorbei, wie in einem elektrisch angetriebenen Comic-Strip. Ich bin zu müde zum Lesen, zu gelangweilt, um mich darüber zu ärgern und zu leblos, um mich aufzuregen. Nach einer angemessenen Pause fragt Yehudi ohne sonderliches Interesse: »Ich möchte mal wissen, wie das jetzt hier weitergeht.«

»*There is a destiny in man rough-hew*« (Shakespeare) deklamiere ich lahm.

Yehudi sieht mich etwas irritiert an. »Ist das ganz richtig, Schatz?« fragt er.

»Nein«, gebe ich müde zur Antwort.

»Es geht dir doch gut, oder?«

»*A drousy numbness fills my veins*« (Keats), gebe ich zurück.

»Aha«, sagt Yehudi.

»*For I on filthy food have fed and flunked the Gates of Paradise*« (Coleridge).

Yehudi sieht beunruhigt aus und fragt: »Kann ich dir irgend etwas holen, Liebling?«

»*Ah! For a beaker of the warm south!*« (Keats) erwidere ich und beobachte den Schnee, der gegen die Scheiben getrieben wird. Ich horche auf die in sämtlichen Flughäfen vernehmbaren melancholischen Motetten, die krächzenden Lautsprecherstimmen, die den aufmerksam gespitzten Ohren aller irgendwo im Schnee steckengebliebenen Passagiere in Fuge und Kanon Nachrichten, Anweisungen und falsche Hoffnungen weckende Informationen verkünden. »Yehudi, wo ist der Bernhardiner, der uns Beistand und Schnaps bringt, ehe wir den Strapazen erliegen?« Der arme Yehudi sieht immer verwirrter drein. Ich erbarme mich seiner und rufe mir Sonette ins Gedächtnis, deren dritte Zeile mir entfallen war, und fange von vorne an, in der Hoffnung, diese Lücke in meinem Gehirn durch die Macht der Gewohnheit auszufüllen.

Plötzlich wird unsere Nummer aufgerufen. Wir sollen unseren getreuen Gaul wieder besteigen. Wie Zombies suchen wir unsere Siebensachen zusammen: eine Stradivarius, zwei Aktentaschen mit Lesematerial (Bücher und Zeitschriften) und das, was bei den meisten Fluglinien unter dem Namen »Mrs. Menuhins Leiche« bekannt ist. Das ist ein langer Kleidersack, in dem meine diversen Mäntel für die verschiedenen Temperaturen von unter Null Grad bis zu 45° C hängen; statt des Kopfes hat dieser Sack einen Haken. »Shuffle, shuffle, time and trouble« – es geht zurück in die verbrauchte Luft unseres Flugzeugs und auf dieselben zerknautschten Sitze. Wir erfahren, daß der Pilot noch einmal versuchen will, St. Louis zu erreichen. Hurra, bravo, und laßt uns zum lieben Gott beten, daß er uns in dieser Stunde des Wagemutes nicht im Stich lassen möge!

Gesteigertes Dröhnen, leichtes Schwanken, unsicheres Ab-

heben, und schon verschwinden wir aufs neue im Schneesturm. So ein Blindflug bei Nacht, wenn das weiße Schneegestöber den Blick in das schwarze Nichts eher behindert als beruhigt und die angstvoll durch das Fenster starrenden Augen nach
etwas Erkennbarem wie Land suchen, weckt vermutlich selbst
im erfahrensten Fluggast (und inzwischen muß ich in etwa 35
Jahren wohl schon tausendmal geflogen sein) Furcht erwecken
und das Gefühl, daß man das Schicksal vielleicht zu sehr
herausgefordert hat. Yehudi döst. Ich mache die Augen zu.
Wenn man den einen Sinn abschaltet, sind die anderen um so
wacher. Die penetrante schlechte Luft dringt mir in die Nase,
meine Zunge fühlt sich pelzig an. Die Geräusche, wie zum
Beispiel das Brummen der Motoren, die murmelnden Stimmen
der Passagiere, die Bewegungen müder Körper, die versuchen,
es sich in einer anderen Lage bequemer zu machen, scheinen
nie aufzuhören. In einer solchen Zeitlosigkeit bleibt einem
nichts anderes übrig, als sich einer Trägheit hinzugeben, die ab
und zu von scharfen Pfeilen der Angst durchbohrt wird.

Endlich verringern wir unsere Höhe. Der Schnee rast an uns
vorüber, als wollte er uns mit Höchstgeschwindigkeit entkommen. Ich bete. Yehudi schläft. Ein Ruck, und wir sind gelandet.
Ein Dröhnen, das das Flugzeug auseinanderzureißen scheint,
und wir kommen zum Stehen. Yehudi wacht auf, reckt sich und
strahlt mich mit seinem zweitbesten gütigen Lächeln an.

»Ich glaube, ja, ich hoffe, daß wir in St. Louis gelandet sind«,
wage ich zu bemerken. Die Stewardeß bestätigt meine Vermu-
tung. Während das Flugzeug durch den stiebenden Schnee
rollt, stehen wir alle auf – eine traurige Schar, die alten,
abgelegten Kleidungsstücken gleicht, in die unsere Körper
hineingefallen sind. Ich nehme Geige und Mäntel aus dem
Gepäckfach, strecke meine steifen Glieder und gehe mit sehn-
süchtiger Müdigkeit wie eine Marionette zum Ausgang.

Der Flugplatz ist fast menschenleer, denn es gab keinen
anderen Piloten, der einen solchen Flug gewagt hätte. Wir
stolpern zum Gepäckkarussell, suchen unsere sieben Gepäckstücke heraus, bemächtigen uns eines Kofferkulis, stapeln alles
gefährlich hoch übereinander und schieben den schweren
Kinderwagen zum Ausgang. Draußen herrscht sicher eine Kälte

von −25° C. Hoher Schnee bedeckt Straßen und Gehsteige. Weit und breit kein Auto, keine ›Stretchlimousine‹, wie die häßlichen Buicks und Cadillacs genannt werden, die einem Leichenwagen ähneln. Ich sehe Yehudi an, er erwidert meinen Blick und hält dann rechts und links nach irgend etwas auf vier Rädern Ausschau. Schließlich geht er zurück ins Flughafengebäude, sucht die Nummer der örtlichen Agentur heraus, spricht kurz in den Apparat und kommt wieder. »Tut mir leid, Schatz, das Auto ist seit mehr als einer Stunde unterwegs. Der Chauffeur hat gerade angerufen – er ist im Graben gelandet. Jetzt versuchen sie einen anderen Wagen aufzutreiben.«

»So sieht es also aus?« sage ich.

»Ich fürchte, ja.«

Wir sitzen draußen auf unseren Koffern, völlig allein im eiskalten Halbdunkel, und das Dach reicht nicht weit genug, um zu verhindern, daß der Schnee sich auf unseren Mänteln niederläßt und unsere Hüte in Schneebälle verwandelt. Unser kleiner Berg Gepäck bietet den einzigen Schutz. Als ich um mich herum nichts als eiskalte Finsternis sehe, komme ich mir wie vom Leben abgeschnitten vor. Ich versuche, mich mit den politischen Gefangenen im tiefsten Sibirien zu identifizieren und tue mir dabei noch mehr leid. Yehudi ist wie gewöhnlich ruhig und beklagt sich nicht. Ich frage mich bedrückt, wann wohl die Erfrierungen anfangen werden, und bitte Yehudi, seine behandschuhten Hände in die Taschen zu stecken. Wir wagen nicht, ins Gebäude zu gehen, aus Angst, ein Auto zu verpassen, das sich vielleicht in dieser schrecklichen, einsamen Nacht hierher verirrt.

Es muß wohl eine halbe Stunde vergangen sein, und wir sind nahe daran, uns in Schneemänner zu verwandeln, als wir plötzlich Motorengeräusch hören. Aus der Finsternis des Schneegestöbers schlittert und rutscht ein kleiner, verbeulter Motelbus auf uns zu. Ein freundliches, schwarzes Gesicht erscheint. »Na, sowas«, bemerkt es, »sind Sie gestrandet?« Mit gefrorenen Lippen bestätigen wir diese Annahme. Als wir die Wagentür aufmachen, sehen wir zu unserer Bestürzung, daß der Bus gerammelt voll ist. Der Fahrer springt heraus, zieht unseren Gepäckwagen an die Rückseite des Busses heran und schafft es mit großer Kraftanstrengung, das meiste Gepäck hineinzuquetschen. »Einsteigen, bitte«, ruft er, und als wir, mit unseren restlichen Taschen beladen, hinaufklimmen, ziehen die Insassen uns in den Bus hinein und schaffen irgendwie Platz für uns. Ich sitze auf dem Schoß eines alten Mannes. Yehudi ist zwischen zwei netten weiblichen Wesen eingeklemmt.

So gleiten wir in die dunkle, weißgesprenkelte Nacht hinein, rutschen und schlittern oder drehen Pirouetten auf dem Glatteis. Ich bin längst über alle Furcht hinweg und schwelge in einer Mischung aus blödsinniger Erleichterung und berauschender Ungewißheit, in der sich das Leben auf die übernächste Minute beschränkt und man seiner Phantasie freien Lauf lassen kann. So vergeht etwa eine halbe Stunde oder mehr in diesem eigenartigen Fahrzeug, als vor uns plötzlich Lichter auftauchen und wir mit einer gekonnten Glissade vor dem Haupteingang eines kleinen Motels zum Stehen kommen. Wir purzeln alle in den Schneesturm hinaus und drängen uns durch die Tür. Die Eingangshalle ist dort, wo schmelzender Schnee hereinweht, sobald die Tür sich öffnet, in einen kleinen See verwandelt. Wir stapfen wieder hinaus, um dem guten schwarzen Sankt Christopherus mit den zahlreichen Taschen behilflich zu sein, stellen sie in der nassen Eingangshalle ab, entdecken das Restaurant mit Selbstbedienung und holen uns belegte Brote, Tee und Kaffee. Der gute Yehudi geht wieder zum Telefon. Nein, sie hätten weder eine Spur von dem ersten Auto noch ein anderes gefunden, dessen Fahrer bereit wäre, sich in diesen Schneesturm hinauszuwagen. Yehudi gibt ihnen unsere Nummer und bittet sie, uns anzurufen, falls es ihnen doch noch gelingen sollte, einen Wagen aufzutreiben.

Wir fallen über die gräßlichen Brote und den noch schlimmeren Tee und Kaffee her, genießen aber die Wärme und den Schutz der Wände und das wohltuende Essen, ganz gleich, wie schlecht es auch sein mag. Meine Gedanken gingen zum Krieg und zu meiner Jugend zurück, als das Leben sich auf das Notwendigste beschränkte und Überleben das einzig Wichtige war. »Warum lächelst du?« fragt Yehudi. »Ich denke nur an die Relativität der Werte«, antworte ich, »an Schiffe und an Siegel-

442

lack, an Kohl und Könige« (aus *Through the Looking-Glass* von Lewis Carroll).

Eine Stunde vergeht. Das junge Mädchen vom Empfang kommt herein. Ein Auto sei auf dem Weg und müsse innerhalb einer Stunde hier sein, vorausgesetzt, es stoße ihm nicht das gleiche Schicksal zu wie dem ersten. Yehudi schläft zufrieden ein. Ich mache es mir auf einem mit Segeltuch bespannten Stahlstuhl so bequem wie möglich, obwohl die Aerodynamik meines Hinterteils hierfür schlecht geeignet ist. Ich verschränke die Arme und starre auf den künstlichen Farn vor mir. Meine Welt schrumpft auf die Größe der nächsten Umgebung zusammen.

Selbst ich war eingeschlafen, als die Taxe endlich ankam. Wir streckten unsere steifen, eingerosteten Glieder, lasen erneut unser Gepäck zusammen und halfen dem mutigen Fahrer, es im Kofferraum zu verstauen, ohne zuviel von dem dichten Schnee hineinzulassen. Dann schlugen wir die Wagenklappe zu, kletterten auf unsere Sitze, als hieße es, den Mount Everest zu erklimmen, und fuhren schließlich in die eiskalte Finsternis hinaus. Wieder schlitterten und rutschten wir, kamen mit einem beängstigenden Ruck am Straßenrand zum Stehen, glitten zurück und wirbelten dabei kleine Lawinen auf, um uns dann aufs neue einen Weg nach vorne zu bahnen. Es waren langsame, qualvolle Stunden, in denen die Zeit sich im Schneesturm auflöste und vom Schneegestöber verweht wurde. Endlich sahen wir die ersten Häuser, umgeben von vereisten Hecken, die wie pikante Meringen aussahen. Wir fuhren durch verlassene, verschneite Straßen und stießen – lieber Gott – auf Lichter und das Hotel. Ja, das Hotel, das sich aber offensichtlich im Belagerungszustand befand. Es war nämlich weit und breit niemand zu sehen. Wir schleppten unser Gepäck hinein, riefen so laut wie zwei Nebelhörner und scheuchten damit einen schlampigen, muffigen Nachtportier auf, der eine Ewigkeit brauchte, um die Schlüssel zu finden, und uns widerwillig half, unsere sieben Gepäckstücke in den Aufzug zu verfrachten. Dann brachte er uns zu einem Zimmer, das in der äußersten Ecke des Hotels lag. Als er die Tür öffnete, schlug uns eine derart eisige Luft entgegen, daß ich überzeugt war, er hätte uns auf die Feuerleiter geführt. Er murmelte etwas vor sich hin, schloß das offene Fenster, stampfte wie ein schlechtgelauntes Pony auf dem Schnee unterhalb des Fensters herum, warf uns den Schlüssel zu und machte Anstalten, sich zu entfernen. Yehudi hielt ihn von diesem Vorhaben zurück. »Das hier ist völlig unmöglich. Haben Sie nichts anderes?« Der Portier schüttelte den Kopf und nahm Reißaus. Ich setzte mich auf das Bett und brach endlich in Tränen aus. Yehudi versuchte mich zu trösten. Ich putzte mir die verfrorene Nase, nahm meine Pelzmütze ab, zog die Schuhe aus und kroch, so wie ich war, in das eiskalte Bett. Als ein blasser Morgen graute, schlief ich ein, begleitet von Yehudis zufriedenem, leisem Schnarchen. Er hatte sich offensichtlich in die Einsamkeit seines Geistes zurückgezogen, auf seine für das ganze Leben gemietete Wolke Nummer 9, auf der es offenbar immer Zentralheizung und warme, trockene Betten gibt.

Nach gründlicher Durchsicht des Terminplans reservierte ich im neuen Jahr zwei Perioden von jeweils zehn Tagen, in denen ich bei unserer Rückkehr nach Europa etwas für unser Chalet tun konnte. Voller Erwartung kam ich in Gstaad an, um, so hoffte ich, sofort mit der Einrichtung der Zimmer zu beginnen. Ich hatte mir vorgestellt, daß das große Loch im Boden, das wir zuletzt im September gesehen hatten, sich in der Zwischenzeit von fünf Monaten in einen Bau verwandelt hätte, der soweit gediehen sei, daß ich zumindest die Größe und Form der Zimmer schätzen könnte. Meine Empörung kannte keine Grenzen, als ich feststellen mußte, daß das Loch unverändert war, aber unter tiefem Schnee lag. Der Krach, der nun folgte, schallte weithin durch das Dorf. Ich bestellte den Bauleiter und erklärte ihm, daß es in diesem Jahr kein Festival geben würde, wenn wir das Chalet nicht im Juli beziehen könnten. Trotz Minustemperaturen hätte er die Anzahl der Bauleute zu verdoppeln, damit wenigstens die Außenwände stünden, bevor ich in zehn Tagen wieder abreisen würde. Während dieser Zeit machte ich mich jeden zweiten Tag auf die Reise nach Zürich. Das bedeutete eine Rutschpartie morgens um sieben vom hochgelegenen Hotel hinunter ins Dorf, wo ich zunächst einen Zug nach Zweisimmen nahm, von da nach Spiez fuhr, dort in

444

den Zug nach Bern umstieg und in Bern den Zug nach Zürich
nahm. Ich hatte je fünf Minuten zum Umsteigen. In Zürich kam
ich genau vor dem mittäglichen Ladenschluß an. Ich benutzte
die Zeit, um in der Altstadt Antiquitätengeschäfte auszukundschaften, drückte mir die Nasse an den Schaufenstern platt,
durch die ich Möbelstücke erspähte, die möglicherweise in
Frage kämen und die ich mir in meinem Oktavheft notierte.
Dann lief ich schnell zum Mövenpick zu einem leckeren Sand-
wich und einer Tasse Kaffee. Dort wartete ich ungeduldig auf
das Erwachen der verschlafenen Läden, machte den gleichen
Weg noch einmal und hatte endlich Gelegenheit, die Tische,
Stühle und Bücherregale, die ich zuvor nur durch die Fensterscheibe gesehen hatte, aus nächster Nähe zu betrachten und
meine Wahl zu treffen. All das mußte in Windeseile geschehen,
denn meine letzte Möglichkeit, nach Gstaad zurückzukehren,
war der Zug um 15 Uhr. Während der dreimal unterbrochenen Rückfahrt machte ich neue Skizzen in meinem Oktavheft, notierte Preise und Ausmaße daneben, raste mit nur ein
paar Sekunden Spielraum die Bahntunnel entlang zum nächsten Anschlußzug. In Gstaad kletterte ich schließlich den langen Weg durch die Schneewehen zu meinem kleinen Hotel
empor, wo ich ausgehungert, halberfroren und ganz von meinen Plänen besessen ankam. Anläßlich einer Konzertreise nach
Wien, wo der allgemeine Geschmack in der Bemalung von
Schränken und Kommoden viel üppiger zum Ausdruck kommt,
hatte ich den Rest meiner Einrichtung erstanden und war für
die zweite Zehn-Tage-Periode, die in den Juli fiel, gut vorbereitet.

Fünf Monate Konzertreisen lagen vor meinem nächsten Besuch in Gstaad. Das Chalet war fast fertig. Es arbeiteten nur
noch ein charmanter Tischler, der bis spät in die Nacht auf dem
Boden tätig war, und ein hinreißender Herr unbestimmten
Geschlechts, der mit letztem Elan den Malerpinsel im Keller
schwang. Das Chalet entsprach völlig unseren Erwartungen,
obgleich im Jahr zuvor unsere Zusammenarbeit mit den Architekten nicht gerade harmonisch verlief. Wir hatten uns mit
ihnen von überall in der Welt in Telegrammen und Briefen
ausgetauscht über solche Einzelheiten wie schmiedeeiserne

Scharniere, Türgriffe und die genaue Tönung der Steinfußböden.

Zusammen mit unserem Juwel, der Haushälterin Marisa, ihrem hilfsbereiten Mann und einigen kräftigen jungen Leuten machte ich mich ans Auspacken von Kisten aus Kalifornien, Zürich, Bern, Wien und Lausanne. Das nahm eine Woche von morgens bis abends in Anspruch. Am festgesetzten zehnten Tag (nicht dem siebenten!) fuhr ich frühmorgens zum Fernbahnhof von Spiez, um hier auf diesem zugigsten und charakterlosesten aller Bahnhöfe, der in seiner Trostlosigkeit wie eine Art Pinter-Beckett-Niemandsland anmutete, ungeduldig die Ankunft des Nachtzuges abzuwarten. Bei Einlaufen des langen Zuges hätte ich mir Zischen und Dampfwolken gewünscht, etwas, das dieser nichtssagenden Umgebung einen gewissen Ausdruck verliehen und die Zeitspanne ausgefüllt hätte, bis die Tür des Schlafwagens aufsprang und ein ganzer Katarakt von Menuhins herabstürzte. Yehudi, Gerard, Jeremy, Zamira, Schwester Marie und tausenderlei Reisegepäck. Der frostige, graue, unüberdachte Bahnsteig schien unter soviel Wärme, Begrüßungen, Ausrufen und dem allgemeinen Durcheinander aufzutauen. Nachdem alle in dem großen Wagen verstaut waren, fuhren wir durch das sommerliche Tal in ein Gstaad, in dem von jedem Chalet üppige Geranien hingen. Auch die Sonne hatte beschlossen, ihren Teil beizutragen. Zum zweiten Mal innerhalb von zwölf Monaten konnte ich sie alle in einem echten Zuhause willkommen heißen, und wieder wurde ich mit Umarmungen und Freudenschreien belohnt.

Das Jahr 1960 brachte die Familie in Einklang. Es gab uns einen Grundbaß, über dem die verschiedenen melodischen Appoggiaturen lyrischer und harmonischer klingen würden: Die mehr als einhundertundfünfzig Konzerte pro Jahr konnten besser geplant werden, und die Kinder, ob sie nun in die Tagesschule oder ins Internat gingen, hatten ein dauerndes Zuhause, in dem sie ihre Bücher, Spielsachen und sonstigen persönlichen Schätze aufbewahren konnten, die für alle von so großer Wichtigkeit sind.

Allerdings war mir die Kehrseite der Medaille entgangen. Von jetzt ab war Yehudi die Zielscheibe sämtlicher Bettler, Schurken oder Unzufriedenen, die sich an seinem Portemonnaie, seiner Gefälligkeit oder seinen Ideen zu bereichern suchten. Folglich mußte das Sieb, das – so hatte ich gehofft – nur die würdigsten Bittsteller passieren sollten, vergrößert und mit feineren Maschen versehen werden, um zu vermeiden, daß er erstickte und bankrott ging. Yehudis Arglosigkeit, sein chronischer Optimismus und seine geistige Neugier, die niemals ruhte, stellten sich dem Beobachter zwar als etwas Wunderbares dar, waren aber gefährlich im Umgang. Alle möglichen Hirngespinste, Forderungen, Projekte und Pläne, die gut, schlecht, uninteressant oder völlig übergeschnappt waren, brachen in Massen über ihn herein. Sie waren Manna für den begeisterungsfähigen Yehudi, Hagelkörner für die angeschlagene Diana. Eine Bitte folgte der anderen; er sollte Funktionen übernehmen als Vorsitzender, Präsident, Gründungsmitglied, Stifter von Musikvereinigungen, Orchestern und Reformhäusern, sollte Gelder für eine Ozon-Konservenfabrik oder ein Heim für alte und müde Fahrräder spenden. Kein Vorschlag war ihm zu ausgefallen, um nicht gewissenhaft unter die Lupe genommen, ernsthaft erwogen und manchmal, o Schreck, auch akzeptiert zu werden.

Vergeblich flehte ich ihn an, daran zu denken, daß sein Geld und auch seine Zeit begrenzt seien, daß er der meistbeschäftigte zeitgenössische Musiker sei, daß wir von den zwölf Monaten eines Jahres acht bis neun Monate auf Reisen seien. Aber nichts kann Yehudis Interesse bremsen, nichts seinen aufnahmebereiten Geist ermüden. Ich konnte nur beten: »Lieber Gott, bitte laß Yehudi sich langweilen.« Aber auch das half nicht.

Das Aldeburgh Festival, ein wunderbar bereicherndes, wertvolles Erlebnis mit Ben Britten und Peter Pears, war vorüber. Nach ein paar Tagen brachte Peter mir den wohl hundertsten Brief, den ich entweder auf der Schreibmaschine mit zwei Fingern oder mit meiner schmerzenden Hand beantworten sollte. Ich fing an zu weinen, und meine Tränen fielen auf seinen Pullover. Er nahm mich in den Arm und sagte: »Diana, Liebling, wir müssen dich alle um Verzeihung bitten. Wir dachten immer, du mit deiner Tatkraft und Vitalität seist diejenige, die Yehudi zu all seinen Unternehmungen drängt. Jetzt erleben wir aus nächster Nähe, daß ihn sein unersättlicher Lebenshunger antreibt, wenn er auch äußerlich so ruhig wirkt. So, jetzt putz dir erstmal die Nase. Für Yehudi muß eine Sekretärin gefunden werden, und du bekommst eine Masseuse für diese Bindegewebsentzündung.« Als wir schließlich in London ansässig geworden waren, gab es eine ganze Reihe von Sekretärinnen, die von Yehudi beharrlich verschlissen wurden und ersetzt werden mußten. Aber ich brauchte mich nur noch um die gesellschaftlichen Dinge und die Privatpost zu kümmern.

Während dieser ersten zehn Jahre machten wir zwei unvergeßliche Reisen nach Indien. Pandit Nehru hatte uns eingeladen, wir waren in seinem Hause untergebracht und lernten ihn so aus unmittelbarer Nähe kennen und als den wunderbaren Menschen, der er war, bewundern und lieben. Indira, seine hochintelligente Tochter, hatte Konzerte in den großen Städten arrangiert. Die Gesamtgage von $ 80 000 überließ Yehudi dem Fonds gegen die Hungersnot. Wir lernten ein vom britischen Raj befreites Indien kennen, das uns an seinem Stolz auf die klassische indische Musik und seinen Tanz teilhaben ließ. Mit Ravi Shankar, Indiens berühmtem Sitarspieler, verbindet uns bis heute eine tiefe Freundschaft, die damals entstanden ist und unser Leben um ein wertvolles Element bereichert hat. Bis zu Nehrus Tod und auch später, während Indiras Regierungszeit, kehrten wir noch mehrmals nach Indien zurück. Indira wußte, wie sehr ihr Vater Yehudi verehrt hatte, und verlieh ihm den Nehru-Friedenspreis. Während wir für die Schönheit und Kultur des Landes immer aufnahmebereit waren, konnten wir doch gleichzeitig nicht die Augen verschließen vor den schier unlösbaren Problemen, die im Kampf gegen die Armut und das unkontrollierte Bevölkerungswachstum existierten. Durch die Verbundenheit mit »Panditji« und Indira konnten wir aber auch deren unermüdliche Anstrengungen erleben, die sie unternahmen, um ihre Vision für das geliebte Land zu realisieren: Indien sollte eine Bastion zwischen Ost und West werden.

Kurze Zeit nach diesen ersten beiden Besuchen veranstaltete das Museum of Modern Art in New York eine großangelegte indische Ausstellung und bat in bezug auf die Musik und den Tanz um unseren Rat. Glücklicherweise waren wir zum Zeitpunkt der letzten Vorbereitungen vor der Eröffnung gerade in New York. Wir aßen mit Mitarbeitern des Museums zu Abend, als der damalige Direktor, Monroe Wheeler, dem wir zum erstenmal begegneten, sich an mich wandte: Er wolle mir von einer außergewöhnlichen Begebenheit erzählen, die er vor kurzem in Madras erlebt habe. Er war zu Besuch bei einem der seltenen Inder, der zugleich ein berühmter Professor und Asket war und in zwei kärglich eingerichteten Räumen an der Stadtgrenze von Madras hauste. Bei seiner Ankunft war er von dem Bediensteten und Freund des Inders empfangen worden, der ihn zu warten bat, da sein Meister noch meditiere, aber in Kürze zu ihm käme. Wheeler sah sich in dem kleinen Zimmer um und entdeckte an der Wand so etwas wie ein religiöses Symbol. Bei näherem Hinsehen erkannte er die Statue eines Gottes, die von einer Öllampe erleuchtet wurde. Daneben befand sich eine Fotografie, die gleichermaßen angestrahlt war. Als er sich die geweihten Gegenstände noch genauer ansehen wollte, betrat sein Gastgeber den Raum und entschuldigte sich für seine Verspätung. Wheeler wiederum entschuldigte sich für seine Neugierde und fragte den Guru, ob er sich geirrt habe oder ob die Fotographie tatsächlich den großen Geiger Yehudi Menuhin darstelle. »Sie haben ganz recht«, war die Antwort, »so sehen wir ihn hier in Indien.« Diese kleine Geschichte bewegte mich, aber fast ebenso der ungläubige Ausdruck auf Wheelers Gesicht. Typischerweise hatte Yehudi weder über seine kürzlichen Besuche in Indien oder das, was er dort getan hatte, gesprochen noch über seine enge Freundschaft mit Nehru. Erst durch gemeinsame Freunde und Ravi Shankars ersten Besuch in den Vereinigten Staaten, den Yehudi arrangiert hatte, erfuhr das Museum of Modern Art von Yehudis enger Verbindung zu Nehru und Indira und kam zu dem Schluß, daß wir ihnen mit Sicherheit bei der Planung der Ausstellung behilflich sein könnten.

Ich kann hier nur flüchtig skizzieren, was sich während der vergangenen vier Dekaden zugetragen hat. Zu Yehudis vielen Unternehmungen gehört an erster Stelle seine Musikschule, die er (wie alle seine Projekte mit wenigen Finanzen, aber viel Zuversicht) in England ins Leben rief. »Längst nicht alle musikalisch begabten Kinder haben das Glück, aufopfernde jüdische Eltern zu besitzen, wie ich es hatte«, erklärte er. Und damit begann er mit der Errichtung eines Internats nach dem Muster der berühmten Zentralschule in Moskau. Wie in der Mariinski-Ballettschule erhalten die Kinder auch hier eine schulische und musikalische Ausbildung sowie Ballettunterricht unter einem Dach. Das erspart ihnen die Anstrengung, zwischen Tagesschule, Musik- oder Ballettunterricht hin und her pendeln zu müssen, die ganze Fahrerei und so manche Konflikte, die damit einhergehen. Nach ein paar Jahren (in denen ich mir bei meinen Bittgängen um Geld die Hacken abgelaufen hatte) stattete Margaret Thatcher, in ihrer damaligen Eigenschaft als Ministerin für Erziehung und Wissenschaft in der Regierung von Edward Heath, unserer Schule einen Besuch ab. Inzwischen war diese in ein großes Landhaus gezogen. Mrs. Thatcher erklärte das Internat als »großartige Idee« und sorgte fortan für Stipendien für alle englischen Schüler. Das Studium der vielen Ausländer, die einen Großteil der Schüler ausmachen, wird zu einem Teil von den jeweiligen Ländern und zum anderen durch private Geldspenden finanziert. Die Schule besteht inzwischen seit 32 Jahren und hat sich fest mit ihrem ursprünglichen Vorbild, der russischen Zentralschule, zusammengeschlossen, indem Schüler und Unterrichtspersonal zwischen ihnen ausgetauscht werden. Viele ihrer jungen Künstler haben sich inzwischen einen Namen gemacht und sind ein Beweis dafür, daß diese Musikschule sich lohnt.

Als ich eines Tages durch eine Unterführung der Baker Street ging, hörte ich die Klänge einer Violinsonate von Bach, die sehr gut gespielt wurde. Ich wartete, bis der junge Mann geendet hatte, warf ein paar Münzen in seine Mütze und fragte ihn, ob er von der nahe gelegenen Royal Academy of Music käme. Grinsend bejahte er meine Frage. Mich beschäftigte der Gedanke, daß er, wie so viele andere, für seinen Lebensunterhalt betteln mußte, und ich sprach mit Yehudi darüber. Am nächsten Tag gingen wir gemeinsam durch dieselbe Unterführung, wo der junge Mann wieder spielte. Yehudi sprach ihn an, ließ sich Namen und Adresse sagen und beschloß an Ort und Stelle, einen gemeinnützigen Verein zu gründen, dessen Aufgabe es sein würde, überall im Lande, in Krankenhäusern, Stadthallen, Schulen, Gefängnissen, bei Banketten und Soireen Konzerte mit all den vielversprechenden jungen Musikern zu veranstalten, an denen die Agenturen noch kein Interesse gezeigt hatten. Gleichzeitig würden sie Menschen der verschiedensten Gesellschaftsschichten und Gruppierungen Freude und Unterhaltung bringen. Er gab der Stiftung den Namen *Live Music Now!* – ein Gegenprogramm zu dem Überangebot an Schallplatten und Kassetten, das längst schon den Platz der direkten Aufführung eingenommen hat. Man würde ein regelmäßiges Probespiel anberaumen, um die besonders Begabten auszusieben. Sie würden eine kleine Gage erhalten, ihre Unkosten ersetzt bekommen und von Ortsansässigen für ein oder zwei Tage unentgeltlich aufgenommen und verköstigt werden. Auf diese Weise hätten die jungen Musiker nicht nur die Chance, gehört zu werden, sondern sich auch allmählich auf eine Konzertkarriere vorzubereiten. Der Maler, wie auch der Schriftsteller, kann sich auf einem Stück Papier ausdrücken. Für den Bühnenkünstler gibt es jedoch endlose, quälende Frustrationen. »L.M.N.!« besteht nun schon seit fünfzehn Jahren und floriert außer in England auch bereits in den USA, in Holland, Belgien, Frankreich und Spanien, wo die Königin die Schirmherrschaft übernommen hat. In Deutschland sind inzwischen erste Anfänge gemacht worden.

Zur gleichen Zeit übernahm Yehudi auf Einladung seines damaligen Managers, Ian Hunter, die Leitung des Bath Festival in Somerset. Das bedeutete, zehn Tage lang in dieser wunderschönen Stadt Musik aller Art zu machen. Es gab darüber hinaus auch Vorträge, Diskussionen, Jazzabende; und er lud viele seiner Freunde dazu ein, alles große Musiker, mit denen er schon zuvor musiziert hatte. So bot er Kammermusik und Solokonzerte an, spielte Jazz mit Johnny Dankworth oder indische Ragas mit Ravi Shankar. Überdies gründete er sein eigenes Bath Festival Orchestra (aus dem später das Menuhin Festival Orchestra wurde, mit dem er die ganze Welt bereiste).

Für mich war nicht nur die Unterbrechung unserer monotonen, hektischen Routine Anreise-Probe-Konzert von Manchester bis Minsk ein Genuß, sondern auch die Möglichkeit, das Musizieren mit so vielen geschätzten Kollegen von Yehudi in einer Stadt zu erleben, in der das ganze Hin und Her mit einem einzigen Auto, das noch aus grauer Vorzeit zu stammen schien, bewältigt werden konnte. Dieser Wagen wurde gewöhnlich mit Höchstgeschwindigkeit von einem treuen Chauffeur gelenkt, der uns von der prachtvollen Abtei zu den aus dem 18. Jahrhundert stammenden Assembly Rooms der Guildhall, zum Pumpenhaus (dem nüchternen Vorraum der ehemaligen römischen Bäder) und zu etlichen kleinen Kirchen transportierte. Die Abende pflegten wir häufig in einem hervorragenden Restaurant, dem ›Hole in the Wall‹ (Loch in der Mauer), zu beschließen, das von einem Genie namens Perry Smith geführt wurde und aus den Grundmauern einer alten Krypta gebaut war. Dort trafen wir uns nach wunderbaren Konzerten zu köstlichem Essen mit anderen Künstlern.

Yehudi, unsere geliebte Hephzibah und ich fuhren gewöhnlich einen oder zwei Tage vor dem ersten Konzert mit dem Zug nach Bath. Hier folgt nun die Beschreibung der im klassischen Menuhinstil unternommenen jährlichen Reise nach Bath, die ich damals für ein Festivalprogramm geschrieben hatte. Zur Erläuterung muß vielleicht noch erwähnt werden, daß Yehudi ein fanatischer Anhänger der biodynamischen Ernährung war, ist und immer bleiben wird und daß in Hephzibah eine überzeugte Soziologin steckte.

»*Ein Donnerstag im Juni:* Bahnhof Paddington, verstaubt, verdreckt, wie ein Schwindsüchtiger, der in den letzten Zügen auf einer Schlackenhalde liegt und grauen Rauch bis unter sein Glasdach hustet. Gesichter, denen die Hetze anzusehen ist. Sie scheinen ihren Körpern vorauszueilen. Das Zuschlagen von Türen, schrilles, mahnendes Pfeifen. Ein Gepäckträger bahnt sich im Laufschritt einen Weg durch die Menschenmenge, wobei er einen Berg von Gepäckstücken als Sturmbock benutzt. Er entledigt sich seiner Last in einem Abteil, wo er die fremdartigen Gegenstände soweit wie möglich in den Gepäcknetzen und unter den Sitzen ver-

staut und den Rest schließlich im Gang seinem Schicksal über-
läßt.

Als die besorgte Ehefrau sich vergeblich bemüht, das Gepäck
mit Hilfe der Finger an beiden Händen abzuzählen, bemerkt sie
plötzlich, daß Ehemann und Schwägerin sich nicht unter
besagten Gepäckstücken befinden. Schließlich spürt sie beide
an dem meilenweit entfernten Obststand am anderen Ende des
Bahnsteigs auf. Ihr lautes Rufen wird von der Pfeife des Bahnwärters übertönt. Der Zug gleitet aus dem Bahnhof und über-
läßt die Ehefrau, umgeben von einer Fülle nutzloser Gepäckstücke, ihrem einsamen Zorn. Sichtlich erleichtert sieht sie
zwei strahlende, unschuldsvolle Gesichter auftauchen. Beweis
dafür, daß das Paar am Zugende eingestiegen ist. Anstelle einer
fälligen Entschuldigung schwenken sie ihre Tüten: sie hat Äpfel
erstanden, er eine Packung Kekse, von denen er triumphierend
behauptet, daß sie nur aus Knochenmehl und Seetang herge-
stellt seien und 33 ½ Vitamine enthielten.

Ehefrau lehnt die angebotene Delikatesse ab mit der Begründung, sie sei weder ein Strauch noch eine Nixe. Sie wird mit
einem Blick stummen Vorwurfs bedacht, der sie dazu veranlaßt, sofort vier von den Keksen zu essen, womit sie sich für den
Rest der Reise zu akuten Verdauungsstörungen verurteilt.

Jetzt entledigt Y**M** sich seiner Schuhe und nimmt im
Lotossitz Platz. Weise wie ein Buddha schlägt er seine Noten
auf, wedelt mit seinem Bleistift vage ein wenig in der Luft
herum und betritt das Nirwana. Schwägerin macht sich derweil
über ein graues Baumwollbündel her, das wie ein Mittelding
zwischen einem Kohlensack und einer tatarischen Satteltasche
aussieht, und entnimmt ihm Unmengen von Akten, Flugblät-
tern mit Eselsohren und ein Dutzend Seiten Schreibpapier.

Es herrscht allgemeines Schweigen. Der Zug rast durch eine
von blühendem Holunder übersäte Landschaft und schleicht
sich verstohlen in das trostlose Swindon. Ein Kopf erscheint im
Türrahmen. Der Besitzer besieht sich die merkwürdige Szene,
strafft dann seine britischen Schultern und versucht vergeblich, seinen bescheidenen Koffer zwischen den Kisten, Bündeln, aufgereihten Hutschachteln und Korbtaschen im Gepäcknetz zu verstauen. Er mißt die Insassen mit einem vernichten-

den ›Erster-Klasse-Blick‹ und läßt sich in der vierten Ecke des Abteils nieder. Y**M** ist mit seinen Eintragungen in die Noten fertig und läßt sich über die Vorzüge des Violinkonzertes in D-Dur aus. Ehefrau stimmt zu und erkundigt sich, ob seine Ausführungen rein rhetorischer Natur seien, da das Bath Festival Mozarts A-Dur-Konzert erwarte. Y**M** schluckt einmal und fragt sanft: ›Wann?‹, da er sich zu erinnern glaubt, dies Konzert zuletzt als Siebenjähriger in San Francisco gespielt zu haben. Ehefrau erwidert: ›Übermorgen.‹ Y**M** strahlt vor Erleichterung. Ehefrau meint, da er in den nächsten zwei Tagen vier Proben habe und zwei Konzerte gäbe, beziehe sich seine Begeisterung wohl darauf, Mozarts A-Dur-Konzert in der Badewanne lernen zu dürfen... Ein weiterer Blick stummen Vorwurfs veranlaßt sie dazu, sich schleunigst wieder der Entzifferung eines Entwurfes ihres Ehemannes über das Thema ›Fledermaus-Guano als Grundnahrung‹ zu widmen. Als Y**M**s Bemühungen, dem stürmischen, abscheulichen englischen Sommertag durch das Fenster Eintritt zu gewähren, sich als vergeblich erweisen, macht er sich daran, den Mangel an frischer Luft durch Yoga-Atemübungen auszugleichen. Da man hierzu die Nase zwischen Daumen und Zeigefinger klemmen muß, was ein Geräusch wie von einem durch einen Trichter gewirbelten Gegenstand zur Folge hat, wirft der Erste-Klasse-Passagier, wie zu erwarten war, aus seiner vierten Ecke über seine zitternde Zeitung hinweg einen wütenden Blick auf Y**M**. Als er jedoch dem sanftmütigen Blick des ihm gegenüber thronenden Windgottes begegnet, gibt er sich geschlagen. H**M**s strahlendes Gesicht taucht aus dem Papierdschungel auf: ›Wißt ihr, daß, seit R. und ich mit unserer Arbeit in W11 begonnen haben, der Mord an Hauswirten um 5 % gestiegen ist? Unserer Meinung nach ein ausgesprochen gutes Zeichen.‹ Y**M** klettert von seinem Himalajagipfel hernieder und gibt seiner Zustimmung durch undeutliches Grunzen Ausdruck. ›Sehr gut. Ihr würdet noch größere Erfolge erzielen, wenn ihr ungeschälten Haferbrei aus der Schweiz als obligatorisches Nahrungsmittel vorschreiben würdet.‹ Ehefrau, die in ihrer Ecke verzweifelt nach einer Möglichkeit sucht, ihre Entzifferungsarbeit zu unterbrechen, gibt zu bedenken, daß die Regierung sich möglicherweise weigern könnte, für eine solche Pferdediät die erforderlichen Futtersäcke zur Verfügung zu stellen. Beide M**s sehen sie mit blankem Erstaunen an, so daß sie zur Ablenkung das Mittagessen erwähnt. Zur großen Erleichterung des Fremden zieht Y**M** seine Schuhe wieder an. H**M** stopft die Statistiken über den Zustand sanitärer Anlagen in Irrenhäusern wieder in das graue Monstrum, und alle drei begeben sich in den Speisewagen. Hier sieht man sie feierlich die Speisekarte studieren. Ein hilfsbereiter Kellner tritt an den Tisch. Begrüßt alle drei M**s mit Anzeichen großer Freude. Wünscht viel Glück für das Festival. Höflichkeiten werden ausgetauscht. Es herrscht rosige Stimmung. Y**M** fragt, ob der Fisch am selben Morgen gefangen sei, reagiert gekränkt und erstaunt auf Verneinung seiner Frage und nimmt mit einem Apfel und einem Stück Käse vorlieb. Die rosige Stimmung ist an den Rändern leicht angegraut. Großmütig macht H** sich über einen Teller von ›Irgend etwas‹ à la British Railways her. Ehefrau, die mit der letzten Verdauungsphase der Seetangkekse kämpft, beschränkt sich auf Brown Windsor Soup, die sie bislang immer für Seife gehalten hatte. Nach einer Kostprobe stellt sie fest, daß diese Annahme nicht ganz zu Unrecht bestand.

Y**M** stürzt sich in eine nähere Erläuterung der Diskussion, die, wie üblich, während des Festivals veranstaltet werden soll. Diesmal läuft sie anscheinend unter dem Titel *Gesundheit und Langlebigkeit der Hunzas*. Dazu soll der halbe Stamm mit einem Sonderflugzeug aus dem Kaschmir-Tal zur Diskussion eingeflogen werden. Y**M** ist überzeugt, daß die Stadtväter von Bath die Steuern nur zu gern um einen Penny erhöhen werden, um so ein faszinierendes und visionäres Unternehmen zu finanzieren. Ehefrau gibt vorsichtig zu bedenken, daß die Idee nicht unbedingt mit überbordendem Enthusiasmus aufgenommen werden könnte. H**M** wirft ein, daß die Idee, wenn der Titel in *Soziale und sexuelle Gepflogenheiten der Hunzas* geändert würde, sicher mehr Anklang in der Öffentlichkeit und größere finanzielle Unterstützung fände. Ungerührt läßt Y**M** sich über die Freuden eines alljährlichen viermonatigen Fastens aus, offensichtlich das Geheimnis der sprichwörtlichen Unsterblichkeit der Hunzas. Ehefrau plädiert für ein kurzes, aber flottes Leben, anstatt ein Drittel der Ewigkeit mit Blähbauch durchstehen zu müssen. H**M** lacht, woraufhin sowohl sie als auch Ehefrau mit einem gütigen, aber entschlossenen, erzengelhaften Blick aus dem Paradies verbannt werden.

Um sich den Aufenthalt im Garten Eden wieder zu verdienen, fragt H**M**, wie viele Konzerte sie zu spielen hätte. Y**M**s Gesicht nimmt einen leicht gequälten Ausdruck an, denn Definitionen sind für ihn ein Schreckgespenst. Ehefrau erwidert: ›Vier, aber fünf, wenn du Orgel spielen kannst.‹ ›Warum?‹ will H**M** wissen. ›Weil der Organist erkrankt ist.‹ Wann das Konzert sei. ›Übermorgen‹. Das sei die durchschnittliche Zeitspanne, die ein M** braucht, um etwas zu lernen, meint H**M** hocherfreut. Und könne sie im übrigen 35 Freikarten bekommen? Sie habe da eine besonders interessante Gruppe Psychopathen und möchte die therapeutische Wirkung von schöner Stadt plus schöner Musik auf sie beobachten. Ja, sie hätten alle *einen* Mord begangen. Das mache das Experiment ja so interessant und wichtig. Der Transport sei kein Problem. Sie könnten alle mit dem 52er Bus kommen, den zwei von ihnen gerade vorige Woche gestohlen hätten, und sie könnten darin auch draußen vor der Guildhall übernachten.

Im Verlauf der Diskussion von Bruder und Schwester über die relative Heilkraft klassischer, romantischer und moderner Musik erklärt Y**M**, daß Alban Berg zum Frühstück das einzig wirklich Nahrhafte sei. Warum? Weil es ›serial‹ sei. (Wortspiel mit *serial* = seriell und *cereal* = Getreideflockengericht.) Eine Lachsalve folgt diesem Wortspiel.

Draußen wird die ländliche Schönheit allmählich von goldgelben Steinterrassen abgelöst; wir nähern uns dem guten alten Bath. Der Kellner bittet diskret um Bezahlung. Y**M** wischt sich die Augen und zieht aus diversen Taschen einen Haufen zerknüllter Geldscheine hervor, die er dem Kellner in die Hand drückt, wobei er ›stimmt so‹ murmelt. Im Sturmschritt geht's zum Abteil zurück. Erster-Klasse-Passagier wird unter einer Lawine von Gepäck begraben, das aus dem Gepäcknetz gezerrt und in den Gang gerollt wird. Ein Zischen, und der Zug fährt in den Bahnhof ein. Die M**s purzeln hinaus, gefolgt von einem Warenlager von Gepäck, uralten und noch älteren Datums. Sie verlassen sich auf die Hilfsbereitschaft der Menschen von Somerset und überlassen das ganze Gepäck dem Stationsvorsteher, den sie mit Freudengeschrei begrüßen. Danach hüpfen sie die Treppe hinunter, jeweils zwei Stufen auf einmal, ohne zu bemerken, daß der Kellner wütend mit einer Faust voller Drachmen, ungarischen Pengös und zerfledderten tunesischen Francs aus dem Fenster des nach Bristol entschwindenden Zuges winkt.«

Das Bath Festival erwies sich als eine von Yehudis schönsten Unternehmungen. Ihm folgte 1968, also ein Jahrzehnt später und nachdem er sich von dem Festival zurückgezogen hatte, das Windsor Festival. Auch das war eine Idee von Ian Hunter gewesen, die kaum in einem hübscheren Ort hätte verwirklicht werden können. Die Konzerte fanden im Schloß von Windsor und dessen schöner Kirche statt. Im Burghof spielten Militärkapellen, und im nahe gelegenen Eton College (für mich bekanntes Terrain, denn mein Vater und mein Bruder wie auch unsere beiden Söhne hatten hier ihre schulische Ausbildung erhalten) gab es Theateraufführungen.

So rückten unsere Sommerferien in verschwindend weite Ferne, denn die Festivals in Bath und Gstaad nahmen den Juni und August in Anspruch, während das Windsor Festival unmittelbar auf Gstaad folgte und damit den September schluckte. Daher entschloß Yehudi sich nach vier Jahren, Windsor wie vormals Bath in andere Hände zu geben. Beide Festivals laufen noch heute mit Erfolg.

Inzwischen wuchsen die Kinder schnell heran. Gerard, der, ehe er nach Eton ging, als Doktor in *Emil und die Detektive* am Mermaid-Theater in London großen Erfolg gehabt hatte, studierte an der Stanford-Universität in Kalifornien. Als Zwölfjähriger war er gefragt worden, ob er Schauspieler werden wolle und hatte hochmütig zur Antwort gegeben: »Nein, ich glaube, das wäre ein sehr oberflächliches Leben!« Jeremy, dessen hohe musikalische Begabung sich schon früh bemerkbar gemacht hatte, als er als kleines Kind nichts anderes als Noten lesen wollte, hatte auf dem Klavier stetig Fortschritte gemacht. Nach eineinhalb Jahren in Eton ging er nach Paris, um dort bei Nadia Boulanger Theorie und Komposition zu studieren. Danach ging er nach Wien und ließ sich von Hans Swarowsky im Dirigieren ausbilden; dort begann er schließlich auch regelmäßig aufzutreten. Zamira, die inzwischen eine schöne junge Frau geworden war, absolvierte erfolgreich verschiedene Kurse und bekam eine Stelle beim ›Studio‹-Magazin. Alle drei Kinder waren aus dem Nest geflogen, wie ich es immer für richtig hielt, solange sie einer befriedigenden Arbeit nachgingen, und ich mit ihnen brieflich oder telefonisch in Verbindung bleiben konnte. Von Zeit zu Zeit trafen wir in den Ferien zusammen oder verabredeten uns, wenn Yehudi in der Nähe von einem von ihnen Konzerte gab. Es berührte mich eigenartig, sie hin und wieder in einer anderen Umgebung zu beobachten und zu erleben, wie sie sich, gleich jungen Bäumen, entfalteten; und ich mußte versuchen, mich aller Ratschläge und jeder Einmischung zu enthalten. Nur gelegentlich konnte ich einen Rat anbringen, wobei ich mir nie sicher war, ob er befolgt würde, und nur hoffen konnte, daß er als echte Fürsorge und nicht als Einmischung verstanden wurde. Gelegentlich besuchten wir Aba und Mammina in Alma, beides starke Persönlichkeiten, die in ihrem gemütlichen, sonnigen Haus tief in ihrem eigenen Leben verwurzelt waren und nicht einmal sonderlich älter geworden zu sein schienen. Sie waren dort gern mit ihren guten Freunden zusammen, und Aba engagierte sich ständig für irgendwelche humanen oder politischen Zwecke, während Mammina immer von jungen Menschen umgeben war, die sie respektierten und bewunderten.

Und wir? Yehudi und ich? Wir wirbelten von einem Ende der Welt zur anderen, legten Zehntausende von Kilometern im Jahr zurück und landeten gelegentlich in unserem Haus in London, wo wir eine Woche oder ein paar Tage verbrachten, je nachdem, wie viele Konzerte auf dem Plan standen. Yehudi weitete seine täglichen Aktivitäten ständig mehr aus.

Vor dieser Zeit hatten wir im Jahre 1962 auf einer griechischen Insel ein winziges Bauernhaus gekauft und hergerichtet. (Siehe dazu einen Brief vom 24. 9. 1962 von Lawrence Durrell im Anhang.) Dorthin fuhren wir mit unseren beiden Söhnen in ihren Oster- und Herbstferien, um zu schwimmen, in der Sonne zu liegen und das griechische Licht zu genießen. Es waren zehn kostbare Tage, die wir dem unbeugsamen Terminplan abzwangen.

In jenen fünf paradiesischen Jahren mit zehn himmlischen Ferien hatten wir für uns den vollkommenen Urlaub geschaffen. Aber leider wurde dieses Idyll jäh unterbrochen, als der Putsch von 1967 den jungen König Konstantin und seine Familie zur Flucht nötigte und an ihrer Stelle das faschistische Regime der berüchtigten Obristen errichtete. Yehudi und ich (glücklicherweise dieses Mal ohne die Kinder) saßen in Athen fest, und es gelang uns erst nach 48 Stunden, nachdem der Flughafen endlich wieder geöffnet worden war, das Land zu verlassen. Wir wurden alle in diverse Maschinen verfrachtet und waren heilfroh, daß wir wegkamen, gleichgültig, wo wir landen würden. Während der folgenden sieben Jahre und bis zum endlichen Sturz des Faschistenregimes im Jahre 1974 weigerten wir uns, wieder dorthin zu reisen. Statt dessen überließen wir unser kleines Haus denjenigen, die dringend einen Urlaub benötigten, sich diesen aber sonst kaum hätten leisten können. Schließlich erreichte uns ein Brief aus dem Büro von Karamanlis, dem neuen Präsidenten, der Yehudi bat, zurückzukehren, und ihn dafür pries, daß er sich standhaft geweigert hatte, in Athen aufzutreten oder in sein Refugium zurückzukehren, das wir, wie man wußte, sehr lieb gewonnen hatten.

Es war im Jahre 1975. Wir machten uns für zwei Wochen von allen Verpflichtungen frei und flogen nach Athen. Unsere Herzen waren von freudiger Erwartung erfüllt. Wir hatten inzwischen festgestellt, daß die gräßlichen kleinen Boote, mit denen man elf lange Stunden schaukelnd unterwegs war, bevor man die Inseln erreichte, nicht mehr die einzige Transportmöglichkeit darstellten, sondern daß es jetzt einen Start- und Landestreifen auf unserer Insel gab. Die grauenhafte Pilgerfahrt hatte ausgereicht, um den abgehärtetsten Reisenden abzuschrecken. Allerdings hatte das auch wieder seine Vorteile gehabt. So war meine Erleichterung nur von kurzer Dauer, denn dank des bequemen kurzen Fluges hatten sich noch zwanzigtausend andere dazu entschlossen, jetzt die einst so verpönte Überreise zu wagen. So landeten wir auf unserer heißgeliebten Insel inmitten einer Kakophonie von Motorrädern, Autos jeder Art und einem lauten Sprachengewirr, das den Turm zu Babel als ein Bauwerk für Stumme erscheinen ließ.

Ich brach in Tränen aus. Das prächtige Sternenzelt war hinter den Lichtmasten, die sich wie eine Kette künstlicher Perlen die Straßen entlangzogen, verblaßt und erkämpfte sich mühsam einen Platz am dunklen Himmel. Das interessierte die Menschenschwärme nicht, die ihr Gepäck in unzählige Busse stopften in der Hoffnung, in eines der vielen Hotels zu gelangen, wo Bett und Ouzo winkten. Die sechs uralten Buick-Taxen, einst die einzigen Fahrzeuge, die auf der Insel zugelassen waren, sind inzwischen von unzähligen Mercedes-Wagen verdrängt worden. Geräuschvolle Motorräder haben die jungen Touristen in aggressive Jäger verwandelt, die wie Attila die beiden Hauptstraßen herauf- und herunterdonnern. Durch offene Türen dringt Diskolärm, und jedes Häuschen im Ort hat sich in ein Geschäft verwandelt, das auf die geschwellten Portemonnaies der Massen lauert, die ziellos durch die engen Gassen schlendern und auf Kleider, Pullover und Jacken starren, die wie Girlanden von den Haken an den Häusermauern herabhängen. Man drängt sich an den mit Sandalen beladenen Regalen, an Obst- und Gemüsekisten vorbei, stiert in übervolle Spirituosenhandlungen und auf grauenvolle Auslagen mit Miniaturgöttern, -göttinnen und -tempeln. Minderwertige Basare haben die Handvoll ehemaliger Lädchen mit ihren handgewebten Schals und Überwürfen einfach geschluckt. Ein grotesker Markt hat sich der eleganten Einfachheit der steinernen Gassen bemächtigt, die sich durch das Gewirr der Häuser lang und schmal bis hinunter zum Hafen erstrecken oder ineinander verschlungen ein Labyrinth bilden.

Heute kämpfen Yehudi und ich uns bedrückt durch das Gewühl der braungebrannten, gerösteten und gegrillten Menschen und retten uns in ein Restaurant – einer der wenigen Vorteile, die diese Überbevölkerung mit sich gebracht hat. Dort findet man eine große Auswahl anstelle der früher in den alten

Tavernen angebotenen Spaghetti, verschiedenen griechischen
Salate, Tintenfische aus Dosen, Lammbraten mit Bohnen oder
Barbounia – ein Fisch, der einem verhungerten Seebarben
ähnelt, da er nur aus Gräten jeglicher Größe – von haarfein bis
zahnstocherdick – besteht, die von reizlosen dünnen Fleisch-
stücken zusammengehalten werden.

Dies alles ging mir durch den Kopf, als ich am nächsten Tag
auf unserer weißgetünchten Terrasse saß und über das abendliche seidige Meer zu den anderen Inseln hinüberschaute, die
dort dunkel im unbestimmten Licht schwammen, und das
Wunder eines griechischen Sonnenuntergangs in mich einsog.
Kitschige rosa Wolken warfen ihre leuchtenden Banner über
einen unwahrscheinlich mattgrünen Himmel, der sich über
dem inzwischen anilinroten Meer ausbreitete. Das ganze Bild
schien den Atem anzuhalten und das gleiche vom Betrachter zu
erwarten: Dies ist die Pracht alles Vergänglichen, die höchste
philosophische Erklärung. Sobald das letzte Leuchten vom
Horizont aufgesogen ist und wie zum Spott nur noch silber-
graue Tönungen übrigbleiben, denke ich ein Vierteljahrhundert zurück an die Zeit, als wir die Ruine eines kleinen Bauern-
hauses kauften, die auf ein oder zwei Morgen trockenem,
terrassenförmigem Boden direkt unterhalb der obersten Klippe
der Steilküste hockte und den Anschein hatte, als wäre sie
abgerutscht und an der Felswand hängen geblieben. Eine einzige hohe Zypresse stand Wache, eine ungeordnete, wahllose
Ansammlung von unterschiedlich altersschwachen Mandel-
bäumen schützte das Haus an der Westseite, und die decken-
lose Küche prunkte mit einer halben Wand gen Süden und den
Resten der übrigen Wände, die wie abgebrochene Zähne da-
standen. Üppige Gräser, Unkraut und dornige Disteln fristeten
hier ihr Dasein. Einen einzigen Raum im oberen Stock, der nur
über eine Außentreppe und einen unsicheren Balkon zu erreichen war, hatte die Zeit verschont. Weitere Stufen, die zum
einstigen Schlafzimmer hinaufführten, boten nur den zweifelhaften Luxus einer Nacht unter dem Sternenzelt und auf
Brennesseln. Die übrigen Terrassen um das Haus herum ver-
söhnten einen jedoch mit ihren Quitten- und Granatapfelbäu-
men. Riesige Feigenkakteen bewachten den Eingang zum

Grundstück. Die Aussicht übertraf alles andere. Unter uns lag die hufeisenförmige Bucht, deren blaue Wellen der Melteme kräuselte, der hiesige kapriziöse Wind, der fast den ganzen Sommer lang asthmatisch bläst und jede kleinste Lücke mit Staub anfüllt. Andererseits senkt er die brennenden Sonnenstrahlen auf eine erträgliche Temperatur herab. Zwischen Sand und Horizont liegt das Meer mit seinen Inselpünktchen, die in dieser unendlichen Weite ein willkommenes Lebenszeichen sind. In den Bergen uns gegenüber ist eine Handvoll kleiner weißgetünchter Häuser verstreut, die wie kleine Würfel zwischen den nackten Gebeinen einer griechischen Herbstlandschaft liegen. Die tiefe Schlucht erstickt unter dem einzigen Grün, das weit und breit zu sehen ist. Sie liegt am Fuße einer ausladenden Felsengruppe, welche nur aus riesigen Findlingen besteht und einer sonnendurchglühten Moräne gleich bis auf die kleine Küstenstraße hinabfällt, sich am Strand entlangzieht und allmählich um die Biegung herum aus dem Blickfeld schwindet und weiter bis zum Vorgebirge läuft.

Damals, in unseren ersten Tagen hier, kamen nur interessierte Professoren und Studenten aller Nationalitäten, die sich mit Griechisch befaßten, nach Mykonos. Hier lag der Ausgangspunkt zur geheiligten Insel Delos, die mit einem Fischerboot innerhalb einer Stunde zu erreichen war. Die kleine Stadt war seit der Zeit der Phönizier der Hauptsitz der Schmuggler gewesen. Die verschlungenen engen Gäßchen zeugen noch davon, und viele Fremde können ein Lied davon singen, wenn sie manchmal eine Stunde lang herumirren, um dem Labyrinth zu entkommen. Das berühmte Hampton Court an der Themse ähnelt im Vergleich dazu eher einer römischen Heerstraße.

Aber das waren die Tage der Reisenden, nicht der Touristen. Es war unzweifelhaft das Ende einer Zeit, in der die Besucher noch so etwas wie Ehrfurcht, Bewunderung und Wissen besaßen, anstelle der ziellosen Gier der Touristen, die wie die Heuschrecken einfallen und alles, was ihnen begegnet, in sich hineinschlingen, um schließlich einen wunderbaren Ort seiner ursprünglichen Bedeutung zu berauben.

Damals gab es nur ein paar Läden, in denen man Geschirr und Haushaltswaren erstehen konnte und was immer gerade an

Gemüse oder Obst auf der Insel wuchs. Manches kam auch per Kajik oder, sehr selten, in größeren Schiffen aus Athen. Jeden Tag stürzten wir uns um die Mittagszeit in ein uraltes Kellergewölbe, das in einer dieser engen Gäßchen lag und dem »besten« Bäcker gehörte. Er war dann schon immer damit beschäftigt, aus dem vorsintflutlichen Steinofen, der mit großen Bündeln Reisig erhitzt wurde, die ersten Brotlaibe auf seiner langstieligen Schippe herauszuziehen. Wir kauften jedesmal gleich zwei, denn mindestens ein halbes Brot wurde schon auf dem Heimweg verzehrt, wenn wir den von hochgeschichteten Steinmauern umsäumten Steilküstenweg hinaufstiegen, der bis zu unserem Gartentor führte. Den möchte ich kennenlernen, der behaupten kann, daß es einen herrlicheren Geschmack gibt als den von frischgebackenem Brot! Unsere Pforte ging auf eine Steintreppe, die gefährlich steil nach unten führte, wo das Meer vertikal vor einem stand wie der Saum eines Bühnenvorhangs. Die zahlreichen Feigenkakteen machten diesen Abstieg besonders schwierig. Im Laufe der Jahre füllte sich unsere kleine Enklave unter liebevoller Pflege mit Oleander- und Hibiskusbüschen, Jasmin und Bougainvillea. Purpurrote und königsblaue Winden schlängelten sich durch die Bambuszäune. Die verkümmerten Mandelbäume erwachten zu neuem Leben, die Granatäpfel glühten in voller Pracht, und die weißen und lila Feigen hingen schwer an ihren Zweigen.

Der arme Yehudi hatte, nachdem er wiederholt beim Sonnenbad auf dem Dach von Autogrammjägern belagert worden war, das Nebengrundstück dazu gekauft. Plötzlich waren wir Besitzer eines Weinberges, und unser getreuer Verwalter und Gärtner erweiterte unseren »Supermarkt«, wie die Kinder unseren Besitz nannten, schon bald um Birnen-, Pflaumen- und Zitronenbäume.

In unserem Vierzimmerhaus versorgten wir uns selbst. Yehudi übernahm mit rührendem Eifer die Rolle eines Hausvaters. Er bestand darauf, daß zu seinen Pflichten der tägliche Einkauf und die Vorbereitung unseres Frühstücks gehörten; meine Aufgabe war das Putzen, Kochen und Waschen, obwohl es keine feste Arbeitsaufteilung gab. Weder Yehudi noch ich halten etwas von solchen gräßlichen, theoretischen Regelungen, die auf rein abstrakten Überlegungen basieren, ohne das Menschliche und Lebendige zu berücksichtigen. Yehudi liebte es, in bequemen Shorts und Sommerhemden in die kleine Stadt zu laufen, wo er sich mit den Ladenbesitzern bekannt machte und auf die angenehmste Art und Weise einer Beschäftigung nachging, von der er bislang keine Ahnung gehabt hatte. Und ein Yehudi kann natürlich nicht anders, als mit einer Ladung von Auberginen, Zucchinis, Knoblauch- und Zwiebelzöpfen, verwelkten Salaten, riesigen Gurken, verwachsenen Tomaten, klebrigen Feigen (wenn unsere eigenen noch nicht reif waren) und großen, runden und ziemlich aufdringlichen Käsesorten nach Hause zu kommen. Hinter ihm erschien dann ein glücklicher Vasall (Yehudis Gabe, immer und überall Vertraute in weißen Leinenanzügen aufzulesen, versagte nie), dem der Schweiß herunterrann, da er sich mit einer riesigen Wassermelone, acht Kilo Kartoffeln, einer ganzen Flaschenbatterie mit Olivenöl, Essig und Mineralwasser abschleppte sowie mit einer neuen Bratpfanne, um die ich Yehudi gebeten hatte, weil unsere alte in der Seeluft verrostet war. Yehudi sah aus wie Radames, der, mit Beute beladen, erfolgreich von einem Feldzug zurückkehrt. Er keuchte triumphierend, als er den gesamten Einkauf auf dem Küchentisch ablud. Da sich dieser fröhliche Einkauf jedoch bei jedem Gang in den Ort hinunter wiederholte, war ich gezwungen, verfaultes Gemüse und Obst heimlich über die Terrassenmauer zu werfen. Ich hoffte, daß die Wurzeln der Kakteen und Feigenbäume davon profitieren würden. Es fiel mir sehr schwer, ihn in seinem Enthusiasmus zu bremsen, aber ich mußte ihm klarmachen, daß weder ein Eisschrank (wir hatten einen) noch das Vorkochen von leicht verderblichen Nahrungsmitteln mit seinen dynamischen Einkäufen Schritt halten konnte.

Es gab damals kaum Elektrizität in der Bucht und nachts also auch keine Konkurrenz für den Mond oder die Sterne, die den samtblauen Himmel übersäten, als wenn Myriaden von Glassplittern das Firmament durchstießen. Nur das Geräusch der Wellen, die die Küste beleckten, das gelegentliche Schreien eines Esels oder das launische Krähen der Hähne, das nach alter griechischer Sitte zu allen Tages- und Nachtstunden hemmungslos ertönte, unterbrach die Stille der Insel, die sich zur Ruhe begeben hatte. *Sleep drifting sleep / Deep drifting sleep...* (W.H. Davies).

Nachdem wir uns acht Jahre lang einen Urlaub hier versagt hatten und nun endlich wieder in unser ersehntes Haus zurückgekehrt waren, wanderten meine Gedanken langsam durch die Jahre zurück, die seit unserem letzten Besuch hier vergangen waren. Was für ein vollkommenes Refugium hatten wir uns geschaffen; es fügte sich so wunderbar in unser unruhiges Leben ein, daß es fast zu schön war, um von Dauer zu sein. Lag es vielleicht daran, daß ich mit zunehmendem Alter meine Anpassungsfähigkeit eingebüßt hatte und daher nicht mehr tolerant und großzügig gegenüber denen sein konnte, mit denen ich von jetzt an dieses ausgewählte Stück Erde würde teilen müssen?

In dieser Nacht fand ich nur wenig Schlaf. Betrübt schlug ich mich mit dem unvermeidlichen und vielleicht auch unlösbaren Problem herum, das die Veränderung, der man sich anzupassen hat, einem auferlegt, und nicht allein die Veränderung, sondern auch der Verlust eines gemeinsamen Rhythmus mit der Umwelt, den es zu akzeptieren galt. Das Altwerden, so schloß ich, ist nicht nur eine Sache steifer Gelenke und streikender Muskeln, es bedeutet nicht nur, daß der unbarmherzige Griffel der Zeit die vergangenen Jahre in Runzeln dokumentiert. Altern bringt auch unmerklich, aber unweigerlich eine Abwehr gegen einen unwillkommenen Wechsel mit sich, einen Wechsel, der von anderen verursacht wird, deren Gebräuche und Verhaltensweisen ganz allmählich einen geliebten Ort verändern. Ein besonderes Refugium wird bis zur Unkenntnis entstellt, und man beginnt sich zu fragen, ob das eigene Ich, eingerostet wie es ist, sich nicht schuldig macht, indem es das verdammt, was als ganz normale Entwicklung anzuerkennen wäre.

Verlangsamt sich der eigene Rhythmus allmählich, und kann er sich nicht dem Tempo anpassen, in dem alte, grundlegende Werte verworfen und durch andere ersetzt werden, die selbst irgendwann wieder über Bord geworfen und gegen Normen ausgetauscht werden, die so oberflächlich sind, daß sie fast schon zum Zeitpunkt ihres Entstehens Merkmale des Übergangs aufweisen? Ist man rückständig, weil das moralische Klima einem fremd geworden ist; ist man reaktionär und verbohrt?

Die Motorboote liegen wie riesige Tümmler im Hafen und spucken Hunderte von Touristen aus, die die Straßen verstopfen. Nachts gleichen die Boote einem hellerleuchteten Lunapark. Eins nach dem anderen stößt zum Abschied einen gedämpften Rülpser aus, als hielte sich eine ältere Dame die behandschuhte Hand vor den Mund, und gleitet alsbald aufs offene Meer hinaus, um seine sonnenbebrillten Passagiere wieder auf einer anderen Insel auszuspucken. Dort laufen sie nackt und größtenteils ausgesprochen reizlos an den Stränden herum, verrenken sich in Diskos, ausgelaugt und benebelt, erschöpft von ihrem Walkürenritt auf ihren japanischen Stahlrössern, mit denen sie unter großem Geheul von einer Bucht zur anderen gejagt sind. Ich fürchte, ich klinge schrecklich intolerant. Trotzdem möchte ich um Nachsicht bitten, weil ich um einen verlorenen Himmel trauere, den ich einst mit Gleichgesinnten teilte.

Es war mir gelungen, in jedem Jahr im August Urlaub mit allen Kindern in Gstaad zu arrangieren. Krov, Yehudis Sohn aus erster Ehe, hatte die reizende Amerikanerin Ann geheiratet, die bei seinen schönen Naturfilmen mitarbeitete. Er hatte mit diesen Filmen damals schon begonnen und hat sie bis heute mit großem Erfolg fortgesetzt. Selbst ihr kleiner Sohn, Aaron, wurde schon kurz nach seiner Geburt zu den Galapagosinseln mitgenommen. Zamira hatte den chinesischen Pianisten Fou Ts'ong geheiratet und lebte mit ihrem kleinen Sohn Lin in London. Die Familie vergrößerte sich, und man mußte zusehen, daß man die Ferienzeiten so legte, daß alle etwas von ihrem nomadischen Vater hatten, der selbst während der Festivalzeit in Gstaad von morgens bis abends beschäftigt war. Als der »große Erweiterer« hatte er in Gstaad zusätzlich noch eine »Akademie« gegründet, das ist eine Schule für fortgeschrittene junge Musiker aus aller Herren Länder. Sie wird von dem argentinischen Geiger Alberto Lysy – Yehudis erstem Schüler – geleitet, der sich sein Camerata-Orchester aus den besten Studenten zusammenstellt, mit denen er gearbeitet hat und mit denen er ganz Europa, Kanada und Amerika bereist. Also noch ein Unternehmen, das sich zu den bereits existierenden gesellte. Yehudi spielte mehrmals im Jahr mit der Camerata Lysy, wie sie heute heißt, und gab Meisterklassen für sie.

Wenn ich hier erwähne, daß er auch die Präsidentschaft von ESTA (European and English String Teachers Association) und vom UNESCO-Musikrat (letztere für insgesamt neun Jahre) übernahm, so sind das nur die wichtigsten Unternehmungen. ESTA ist eine großartige Vereinigung, deren Mitglieder – alles Lehrer für Streichinstrumente – jährlich ein paar Mal in verschiedenen Gastländern zum Erfahrungsaustausch zusammentreffen. Dem UNESCO-Musikrat gelang es dank Yehudis langjähriger Präsidentschaft, seine Mitgliedschaft entscheidend zu vergrößern. Das bedeutete für uns regelmäßige Reisen nach Paris (worüber ich nicht böse war, denn sie gehörten zu den Höhepunkten unseres anstrengenden Lebens). Dazu kamen seine schon von Anfang bestehende Mitgliedschaft bei Amnesty International und sein großes Interesse an Musiktherapie. All das schloß jede Art von gesellschaftlichem Leben aus, es sei denn, es handelte sich um Begegnungen, die in irgendeiner Form mit seiner Karriere zu tun hatten und daher einen mehr offiziellen Charakter besaßen. Dazu gehört ein herrlicher, bewegender Gottesdienst in der Kathedrale von Edinburgh, in dem Yehudi von der Kanzel eine Ansprache hielt, nachdem ihm in der Usher Hall die Ehrenbürgerwürde der Stadt Edinburgh feierlich verliehen worden war. Die gleiche Ehrung wurde ihm in Bath zuteil. Die inzwischen über dreißig Ehrendoktortitel von Oxford bis Cambridge, St. Andrew's und Belfast sowie der Sorbonne (hier war er der erste Musiker, dem diese Ehre verliehen wurde) machen nur einen kleinen Teil der Liste seiner Ehrungen aus.

Yehudi war der erste Musiker, der 1951 nach Japan eingeladen wurde. Da die Geburt Jeremys einen Monat später erfolgen sollte, begleitete ich ihn zum ersten Mal nicht. Daß mir dadurch etwas Schönes entging, nämlich der begeisterte Empfang, den man ihm bereitete, zeigte sich bei seiner Rückkehr. Er brachte insgesamt acht Kisten mit Geschenken mit, die sich von festlichen Kimonos und diversen Metern Brokat und Seide bis hin zu lackierten Dosen, Tabletts und Schalen, Porzellan und Bildern erstreckten. Wir hatten gerade noch genügend Zeit, die Beute auszupacken, da reiste ich auch schon nach San Francisco, wo Jeremy zur Welt kam. Es scheint, als könne Yehudi selbst über genetische Zeiteinteilung nach seinen Wünschen verfügen... Jeremy wurde drei Tage danach geboren.

Es war 1982 und Zeit für China. Yehudi war von der chinesischen Abteilung des Internationalen Musikrates und dem Kultusministerium von Peking eingeladen worden. In dieser Zeit wurde den Menschen größere Freizügigkeit gewährt. Als allererstes fielen uns die Wärme und unkomplizierte Freundlichkeit der Bevölkerung in den Straßen und Läden auf. Was für ein Unterschied zu der Angst und Zurückhaltung der Russen. Als ich in einem ganz durchschnittlichen Laden ein Paar stabile, schwarze Leinenschuhe kaufte, in denen ich die Große Mauer zu erklimmen gedachte, drängten sich die Leute um mich, freuten sich über meine zwei Worte Mandarin, versuchten, mich auch noch für andere Waren zu interessieren und schienen von meiner Kleidung und von dem Englisch, das ich mit unserem Dolmetscher sprach, fasziniert zu sein. Sie alle schienen frei von jeglicher Angst und waren ausgesprochen freundlich. Der Kellner in unserem Hotel wollte wissen, ob wir ein englisches oder chinesisches Frühstück vorzögen. Er grinste breit durch sein halbes Dutzend Zähne, als wir um ein chinesisches Frühstück baten, und rollte einen Riesentisch herein, der mit Reis, gewürzten Speisen, Dampfnudeln und Tee beladen war. Ich zweifle nicht daran, daß er die ansehnlichen Reste selbst verspeist hat.

Der Konzertmeister war ein Mann von ungefähr vierzig. Er war erst vor kurzem aus dem Gefängnis entlassen worden, in dem er fünfzehn Jahre lang eingesperrt gewesen war. Sein Verbrechen: er hatte Bach, Beethoven und Brahms gespielt. Er entschuldigte sich für die Mängel seiner Technik. Das machte uns mehr als alles andere bewußt, mit welcher Selbstverständlichkeit wir unsere persönliche Freiheit hinnehmen. Der Dirigent war ein großartiger Mann mit dem Ausdruck eines Kriegers. Er sprach nur wenig Englisch und führte uns durch die

»verbotene Stadt« mit ihren wunderschönen Gebäuden und den Museen voller Kunstschätze, die, obgleich man sie in westlichen Häusern oftmals gesehen hatte und somit mit ihnen vertraut war, hier in ihrer eigenen Umgebung weitaus schöner wirkten. Wir gingen an einem ziemlich großen, schönen Haus mit einem reizenden Vorhof vorbei, als der Dirigent darauf deutete und sagte:»Das ist ein ähnliches Haus, wie meine Eltern es vor der Revolution besaßen.« Dann lächelte er.»Erst ist es Sun Yat-sen. Der sagt, jetzt alles wirklich besser. Keine Änderung. Dann kommt Mao Tse-tung. Der sagt, jetzt wird alles sehr gut werden. Es bleibt, wie es war. Was habt ihr Engländer doch für einen Spruch – er hat irgend etwas mit Heu zu tun?« Ich sagte:»Sie meinen ›make hay while the sun shines‹?«. Er lachte laut auf.»Jaja, das ist das einzige, was man tun kann.«

Zwei Jahre später brachte Yehudi auf Einladung des Ministeriums für Kultur in Peking eine Gruppe von Schülern seiner Akademie in Gstaad und seiner Schule in England nach China. Insgesamt waren es mehr als fünfzig Musiker. Die Chinesen zeigten sich wunderbar pragmatisch. Sie stempelten einfach ein Universalvisum für alle Schüler, obgleich sich unter ihnen Staatsangehörige befanden aus Ländern wie Israel, das sie offiziell nicht anerkannten. Für die Kinder war es eine herrliche Zeit, in der sie Musik machten und eine neue Welt kennenlernten. Auf unserer Reise von Peking nach Sian und Guilin sahen wir viel von diesem geheimnisvollen schönen Land, von dem man geglaubt hatte, es existiere nur in der Phantasie der Maler. Jetzt bewunderten wir es mit eigenen Augen. Von dieser Reise hat ein französischer Cineast, Bruno Monsaingeon, einen interessanten Film gedreht, der große Beachtung fand.

Ich darf in diesem verkürzten Logbuch über vier Jahrzehnte die vielen lohnenden Reisen nach Israel nicht unerwähnt lassen. Wir haben erlebt, wie sich dieses faszinierende Land aus einer steinigen Wüste zu einem Gebiet entwickelte, wo die felsigen Landschaften von Wäldern überwachsen wurden und die Wüste tatsächlich zu blühen begann. Während unseres ersten Besuches 1950 war der Pioniergeist noch sehr stark. Es gab nur Ersatzkaffee, ebensolchen Tee und rationierte Lebensmittel. Yehudi und Hephzibah spielten in den Kibbuzim von En

Gev im Norden des Landes (wo syrische Soldaten von den Golanhöhen in das Tal schossen, in dem sie spielten) bis hin zu der winzigen Konzerthalle in Tel Aviv. Dort hatten 75 Prozent der Bevölkerung die Konzerte abonniert, so daß das Programm ungefähr zehnmal wiederholt werden mußte, um allen gerecht zu werden. Es herrschte ein Geist, der mich mit seiner wunderbaren Entschlossenheit und allgemeinen Zielstrebigkeit an die Zeit der Londoner Bombenangriffe erinnerte.

Chaim und Vera Weizmann, der erste Präsident und seine sehr russische Frau, bewohnten das Weiße Haus, eine elegante Villa, die der jüdische Architekt Mendelssohn gebaut hatte. Wir wurden oft dahin eingeladen und lernten bei dieser Gelegenheit die beiden außergewöhnlichen Generäle, Dajan und Yadin, kennen. Beide waren ebenso ausgezeichnete Archäologen wie Offiziere. Seltsamerweise wirkten sie in ihren Uniformen und ihrer ganzen Haltung eher britisch-palästinensisch. Ihre Vision und ihre Begeisterung für ihr neues Land zeigten damals kaum irgendwelche Anzeichen für Fanatismus. Im Kibbuz herrschte ein ganz besonderer Gemeinschaftsgeist: Architekten, Universitätsprofessoren aller Wissenschaftszweige, Chirurgen, Allgemeinärzte und frühere Verwaltungsbeamte nutzten ihr ehemaliges hohes Ansehen für das Allgemeinwohl. Sie gruben, bauten, arbeiteten schwer und teilten alles miteinander, um diese Gemeinschaften ins Leben zu rufen, die auf einen Besucher eine inspirierende Wirkung ausüben.

So viel ist im Laufe von vierundvierzig Jahren geschehen: Gerard hat seine hochintelligente und attraktive Eva geheiratet, die ihm einen Sohn, den kleinen Maxwell, geschenkt hat. Jeremy, dessen Pianistenkarriere längst etabliert ist, heiratete eine Schottin aus dem Hochland, eine gescheite Malerin, und hat Tochter Nadia und Sohn Petroc. Krov und Ann haben ihren Aaron. Zamira ist längst glücklich mit Jonathan Benthall verheiratet, dem Direktor des Royal Anthropological Institute in London, und hat zu ihrem ältesten Sohn Lin aus ihrer ersten Ehe mit dem Pianisten Fou Ts'ong noch die Söhne Dominic und William bekommen. Das sind insgesamt zum gegenwärtigen Zeitpunkt, zu dem ich schreibe, sieben Enkel im Alter von zwei bis zu siebenundzwanzig Jahren – vom kleinen Maxwell bis hin zum stattlichen Lin.

Yehudi reist nach wie vor jährlich neun Monate in der Welt herum. Manchmal spielt er Geige, wenn es ihm Spaß macht, aber meistens dirigiert er. Dazwischen liegen dann noch Tausende von guten Zwecken, neuen Ideen und Unternehmungen, die das Fundament seines Lebens bilden.

Der Doyen der englischen Kritiker, Neville Cardus, hat einmal von ihm gesagt: »Es ist reiner Zufall, daß Yehudi als Kind russisch-jüdischer Eltern geboren wurde und deshalb der große Musiker und Geiger geworden ist. Wen immer er auch als Eltern gehabt hätte, sein eigenes Genie hätte ihm den gleichen Ruhm gebracht, sei es nun als Philosoph, als Schriftsteller oder Staatsmann...« Wiederholt ist Yehudi gegen den Strom voreingenommener Meinungen geschwommen, hat einsame Kämpfe ausgefochten, seine Karriere aufs Spiel gesetzt und Verleumdungen und Gefahren auf sich genommen. Niemals zögerte er, das Ziel zu verwirklichen, das er sich schon als kleiner Junge gesetzt hatte, als er seine Stimme in der Musik erkannte: »Ich möchte die Menschen mit meinem Spiel glücklich machen.«

Wie sehr unser Leben mich auch fordert und erschöpft, wie überanstrengt und ausgelaugt ich mich oftmals am Ende eines langen Tages, eines übervollen Monats oder am Ende jedes Jahres, das unweigerlich mit Reisen verbunden war, auch fühlen mag, ich werde mich für alle Zeiten an diese Worte des kleinen Jungen erinnern und mir immer meines Glückes bewußt sein, Yehudis Leben teilen zu dürfen.

Schluß

Wir sind aus dem goldenen Käfig von Highgate ins Stadt-
zentrum nach Belgravia gezogen, wo ich geboren wurde. Ich
stehe auf dem Balkon des hohen, Mitte des neunzehnten
Jahrhunderts gebauten Hauses, das auf die Bäume und Sträucher des Parks blickt, der zwischen den weißen, mit Stuck
verzierten Häusern liegt. Mit Besorgnis beobachte ich, wie der
Bechsteinflügel meiner Mutter, gefährlich schwankend, an dik-
ken Seilen langsam zum vierten Stockwerk, in dem Yehudis
Studio direkt unter dem Dach liegt, heraufgezogen wird. »Willkommen daheim«, grüße ich den Flügel, klinke meine Gedanken aus der Gegenwart aus und lasse sie wie ein Bandmaß in die
Vergangenheit zurückschnellen. Damals wurde dieser Flügel,
zusammen mit zwei anderen, in das erste Haus meiner Eltern,
Lowndes Street 37, gezwängt, das nur ein paar hundert Meter
entfernt liegt. Als wir drei Kinder geboren waren, stellte sich
heraus, daß wir plus die drei Flügel zuviel für das relativ kleine
Haus waren und anscheinend auch für unseren Vater, den ich
nie richtig gekannt habe. Er war anspruchsvoll, besaß ein
ausgeprägtes Stilgefühl und muß den Lärm von drei Flügeln
und drei winzigen Kindern nicht besonders harmonisch gefunden haben. So machte er Mulberry House in Chelsea ausfindig.
Dorthin zogen wir, und auf den Flügeln wurde nahezu ein
Vierteljahrhundert gespielt. Ich gedachte der Geister der Pianisten – der berühmten toten und der jungen, vielversprechenden –, die ihre Freude an den Instrumenten gehabt hatten. Ich
erinnerte mich an die verschiedenen Reisen der Flügel, als sie

meiner Mutter während des Krieges gefolgt waren, und dachte insbesondere an Yehudis und mein erstes Londoner Heim, in dem dieses Instrument seinen Platz einnahm wie einst im Haus meiner Eltern.

Der Bechstein-Flügel zieht ein.

Ich sende ein Stoßgebet zum Himmel, daß die böse Fee tief und fest schlafen möge und der Flügel, der dort so unschicklich vom Kran herabbaumelt, sich nicht plötzlich abseilt (wir sind jetzt auf gleicher Höhe) und mit Riesenkrach und zerrissenen Saiten auf irgendeinem, womöglich noch musikbesessenen Passanten unten auf dem Gehsteig landet. Schließlich hat der Flügel zwei Generationen der Familie erlebt und zählt Schna-

473

bel und Furtwängler, Kempff und Kentner und unzählige andere zu seinen Freunden. Ich verdränge den beunruhigenden Gedanken, kehre ins Zimmer zurück und habe schließlich den Mut, nach oben zu gehen. Und da steht der Flügel auch schon. Man ist gerade damit beschäftigt, die schmuddeligen Decken und Seile von ihm abzuziehen. Irgendwie erinnert mich dieser Anblick an einen Landstreicher, der zwecks gründlicher Reinigung gewaltsam aus seinen Lumpen geschält wird. Wie schön sieht das glänzende Mahagoniholz aus!

Die Arbeiter schrauben die Füße und Pedale fest und rollen das Instrument in die Ecke des luftigen Studios, wo es so gut hineinpaßt, als wäre es gleichzeitig mit dem Haus gebaut worden. War es dieser Flügel, auf dessen Tasten meine Tränen tropften, nachdem die kleinen, ungelenken Finger meiner unduldsamen Mutter sehr schnell bewiesen hatten, daß ich absolut kein Talent besaß? Oder war es der Flügel, auf dem Mama *Le petit berger* von Debussy spielte, während ich Tänze improvisierte und sie schließlich davon überzeugen konnte, daß sie eine Ballettlehrerin für mich suchen sollte? Hatte sie einst auf diesem Instrument die Spiele bei unseren Kindergesellschaften mit herrlichen kleinen Stücken aus Opern, Liedern und Sonaten begleitet? Immer mehr Erinnerungen an Mulberry House steigen aus der stummen Tastatur auf. Da war der unvergeßliche Abend, an dem Mama, die ihren Sekretär im Musikzimmer stehen hatte, sich mit ihren Konten befassen wollte und zu ihrem Entsetzen ein Paar Füße unter den langen Vorhängen neben dem Schreibtisch erblickte. Sie flüchtete aus dem Zimmer, schloß die Tür, rannte die Treppe hinauf und stürzte in den Salon. »Neben meinem Schreibtisch hat sich ein Mann versteckt!« Außer sich wählte sie die Telefonnummer eines ihrer zahlreichen Bewunderer. Es handelte sich dabei um einen Schotten mittleren Alters, der für sein fanatisches und meist auch lautstarkes Eintreten für politische und soziologische Zwecke berüchtigt war. Weder Griselda noch ich konnten ihn leiden. »Alastair«, keuchte Mama ins Telefon, »komm bitte sofort rüber. Ein Mann hat sich im Musikzimmer versteckt.« Alastair, der ganz in der Nähe wohnte, traf innerhalb weniger Minuten ein und schwenkte den wohl größten *knobkerry* (dikker Holzstock mit rundem Kopf, ursprünglich eine Stammeswaffe aus dem südlichen Afrika), den es jenseits des Tweedflusses gab. Selbstverständlich trug er seinen Schottenrock. Wir vier schlichen gemeinsam zum Musikzimmer. Alastair legte warnend einen Finger an die Lippen und drehte dann lautlos den Knauf der Doppeltür. Auf Zehenspitzen huschte er über den Teppich und schlug kräftig mit seiner fürchterlichen Waffe gegen den sich bauschenden Vorhang. Ein Paar derbe Schuhe purzelten hervor. Die unverbesserliche Griselda hatte sie ausgezogen und gegen ein Paar Hausschuhe ausgetauscht – die sich besser für Pedale eignen –, als sie in Mamas Abwesenheit üben wollte.

Ja, es war wirklich der Flügel, der so viel in unserer Jugend miterlebt und so viel mit uns geteilt hat. Das Musikzimmer war immer unser bevorzugter Treffpunkt gewesen und hatte der gesamten Familie als Wohnzimmer gedient, dessen weißgoldene, klassische Eleganz allerdings unter der belastenden Gegenwart dreier großer Bechsteins litt.

Ob stumm oder klingend, dieser Flügel aus Mulberry House brachte mir auf einen Schlag meine ganze Kindheit und Jugend wieder in Erinnerung. Bald würde Jeremy kommen und mit seinem Vater Sonaten spielen. Wie sehr hätte ich mir gewünscht, Mama könnte zuhören.

Anhang

The white country

*T*ime, like snow, blurs the clear shapes of things;
And drifting even on our hands
Obscures the gesture and intent.
We do not know the landmarks any more,
Cannot tell what people we once were.
Like ghosts we wander in our tracks
Carrying dimmed intentions
Through the still white country.
If it were possible
To take a bearing and be gone
We should have found a way to go;
We should have left long since.
But Time, like snow, drifts everywhere,
Mantles the beating heart:
You see there's nothing here,
Nothing but the white fields;
And we can never leave.

R. (Cairo 1944)

Das weiße Land

Zeit, wie der Schnee, läßt Klares schemenhaft verschwimmen;
rieselnd auf unsre Hände
verwischt sie Gesten und Bestreben.
Kein Meilenstein ist zu erkennen mehr,
das Wissen um uns selbst ist ausgelöscht.
Beladen mit vergeß'nem Ziel
wandern wir geisterhaft den Pfad entlang
durchs stille weiße Land.
Gäb's einen Ausweg aus der Irre,
wir hätten ihn genutzt,
wir wär'n entflohn,
der Welt seither abhanden.
Jedoch umstiebt uns Zeit gleich Schnee
und hält das heiße Herz gefangen.
Du siehst, hier gibt es nichts,
nichts als das weiße Feld,
dem niemals wir entrinnen können.

476

Delos

For Diana Gould

On charts they fall like lace,
Islands consuming in a sea
Born dense with its own blue:
And like repairing mirrors holding up
Small towns and trees and rivers
To the still air, the lovely air;
From the clear side of springing Time,
In clement places where the windmills ride,
Turning over grey springs in Mykonos,
In shadows with a gesture of content.

The statues of the dead here
Embark on sunlight, sealed
Each in her model with the sightless eyes;
The modest stones of Greeks
Who gravely interrupted death by pleasure.
And in harbours softly fallen
The liver-coloured sails –
Sharp-featured brigantines with eyes –
Ride in reception so like women;
The pathetic faculty of girls
To register and utter a desire
In the arms of men upon the new-mown waters,
Follow the wind, with their long shining keels
Aimed across Delos at a star.

Lawrence Durrell (1946)

Delos

für Diana Gould

Wie feinste Spitze zieren sie Atlanten,
Inseln auf einem Meer
aus tiefstem Schöpfungsblau geboren.
Gleich fernen Spiegeln
halten sie hier eine Siedlung,
dort Baum und Fluß empor
in die stille Luft, die, oh, so liebliche;
diesseits entflohener Zeit,
an stillen Plätzen, wo Windmühlen behaglich

durch Mykonos' schiefernes Quellwasser pflügen,
leben zufrieden sie in deren Schatten.

Steinerne Tote wagen sich ans Licht der Sonne:
gefangene Gestalten leeren Blicks,
einst schlichte Steine der Griechen,
welche im Spiel den Tod vergessen ließen.
Und in den Häfen falten leise sich
rotbraune Segel,
spitze, schlanke Briggen mit Augen
drängen sich aneinander wie Frauen zum Empfang;
in mädchenhaftem Bemühen,
Wunschträume zu erkennen, zu gestehen
in männlicher Umarmung, hier, auf stillen Wassern,
folgen sie dem Wind mit ausgestrecktem Kiel,
jenseits von Delos einem Stern zustrebend.

Spirit of place

To Diana Menuhin

[Written on menu: ›Diner D'Adieu du Commandant‹.
Menu dated 24 September 1962]
Dear Diana,
I believe our paths crossed by a few hours recently – a near graze! What bad luck. I have been sent on a journalistic assignment for a brief tour of Israel and Greece. As you can imagine the Greek visit was most exciting though Israel was interesting and rather moving and I hope to write something about it. But Athens gave me back at a blow all my old friends whose touching warmth was really like a home-coming; made it like one I mean. We did a swift autumn tour of the Peloponnesus – deserted bare and blue! Dug out old taverns, discovered new. Above all had Katsimbalis and Seferis to ourselves for *days* on end. Such stunts, such gales of laughter, such memories exchanged! It was like a gasp of rare air and I felt twenty years younger. ›Fifty years seemed but a day‹! And now we are back to the problem of country-folk, leaking roofs and cisterns, damp wood etc., etc. I won't bore you with them. I'm glad you've found Mykonos. I first went there in 1936 and stayed with an old lady called Poppeia – there were no hotels and no tourists. I shared a lavatory seat with a hen and a bed with 1000 fleas...
Larry D [Lawrence Durrell]

[Niedergeschrieben auf einer Speisekarte mit dem Titel »Diner D'Adieu du Commandant« und dem Datum, 24. September 1962]

Liebe Diana,
wie ich höre, haben unsere Wege sich vor kurzem gekreuzt – beinah hätte es eine flüchtige Begegnung gegeben. Was für ein Pech! Man hatte mich zu einer journalistischen Berichterstattung auf eine kurze Reise nach Israel und Griechenland geschickt. Wie Du Dir sicher vorstellen kannst, war der Besuch in Griechenland besonders aufwühlend, obgleich Israel interessant war und mich zutiefst bewegt hat. Ich hoffe, darüber einmal zu schreiben. Aber Athen schenkte mir in einem Atemzug alle meine alten Freunde, die mich mit so viel herzlicher Wärme begrüßten, als sei ich nach Hause zurückgekommen, wirklich zurückgekommen. Wir unternahmen eine kurze Herbstreise auf den Peloponnes – einsam, karg und blau. Wir suchten die alten Tavernen auf und entdeckten neue.
Das schönste war, daß wir Katsimbalis und Seferis für schier endlose Tage ganz allein für uns hatten. Was ließen wir uns nicht alles einfallen, was wurde gelacht, wieviel Erinnerungen wurden lebendig! Es war wie ein Schnappen nach Luft. Ich fühlte mich zwanzig Jahre jünger. »Fünfzig Jahre schienen wie ein einziger Tag!« Und jetzt sind wir wieder zurück und mit den Problemen des Landlebens beschäftigt: Lecks im Dach und in der Zisterne, nasses Holz usw. usw., aber damit will ich Dich nicht langweilen. Ich freue mich so, daß Ihr Mykonos entdeckt habt. Ich war 1936 zum ersten Mal dort und wohnte bei einer alten Dame namens Poppeia. Damals gab es noch keine Hotels und keine Touristen. Die Klobrille teilte ich mit einem Huhn und das Bett mit tausend Flöhen.

Register

481

486

Danksagung

Mein herzlicher Dank geht an Klaus Piper, der mich bat, im Anschluß an »Durch Dur und Moll« die Feder noch einmal zur Hand zu nehmen und einen ausführlichen Lebensbericht von meinen Anfängen über die Erlebnisse bei Ballett und Theater bis zu meiner Heirat mit Yehudi zu geben. Für ihr feines Gespür bei der deutschen Übersetzung meines sehr persönlichen und wohl eigenwilligen Stils sage ich Jutta Schall-Emden meinen tiefempfundenen Dank. Jackie Hoogendyks aufmerksames Auge verwandelte meine barocke Handschrift in ein lesbares Typoskript, und sie verdient meine volle Bewunderung, während Kate Moss genau zum richtigen Zeitpunkt erschien, um mich, die ich mich dank unseres unsteten Lebens ziemlich verfahren hatte, zu erlösen. Daß Klaus Stadler mit wachsamem Auge das Geschehen begleitete, sei ihm hier gedankt. Dem Schicksal und Anne Chisholm gebührt meine herzlichste Dankbarkeit dafür, daß ich in einer Zeit, während der ich in diese ganze Kompliziertheit unseres rastlosen Daseins Ordnung und Klarheit zu bringen suchte, jemanden zur Seite hatte, der dem Buch seinen letzten Schliff verlieh. Schließlich bitte ich alle engen und geschätzten Freunde, die nicht namentlich in diesem Text, der eigentlich mein ganzes Leben umfaßt, mit einbezogen werden konnten, um Verständnis und Nachsicht.

487

a0: